Bohlen, Julius von

Geschichte des adlichen, freiherrlichen und gräflichen Geschlechts von Krassow

Urkundenbuch

Bohlen, Julius von

Geschichte des adlichen, freiherrlichen und gräflichen Geschlechts von Krassow

Urkundenbuch

Inktank publishing, 2018

www.inktank-publishing.com

ISBN/EAN: 9783747770252

Geschichte

des

adlichen, freiherrlichen und gräflichen Geschlechts

von Krassow.

Von

Julius von Bohlen,

Erbherrn auf Bohlendorf und Abgeordnetem der rügenschen Ritterschaft zu den pommerschen Provinzial- und neuvorpommerschen Communal-Landtagen.

Zweiter Theil

Urkundenbuch.

Berlin.

In Commission von F. Schneider & Comp.

1853.

Dem

Herrn

Carl Reinhold Grafen von Krassow-Divitz,

Königlichen Präsidenten der Regierung zu Stralsund, Ritter des St. Johanniter-Ordens,

Erbherrn auf Divitz, Frauendorf, Spoldershagen, Martenshagen, Wobbelkow und Gätkenhagen,

dem

alleinigen Förderer dieses Buches,

widmet dasselbe

als Zeichen seiner aufrichtigen Verehrung und Ergebenheit

der Verfasser.

Einleitung.

Die hier abgedruckten Urkunden finden ihre Erläuterung meist im 1sten Theil dieses Buchs oder in den beigefügten Anmerkungen: deshalb halte ich es überflüssig, hier auf dieselben weitläufig einzugehen, wie ich denn überhaupt größeren Werth auf Urkunden, als auf Abhandlungen lege; wenn sich der Standpunkt erweitert, wenn neue Forschung das Alte ersetzt, berichtigt und ergänzt, verlieren letztere ihren Werth, während erstere, als Quellen, denselben behalten.

Nur einige Worte über die Grundsätze, die mich beim Abdruck der Urkunden leiteten, mögen hier folgen.

Bis ums Jahr 1650, welches in mehr als einer Hinsicht eine Scheide der älteren und neueren Zeit in der Geschichte meines Vaterlandes ist, habe ich alle mir zugängliche Urkunden vollständig, oder, wie ich hoffe, in genügenden Regesten mitgetheilt. Für die spätere Zeit hat eine Auswahl stattgefunden. Es sind aus derselben nur die Documente mitgetheilt, die Verhältnisse feststellten, die dauernde Folgen für die Familie hatten. Ich rechnete hierzu Theilungs-Vergleiche, Güter-Erwerbungen, Testamente, Eheberedungen 2c. Diejenigen Actenstücke, die blos und zum Theil vorübergehende, persönliche Verhältnisse einzelner Mitglieder des Geschlechts betreffen, sind in den Text verarbeitet, in der Regel hier aber so ausführlich, daß in den meisten Fällen eine weitere Mittheilung mir völlig überflüssig schien.

In den Urkunden bis 1550 wurde nur die Interpunction, die das Verstehen derselben so sehr erleichtert, ergänzt, und Vor- und Eigennamen mit großen Anfangsbuchstaben gedruckt, sonst die alte Orthographie genau beibehalten. In den deutschen Urkunden aus der letzten Hälfte des 16. und des 17. Jahrhunderts, in denen die Orthographie so sehr schwankend wird, wo ein und dasselbe Wort in einem Document zuweilen ganz willkührlich auf 4, selbst 5 Weisen geschrieben ist, strebte ich danach, diese Abweichungen auf Eine Form zurück zu führen und meist die Hauptwörter mit großen Anfangsbuchstaben zu schreiben. Findet dies Verfahren

Tadel, wie dies leicht der Fall sein kann, so muß ich mich dem unterwerfen. Die Personen, für deren Gebrauch das Buch ursprünglich (s. Vorrede zum 1sten Theil) allein bestimmt war, billigten dasselbe.

Auch in der Auflösung des Datums mehrerer Urkunden finden sich Fehler. So ist namentlich durch ein Versehen der „Abend" eines Festes, bekanntlich der Tag vor dem Feste, für den Festtag selbst in den meisten Auflösungen angesehen worden. Die Leser, die genauer auf die Urkunden eingehen, wie ich mir deren recht viele wünsche, kann ich nur bitten, mit diesen und ähnlichen Irrthümern und Fehlern Nachsicht zu haben.

Bohlendorf, im November 1853.

Julius von Bohlen.

Namen-Register.

In diesem Register findet sich der Name Krassow nicht; das alphabetisch geordnete Verzeichniß der Mitglieder dieses Geschlechts ist dem 1sten Theil vorgedruckt. Die mit a. bezeichneten Stellen beziehen sich auf den ersten Theil dieses Buchs, alle übrigen auf den 2ten, das Urkunden-Buch. Die mit gesperrter Schrift gedruckten Namen, denen noch zur leichteren Uebersicht ein † vorgedruckt ist, bezeichnen die Familien, von denen sich im 1sten oder 2ten Theil eine ausführlichere Nachricht, meist in einer besondern Anmerkung, findet.

2

2 *

3

No. 1. Anno 1253. Dominica gaudete (14. Decbr.) [1]

Jaromar, Fürst der Ruyaner, verleiht dem Kloster auf den Bergen das Dorf Boskowiz.

Aus der Matrikel des Klosters Bergen. (No. 8.) Gedruckt in Fabricius Urkunden zur Geschichte des Fürstenthums Rügen. II. p. 14 u. 32.

Jeromarus, dei gracia princeps Ruyanorum, omnibus presens scriptum cernentibus, salutem in filio virginis. Ab humana memoria facilius elabuntur. que nec scripto nec uoce testium confirmantur. Nouerint tam posteri quam presentes, nos in commemoracionem anime nostre. ut cum felicibus requiem haberet animabus, uillam Boskowiz cum omnibus redditibus claustro Montibus perpetuo contulisse. Presentibus: Herbordo, Goslano, Slaucowiz, Rozen, Plotowiz, Martino Bodemund, Mayzlimaro Desuezenowiz. Ne igitur facti nostri quepiam ambiguitas circumuoluat, scripti presenti ac munimine nostri sigilli protestamur. Datum anno domini M°CC°LXXX°III° dominica gaudete.

No. 2. Anno 1264. Octava Epiphanie. (13. Januar.)

Wizlaf, Fürst der Ruyaner, verschreibt dem Kloster Neuencamp eine jährliche Roggenlieferung aus der fürstl. Mühle bei Conradshagen, begnadigt das Kloster auch mit der Freiheit im See Pitne zu fischen.

Nach dem Orig. im P. Prov.-Arch. Gedr. in Fr. v. Dregers Codex diplomaticus Pomeraniae I. p. 472.

Wizlaus, dei gratia Ruianorum princeps, Omnibus hanc litteram inspecturis in perpetuum. Nouerint uniuersi quod, cum pie memorie Dominus Jaromarus, pater noster, preter uoluntatem abbatis et fratrum de Nouo Campo quendam ri-

1) Von dieser Urkunde existirt nur eine von Fürst Wizlaf von Rügen im J. 1313 ertheilte Bestätigung, in der sie transsumirt ist. Hier nennt der Fürst den Aussteller auum suum. Zugleich ist die Jahreszahl 1283 aber ganz deutlich ausgeschrieben. Es muß aber entweder der Ausdruck auus oder die Jahreszahl falsch sein. Schwartz in historia finium principatus Rugiae p. 130 nahm freilich beides für richtig und ließ daher Jaromar II. bis 1283 leben, obgleich derselbe bereits 1261 den 31. October in einer Urkunde seines Sohnes, des Fürsten Wizlaf II., als verstorben genannt wird. (Fabr. II. 3. p. 17.) — Fabricius (Urk. Bd. II. 1. p. 14.) nimmt an, daß der Fehler in der Jahreszahl steckt, und die Urkunde von Jaromar II. c. 1250 ausgestellt sei. Dies bestätigt eine andere unverdächtige Angabe. Im J. 1551 verzeichnete der pommersche Landrentmeister Erasmus Husen auf Befehl Herzog Philipps I. die damals vorhandenen Original-Urkunden des Klosters Bergen. (Das Verzeichniß ist im Besitz der Gesellschaft für pommersche Geschichte und Alterthumskunde. Loep. Biblioth. Mspt. Nr. 214.) Fol. 2. a. heißt es daselbst: „1313. Wizlaus heft gefebrn vnd confirmiret synes Grotvaders Jaromari breff vp dat dorp Boskeuitz, so he dem Closter gegeuen 1253." Demnach kann man wohl mit Recht annehmen, daß sich ein Schreibfehler in der Jahreszahl in die Abschrift der Matrikel eingeschlichen hat. Ich habe deshalb auch die richtige Jahreszahl in der Ueberschrift gesetzt, den Text aber genau nach der mir vorgelegenen Matrikel gegeben, und daher auch diese nicht in denselben geändert.

v. Krassow'sche Gesch. Url.-B. 1

uulam ad sua molendina deduxerit facienda, et nos tam sue quam nostre uelimus et teneamur utilitati consulere ac saluti, de dilecti fratris nostri Jaromari consensu, et fidelium nostrorum Borant et Guttani consilio mediante, cum abbate et conuentu ejusdem loci concordauimus sub hoc forma: quod, pro omni inpeticione et dampno quod de ipsa aqua habuerunt dicti fratres, cujus proprietas ad ipsos pertinere dinoscitur, recipiant in restaurum in molendino nostro quod uille que Conradeshaghen dicitur adjacet duobus temporibus, uidelicet Johannis baptiste et Martini, decem tremodia siliginis annuatim. Preterea contulimus fratribus memoratis, ut in stagno nostro Pitne, cum sagena sua piscari ualeant quocienscunque uoluerint, non de jure proprietatis, sed de gratia et fauore. Vt autem hec nostra compositio rata maneat apud posteros, presentem paginam conscribi fecimus, sigilli nostri munimine roborantes. Hujus rei testes sunt: Borant, Guttanus, Herbordus, milites, Albertus de Bart, advocatus noster, Johannes Morder, Nicolaus, filius Jarezlai, militis de Kalant, et alii quam plures. Acta sunt hec in Nouo Campo, anno domini M°CC°LXIIII°, octaua Epiphanie.

Das Siegel fehlt.

No. 3. Anno 1285. Tags nach Dionisii und seiner Gefellen (10. Octbr.)

Wislaf, Fürst der Ruvaner, schenkt dem Kloster auf dem Berge das Eigenthum des Dorfes Wyreye, und sagt demselben die Verleihung der Kapelle auf dem Ruyard zu.

Aus der Matrikel des Klosters Bergen. (No. 11.)

In nomine patris et filii et spiritus sancti amen. Wynsezlauus, dei gracia Ruyanorum princeps, Omnibus visuris et audituris hoc scriptum salutem in domino sempiternam. Ne ea que aguntur in tempore simul per temporis lapsum labantur cum tempore, poni solent in lingwa testium, et scripti materia perhennari. Hinc est quod ad uniuersorum noticiam, tam presencium quam futurorum, peruenire uolumus cartulam per patentem quod nos, de maturo nostrorum consilio, proprietatem uille Vyrey, in anime salutem et subsidium dilecti patris nostri Jaromari, ac aliorum nostrorum progenitorum, in Christo felicis memorie, peccaminum remissionem, claustro sanctimonialium in Monte liberaliter erogauimus, eo iure ac libertate omnimoda qua dictum claustrum cetera omnia bona sua in terra Ruye possidet, perpetuo et absque inpedimento quolibet possidendam. Ceterum capellam, in Ruygard predicto claustro, cum primum uacauerit, ad cultum dyvyni nominis ibidem et fructus ecclesie, ob nostrorum peccatorum indulgenciam, ampliandam conferimus et donauimus. In cujus rei pleniorem euidenciam et cautelam sufficientem presens scriptum exinde confectum sigilli nostri munimine et testium subscripcione jussimus roborari. Testes vero qui aderant hii sunt: dominus Johannes, prepositus Ruye, dominus Boranth, dominus Pritbur de Vilmenycz, dominus Pritbur de Lancka, dominus Nycolaus Puzdeuolk, clerici et milites, Herbordus, aduocatus, Jaroslaus de Kaland, Johannes de Kaland, Hermannus de Vyczen, famuli, et alii quam plures nychylominus fide digni. Datum in Monte. Anno domini M°CC°LXXXV°, VI nonas octobris, in crastino beatorum Dyonisii et sociorum ejus.

No. 4. Anno 1311. Freitags vor Oculi. (20. März.)

Egbard Tassow verkauft alle seine Güter in dem Dorfe Lantzelevitze an den **Stephan von Ghuttin.**

Nach dem Orig. im P. Prov.-Arch.

Omnibus presencia visuris seu audituris. Ego Eghardus Tassow publice recognosco protestando, quod discreto viro Stephano de Ghuttyn suisque veris heredibus, pro septuaginta et sex marcis denariorum vsualium mihi in prompto numeratis et persolutis, rite et racionabiliter vendidi et dimisi, et dimitto ad perpetuam vendicionem per presentes omnia mea bona in villa Lanzekevitze veluti hactenus habui ex parte patris mei et possedi cum omnibus proprietatibus, videlicet agris, cultis et incultis, pratis, pascuis, silvis, rubetis, nemoribus, cespitibus, lapidibus, paludibus, aquis, aquisque decursibus, tam hereditatem quam pheodum, prout dicta bona in suis terminis et distinctionibus ab antiquo iacuerunt, et nihil juris in dictis bonis optinebo. Insuper infra annum et diem resignacionem sive pheodum dicto Stephano vel suis heredibus a dominis terrarum volo et debeo ordinare, et post resignacionem predicto Stephano et suis legitimis heredibus per annum et diem coram omnibus personis spiritualibus quam secularibus judicio astare volentibus volo warandare. Pro hiis firmiter observandis ego Eghardus Tassow una cum mei compromissoribus, videlicet Nicolao Barnecowen [1]), Theslauo Mortberner, Bertolde Caak, Anthonio Caak et Hinrico Bolensone [1]) coniuncta manu dicto Stephano et suis heredibus promisimus, et promittimus presentibus, fide data. In cujus rei testimonio sigillum meum uno cum sigillis meorum compromissorum prefatorum presentibus sunt appensa. Datum anno domini m° ccc° x primo, feria sexta ante dominicam oculi mei semper.

Auf einem Pergamentblatt, durch dessen untern Rand 6 Pergamentstreifen zur Befestigung der jetzt fehlenden Siegel gezogen.

No. 5. Anno 1316 in den 12 Tagen (25. Dezember bis 5. Januar) zu Stralessund.

Zwölf Ritter und einhundert und fünf und zwanzig Wappner, für sich, ihre Erben und alle Einwohner des Landes zu Rügen,

1) Beides die ersten Glieder der Familien Barnekow und Bohlen, die sich bis jetzt in Urkunden, welche die Insel Rügen speciell betreffen, gefunden haben.

verbünden sich mit den Rathmännern, Altermännern, gemeinen Bürgern und Einwohnern der Stadt zu dem Stralessunde zu gegenseitigem Beistande und Aufrechthaltung des Rechts das von Alters her in der Stadt und dem Lande Rügen gewesen.

Nach dem Original im Stralsunder St.-Arch.

In gades namen amen. Wye Prybbor van der Vilmenitz [1]), vnde Stoyzlaf van Puddustz [2]), Hinrik [3]), vnde Thomas [4]) mit der Plathe, Udo van Karowe [5]), Sum von Wittowe [6]),

1) 1. a. In den nachfolgenden Anmerkungen zeigt die arabische Ziffer den Pergamentstreifen an, an welchem das Siegel des Betreffenden hängt, die Buchstaben a. b. c. d. die Stelle, die dasselbe am Pergamentstreifen einnimmt, so daß a. 1, b. 2, c. 3 und d. 4 anzeigt.

2) 2. a.

3) 3. a.

4) 4. a. Sie sind die Stammväter des ganzen Geschlechts der v. Platen in Rügen.

5) 6. a. Ueber diesen vergl. Fabr. Rüg. Urk. II. 52. und Grümbke Gesch. des Kl. in Bergen, 53. 54. Sein Sitz, Carow im Zirkower Kirchspiel, ist leider in der neuesten Zeit durch jüdischen Landschacher parcellirt worden.

6) 4. a. Die Familie Sum gehörte im Anfange des 14ten Jahrhunderts zu den mächtigsten Adelsgeschlechtern Rügens, und war auf Wittow, Jasmund und dem eigentlichen Rügen ansehnlich begütert. Im J. 1237 wird der erste Sum genannt. (Fabr. II. p. 47.) Besonders scheint nach dem ersten Viertel des 14ten Jahrhunderts der Ritter Gützlaf Sum mächtig und einflußreich gewesen zu sein, daß er der weiter unten genannte Knappe G. S., ist in hohem Grade wahrscheinlich. Eine Genealogie für dies Geschlecht im 14ten und 15ten Jahrhundert dürfte jedoch bei der großen Ausbreitung desselben, und dem häufig allein vorkommenden Geschlechtsnamen, ohne Vornamen, große Schwierigkeiten haben. 1572 vertauschte Herzog Ernst Ludwig von Pommern dem Erich Zum Defelitz und seinen Antheil an Gradow im Peserizer Kirchspiel auf Rügen gegen seine altväterlichen Güter Gutzerlitz, seinen Antheil in Fernelevitz und den halben Bug. Eine andere Linie besaß zu dieser Zeit Trochendorf und Marlow auf Jasmund. Der 30jährige Krieg ruinirte aber das Vermögen beider Linien; die Güter geriethen in Concurs und gingen in andere Hände über. Die letzten Mitglieder des alten Geschlechts sind wohl in den Kriegen des 17ten Jahrhunderts verschollen.

Gerade wie in Rügen das Geschlecht erlosch; kam eine Familie Suhm in Dänemark aus kleinen Verhältnissen, durch ansehnliche Verbindungen unterstützt, zu ziemlichem Ansehen. Mehrere Mitglieder

1 *

Gomber van Poretz [7]), Hinrik van Retz [8]), Egghehard Budde [9]), Johan Bruneswic [10]), Johan Virgz [11]), Pribbor van der Lanken [12]), Riddere, vnde Egghehard van Poretz [13]), Heyneman van Poretz [14]), Johan [15]) vnde Henneke Crakevitz [16]), Moyzlewer Swytzenowitz [17]),

---

dieser Familie wußten es auch zu erlangen, daß die dänische Regierung, die während des nordischen Krieges in Stralsund eingerichtet ward, sie mit dem alt Zuhmschen Lehnen Marlow und Trochendorf belehnte, und ihnen einen Lehnbrief, der im J. 1602 von Herzog Philipp Julius von Pommern, angeblich ihren Vorfahren, ertheilt war, bestätigte. Im Besitz dieser Güter, die in Händen von Pfandträgern der Geschlechter von Bohlen, v. Krassow und v. Grabow waren, kamen sie jedoch nicht. Noch 1724 muthete der spätere Admiral Ulrich Friedrich v. Suhm und 1773 und 79 in Vollmacht der Gebrüder Ernst Ulrich Peter und Siegfried Carl von Suhmen der Pfandinhaber von Trochendorf, von Grabow. Der berühmteste Mann dieser Familie war jedoch der dänische Cammerherr und Historiograph Peter Friedrich von Suhm, Sohn jenes Admirals Ulrich Friedrich v. S. Unter seiner Aegide schrieb Claus Heinr. Möller, Königl. Professor der Geschichte bei der Universität zu Copenhagen: „Historische und genealogische Nachricht von dem uralten adlichen Geschlecht derer von Zaum oder Suhm, welches im 9ten Jahrhundert in Pommern entsprossen ist, und sich in den folgenden Zeiten in Holland, Schweden, Polen, Rußland, Meklenburg, Sachsen und Holstein, wie auch in den beiden Königreichen Dänemark und Norwegen ausgebreitet hat." [Flensburg, mit Serringhausenschen Schriften, 1775. Fol.] Das Buch verräth aber wenig Critik, und schon aus den gegebenen Nachrichten geht fast bis zur Evidenz hervor, daß die Familie auf die es eigentlich ankam, mit den Sumes oder Zuhmen auf Rügen nicht desselben Ursprungs ist. Merkwürdig ist es aber durch einige recht interessante Nachrichten über die Verhältnisse eines Mitgliedes der Neseliper Linie der Z., die dem Verfasser wohl durch den Protector des Buchs, Peter Friedr. v. S. verschafft worden waren. Dieser starb ohne Leibes-Erben zu hinterlassen den 7ten September 1798. Ueber ihn vergl. Prof. Rasmus Nyerup Uebersicht des Lebens und der Schriften des verstorbenen dänischen Kammerherrn und Historiographen Peter Friedrich v. Suhm. Aus dem Dänischen übersetzt und mit Anmerk. von F. Eckard. Kopenhagen, 1799 bei Proft und Storch. 8vo.

7) 8. a.

8) 9. a. Im Jahr 1347 verkauften die Knappen Johann Retze und Matthias sein Sohn dem sundischen Bürger Didrich Travenemünde 7 Schillinge und 4 Pfennige Rente, die sie wiederkaufsweise im Dorfe Kuttrutze gehabt. Später scheint dies Geschlecht bald erloschen zu sein.

9) 10. a. Schon 1258 kommt Johannes Budde vor. Später wird dies Geschlecht häufig in rügenschen Urkunden genannt. Vielleicht hat das Dorf Buddenhagen auf Jasmund von demselben den Namen erhalten.

10) 11. a. Später war das Geschlecht der Braunschweige in Stralsund angesessen. 1397 präsentirten Gerhard und Michel Papenhagen und Jacob Brunswyk dem Bischof zu Roeskilde den Heinrich Bolten zu einer Vicarie auf dem Werder Lierow auf Rügen. Jener Jacob B. führte dasselbe Wappen wie der Ritter Johann B. In A. Brandenburgs Gesch. des Stralsunder Magistrats, wird schon 1340 Johann Brunswig und 1411 Diedrich Braunschweig († 1451) als Rathmann genannt. Es ist nicht unwahrscheinlich, daß sie sich von Stralsund nach Colberg wandten, bereits 1385 wird Herderus Brunswig dort genannt. (Wachsen Gesch. der Altstadt Colberg p. 277.) Nach demselben Schriftsteller (a. a. O. p. 227. und 282.) ward diesem Zweige im J. 1570 in der Person des Simon v. Br. vom Könige Sigismund August von Polen der alte Adel erneuert und das Indigenat in Polen ertheilt.

11) 12. a. oder Virg. Die Familie war besonders auf Wittow begütert und oft zahlreich. Eine ihrer ältesten Besitzungen war Banz auf Wittow, noch 1358. 1401 verkaufte Claus V., Henneckes Sohn, dem Vicke v. d. Landen sein Gut Lüttkhohe auf Wittow. Eben so gehörte ihnen einen Theil von Lüßkevitz. In einer Urkunde v. J. 1491 werden Pawel V., Claus Sohn, Knappe zu Ganselitz, der 1481 seinen Hof Kontop verkauft hatte, Pawel V., Brymers S., zu Parchow, Tönnyes V., Bartoldes S., zu Wyk und Komme V. zum Gessore genannt. 1509 wohnte Pawel V. und 1511 Clawes V. zu Panserwitz. Clawes ist wohl der Letzte seines alten Geschlechts gewesen, wenn er anders derselbe Claus V. ist, der 1533 an Jochim Platen zu Lütkvitz seinen Hof Ganselitz auf 20 Jahre für 200 Mk. verpfändete. Als Herzog Philipp I. Mittwochs nach Quasimodogeniti 1539 diese Verschreibung bestätigte, lebte er noch. Zehn Jahre später, Kato midi 1549, bekam derselbe Jochim Platen, damals Hofmeister der Herzogin Maria von Pommern, die 3 Höfe des Claus V. zu Parchow, Panselitz und Ganselitz zum Angefäll und Gnadenlehn. Er ist der Stammvater der Parchowschen Linie der v. Platen und bei seinen Nachkommen haben sich diese Güter bis heute erhalten, außer Ganselitz, welches c. 1580 vom Herzoge gegen einen Theil von Wolmeritz eingetauscht ward.

12) 5. a. Er gehörte, wie wohl aus seinem Wappen zu schließen, einer Nebenlinie des Hauses Putbus an, ob die gleich unten vorkommenden Prybbes und Sicyslaf v. d. L. mit demselben W. seine Söhne, steht dahin. Seit den letzten Jahrzehnten des 13ten Jahrhunderts wird in rügenschen Urkunden der Ritter Pribbor de L. genannt; wenn er nicht mit dem hier genannten identisch ist, so gehört er doch gewiß derselben Familie an. Den letzten dieser Familie den ich bisher in Urk. gefunden ist Pribbor v. d. L., der 1429 eine Verschreibung des Henning Zabeltze, des Jüngern, über 40 Mk. an die Elenden-Brüderschaft in Bergen besiegelt.

13) 13. a.

14) 14. a.

15) 15. a.

16) Zweifelhaft, vielleicht 10. b.

17) 17. a.

Sander Bonowe [18]), Syuert Starkowe [19]), Hinrik [20]) vnde Bertold van der Ost [21]), Willeken mit der Platheu [22]), Pribbor [23]) vnde Storzlaf van der Lanken [24]), lüttcke Thessemer [25]),

Claws Wacck [26]), Egghehard Wůstenye [27]), Euerhard van der Helle [28]), Henneke Vrüz [29]), Peter [30]) vnde Prybbor Rodemůut [31]), Reynold Grundis [32]),

---

18) 18. a. Im Hebungsregister des Fürstenthums Rügen v. 1314 wird unter der Ueberschrift »Hec est prouencia Montium« der Ort Bonowe genannt, mit 5 unci, von denen 3 wüst. Ich glaube nicht zu irren, wenn ich dies für den Stammsitz dieses uralt rügenschen Geschlechts halte. Später, im 15ten Jahrhundert, theilte die Familie sich in 2 Linien, von denen die eine auf Rügen blieb, die Güter Prissevitz und Silvitz besaß und in der ersten Hälfte des 18ten Jahrhunderts erlosch; die andere aber in Pommern die bedeutenden Turowschen Güter inne hatte. Letztere erlosch um die Mitte des 17ten Jahrhunderts mit Curt Bonow, Herzogl. Pomm. Hofmarschall und Hauptmann auf Franzburg. Es ist falsch, wenn Micrael und Lubin angeben, daß die beiden Linien verschiedene Wappen geführt; es war beiden bis zu ihrem Erlöschen über den 2 Querbalken der wachsende rechts gewandte Bär gemein.

19) 19. a. Es ist beachtenswerth, daß diese Familie Starkow dasselbe Wappen führte, was noch heute dem Geschlecht der Flemminge in Schweden, als Stammwappen eigen ist. Im Lande Barth blühte noch im 14ten Jahrhundert eine Familie Vleming zu Vlemendorp u., deren Wappen ich bis jetzt leider nicht habe auftreiben können; sollten diese mit den Starkows ein Wappen geführt haben, so würden in ihnen sich die aus den verschiedensten Gegenden hergeleiteten Ahnen der schwedischen Flemminge herausstellen. Die Starkows besaßen übrigens bis zu ihrem Erlöschen in der letzten Hälfte des 15ten Jahrhunderts ihr gleichnamiges Stammgut, das dann an die Krakevitz kam.

20) 20. a.

21) 21. a. Hinrik und Borchard Ridderе, de van der Ost heyten zin, hatten sich bereits am 2ten März 1315 mit der Stadt Stralsund verbunden, sich nur mit ihr zusammen mit dem „Herren, Hern Wizslave, deme vorsten van Rügen“ auszusöhnen. Erst am 18ten Juni 1317 fand die Aussöhnung gemeinschaftlich mit der Stadt und den Osten statt.

22) 22. a.

23) 23. a.

24) 24. a.

25) 25. a. Das Wappen läßt erkennen, daß er der noch heute blühenden Familie v. d. Lancken angehört. Bereits in einer Urkunde v. J. 1315 wird er paruus Tesmarus genannt. Dies ist zugleich die älteste urkundliche Nachricht, die ich von der jetzt noch blühenden Familie v. d. L. gefunden habe. Bemerkenswerth ist es, daß sämmtliche Mitglieder dieser Familie hier ohne Familiennamen genannt werden, denn es kommen außer diesem kleinen Thessemer noch 4 seiner Verwandten im Bundesbriefe vor, Thessemer, (25. c.) Grymezlaf (25. d) Pryhe (6. c.) und Parsit (6. d.), wie man dies aus ihren Siegeln erkennt, die auffallender Weise außer dem Vor- auch den Zunamen haben. Die Genealogie der Lancken läßt sich übrigens zusammenhängend, erst seit dem Ende des 15ten Jahrhunderts verfolgen.

26) 7. c.

27) 27. a. Das Stammgut der Familie ist das Gut Wüstenei bei Gingst, sie besaß aber auch Güstine. Sie blühte bis in die Mitte des 16ten Jahrhunderts.

28) 28. a. Die Gleichheit mit den Wappen läßt auf die Verwandtschaft mit den Osten schließen.

29) 32. a.

30) 1. b.

31) 1. c. Die Familie Rotermund gehörte zu den Familien, die fast am frühesten ihr Vorhandensein hier im Lande nachweisen konnten. 1249 wird Martinus und 1251 Petrus Rodemunt in Urkunden des rügenschen Fürsten Jaromar II. genannt. (Fabricius rüg. Urk. II. p. 49.) In der ersten Hälfte des 14ten Jahrhunderts (1331) war sie bereits im Besitz des Gutes Beldevitz auf Rügen, in dem sie bis zum Erlöschen, in der ersten Hälfte des 16ten Jahrhunderts, blieb. Im Münster zu Aachen in der Kreuzkapelle befindet sich das Epitaphium des Canonicus Werner Ulrich von Nidel († 16. Aug. 1766). Auf demselben sind seine 8 Ahnen angegeben. Seine Mutter war eine „Rodermundt“, deren Wappen 3 Rosen (2. 1.) Bis jetzt ist es mir aber nicht geglückt, diese Spur einer Familie R. in jener Gegend zu verfolgen.

32) 30. a. Die Familie Grundis hat eine Zeit lang zu den sehr ansehnlich begüterten Geschlechtern Rügens gehört. Ihre Stammgüter waren Grundisdorp, Plüggentin, Dumrade rc. In den Jahren 1374—1422 verkauften sie [Henning, Hermann und Berthold Gebr. die Grundise (1376); später Henning und Gerd, Gebr. der Henning S. (1392), dann Reinke und Henning, Gebr. der Hermann S. (1419), Reinke Gr., Reinkes S., zu Plüggentin (1419), und Heinrich Gr. für sich und seinen Bruder Peter (1421) u. s. w.], dem heil. Geisteshause zu Stralsund Besitzungen in Gollevitz auf Rügen. Gegen Ende des 15ten Jahrhunderts muß die Linie zu Plüggentin ausgestorben sein, und zwar scheint der letzte Besitzer 3 Töchter nachgelassen zu haben, von denen Metle an Liberius Wilmerstorp zu Sissow, allen Greifswalder Patriciergeschlechts, und N. an Henning vame Rade, Tilkens Sohne, [wohl erst nach Wilmerstorps Tode zu Sissow], verheirathet waren, die 3te (Ilsabe, aus Grümbkes Gesch. des Klosters Bergen p. 32.) aber Nonne im Kloster zu Bergen gewesen ist. Den Lehnsvettern mochte die gesammte Handlung streitig gemacht sein, aber sie waren nicht im Stande die Töchter auszusteuern, die Güter kamen in den Besitz des Liberius Wilmerstorp. Nach dem Tode des Liberius Wilmerstorp belehnte der Herzog Bogislav X. den Lüdeke Massow mit diesen Grundisschen Gütern, wie sie durch den Tod des Liber. Wilmerstorp eröffnet, und gestattete am Abende Martini 1504 ihm dieselben dem Abt Mathias von Eldena wiederlöslich zu veräußern. Die Einkünfte waren auf 120 Mk. geschätzt und der Abt sollte für 3½ Mk. Hebung 100 Mk. ent-

Kalie [33]) vnde Godeschalk Kalckenitz [34]).

---

gen. Noch genauer sind indeß die Güter in einem Lehnbriefe specificirt, den der Herzog Donnerstags nach Exaltationis Scte Crucis 1505 dem Lüdeke Massow ertheilte; es waren in Grundiesdorp 3 Hufen, zu Plöggentin 4 Hufen 7 Morgen, zu Serow 1 Windmühle und 1 Wassermühle mit dem Teichlauf mit 1 Hufe Landes, zu Dumrade 1 Morgen, zu Regast 3 Morgen, und Goldenitz und Carstenitz, wie sie den Liborio Wilmerstorp angefallen. Nun waren aber noch immer die Wittwe des L. W., Metke Grundiez und ihre Schwestern nicht abgefunden, und wahrscheinlich hatte Lüdeke Massow dem Abt nur deshalb die Güter versetzt, weil ihm hierzu das Geld fehlte. Am Freitag vor Fabiani und Sebastiani 1505 war es hierüber zum Vertrage gekommen und Martini 1506 zahlte dann auch der Abt Mathias wegen Lüdeke Massows an Metke Grundys, Liborii Wilmerstorp zu Sissow Wittwe, 600 Mk. für ihre Besserung und ihrer Kinder Geld aus Plöggentin, Grundiesdorp und 2 Mühlen zu Serow, worüber sie mit „Hennink vame Rode, Titkens sone, myner suster manne, na ehe der tydt myt mynen kynderenn vn weunde" quitirt. Auch wegen der Gerechtigkeit der Klosterjungfrau Gr. an einem Bauer in Serowe hatte Lüdeke Massow sich mit deren Procurator, Hinrik Pasewalk vertragen. Von dem Kloster Eldena scheinen die Plöggentinschen Güter dann an die v. d. Osten gekommen zu sein. Eine andere Linie der Grundis war noch im Besitz von Dumrade. 1540 belehnte Herzog Philipp Jordan Gr. zu Dumrade mit seinen Gütern. Sein Sohn Chim ward aber, wohl wegen Stegreifreitens, im J. 1567 bei der Huldigung des rüg. Kreis in Stralsund, zum warnenden Exempel, enthauptet. Die Güter gingen an seinen Vetter Achim über, der am 28. Juni 1568 belehnt ward. Die unmündigen Söhne des Reimar Gr. zu Anklam, Jürgen und Reimer, erhielten Indult. Sie wohnten später zu Krakow in Pommern. Joachim Gr., Hinrichs Sohn, ward 1601 mit Dumrade belehnt.

Die Familie scheint dann ganz herabgekommen zu sein. Bald nach der Mitte des 17ten Jahrhunderts war ein Grundis Zoll-Beamter in Loitz.

Auch in Liefland hat die Familie sich ausgebreitet und dort sehr bedeutende Güter besessen. 1489 verkauften die Gebrüder George und Bartholomäus Grundis dem Heinrich von Burhoewden die Güter Lubat und Palzmar, aus denen heute mehrere Güter entstanden sind, von denen eins, Grundsal, aus Palzmar entstanden, noch heute an die Familie erinnert. 1592 bestätigte König Sigismund III. von Polen dem Friedrich von Grundels das angeheirathete Gut Jeslamoise, und in der Liste der Musterung der Roßdienstpferde der livländischen Ritterschaft v. J. 1599 unter der Starostei Resitten wird Religer und Heinrich Gr., jeder mit 1 Pferde genannt. (v. Hagemeister Materialien zu einer Gesch. der Landgüter Livlands. Riga 1836 37. I. 194. 268. 270. 278., II. 205. und 206.)

33) 2. b.

34) 2. a. Die Kalikes scheinen ihrem Wappen nach mit

Jvtebur [35]), Wille [36]) vnde Thezlaf Pribensen [37]), Godeschalk [38]), Thonys [39]), Mathies Crassowe [40]), Pribe Gawarn [41]), Henneke Maler [42]), Cole Moriberner [43]), Ludeke [44]) vnde Bernard Ploze [45]).

---

den Usedom stammverwandt zu sein. Bis ins 16te Jahrhundert waren sie zu Benz gesessen. Im Jahre 1569 verkaufte aber Balzer Kaleke seinen Vettern, Heinrich Kaleke und dessen Söhnen Heinrich und Jörge, seine Gerechtigkeit an Benz und Gutitse für 2000 Mk., und diese überließen nun diese erkaufte, so wie die ihnen angeerbte Gerechtigkeit an Benz, Gütitse und Kutzelwitz an George, Berndt und Heinrich Gebrüder die Platen zu Benz, Grapzlevitz und Silenz, wogegen ihnen diese das Dorf Prosnitz abtraten. Heinrich K., der noch 1625 lebte, hinterließ von seiner Frau Margaretha v. d. Lanken a. H. Zürkewitz nur eine Tochter Lucie, die mit dem Stallmeister des Feldmarschall's Torstenson, Swen Jacobson, verheirathet ward. Diesem ertheilte die Königin Christine 1648 die Concession, daß, wenn er wegen des von seiner Schwiegermutter Eingebrachten in das Gut Prossenitz vom Lehnsfolger nicht befriedigt werde, er das Gut in Besitz nehmen und mit adlichen Frei- und Gerechtigkeiten besitzen solle, worüber er 1672 die Bestätigung der Königl. Regierung erhielt. Seine Söhne Heinrich Leonhard und Christoph führten mit Königl. Schwed. Genehmigung den Namen Kaleken. Der letzte Sprößling dieses Geschlechts, den ich gefunden, ist Friedr. L. von Kalicken, der 1744 und 45 einer Weide-Separation zwischen Helle und Zischvitz als Zeuge beiwohnte.

35) 17. b. Dem Wappen nach Eines Geschlechts mit den Kaleken.

36) Sein Siegel hat sich nicht nachweisen lassen.

37) Ihm dürfte das Siegel 17. c. angehören, obgleich dasselbe die Umschrift Tesslavi van Bznum führt, denn es findet sich kein anderer Tezlaf, dem es angehören konnte, und man darf wohl schließen, daß beide Brüder Wilke und Tezlaf, Usedom waren.

38) Sein Siegel findet sich zweimal, 16. b. und 26. a.

39) 31. a.

40) 33. a.

41) 34. a.

42) 35. a.

43) Sein Siegel findet sich zweimal, 29. a. und 36. a.

44) 37. a.

45) 38. a. Eine der ältesten Besitzung der Familie Plötz ist das Dorf Derin. 1303 besaßen sie es jedoch schon nicht mehr; in diesem Jahre verliehen es die rügenschen Fürsten Wizlaf und Sambor an den Stralsunder Bürgermeister Gervin von Semlow, der es von den Herzogen Woldemar von Jütland und Erich von Langeland gekauft, wie es der Ritter Rudolf Plötzen besessen, jedoch frei von aller Lehnpflicht und allem Dienst. 1354 war Barchard Plötze Rathmann in Stralsund (Brandenburg Gesch. des Magistr. 54). Dinnies in seinen Nachr. von den Stralf.

Slawes [46]), Gherard [47]), Frederic [48]), Hincke Quaz [49]), Guzlaf Sôm [50]), junghe Sôm [51]), Wulvold Wobelkowe [52]), Lodewich Kabolt [53]),

Duris Slawe [54]), Jacob Zabeczyz [55]), Wyske [56]), Teslaf Bistervelt [57]), Tideman Travenmünde [58]), Claws Daljowe [59]), Prebbezlaf Kosen [60]), Thezlaf Zlawceniz [61]), Henneke Bagghe [62]), Henneke Horst [63]),

---

Rathspersonen sagt, er habe dasselbe Wappen geführt wie jene Knappen im J. 1316. Der Magister Burchard Plötze, einer der ersten Lehrer der Universität Rostock, war sein Brudersohn. (das.) Gegen Ende des 14ten Jahrhunderts hatte sich das Geschlecht bereits nach Hinter-Pommern ausgebreitet. 1380 begaben sich die Gebrüder Claus, Ricquen und Lüdeke Plöz und die Wachelt mit ihren Schlössern Böke und Quackenburg in den Schutz der Herzoge Bogislaus und Wartislaus von Pommern und nahmen dieselben zu Lehn. 1486 ward Bernd P. mit den Gütern Stuchow, Schwenz, Starpe, Meteniz und Schwessow belehnt. Diese Besitzungen sind noch gegenwärtig, mit Ausnahme des zweiten und letzten, nebst anderweitigen Gütern in Händen der Familie.

46) 39. a.

47) 16. a.

48) Fehlt.

49) 42. a. Die Familie Quaaz oder Quaz hat nie zu den ausgebreiteten und reich begüterten Geschlechtern Rügens gehört. Ein Antheil in Varnkeviz auf Wittow war ihr Stammgut. So wird Jacob Q. von 1494 bis 1512 zu V., gleichzeitig aber auch Ortl Q. daselbst genannt. 1524 huldigten drei des Geschlechts Jacob, Henning und Claus, und 1540 außer den beiden letztern noch Vicke, alle zu Varnkeviz wohnend. Als Henning starb, erbte der Bruder Claus dessen Lehne und besaß zusammen 5½ Hufen, die auf seinen Sohn Erich übergingen, der mit seinem Vetter Vicke 1567 huldigte, letzterer hinterließ 1586 seinem Sohne Hans seinen Antheil an V. Dieser lebte noch 1601, während Erich mit Hinterlassung von 2 Söhnen, Henning und Jürgen, bereits gestorben war. Außer diesen verlangten aber noch Vormünder für den unmündigen Balzer, Claus Sohn, Indult. Den 6. Juli 1624 verkauften Virtor, Hans und Erich die Q. an Martin Bohlen, zu Casnevitz Erbgesf., ihren Bauhof in Varnkeviz mit 1 Hufe 27 Morgen für 3700 Fl.; der dann ein Bohlensches Lehn ward. Am 13. Febr. 1733 verpfändete der Capt. v. Quaß, zu Zürkeviz Pfandgesessen, dem Kammerherrn C. H. B. v. Bohlen sein altväterliches Lehn Varnkeviz mit 5 Hufen 2 Morgen, welches ihm in der brüderl. Theilung zugefallen, und er reluirt habe, auf 12 Jahre für 3500 Thlr. Er starb jedoch vor Ablauf der Pfandjahre 1744, als Letzter seines Geschlechts und liegt in der Kirche zu Bergen begraben, wo ihm zum Gedächtniß sein Wappen angehangen ist.

50) 3. b.

51) 3. e.

52) 26. d. Es ist beachtenswerth, daß dieser Mann durchaus das von der Familie von Platen später besessene Wappen führt, während 1316 noch allen Platen die 3 Rosenkränze eigen waren.

53) 30. b. Die Familie kommt zuerst schon 1221 in mecklenburg. Urk. vor, dann seit 1287 fortlaufend auch in rügenschen. Der Name Ludwig scheint ihr besonders eigen gewesen zu sein. Kabelsdorp bei Tribsees führt nach ihr den Namen. (Fabricius rüg. Urk. II. 45. 46.)

54) 28. b. Die Familie führte ein redendes Wappen. Ihr gehörte das Gut Bitegast. Nach ihrem Erlöschen, vor 1483, war das Gut im Besitz, nicht näher bezeichneter, Stralsunder Bürger.

55) 20. e. Das Gut Zabziz [heute Sabitz] ist das Stammgut dieser Familie, die noch gegen Ende des 15ten Jahrhunderts blühte, dann aber wohl bald darauf erlosch.

56) 18. d.

57) Fehlt. Nach einem Siegel vom J. 1352 führte die Familie die Spitze eines Mauergiebels, ähnlich wie die Familie Starkevelt, conf. 19. b.

58) 40. a. Die Familie gehörte zu den angesehensten Geschlechtern der Stadt Stralsund. Bereits 1263 war Herman von Tr. im Rath und ward 1293 Bürgermstr. (bis 1301) Seit 1304 Bertram v. Tr., Bgmstr. 1325, † vor 1335 rc. (Brandenburg Gesch. d. Magistr. p. 79 — 81.)

59) 7. b.

60) 12. b.

61) 11. e.

62) 9. e. Es ist genau das später von den Barnekow's auf Rügen geführte Wappen.

63) 21. b. Das erste Mitglied dieser Familie, welches ich gefunden, ist der in einer Urk. des Ritter Priibor von Vilmeniz v. J. 1316 genannte: Horst, advocatus noster. Die Familie trug die Dörfer Tresteviz und Zychgermowe vom Hause Putbus zu Lehn. Am Tage Adelgunda 1331 entließ der Ritter Stoyslaf von Putbuzk den Knappen Johan Horst aller Dienst- und sonstigen Pflicht und überwies solche nebst den genannten Gütern seinen Vettern, dem Ritter Henning und dessen Brüdern Teiso und Stoyslaf, Knappen, genannt von Pudbuzk. Bemerkenswerth ist, daß die Familie später das Putbussche Wappen bis zu ihrem Erlöschen führte; so an einer Urk. vom J. 1318 das Siegel des Berante H. und an einer andern vom J. 1384. Im J. 1397 belehnte indeß Herzog Barnim die „beschedenen lüde her Nicolauesz Persten unde Otten, Knechte, brodere ghehetten Horst" mit ihrem Gute zu Tripkeviz im Kirchspiel Trente, mit höchstem Gericht, mit Bede- und Münzepfennigen, und bestätigt ihnen ihr Gut Zigghermowe im Kirchspiel Bergen, wie sie es von denen van Pudbuske haben. Nebst andern war der Ritter Henning van Pudbuske Zeuge dieser Handlung. Die Familie blühte bis ins letzte Jahrhundert. 1507 verkauften Nicolaus, Priester, Otto und Matthias Gebrüder die Horste dem Abt Tymmo von Hiddensee 53 Mk. Pacht aus Trypkeviz, aus Otto H. Wohnhofe und einem Bauerhofe. Dieser

Tzelmer Szmouitz [64]), Razlaf [65]) vnde Johan Sumovitz [66]), Hinrik Holtze [67]), Godeke [68]) vnde Willeke Pynerrul [69]), Gherard Cook [70]), Clawes [71]), Thesbare Puzdewolk [72]), Peter Lubbin [73]), Puzdewolk [74]), Wernecke [75]), Willeke [76]), Hennecke [77]), Clawes Bolenson [78]), Gherstten [79]), Lubeke Gherste [80]), Hennecke Dene [81]), Bartez [82]), Razlaf Kooth [83]), Hinrik Troche [84]), Clawes van Brene [85]), Bertold Crantz [86]), Herman Tzwechouitz [87]), Razlaf Zlawsson [88]), Teschitz Radvokenson [89]), Johan Ghysenson [90]),

---

Otto Horst war der letzte seines Geschlechts und 1528 bereits verstorben.

64) 5. b.

65) 4. b.

66) 4. c.

67) 10. d. Wenigstens vermuthe ich es, obgleich die Umschrift den Jacobus Frisus als Besitzer nennt, Frisus ist vielleicht eine Uebersetzung von Holste. Die Familie Holste war bis ins 16te Jahrhundert auf Rügen angesessen und zwar in Barlepow und Teschewitz, früher auch in einem Theile von Schwreewitz, dann zu Maltin in Pommern.

68) 21. b.

69) 24. c. Die Umschriften der Siegel nennen zwar G. und W. Leudekule, indeß auch noch später werden oft die Namen Leidekule und Pinerrule für dieselbe Familie gebraucht. Zuerst wird 1294 Johan Leidekule genannt. Die Pinerrule waren besonders auf Wittow in dem nicht mehr existirenden Pantzeritz und in Lütkevitz angesessen. Der Letztling des Geschlechts starb nach der Mitte des 16ten Jahrhunderts.

70) 27. b. Die Familie Cook ist nicht mit der Familie Caal oder Kack zu verwechseln. Sie besaß auf Ummanz den Hof Kukow und derselbe ward in den Jahren 1327 — 32 zuerst theilweise und zuletzt ganz von Gerhard Kok, und später von seiner Wittwe Reinburg und ihren Söhnen, Gerhard, Pfarrer zu Rappin, Peldeke, Heinrich, Niclas, Johann, Tideke und Jacob, so wie ihren Töchtern Zwanleke und Grethe, Matthias Drudensons Ehefrau, an Johann Westerse, Bürger in Stralsund, verkauft und abgetreten. Dann verschwindet die Familie. Ein gleiches Schicksal hatte ihr früheres Besitzthum, der Hof Kukow. Im J. 1631 existirte er noch, aber damals ward bestimmt, daß die vorhandenen Gebäude zum Ackerhof auf Ummanz verwendet werden sollten, als die Folgen der kaiserl. Einquartierung auch auf Ummanz eine ganz neue Ordnung der Dinge herbei führten.

71) Fehlt.

72) 14. d.

73) 14. b. Das Siegel und die Umschrift desselben Peter Pudevalk deuten an, daß er zur Familie P. gehörte und sich vielleicht nach seinem Gute Lubbin nannte.

74) 15. b. Bereits 1282 kommt Nicolas Posewalk vor. Ihr Haupt- und Stammgut war Libitz. Seit der Mitte des 16ten Jahrhunderts nennen sie sich Paselich. Caspar P. kam in Dänemark (b. 1557 — 98) zu hohem Ansehen und erwarb dort ansehnliche Güter. Mit seinem Sohne Claus, der Libbow u. a. Güter besaß, starb 1627 der Mannsstamm auf Rügen aus. Ob sein in Dänemark lebender Bruder Friedrich Nachkommen hinterlassen, ist zweifelhaft.

75) 22. b. Wernecke Bolenson ist der Stammvater aller jetzt lebenden Bohlen, deren ordentliche Stammreihe mit ihm beginnt, außer der gräfl. Linie. Ob die mit ihm zusammengenannten Wilke, Henneke und Claus seine Brüder und ob sie Söhne des 1312 genannten, 1316 nicht mehr vorkommenden Heinrich B. sind, steht dahin.

76) 23. c.

77) 21. b.

78) 23. d.

79) Fehlt.

80) 33. b.

81) 19. c. Die Gleichheit des Wappens ergiebt, daß er zu der Familie Quast gehört.

82) Wohl 34 b. Gehört wahrscheinlich zur Familie Bawern.

83) 18. b. 1367 verkauften Thomas und Thesslaf, Thesslaf Kowtes Söhne, an Johann Lütteke, Bürger zu Stralsund, 6 Morgen 11½ Landruthen Acker und Heuwiese von ihrem Hofe zu Rattbabenrutze (heute Rattelvitz im Kirchsp. Gingst) für 32 Mk. 10 ßl. Weitere Nachrichten über diese Familie fehlen, cfr. Anl. 64 u. 89.

84) 15. d. Im J. 1338 führte Thomas Kothe ein ganz ähnliches Wappen wie dieser Hinrik Troche.

85) 16. c. Das Siegel hat freilich die Umschrift Nicolai de Bjenem und zeigt den Usedomschen Schild. Berne ist aber auch ein altes Usedomsches Stammgut.

86) 20. d. Nach der Familie ist wahrscheinlich Cransdorf auf Rügen benannt. Johan Crantz war 1304 Rathmann und 1323 Bürgermstr. in Stralsund.

87) 26. c. Es scheint dies Siegel fast ein Uebergang von dem alten Platenschen, mit den 3 Rosenkränzen, zu dem heutigen, früher von den Wobbelkow's geführten, Wappen der Familie, denn es zeigt in der vordern Hälfte den Flügel mit dem Kopfe, in der hintern 1½ Rosenkränze. Lange nachdem die Platen schon ihr heutiges Wappen führten, bedienten sich in der zweiten Hälfte des 14ten Jahrhunderts die Familie Wotenik auf Rügen das, 1316 von Herm. Tzwechouitz geführte, zusammengesetzte Wappen.

88) 18. c.

89) 17. d. Die Gleichheit der Wappen ergiebt, daß Teschitz Radvokenson, Razlaf Zlawsson und Razlaf Kooth (83) eines Geschlechts waren. Thomas Kothe lebte 1338.

90) 9. d. Lübeke Giesen Sohn wird 1313 als Rathmann in Stralsund genannt (Brandenburg a. a. O. p. 61), später 1353

Thessemer [91]), Grymmezlaf [92]), Mathies van der Lanke [93]), Thessemer Starkewolt [94]), Thessemer Crakevitz [95]), Razlaf Clementenitz [96]), Vicke Westchendorp [97]), Arneke van Ueren [98]), Hinreke [99]), Gothan van Natzenitz [100]),

---

Gödeke Gyze u. s. w. Die Familie besaß Giesendorf auf Rügen und hat demselben den Namen gegeben. Tetzlaf und Heinrich, Sander Giesens Söhne und Nicolaus G. verkauften 1336 an Johan Slechte, ersterer 33 Mk. Hebungen, letzterer seine ganzen Ansprüche in Giesendorf. 1348 begaben sich Peter, Henning und Sifridur die Giesen ihrer Ansprüche an den von Johann Slechte besessenen Hof, den dieser mit seinem Sohne Henning Sl. 1353 an das Hospital St. Jürgen vor Rambin verkaufte. Peter Giesensen hatte schon früher in den J. 1349 und 50 demselben Hospital seine Besitzungen in Giesendorf verkauft. In der letzten der darüber vorhandenen Urk. vom Tage nach Nicolai nennt er den Sander Wengbrlin, patruus meus. Dies, verbunden mit der großen Uebereinstimmung der Wappen, läßt wohl keinen Zweifel über den gemeinsamen Ursprung der Familien Giese und Wengelin aufkommen. (s. u. Anml. 115.)

91) 25. c.

92) 25. d. Bei diesen beiden conf. Anml. 25.

93) 25. b. Nach dem Wappen zu schließen gehört dieser Mathies v. d. L. einer andern wie den in Anmerk. 12 und 25 erwähnten Familien an. Seine Nachkommen scheinen auch für die Folgezeit nie, mit einer derselben in nähere Beziehung getreten zu sein. Von denselben unterschieden sie sich durch das ihnen angeerbte und von ihnen fortgeführte Wappen. Besonders diesem ist es aber auch zu danken, daß man den Zusammenhang der Familie den Urk. entnehmen kann. 1349 werden Heinrich und Rekemar de Lanken genannt. 1362 zu Jagarde verkauft Albert v. d. L. seinem Bruder Ertmar mit Rath seiner Frau Catherine sein Gut Banzenitz auf Wittow. 1388 verkauft Clawes v. d. L., Ertmars Sohn, seinem Bruder Mathias den halben Hof Banzenewitz, als er ihm angeerbt an Vater-, Mutter-, Bruder- und Schwester-Erbe. 1398 verkauft Hinrik v. d. L., Ertmers Sohn, seinen Brüdern Mathias und Clawe sein Vater- und Mutter-Erbe in dem Hofe Banzenewitze. 1401 war Mathias, mit Hinterlassung der Söhne Heinrich, Albrecht, Herman und Ertmer, gestorben. Die Söhne des Heinrich, Heinrich und Albrecht, verkauften 1446 dem Kloster Hiddensee ihr väterliches Erbe, den Hof zu Banzenewitz, und Mathias und Heinrich, die Söhne des Hermann, entsagten für sich und ihre Brüder zu Gunsten des Klosters ihrer Lehn- und gesammten Hand-Gerechtigkeit an Banzenewitz. Der Sohn des Albrecht, Berthold, besaß noch 1503 einen Hof in Berge, den 1511 sein Sohn Albrecht v. d. L. besaß und aus demselben dem Kloster Hiddensee 3 Mk. Pacht mit den gewöhnlichen Tagedienften verkaufte. Hermann v. d. L., der 1524 zu Poseritz auf Rügen sein Lehn empfing, war sein Sohn. Dessen Sohn (oder Bruder?) hieß wieder Albrecht v. d. L. und war, nachdem das Kloster Belbuk, nach dem Tode des Grafen Wolfgang von Eberstein, dem es als eine Entschädigung für seine Ansprüche an das Bisthum Camin auf Lebenszeit abgetreten war, wieder in den Besitz der Herzoge von Pommern kam, erster Hauptmann desselben in dem J. 1553 — 56. (Balt. Studien II. p. 77.) Albrecht v. d. L. wandte sich später nach Colberg und ist dort gestorben. Sein Sohn Egidius v. d. L. verkaufte den 10. Juni 1575 an Vicke Krakevitz zu Neuhof auf Wittow seine Lehne und Güter, die er noch auf Wittow hatte, es waren 2 Hufen und einige Morgen Acker mit 2 wüsten Hofstätten zu Panderitz, 2 Morgen Acker im Lobkevitzer Felde und 8 fl. Hebungen aus den Krügen zu Wieck und Altenkirchen. Herzog Ernst Ludwig ertheilte ihm am 8. Juni 1577 „weil er sich an fremde Oerter, da sein Geschlecht und Herkommen unbekannt sein möchte, befreiet und niedergelassen" ein Urkund seines adlichen Herkommens, und bezeugte, daß seine Vorfahren Herzogl. Lehnleute, zu Panderitz auf Wittow gesessen, gewesen, die sich jederzeit, wie adlichen ehrlichen Personen und getreuen Lehnleuten gebühre, verhalten. Ein Bruder des Egidius, Jacob v. d. L., war 1558 Rathsverwandter und Mitglied des Consistoriums zu Colberg. (Maaß Gesch. der St. Marien Domkirche zu Colberg. p. 39.) In der Domkirche daselbst befindet sich noch ein Epitaphium der Familie (a. a. O. p. 88.) Egidius v. d. L. war mit Gertrut Wittorp, des Jasper W. zu Neuenmünster und Pronsdorf T., verheirathet, Hauptmann des Klosters Bordesholm und Herzog Adolphs von Holstein Hofmeister und Rath. Er war bereits 1595 todt. (Andr. Angeli Holsteinische Chronik p. 68., wo gewiß irrthümlicher Weise das heute noch von der Familie geführte W. als das seinige aufgeführt ist). Von seinen 2 Söhnen Johan und Egidius hat sich der letztere ausgezeichnet. Er war Thum-Probst zu Lübeck, Probst des Jungfrauenklosters Preetz, Oberhofmeister des Fürstl. Hofes Gottorp, Fürstl. Holsteinischer Geheimer, auch Hof- und Land-Rath; Amtmann zu Gottorf, Kiel und Bordesholm, geb. den 27. Aug. 1560 † 1618 den 15. Novbr. Er war 2 mal, a. mit Lucie Blumen, Mathias Ranzows Wittwe, und b. mit Margarethe von Reventlow verheirathet. Von seinen Nachkommen fehlen weitere Nachrichten. (N. P. Cesperi Leich.-Pred. auf ihn. Kiel, 1632. 4.)

94) 19. b. Obgleich die Umschrift des Siegels Tessemari de Gartitz lautet, so vermuthe ich doch, daß es dem Thessemer Starkewolt gehört, weil Tesselinus Starkewolt 1352 mit einem Siegel siegelte, was dieselbe Wappenfigur, die Spitze eines gestuften Mauergiebels, zeigt, vgl. Anmerk. 57.

95) 9. h.

96) 12. e. Obgleich das Siegel den Vornamen seines Besitzers ganz deutlich als Teslav erkennen läßt, so kann man doch aus den übrigen noch vorhandenen Buchstaben nur den Namen Clement zusammensetzen, und ich glaube deshalb dies Siegel dem Razlaf dem Sohn (fil) des Clement zuschreiben zu können.

97) 7. d. 98) 8. e. 99) 32. e.

100) 32. b. Diese Familie führt dasselbe Wappen, wie die freilich erst gegen Ende des 14ten Jahrhunderts (1392) urkundlich genannten v. Aheren, die ihnen im Besitz von Natzevitz folgten; dies und noch andere Zeichen (fast dieselben Vornamen) lassen auf gemeinsamen Ursprung beider Geschlechter schließen.

Peter Wedeke [101]), Wendesche Vereß [102]), Tessemer [103]), Henneke [104]), Thesbart Norman [105]), Hinrik [106]), Dargbezlaf Trambitz [107]), Hinceke van dem Rode [108]), Henneke Borchardesson [109]), Grote [110]), Ghothe Grote [111]), Guzlaf [112]), Zlaweke Reddemersson [113]), Tezlaf van Gzenow [114]), Thezlaf Wangbelin [115]), Jordan Pape [116]), Probe [117]), Darsit [118]), Meritz [119]), Hinrik Stryzeman [120]), Pust Tzantheuitz [121]), Pawel Bolenson [122]), Slawes Teskevitz [123]), Jordan Mokes [124]), Jacob van Nobbin [125]), Thessemer Kotzuitz [126]), Hinrik [127]), Henneke [128]), Lemmeke Valkener [129]), Hinrik [130])

---

101) 27. c.

102) 30. b. Er scheint einem ganz anderen Geschlechte wie die in Anmerk. 11 genannten Personen angehört zu haben; in und bei Gingst gesessen. Später führten sie statt des mit 3 Kleeblättern belegten Pfahls einen mit drei herzartigen Figuren (Lindenblätter?) belegten Querbalken. Ich habe sie bis jetzt nur in Urk. des 14. Jahrhunderts gefunden. Ob „Wendesche" hier ein bloßer Vorname ist, oder sich, wie ich früher glaubte, auf die Nationalität bezieht, wage ich nicht zu entscheiden.

103) 13. d. 104) 12. d.

105) 13. b. 106) 28. c. vermuthlich.

107) 13. e. Dem Wappen nach gehörte der Besitzer zur Familie Normann; der Ort Trambitz ist eingegangen und lag im Kirchspiel Patzig. Der vorhergehende Name Hinrik kann sich mit auf Trambitz beziehen sollen, die Umschrift des Siegels nennt auch Hinrik Trammitz; die völlige Verschiedenheit der Wappen läßt aber schwerlich auf eine Verwandtschaft schließen. Die Genealogie der Familie von Norman steht übrigens auch erst seit der Mitte des 15ten und dem Anfange des 16ten Jahrhunderts fest.

108) 10. e. Sind deshalb höchst merkwürdig, weil es kein Wappen, sondern nur eine Hausmarke, wie sie von Bürgern in den Städten gebraucht wurden, zeigt. Die Familie war übrigens auch ursprünglich in Stralsund angesessen und zwar eine der ältesten Rathsgeschlechter, von 1263 an war Gerard von Rodde, von 1290 Heinrich v. R., 1291 Lambert v. R., 1308 Heinrich v. R., 1351 Herman v. R. (von 1364 – 77 Bürgermeister), 1389 – 1417 Behrend v. R., 1431 Beherend v. R. im Rath. (Brandenburg Gesch. des Magistrats p. 79 – 86.) Die Identität dieses Rathsgeschlechts mit dem gleichnamigen rügischen Adelsgeschlecht ist gar nicht zu bezweifeln, da beide später dasselbe Wappen führten, ursprünglich zwei ein Andreaskreuz bildende Streithammer, später mit einem Ringe oder Rosenkranz umgeben. Leider ist die Genealogie dieses Geschlechts noch sehr wenig erforscht. Es blühte bis in die Mitte des 16ten Jahrhunderts auf Rügen und gehörte in den letzten 150 Jahren seines Bestehens zu den angesehensten Geschlechtern der Insel. Ihre Güter waren Reparmitz, Rodderhave, Murkevitz, Kowall, Sissow, Glutzow u. a.

109) 29. b. 110) 21. e.

111) 5. e.

112) 21. d. Da die drei Siegel vorhanden, so habe ich sie auf keine andere Personen beziehen zu können geglaubt, obgleich die Umschrift von 21. e. Grote Boleurs, in der Urkunde nur Grote und die Umschrift von 21. d. Grote Gusleus (Gusclaf?) in der Urk. nur Guzclaf enthalten.

113) Vielleicht 8. b. dem Siegel, dessen Umschrift fehlt. Ist die Annahme richtig, so wären Guzlaf und Zlaweke Reddemersson wohl Verwandte, da ihre Wappen übereinstimmen, und ihre Aufeinanderfolge in der Urkunde nicht blos zufällig. Sonst bin ich nicht im Stande über diese Personen (110 – 113) etwas Weiteres anzuführen.

114) 16. d. Vergl. Anmerk. 85. Die ersten Mitglieder der Familie Dominus Milnero de Bynam und Bruzvcus de Bynam werden im Vergleich des Fürsten Jaromar II. von Rügen mit dem Freiherrn Borante von Barnekenhagen 1249 genannt. Vergl. Anmerk. 34. Bruzvcus v. B. und der Name des Stammgutes der Raleke Benz dürfte auch nicht ohne alle Beziehung sein.

115) 8. d. Vergl. Anmerk. 90. Die Familie Wangelin oder Wengelin blühte bis in's 16te Jahrhundert. 1509 verlieh Herzog Bogislaf X. dem Hans Wengelin und seine Erben den Rodderhof ihr Gaelepow im Schwantewer Kirchspiel, den Claus von Rode bewohnte, und 2 Bauerhöfe in Poseritz mit 2 Hufen, die er von Hinrich Helste zu einem todten Kauf gekauft. 1515 war Hans W. aber bereits ohne männliche Erben verstorben, denn in diesem Jahre verlieh Herzog Bogislaf dessen Schwestersohn Evert Gorkenzum Hansbagen, den Hof in Kranzberg mit 4 Hufen, den er nachgelassen.

116. 15. e. Bereits von 1278 — 90 wird Heinrich Pape im Gefolge Fürst Wizlafs von Rugen als Ritter genannt.

117) 6. e.

118) 8. d. Vergl. hierzu Anmerk. 25.

119) Fehlt.

120) 26. b. Das Dorf Strüsmansdorf, heute Strüssendorf bei Bergen und der dortigen Kirche gehörig, hat von dieser Familie wohl den Namen.

121) 22. d. Der Name ist in der Urkunde nicht richtig geschrieben, auf dem Siegel steht Smantevitz. Die Gleichheit des Wappens ergiebt, daß die Sm. ein Zweig der Bolen waren, der sich nach seinem Gute nannte. Von 1396 — 1424 verkauften sie dasselbe an das Kloster Hiddensee und werden später nicht mehr genannt.

122) 22. d. 123) 5. d.

124) 29. e. Im Prohner Kirchspiel in Pommern existirt noch heute ein nach Sommerfeld gehöriger Ort Mauke.

125) 11. d. Peybeslaf Kosen, Thezlaf Zlawrenitz (Anmerk. 60. und 61.) und Jacob von Nobbin scheinen der Uebereinstimmung der Wappen nach zu einem Geschlecht zu gehören.

126) Wohl 6. b., wohl richtiger Klotzuitz. 127) 33. c.

128) 35. b. 129) 36. b.

130) 28. d.

vnde Johan van der Wosch [131]), Wilcke [132]) vnde Hinrik van Tzobetzowe [133]), Johan Schacht [134]), Prybbezlaf Kosenson [135]), Henneke Travenemunde [136]), Razlaf Somouitz [137]), Knapen van wapen, vnde alle vnse erfnamen de nv sint vnde noch tokomende sint, vnde alle inwonere des meynen landes to Ruyen, bekennen vn dön witlik allesweme in dessen openen breuen, dat wve mit wiser vorbacht vns ewelikeu hebben vorbunden mit den erafteghen raatmannen, oldermannen vnde mit den ghemeynen borgheren vnde mit allen eren erfnamen, de nv sint in der stat to dem Stralessunde vnde noch komen scholen, vnde mit allen inwoneren derselnen stat, bv en ewelikeu to bliuende, erer nymmermer aftogande in al eren noden vnde saken, gewelik to bliuende by alle deme rechte, als id van oldinghes hest ghewesen in der stat vnde in deme lande to Ruyen. Vppe dat desse bluk ewich vnde stede bliuen, so hebben wve desse hantvestinghe beseghelet mit vnsen inghesegbelen. Desse breue sint gheghenen in der stat to dem Stralessunde in dem iare na gades boorth dusent iar drehundert iar in dem sestevnden iare, to twelften daghe.

--- --- --

Diese 20 Zeilen enthaltene Urkunde ist auf ein 17 Zoll breites und 10 Zoll langes Pergamentblatt geschrieben. Die beiden Seiten-Ränder und der untere Rand sind umgeschlagen. Unten durch dasselbe sind 12 Pergamentstreifen zur Befestigung der Siegel gezogen. Die Siegel sind sämmtlich in weißes Wachs abgedruckt, unten beschrieben und auf den Siegeltafeln abgebildet.

131) 30. c. Die Umschrift des Siegels lautet: Johan van der Dev, aber er und Hinrik v. d. Wisch scheinen Brüder gewesen zu sein, von denen sich jeder nach seinem Besitz genannt. Die Insel Oehe befindet sich noch bis heute in den Händen eines Nachkommen dieses Johan. Das kleine Gut Wisch liegt im Schaproder Kirchspiel.

132) 31. a.

133) 31. b. Die Aehnlichkeit der Siegel der Familien Tzobezow, Oehe und Wisch läßt wohl auf Verwandtschaft schließen.

134) 27. d. Es ist höchst bemerkenswerth, daß sich in diesem Siegel die Bestandtheile des Osten-Sackenschen Wappens finden. Das Feld mit den 3 Sternen, und das Ostensche eigenthümliche Wappen; nur etwas unförmlich zusammengesetzt. Die Schacht besaßen auf Rügen, bis gegen Ende des 14ten Jahrhunderts, Lerßen im Schaproder und Unrow im Gingster Kirchspiel. Ihr Stamm-Wappen sind 3 Sterne. Johannes Schacht de Ruja wird im ältesten Stralsunder Stadtbuch f. 476. ums J. 1283 genannt.

135) Fehlt. 136) Fehlt efr. Anmerk. 56.

137) Fehlt.

Am 1sten Pergamentstreifen hängen 3 Siegel, a. b. c.

a. Ein großes rundes Siegel. Der dreieckige Schild ist quergetheilt. Die untere Hälfte zeigt einen Schach, (6 Felder breit und 3 tief). In der obern Hälfte ein halber rechtssehender Adler mit ausgebreiteten Flügeln und geschlossenem Schnabel. Der Raum zwischen dem Schilde und der Kreisfläche, auf der die Inschrift steht, ist mit rankenartigen Verzierungen ausgefüllt. Die Umschrift lautet:

+ S. DNI. PRIDBORI DE VIL . . . .

(der Rest ist abgebröckelt.)

b. Ein rundes Siegel. Der dreieckige Schild zeigt einen schräg links gekehrten Balken, der mit 3 Rosen belegt ist. Die Umschrift lautet:

S. PETRI RODEMUND.

c. Ein dreieckiges Siegel. Der Schild zeigt dieselben Figuren wie der des vorher beschriebenen Siegels. Umschrift:

+ S. PRIDBORI RODEMUNT.

Am 2ten Pergamentstreifen hängen 3 Siegel, a. b. c.

a. Ein rundes Siegel. In der innern Rundung erblickt man einen alterthümlichen Helm, der auf jeder Seite mit 9 Pfauenfedern besteckt ist. Unten an demselben befinden sich die Bänder, womit derselbe befestigt ward. Umschrift:

+ S. STEVSLAVE DE PUDBVSRE.

b. Ein rundes Siegel. Der dreieckige Schild zeigt 3 mit den Mündungen nach unten und links gekehrte gewundene (Widder) Hörner 2 und 1. Umschrift:

S. RALIC RALICORI.

c. Ein dreieckiges Siegel; der Schild zeigt dieselben 3 Hörner, wie b. Umschrift:

S. GODESCALCI RALICREVICE.

Am 3ten Pergamentstreifen hängen 3 Siegel, a. b. c.

a. Ein rundes Siegel. Der dreieckige Schild zeigt 3 Kränze (2 und 1), in denen je 5 Rosen befindlich. Der Raum zwischen dem Schilde und der Kreisfläche, auf der die Umschrift steht, ist schräg rechts und links schraffirt. Umschrift:

+ S. HINRICI MILITIS CUM PLATA.

2 *

b. Ein rundes Siegel. Der dreieckige Schild zeigt ein rechtssehendes klimmendes Thier, der stark vorwärts gebogene Hals ist mit einem Kamm oder einer Mähne versehen, der in die Höhe geworfene Schweif ist zweimal gespalten, die vier Füße zeigen große Klauen. Umschrift:

+ S. GOSSLEF FILIUS. SVM.

c. Ein rundes Siegel. Der dreieckige Schild zeigt dasselbe Bild wie b. Umschrift.

+ S. JVUENIS. SUME.

Am 4ten Pergamentstreifen hängen 3 Siegel, a. b. c.

a. Ein dreieckiges Siegel. Der Schild zeigt dasselbe Bild wie 3 a. Umschrift:

(TOM)AS MITTER. PLAETE.

b. u. c. Zwei dreieckige Siegel. Die Schilder zeigen dieselben Bilder wie 3. b. und c. Umschriften:

b. **+ S. RESSLAI SVMOVIS.**

c. **+ S JOHANNIS SVMOVISC.**

Am 5ten Pergamentstreifen hängen 4 Siegel, a. b. c. d.

a. Ein dreieckiges Siegel. Der Schild ist quergetheilt. Die untere Hälfte zeigt einen Schach, 5 Felder breit und hoch. In der obern Hälfte ein halber rechtssehender Adler mit ausgebreiteten Flügeln und geschlossenem Schnabel. Die Umschrift:

+ S. PRIDEBOR DE LANCEN.

b. Ein dreieckiges Siegel. Der Schild zeigt dasselbe Bild wie 3 b. u. c. und 4 b. u. c. Die Umschrift:

+ S. SULIMARI SUMOVIZT.

c. Ein dreieckiges Siegel. Der Schild zeigt 3 vorwärtsschauende Löwenköpfe. Die Umschrift:

+ S. . . . HOTE GROTE.

d. Ein dreieckiges Siegel. Der Schild zeigt ungefähr in der Mitte eine runde Schnalle. Aus den 3 Ecken des Schildes gehen 3 Knebelspieße hervor, die mit den Spitzen die Schnalle berühren. Die Umschrift:

+ S. NICOLAI TESSKEWS.

Am 6ten Pergamentstreifen hängen 4 Siegel, a. b. c. d.

a. Ein dreieckiges Siegel. Im Schilde eine sechsblättrige Rose. Aus derselben gehen nach den 3 Ecken des Schildes 3 belaubte Zweige, mit wieder je 2 Zweigen, hervor. Die Umschrift:

+ S'. JVDE MILITIS DE CHAROV.

b. Ein dreieckiges Siegel. Im Schildesfuß ein dreifacher mit Gras bewachsener Hügel aus dem ein Baum hervorwächst, an dessen 3 Zweigen Blätter und kleine kirschenähnliche Früchte. Die Umschrift:

+ S. BMNECHEL CLOCEVIST.

c. Ein rundes Siegel. Der dreieckige Schild ist quergetheilt, in der untern Hälfte 3 Sterne 2, 1, in der obern ein wachsender rechts gewandter Löwe. Die Umschrift:

S. PRIBEN LANCA.

d. Ein rundes Siegel. Der dreieckige Schild wie in dem so eben beschriebenen Siegel. Von der nicht völlig erhaltenen Umschrift erkennt man noch:

S. DARGHESLAVI LAN . . .

Am 7ten Pergamentstreifen hängen 4 Siegel, a. b. c. d.

a. Ein großes rundes Siegel. Der dreieckige Schild zeigt ein rechts sehendes klimmendes Thier, der vorwärts gebogene Hals ist mit einem Kamm versehen, der in die Höhe geworfene Schweif ist zweimal gespalten. Die Vorderfüße zeigen große Klauen. Die Umschrift lautet:

+ S. DNI. SYME DE WIDTOVG.

b. Ein dreieckiges Siegel. Der Schild ist längs getheilt. Die vordere Hälfte zeigt einen halben Ochsenkopf, an die Theilungslinie gelehnt, die zweite Hälfte ist quer getheilt. In der obern Hälfte eine Krone, unten 4 Kleeblätter 2. 1. 1. Die Umschrift:

+ S. Nicolai de Dagzowe.

c. Ein dreieckiges Siegel. Der Schild ist längs getheilt. Die vordere Hälfte zeigt einen halben Ochsenkopf, an die Theilungslinie gelehnt, die zweite 9 Kleeblätter, 3. 3. 2. 1. Die Umschrift:

+ S. Nicolai Wsceken.

d. Ein dreieckiges Siegel. Der Schild ist längs getheilt. Die vordere Hälfte zeigt einen halben Ochsenkopf, an die Theilungslinie gelehnt, die zweite Hälfte ist quer getheilt, in der obern Hälfte eine Krone, unten ein Kleeblatt mit Stengel. Die Umschrift:

+ S. Vicconis de Westekendorp.

Am 8ten Pergamentstreifen hängen 4 Siegel, a. b. c. d.

a. Ein rundes Siegel. Der dreieckige Schild zeigt einen linken Schrägbalken, der mit 13 Kugeln oder Pfennigen belegt ist. 4. 5. 4. Die Umschrift:

+ C. CABORH MILITI DE PORET.

b. Ein dreieckiges Siegel. Ein vorwärts sehender Thier- (Löwen-?) Kopf. Von der Umschrift hat sich kaum ein Buchstabe erhalten.

c. Ein rundes Siegel. Der dreieckige Schild zeigt einen rechts gewandten steigenden Fuchs, mit herabhängendem Schwanz. Die Umschrift:

+ S. ARNOLDVS VIZE.

d. Ein dreieckiger Schild. Der Schild zeigt einen dreifach geschachten Balken. Die Umschrift:

+ S. TESSLAF WENGELIN . · . Z.

Am 9ten Pergamentstreifen hängen 4 Siegel, a. b. c. d.

a. Ein dreieckiges Siegel. Der Schild ist quergetheilt, die obere Hälfte ist durch schräg rechts und links sich kreuzende Striche schraffirt, die untere Hälfte ist leer. Die Umschrift:

+ S. HI . . RICI DE RECE . . . LITIS.

b. Ein dreieckiges Siegel. Der Schild zeigt ein rechtssehendes klimmendes Thier. Der stark vorwärts gebogene Hals ist mit einem Kamm versehen. Der in die Höhe geworfene Schweif ist fünf mal gespalten. Die vier Füße zeigen Klauen, besonders groß an den vorderen. Die Umschrift:

+ S. TESSEMARI KRAKE.

c. Ein dreieckiges Siegel. Der Schild zeigt einen wachsenden Widder oder Steinbock, von dessen Hörnern das eine stark vorwärts, das andere stark rückwärts gekrümmt ist. Die Umschrift:

+ S. JOHANIS BAGGHE.

d. Ein dreieckiges Siegel, dessen rechte obere Ecke abgebrochen. Der Schild zeigt einen geschachten Querbalken. Die Umschrift:

+ S. JOHANNES G . . . SE.

Am 10ten Pergamentstreifen hängen 4 Siegel, a. b. c. d.

a. Ein dreieckiges Siegel. Die untere und rechte obere Ecke sind abgebrochen. Der Schild zeigt eine aus dem linken Schildesrand hervorgehende Raubvogelklaue. Von der Umschrift erkennt man:

. . . HER . ECG . . . T BY . . . .

(S. Her . Eegbart . Badde.)

b. Ein dreieckiges Siegel. Die Figur des Schildes ist so zerdrückt, daß ich sie nicht zu deuten wage. Die Umschrift:

+ S. JOHANNIS . . . .

c. Ein rundes Siegel. In der Rundung steht ohne weitere Schildes-Abtheilung eine Hausmarke. Die Umschrift:

+ S. HINRIC VAN DE RODE.

d. Ein dreieckiges Siegel. Der Schild zeigt eine Figur, die vielleicht ein hängendes Fischernetz vorstellen soll. Die Umschrift:

+ S. INRICI FRISVS.

Am 11ten Pergamentstreifen haben 4 Siegel gehangen von denen das 2te zur Zeit fehlt. a. c. d.

a. Ein rundes Siegel. Der dreieckige Schild zeigt einen vorwärts sehenden Löwenkopf. Die Umschrift:

+ S. DNI. JOHANES BRVNSWIC.

c. Ein dreieckiges Siegel. Der Schild ist quer getheilt. In der obern Hälfte ein wachsender rechts sehender Löwe, mit von sich geworfenen Pranken und aufwärts gekehrtem Schwanz. In der untern Hälfte, die hintere Hälfte eines Fisches, der an den Leib des Löwen angepaßt ist und von diesem herab zu hängen scheint. Die Umschrift:

+ S. TESLAVI SLAWEKINI.

d. Ein dreieckiges Siegel, dessen 3 Ecken mehr oder weniger beschädigt sind. Der Schild eben so wie im vorhergehenden Siegel. Die Umschrift:

+ S. JACOB . . E . NVB . IN.

Am 12ten Pergamentstreifen hängen 4 Siegel, a. b. c. d.

a. Ein dreieckiges Siegel. Der Schild ist durch schräg rechts und links sich kreuzende Striche schraffirt und zeigt einen rechts gewandten Eselskopf mit Hals. Die Umschrift:

+ S. DNI. JOHANNI VIRIS.

b. Ein dreieckiges Siegel. An der untern Ecke rechts ist ein Stück der Umschrift ausgebrochen. Der Schild zeigt die unter c. und d. beschriebenen Figuren des 11ten Pergamentstreifens. Die Umschrift:

+ S. PRIBESLA . . COSEN.

c. Ein kleines dreieckiges Siegel. An der rechten Seite sind 2 Stücke der Umschrift ausgebrochen. Der Schild zeigt 2 kreuzweise über einander gelegte, mit Stielen versehene Quäste oder Wedel, die Stiele nach unten gekehrt. Die Umschrift:

+ S. TESLAV . . LEM . . NT.

d. Ein dreieckiges Siegel. Der Schild zeigt in der obern Hälfte einen wachsenden, rechts gekehrten Adler, mit ausgebreiteten Flügeln, in der untern Hälfte drei neben einander stehende Rauten. Die Umschrift:

+ S. JOHANNIS NORMAN.

Am 13ten Pergamentstreifen hängen 4 Siegel, a. b. c. d.

a. Ein dreieckiges Siegel. Der Schild zeigt die am 8ten Pergamentstreifen sub a. beschriebene Figur. Die Umschrift:

+ S. HECEHARDI DE PORECE.

b. Ein dreieckiges Siegel. Der Schild zeigt die am 12ten Pergamentstreifen unter d. beschriebene Figuren. Die Umschrift:

+ S. TESDARGI NORMAN.

c. Ein dreieckiges Siegel. Der Schild zeigt dieselben Figuren wie der des vorhergehenden Siegels. Die Umschrift:

+ S. DARGOSLAI DE LRAMBIZ.
(wohl irrthümlich L statt T)

d. Ein rundes Siegel. Der Schild zeigt dieselben Figuren wie die der beiden vorhergehenden Siegel. Die Umschrift:

+ S. TESSEMARI NORMAN.

Am 14ten Pergamentstreifen haben 4 Siegel gehangen von denen das 3te fehlt. Die vorhandenen sind mit a. b. d. bezeichnet.

a. Ein dreieckiges Siegel. Die 2 oberen Ecken sind beschädigt. Der Schild zeigt die am 8ten Pergamentstreifen sub a. beschriebene Figur. Die Umschrift:

+ S. HEYNEMANI DE PO . . . E

b. Ein rundes Siegel. Der Schild zeigt die am 12ten Pergamentstreifen sub d. beschriebene Figur. Die Umschrift:

+ S. PETER PVSEVALC.

d. Ein rundes Siegel. Der Schild zeigt dieselben Figuren wie das vorige Siegel. Von der sehr beschädigten Umschrift erkennt man nur:

+ S. TE . . . . POS . . W . .

Am 15ten Pergamentstreifen hängen 4 Siegel, a. b. c. d.

a. Ein dreieckiges Siegel. Der Schild zeigt dieselbe Figur wie der des am 9ten Pergamentstreifen sub b. beschriebenen Siegels, nur ist der Schwanz des Thieres verstümmelt und die Klauen erscheinen nicht so groß. Die Umschrift:

+ S. JOHANNES CRACEVITCE.

b. Ein rundes Siegel. Der dreieckige Schild zeigt die Figuren wie der des am 12ten Pergamentstreifen sub d. beschriebenen Siegels. Die Umschrift:

+ S. PVSEWALC.

c. Ein rundes Siegel. Die innere Rundung, die den dreieckigen Schild umgiebt, ist zierlich ausgeschweift. Derselbe zeigt einen links gekehrten Schrägbalken, der mit 3 verkürzten Adlern belegt ist. Die Köpfe liegen aufwärts gekehrt, die Flügel sind ausgebreitet, die Fänge fehlen. Die Umschrift hat sehr gelitten, man erkennt nur noch:

. . . . OCH DICT . . . PAP . . .

d. Ein dreieckiges Siegel. Der Schild zeigt eine Figur, die ich nicht zu bestimmen vermag und deshalb nur auf die Abbildung verweisen kann. Die Umschrift:

+ S. HINRICI TROSISCE.

Am 16ten Pergamentstreifen hängen 4 Siegel, a. b. c. d.

a. Ein rundes Siegel. Aus der Umschrift ist ein Stück ausgebrochen. Der dreieckige Schild ist längs getheilt. In der vordern Hälfte ein halber rechts sehender Adler mit von sich geworfener Klaue und ausgebreitetem Flügel. In der hintern Hälfte eine, möglicher Weise ein Steuer Ruder vorstellende, Figur, jedoch verkehrt gestellt, so daß das spitze Ende dem Schildesfuß zugekehrt ist, die obere Seite ist abgerundet. Die Umschrift:

. . . ERARDI QUAS.

b. Ein dreieckiges Siegel. Die linke obere Ecke ist abgebrochen. Der Schild längs getheilt. Die vordere Hälfte zeigt einen halben Ochsenkopf, an die Theilungslinie gelehnt, die hintere Hälfte ist quer getheilt, oben 4 Kleeblätter 2. 2., unten ein leeres Feld, von schräg rechts und links sich schneidenden Strichen schraffirt. Die Umschrift:

. . . rocalci Crassowe

c. Ein dreieckiges Siegel. Die untere Ecke ist abgebrochen. Der Schild zeigt 3, mit den Mündungen nach oben rechts gewandte, gewundene Widderhörner. Die Umschrift:

+ S. NICOLAI E . VZENEM.

d. Ein dreieckiges Siegel. Die untere Ecke ist abgebrochen. Der Schild zeigt dieselben Figuren, wie der des vorhergehenden Siegels. Die Umschrift:

+ S. TEZLAV . . . OZENEM.

Am 17ten Pergamentstreifen hängen 4 Siegel, a. b. c. d.

a. Ein dreieckiges Siegel. Der Schild zeigt einen großen mit einem Deckel versehenen Becher [Schawer]. Die Umschrift:

+ S. MOGZLEMER.

b. Ein dreieckiges Siegel. Der Schild zeigt 3, mit den Mündungen nach unten links gewandte, gewundene Widderhörner. Die Umschrift:

+ S. CICIBVRI.

c. Ein dreieckiges Siegel. Der Schild zeigt 3, mit den Mündungen nach unten rechts gewandte, gewundene Widderhörner. Die Umschrift:

+ S. TESSLAVI VAN VZNVM.

d. Ein dreieckiges Siegel. Der Schild zeigt ein, mit der Mündung nach unten rechts gewandtes, gewundenes Widderhorn. Die Umschrift:

+ S. THECEN FILIVS RADVS.

Am 18ten Pergamentstreifen hängen 4 Siegel, a. b. c. d.

a. Ein dreieckiges Siegel. Die obere rechte Ecke ist abgebrochen. Der Schild zeigt in der untern Hälfte 2 Querbalken, über dem oberen einen rechts gewandten wachsenden Bären, mit geöffnetem Rachen und zum Klimmen geschickt. Die Umschrift:

+ S. SANDER VON BONO.

b. Ein dreieckiges Siegel. Der Schild zeigt dieselbe Figur, wie das am 17ten Pergamentstreifen sub d. beschriebene Siegel. Die Umschrift:

+ S. RASSLAVI KVOT.

c. Ein dreieckiges Siegel. Der Schild zeigt dieselbe Figur wie das vorhergehende Siegel. Die Umschrift:

+ S. RASSLAAI SLAVUS.

d. Ein rundes Siegel. Oben fehlt ein Stück desselben. Der dreieckige Schild zeigt 3 mit Griffen versehene Instrumente, die ich nicht zu deuten vermag und deshalb auf die Abbildung verweise. Die Umschrift:

ICIW WICEKE.

Am 19ten Pergamentstreifen haben 4 Siegel gehangen, von denen das 3te fehlt, die vorhandenen sind mit a. b. d. bezeichnet.

a. Ein dreieckiges Siegel. Der Schild zeigt 3 Querbalken, von denen die 2 oberen je mit 3, der unterste mit 2 Kugeln oder Pfennigen belegt sind. Die Umschrift:

+ S. SIFRIDI DE STARKOW.

b. Ein rundes Siegel. Der dreieckige Schild zeigt eine gestufte giebelartige Figur. Die Umschrift:

+ S. DESSEMARI DE GARDISG.

d. Ein dreieckiges Siegel. Der Schild stimmt genau mit dem des am 16ten Pergamentstreifen sub a. beschriebenen Siegels. Die Umschrift:

S. HENNEKE DENEN.

Am 20sten Pergamentstreifen hängen 4 Siegel, a. b. c. d.

a. Ein dreieckiges Siegel, dessen unterer Theil fehlt. Der Schild ist längs getheilt. Die vordere Hälfte zeigt vier schräglinke Flüsse, die zweite Hälfte einen aufrecht stehenden Schlüssel, den Bart nach oben und links gekehrt. Die Umschrift:

+ S. HIN . . . E OSTI.

b. Ein dreieckiges Siegel. Der Schild ist längs getheilt. Die vordere Hälfte zeigt einen sehr schmalen Querbalken, die 2te hat 2 linke Schrägbalken. Der erste bedeckt vor der linken Ecke oben den zunächst liegenden Theil des Schildes. Die Umschrift:

+ S. LODEWICI CABOLT.

c. Ein dreieckiges Siegel, dessen untere Ecke fehlt. Der Schild zeigt den Vorderleib von drei springenden rechts gewandten Widdern 2 und 1 gestellt, die Hörner sind je vorwärts und rückwärts gebogen und stark gekrümmt. Die Umschrift:

+ S. JACOBI ZABUZIZE.

d. Ein dreieckiges Siegel. Der Schild zeigt den Vorderleib eines schreitenden rechts gewandten Stiers. Die Umschrift:

+ S. BERTOLDI CRANS.

Am 21sten Pergamentstreifen hängen 4 Siegel, a. b. c. d.

a. Ein dreieckiges Siegel. Der Schild zeigt dieselben Figuren wie der des am 20sten Pergamentstreifen sub a. beschriebenen Siegels. Die Umschrift:

+ S. BERTOLDI VAN DER OSTE.

b. Ein dreieckiges Siegel, dessen untere und rechte Ecke fehlen. Der Schild ist längs getheilt. Die vordere Hälfte zeigt einen gekürzten halben Adler (der Fang fehlt), die 2te Hälfte einen Schach. Die Umschrift:

+ S. JOHAN . . S HOR . T.

c. Ein dreieckiges Siegel. Der Schild zeigt drei vorwärts sehende, rauh behaarte Köpfe, mit schlangenartig verlängerten Ohren, unter dem Nacken befindet sich eine ähnliche Verlängerung. 2. 1. Die Umschrift:

+ S. GROTE ROTENES.

d. Ein dreieckiges Siegel. Der Schild zeigt einen vorwärts sehenden Kopf, ähnlich wie die im vorhergehenden Siegel beschriebenen. Die Umschrift:

+ S. GROETE GUSLCUF.

Am 22sten Pergamentstreifen hängen 4 Siegel, a. b. c. d.

a. Ein dreieckiges Siegel. Der Schild zeigt dieselben Figuren wie der des am 3ten Pergamentstreifen sub a. befindlichen Siegels. Die Umschrift:

+ S. WILHELMI MITTER PLATE.

b. Ein dreieckiges Siegel. Der Schild ist quer getheilt. Die untere Hälfte zeigt eine durchbrochene Mauer, die obere einen rechts gewandten wachsenden Greif, mit geöffnetem Flüge und von sich geworfenen Klauen, der aus dem mittleren giebelartigen Theil der Mauer wächst. Die Umschrift:

+ S. WERNERI FILII BOLEN.

c. Ein dreieckiges Siegel. Ein kleines Stück der unteren Ecke fehlt. Der Schild zeigt die beim vorigen Siegel beschriebenen Figuren. Die Umschrift:

+ S. PUST DE SMANTEVIZZE.

d. Ein dreieckiges Siegel. Ein kleines Stück der untern Ecke fehlt. Der Schild zeigt genau dieselben Figuren wie die 2 vorhergehenden Siegel. Die Umschrift:

S. PAULI . . LII BOLEN.

Am 23sten Pergamentstreifen hängen 4 Siegel, a. b. c. d.

a. Ein elliptisches Siegel. Die innere Rundung ist quer getheilt. In der untern Hälfte befindet sich unter einem Spitzbogen ein dreieckiger Schild. Dieser ist quer getheilt und zeigt in der untern Hälfte einen Schach, 4 Felder breit und hoch, und in der obern Hälfte einen wachsenden rechts gewandten Adler mit ausgebreiteten Flügeln. In der obern Hälfte der innern Rundung sieht man den Oberkörper einer männlichen Figur, mit flach zugespitzter Kopfbedeckung, der den untern Theil mit beiden Armen vor sich zu halten scheint. Die Umschrift:

+ S. PRIDBORI DE LANKEN.

b. Ein rundes Siegel. Der dreieckige Schild zeigt genau dieselben Figuren wie der des am 22sten Pergamentstreifen sub b. beschriebenen Siegels. Die Umschrift:

+ S. JOHANNI BVLENSON.

c. Ein rundes Siegel. Der dreieckige Schild zeigt genau dieselben Figuren wie das vorhergehende Siegel. Die Umschrift:

+ S. WILLEKINI BULENSON.

d. Ein rundes Siegel. Der dreieckige Schild zeigt genau dieselben Figuren wie die 2 vorhergehenden Siegel. Die Umschrift:

+ S. NICOLAI BULENSONE.

Am 24sten Pergamentstreifen hängen 3 Siegel, a. b. c., das 4te fehlt.

a. Ein rundes Siegel. Der dreieckige Schild zeigt dieselben Figuren wie der des am 23sten Pergamentstreifen sub a. beschriebenen Siegels. Die Umschrift:

S. SVLISLAVI DE LANKA.

b. Ein dreieckiges Siegel. Der Schild zeigt ein auf

den Hinterfüßen aufgerichtetes, rechts gewandtes Pferd. Die Umschrift:

+ S. GODEKINI LEVDEKVLE.

c. Ein dreieckiges Siegel, oben rechts ist ein Stück ausgebrochen. Der Schild zeigt dieselbe Figur wie das vorige Siegel. Die Umschrift:

+ S. WILLEKINI LEVDE . . LE.

Am 25sten Pergamentstreifen hängen 4 Siegel, a. b. c. d.

a. Ein rundes Siegel. Der dreieckige Schild zeigt einen quer getheilten Schild. In der untern Hälfte 3 Sterne, 2. 1, in der obern ein wachsender rechts gewandter Löwe, mit von sich geworfenen Pranken. Die Umschrift:

+ S. THESMAERI PARVI.

b. Ein dreieckiges Siegel. Der Schild ist längs getheilt. In der vordern Hälfte ein halber rechts gewandter Adler, mit ausgebreitetem Fluge und einer Klaue, in der 2ten Hälfte 3 linke Schräg Flüsse. Die Umschrift:

+ S. MATTHI . . . . E LANCKE.

c. Ein dreieckiges Siegel. Der Schild zeigt dieselben Figuren wie das an diesem Pergamentstreifen sub a. beschriebene Siegel. Die Umschrift:

+ S. TESSANI DE LANKE.

d. Ein dreieckiges Siegel. Der Schild wie beim vorigen Siegel. Die Umschrift:

+ S. GRIMMESSEL . . VI DE LANKA.

Am 26sten Pergamentstreifen hängen 4 Siegel, a. b. c. d.

a. Zeigt zum 2ten Male das am 1sten Pergamentstreifen sub b. beschriebene Crassow'sche Siegel.

b. Ein dreieckiges Siegel. Der Schild zeigt zwei sich kreuzende Quäste oder Wedel, die mit Stielen versehen sind, die Stiele nach unten gekehrt. Die Umschrift:

+ S. HINRICUS STRICEMAN.

c. Ein dreieckiges Siegel. Der Schild ist längs getheilt. In der vordern Hälfte ein herabhängender Adlerflügel, auf dessen Sachse ein katzenähnlicher Kopf angebracht ist. Die 2te Hälfte zeigt einen völligen Rosenkranz mit 4 Rosen, und unter demselben einen durch die Schildesabtheilung halbirten Rosenkranz mit 3 Rosen. Die Umschrift:

+ S. HERMANNI DE SVEGHCVIZZE.

d. Ein dreieckiges Siegel, dessen unterer Theil abgebrochen. Der Schild zeigt 2 gegenüberstehende herabhängende Adlerflügel, auf den Sachsen derselben ist je ein katzenähnlicher Kopf angebracht. Die Umschrift:

+ S. WLVOL . . . ELKOWE.

Am 27sten Pergamentstreifen hängen 4 Siegel, a. b. c. d.

a. Ein dreieckiges Siegel. Der Schild zeigt ein sitzendes rechts gewandtes Eichhorn mit aufgerichtetem Schweife. Die Umschrift:

+ S. ECHEHARDI DE WSTENIGE.

b. Ein dreieckiges Siegel. Der Schild zeigt einen linken, mit Hufeisen belegten Schrägbalken, die Oeffnungen derselben nach unten gewendet. Die Umschrift:

+ S. GHERARDI DE OMANZ.

c. Ein dreieckiges Siegel. Aus der untern Spitze des Schildes gehen 2 Kleestengel hervor, die sich nach den 2 oberen Ecken neigen, und je ein Kleeblatt tragen. Die Umschrift:

+ S. Peter Wedicken.

d. Ein rundes Siegel. Der dreieckige Schild zeigt 3 Sterne, 2. 1. Zwischen diesen ist der größere aber noch mit einem kleineren 4eckigen Schilde belegt. Dieser ist längs gespalten. Die vordere Hälfte zeigt einen aufrecht stehenden, mit dem Barte nach oben stehenden, rechts gewandten Schlüssel, die hintere Hälfte 3 linke Schräg Flüsse. Die Umschrift:

+ S. JOHANNES SCHACHT.

Am 28sten Pergamentstreifen hängen 4 Siegel, a. b. c. d.

a. Ein dreieckiges Siegel. Der Schild zeigt dieselben Figuren, wie das am 25sten Pergamentstreifen sub a. beschriebene Siegel. Die Umschrift:

+ S. EVERARDI DE HELLE.

b. Ein rundes Siegel. Der dreieckige Schild zeigt eine, aus dem linken Schildesrand hervorgehende, in die Höhe gerichtete rechts gewandte Raubvogelklaue, mit befiederten Schenkel. Die Umschrift:

+ S. GURIIS CLAWE.

v. Krassowsche Gesch. Bd.-B. 3

c. Ein dreieckiges Siegel. Der Schild zeigt eine von dem untern Theil des linken Schildesrandes nach der rechten Schildesecke gerichtete Figur, die sich nach oben verjüngt und in eine gekrümmte stumpfe Spitze endet. Die Deutung vermag ich nicht mit Bestimmtheit zu geben; vielleicht ist es ein Brecheisen. Die Umschrift:

+ S. HINRICI TRAMMIS.

d. Ein dreieckiges Siegel. Der Schild zeigt im untern Theile 4 schmale Querflüsse. Ueber diesen einen Baum mit einem Mittelstamm und 2 Seitenzweigen, von denen jeder 3 Eichenblätter, der Mittelstamm aber nur eins zeigt. Die Umschrift:

+ S. HINRICI DE WIHS.

Am 29sten Pergamentstreifen hängen 3 Siegel, a. b. c.

a. Ein dreieckiges Siegel. Am obern Rande ist ein Stück und die untere Spitze fortgebrochen. Der Schild ist längs gespalten. In der vordern Hälfte ein gekrönter halber Ochsenkopf, an die Theilungslinie gelehnt. Die hintere Hälfte ist quergetheilt, in der obern Hälfte stehen 9 Kleeblätter, 3 3 3. Die untere Hälfte ist leer. Die Umschrift:

Ghoten M[o]rtberner.

b. Ein dreieckiges Siegel. Der Schild zeigt 2 schräg links gestellte gekrümmte Hölzer, an den Enden stärker als in der Mitte, mit den Rücken gegeneinander gestellt und durch 2 Querhölzer, die in dem unteren Holze befestigt scheinen, und durch das obere hindurchgehen, verbunden. Die Deutung dieser Figur vermag ich nicht zu geben. Die Umschrift:

+ S. JOHNS FILII BORCHARDIS.

c. Ein dreieckiges Siegel. Der Schild zeigt 3 zu einem Schächerkreuz zusammengestellte Pfriemen. Aus den Zwischenräumen gehen nach oben und dem linken Schildesrande drei, nach dem rechten Schildesrande 4 Spitzen aus. Die Umschrift:

+ S. JORDANI MU.

Am 30sten Pergamentstreifen hängen 3 Siegel, a. b. c.

a. Ein dreieckiges Siegel. Der Schild zeigt drei kurze zu einem Schächerkreuz zusammengestellte Schwerdter, die Spitzen stehen gegen einander. Die Umschrift:

+ S. REINOLD GRUNDEIS.

b. Ein dreieckiges Siegel. Der Schild zeigt einen mit 3 Kleeblättern belegten Pfahl, die Stengel derselben sind nach unten gekehrt. Die Umschrift:

+ S. WENDISGE VIRIS.

c. Ein dreieckiges Siegel. Im Schilde 3 schmale Querflüsse, über denselben ein Baum mit einem Mittelstamm und 2 Aesten, davon jeder 2 Eicheln und 4 Blätter, der Mittelstamm aber nur eine Eichel trägt. Die Umschrift:

+ S. JOHAN WAN DER OOY.

Am 31sten Pergamentstreifen hängen 3 Siegel, a. b. c.

a. Ein dreieckiges Siegel. Der Schild ist längs getheilt. In der vordern Hälfte ein halber gekrönter Ochsenkopf mit einem Ringe in der Nase, an die Theilungslinie gelehnt. Die hintere Hälfte ist quer getheilt. In der obern Hälfte 9 Kleeblätter, 3 3 3., und in der untern 5 Kleeblätter, 2. 2. 1. Die Umschrift:

+ S. Antonius Crassowe.

b. Ein dreieckiges Siegel. Der Schild zeigt 3 schmale Querflüsse. Die Umschrift:

+ S. HINRIC VAN SUBBESOVE.

c. Ein dreieckiges Siegel. Der Schild wie im vorhergehenden Siegel. Die Umschrift:

+ S. WILLEKEN VAN SVBBESOVE.

Am 32sten Pergamentstreifen hängen 3 Siegel, a. b. c.

a. Ein dreieckiges Siegel. Der Schild ist schräg rechts und links schraffirt und zeigt einen rechts gewandten Eselskopf. Die Umschrift:

+ S. JOHANNIS, VIRIS.

b. Ein dreieckiges Siegel. Der Schild zeigt einen rechts gewandten Eselskopf mit geöffnetem Maul und heraushängender Zunge. Die Umschrift:

+ S. GHOTEN DE NATEVIS.

c. Ein dreieckiges Siegel. Der Schild wie im vorhergehenden Siegel. Die Umschrift:

+ S. HINRICI DE NATCIVIA.

Am 33sten Pergamentstreifen hängen 3 Siegel, a. b. c.

a. Ein großes dreieckiges Siegel. Die linke Ecke ist abgebrochen. Der Schild ist längs getheilt, in der vordern Hälfte ein halber Ochsenkopf, an die Theilungslinie gelehnt. Die hintere Hälfte ist quer getheilt, im obern Felde eine Krone, im untern ein Kleeblatt ohne Stengel. Die Umschrift:

+ S. Matthie Crassowe.

b. Ein rundes Siegel. Der dreieckige Schild zeigt eine senkrecht stehende Gerstenähre. Die Umschrift:

+ S. LUDERI GERSTE.

c. Ein rundes Siegel. In der inneren Rundung desselben ein rechts gewandter schreitender Falke. Die Umschrift:

S. HINRICI VALKENERE.

Am 34sten Pergamentstreifen hängen 2 Siegel, a. b.

a. Ein dreieckiges Siegel. Die rechte Ecke ist mit einem bedeutenden Theil des Siegels fort gebrochen. Der Schild zeigt einen schräg links gestellten doppelten Wiederhaken, die untere Spitze desselben ist dem obern Rande zugekehrt. Die Umschrift:

. . . PRIBEKE GAW . .

b. Ein dreieckiges Siegel. Der Schild zeigt einen senkrecht stehenden doppelten Wiederhaken. Die untere Spitze desselben ist dem rechten Schildesrande zugekehrt. Die Umschrift:

+ S. WARTIS WOLTZEKEVITCE.

Am 35sten Pergamentstreifen hängen 2 Siegel, a. b.

a. Ein dreieckiges Siegel. Der Schild zeigt ein schrägrechtes spießartiges Instrument. Die Spitze ist dem rechten Schildesrande zugekehrt. Die Umschrift:

+ S. JOHANNI MALER DE PODMIN.

b. Ein rundes Siegel, dessen größere Hälfte fortgebrochen. Man erkennt jedoch in der innern Rundung den hintern Theil eines links gestellten schreitenden Falken und von der Umschrift:

. . . . . S VALKEN . . .

Am 36sten Pergamentstreifen hängen 2 Siegel, a. b.

a. Das am 29sten Pergamentstreifen sub a. beschriebene Siegel des Choten Mortberner.

b. Ein rundes Siegel. In der innern Rundung ein schreitender rechts gewandter Falke. Die Umschrift:

+ S. LAMBERTI VALKENERE.

Am 37sten Pergamentstreifen hängt ein rundes Siegel. Der Schild zeigt 3 senkrecht stehende mit den Köpfen nach oben gewandte Fische (Plötze). [2. 1.] Die Umschrift:

+ S. LUDOLFI PLOSCEN.

Am 38sten Pergamentstreifen hängt ein rundes Siegel. Der dreieckige Schild zeigt dieselben Figuren wie das vorhergehende Siegel. Die Umschrift:

+ S. BERNA[R]DI PLOSCE.

Am 39sten Pergamentstreifen hängt ein rundes Siegel. Der dreieckige Schild zeigt das am 16ten Pergamentstreifen sub a. beschriebene Siegel. Die Umschrift:

+ S. NICOLAII QUAS.

Am 40sten Pergamentstreifen hängt ein rundes Siegel. Der dreieckige Schild zeigt einen rechts gewandten wilden Eberskopf mit großen Hauern. Der Raum zwischen Schild und Rundung ist mit schräg links und rechts sich kreuzenden Strichen schraffirt. Die Umschrift:

+ S. THY . TRAVENEMYNDE.

Am 41sten Pergamentstreifen hat ein Siegel gehangen, welches fehlt.

Am 42sten Pergamentstreifen hängt ein dreieckiges Siegel, dessen linke Ecke abgebrochen ist. Der Schild zeigt dieselben Figuren, wie der des am 16ten Pergamentstreifen sub a. beschriebenen Siegels. Die Umschrift:

+ S. . ENZEKINI QUAZ.

---

3 *

Recapitulation.

Es haben an den 4 ersten Pergamentstreifen je 3, an den 21 folgenden je 4, an den dann folgenden 5 je 3, an den folgenden 3 je 2 und an den letzten 6 je 1 Siegel gehangen, macht zusammen 135 Siegel. Von diesen Siegeln fehlen am 11ten Pergamentstreifen das 2te, am 14ten Prgmtstr. das 3te, am 19ten Prgmtstr. das 3te, am 24sten Prgmtstr. das 4te und am 41sten Prgmtstr. das einzige, zusammen also 5 Siegel; 2 Siegel sind doppelt und 2 ungewiß, also müßten sich in der ganzen Urkunde von 9 der Aussteller die Siegel nicht nachweisen lassen, da dies aber bei 11 der Fall ist, so muß für 2 derselben gar kein Siegel angehängt worden sein. Die Stellen, wo Siegel gewesen, zeichnen sich zu sehr aus, als daß man darüber zweifelhaft sein könnte.

Nachweis der Siegelabbildungen.

Die Siegel des 1. bis incl. 5. Prgmstr. sind auf Tab. I.
" " " 6. " " 9. " " " " II.
" " " 10. " " 13. " " " " III.
" " " 14. " " 18. " " " " IV.
" " " 19. " " 22. " " " " V.
" " " 23. " " 26. " " " " VI.
" " " 27. " " 30. " " " " VII.
" " " 31. " " 39. " " " " VIII. und
" " " 40. " " 42. " " " " IX.
dargestellt.

No. 6. Anno 1316 am zwölften Tage (6. Januar.)

Rath, Altermänner und gemeine Bürger vom Stralessund bekennen, daß sie sich mit den Rittern, Knappen und allen Einwohnern des gemeinen Landes zu Rügen zu gegenseitigem Beistande verbunden haben.

Nach dem Orig. im Fürstl. Arch. zu Putbus

In godes namen amen. Wye raat, olderman, vnde meynen burghere vamme Stralessunde, bekennen vnd don witlik allesweme in dessen openen breuen, dat wye mit wyser vorbacht vns ewelikes hebben vorbunden mit den erafteghen ridderen vnde knapen de nv sint vnd noch thukamende sint vnd allen inwoneren des meynen landes thu Ruyen, by en vnd den meynen lande thu bliuende, ever nymer mer af thu ghande in al eren nöden vnd saken, gewele thu bliuende by alle dem rechte als id van olders best ghewesen in deme siluen lande vnde in der stat thume Stralessunde. Uppe dat desse dingh ewech vnde stede bliuen, so hebbe wye desse hantvestinghe beseghelt mit vnser stades ingheseghele, in deme jare na godes boorth dusent jar drehundert jar in dem sesteynden iare, thu thwelften daghe ....

Die 8 Zeilen enthaltende Urkunde ist auf ein Pergamentblatt geschrieben. Unten durch dasselbe ist ein Pergamentstreifen zur Befestigung des jetzt fehlenden Siegels gezogen.

Auf der Rückseite steht No. 7.: der vom Stralensundt Handvesting oder Vortrag mit gemeiner Landschaffe ahn Ruyen. Anno 1316.

No. 7. Circa Annum 1319.

Ein Verzeichniß des Verlustes rügenscher Vasallen an Pferden, im Dienste des Königs von Dänemark.

Aus der Matrikel des Fürstenthums Rügen No. 158.

Perdicio vasallorum domini de Ruya in servicio regis.

Primo Tezlaus de Vrsenden (Vrsnem?) equum pro XXIIII. marcis.
Item Johannes Zabes unum pro XIIII. marcis.
Item Zvlimer II. equos pro XXX. marcis.
Hinricus Cyl (?) unum pro XIV. marcis.
Item Wolterus Wojcke unum pro XVIII. marcis.
Item Math. Krassowe unum pro XVIII. marcis.
Item Balic. unum pro XX. marcis.
Item Nicolaus de Seaprode.
Item Bertholdus de Streye unum pro XX. marcis.
Item Sander unum pro XX. marcis.

Henneke de Osten unum pro XX. marcis.
Item Henneke de Reze unum de XX. marcis.
Item Henneke Verse unum de XX. marcis.
Item famuli dni. Tezen II. equos pro XXVIII. marcis.
Summa equorum cclxxxvi marce.

No. 8. Aus den Jahren 1321 und 22.

Ein Verzeichniß von Ansprüchen und ausstehenden Forderungen des Fürsten Witzlaus von Rügen.

Aus der Matrikel des Fürstenthum Rügen, No. 157.

Darin wird angeführt:

Item Zezebyr dixit quendam virum in Bessin ante guerram per Ludevicum Plotzen et Hinricum Borien et Ghoten Mortbrener de excessu esse mulctatum.

No. 9. Anno 1322. In der Octave assumpcionis beate virginis. (22. August.)

Aufzeichnung über eine Verpfändung von 16 Morgen Landes für 17 Mk. nach 4 Jahren wiederlöslich, durch Nicolaus, dem Sohn des Herbordus.

Aus der Matrikel des Fürstenthum Rügen No. 149. a. in dem Verzeichniß der Pfandgüter, die nach der Verfallzeit zur Lösung des Fürsten standen unter der Rubrik: In terra Ruye.

Item anno domini m° ccc° xxii° in octava assumpcionis beate virginis, Nicolai, Herbordi filius, obligavit Laurencio XVI. jugera terre pro XVII. marcis, infra quatuor annos redimenda.

No. 10. Anno 1326 Tags der Himmelfahrt Mariae. (15. August.)

Funfzehn Ritter, sieben und vierzig Knappen und die ganze Gemeinheit des beflossenen Landes Rügen verbünden sich mit den Rathmännern, Altermännern und der ganzen Gemeinheit der Stadt Stralessund bei ihnen zu bleiben, ohne ihre Zustimmung mit keinem Herrn Verträge einzugehen und keinen Herrn oder Vormund zu wählen.

Nach dem Original im Stralsunder St.-Archiv.

In godes namen amen. Allen den, de desse yegenwordigen scrift sen edder horen, den enbede wy, riddere, knapen vnde de gantze menheyt des landes to Ruyen, dat beuolen is mit deme solen watere, ewigen heyl an gode. Wii bekennen des vnde betügent openbare in desme iegenwordigen breue, dat wy vsie endraghtliken ver enet vnde vorbunden hebben eweghliken mit den ratmannen, oldermannen vnde mit der gantzen menheyt der stat tome Stralessunde aldusdane wyse; dat wy en scolen erstan al eres reghtes, vnde wy en scolen en mit neneme heren begedinghen, edder nenen heren nogh vormündere kesen ane ere yawort, rat, vulbort vnde wille, vnde wy scolen bi en bliuen gantzliken, to dye vnde to verderue. Ok en scole wy nenerleye begedinghe begedinghen mit yenegeme heren edder to eneme heren küren, et en sy deger mit ereme rade vnde mit ereme willen, vnde scolen se vore degedinghen lik vs in allen stucken. Vortmer en scole wy erer nicht afstan, men wy scolen by en eweghliken bliuen in al eren noden. Vppe dat dat alle desse dinc ganz, stede vnde vast ewigliken werden gheholden, so hebbe wy riddere vnde knapen, de hir nach bescreuen sint, den erafftigen luden, den ratmannen vnde den oldermannen der stat tome Stralessunde vntruwen ghelouet mit samender hant, vnde hebben dessen bref en dar vp gheghenen, den wy mit vnsen yngheseghelen hebben ghevestet. Dit si wy de dar ghelouet hebben: her Stoyslaf [1]), Boranie van Putbuzk [2]), Rickolt vamme Smaghteshagene [3]),

---

1) 1. a. Die Umschrift des Siegels lautet: Dni Stoyslavi . . . (tis Burgitz. Wenn der letztere Name der des heutigen Borgitz aus Jasmund ist, so dürfte man dies für den Sitz des Herrn Stoyslav halten. Ein Umstand der, so viel ich weiß, noch nicht bekannt ist.

2) 1. b.

3) 2. b. Die Familie wird seit dem Ende des 13ten Jahrhunderts genannt. Ihr Stammgut Schmatzhagen lag in der Grimmer

Theze Stanghenbergh [4]), Hinrik mit der Plate [5]), Hinrik van deme Bughe [6]), Conrad van deme Bughe [7]), Merten Rodemunt [8]), Willeken mit der Platen [9]), Johan Bruneswic [10]), Gützlaf Söm [11]), Rolof van Tornowe [12]), Clauus van deme Wolde [13]), Ubo [14]), Hinrik van der Osten [15]), ribbere, Borante [16]) vnde Theze van Putbuzke [17]), lütteke Slaweke [18]), swarte Slaueke [19]), Herman van Viren [20]), Pritbor Rodemunt [21]), Pritbor van der Lanken [22]),

---

Gegend. Nach einem Lehnbriefe vom J. 1524 besaßen sie folgende Güter: Schmachtshagen, Holthave, Lemhagen, Schönenwalde, Hopfenhagen, Swetzin, Polderitz, Müggenwalde, Campe, Dalmeritz, Zeitze, Pepsowe, Bratzewitz, Hagen, Wussitz und Goldberg in Pommern und auf Rügen. Das Geschlecht erlosch im Mannsstamm mit Julius Paul v. S. nach der Mitte des 17ten Jahrhunderts.

4) 2. a. Er wird in dieser Zeit öfter genannt und muß ein sehr angesehener Mann gewesen sein. Noch im J. 1326 tritt ein Tehe Strangenberg gleich als Bürgermeister in Stralsund auf (Brandenburg a. a. o. p. 32.), ob er mit dem hier in Rede stehenden dieselbe Person, steht dahin. Dem Ritter T. S. gehörte Zützitz auf Wittow. 1324 verkaufte er Johann von Platen 21, und 1330 Gottfried von Wickede 15 Mk. Pacht aus diesem Dorfe.

5) 3. a.

6) Sein Siegel ist nicht vorhanden.

7) 4. a. Seit dem letzten Decennium des 13ten Jahrhunderts tritt die Familie von Bughe in rügenschen Urkunden auf. Ihre älteste Besitzung war das Gut Schlichtenmöle, seit 1840 Dessenburg genannt. 1291 verkaufte der Ritter Anton v. Bughe seinem Schwiegersohn, dem späteren Stralsunder Bürgermeister, Lee Valle und seiner Ehefrau Adelheid 6 Mk. Pacht aus Schlichtenmöle, und derselbe Anton und seine Söhne Hinrich, Johann, Conrad, Anton, Matthias, Everhard und Georg verschrieben dasselbe Dorf 1295 den Einwohnern desselben zu einer Hufen-Pacht von 6 Mk. für die an der Nordseite und von 5 Mk. für die an der Südseite des Dorfs gelegenen Hufen und versprachen, daß die Feldmark nie gemessen werden solle. (Schwarz, Einl. zur Geographie des Norder Teutschlands p. 209.) Später war das Geschlecht auf Rügen angesessen, wo Ruschvitz auf Jasmund dessen Hauptgut war. Es erlosch im 16ten Jahrhundert.

8) 5. a.

9) 5. b. Während der Ritter Heinrich v. Platen noch das alte Geschlechtswappen gebraucht, führt dieser Willen hier zum erstenmal das noch heute der Familie v. Platen eigene Wappen.

10) 6. a. 11) 7. b.

12) Nicht vorhanden. Die Ternow gehören zum alten meklenburgischen Adel und waren nach Micrael auch im Lande Stettin und Stift Camin begütert. Hier kommen sie nicht weiter vor.

13) 8. a. 1322 bekannte der Ritter Henning von Podebuzke, daß er 1318 am ersten Tage unser lieben Frauen in der Capelle zu Garz dem Ritter Claus vom Wolde das Dorf Crakvitz auf 14 Jahre für 500 Mk. Wendisch versetzt, auch die weitere Verpfändung des Dorfs an Heinrich Bornholm, Bürger zum Sunde, genehmigt habe. 1332 verkaufte Nicolaus von Wolde, Ritter, der Wittwe Heinrichs Bornholm, Margarethe und deren Söhnen das ganze Dorf Crakvitz, wie er es von Henning von Pudbuzk gehabt. Zeuge der Handlung ist u. a. sein Bruder Sambor. Dieser Sambor vom Wolde, Knappe, verkaufte am Catharinen-Abend 1332 an Gobelin von Wickede für 100 Mk. 12 Mk. Pacht aus seinem Gute Dumsevitz, nach 3 Jahren wiederlöslich. Später habe ich sie nicht auf Rügen getroffen. Das Geschlecht wandte sich nach Hinterpommern und Preußen und erwarb dort ansehnlichen Grundbesitz; ward auch später wieder seit dem 16ten Jahrhundert etwa 100 Jahre lang bei Anklam zu Dargebel und Müggenburg seßhaft. Noch gegenwärtig besitzt dasselbe in Hinterpommern ansehnliche Güter.

14) Das Siegel ist nicht vorhanden.

15) 9. a. 16) 9. b.

17) 10. a. 18) Fehlt.

19) Wohl 10. b. Mit dem vorhergehenden wohl zu derselben Familie gehörig, aus der 1316 Probbezlaf Kosen, Thezlaf Zlawconitz und Jacob von Nebbin genannt werden. Allem Ansehen nach war es ein sehr angesehenes Geschlecht slavischer Abkunft, besonders auf Wittow begütert. 1332 verkauften die Ritter Sclauekinus und Pribislaus, Brüder, genannt von Slauekvitz ihrem Vetter (Patruelis) Pribizlaus de Konitze 5 Mk. Pacht aus ihrem Gute Sulitze auf Wittow für 20 Mk. Das Siegel des Ritters Slaveken zeigt dieselben eigenthümlichen Figuren wie das der oben genannten Personen. — 1344 (Lucia) verkaufte Mechild, Pribbeslaf Slauekevitze's Wittwe und Dietrich ihr Sohn dem Kloster Hiddensee die Hälfte der ihnen in Sulitze auf Wittow gehörigen 4 Hufen, willigen auch darein, daß das Kloster 5 Mk., die sie dem Pribbezlaf von Konitz bisher nur verpfändet, von diesem, namens ihrer, einlösen und zu Eigenthum behalten solle. — 1347 (Gregor Papa) verkaufen Wendele, Egbard von Peritze's Wittwe, und Thiderkens dictus Sclaweke, ihrer Tochter Sohn, dem Kloster Hiddensee 2 Hufen in Sulitze auf Wittow. Bürgen: Dominus Henninghus de Pudbusch, miles, Tecelaf Pribe, Henning de Gribow, frater noster, Teemer Norman, Thomas Plate senior, nostri swageri ac famuli. — 1353 (Sonnabends vor Invocavit) verkaufte Pribbeslaf von Konitz, famulus, dem Kloster des heil. Nicolaus auf Hiddensee 3 Mk. Rente aus Sulitze auf Wittow. Zeuge Petrus, frater meus. — Dies sind die wenigen übrig gebliebenen Nachrichten dieses angesehenen Rittergeschlechts. Einige spätere Notizen über eine Familie Slaveke sind zu vereinzelt, um daraus ein Resultat zu ziehen.

20) Sein Siegel fehlt.

21) 11. a. Es ist dasselbe wie das an dem Bundesbriefe v. J. 1316 l. c. befindliche Siegel.

22) 11. a. Es ist dasselbe Siegel, mit dem im J. 1316 der Ritter Pritbor v. d. Lanken den Bundesbrief besiegelte. Es ist

Sulislaf van der Lanken[23]), Thomas mit der Platen[24]), Henneke van der Ost[24 b.]), Virco van der Ost[25]), Pribe Gawerren[26]), Willeke[27]) vnde Teslaf Pribensone[28]), Claaus Slawenowitz[29]), Frederic Quaaz[30]), Henneke Vrytz[31]), Claaus Vrytz[32]), Ralie[33]) vnde Henneke, sin broder[34]), Suum[35]), Thideke Suum[36]), Henneke van deme Kalen[37]), Claaus van deme Kalen[38]), Euerd van Poretze[39]), Conrad van Poretze[40]), Jacob Zabeltze[41]), Clawus Wusseke[42]), Hinrik van der Helle[43]), Ludeke Plotze[44]), Bernard Ploze[45]), Reyner Grundos[46]), Conrad van deme Bughe[47]), Thetze Brunesowic[48]), Krakewitz[49]), Tesmer Norman[50]), Henneke Norman[51]), Claaus Norman[52]), Jacob Bonouwe[53]), Arnold Bonouwe[54]), Peter van Lebbyn[55]), Barnus Vosdevole[56]), Tesbargh Posdevolk[57]), Tzitzebur[58]), Dargemar[59]), Herman van Yasmunde[60]), Henneke Smantrulitz[61]), knapen. Desse bref is ghegheuen vnde screuen na gades bort dusent yar drehundert yar in deme ses vnde twintegesten yare in deme auende der hem melvart unser vrowen.

Diese 14 Zeilen enthaltende Urkunde ist auf ein 23 Zoll breites und 8 Zoll langes Pergamentblatt geschrieben. Unten durch dasselbe sind 35 Pergamentstreifen zur Befestigung der Siegel gezogen, die unten beschrieben und auf den Siegeltafeln abgebildet sind.

Am 1sten Pergamentstreifen hängen 2 Siegel, a. und b.

a. Ein rundes Siegel. In demselben ist ein alterthümlicher Helm dargestellt. Zu beiden Seiten desselben befinden sich als Helmschmuck zwei Adlerflügel, über denselben ein Sparren, der mit 2 Federn, in der Verlängerung der Schenkel, die den Sparren bilden, besteckt ist. Der Helmschmuck ist vielfach mit Ephen-Blättern und Ranken besteckt und umwunden. Unten am Helm befinden sich die Bänder, mit denen derselbe befestigt ward. Die Umschrift:

+ S. DNI STOYSLAVI . . . ITIS BURCTIZ.

---

daher wohl zu schließen, daß der hier genannte Knappe Pribor v. d. L. dessen Sohn war.

23) Dessen Siegel ist nicht vorhanden.

24) 12. a. 24 b.) 6. b.

25) 7. a. 26) Sein Siegel fehlt.

27) Sein Siegel fehlt.

28) 25. a. Aus der Umschrift des Siegels (De Vsenem) und den Figuren desselben erkennt man, daß er zur Familie Usedom gehörte.

29) Das Siegel desselben fehlt.

30) 18. a. 1335 verkauften Friedrich Quaas und Hermann, sein Sohn, dem Bürgermeister Segefried und dem Nicolaus Clemens ihren Hof Techumitse auf Jasmund mit der Mühle, den früher der Bruder Friedrichs, Nicolaus Q. besessen, für 650 Mk.; u. a. ist auch Hinricus Quaas Bürge.

31) Sein Siegel fehlt. 32) Desgl.

33) 19. a. 34) Sein Siegel fehlt.

35) 20. a. 36) 20. b.

37) 13. b.

38) Sein Siegel fehlt. Die Familie van deme Kalen, Calande, in neuerer Zeit Kahlden, kommt zuerst seit dem 13ten Jahrhundert in Meklenburg vor, von da scheint sie sich frühe ausgebreitet zu haben, denn sie kommt bald in rügenschen und pommerschen Urk. vor. Die erste Urk. in der sie auf Rügen mit Grundbesitz angesessen erscheint, ist vom J. 1[illegible]3. In derselben verkauft der Ritter Gerolaf von Kaland dem Johann von Gnoyen eine Korn-Rente aus seinem Hofe über der Fähre. Zeugen: Gereslauus, filius Domini Nicolai, Tidemannus de Calendis et Gereslauus, filius Domine Anne. Vergl. Meklenburg. Jahrbücher 12. Jahrgang 1847 p. 439.

39) Sein Siegel fehlt. 40) Desgl.

41) 24. a. 42) 25. b.

43) Fehlt. 44) 26. a.

45) Das Siegel fehlt. 46) Desgl.

47) Desgl. 48) Desgl.

49) Desgl. 50) Desgl.

51) Desgl. 52) 31. a.

53) Fehlt. 54) 32. a.

55) 33. b. 56) 33. a.

57) Fehlt. 58) Desgl.

59) 34. a.

60) 35. a. Die hier genannten Gebrüder sind die ersten dieses Geschlechts die sich bisher in Urkunden haben nachweisen lassen. 1320 verkaufte Fürst Wizlaf von Rügen den Gebrüdern Dargemar und Hermann v. Jasmund die Höfe und Dörfer Polchow, Glowe und Fresnert auf Ummanz für 1080 Mk. slav. Münze, und 1324 verpfändete ihnen derselbe sein Dorf Glowe mit allem Zubehör für 300 Mk. sund. Bald darauf erscheint das Geschlecht als eins der angesehendsten und begütertsten Rügens. Später theilte es sich in 2 Linien, in die Spyker'sche und Vorwerk'sche. Erstere war am reichsten begütert, erlosch aber gegen die Mitte des 17ten Jahrhunderts und der berühmte Schwed. Feldherr Carl Gustav Wrangel ward mit den Gütern derselben belehnt; letztere hat sich, nachdem Vorwerk in andere Hände gekommen war, nach Meklenburg gewendet und blüht dort noch gegenwärtig.

61) 35. b.

b. Ein rundes Siegel. Oben rechts und in der Mitte links sind 2 Stücke ausgebrochen. Der dreieckige Schild zeigt dieselben Figuren, wie der des an dem Bundesbriefe v. 1316 I. a. beschriebenen Siegels. Der Raum zwischen dem Rande des Schildes und der Rundung ist mit rankenartigen Verzierungen ausgefüllt. Die Umschrift:

+ S. BOR . . NTIS DE PVDDEBUSS.

Am 2ten Pergamentstreifen hängen 2 Siegel, a. und b.

a. Ein kleines rundes Siegel. Dasselbe zeigt einen alterthümlichen Helm. Die Helmzierde besteht aus zwei auswärts gebogenen, an den Enden, die gegen einander gekehrt sind, mit kleinen Querhölzern versehenen Stäben, die an der äußern Biegung je mit 12 — 14 Pfauenfedern besteckt sind. Die Umschrift:

S. TESEN STANGENBERGH MILI.

b. Ein rundes Siegel. Der dreieckige Schild zeigt einen stark gezahnten linken Schrägbalken. Die Umschrift:

. RICOLDIS VAMME SMACS . . .

Am 3ten Pergamentstreifen hängt ein Siegel und zwar das des Ritters Hinric cum Plata, welches am Bundesbriefe v. 1316 3. a. beschrieben und betreffenden Orts abgebildet ist

Am 4ten Pergamentstreifen hängt ein dreieckiges Siegel. Dasselbe zeigt einen rechts sehenden Adler mit ausgebreitetem Fluge und von sich gestreckten Klauen. Die Umschrift:

+ S. DOMINI CONRADI DE BUGH MILITIS.

Am 5ten Pergamentstreifen hängen 2 Siegel, a. und b.

a. Ein dreieckiges Siegel, dessen obere linke Ecke fehlt. Der Schild zeigt einen linken Schrägbalken, der mit 3 fünfblättrigen Rosen belegt ist. Die Umschrift:

. . . MARTINI RODEMUNT.

b. Ein rundes Siegel. Der dreieckige Schild zeigt 2 gegenüberstehende herabhängende Adlerflüge. Auf den Sachsen derselben ist je ein katzenähnlicher Kopf angebracht. Die Umschrift:

S. WILHELMI CUM THORACE MILITI.

Am 6ten Pergamentstreifen hängen 2 Siegel, a. und b.

a. Das Siegel des Ritters Johann Brunswic, wie es am 11ten Pergamentstreifen sub a. des Bundesbriefes von 1316 beschrieben und abgebildet ist.

b. Ein dreieckiges Siegel. Der Schild ist längs getheilt. In der vordern Hälfte fünf linke Schrägflüsse, in der hintern Hälfte ein aufrecht stehender links gelegter Schlüssel. Die Umschrift:

+ S. JOHANNIS DE OSTEN.

Am 7ten Pergamentstreifen hängen 2 Siegel, a. und b.

a. Ein dreieckiges Siegel. Die obere rechte Ecke fehlt. Der Schild zeigt dieselben Figuren, wie der des am 6ten Pergamentstreifen sub b. beschriebenen Siegels, nur daß hier 4 Flüsse in der vordern Hälfte des Schildes. Die Umschrift:

S. VICNEN DE OOSTEN.

b. Das Siegel des Gutzlaff Sum, welches am 3ten Pergamentstreifen sub b. des Bundesbriefes von 1316 beschrieben und betreffenden Orts abgebildet ist.

Am 8ten Pergamentstreifen hängt ein rundes Siegel. Der dreieckige Schild zeigt eine Pflanze mit der Wurzel und 5 großen Blättern. Die Umschrift:

+ S. DNI NICOLAI C. WOLDE.

Am 9ten Pergamentstreifen hängen 2 Siegel, a. und b.

a. Ein rundes Siegel, oben und unten fehlen 2 Stücke des Randes. Der dreieckige Schild zeigt dieselben Figuren, wie der des am 6ten Pergamentstreifen sub b. beschriebenen Siegels, nur daß hier statt 5, 3 Flüsse in der vordern Hälfte des Schildes. Die Umschrift:

. . . HINRICI . . STEN MIL. . . . .

b. Ein rundes Siegel. Der Rand ist an 3 Stellen mehr oder weniger beschädigt. Der dreieckige Schild ist quer getheilt. In der oberen Hälfte ein halber rechts sehender Adler mit ausgebreitetem Fluge. In der untern Hälfte ein 4 Felder breiter und 3 Felder tiefer Schach. Die Umschrift:

. . BORANTO DE . . . . VSR . .

Am 10ten Pergamentstreifen hängen 2 Siegel, a. und b.

a. Ein rundes Siegel. Der dreieckige Schild zeigt dieselben Figuren, wie der des am 9ten Pergamentstreifen sub b. beschriebenen Siegels, nur daß hier der Schach 9 Felder breit und 7 Felder tief ist. Die Umschrift:

S I . TE FILII DNI THESEN DE PUDBUSII.

b. Ein dreieckiges Siegel. Der Schild ist quer getheilt, in der obern Hälfte ein wachsender, rechts gewandter Löwe mit von sich geworfenen Pranken und vierfach gespaltenem Schwanz, in der untern Hälfte der hintere Theil eines Fisches, der von dem Löwen herab zu hängen scheint. Die Umschrift:

S. SLAVEKINI DE MALREVITZ.

Am 11ten Pergamentstreifen hängt das Siegel des Pritbor Rodemunt, welches am ersten Pergamentstreifen des Bundesbriefes von 1316 sub. c. beschrieben und betreffenden Orts abgebildet ist.

Am 12ten Pergamentstreifen hängt ein dreieckiges Siegel. Der Schild zeigt 3 Rosenkränze, 2. 1., von je 4 Rosen. Die Umschrift:

S. TOMAS CUM TORACE.

Am 13ten Pergamentstreifen hängen 2 Siegel, a. und b.

a. Das Siegel des Pritborus de Lanken, welches am 5ten Pergamentstreifen sub a. des Bundesbriefes von 1316 beschrieben und abgebildet ist. Hier fehlt die linke und untere Ecke.

b. Ein rundes Siegel. Der dreieckige Schild zeigt einen behaarten vorwärts sehenden (Löwen-?) Kopf mit langen Ohren. Die Umschrift:

S. JOHANNIS D'KALNT.

Der 14., 15., 16. und 17. Pergamentstreifen sind leer und es scheint, als ob gar keine Siegel an denselben befestigt gewesen sind.

Am 18ten Pergamentstreifen hängt ein rundes Siegel. Der dreieckige Schild zeigt einen längs getheilten Schild. In der vordern Hälfte befindet sich ein unten spitz zulaufendes, oben abgerundetes und mit einem Einschnitt versehenes Instrument (vielleicht ein Steuerruder); in der hintern Hälfte ein halber links sehender Adler mit ausgebreitetem Fluge und von sich gestreckter Klaue. Umschrift:

+ S. FREDERICI QUAS.

Am 19ten Pergamentstreifen hängt ein dreieckiges Siegel. Die rechte Ecke fehlt. Der Schild zeigt drei, mit den Mündungen nach unten links gewendete, gewundene Widderhörner. Die Umschrift:

+ S. RALIC.

Am 20sten Pergamentstreifen hängen 2 Siegel, a. und b.

a. Das Siegel des Suhme, (Juvenis S.) welches am 3ten Pergamentstreifen sub c. des Bundesbriefes von 1316 beschrieben und abgebildet ist.

b. Ein rundes Siegel. Der dreieckige Schild zeigt dieselbe Figur, wie das vorhergehende Siegel. Die Umschrift:

+ S. THIDERICI SUM.

Der 21., 22. und 23. Pergamentstreifen sind leer, und gilt hier dasselbe, was vom 14—17. Pergamentstreifen gesagt.

Am 24sten Pergamentstreifen hängt das Siegel des Jacob Zabezize, welches am 20sten Pergamentstreifen sub c. des Bundesbriefes von 1316 beschrieben und abgebildet ist.

Am 25sten Pergamentstreifen hängen 2 Siegel, a. und b.

a. Ein dreieckiges Siegel. Die linke Ecke fehlt. Der Schild zeigt dieselben Figuren, wie der des am 19ten Pergamentstreifen beschriebenen Siegels. Die Umschrift:

S. . . SLAVI DE VSENEM.

b. Ein rundes Siegel. Der dreieckige Schild ist längs getheilt. Die vordere Hälfte zeigt einen halben Ochsenkopf, an die Theilungslinie gelehnt. Die hintere Hälfte ist quer getheilt. Die obere Hälfte ist leer, die untere mit schräg rechts und links sich kreuzenden Strichen schraffirt. Die Umschrift:

S. Nicolai Wozeke.

Am 26sten Pergamentstreifen hängt das Siegel des Ludolf Ploseen, welches am 37sten Pergamentstreifen a. des Bundesbriefes von 1316 beschrieben und abgebildet ist.

Der 27., 28., 29. und 30. Pergamentstreifen sind leer, und gilt hier dasselbe was vom 11 — 17. Pergamentstreifen gesagt.

Am 31sten Pergamentstreifen hängt ein dreieckiges Siegel. Die untere Ecke fehlt. Der Schild ist quer getheilt, die obere Hälfte zeigt einen wachsenden rechts sehenden Adler mit ausgebreiteten Flügeln, die untere Hälfte 3 neben einanderstehende Rauten. Die Umschrift:

S. NICOLAI DE S[CA]PRODE.

Am 32sten Pergamentstreifen hängt ein dreieckiges Siegel. Die untere Ecke fehlt. Der Schild zeigt über 2 Querbalken einen wachsenden links gewendeten Bären. Die Umschrift:

+ S. ARNOLD . . BONOWE.

Am 33sten Pergamentstreifen hängen 2 dreieckige Siegel, a. und b., beide zeigen im Schilde dieselben Figuren, wie das am 31sten Pergamentstreifen beschriebene Siegel. Die Umschrift von a. lautet:

S. BARDS POSWALC.

Die Umschrift von b. lautet:

+ S. PETRE POSWALC.

Am 34sten Pergamentstreifen hängt ein rundes Siegel. Der Rand ist mehrfach beschädigt. Der dreieckige Schild ist längs getheilt, in jeder Hälfte steht eine schräg rechts und links schraffirte Raute. Von der Umschrift erkennt man:

. . . DAR . . . VND.

Am 35sten Pergamentstreifen hängen 2 Siegel, a. und b.

a. Ein rundes Siegel. Der Rand ist etwas beschädigt. Der dreieckige Schild zeigt dieselben Figuren, wie der des am 34sten Pergamentstreifen beschriebenen Siegels. Die Umschrift:

S. HERMAN JASMONT.

b. Ein dreieckiges Siegel. Der Schild ist quer getheilt. Die untere Hälfte zeigt eine durchbrochene Mauer. Ueber den mittleren giebelartigen Theil derselben befindet sich in der obern Hälfte ein wachsender links gewendeter Greif mit geschlossenem Fluge und vorwärts gestreckten Klauen. Die Umschrift:

S. JOHANNJS SMANTEFIS.

Recapitulation.

Es befinden sich mithin an dieser Urkunde 36 Siegel; da aber 62 Theilnehmer des Bundes genannt werden, so scheint gerade nur die Hälfte derselben die Urkunde besiegelt zu haben, denn der Augenschein lehrt, daß von den Pergamentstreifen keine Siegel abgefallen. Von diesen 36 Siegeln sind indeß 8 am Bundesbriefe von 1316 befindlich, mithin nur 28 derselben unbekannt.

Nachweis der Siegelabbildungen.

Die Siegel des 1. bis incl. 11. Prgmstr. sind auf Tab. IX. und
" " " 12 " " 35. " " " " X.
dargestellt.

No. 11. Anno 1326. Mariae Himmelfahrt. (15. August.)

Der Rathmänner, Altermänner und gemeinen Bürgerschaft der Stadt zum Stralessunde Brief über das mit den Rittern, Knappen und der ganzen Einwohnerschaft des beflossenen Landes zu Rügen geschlossene Bündniß.

Nach dem Orig. im Fürstl. Archiv zu Putbus.

In godes namen amen. Alle den de desse yeghenwardighen scrift sen eder horen, ratmanne, oldermanne, vnde ghansemenheyt der stat tome Stralessund ewighen heil an ghode. Wi bekennen des vnde betughen openbare in dessem yeghenwardighen breue, dat wi vnsch endrachtliken vorenet, vorbunden hebben ewechliken, mit den ridderen, knapen vnde mit der ganzen menheyt vnde inwoneren des landes tho Ruyen, dat dar beloten is mit deme solten watere. Aldus dane wis dat wi en scholen bistan al eres rechtes, vnde wi en scholen mit nenerme heren dedinghen eder nenen heren noch vormunder kesen ane ere iawort, rat, vulbort vnde wille, vnde scholen bi en bliuen ghantzliken tho vrende vnde vorderende. Och en scholen wy nenerleye dedingge dedingen mit neneghen heren, eder tho neme heren keren, id . . . se dagher mit ereme rade vnd willen, vnde scholen se vordedingen lich vns an allen stucken. Vortmer schole wi erer nicht af stan, wen wi scholen by en ewechliken bliuen in a' eren noeden. Oppe dat dat alle desse dingk gans stet-

vnde vast ewechliken werden gheholden, so hebbe wy vnser staad ingeseghel begget tho desseme breue. De is gheschreuen na ghodes bort dusent yar drehundert yar an deme ses vnde twintegheşten yare, in deme auende der hemmeluard vnser vrowen sunte Marien.

Diese 9 Zeilen enthaltende Urkunde ist auf ein Pergamentblatt geschrieben, das 13⅜ Zoll breit und 5⅜ Zoll lang ist. Das Pergament hat in Folge von Feuchtigkeit mehrere Löcher- und Stockflecken, die indeß der Leserlichkeit der Schrift nirgends geschadet haben, die dagegen an der Stelle der beim Zusammenlegen des Blattes entstandene Falte zum Theil mit dem Pergament, jedoch nur auf einzelne Buchstaben vergangen ist. Unten durch die Mitte des Blattes ist ein Pergamentstreifen gezogen, woran das Siegel der Stadt Stralsund hängt. Der obere Theil desselben ist abgebrochen, desgleichen auch der Rand, so daß von der Umschrift nur noch einige Buchstaben übrig geblieben:

VM . . . . TIS.

Auf der Rückseite steht:

Der vom Sunde Vertrag mit der Landschaft In Rügenn. No. 12. Anno 1326.

No. 12. 1328. Zum Sunde. Crastino Marie Magdalene. (23. Juli.)

Johan Mildehoueth und **Nicholaus Herrn Herbordes Sohn**, Knappen, verkaufen dem Herman Brakele, Johann Glasecop, Laien und Bürger zum Sunde, und Herman Brakele, Cleriker, dem Sohne des genannten Herman B., 3 Mk. gewöhnlicher Münze, aus dem Hofe des Johann Mildehouet in Göthemitze für 13½ Mk. weniger 1 Schilling, derselben Münze, nach drei Jahren wiederlöslich.

Aus dem Orig. im Stralsunder St.-Arch.

Bürgen: Hinricus Mildehoueth et Leydekule, armigeri.

Auf einem Pergamentblatt, durch dessen umgeschlagenen unteren Rand 4 Pergamentstreifen zur Befestigung der jetzt fehlenden Siegel gezogen sind.

No. 13. Anno 1329 Mittwochs vor Ostern (30. März).

Henning Solkendorp begiebt sich nebst seiner Frau Thale, wegen des Erbes ihres Vaters und ihrer vollen Geschwister, aller Ansprache an ihren Stiefvater Wolter von der Sale, an ihre Mutter Adelheid und an ihre Halbgeschwister, Ludolf Gerstens Kinder; behält sich jedoch nach der Schwiegermutter Tode an derselben Verlassenschaft seine Ansprüche vor.

Nach dem Orig. im Archive des Klosters St. Jürgen vor Rambin.

Ich Henneke Sollendorp, vnde myn husvruwe Thale vnde myne rechten erfnamen, bekenne vnde betughe openbare in dessme breue dat ich vnde myn husvruwe Thale vnde myne rechten erfnamen, hebben vns vor lyket redeleken vnde rechtliken myt berademe mode vnde myt ghudeme willen alle myner erfnamen, myt Woldere van der Szale vnde myt mynes wyuis moder, vern Alheyde, Wolders husvruwe van der Szale vnde myt Gherften kyndere mynes wyuis sustere vnde brodere, dat ik vnde myn husvruwe Thale vnde myne erfnamen se nummer mere bekummeren neder bedroven scholen vm mynes wyuis vader Herne Pantelissen [1]), dat ym got ghenedich so, vnde mynes wyuis broder Panteken, vnde mynes wyuis sustere, ghewnde de Pantelissen kyndere weren. Vortmer so scal ek vnde myn husvruwe Thale, vnde myne rechten erfnamen, dessen vorbenomeden Wolder van der Sale, vnde syne husvruwen ver Alheyde mynes wyuis moder, vnde Gherften kyndere, mynes wyuis sustere vnde brodere

1) Die Familie Pantelitz scheint stammverwandt mit den Normans zu sein; denn als Dargislava Pantelitz, eine Schwester von Thale, der Hausfrau des Henning Solkendorp, und Nonne zu Bergen, sich mit Wolter von Sale und Ludolf Gerstens Kinder, über ihre väterliche Erbschaft und Mobilien ihrer Mutter zum Berge am Tage Viti und Modesti 1328 vertrug, besiegelte diese Urkunde ihr Vaterbruder (patruus) Nadolaus Dictus Trambitz, sacerdos. Der dreieckige Schild seines runden Siegels ist quer getheilt, in der obern Hälfte ein wachsender rechts sehender Adler, in der untern drei neben einander stehende Rauten, mit der Umschrift: S. Dni . . . sslavi Pantelitz. (Ueber Trambitz vgl. Anmerk. 107 zu dem Bundesbriefe von 1316.)

4 *

an nenen stuchlen, vnde an neneme ghude vnde an neneme erue vnde an deme houe tho Ridderuitze [2]) vnde an neneme ghude dat Wolders van der Szale is vnde syner rechten erfnamen, vnde dat Ghersten brudere is, bekummeren heder hinderen, heder ynhsaken heder beveren mit gheynerer hande dinghe. Myt dyssen vorbenomeden vorworden byn ick Henneke vnde myn husvruwe Thale vnde myne rechten erfnamen gescheden, vnde alle disse stucke de hyr vore bescreuen stan dat the sent eut vnde lent. Vortmer wanne got dat syn myt mynes wyuis moder bere dat se sterft, so schall ick ymme ere erue gan alß in dem lande eyn recht is. Dat yck vnde myn husvruwe Thale vnde myne erfnamen disse dyng stede vnde vast holden wille, des louen myt my myne vrunde, her Stereslaf van Pudbuske, de ridder, Clawes heren Herbordes sone, vnde Lübeke Sollenborp, mit einer samden hant vntruwen, alle disse ding stede vnde vast tho holdende vnde hengen here inggezegele, mit mine inggezegele vor dissen breyf, tho eyner betbugingt disser ding. Disser ding synt thuge her Johan van Brunswick, de ridder, her Herman van Warborch, de prester, Clawes Slawenpulther, Lamberth van Garitz vnde Gyklef. Dit is gheuet vnde lent nach godes borth dusent jar vnde drehundert jar in deme achtentwintegesten jare in dem ghuden midtweken vor paschen.

Die 21 Zeilen enthaltende Urkunde ist auf ein Pergamentblatt geschrieben. Der untere Rand desselben ist umgeschlagen und durch dasselbe 1 Pergamentstreifen zur Befestigung der Siegel gezogen.

Am 1sten Pergamentstreifen hängt das Fragment eines dreieckiges Siegels. Der Schild zeigt 7 in gleichen Abständen neben einander stehende senkrechte Streifen. Von der Umschrift haben sich nur die Buchstaben

S JO . . . NNI

erhalten. (Johanni Soldekenborp. Henning, Henneke war im Mittelalter in Pommern und Rügen die gewöhnlichste Abkürzung für Johann.)

Der 2te Pergamentstreifen ist leer.

Am 3ten Pergamentstreifen hängt ein rundes Siegel. Der dreieckige Schild ist längs getheilt. Die vordere Hälfte zeigt einen halben Ochsenkopf mit einem Ringe in der Nase an die Theilungslinie gelehnt. Die hintere Hälfte ist quer getheilt. In der obern Hälfte gehen unten aus der Ecke rechts drei Kleeblätter mit Stängeln hervor, von denen das mittelste nach der obern linke Ecke geht, die 2 übrigen von demselben abgebogen sind. Die untere Hälfte ist gegittert. Die Umschrift:

S. Nicolai Hern Herbord . . .

Es ist abgebildet auf Tab. X. No. 1.

Am 4ten Pergamentstreifen hängt das Fragment eines dreieckigen Siegels. Der Schild zeigt dieselben Figuren, wie der des 1sten Siegels. Von der Umschrift haben sich nur die Buchstaben

. . . . . OR . . .

erhalten. Sämmtliche Siegel sind in weißes Wachs abgedruckt.

No. 14. Anno 1331. Tome Sunde, in ufer vrowen daghe alse gheboren wart. (8. September.)

Arnolt van Vytzen verkauft „den wysen manne Hynryk Rodehosen, de eyn burger is tu deme Sunde" 12 Mk. Geldes in dem Dorfe zu Ghotemytze von 100 Mk. sundischer Pfennige „tu eneme reytthen wendescatthe" so daß, wenn er oder seine Erben die 12 Mk. lösen wolle, dies mit 100 Mk. geschehen möge. Dies Gut habe er Hinrik Rodehose verlassen „vor hern Hennyghe van Pudbusch dyn nu eyn houetman is in deme lande tu Ru-

2) Es scheint der Hof Reideroitz auf Wittow zu sein. Aus früheren Zeit fehlen über dieses Gut alle zusammenhängende Nachrichten. 1502 verkaufte Henning Arndes zu Reiervitz auf Wittow der St. Jacobi Kirche zu Stralsund 6 Mk. Pacht aus seinen beiden Höfen. Dieser A. gehörte einer kleinen adlichen Familie auf Wittow an. Matties A. lebte 1479 und führte einen rechts gewendeten Vogel (Adler) mit ausgebreitetem Fluge im Schilde. 1613 gehörte das Gut R. bereits dem Kloster St. Annen zu Stralsund.

yen" und wenn mündige Herren kommen, soll er es ihm vor diesen verlassen „vnde scal en vnde synen erftnamen waren jar vnde daych als it ein reyth lant reyth is, vor alle den dy vor eyn reyth lant reyth komen wyllen."

Aus dem Orig. im Stralsunder St.-Arch.

Bürgen: langne Herman van Vyzen, Heyneke van Vyzen, Arnolt Plate, Gherard van Vyzen vnde Clawes Herbordes.

Auf einem Pergamentblatt, dessen unterer Rand umgeschlagen und durch den 6 Pergamentstreifen zur Befestigung der Siegel gezogen. Diese sind sämmtlich in weißes Wachs gedruckt und mit einer dunkelbraunen Farbe überstrichen.

Am 1sten Pergamentstreifen hängt ein rundes Siegel. In der innern Rundung steht ein rechts gestellter alterthümlicher Helm. Derselbe zeigt eine mit einem Federbusch besteckte Säule. Vor derselben sitzt ein rechts sehender Fuchs mit herabhängendem Schwanz und geöffnetem Maul. Die Umschrift:

+ S. ARNOLDI DE VICENE.

Es ist abgebildet Tab. X. No. 2.

Am 2ten Pergamentstreifen hängt ein rundes Siegel. Um den dreieckigen Schild sind sehr zierliche spitzbogenartige Verzierungen angebracht. Der Schild zeigt einen auf die Hinterfüße aufgerichteten, rechts gewendeten Fuchs mit herabhängendem Schwanz. Die Umschrift:

S. HERMANI DE VIZEN.

Es ist abgebildet Tab. X. No. 3.

Am 3ten Pergamentstreifen hängt ein rundes Siegel. In der innern Rundung steht ein ganz ähnlicher Helm, wie im Siegel des ersten Pergamentstreifens. Die Umschrift:

. . HEINERII DE VI . . . .

Am 4ten Pergamentstreifen hängt ein stark beschädigtes Siegel. Der noch erhaltene Rest des Schildes läßt indeß die 2 Adlerflügel, mit den Köpfen auf den Sachsen, das Platensche Wappen, erkennen Die Umschrift ist ganz fortgebrochen.

Am 5ten Pergamentstreifen hängt ein rundes Siegel. Der dreieckige Schild zeigt dieselbe Figur, wie der des am 2ten Pergamentstreifen beschriebenen Siegels. Die Umschrift:

S. GHERARDI D' VIZEN.

Am 6ten Pergamentstreifen hängt das an der Urk. Nr. 13. am 3. Pergamentstreifen beschriebene und Tab. X. Nr. 1. abgebildete Siegel des Nicolaus, Herren Herbordes Sohn. Nur ist hier die Umschrift ganz vollständig

S. Nicolai Heren Herbordes.

No. 15. Anno 1333. Auf der Willowschen Fähre. Tage Johannis Baptiste. (24. Juni.)

Henneke und Claus Gebrüder die Wedeken verkaufen für sich und ihre Erben Eeleue Schacht und seinen Erben, mehrere Korn-Pächte aus Lüttken Kersten.

Nach dem Orig. im P. Prov.-Arch.

In Godes namen amen. Wi Henneke unde Clawes brodere de Wedeken heten, bekennen openbare in dessen breue dat wi mit rade vnde mit vulbort unser negesten vrent vnde vnser rechten erfnamen hebben vorcoffet redeliche vnde rechtliche Eeleue Scacht vnde sinen rechten erfnamen ses dromet geldes, de wi hadden tho Luttiken Kersten an deme Lande tho Scaprode ver dromet haveren, eyn dromet rocken vnde eyn dromet gersten. Mit aller vruchte vnde mit rechte also et vns vnse vader eruet hevet, an wischen, watere, werde, an torue mere, herde vnde mit aller vriheet, de wi dar an vnde vnse vader gehat hevet, vor teyn mark vnde hundert sundescher pennighe, de vns na vnsen willen betalet sint. Des hebbe wi Eeleve vnde sine rechte erfnamen in dat gote gewiset, vnde scole eme ware dartho also eyn lantrecht is, jar vnde dagh vor alen genen de vor eyn recht chomen willen. Vortmer scole wi Eeleve vnde (sinen [1]) rechten erfnamen de lenware an deme gode also langhe went vns mundige herren kamen, efte also dane vormundere de ten lenens macht hebben. Vortmere wan Eelefte vnde (sine [1]) rechten erfnamen van vns

1) Ist im Original ausgelassen.

eschet, so scole wi ock Gelewe vnde sine rechten ersnamen offte weme et Gelef vnde sine ersnamen hebben willen ane chenegheyande wedersprache vplaten vnde alle de dar len an hebben, scolent van der hant laten. Hir vore hebbe wi ghelovet mit eyner samenden hant. Ick Henneke vnde Claues Wedeke de bredere sint vnde desser stucke hovetlude sint, vnde vnse vrunt mit vns hebbet ghelovet Werneke Bolen sone, vnde Merlin Bolen sone, vnde Henneke Swanteuitz vnde Reymer Boleken.[2]) Mit eyner samenden hant, vnde en truwen. Vppe dat alle desse stucke de hir bescreuen sint Gelewe vnde sinen rechten ersnamen ofte weme he dit geit let, stede also werdt gehelden: so hebbe wi mit vnsen vrien willen, de hir vorbenomet sint, dessen bref to vestenet mit vnser aller ingesegele. Desse stücke sint ghescheu vpper Wittounweschen vere, na deme jare der bort godes dusent jar drehundert jar an deme dre vnde druttegesten jare an sunte Johannes dage baptisten.

Diese 15 Zeilen enthaltende Urkunde ist auf ein Pergamentblatt geschrieben. Der untere Rand desselben ist umgeschlagen und durch dasselbe 6 Pergamentstreifen zur Befestigung der Siegel gezogen.

Am 1sten Pergamentstreifen hängt ein rundes Siegel. Der Rand ist mehrfach beschädigt. Der dreieckige Schild ist längs gespalten, die vordere Hälfte zeigt einen halben Ochsenkopf, an die Theilungslinie gelehnt. Die hintere Hälfte ist quer getheilt. Im oberen Felde, in der linken Ecke des Schildes sind 10 kleine Kugeln oder Pfennige angebracht, 4. 3. 2. 1. Das untere Feld ist leer. Von der Umschrift erkennt man:

S. Joh.... Wedeke.

Am 2ten Pergamentstreifen hängt ein rundes Siegel. Der Rand ist bedeutend beschädigt. Der Schild zeigt genau dieselben Figuren wie der des vorhergehenden Siegels. Von der Umschrift erkennt man:

S. Nic... We..ke.

Beide Siegel sind abgebildet auf Tab. X. No. 4. u. 5.

Am 3. — 5. Pergamentstreifen haben sich nur unbedeutende Siegelfragmente erhalten.

Der 6te ist ganz leer.

No. 16. Anno 1335. Am Sonnabend vor Philippi und Jacobi. (29. Mai.)

Berthold von Datzow, Anton sein Vetter **Arnold von Vitzen** und **Claus**, Hern **Herbordes** Sohn, verkaufen an **Reineke Techelin**, Bürger zu Stralsund und **Andrees von Tzurvitz** 8 Hakenhufen in Götemitz.

Nach dem Orig. im Stralsunder St.-Arch.

In deme namen vses heren, amen. Wie Bertolt von Datzowe, Antonius, sin veddere, Arnolt van Vitzen, Claus, hern Herbordis sone, bekennen openbare vnd betughen in desser schrift, dat wie van beradenem mode van vrier willeker, vnde van rade vnde vulbort vser ersnamen vnde alle vser vrunde, hebben rechtlike vnde redelike virkoft erliken luden Reyneken van Techelin, enem borghere to deme Stralessunde vnde Andrewese van Tzurwitz vnde eren rechten ersnamen neghen hake landis, de dar liggen in deme dorpe to Gotemitz. Dat vorbenomede got hebbe wie en virkoft med erue vnde mit lene to manrechte mit aller nut, mit aller vruchte vnde med aller rechticheit, also dat her Herbort vse oldervader hadde, vnde sine kindere vnde it vs gheeruet wart. Dat got scholen sie ewichlike besitten vnde kindes kinde eruen, sunder Andrewes van Tzurwitz, de vorbenomede, vnde sine ersnamen beholden in dessem gode anderhalue houe, alse Reyneke van Techelin sin got heft, als hiver beschreuen steit. Were it also, dat dit vorbenomede got jenich man bewerren wolde, dat wille wie en vntwerren vor alle denghenen de vor en recht konen willen, vnde willen en ane allerhande arghe list vnde schaden de lenwar to der hant holden also lange, bit dat sie de lenwar möghen werruen van den herren des landis, vnde wie vnde alle deghene, de len hebben an dessem gode scholen dat got van der hant laten vor

---

2) Er gehört mit den drei übrigen Bürgen nicht zu einer Familie. Er führte nach einer Urk. v. J. 1350 zwei sensenartig gestaltete sich krümmende Instrumente, mit den Spitzen gegen die 2 obern Ecken des Schildes gekehrt, im Wappen.

den herren van dem lande, wanne she komen to eren vienunfstighen jaren. Wanne dat vorbenomede got er len worden is, darna schole wie en waren jar vnde dach, also en mene lantrecht is. Ver desse waringe des hefft med vs Claus Leydekule, Ghert van Vitzen [1]), Dubbermer, suarte Slaweken sone, vn truwen gelouet med ener samden hant. To eneme betuchnisse desser dinge so hebbe wie vnde vse medelouere dessen bref besegbelt. Desse bref is gegheuen nha godis bort dusent jar, drehundert jar, in deme vif vnde dertigesten jare, des negbesten sunauendes vor Sinte Philippes vnde Jacobes daghe.

Auf einem Pergamentblatt, dessen unterer Rand umgeschlagen. Unten durch denselben sind 7 Pergamentstreifen zur Befestigung der Siegel gezogen, von denen jetzt die zwei letzten leer sind. Sämmtliche vorhandene Siegel sind in weißes Wachs gedruckt und an beiden Seiten mit einer schwarzbraunen Farbe bestrichen.

Am 1sten Pergamentstreifen hängt ein rundes Siegel. Der dreieckige Schild ist längs getheilt. In der vordern Hälfte ein halber gekrönter Ochsenkopf, an die Theilungslinie gelehnt. Die hintere Hälfte ist quer getheilt. Im obern Felde drei Kleeblätter 2. 1., im untern Felde eine äußerst wenig hervortretende, nicht genau zu erkennende Figur (scheinbar eine rankenartige Pflanze, vielleicht nur als Verzierung des sonst leeren Feldes betrachtet.) Die Umschrift:

S. Bertoldi d Dadzowe

Das Siegel ist abgebildet Tab. X. No. 6.

Am 2ten Pergamentstreifen hängt ein gut erhaltenes rundes Siegel. Der dreieckige Schild ist längs getheilt. In der vordern Hälfte ein halber Ochsenkopf, an die Theilungslinie gelehnt. Die hintere Hälfte ist quer getheilt. Das obere Feld ist durch schräg rechts und links sich kreuzende Striche schraffirt. Das untere Feld ist leer. Die Umschrift lautet, ohne einen Geschlechtsnamen zu nennen, blos:

S. Antonii.

Das Siegel ist abgebildet Tab. X. No. 7.

Am 3ten Pergamentstreifen hängt das etwas beschädigte Siegel des Arnolt von Vytzen, welches zur Urk. Nr. 14. am 1sten Pergamentstreifen beschrieben und Tab. X. No. 2. abgebildet ist.

Am 4ten Pergamentstreifen hängt ein dreieckiges stark beschädigtes Siegel. Der Schild zeigt einen auf die Hinterfüße aufgerichteten, rechts gewendeten Fuchs mit herabhängendem Schwanz. Das Siegel gehört dem Ghert von Vytzen an. Von der Umschrift erkennt man aber nur noch die Buchstaben:

. . . ERARDI . . .

Am 5ten Pergamentstreifen hängt ein dreieckiges Siegel. Der Schild zeigt 2 gestürzte, mit den nach außen gekehrten dünneren Enden über einander gelegte Jagdhörner. Die Umschrift:

S. . ICOLAI LEIDECULE.

Es ist abgebildet Tab. X. No. 8. [1])

No. 17. Anno 1336 zu Stralsund am Abend vor St. Johannes Enthauptung. (28. August.)

Arnold von Vitzen „de Swantegur" verkauft an Jacob Stubbeköping [2]), Bürger

---

1) Dieser Gert oder Gerhart von Vytzen besaß gleichfalls einen Theil von Goetemitz, den er, seine Frau Margarethe und seine Söhne Friedrich, Gerhard und Arnold an den Rathmann Albert Hövener in Stralsund verkauften, welches Johan von Putbus, Ritter (als Hauptmann des Landes Rügen), Donnerstags vor Reminiscere 1328 bezeugte. 1341 Donnerstags vor St. Gregorii zu Wolgast verlieh Herzog Bogislaus von Pommern dem Albert Hövener, Bürgermeister zu Stralsund, und seinem Brudersohn gleiches Namens, alle Einkünfte der Dörfer Jabelitz und Gral und den von Gerhard von Vitzen erkauften Hof in Goetemitz mit 5 Hufen, mit Gericht und allem Zubehör und Freiheit von allem Dienst.

1) Cfr. was p. 8, Anmerk. 89. über die Familie Pyncernl oder Leidekul gesagt, und betreffenden Orts das beschriebene und abgebildete Siegel. 1298 verbürgte Nicolaus Gherste einen Kaufbrief der Gebrüder Mattheus und Johann Pincernl über 4 Drömt Gerste aus Panderitz, und führte genau dasselbe Siegel, wie hier Nicolaus Leidekule, jedoch mit der Umschrift seines Namens.

2) 1337. In Stralsund am Sontage Judica verkauften Andreas von Tzurwitz und sein Schwager Heinrich „villani in

zu Stralsund, vermittelst eines todten Erbkaufs für 120 Mk. sundischer Pfennige 12 Mk. jährliche Einkünfte aus 4 Hakenhufen und zwei Kathen in Gôtemitz.

Aus dem Orig. im Stralsunder St.-Arch.

Bürgen: amici mei dilecti Stoltir, filius sororis mee, Pribe Raleke, Hinrik Raleke et Bertoldus Kaac.

Auf einem Pergamentblatt durch dessen untern umgeschlagenen Rand 5 Pergamentstreifen zur Befestigung der Siegel gezogen, die sämmtlich in weißes Wachs gedruckt, ganz mit einer dunkelbraunen Farbe überstrichen und ganz besonders gut erhalten sind.

Am 1sten Pergamentstreifen hängt das Siegel des Arnold von Vppen, wie es am 1sten Pergamentstreifen der Urk. Nr. 14. beschrieben und am dort angeführten Orte abgebildet ist.

Am 2ten Pergamentstreifen hängt ein dreieckiges Siegel. Der dreieckige Schild zeigt 2 in ein Andreaskreuz gelegte Streitkolben, mit den Griffen nach unten gekehrt. Die Umschrift:

S. HINRICI STOLT . . .

Am 3ten Pergamentstreifen hängt ein rundes Siegel. Der dreieckige Schild zeigt drei gewundene, mit der Mündung abwärts, dem linken Schildesrande zugekehrte Widderhörner. Die Umschrift:

S. PRIBECRI RALEKEVITZE.

Am 4ten Pergamentstreifen hängt ein rundes Siegel. Der dreieckige Schild zeigt drei gewundene, mit der Mündung abwärts, dem rechten Schildesrande zugekehrte Widderhörner. Die Umschrift:

S. HINRICI RALEKEVITZE.

Am 5ten Pergamentstreifen hängt dasselbe Siegel des Bertold de Dadzowe, in der Urk. Kaac genannt, welches an der Urk. Nr. 16. am 1. Pergamentstreifen beschrieben und am dort bezeichneten Orte abgebildet ist.

Gôtemisse" an Jacob Stubbeköping, Bürger in Stralsund, 10 Mk. Pacht aus 1½ Hufen in Goetemitz zu einem todten Erbkauf. Versprechen auch diese Hebung vor dem Herrn des Landes zu verlaßen. Die Besitzung des Jac. St. kam später auch an den Bürgermeister Albert Hövener; denn 1351 am Dienstag in der Octave Petri und Pauli verbürgten sich die Gebrüder Gotfried und Arnold Euen gegen diesen für alle Ansprache, welche von Johan Stubbeköpings Brüder und nächsten Verwandten, wegen der verkauften Besitzungen in Gôtemitz, innerhalb Jahr und Tag nach der gerichtlichen Auflaßung feamten gemacht werden.

No. 18. Anno 1337 zu Stralsund am Abend Mariae Magdalenae. (22. Juli.)

Nicolaus, der Sohn des Herrn Herbord, und sein Sohn Hennecke Kock verkaufen an Albert Hövener, Rathmann zu Stralsund, für 80 Mk. sundischer Pfennige 16 Morgen Ackers und 4½ Mk. jährlicher Einkünfte.

Aus J. A. Dinnies Diplomatarium monast. legis Mariae. Tit. Goetemitz No. 4.

Vniversis ad quorum notitiam presens scriptum peruenerit, Nos Nicolaus dni Herbordi (filii) cum filio meo Henneckino dicto Kock, recognoscimus rite ac rationabiliter vendidisse ac dimisisse nos honesto viro Alberto Houener, consuli Sundensi, suisque veris heredibus xvi jugera agri, que Rubekinus Leidekule habuit, cum omnibus suis attinentiis, commodis, metis, et distinctionibus modernis et antiquis. Post hec autem vendidimus ipsi Alberto Houener et suis heredibus redditus quatuor dimidium[1]) marcarum, quos idem Rubeke Leidekule demonstravit ei in curia Posantzen (?). Pro hiis autem bonis Albertus Houener sepe dictus nobis ante confectionem presentium lxxx marcas sundensium denariorum persolvit ac integraliter numeravit. Hec autem resignavimus ac dimisimus eidem Alberto coram Domino Henningo de Pudbusch, terre Ruyanorum Capitaneo, et si ab ipso requisiti fuerimus, cum domini terre adulti fuerint siue ad annos discretionis peruenerint, coram eis debemus et volumus ita libere ipsi Alberto resignare, varan-

---

1) Ita habet copiarium allegatum.

dare annum et diem, sicut moris est, et ab omni impetitione personarum secularium et spiritualium totaliter disbrigare. Presentibus Lamberto de Garz, Reinero ac Bertoldo dictus Grundis, Hermanno Quatz et Hermanno Leidekulen et Hinrico Mertenshagen, famulis, Jacobo Stubbeköping et Johanne Kalsowen civibus in Sund. In cujus rei testimonium sigilla nostra presentibus sunt appensa. Datum Sund. anno dni. m. ccc. xxx. vii. in vigilia sancte Marie Magdalene.

No. 19. Anno 1338 zum Sunde, Tags nach Philippi et Jacobi (2. Mai.)

Theze Mortberner, Knappe, verkauft dem Gottfried von Wikkede, Bürger in Stralsund, und dem Heinrich von Susitze drittehalb Hufen 3 Morgen und 19½ Ruthen Acker in Ghuleuitze mit Vorbehalt des dereinstigen Anfalls des Antheils seiner Mutter und Schwestern.

Nach dem Orig. im Archive des Klosters St. Jürgen vor Rambin.

Omnibus presens scriptum cernentibus. Theze, famulus, dictus Mortberner, salutem in domino. Recognosco presentibus publice protestando quod ego et mei heredes rite et racionabiliter perpetua venditione vendidimus, dimisimus, et dimittimus in hiis scriptis honestis viris, Godefrido de Wikkede, burgensi in Stralessund, nec non Hinrico de Svzitze, et eorum iustis heredibus, tercium dimidium mansum agri cum tribus iugeribus et decem et nouem virgis cum dimidia in Ghuleuitze, sicut dicta bona nostra fuerunt et a progenitoribus nostris ad nos deuenerunt, et quemadmodum dictum agrum ipsis iam demonstrauimus et mensurauimus, cum omni vtilitate et fructu, sicut hec bona in suis terminis iacent et prius iacuerunt, cum omnibus prouentibus, cum agro, culto et colendo, cum pratis, pascuis, sespitibus et paludibus, lignis et rubetis, ita quod nichil nobis ibidem in eisdem bonis retinemus nisi quantum ex parte materne hereditatis et ex parte sororum nostrarum ad fratrem meum Ludolfum, ed ad me Thezen poterit diuolui, videlicet duos vncos agri et quartam partem de prato, kople dicto, et pascua ante villam vulgariter drift nuncupata, perpetuis temporibus libere possidenda. Quando autem domini terrarum aliis eorum bona conferunt, ex tunc nos et omnes pheodum in ipsis bonis habentes ea ipsis resignare debemus vt in pheodum ipsis conferantur, et tunc per diem et annum certificacionem seu warandacionem ipsis fauemus sicut iuris est in terra. Et, si medio tempore aliqua inpeticio de hiis bonis fieret, hoc discutere debemus et ab omnibus personis spiritualibus et secularibus ad iudicium venire volentibus debemus hec bona penitus liberare. Pro quibus omnibus et singulis firmiter obseruandis ego Theze predictus, et nos, Ludolfus Mortberner, suus frater, nec non Pribe Ghawrron, Johannes Ralike, Hinricus et Bertoldus, fratres dicti de Inferno, [1]) paruus Zazlauus, Marquardus Volzekeuitze et Johannes dictus Slechte, famuli, prefato Godfrido et Henrico et eorum amicis fide data et manu coniuncta promisimus et promittimus in hiis scriptis, nostris sub sigillis. Datum in Sundis, anno domini M° CCC° XXX° octano, in crastino Philippi et Jacobi, apostolorum.

Diese 13 Zeilen enthaltende Urkunde ist auf ein Pergamentblatt geschrieben. Unten durch dasselbe sind 9 Pergamentstreifen zur Befestigung der Siegel gezogen von denen 2 und 7 fehlen. Sämmtliche Siegel sind in weißes Wachs abgedruckt.

Auf der Rückseite steht:

Guleuitz. I.

---

1) Vergl. die Siegel am 5. und 8. Pergamentstreifen dieser Urk. aus denen erhellt, daß diese Personen zur Familie v. d. Helle gehörten, und de Inferno ist eine, allerdings sehr wörtliche und eigenthümliche, Uebersetzung dieses Namens.

Am 1sten Pergamentstreifen hängt ein sehr beschädigtes dreieckiges Siegel. Der Schild zeigt einen rechts gewendeten wachsenden Bären. Die Umschrift:

... MO[RT]BERNE ..

Am 3ten Pergamentstreifen hängt ein kleines rundes Siegel. Der dreieckige Schild zeigt einen schräg links gestellten doppelten Wiederhaken, die untere Spitze nach dem obern Schildesrand gekehrt. Von der stark beschädigten Umschrift ist nur der Name:

... GAWER ..

erhalten.

Am 4ten Pergamentstreifen hängt ein kleines rundes Siegel. Der dreieckige Schild zeigt das Ralekesche Wappen, wie es zum Bundesbriefe von 1316 beschrieben. Die Umschrift:

.. JOH'IS RALEC ...

Am 5ten Pergamentstreifen hängt ein ziemlich großes rundes Siegel. Der Schild zeigt das Wappen der Familie v. d. Helle (völlig dem der Familie v. d. Osten gleich), wie es zum Bundesbriefe von 1316 beschrieben. Die Umschrift:

S. . ERTOLDI DE HELLE.

Am 6ten Pergamentstreifen hängt ein rundes Siegel. Der dreieckige Schild zeigt einen doppelten schräg links gestellten Wiederhaken, die untere Spitze ist nach dem rechten Schildesrande gewendet. Die Umschrift ist bis auf 2 Buchstaben fortgebrochen. Das Siegel gehört indeß dem Marquardus Volzekenitze an.

Am 8ten Pergamentstreifen hängt ein kleines rundes Siegel. Der dreieckige Schild zeigt genau dieselben Figuren, wie der des Siegels am 5ten Pergamentstreifen. Die Umschrift:

S. HINRICI DE HELLE.

Am 9ten Pergamentstreifen hängt ein rundes Siegel. Der dreieckige Schild zeigt 3 sitzende, rechts gewendete Eichhörnchen. Die Umschrift:

.... SLERCTE.

No. 20. Anno 1338 zum Sunde, Tags nach den Aposteln Johannes et Paulus. (27. Juni.)

Ludolf Mortberner [1]), Knappe, verkauft dem Gottfried von Wikede, Bürger in Stralessund, 12 Mark Rente aus seinem Hofe in Ghuleuitze mit dem Vorkaufsrechte sowohl an diesem Hofe als seinen sonstigen Gütern daselbst.

Nach dem Orig. im Archive des Klosters St. Jürgen vor Rambin.

Omnibus presens scriptum cernentibus **Ludolfus**, famulus, dictus **Mortberner** salutem in domino. Recognoscimus presentibus publice protestando, quod rite et racionabiliter vendicione perpetua vendidi, dimisi et dimitto per presentes honorabili viro Godfrido de Wikkede, burgensi in Stralessund, et suis heredibus duodecim marcarum redditus in Ghuleuitze, de curia mea ibidem, et de omnibus que ad dicta bona pertinent habendos, et annuatim super festum beati Martini leuandos expedite. Et, si aliquam resistenciam paterentur, ex tunc, absque mea et meorum heredum contradictione, extorquendi liberam habebunt facultatem per pignoris capcionem. Si vero contingeret me residua bona mea ibidem et curiam ipsam vendere, ex tunc ante omnia hujus modi bona debeo eisdem primitus prebere, vt pro tanta summa sicut vendi possem sint propinquiores. Quando eciam ab ipsis requisitus fuero ex tunc infra mensem ego et omnes in bonis pheodum habentes coram dominis terrarum ea resignabimus vt ipsis conferantur, et tunc per annum et diem ipsis warandabimus, sicut iuris est in terra, et si medio tempore aliquis hec bona inbrigaret, hoc discutere debeo ab omnibus qui ad iudicium volunt peruenire, pro quibus omnibus obseruandis ego **Ludolfus** predictus, et nos, **Theze**, suus frater, Pribe Ghaweren, Johannes Ralike, et Tez-

---

1) 1338 den 19. Novbr. wird Ludolf Mortberner als Zeuge in der Urkunde genannt, in der Hennеke Slichte dem Johan Strasburch 6 Mk. Rente aus seinem Hofe Gyzendorf verschreibt.

Iannes Koot, famuli, prefato Godfrido et suis amicis fide data et conjuncta manu promisimus et promittimus in hiis scriptis et nostris sub sigillis. Datum in Sundis anno domini m° ccc° XXX. octauo. In crastino beatorum Johannis et Pauli.

Diese 16 Zeilen enthaltende Urkunde ist auf ein Pergamentblatt geschrieben. Unten durch dasselbe sind 5 Pergamentstreifen gezogen, zur Befestigung der Siegel, die aber bis auf die beiden letzten abgefallen sind. Auf der Rückseite steht: Guleuitz. 3.

Am 4ten Pergamentstreifen hängt ein kleines rundes Siegel. Der dreieckige Schild zeigt das Kalelsche W. wie es an dem Bundesbriefe von 1316 beschrieben. Die Umschrift ist fortgebrochen.

Am 5ten Pergamentstreifen hängt ein rundes Siegel. Der dreieckige Schild zeigt einen aufrecht stehenden Sparren, in den durch diesen Sparren und den Schildesrändern gebildeten Öffnungen sind 3 sechsblättrige Rosen, 2. 1., angebracht. Die Umschrift: S. TESSLAVI . . . . OT.

No. 21. Anno 1338 zum Sunde, Sonntag vocem jucunditatis. (17. Mai.)

Johann von Pudbusk, Ritter, bezeugt, daß **Ludolf Mortberner**, Knappe, dem Gottfried von Wikkede, Bürger in Stralsund, die aus seinen Gütern in Gulenitze verschriebenen 12 Mark Rente vor ihm verlassen habe.

Nach dem Orig. im Archive des Klosters St. Jürgen vor Rambin.

Nos Johannes, miles de Pudbusk, recognoscimus presentibus protestando, quod ad nostram veniens presenciam, Ludolfus dictus Mortberner, famulus, nomine suo et heredum suorum, animo deliberato dimisit et libere resignauit honorabili viro Godfrido de Wikkede, burgensi in Stralessund, et suis heredibus et successoribus duodecim marcarum redditus in bonis suis Ghuleuitze sicuti in litteris ejusdem Ludolfi continetur, perpetue possidendos. Datum in Sundis, anno domini m° ccc° XXX° octauo, dominica vocem iocunditatis, nostro sub sigillo, pluribus presentibus fide dignis.

Diese 6 Zeilen enthaltende Urkunde ist auf ein Pergamentblatt geschrieben. An einem unten ausgeschnittenen und dann durch einen Einschnitt gezogenen Pergamentstreifen hängt das Siegel.

Auf der Rückseite steht: Guleuitze. 4.

Das große, in grünes Wachs gedruckte, Siegel zeigt in dem links gelehnten dreieckigen Schild das Putbussche Wappen wie es zum Bundesbriefe von 1326 beschrieben. Der Helm, der über die rechte Schildesecke gestülpt ist, stimmt genau mit dem überein, den der Ritter Stoyslaf v. Putbus 1316 im Siegel führte. Die Umschrift ist ganz, bis auf das Wort de, fortgebrochen.

No. 22. Anno 1342 zum Sunde, Tags vor der Beschneidung (31. December.)

Ludolf Mortberner [1]), Knappe, **Dobberslaf, Ghoten** und **Raslaf**, seine Söhne, Knappen, verkaufen dem Arnold Bot, Rathmann, und Johann Rasseburch, Johann von Rude, Heinrich Pape und Johann von Wikkede, Bürger zum Sunde, 8 Mk. Rente aus ihrem Gute und Hofe zu Ghuluitze.

Nach dem Original im Archive des Klosters St. Jürgen vor Rambin.

Omnibus presens scriptum cernentibus Ludolphus Mortberner, famulus, Dobberslr, Ghoten, et

1) 1344 den 13. December wird Lüdeke Mortberner als Zeuge in der Urk. genannt, in der Peter Ghosensen, Heinrich Pape und Johann von Wickede ein Stück Acker auf einem Hügel zwischen der Kapelle des heil. Georg und dem Dorfe Trammendorf bei Rambin auf 7 Jahre verkauft.

5*

Raslauus, filii Ludolphi Mortberner, famuli, salutem in domino sempiternam. Recognoscimus presentibus publice protestando quot rite et rationabiliter vendicione perpetua vendidimus, dimisimus et dimittimus per presentes honorabilibus viris domino Arnoldo, consuli in Sondis, dicto Voth, Johanni Russeborgh, Johanni de Rube, Hinrico Papen et Johanni de Wickede, burgensis in Sondis, et eorum veris heredibus octo marcarum redditus in bonis et in curia Ghulnitze, sicut eadem curia cum omnibus suis terminis et distinctionibus cum suis tribus mansis iacent et ab antiquo tempore usque in diem hodiernum lacuerunt: cum omni sua vtilitate, fructu et prouentibus, videlicet agris, cultis et colendis, pratis, pasquis, cespitibus, paludibus, siluis, rubetis, fluuiis, et riuulis et cum omnibus suis emolumentis in presenti et in futuro ab hiis que poterint omnimode deriuari habendos et perpetuis temporibus subleuandos et annuatim super festum beati Martini sine omni impedimento et briga extorquendos preterea, si aliquam resistenciam et obstaculum prenotati viri in premissis redditibus paterentur quod absit, ex tunc ipsi cum suis besedibus plenam facultatem et posse obtinebunt expignorare sufficiencia pignora mobilia et inmobilia, ipsaque deducenda quocunque ipsorum placuerit voluntati, sine nostra et nostrorum heredum contradictione et excessu, debemus eciam premissos redditus apud dominos terre suo tempore, cum fuerimus requisiti, deseruire preterea nullo bona vendere, exponere, obligare, seu alienare debemus de premissa curia et bonis ipsius quin ipsorum mera et plena voluntas per nos fuerit primitus requisita. Si uero contingeret nos residua bona nostra ibidem et curiam vendere prenotatam, ex tunc ante omnia huius modi bona debemus eisdem primitus exhibere vt pro tanta summa sicuti possent vendi sint propinquiores emendi et habendi. Eciam, cum ab ipsis requisiti fuerimus, ex tunc infra mensem nos et omnes pheodum in hiis bonis habentes coram dominis terrarum ea resignabimus ut ipsis pacifice conferatur, et tunc per annum et diem ipsis warandabimus sicut iuris est in terra preterea. Si medio tempore aliquis hec bona pretaxata imbrigaret, hoc discutere et disbrigare debemus omnimode ab omnibus spiritualibus et secularibus qui ad iudicium vtriusque iuris volunt peruenire porro, si premissa secundum ordinacionem et tenorem prescriptorum non fuerint penitus obseruata. Ec tunc ego Ludolphus cum meis filiis prenotatis, et nostris heredibus cum nostrisque conpromissoribus infra scriptis ciuitatem Sondis intrabimus cum ipsis fuerimus requisiti, nullatenus ab ea recessuri quin omnia premissa per nos fuerint totaliter disbrigata uel in ipsorum premissa ordinentur et fauore. Pro hiis omnibus obseruandis et firmiter tenendis ego, Ludolphus Mortbernere, et mei filii prenotati et nos, Pribo Gaweren, Ghoten de Nascuitze, Marquardus Fulzeken, [2]) et Hinricus de Helle, famuli, prefatis burgensibus et eorum heredibus fide data et coniunctis manibus promisimus et compromittimus in hiis scriptis, quod debent omnibus suis clausulis et articulis per ipsos et nos firmiter obseruari et teneri. In premissorum euidenciam et testimonium sigilla nostra, cum sigillis Ludolphi et suorum filiorum predictorum, presentibus sunt appensa. Datum Sondis, anno domini m° ccc° XL. secundo. In vigilia circumcisionis domini nostri Jhesu Christi.

Diese 26 Zeilen enthaltende Urkunde ist auf ein Pergamentblatt geschrieben. Unten an demselben sind 8 Pergamentstreifen zur Befestigung der Siegel durchgezogen, von denen das 2te abgefallen. Sämmtliche Siegel sind in grünes Wachs abgedruckt.

Auf der Rückseite steht: Gulenitze. 3.

Am 1sten Pergamentstreifen hängt ein dreieckiges Siegel. Der Schild zeigt einen wachsenden rechts gewendeten Bären. Die Umschrift:

S. Ludolphi Nortberner.

Am 3ten Pergamentstreifen hängt ein rundes

---

2) Dem Wappen nach wohl zur Familie v. Gagern gehörig.

Siegel. Der dreieckige Schild zeigt dieselbe Figur, wie der drei vorhergehenden Siegels. Die Umschrift:

S. Thot.. Mortberner.

Am 4ten Pergamentstreifen hängt ein ganz eben solches Siegel. Die Umschrift:

S. Raslav .... berner.

Die Siegel am 3ten und 4ten Pergamentstreifen sind ganz besonders scharf und schön geschnitten.

Am 5ten Pergamentstreifen hängt das an der Urk. Nr. 17. am 3ten Pergamentstreifen beschriebene, hier sehr gut erhaltene Siegel. Die Umschrift:

PRIBE GAWER.

Am 6ten Pergamentstreifen hängt ein rundes Siegel. Der dreieckige Schild zeigt einen rechts gewendeten Eselshals und Kopf mit vorwärts gestreckter Zunge. Die Umschrift:

+ S. GOTE D' NATCEVITZE.

Am 7ten Pergamentstreifen hängt ein dreieckiges Siegel. Der Schild ist längs getheilt und zeigt einen über beide Hälften schräg rechts gelegten doppelten Wiederhaken. Die untere Spitze ist dem obern Schildesrande zugekehrt. Die Umschrift:

+ S. MARCVARDI WL.

Am 8ten Pergamentstreifen hängt ein rundes Siegel. Der dreieckige Schild zeigt dieselben Figuren wie das an der Urk. Nr. 19. am 5ten und 8ten Pergamentstreifen beschriebene Siegel, nur ist hier die vordere Hälfte des Schildes (mit den Flüssen) schräg rechts und links schraffirt. Die Umschrift:

+ S. HINRICI DE HELLE.

No. 23. Anno 1346 zum Sunde, Montag nach dem Sonntage Judica me. (3. April.)

Ludekin und **Theze,** Brüder, genannt **Mortberner,** Knappen, verschreiben Namens ihrer Mutter und Schwester weddeschatweise 5 Morgen fabigen Ackers von den denselben gehörigen 2 Hackenhufen zwischen Gulutze und St. Georg vor Rambin dem **Heinrich Pape** und Johann von **Wickede** für eine Schuld von 20 Mark sundisch.

Nach dem Original im Archive des Klosters St. Jürgen vor Rambin.

Universis presencia inspecturis **Ludekinus** et **Theze,** fratres, dicti **Mortberner,** famuli, in domino salutem. Ad uniuersorum noticiam cupimus peruenire lucide protestantes, nos, pleno consensu et bona voluntate matris nostre dilecte Dargeslaue et sororum nostrorum Greteken et Katherine, nostrorumque omnium heredum et amicorum quorum interesse poterit, exposuisse tytulo veri pignoris et vadimonii pro weddèschat quinque jugera fertilis agri de duobus uncis nostre matri et ejus filiabus antedictis pertinentibus in distinctione inter Gůlutze et sanctum Georgium prope Rambyn iacentibus, et in presentibus dimittere honorabilibus viris **Hinrico Papen** et **Johanni de Wickede** ipsorumque veris heredibus in premisso campo demonstratis, pro vingiti marcis sundensium denariorum matri nostre et eius filiabus antedictis integraliter presentatis et solutis, a festo beati Martini nunc futuro ultra ad decem annos premissa quinque jugera cum omnibus suis vtilitatibus, fructibus libertatibus et emolimentis pacifice colendis et in suos vsus omnimode conuertendis. Si uero premissos agros nos uel mater nostra cum sororibus nostris aut heredes nostri infra annos prenotatos vellemus uel possumus redimere, hanc redemprionem in cathedra sancti Petri facere debemus et tenemur, et tunc premissi agri ad nos et ad nostros heredes cum omnibus ipsorum vtilitatibus liberius diuoluentur. Si vero ipsum agrum sepedictum infra annos premissos non redimeremus, de tunc premissorum virorum et ipsorum heredum iusta et perpetua empcio permanebunt de generatione in generationem hereditandos, dandos, vendendos, exponendos et in omnibus in ipsorum vsus et fructus conuertendos pretera, si bona pretaxata medio tempore quisquam personarum, cuiuscunque condicionis sint in brigaret seu aliqualiter infestaret, hoc nos fratres antedicti cum nostris compromissoribus infra scriptis debemus et volumus ab omnibus personis spiritualibus et secularibus ad iudicium venire volentibus totaliter in omnibus disbrigare. Quod si non fecerimus, quod absit, ex tunc ciuitatem Sundensem intrare debemus obinde non discessuri quin bona premissa totaliter per nos et compromissores nostros sint libertata et disbrigata, vt autem premissa firmiter obseruentur, super hiis conjuncta manu dataque fide Choten, filius Ludekini, et Henninchinus Slechte, nobiscum compromittunt, et nos, fratres antedicti cum ipsis compromisimus et fideiussimus compromittimus per presentes. In huius rei testimonium sigilla nostra presentibus sunt appensa. Datum in Sundis, anno domini mº cccº XLVIº, feria secunda proxima post dominicam qua cantatur Judica me domine.

Diese 27 Zeilen enthaltende Urkunde ist auf ein Pergamentblatt geschrieben. Unten sind 4 Pergamentstreifen zur Befestigung der Siegel durchgezogen, von denen das erste und letzte fehlen.

Auf der Rückseite steht: Guleulitze. 8.

Am 2. und 3. Pergamentstreifen hängen die Fragmente zweier in weißes Wachs gedruckter Siegel, die im Schilde den rechts gewendeten wachsenden Bären zeigen. Die Umschriften sind bis auf unbedeutende Reste fortgebröckelt.

No. 24. Anno 1346. Maria Magdalena. (22. Juli.)

Ludeke Mortberner, Knappe, verpachtet den Vorstehern von St. Jürgen bei Rambin seinen Hof in Goluitze auf 4 Jahre für 12 Mk. sund. jährlicher Pacht von jeder Hufe, unbeschadet der frühern Verpfändung desselben an eben diese Vorsteher.

Nach dem Original im Archive des Klosters St. Jürgen vor Rambin.

In godes namen amen. **Ich Lüdeke Mortberner**, eyn knape, bekenne vnde bethuge openbare an desser schrift, dat ic, myt volbort vnde myt beradenem mode myner kyndere, **Dobberslaues, Chotenes** vnde **Raslaues**, vnd aller myner ervnamen vnde myner vronde hebbe verhuret mynen hof to **Goluitze** mit aller schedinge alse he licht, den vormunderen des spittales Sente Jorien by Rambyn, hern Arnolde Voet, Johanni Ratzeborch, Hinrich Papen, vnde Johanni von Wickede, vnde eren ervnamen, alse dat se my vnde mynen ervnamen to ver iaren sollen geuen, gewelkes iares vor gewelke houe twelf marc sundescher pennynge to pacht, vnde desse pennynge sollen se vns geuen nu the sunte Mertins dage an enner sommen. Vortmer so hebben desse vor benomeden vormonders twintich marc geldes to weddeschat in deme vor bescreuen houe vnde in deme goude dar se sunderlike breue up hebbet, dat gelt sollen we ut genen alse de breue to segget. Och sollen desse breue de we nu geuet, ghene breue an nenen dyngen nicht breken noch scaden. Were dat we desse renthe der twintich marc des ersten iares, des andern, des dridden vnde des verden iares nicht betaalden, so hat de vorbescreuen hof myt aller nut vnde vryheit de vormonderen stan to eyneme rechte pande vor achtendich marc sundescher pennynge, bouen de twintich marc geldes de se dar aue hebbent, vnde wat we ut genet to rechter tyt von dessen twintich marken, dar sollen vns de vormondere quite breue op geuen. Vortme sollen we dessen hof myt alle syner nut vrien vnde onwerren van heren dynste, van pacht, van bede, van allen dyngen vnde van allen saken geystliker vnde werliker personen de to richte vnde to rechte komen willen, behaluen bischopeskorn, vnde papentheyeden sollen de vormonderen ut geuen. Vortme so antwerden we den vormonderen dessen hof myt der brake tho sente Peters daghe in der vasten in den hof to varende vnde des houes tho ver iaren myt aller nut myt aller frucht to brukene vnde sik nutte makende, vnde wan desse ver iare van sente Peters dage omme kommen syn, so sollen vns de vormondere dessen hof weder antworden myt allen dingen alse we hebbet en geantwortet dessen hof, vnde also vele brake alse we en antworden gewysset so vele sollen se vns weder antworden. Vortmer so licht dar eyn mor wat ic Ludeke den vormonderen dar aue nicht en sla, der sollen se my vnde den mynen nicht vol von don; weyde vnde wisch sollen se dar uppe hebben vnde gras, vnde vnse moder sal hebben ere notdorft dar aue alse er bescheyden is. Och sollen de vormondere vnde er vole vnse holt nicht howen, weyde vnde gras sollen se darynne beholden vnde hebben. Weret alse, des god nicht en wille, dat desse vorbenomede hof worde verderuet van herschilde eder van heren wegen, dar sal it umme gan alse eyn lantrecht to wiset; were dat he worde vorwarloset von sente Jorians vormonderen wegen, dar sollen se umme don alse eyn recht is in den landen. Were dat de hof worde gemortbrant van Ludekens eder van syner ersnamen wegen, dar sollen se umme don alse eyn recht is in den landen. Were dat desse hof worde gemortbrant dat neman steyschen noch weten konde we desse dat hedde gedan vnde uppe wen dat geschen were, dar sollen de vormondere sente Jorianes twene manne ut eren vronden tonemen vnde **Ludeke Mortberner** vnde synen ersnamen och twene man van eren vronden, wat de vere mannes namen spreket to beyden syden dat redelich ist, dar sal dat bi bliuen, konden auer de ver manne nycht ouer eyn dregen, so sollen se to beydenthaluer eyewele eynen ratman to deme Sonde nemen, wat de beyde spreket dar sollen desse vorbenomeden byne bi bliuen. Dat alle stücke de hir vore gescreuen stat stede vnde vast geholden werden vnde vntebroken bliuen, hir vp loue we myt samender hant in truwen: Ic **Ludeke Mortberner, Dobberzlaf, Choten** vnde **Kaslaf myne kyndere**, Henneke Slechte vnde Marquart Bolzeke. In eyne bethuginge alle desser dynge besegele we dessen bref myt vnsen ingeseghelen in den iaren vnses heren dusent iar dre hondert iar in deme ses vnde vertigesten iare, in sente Marien Magdalenen daghe, der heligen vrouwen.

Diese, auf eben so vielen Linien, 45 Zeilen enthaltende Urkunde ist auf ein Pergamentblatt geschrieben. Unten durch das Blatt sind 6 Pergamentstreifen zur Befestigung der Siegel gezogen, wovon das 2te abgefallen ist. Sämmtliche Siegel sind in weißes Wachs gedruckt.

Am 1, 3. und 4. Pergamentstreifen hängen die am 1., 3. und 4. Pergamentstreifen der Urk. Nr. 22. beschriebenen Siegel. Die Umschriften sind hier vielfach beschädigt.

Am 5ten Pergamentstreifen hängt ein rundes Siegel. Der dreieckige Schild zeigt drei sitzende rechts gewendete Eichhörnchen. Die Umschrift ist bis auf die Buchstaben:

.. OH .... E

fortgebrochen.

Am 6ten Pergamentstreifen hängt ein rundes Siegel. Der dreieckige Schild zeigt einen schräg rechts gestellten doppelten Wiederhaken. Die untere Spitze ist dem oberen Schildesrande zugekehrt. Die Umschrift ist bis auf die Buchstaben

S. MA .... EK ..

fortgebrochen.

No. 25. Anno 1348 zu Stralsund, am Sonntage nach Oculi. (30. März.)

Nicolaus Leidekule und seine Söhne Johan und Hermann, wie auch **Berthold Kack**, Knappen, überlassen dem Bürgermeister Albert Hövener eine an Götemitz stoßende Kavel Holzes, mit Grund und Boden und mit aller Nutzung.

Aus J. A. Dinnies Diplomatarium monast. legis Mariae. Goetemitz No. 7.

In testimonium omnium premissorum sigilla nostra vna cum sigillo dni. Johannis nobilis viri de Pudbusch, presentibus sunt appensa. Presentibus dominis Johanne dicto Wreen, Arnoldo dicto Voet, et Arnoldo dicto Goldenstede, proconsulibus ibidem in Sund.

No. 26. Anno 1349. Stralsund, am Sonntage Oculi (15. März.)

Everhard, genannt **Poretze**, Knappe, verkauft dem Bürgerm. Albert Huuener die Bede von sechs Hakenhufen in dem Dorfe Götemitz, von denen Hinrich von Stubben drei, **Mordberner** und der eben daselbst wohnende Martin die übrigen drei bauen. Verspricht auch darüber die fürstliche Bestätigung zu verschaffen, oder, wenn er dies nicht vermöge, auf Martini des folgenden Jahres das empfangene Geld zurückzugeben; verpflichtet sich auch, dafern in währender Zeit, einer von seinen Mitgelobern mit Tode abgehen sollte, mit den übrigen so lange in Stralsund das Einlager zu halten, bis er an des abgegangenen Stelle einen gleich annehmlichen Bürgen würde gestellt haben [1]).

Aus dem Orig. im Stralsunder St.-Arch.

Omnibus presens scriptum cernentibus Euerhardus dictus Poreize, famulus, bone voluntatis affectum perhenni cum salute. Tenore presentium recognosco publice protestans, quod honesto viro domino Alberto Hůnener, proconsuli Sundensi, suisque veris et legitimis heredibus, pro quinquaginta marcis cum xxiij. solidis sundensium denariorum ante confectionem litterarum presentium mihi in prompto numeratis et persolutis rite et rationabiliter vendidi ac dimisi et dimitto ad perpetuam venditionem per presentes precariam sex mansorum in villa Gotemitze situatorum, quorum Hinricus de Stubben, pro

1) Eine eigenthümliche Erscheinung ist das Einlager-Recht (Jus obstagium). Es beruhte auf einem tief eingewurzelten Corporationsgeist und unerschütterlichen Ehrgefühl. Eine Anzahl aus der Genossenschaft der Vasallen verbürgte ihre persönliche Freiheit für die Haltung des gegebenen Versprechens eines ihrer Mitbrüder. Das Nichthalten des Einlagers war ehrlos; die Voraussetzung, daß dieser Fall eintreten könne, wäre schon ehrenrührig gewesen. Deshalb ist eines solchen auch nie in den sonst so vorsichtig abgefaßten Urkunden erwähnt. — Das Einlager kommt schon früh in hiesigen Urkunden vor (Fabricius Rüg. Urk. I. No. LII. p. 31. 1249. No. LXI. p. 36. 1254. Codex Dipl. Lubecens. I. p. 414. 1284 u. s. w.) In den Documenten des 14ten Jahrhunderts erscheint es als ganz allgemein üblich. — 1332 Ibo Tuvende vridages an der hochtit to paschen, verkaufte Nicolaus Zuargel, Knappe, (er führte den Normannschen Schild im Siegel) dem Tidole Sachle „achtern cromst ghesdes" aus seinem Gute zu Lütken Kiesten vor 250 Mk. Sund. Er übernahm dies Gut ihm aufzulassen und darnach Jahr und Tag zu „waren," auch innerhalb 6 Wochen zu „entweeren," „eder ic scal mit minen vrenden de hir na screuen sint, mit her Paulane, Henniken van Tribbevitz, Peter Lubbun, Barnim, Tessarsche Pesdevoll, Tessarsche Norman, Pelben vnde Henniken Kalsl vnde Lüdeke Tolsdelenborp to dem Sunde inriden vnde dar nicht wer vtcomen, se en sin gans entworen. Storve ot, dat got vorbede, desser vorbenomeden jenich, so scolde ic Nicolaus binnen ses weken na sinem dode, en also gut enen setten an des doden stede, eder ic scal to me Sunde in riden vnde nummer dar ut, er ic also gut enen en weder gesat hebbe. Wen auer also, dat mi got ouer behode, dat ic binnen alle desser tit storue, so scolden alle desse Lude, de hir vor screuen sint, to deme Sunde binnen ses weken na mineme dode inriden vnde dar nicht vt to comende, se en hebben enen ener miner nagbesten to erenne heuetmanne an miner stede, de en allent dat helde, dat hir vor is bescreuen." - 1334 Donnerst. nach Lätare verschreiben Arnold und Thomas Gebr. genannt Platen Lüdeke Langen und Arnold Buel, Rathmann, für 54 Mark 12 Drömt Getreides Hebung aus Güsterate, verpflichten sich, diese Rente zum nächsten Martini wiedereinzulösen oder zum letzten Kauf für obige Summe zu überlassen. Sie verpflichten sich im Fall der Uebertretung zum Einlager. Vgl. auch Urk. 22 u. 23. — Als Johan Schlecht und sein Sohn Nicolaus, 1349 Tags Gertrudis, dem Hosp. St. Jürgen vor Rambin auf 3 Jahre eine Wiese und Weide verpfändeten, so verpflichteten sie sich mit Herman Slechte, Johannes Bruder, zum Einlager in Stralsund, wenn dasselbe wegen dieser Grundstücke gerichtlich angesprochen werden solle. Zu vergl. sind auch in Grümbke Gesch. des Kl. zu Bergen p. 66 und Gesterdings pomm. Magaz. I. 214 die dort angeführten Fälle. Als im 16ten Jahrhundert die moderne Staatskunst anfing sich geltend zu machen, trat bei uns Herzog Philipp I. († 1560), sonst einer unserer trefflichsten Regenten aus heimischem Stamm, gegen das Einlager-Recht auf. Als 1570, Tags Johann. Baptist. Achim Klatt zu Reddevitz „dem erbaren und fürnehmen, seinem lieben Schwager Jürgen Curschwantz zu Greifswalde gesessen" für 100 Fl., 6 Fl. Rente verschrieben, so verpflichtete er sich mit seinen 6 Bürgen, dafern er seiner Verpflichtung nicht nachkomme, zum Einlager. Es heißt wörtlich: „so sollen und wollen wir der ersten Foderung Folge thun und reiten zum Greifswalde in eine ehrliche Herberge, so Jürge Curschwantzen ..... gelegen sein wird." In der von Herzog Ernst Ludwig den 8. Juni 1570 ertheilten Confirmation heißt es aber „ausgenommen des Einreitens halber, welchen (Punkt) wir hiermit als unsers freundlich geliebten Herrn Vaters hochseel. und unserm vorigen Mandaten und Ordnung zuwieder keineswegs verwilligen, sondern vielmehr cassirt haben wollen." Dagegen ward Andreas, Bernhard und Degener, Vater und Söhnen, den Buggenhagen zu Neringen Erbges., eine Verschreibung bestätigt, in der am Tage Antonii des angehenden 1574 Jahres, sich 20 Bürgen, der angesehensten Geschlechter Rügens, Pommerns und Meklenburgs im Fall der Nichthaltung mit eigener Person, 1 Knecht und 2 Pferden zum Einlager verpflichteten. Am selben Tage stellten die Genannten noch 3 andere Verschreibungen aus, in denen dieselbe Bedingung enthalten. — In der auf dem Reichs-Deput.-Tage zu Frankfurt im J. 1577 beschlossenen Polizei-Ordnung ward Tit. 17. das Einlager, verboten. Aus einem eben nicht scharfsinnigen Aufsatz über diesen Gegenstand in Dähnerts pomm. Bibl. II. p. 41 — 47 sieht man aber, daß es noch 1610 in der Ukermark gebräuchlich war.

nunc, colit tres vncos, et Mortberner ac Martinus, ibidem morantes, colunt tres vncos, ita quod eisdem domino Alberto super precariam dictam litteras domini mei ducis, suisque veris heredibus debeo procurare. Si vero ipsas procurauero, tunc presens littera et mei compromissores debent esse quiti et soluti. Si autem litteras domini mei predictas eidem domino Alberto et suis veris heredibus non procurauero, extunc in festo beati Martini nunc proxime venturo vltra ad annum eis reddere debeo quinquaginta marcas denariorum cum xxiij solidis prenotatus, et iidem Albertus suique heredes tamen dicto festo beati Martini nunc proxime venturo, ac festo beati Martini vltra ad annum precariam antedictam subleuabunt, seu intra retinebunt. Ceterum si aliquis meorum compromissorum infra scriptorum infra dictum tempus obierit, pro tunc cum monitus fuero, statim postea infra quindenam vna cum meis compromissoribus aliis superuenientibus ciuitatem Stralessund intrabo, inde non exiturus, nisi in locum defuncti adeo bonum et honestum fideiussorem statuero domino Alberto ac suis heredibus prenarratis. Pro hiis omnibus et singulis firmiter et inviolabiliter obseruandis vna cum meis compromissoribus, videlicet nobili viro domino Hennynghe seniore milite de Pudbutzke, Dargemaro de Yasmonde ac Vickone dicto Schacht, famulis, promisi et promitto manu conjuncta et data fide in hiis scriptis. Datum Sundis, anno domini millesimo tricentesimo xlix. dominica qua cantatur oculi mei. Sub sigillo et sub sigillis meorum compromissorum jam dictorum presentibus appensis in testimonium omnium premissorum.

Auf einem Pergamentblatt. Durch den untern umgeschlagenen Rand sind 4 Pergamentstreifen zur Befestigung der, in grünes Wachs abgedruckten, sehr gut erhaltenen Siegel, gezogen.

Am ersten Pergamentstreifen hängt ein rundes Siegel. Der dreieckige, schräg rechts und links schraffirte Schild zeigt einen mit 13 Pfennigen belegten linken Schrägbalken. (4. 5. 4.) Die Umschrift:

S. EVERHARDI PORESE.

Am 2ten Pergamentstreifen hängt ein kleines rundes Siegel. In der innern Rundung steht ein alterthümlicher Helm, zu jeder Seite mit 7 Pfauenfedern besteckt und unten mit den zur Befestigung nöthigen Bändern versehen. Ganz ähnlich dem Helm des Stoislaf v. Putbus (Tab. I. 2 a.), nur viel kleiner. Es ist dies dasselbe Siegel, mit welchem der Ritter Johann v. Putbus (als Hauptmann des Landes Rügen) 1338 die Urk. besiegelt, in der er den Verkauf eines Hofes in Goetemitz bezeugt (vergl. Anmerk. I. zur Urk. Nr. 16.). Mithin waren jener Johann und der hier genannte Henning identisch. Die Umschrift:

+ S. DNI JOHIS DE PVDBVSE.

Am 3ten Pergamentstreifen hängt das runde Siegel des Dargomar d' Jasmunde, welches am 31sten Pergamentstreifen des Bundesbriefes von 1326 (Urk. Nr. 10.) beschrieben und betreffenden Ortes abgebildet ist.

Am 4ten Pergamentstreifen hängt ein rundes Siegel. Der dreieckige Schild zeigt drei Sterne (2 1.) Die Umschrift:

S. VICKE EKELOFSON.

(Vergl. Urk. Nr. 15.)

No. 27. Anno 1350, am Tage der Apostel Theilung (15. Juli.)

Lüdeke Mortberner verkauft an den Bürgermeister Arnold Voet und an die Bürger zu Stralsund Johann Ratzeburg und Johann von Wickede, als Gödekens von Wickede Testamentarien und mithin Vorsteher des von ihm gestifteten Armenhauses St. Jürgen zu Rambin, seinen Hof in Gulevitz mit allem Zubehör und insonderheit auch die seiner

Mutter darin zugehörigen und zum Leibgedinge verschriebenen zwei Hakenhufen, als zu deren Verkauf dieselbe, wie auch **Ludekens** Bruder, **Teze Nordberner,** ihre Einwilligung ertheilen.

Nach dem Original im Archive des Klosters St. Jürgen vor Rambin.

Universis christi fidelibus, ad quos presentes littere peruenerint, Ludekinus Nortberner famulus, salutem in domino sempiternum. Notum facio tam presentibus quam futuris, me consensu proprio ac bona voluntate omniumque heredum meorum et amicorum, quorum inter est seu interesse poterit, perpetua venditione vendidisse, et in presentibus dimittere, honorabilibus viris ac discretis, domino Arnoldo Pedi, proconsuli, Johanni Raceborch ac Johanni de Wichkede, civibus in Stralessundis, ipsorumque veris heredibus curiam meam in Gulultze et bona mea ipsi curie adjacentibus (anstatt adjacentia) prout sunt in omni sua distinctione comprehensa, sicut eam huc usque possedi, et sicut pater meus mihi eam hereditavit, et sicut ipsa curia cum omnibus suis bonis iacuit temporibus ab antiquis pacifice prout ipsam habuimus perpetue possidendam. Ceterum nos Ludekinus et Thezho fratres dicti Nortberner, Margheslaua mater nostra dilecta, Katherina ac Margareta sorores nostre dilecte, tenore presentium lucide recognoscimus et testamur nos vnanimi consensu, ac libera voluntate omnium nostrorum heredum ac amicorum vendidisse perpetua venditione et in presentibus dimittere, viris discretis prenominatis ac eorum heredibus, duos vncos agrorum in predicta distinctione comprehensos, matri nostre iam dicte, ac sororibus nostris iam predictis pertinentes, jam dictos vncos perpetuis temporibus possidendos cum vtilitatibus suis vniversis prout matri nostre ac sororibus nostris ante dictis pertinebant. Preterea omnia bona prenarrata prout sunt totaliter in omni sua distinctione comprehensa, vendidimus et a manu dimisimus, viris sepe dictis et ipsorum heredibus, cum agris cultis et colendis, cum pratis, pascuis, silvis, lignis et rubetis, cum aquis, riuis, et aquarum decursibus, cum paludibus, cespitibus et aliis emolumentis vniversis, cum omnibus vtilitatibus, fructibus et proventibus, que in dicta curia ac bonis ejus ad presens existunt et fieri poterunt in futurum. Ita plane atque libere, quod nobis et nostris vniversis in predictis bonis penitus nichil reseruamus. Debemus etiam et uolumus bona pretaxata, coram dominis terre resignare, quandocumque fuerimus requisiti, et ipsis pheodum ad manus reseruare donec a dominis terre ipsum procurabunt. Et postquam ipsorum bona pheodalia facta sunt, ipsos annum et diem warandabimus sicuti juris est in terris. Et si medio tempore aliqua impetitio de hiis bonis fieret, hoc discutere debemus et ab omnibus personis spiritualibus et secularibus, ad iudicium nescientibus, debemus et volumus hec bona libertare. Omni occasione postergata, vt autem omnia prenotata firmam vim habeant et vigorem et perpetua emptio possint et debeant permanere et cum nullis interpositis infringi possint uel distrahi, et vt mater nostra et sorores nostre ante dicte nullum *lifghedingh* proprie dictum in pretaxatis bonis optinebunt. Pro hiis omnibus perpetuis temporibus firmiter obseruandis et tenendis, nos duo fratres prenominati videlicet Ludekinus et Thezo dicti Nortberner, Dubbertzlaus, Ghoten et Retzlaus, filii Ludekini iam dicti ac nostri compromissores infra scripti, Hennekinus Ralcke, Johannes Smantenitze, Reymarus Boleke,[1] Marquardus Voltzekenitze, Richoldus Gaweren, Johannes Slechte[2] et Nicolaus filius Eden, conjuncta manu data, que fide nobis cum compromiserunt et pari-

---

1) Vergl. Anmerk. 2 zur Urk. Nr. 15. und weiter unten zur Urk. Nr. 48. (1377 22. März) das am den Pergamentstreifen derselben befindliche und Tabelle XI. Nr. 15. abgebildete, abweichende Siegel.

2) Vergl. Anmerk. 90. p. 8 und 9. Der Bruder des Johann Sl. hieß Hermann.

ter fide tenus compromittimus per presentes. In huius rei testimonium nos duo fratres prenotati cum compromissoribus nostris sigillis dedimus firmiter sigillatum. Datum et actum anno domini millesimo ccc° quinquagesimo in die dyuisionis apostolorum beatorum.

Diese 19 Zeilen enthaltende Urkunde ist auf ein Pergamentblatt geschrieben, dessen unterer Rand umgeschlagen, und durch den 12 Pergamentstreifen, zur Befestigung der sämmtlich in grünes Wachs abgedruckten Siegel, gezogen. Auf der Rückseite steht: „Gulewitze. 11."

Am 1sten Pergamentstreifen hängt das Siegel des Ludeke Mortberner wie es am 1sten Pergamentstreifen der Urk. Nr. 22. beschrieben.

Am 2ten Pergamentstreifen hängt ein rundes Siegel. Der dreieckige Schild zeigt den wachsenden rechts gewendeten Bären. Die Umschrift:

S. Lese Mortb'rnere.

Am 3ten Pergamentstreifen hängt ein ganz ähnliches Siegel. Die Umschrift:

+ S. Dubberol..i Mortberner.

Am 4ten Pergamentstreifen hängt das Siegel des Choten Mortberner, wie es am 3ten Pergamentstreifen der Urk. Nr 22. beschrieben.

Am 5ten Pergamentstreifen hängt ein rundes Siegel. Auf der rechten Seite ist ein großes Stück fortgebrochen. Der Schild zeigt den rechts gewendeten wachsenden Bären. Die Umschrift:

+ S. Naclavi Mort.

Es ist nicht dasselbe Siegel, mit welchem Nasl. Mortb. am 31. December 1312 siegelte und welches am 1ten Pergamentstreifen der Urk. Nr. 22. beschrieben.

Die an dieser Urk. am 1 bis 5. Pergamentstreifen befindlichen Siegel sind auf Tab. XI. No. 1 — 5 abgebildet.

Am 6ten Pergamentstreifen hängt ein kleines rundes, stark beschädigtes Siegel. Der Schild läßt jedoch das Malikesche W., wie es zum Bundesbriefe von 1316 beschrieben und Tab. I. 2. b. u. c. abgebildet ist, erkennen. Die Umschrift:

. . . JOH'IS R . . .

Am 7ten Pergamentstreifen hängt ein rundes Siegel. Der dreieckige Schild zeigt in der untern Hälfte einen Stufen-Giebel, über demselben einen wachsenden rechts gewendeten Greif. Die Umschrift:

S. JOHANNIS SMANTEVITZE.

Am 8ten Pergamentstreifen hängt ein kleines rundes Siegel. Der dreieckige Schild zeigt zwei kreuzweise über einander gelegte gekrümmte Figuren (Sensenmessern ähnlich), so daß sie in 2 ungleiche Hälften, die größere nach unten, getheilt werden, die Spitzen sind den beiden oberen Schildesecken zugekehrt. Die Umschrift:

S. REIMARI . . . BOLICE.

Am 9ten Pergamentstreifen hängt ein rundes Siegel. Der dreieckige Schild zeigt einen schräg rechts gestellten doppelten Wiederhaken, die untere Spitze dem oberen Schildesrande zugekehrt. Die Umschrift:

+ S'. MARQUARDI VOLSEKEN.

(Es ist dasselbe Siegel, welches am 6ten Pergamentstreifen der Urk. Nr 21 hängt.)

Am 10ten Pergamentstreifen hängt ein rundes Siegel. Die Figur des dreieckigen Schildes stimmt genau mit der des Siegels am 9ten Pergamentstreifen überein. Die Umschrift:

+ S'. RICHOLDI GHAWEREN.

Am 11ten Pergamentstreifen hängt ein rundes Siegel. Der dreieckige Schild zeigt 3 sitzende Eichhörnchen 2. 1. Die Umschrift:

+ S'. JOH'IS SLERCTE.

Am 12ten Pergamentstreifen hängt ein kleines rundes, stark beschädigtes, Siegel. Im dreieckigen Schilde erkennt man noch die Reste eines Baumes mit der Wurzel und belaubten Blättern. Von der Umschrift hat sich

. . I FIL . . I . ED

erhalten.

6

No. 28. Anno 1350, Tags nach Bischof Nicolaus (7. December).

Darghezlaf, Ghoten Mortberners Wittwe, Katherine und Margarethe, ihre Töchter, bezeugen, daß sie dem Arnold Vot, Bürgermeister zum Sunde, und Johann Raceborch, Bürger daselbst, 2 Haken Acker in Gulwitze verkauft.

Nach dem Orig. im Archive des Klosters St. Jürgen vor Rambin.

Vniversis christi fidelibus, ad quos presentes littere peruenerint, Dharghezlaf, relicta quondam Ghoten Mortberner bone memorie, Katerina nec non Margareta, filie mei dilecte, salutem in domino sempiternam. Recognoscimus et tenore presencium publice protestamus, nos vnanimi consensu ac libera voluntate omnium nostrorum heredum et amicorum, perpetua vendicione vendidisse et in presentibus dimittere discretis viris, videlicet Arnoldo Vedi, pro-consuli in Sundis, nec non Johanni Raceborch, ciui ibidem, eorumque veris heredibus duos vncos agrorum, prout sunt in omni sua distinctione comprehensos in villa Gulwitze, inter Ludekinum Mortberner nec non Thezen, meorum puerorum, michi ac filiabus meis pertinentes. Jam dictos vncos perpetuis temporibus possidendos cum omnibus utilitatibus suis prout michi ac filiabus meis antedictis pertinebant ita plane atque libere quod nos et successores nostri ac heredes nostri in predictis bonis penitus nichil reseruamus, uel *brudschat*, uel *medegift*, uel *lifghedinghe*, et postergamus omnes condiciones uel occasiones cum quibus ad dictam bonam possimus deuenire siue in iure seculari siue in spirituali. In cujus rei testimonium nos Theze, Ghoten, nec non Tidekinus Suleke, filius, Suleken, conjuncta manu dataque fide pariter promittimus et promisimus firmiter in hiis scriptis et sigilla nostra presentibus sunt appensa. Datum anno domini M°CCC° quinquagesimo, sequenti die beati Nicolai, episcopi.

Diese 14 Zeilen enthaltende Urkunde ist auf ein Pergamentblatt geschrieben. Unten durch dasselbe sind 3 Pergamentstreifen zur Befestigung der Siegel gezogen, von denen aber die beiden ersten abgefallen.

Auf der Rückseite steht: Gulevitze. 13.

Am 3ten Pergamentstreifen hängt ein kleines rundes Siegel. In der innern Rundung steht, ohne daß ein Schild vorhanden, ein achtendiges Hirschgeweih (jedes Horn mit vier Enden) und zwischen demselben eine kleine kugelartige Erhöhung. Die Umschrift:

+ TIDEKEN. VA. DVLSEL.

No. 29. Anno 1350, Tags nach Lucia. (14. December).

Dubberzlaf, Ghoten und Ratslaf Ludekin Mortberners Söhne, und Theze Mortberner, ihr Vaterbruder, bekennen, daß Arnold Wut und Johann Raceburch die von ihrem verstorbenen Vater und ihnen gekauften Güter bezahlt, und somit zu völligem Eigenthume erworben haben.

Nach dem Orig. im Archive des Klosters St. Jürgen vor Rambin.

Omnibus presens scriptum cernentibus, nos Dubberzlauus, Ghoten, nec non Ratzlauus, filii Ludekini Mortberner, et Thezo, patruus noster dilectus, dictus Mortberner, Salutem in domino sempiternam. Recognoscimus tenore presentium publice ac protestamus quod . . . . bona sicut dominus Arnoldus Wut ac Johannes Raceborch a patre nostro, Ludekino Mortberner, bone memorie, et a nobis emerunt, quod illa bona nobis honestissime persoluerunt ita quod ipsis regraciamur, et propter hanc bonam persolucionem postergamus omnes condiciones seu occasiones, cum quibus ad dictam bonam possimus deuenire seu in iure seculari seu in iure spirituali, vt autem omnia prenotata firmam vim habeant et rigorem et perpetua empticio possint et debeant permanere et cum nullis interpositis infringi possint uel distrahi. Et ut mater nostra et sorores nostre nullum *lifghedinghe*, uel *lenware*, uel *brutschat*, uel *medegift*, in pretaxatis bonis optinebunt. Pro hiis omnibus firmiter obseruandis nos, **Dubberzlauus, Ghotza** nec non **Ratzlaus**, filii **Ludekini Mortberner** iam dicti, vna cum **patruo nostro Thezen Mortberner** coniuncta manu dataque fide compromittimus firmiter in hiis scriptis, et presens scriptum nostris sigillis dedimus firmiter sigillatum. Datum et actum anno domini millesimo ccc° quinquagesimo, in vigilia Lucie, virginis gloriose.

Diese 13 Zeilen enthaltende Urkunde ist auf ein Pergamentblatt geschrieben. Unten durch dasselbe sind 4 Pergamentstreifen, zur Befestigung der Siegel gezogen, von denen das zweite fast ganz vergangen ist.

Auf der Rückseite steht:

„desse breff luth up Arnoldus Fut vnd Johannes Raszeborch"

Von neuerer Hand:

Gulnitze. 14.

Die Siegel der Urkunde stimmen genau mit den betreffenden an der Urk. Nr. 27. überein, weshalb auf diese und deren Abbildungen auf Tab. XI. verwiesen wird. Sie sind sämmtlich in weißes Wachs gedruckt.

No. 30. Anno 1354, am Tage vor Thomas dem Apostel (20. December.)

Clawes Züm verkauft dem Kloster zu Bergen eine Hufe sådigen Ackers zu Keyzerytze.

Aus der Matrikel des Klosters Bergen. (Nr. 78.)

Wedelorvete: Züm, myn broder, Thydeke Züm, myn vedder, Hennyngh van Cernyn vnde Clawes Cernyn, broders, Hinryk Plate vnde **Clawes Wülfeke**.

No. 31. Anno 1356, Mittwochs nach Invocavit. (16. März.)

Albertus Houener [1], civis sundensis, überläßt dem Kloster in Bergen seinen Holzschlag in Panzeuitze (ligna mea in P.) vom nächsten Jacobitage an auf 3 Jahre »que ligna vlterius vendiderunt Thidemanno de Berne, civi Sundensi, pro ducentis marcis et quadraginta marcis.« bedingt sich hierfür jedoch auf seine Lebenszeit eine Rente von 20 Mk. aus, die nach seinem Tode an die Gebrüder Albert und Johann von Haren auf ihre Lebenszeit kommen soll.

Aus der Matrikel des Klosters Bergen Nr. 112.

Coram testibus, dominis, Borantho de Pudbusk, militi, Seghefrido proconsuli, Nicolao Vent, nostro provisori, Volteru de Telgelt ac Johanni de Wynzen.

---

1) Wahrscheinlich war dies der frühere Bürgermeister und nicht der spätere Ritter, denn es scheint, als habe Albert Hovener vor seinem Tode seinen Bürgermeisterstand aufgegeben. In einer Urk. in der er dem Kloster Bergen 20 Mk. aus dem Hofe Craknitz auf Wittow und 20 Mk. aus dem Hofe des Martin Belenson in Bolenberge verkaufte, nennt er sich bloß „civis Sundensis". Die Identität seiner Person mit der des früheren Bürgermeisters ergiebt sich aber dadurch, daß er als seinen Bürgen den „Albertus Hövener, filius mei fratris" nennt. Zeugen: „Dominis, Borantho de Pudbueszle, militi, ac Seghefrido, proconsuli Sundensi". Dieser Umstand ist so viel ich weiß noch nicht bekannt. Die oben mitgetheilte Urk. ist die letzte, die mir von ihm vorgekommen ist. Zuerst wird er 1336 genannt, in welchem J., am Tage Aller Heiligen (31. October), der Ritter Gispslaf von Pudbusk „den erafttyghen wysen luden, Albrecht Hovenere, eynme bumghere to deme Sunde vnde synerne broder Johan" sein Dorf Nystelytze verkaufte. Ueber seine Stiftung „das lange Haus" beim Hospital St. Jürgen am Strande vergl. A. T. Kruse, Umriß einer Gesch. rc. des Armenwesens in Stralsund. 1847. p. 2 u. 3. — Vergl. auch Anmerk. zur Urk. Nr. 37.

No. 32. Anno 1360. Datum et actum . . . in curia Redenitze sita in terra Ruye. In die beati Vincentii. (7. Juni.)

Sanderus et Henninghus fratres, **Nicolaus et Veritzlaus** fratres, **Arnoldus, Sanderus et Jacobus** fratres famuli, dicti **Bonow** verkaufen dem Abt **Martin** und dem ganzen Convent des Klosters Eldena »Totam insulam nostram dictam **Zicker** sitam in terra **Ruye**, sicut ipsa insula in suis terminis est comprehensa videlicet a riuulo **Zickeruitze**, usque in **Nyendeep** prout dicta insula ex utraque parte contingit salso mari et quidque infra terminos dicte insule continetur scilicet villam **Tyzow** cum omnibus suis attinenciis, et curiam sitam in parua **Zicker** in suis attinenciis ac curiam sitam in magna **Zicker** et totam villam nuncupatam magna **Zirker** cum omnibus suis attinentys et totam villam **Jawer**, cum curia sita, cum suis attinentyss mit allen Herrlich- und Gerechtigkeiten als Gericht an Hals und Hand, Strand und Vorstrand, für **3100 Mk.** sundisch: behalten sich und ihren Erben jedoch das Jus patronatus der Kirche oder Kapelle (ecclesie siue capelle) zu Zicker mit ihren Gütern vor.

Aus dem Orig. im P. Prov.-Archiv.

Praesentibus honorabilibus et discretis viris dominis Magistro **Euerhardo de Wampen**, scolastico ecclesia **Guzetrowensis**, **Johanne Zules**, Magistro **Thiderico Ysermenghe**r, **Conrado Boden**, **Helmoldo**, plebano in **Vilmenitz**, **Nicolao**, plebano in **Lanken**, **Johanne de Kampen**, plebano in **Zicker**, presbiteris necnon famosis viris **Alberto de Helpte**, **Martino Lepgl. Nicolao Wulfchen**, **Nicolao Zummen**, **Henningho de Pudbuzk**, **Bertoldo de Osten**, **Zlawekino**, **Hennecke de Ruya**, famulis et aliis praesentibus fide dignis.

Die Urk ist in 2 Ausfertigungen vorhanden, von beiden sind jedoch die Siegel wie es scheint gewaltsam mit den Bändern abgerissen

No. 33. Anno 1362, zum Sunde, Tage Mariä Empfängniß. (8. December).

Echardus Buch, famulus, verkauft dem **Johann Lütken 15 Mk.** jährliche Pacht aus seinem Dorfe **Weykeneuitze** auf Rügen für **150** Mark.

Aus dem Orig. im P. Prov.-Archiv.

Testes, **Nicolaus Cernin**[1]), **Hinricus Gauern**, **Decceke**[2]) to **Wolsekenitze**, junior, **Anthonius Crassow**, **Heynemannus Oom** armigeri.

Die Siegel fehlen sämmtlich.

---

1) Decceke, Abkürzung von Teze, Tezlaf.

2) Im J. 1248 wird der Ritter Hinricus de Zernin in einer Urk. des Fürsten Jaromar II. genannt, [Fabr. II. 2, 26. 3, 48.] Johann C. 1289 und 1310 ist der Ritter Johannes dictus de Cernon in einer Verschreibung des Ritters Prilbor von Vilmenitz an das Kloster Bergen Zeuge. 1332 verkaufte Nicolaus de C., famulus, an Hinrich Lenzan, Bürger in Stralsund, sein Gut Barrwan in Rügen für 150 Mk. Henning v. C., Sohn des Ritters Hinrich v. C., Hinrich v. C., Sohn des Werner, Knappen, verbürgten diesen Kauf. — 1335 verkauften die Knappen, Tiderich u. Heinrich von C. dem Johann Wern, Rathmann zum Sunde, für 780 Mk. sund. das Dorf Guztevitze auf Jasmund, 2 Drömt Getreide aus der dortigen Mühle, 2 Mk. aus dem Dorfe Woderitze im Kirchspiel Lanken, 24 Mk. Rente aus dem Kruge zu Zelow, 2 Mk. aus dem Kruge Coralew (Zirkow), 1½ Mk. aus dem Kruge Trupin, 8 Mk. aus dem Kruge Jagarde. Außer dem Ritter Johann Bennewitz und mehreren Mitgliedern des Hauses Putbus, bürgten die Knappen Johannes de Cernyn und Johannes Cralevitze für diesen Kauf. Das an dieser Urkunde erhaltene Siegel der Cernyn zeigt im Schilde einen rechts gewendeten klimmenden Löwen. 1342 verkaufte der Ritter Guzlaf Zum dem Knappen Nicolaus Cernin das Dorf Bandeseuitze. Außer dem Herman Ziarkow verbürgten Thidericus, der Bruder, so wie Zum und Nicolaus, die Söhne des Guzlaf Z., diesen Kauf. — 1346 den 7. März verkauften die Ritter Henning und Borante von Putbuske und Thezes und Stoyezlaf, Hennings Brüder, ihrem Oheim, dem Knappen Henning von Cernyn, Bede, Münzpfennige und ihr sonstiges Recht an 13½ Hufen im Dorfe Losentitze im Kirchspiel Sjabde. Nicolaus de Cernyn wird 1354 und 59 als Zeuge in der Urk. des Kl. Bergen genannt. Der Ritter Borante von Putbus nannte ihn „noster avunculus". Sein Bruder war Henning v. C. — 1357 gab ihm der Bürger zum Sunde Gerhard Crüdener das Recht 13 Mk. Rente aus seinem Hofe Gereke inner-

No. 34. Anno 1363, am Caecilien Tage. (22. Novbr.)

Henning Grundiß, ein Knappe, verkauft an **Tönnies Crassow** 6 Mk. Pacht aus Goldiß. Wenn er dieselben nicht nach 3 Jahren mit 15 Mk. gebrannten löthigen Silbers eingelöst, sollen sie zu todtem Kauf bleiben.

Nach einer alten Abschrift aus dem Dambaner Haus-Arch.

Jck Henning Grundiß, en knape, bekenne vnde bethughe mit minen rechten erfnamen apenbar in disser scrift, dat ick mit eindracht vnde mit willen miner husfrouwen vnde miner frundt hebbe gelaten, vnde vorlate van der hant vnd schall waner ick geeschet werde vor deme heren des landes in de hand vnde in de were **Tonies Krassowen,** vnde sinen erfnamen: sös mark gheldes rechter pacht alle jar op sunte Mertens daghe in deme gude tho Goldenitze am haue vnde an houen vnde in alle thobeheringhe als id van oldes ghelegen is vnde heft in siner schede in vollenkamener mate tho paudende als ein pachtrecht is, sundanen vorworden. Were dat wi en nicht betaleden vnde geuen twsken Sunte Martens daghe de nu neghest kumpt ouer drie jar vöstein mark lödiges brandes Sulvers, so schölen disse sös mark gheldes en ewige kofte kop bliuen mit aller thobehoringen, frucht vnde mit plicht vnde richte, vri tho nehme, tho vorgeue, tho verlopene, tho wedlene vnde tho verlatene, gestlick efte werltlick, weme se willen, vnde wellbere de er vorlet, wi sin dar efte nicht, so is vnde blift van vns vorlaten vnde wen se idt verlaten geistlick efte werlick deme schal men dissen breff vollenkomeliken holden. Ock so schall ick Henning vnde mine erfnamen en dit gelt frien vnde entweren van alleme were vnde ansprake, vnde holden se schadelos. Dat dit vast vnde vngebraken bliue lane Jck Henning Grundis, vorbenomet, Henning Grundis min sone vnde vnse tholowere als Zeeschlaff Schmachtehagen, Hinrik Gawern vnde Tideke Grundis, en trawen mit einer samenden handt in dessem bref **Tönnies** vnde sinen erfnamen vnde eren frunden, vnde vestent mit vnsen ingesegele. Geuen na gades bort dusent jar, drehundert jar in deme dre vnde söstigesten jar in Sunte Cecilien daghe.

No. 35. Anno 1364, tzum Stralessunde, in die beati Mathie. (24. Februar.)

Hennyngh van Pudbusk verkauft dem Kloster auf dem Berghe sein Köthergeld aus dem Dorfe Gyrkowe mit den Wohnungen und Aeckern, die die Leute bisher gehabt, Hühnergeld und Torfstich.

Aus der Matrikel des Klosters Bergen. (Nr. 47.)

Medelowere: her Woldemar, myn broder, eyn domhere tho Camyn, her Borauthe van Pudbusk, eyn vedder, **Clawes Wussche,** vnde Clawes Grulbauer [1], vnde Slawekt, de wanet by der Lancken. Sie geloben: „wan her Hennyng bir tho Lande komet, heren Boranten sone, de schal dessen bref mede bezeghelen."

halb 5 Jahre wieder zu lösen und 1367 verkaufte ihm Wilhelm von Vana, Bürger zum Sunde, 12 Mk. die er von Pribbe van der Lanken in dessen Hofe Lübbezitz gekauft. 1359 wird Tiderleue C. genannt. 1390 den 31. Januar bezeugte Aathon von Lyppen, daß Claus Cernyn und Rydoll Gawer das Gut zu Gramnewitz „alse dat her Wyde van Wotzen mit synem wone vroghest ghenomen hadde" von ihm wieder eingelöst, und übernimmt die Gewähr gegen Herr Wyde van Wotzens Kinder. Im J. 1392 Epiphanias (6. Januar) gründete der Knappe Nicolaus Cernin eine ewige Vicarie zu Ehren des allmächtigen Gottes in der Kirche der heil. Margarethe zu Patzig, zu seinem und seiner Vorfahren Seelenheil und dotirte sie mit 25 Mk. aus dem Hofe in Patzel, den er von Nicolaus Starlow gekauft und mit 2 Mk. aus seinem väterlichen Hofe Gorcke. Seine Brüder Henning und Alard Cernin, sowie Pribbern Cernin, Nicolaus Morin, Nicholt Gawren, Gerlach Morin, und Arnold Benew besiegelten den Stiftungsbrief. Ob er mit „Clawes Cernyn, borgman to der Zeborch," der Donnerstags in der Osterwoche 1394 dem Ritter und Rathmann zum Sunde, Herrn Johann von Kulpen und Magnus von Alen, Bürger daselbst, von Clawes Plates wegen, 60 Mk. löthigen Silbers zahlte, identisch, wage ich nicht zu entscheiden. Auf Rügen ist dies Geschlecht dann bald erloschen und verschollen; — eben so wie die ewige Vicarie der nivellirenden Zeit nicht getrotzt hat. — Da diese Familie Cernin ein völlig verschiedenes Wappen führte, wie das noch blühende uralte böhmische Dynasten-Geschlecht der Grafen Czernin von Chudenitz, so ist eine Verwandtschaft beider nicht zu vermuthen.

1) 1335 besiegelte Nicolaus de Dollan eine Urk. der Zriets. Caas mit einem Siegel, dessen dreieckiger Schild schräg links und

No. 36. Anno 1365, feria quinta infra octavam assumpcionis beate Marie virg. glor. (22. August.)

Berthold Wusseke, Presbyter, reservirt sich gegen den Bischof von Roeschilde wegen dessen Einnahmen aus Rügen und Jasmund.

Nach einer von dem Original im geheimen Archiv zu Copenhagen genommenen Abschrift.

Omnibus presens scriptum cernentibus **Bertoldus Wozeken**, presbiter, salutem in domino. Noveritis quod de bonis episcopalibus et siligine decimali in terra Ruye et Jasmundia per reuerendum in Christo patrem dominum meum, dominum Henricum, episcopum Roskildensem, a proximo festo beati Michaelis et sic per annum ad disponendum mihi dimissis eidem domino meo, vel ab eo deputato, quingentas marcas denariorum sundensium in terminis infra scriptis, videlicet medietatem huius summe in festo beati Martini, et residuam medietatem in festo beatorum Viti et Modesti iam proximis Sundis persoluam expedite, seruaturus condiciones infra scriptas; puta, quod domos et edificia in dictis bonis et potissime in curia principali Raleswik, in bono statu saltem vti nunc sunt, teneam: familie sue tallias seu alia aliqua inconsueta non imponam: siluas suas dampnose non succidam nec subcidi permittam, neque dicta bona alia seu aliis interim dimittam, absque sua requisitione et consensu et in ipsa curia personaliter resideam, et quidquid mihi ad usus meos in dicta curia in rebus vel vtensilibus suo nomine fuerit assignatum hoc ipsum, vel consimile, ipsi domino meo, vel ab eo ad hoc deputato reddam transacto anno supradicto. Ipsamque curiam et agros ejusdem in statu bono reassignem. Possessiones alienari seu occupari non permittam sed iniuste hactenus occupatas et detentas ab illicitis occupatoribus seu detentoribus earundem repetam cum effectu, et prelibato domino meo denunciem hujusmodi detentores. Quodcunque de expensibus singulis in familia sua interim emergentibus computare debeam et de eo quod idem dominus meus mihi exindi annuerit sim contentus. Saluo ipsi domino meo jure morum trahendi quamcunque voluerit, in bonis condictis. Ad que omnia et singula inuiolabiliter obseruanda, ego et **Nicholaus, Rector ecclesie in Lanken**, amicus meus, et **Nicholaus de Wscken** germanus meus, obligamus nos in solidum bona fide. Et, in certitudinem pleniorem premissorum, sigilla nostra presentibus duximus apponenda. Actum et datum Sundis, anno domini MCCC°LX quinto, feria quinta infra octauam assumpcionis beate Marie virginis gloriose.

Auf einem Pergamentblatt. Von den drei, mir nicht näher beschriebenen, Siegeln sind das 1. und 2. noch vorhanden. Das 3. fehlt.

---

rechts schraffirt und mit einem linken Schrägbalken belegt ist, und dessen Umschrift „S. Nicolai Grullenhavere" lautet.

No. 37. Anno 1365, am Michaelisfest. (29. September.)

Anton Kaak bekennt, daß er von Arnold von Stubben, dem Jüngern, das Erbe im Dorfe Goetemitz nur mit eben dem Recht erkauft habe, mit welchem es ehedem dessen Vater, Heinrich von Stubben von dem Bürgermeister Albert Hövener und dessen Brudersohn Albert Hövener erhalten, und daß mithin diesem itzterwähnten Albert Hövener, Ritter, und seinem Sohne Johann Hövner die Gerichtsbarkeit in Goetemitz zustehe, wie er sich denn auch verpflichtet, denselben von fünf Hufen, weniger 6 Morgen, jährlich 42 Mk. Pacht zu entrichten und überdies zugesteht, ihnen von 200 Mark eine wiederlösliche Rente von 16 Mark jährlich schuldig zu sein.

Nach dem Orig. im Stralsunder St.-Archiv.

Ego **Antonius Kaak** pro me meisque veris heredibus recognosco et publice protestor in hiis scriptis; exemi ab Arnoldo de Stubben juniori hereditatem curie in villa Götemitze cum tali fructu et vtilitate, sicut littera domini Alberti Houeners, pie memorie, et Alberti, sui fratris filio, continet, quam dederunt Hinrico de Stubben, quam mihi pro nunc Arnoldus filius dicti Hinrici presentavit, et fateor per presentes, quod omne judicium, majus et minus, supremum et ymum, attinet domino Alberto Hoeuener militi et Johanni suo filio de curia prefata, et ad hoc eisdem singulis annis dare debeo de pactu curie redditus quadraginta duarum marcarum super hoc teneor jam dictis domino Alberto et Johanni ducentas marcas sundensium denariorum pro quibus eisdem annis singulis dare debeo sedecim marcas redditus, pro predictis redditibus et pachtu curie satisfacere debeo cum' meis veris heredibus jam dictis domino Alberto et Johanni, suo filio, singulis annis inter festa beati Martini et purificationis beate virginis, et presentare eisdem debemus intra civitatem Stralessund redditus et pactus prefactus, et cum hoc liber et quitus esse debeo de omni *vnplicht*, deservitio, exactionibus, precaria et denariis monete. Et etiam recognosco, quod nichil magis habeo in Götemitze, quam littera dictorum domini Alberti et Alberti sonat, quam mihi Arnoldus de Stubben presentavit, tam in curia quam in villa, nisi quod in posterum accideret, deo mihi favente, quod aliqua bona ibidem emere valerem. Etiam habeo plenam facultatem, redditus sedecim marcarum predictorum redimendi, quandocunque valuero pro ducentis marcis. Si autem tempore in vno exponerem centum marcas uel quinquaginta marcas, tunc redditus minorare, debemus secundum numerum marcarum. Sed pactus curie de quinque mansis sex jugera minus mansus predictorum domini Alberti et Johannis, sui filii, in tali summa, sicut est prescriptum. Si redditus sedecim marcarum redimere valerem, vt omnia premissa observare debeo cum meis veris heredibus. Super hoc mecum conjuncta manu et data fide compromiserunt Hinricus de Vitzen, Bertoldus Hoot, Bertoldus de Oosten, Arnoldus de Stubben, senior, Verizlaf de Kalende, Pribe de Vstkin ac Ertmarus Papenhagen et in solidum promittunt domino Alberto prefato et Johanni, suo filio, et eorum heredibus ac domino Arnoldo de Goldenstede proconsuli in Sundis ac manum fidelem eorundem, omnia prenarrata inviolabiliter observari. Datum Sundis, sub sigillis appensis mei et meorum compromissorum in testimonium omnium premissorum. Anno domini millesimo CCC° sexagesimo quinto in die Michaelis archangeli [1]).

1) Die hier mitgetheilte Urk. ist um so wichtiger, da die Urk. in der die beiden Albert Hövener dem Heinrich von Stubben den Hof in Götemitz überlassen, nicht mehr vorhanden zu sein scheint. — Dies muß vor 1337 geschehen sein, da der ältere Albert Hövener in diesem Jahre starb. (Er kam 1325 zu Rath und ward 1331 Bürgermeister. Brandenburg a. a. O. p. 82. Vergl. auch Anmerk. zur Urk. Nr. 32.) Nach Urk. Nr. 26. besaß Heinrich von Stubben schon 1349 einen Hof mit 3 Hakenhufen in Götemitz. — 1362 Tage Nicolai, verkaufte Albert Hövener, burgensis in Stralesundis, dem ehrsamen (discretus) Mann, Ertmar Rygenkerken, civi in Sundis, 12 Mk. Hebung aus seinen Gütern in Götemitz «specialiter in curia qua inhabitat Arnoldus de Stubben, junior.» Bürgen Henning vnder den Eken, Johan Thenin, Bürger in Stralsund, Matthens Schacht und Slawcke Dubbertitze, Knappen. Nur die Siegel der beiden letzteren sind noch vorhanden. Das des M. S. zeigt 3 Sterne (2. 1.) und die Umschrift: . . tthens Schaic. Das des S. D. einen mit 3 sechsblättrigen Rosen belegten Querbalken, über demselben 2 und unter demselben 1 Herz, mit den Spitzen nach unten gestellt. Umschrift: . . Slavcke Dub . . . 1367 Tage Walpurgis, verkaufte Albert Hövener, Ritter, (miles) seinem Schwager, Werner Gildehusen für 130 Mk. eine Rente von 13 Mk. «ex integra villa mea Ghotemitze sita in terre Ruye in parochia Rambyn ex omnibus dicte ville attinentiis, fructibus et vtilitatibus quibuscunque, cum omni jure, propietate et libertate, volens liberius haberi et possideri.» Zeugen: Dominus Hinricus Schele, proconsul, dns. Wolterus de Oesenbrügge et dns. Wenemarus Buchorn, consules, Wenerus de Alen et Hinricus Budyseren, civis in Sundis. — 1372. Zu Stralsund am Tage nach Mariä Reinigung verkaufen „Arnoldus Hövener, miles, Johannes Hövener, ejus filius" an Herrn Albert Gylderhusen, Rathmann zum Sunde und Werner G., dessen Bruder, Bürger daselbst, für eine Summe Geldes ihren Hof in Götemitz, und weiter im Dorfe Götemitz, im Hofe des Lemmeke Walen 14 Mk., in dem des Martin Mylleck 5 Mk. 8 ßl. und in dem des Henneke Witte 12 Mk. weniger 4 ßl. «Et jam dicti fratres eorum heredes vel successores dicta bona ita libere debent possidere, sicut patruus noster, dominus Albertus Hövener, quondam pro

Auf einem Pergamentblatt, durch dessen untern umgeschlagenen Rand 8 Pergamentstreifen zur Befestigung der Siegel gezogen, von denen jetzt das fünfte ganz fehlt; vom 3ten, 6ten und 7ten haben sich nur Fragmente erhalten. Sämmtliche Siegel, bis auf das siebente, sind in weißes Wachs abgedruckt und mit einer braunen Farbe überstrichen, dieses ist in grünes Wachs gedruckt.

Am 1sten Pergamentstreifen hängt ein rundes am rechten Rande beschädigtes Siegel. Der

---

consul in Sundis, ea nobis liberrimus hereditavit, cum judicio majore et minori, in manum et collum judicandi, cum precaria et mowrie, cum fundo et proprietate, cum pheudo, hereditate et libertate, et cum omnibus serviciis supremis et ymis, et omnibus libertatibus, sicut littere dominorum terre et alie littere super premissis bonis date plenius edocent«. — Coram honorabilibus viris dominis Hinrico Schelen, Johanne Rughen, proconsulibus in Sund, domino Wilhelmo Osenbrugghe, plebano in Peron, Hermanno Warendorp, Hinrico Goldenstede ac Gherkino Kannemaker civibus ibidem«. — 1373 Frydags vor Pingsten „Albert Hövener, Ridder, unde Johan Hövener, syn sone, ein broder des orden van Jherusalem in Nemerow" bescheinigen, von Herrn Albert Gyldehusen und seinem Bruder Werner den Kaufschilling für „den hof tho Ghütemyße, mit syner thobeheringhe unde alle dat andere ghut, dat wy dar hadden" empfangen zu haben. Zeugen: „her Jacob Swertslyper unde her Arnolde van Zesat, ratmanne tho deme Sunde unde Ghert Kanemaker". Diese drei Urk. sind nicht nur ihres Inhalts, sondern mehr noch der erhaltenen Siegel wegen merkwürdig. Die Siegel der beiden Hövener sind an beiden letzt genannten Urkunden vollständig gut erhalten. Das runde S. des A. H. zeigt im dreieckigen Schilde einen mit 3 Pilger- oder Jacobs-Muscheln (1. 2.) belegten, aufrecht stehenden Sparren. Die vom Sparren nicht bedeckten Theile des Schildes sind mit zierlichen rankenartigen Verzierungen gefüllt. Umschrift: S. Alberti Hovener militis. Das runde S. des J. H. zeigt in der innern Rundung des Siegels ohne Schildesabtheilung, eine alterthümliche Armbrust, senkrecht gestellt. Umschrift: S. Johannis Hövener. Auf der prächtigen Grabplatte des Bürgermeisters Albert Hövener († 1357, über diese vergl. Lisch Aufsatz, 12. Jahrg. der Meklenb. Jahrb. 1847 „Grabplatten in Messingschnitt" pag. 479. seq., wo Professor Kuglers irrige Angabe berichtigt ist), ist gleichfalls das Hövenersche W. zwei mal angebracht. Das auf der rechten Seite der Platte zeigt nur den Schild, der den mit drei Muscheln belegten Sparren führt. Auf der linken Seite steht aber über diesem Schilde eine Figur, die man nur für eine Hausmarke halten kann, und zwar ein A, dessen Querstrich fehlt und dessen Schenkel statt einen spitzen einen stumpfen Winkel bilden und senkrecht unter diesem Winkel ein h gestellt, dessen Haken statt abgerundet, eckig ist. Vergleicht man indeß dies Zeichen mit der Armbrust oder umgekehrt, so begreift man, wie eins aus dem andern entstehen konnte. Die Schenkel des stumpfen Winkels brauchten nur abgerundet und durch die Sehne verbunden zu werden; der Haken des h an die entgegengesetzte Seite gesetzt, und dort wo dasselbe den nunmehrigen Bogen berührt, mit dem kleinen Ringe versehen zu werden, so war die alterthümliche Armbrust da. Welches von beiden Zeichen, ob Hausmarke oder Armbrust, das ursprüngliche, wage ich nicht zu entscheiden. — Das Siegel des Bürgermeisters Hinr. Schele hängt an beiden Urk. von 1367 und 1372. Es zeigt einen alterthümlichen Helm und über demselben einen gekrönten, mit einem Federbusch besteckten Menschenkopf. Der Helmmantel scheint von diesem herab zu hängen und ist so wie das ganze Siegel sehr sauber gearbeitet. Die Theile des Siegels, die von Mantel und Helm nicht bedeckt werden, sind mit zierlichen rankenartigen Verzierungen ausgefüllt. Umschrift: Sigillum Hinrici Schelen. Die Siegel des Wolter von Osenbrügge, Rathmann (1367), und des Wilhelm von Ozzenbrüghe, Kirchherrn in Prен (1372), zeigen im Schilde einen aufrecht stehenden schräg rechts und links schraffirten Sparren. In dem runden S. des ersteren ist der dreieckige Schild mit 6 sehr zierlich gearbeiteten Spitzbogen umgeben. Umschrift: S. Wolteri de Osenbrugghe. Das des letzteren ist elliptisch und zeigt im größeren obern Theil des Siegels, dessen Feld mit kleinen Rosetten besäet ist, eine weibliche Figur, die in der einen Hand ein Schwerdt, in der andern ein Rad hält. Unterhalb derselben ist der dreieckige Schild angebracht. Umschrift: S. Wilhelmi Sacerdoti.... Ozebrugg... Das runde Siegel des Wennemar Buchhorn (1367) zeigt einen Querbalken, der mit drei nicht mehr genau zu erkennenden Figuren (vielleicht Pilgermuscheln) belegt ist. Unter diesem Querbalken befindet sich dasselbe Zeichen, welches auf der Grabplatte des Albert Hövener über den Schild, zur linken Seite, beschrieben, nur daß hier der Haken des h an der verkehrten Seite steht, und abgerundet ist. Der Schild ist mit einer Rundung und innerhalb derselben mit acht Rundbogen umgeben. Umschrift: Sigillum Wenemeri Buchorti. Das Siegel ist ungewöhnlich klein, aber ganz ungemein sauber und sorgfältig gearbeitet. Das runde Siegel des Helmrich Badyseren (1367) zeigt im dreieckigen Schilde einen mit drei Rosen belegten linken Schrägbalken. Umschrift: Hinrici Badyseren. Das runde Siegel des Johannes Rughe (1372) zeigt im dreieckigen Schilde einen wilden Mann in ganzer Figur, der mit beiden Händen eine über die linke Schulter gelehnte Keule hält. Die nicht von diesem bedeckten Theile des Schildes sind mit rankenartigen Verzierungen ausgefüllt. Umschrift: S. Johannes Rughen. Die übrigen nicht näher beschriebenen Siegel haben ohne Schildesabtheilung, in der innern Rundung der Siegel nur Hausmarken. — Es giebt übrigens wohl kaum erwünschtere Belege, als diese Hövenerschen Urk., daß wenigstens im 14ten Jahrhundert, bei uns der Satz: „daß derjenige, der sich ritterlich hielt, Ritter-Art war" seine volle Anwendung fand, womit sich freilich der Gedanke eines geschlossenen Standes nicht verträgt. Diese ritterliche Haltung und Grundbesitz waren die einzigen, aber auch festen Grundpfeiler des Ritterstandes. Wer sich nicht so hielt und seinen sämmtlichen Grundbesitz verkaufte, gab damit gleichzeitig und selbstredend diese „Art" des Standes auf. Der

dreieckige Schild ist längs getheilt. In der vordern Hälfte ein halber gekrönter Ochsenkopf mit einem Ringe in der Nase, an die Theilungslinie gelehnt. Die hintere Hälfte ist quer getheilt, das obere Feld ist schräg rechts und links schraffirt, das untere Feld leer. Umschrift:

S. Tonicon de . . . . . o . .

Es ist abgebildet auf Tab. XI. No. 6.

Am 2ten Pergamentstreifen hängt ein rundes Siegel. Der dreieckige Schild zeigt einen rechts hin springenden Fuchs mit herabhängendem Schwanz. Umschrift:

+ S. HINRICI DE VICEN.

Am 3ten Pergamentstreifen hängt nur das Fragment des Siegels des Bertold Kaak. Doch läßt sich aus diesem mit Gewißheit erkennen, daß es von dem Tab. XI. No. 11. nach andern Urk. abgebildeten Siegel dieses Mannes herrührt. Von der Umschrift haben sich nur die Buchstaben . . . . . . di d' Dad . . . erhalten.

Am 4ten Pergamentstreifen hängt ein rundes Siegel. Der Schild ist längs getheilt. In der vordern Hälfte drei schräge linke Flüsse. In der hintern Hälfte ein aufgerichteter, mit dem Barte dem linken Schildesrande zugekehrter Schlüssel. Umschrift:

BERTHOLDI DE . STEN.

Am 6ten Pergamentstreifen hängt das Fragment eines runden Siegels. Der dreieckige Schild scheint den Kahldenschen Löwenkopf geführt zu haben.

Am 7ten Pergamentstreifen hängt das Fragment eines runden sehr sauber gearbeiteten Siegels. Leider hat sich von den Figuren des dreieckigen Schildes gar nichts, von der Umschrift haben sich nur folgende Buchstaben erhalten:

. . PRIB . . . VA . . .

Am 8ten Pergamentstreifen hängt ein rundes Siegel. Der dreieckige Schild, der außer der innern Rundung, innerhalb derselben, noch von 6 Rundbogen umgeben ist, zeigt 3 mit den Spitzen sich berührende übereinander stehende Rauten-Reihen. In der obersten Reihe stehen 3 ganze und 2 halbe Rauten (½, 1, 1, 1, ½), in der untersten Reihe 3 Rauten, von denen jedoch die mittelste etwa nur zur Hälfte, die 2 übrigen nur mit den Spitzen in den Schild hinein gehen. Umschrift:

. . ERTMARI. PAP . . . . .

No. 38. Anno 1363, Lage Dionisii. (9. October.)

Barnes Paszewolk und sein Sohn Henneke, verkaufen an Tonnies Krassow und seinen Söhnen 4 Mk. löthigen Silbers Pacht aus ihrem Gute Kussewitz.

Nach einer alten vidimirten Abschrift aus dem Dambecker Haus-Archive.

Ick Barnes Paszewolk vnd min sone Henneke vnde vnse rechten erfnamen bekennen openbare in dessеme breue, dat wi hebben vorkoft Tonnies Krassowen vnde sinen sonen vnde eren rechten erfnamen vier mark lodiges suluer ghelbes, rechter pacht, in deme ghude tho Kussewitze an houen, an houe vnde an alle siner thoboringhe, benomet edder vnbenemet, alse idt van oldinghes licht in al sinen scheden, dese ghelde alle jare vp al godeshilghen daghe vth tho heuende; vnde dese ghelde bringe wi van vns, in de hand vnde in de where Tönnies vnde sinen sonen vnde eren rechten erfnamen, vnde geuen en de volmacht, to pandende alse ein pachtrecht is, de pande to vorende vnde

Gegensatz adlicher und bürgerlicher Ritter, wie ihn das 19te Jahrhundert hervorgerufen, und wie er in der Polemik eines Nachbarlandes bis zum Ueberdruß wiederhönt, kannten unsere Altvordern in ihrer Einfalt nicht. — Die erste der eben genannten Bedingungen ist heute freilich etwas problematisch, der Grundbesitz aber Juden und Judengenossen, Zähelleuten rc. zugänglich geworden, mithin — — Ueber die Geschichte der von Ulrich Swove gegründeten Johanniter-Comthurei Nemerow, dessen letzter Comthur (1544 — 45) der aus dem rügenschen Fürstengeschlecht stammende Henning von Gristow war, vergl. den betr. Aufsatz von Lisch in den Meklenb. Jahrb. IX. p. 20. seq.

mede tho bonde wat se willen alse ein pachtrecht is. Dit vorbenomede gelt mach Tönnies unde sine sone eder ein deme anderen laten edder weme se willen, de mit dessem breue manet deme schal men den bref holden. Dit gut vnd dit gelt schöle wie en frig entweren van allem were vnde van aller ansprake vnd se schadloß holden. Wer dat wi dit vorbenomede gut vnde dit gelt nicht wedder kesten vnd de breue van en brochten, tuschen dit vnd Sunte Mertens dage negest vort aner vif jaren, vor vertich mark gudes lodigen branden suluers; so schole wi en dat vorlaten, vor den heren des landes wan se it eschen, welk here de id en licht edder wor he licht, wi sin darbi edder nicht, it schall vorlaten bliuen, van all denjenen, de dar len ane hebben, alse frig alse wi id van eldinges beseten hebben tho man recht, mit nut vnd mit frucht, alse frig dat dar nemant nichtes ane hebben schall, behaluen Peter Wernekle negen mark geldes tho brudschatte. Vnde dat alle desse stucke vast vnde untobraken bliuen vnde holden werden so lane wi Barnes vnde min sone Henneken (vnde) vnse tholauere de hir na stan geschreuen, alse Claus, Barnes sone, Claus, Henneken sone, de dar heten Pasewalk, Henneke van Lubbin, Pezeualk van Libbowe, Priben sone, Merten Bolen sone, Peter Werneken sone [1]), Heine von Nazenithe vnde Hinrik Bole in truwen mit samender hand an dessewe breue, Tönnies vnde sinen sonen vnde eren frunden vnde vestent mit vnseun ingesegelenn. Vnde desse bref is gegeuen na gades bord dusent jar drehundert jar in deme viff vnde söstigesten jare des hilligen dages sunte Dionisii.

No. 39. Anno 1365, Tage Dionisii. (9. October.)

Henneke Putzdevolk stellt gleichfalls über den Verkauf der 4 Mk. Silbers in Kussevitz an **Tonnies Krassow** einen Brief aus, und überläßt dem Käufer noch außerdem ½ Mark löthigen Geldes.

Nach einer alten vidimirten Abschrift aus dem Dambaner Haus-Archiv.

Witlik sy allen ghuden luden, dat na der borth vnses heren gades dusent jar drehundert jar in deme vif vnde söstegesten jare des hilligen daghes sunte Dionisii hefft myn vader Barnis vnde ick Henneke genomet Pazdevolk, endrt vnde lendrt enen kop vmme dat ghuet to Kusseuitse alse id licht bynnen al synen scheden von eldinges mit alle syner thohoringe benomet edder unbenomet, hebben dat ane verkofft mit vrogeme willekore vnde mit vulbort myner husvrowen Kynen vnde alle vnsen erffnamen vnde vnser negesten Tönnies Krassowen vnde sinen sonen vnd eren erfnamen veer mark lodiges suluer geldes rechter pacht alle jar tho alle gades hilligen daghe vth tho geuende vnbeworen; alse verkope wi en ene halue lodige mark geldes dar nu to, an deme vorschreuenen gude, mit nut vnde vrucht mit rechte vnde vryheit alse id vs vrigest anerued is, dat dar nummend nicht ane hebben scal edder beholden ane Peter Werneke neghen mark gheldes sundischer penninge vor brutschat to losende. Dat ghuet vnde disse gelde hebben wi brocht van in de hand vnd in de were disser vorschreuenen lude, vnde scholen des en waren also desse breff sprecht vnde scholen id en vrygen van alme werre vnde aller ansprake holden se schadlos. Also moghen se idt laten weme se willen, gestlik edder werlik de mit desme breue manet vnde mit erer bewisinde, deme schal me holden alle stucke de vore schreuen stan; vnd gene vullkamene macht to vandende alse pacht recht is vnd to vorende vnde to bruende met, wat se willen. Weret dat ick Henneke vnde myne erfnamen dit ghuet vnde disse gulde nicht wedder van koften vnd de breue tho vns brochten bynnen veer jaren so scholen wi id en vorlaten wen se id eschen vnd en na holden, vorleth id vnser en, id schal van vns allen verlaten bliuen, welck here id en liget wor edder wanne, id schal en verlaten bliuen, van al den de dar len an hebben, we sin dar edder nicht. Disse stucke de hir vorscreuen stan de schal me holden sunder eniger hande hulperede. Dat dit vast vnde vngebraken bliue, so laue ick Henneke vnde myn broder Clawes, myn sone Clawes, ghenomet Putzedevolk, Marten vnde Hinrik ghenomet Bolen, myn vedder Putzedevolk, hebben ghelouet an

1) Peter Werneke oder Werneken sone, der zuerst in einer Urk. v. J. 1336 genannt wird, in welcher Matthaeus und Johannes Pincerni dem Detmar Gramelow eine Kornpacht aus Panderitz auf Miltow überlassen, gehört zur Familie Bolen, wie aus seinem noch an jener Urk. vorhandenen Siegel hervorgeht, dessen Umschrift lautet: S. Petri Fi(li)i B(o)len.

truwen mit ener samenden hand in dessme breue unde vesten ene mit vsen ingesegelen.

No. 40. Anno 1369, am Tage Matthias des Apostels (24. Febr.) zum Sunde.

Henning, Herman und **Gherwin,** Gevettern (Patrui), genannt **Stanggen** [1]), überweisen dem Hause zum heiligen Geiste in Stralsund die 24 Mark Rente, die ihr Oheim (noster avunculus) Rothger [2]), Presbyter, von den Rathmännern und Bürgern in Gartze erworben.

Aus dem Original im Arch. der Marien-Kirche zu Stralsund.

Testes hujus rei sunt: Gerzlauus de Kalande, Anthonius Crassowe junior, et Thidericus Grundys.

Auf einem Pergamentblatt, durch dessen untern umgeschlagenen Rand 6 Pergamentstreifen zur Befestigung der Siegel gezogen, von denen das erste und letzte fehlt. Die vorhandenen Siegel sind in grünes Wachs abgedruckt.

Am 2ten und 3ten Pergamentstreifen hängen 2 runde Siegel. Die dreieckigen Schilde zeigen 3 nach der rechten Seite sehende Männerköpfe, mit beschnittenem Bart und Haupthaar (2, 1). Die Umschrift des 2ten Siegels:

+ S. HERMANI STANGEN.

Die des 3ten:

+ S. GHERWINI STANGHEN.

Am 4ten Pergamentstreifen hängt ein rundes Siegel. Der dreieckige Schild zeigt einen vorwärts sehenden Löwenkopf. Umschrift:

+ S. JESISLAVI DE CALANT.

Am 5ten Pergamentstreifen hängt ein rundes stark beschädigtes Siegel. Der dreieckige Schild ist längs getheilt und zeigt in der vordern Hälfte den halben, an die Theilungslinie gelehnten Ochsenkopf. Die hintere Hälfte ist quer getheilt. Das obere Feld ist schräg rechts und links schraffirt, das untere leer. Von der Umschrift erkennt man die Buchstaben:

+ S. . . . . ONIE . . . OWE.

Das Siegel ist auf Tab. XI. No. 7. abgebildet.

No. 41. Anno 1369, am Tage Laurentii. (10. August.)

Kerstine, die Wittwe des Henke Poßdenolkes, verkauft an **Tönnies Krassow** und seinen Söhnen den Hof tho Kusseuitze.

Nach einer alten vidimirten Abschrift aus dem Dambaner Haus-Archiv.

In gades namen amen. Kerstine, eine wedewe, Henke Pußdenolkes wiff, deme godt gnedich ze, vnde alle mine erfnamen dhon witlik vnde bekennen dat wi mit endracht vnde mit vrigeme willere, mit rade vnde mit vulbort vnser negesten truwen frunde, hebben vns begeuen des wedderkopes tu Kussewitze vnd all des we dar ane hadden, dat hebbe we ewich vorkoft erbelliken vnde regthliken vnde vorlaten van der handt an de handt vnde an de were **Tönnies Krassowen vnde siuen sonen** vnde eren erfnamen, den hof tho **Kusseuitze** mit erue vnde leen, mit nut vnde vrucht, dat nu iß vnd noch werden magh mit rechtlichkeit vnde frigheit mit aller tobehoringe benomet edder vnbenomet. Also id vns van oldinges anreret iß, alse id licht binnen alle zinen scheden vnd ehn bewiset is behaluen . . . . . . vnde hebben ze daran gewiset mit dessem breue vnde (?de) vns al bethalt iß thor noghe mit suluer vnde

---

1) Die Stangen waren auch in der Grafschaft Gützkow angesessen. 1297 wird Gherwin Stange, Ritter, in dem Briefe der Herren Jarzlo und Johann von Gützkow, in welchem sie dem Kloster Usedom Güter in Liepen ertheilen, als Zeuge genannt. (Dubaglori Matrikel F. XXI.)

2) Diesem Rothger verdankt man mittelbar die einzige noch vorhandene Urk. der eingegangenen Stadt Rügendal, conf. J. A. Dinnies Aufsatz: „Eine von der Stadt Rügendal auf der Insel Rügen ausgestellte Urkunde mit dem Siegel" in Gadebusch pommerschen Sammlungen I. p. 140 — 46. Die hier mitgetheilte Urk. blieb dem trefflichen und fleißigen Forscher indeß verborgen, a. a. O. p. 143. Erst der Syndicus Dr. Brandenburg hat sie mit andern Urk. in der Marienkirche wieder aufgefunden und sie der Wissenschaft gesichert. 1311 den 7. Decbr. hatte Rothger von Oldenvlet, Presbyter, in der heil. Geist Kirche zu Stralsund eine Vicarie gestiftet, und derselben 24 Mk. Pacht aus Gartz a. R. überwiesen.

mit reden penninghen alfo ere breue bewiset hebben vnde zint bi ganzer macht gebleuen. Dith guth ehn vrig vnde fredesam tho besittende, se mögen vorkopen vnde vorwesselen vnde dhon darmede wat se willen vnde we dar nichtis nicht ane beholden edder nummende, pacht edder gulde edder schulde, men vir mark rente vor hundert mark, Hinrik Lippen alfo de hefft gehat, vnd numende nicht mehr, also scholen we se an waren vnde frigen vnde entweren van alleme werre vnde aller ansprake, aller personen, geistlik vnd werlik holden se schadelos van alle denjenen dede recht willen dhon, geuen vnde nemen, bederuen se mer vorlatinge .... (?) De lehnware schole wi en na holden wen sel weruen an den heren vnd wesen en daribe, behelpen vnde vorlaten en wor se dat eschen, wan id vnser een vorlaten hefft, id schal ene vorlaten wesen van alle den de dar lehn ane hebben, welk here dat en liget, wor edder wanne, we seen dar edder nicht, idt schal ene vorlaten bliuen. Dat dit blifft endet vnde leudet vast vnde vngebraken vnde alle holden werl, so laue ick Clawes Poßdevolk, vnde mine vedderen Pribe, Berghesch-laff, Peter, Paßdevolke nomet, Merten Bule, Hinrik, Mathias, Wilken, Paul, brodere, Bolen genomet, Tesle Starkewolt, Hinrik Buk, Hannes Rogge, hebben lauet an truwen mit ener samenden hand an dessem breue Tönniesse vnde sinen sonen vnde eren ersnamen vnde eren fründen vnde alle den de de manet mit dessem breue vnde hebben en genestet mit vnsen ingeseghelen. Desse bref de is geschreuen na gades borth dusent jar, drehundert jar in deme negen vnde sößtegesten jare in deme daghe des hilghen marteleers sunte Laurentius.

No. 42. Anno 1370, crastino nativit. beate virginis. (9. Septbr.)

Bertold Wusseke giebt dem Bischof Nicolaus von Roeskilde einen Revers wegen dessen Einnahmen aus Rügen.

Nach einer von dem Original im geheimen Archiv zu Copenhagen genommenen Abschrift.

Omnibus presens scriptum cernentibus Bertoldes Woscke, presbiter, eternam in domino salutem. Nouerint uniuersi me a reuerendo in Christo patre ac domino, domino Nicolao, dei gracia episcopo Roskildensi, omnia bona sua in terra Ruye, Jasmundi et Wittouie vna cum tota siligine sua decimale in dictis terris a festo beati Michaelis proximo futuro et sic per duos annos continuos conduxisse. Ita quod ipso domino episcopo Roskildensi predicto, vel suis successoribus, seu ab ipso vel ab ipsis ad hoc deputatis, quingentas marcas denariorum Sundensium quolibet anno, in terminis infra scriptis, videlicet medietatem pecunie in festo beati Martini, et residuam medietatem in festo beatorum Viti et Modesti iam proximis terminis expedite soluam, ex easdem seruaturus condiciones infra scriptas, videlicet, quod domos et edificia in dictis bonis et potissime in curia principali in Ralswik et agros ipsius curie in statu bono saltem sicut nunc sunt teneam, familie sue tallias seu aliqua alia inconsueta non inponam, nec per alios inponi faciam, seu permittam. Siluas suas nullatenus succidam, nec per quenquam succidi faciam nec permittam, nec dicta bona alii vel aliis interim dimittam absque sua requisicione et consensu et in ipsa curia personaliter residebo. Possessiones et iura ecclesie, sue familie, et bonorum in ipsa terra alicubi, occupari, seu viciari non permittam, sed iniuste hactenus occupatas et detentas ab illicitis occupatoribus seu detentoribus eorum repetam cum effectu, et ipsi domino meo episcopo huiusmodi denunciem detentores, quicquid etiam de excessibus singulis in familia sua tota iurisdiccione sua, et causis interim in terra Ruye euenerit, sibi computare debeam, et de eo quod mihi exinde annuere voluerit sum contentus, saluo sibi iure, moram trahendi quamcunque voluerit in bonis antedictis. Et nos Branto de Horst, et Bertoldus, presbiter, ecclesiarum Zuder et Zwantekhure curati, Claus Woyzke, Claws van dem Rode, et Zwme de Jasmundia, armigeri, quod promissis omnibus et singulis firmiter et inuiolabiliter, obseruandis prout in suis articulis superius exprimuntur sub bona fide nostra, vna cum eodem domino Bertoldo Woyzke, omnes et singuli in solidum et manu adunata promittimus, ad soluendum et seruandum ea nos tenore presenciam firmiter obligamus fide data. In quorum omnium testimonium sigillum meum et sigilla omnium supradictorum mecum promittencium presenciam sunt appensa. Actum et datum Roskilde, anno domini M° CCC° septuagesimo crastino natiuitatis beate virginis.

Auf einem Pergamentblatt, dessen unterer Rand umgeschlagen. Durch diesen sind 6 Pergamentstreifen zur Befestigung der Siegel gezogen, von denen jetzt das 4te und 5te fehlen. Leider sind die vorhandenen nicht näher beschrieben.

No. 43. Anno 1372, am St. Jürgens Abend.
(23. April.)

Gotschalck Kalvck, „en Knape", verkauft „her Bertram Wilsam, eme borghermester tho deme Sunde, her Borchard Plötzen, eme ratmanne, vnde Hinrik Wrene, eme borgher darsulues, vnde vormunderen des huses sunte Jurians the Rambin„ „dat halue holt vnde grunt dat gheheeten is dat Henne holt, dat lycht by Kubbelkowe, vnde de andere helfte der grunt vnde holtes behort heen Dargeslaue Barnekowen, eme ridder, tho" für 410 Mk. sund., „alze tho manrechte, alse Euerd Poretze [1]) dat holt ghehat hadde myt der grunt vnde ik dat na bezeten hebbe, vnde den olden rossedenst, den myne voruaren vnde ick gedaan hebben van den houen, dar dat holt vnde grunt tho ghelegben hadde, den olden denst schal ik beholden vppe den houen vnde dat holt myt der grunt, dat ik verkoft hebbe, dat schal noetlos bliuen van deme olden denste." Wenn sie es verlangen, so soll er es ihnen vor den Herrn des Landes verlassen. „Were ok dat de heren des landes bynnen jar vnde bynnen daghe den vorbenomeden dat holt vnde grunt nicht mobich weren tho vorlenende, so scholen ze so vnuerzumet bliuen, bet tho der tyt, dat de heren des modich werden, dat ze en dat ghut lenen." Wenn es ihr Lehn geworden, will er es ihnen Jahr und Tag vor jeder Ansprache wahren.

Aus dem Orig. im Archive des Klosters St. Jürgen vor Rambin.

Dat vy hebben myt my ghelouet myt ener zameden hant an truwen erlike manne vnde myne leuen vrunde Henneke Kalock, myn broder, Heyno Poretze, Achilles son, Heyne vnde Vicke brodere ghehetten Poretze, Gerdes sons, Wilke Poretze, her Hinrik Plate, en ridder, **Anthonies Crassowe, de olde, Anthonies Kaak, Bertold Kaak**, Henneke Kalock, Johans son, vnde Henneke Vrts, Knapen.

Diese Urkunde ist auf einem Pergamentblatt geschrieben dessen unterer Rand umgeschlagen, und mit 12 Pergamentstreifen durchzogen ist, an denen eben so viele Siegel gehangen haben, von denen jetzt das 1., 4, 8. und 11. ganz fehlen.

Am 2ten Pergamentstreifen hängt ein rundes Siegel. Der dreieckige Schild zeigt das Kalikesche Wappen, wie es am Bundesbriefe von 1316 beschrieben und abgebildet. Die Umschrift ist stark beschädigt.

Am 3ten und 5ten Pergamentstreifen hängen 2 runde Siegel. Die Schilde lassen das Poretzsche Wappen erkennen, wie es am Bundesbriefe von 1316 beschrieben und abgebildet ist. Die Umschriften sind stark beschädigt.

Am 6ten Pergamentstreifen hängt ein kleines rundes, sehr gut erhaltenes Siegel. Der Schild zeigt das Poretzsche Wappen. Die Umschrift:

S. WILLKEN PORECE.

Am 7ten Pergamentstreifen hängt nur das Fragment eines Siegels.

---

1) 1356 zu Garz am Sontage Lätare hatten Eggert und Heyne, Gebrüder Poretzen, dem Gotschalk Kaleken ihren Hof in Kubbelkow verkauft. Medeloverer: Thomas Plate, Hinrik Plate, Reynwert Plate, Claus Plate, Claus Hamenberg, Henneke Woteneke, Tydeke van dem Kalande, Claus son. Merkwürdiger Weise empfing nicht der Käufer allein dies Gelöbniß, sondern es heißt „Tyt louede entfeet myt my Godeschalke Kaleken, der Wolter van Penyze, Peyke Kalyk, myn vader, Henneke vnde Peyke, myne brodere, junghe Hinneke Kalyk, myn vedder.

Am 9ten Pergamentstreifen hängt ein rundes stark zerdrücktes Siegel. Der dreieckige längs getheilte Schild läßt in der vordern Hälfte einen halben Ochsenkopf erkennen, das übrige, so wie die Umschrift, ist völlig zerdrückt.

Am 10ten Pergamentstreifen hängt ein rundes, hier sehr zerdrücktes Siegel. Von demselben befindet sich ein besser erhaltenes Exemplar an der Urk. des Gottschalk Kalik, 1375 acht Tage nach den Zwölften, am 13ten Pergamentstreifen, weshalb auf dieses verwiesen wird.

Am 12ten Pergamentstreifen hängt ein kleines rundes, in grünes Wachs abgedrucktes Siegel. Der dreieckige, durch schräg rechts und links sich schneidende Striche, schraffirte Schild zeigt einen Querbalken, der mit 3 herzförmigen, mit Stängeln versehenen Blättern (Lindenblätter?), die Spitzen rechts gewendet, belegt ist. Die Umschrift:

S. JOHANNIS VIRIS.

Bis auf die 2 bezeichneten sind sämmtliche Siegel in weißes Wachs abgedruckt.

No. 44. Anno 1374, in curia Ralswick, die beate virg. et martyr. Katherine. (25. Novbr.)

Nicolaus und **Bertold,** Gebrüder **Wuzseken** genannt, Söhne des alten **Nicolaus W.,** verkaufen dem Bischof Nicolaus von Roeskilde für 200 Mk. 20 Mk. Hebung aus ihrem Hofe Zuzitze im Kirchspiel Gyrakow, jedoch wiederlöslich.

Aus einer, vom Original im Königl. geheimen Archiv zu Copenhagen genommenen, Abschrift.

Compromissores: Nicolaus Wyzecken, noster pater dilectus, et Zum de Yasmunde, filius Guzlaui Zum, militis, pie recordacionis, Helmoldus Zsum, miles, filius ejusdem Zsum de Yasmunde, Guzlauus Zsum, junior de Wyttow, Nicolaus et Hinricus fratres dicti de Rode, Hinricus de Lanken et Hartmannus Zeghehoden famuli.

Die 10 noch vorhandenen Siegel sind mir nicht näher beschrieben.

No. 45. Anno 1375, „des achten daghes na der hochtyd tho twelften" (12. Januar.)

Gotscalc Kalcke vertauscht den in der Urk. Nr. 43. genannten Vorstehern des Hauses St. Jürgen vor Rambin den „hof tho Kubbelkow mit alle siner thobehoringhe, mit den houwen de darto ligghen, de Enerde Poretze gehert hadden, Hennynghes sone, mit aller thobehoringhe de dar nu ane ys, vnde noch ane werden mach mit erue, vnde mit leue, alze he nu licht, vnde van oldinghes ghelegben heft in al synen scheden" „mit kothen, mith kothworden, mit honeghelde, mit ghulde" „mit dem andeel des holtes dat gheheten is de Lanse, Alze ik en des bewiset vnde bereden hebbe." „Hirvore hebben desse vorbenomeden vormundere -- ghelaten my — vnde mynen erfnamen ewichliken tho euer wesselinghe, de dorpe alze Kukeluitze vnde Lancnitze vnde verteyn mark gheldes in dem dorpe tho Zatze in den houen de nu buwet Thorkel vnde Thidele Pawelsson — — nebst 250 Mk. sund., die er bereits empfangen [1]).

Aus dem Orig. im Arch. des Klosters St. Jürgen vor Rambin.

Dat alle desse vorbenomeden stücke stede vnde vast bliue, vnde vnghebroken loue my Gotscalc Kalcke, vorbenomet, her Hennyngh van Pentze [2]), her Hinric Plate,

---

1) 1375 am Tage St. Nicolai genehmigte Heyne Poretz die Ueberlassung von Kubbelkow und des dabei gelegenen Heuholzes an das Armenhaus zu St. Jürgen und begab sich aller Ansprüche an diese Grundstücke. Zeugen: her Hinrich Plate, ritter, Cord Pl. und Hennyng Plate, knapen. — 1375. Zu Wolgast am Donnerstage nach den Zwölften bestätigten die Herzoge Wartislaus VI. und Bogislaus VI. den Verkauf über Kubbelkow und das Heuholz.

2) 1390 Dienstags nach Lichtmessen verkauften Henning von Pentz, Ritter, und Renwart sein Sohn, Knappe, dem Laurentius von Lunden all ihr Gut im Dorfe Pazeke.

her Gothe Moerder, her Helmich Som, ribdere, Nedemar van der Lanken, Julleslaf van der Lanken, brodere, Anthonius Gawern, Claus Gawern, Henneke Raleke, Willeken Poretze, Henneke Vyre vnde Gerlold Kaak, knapen.

Diese Urkunde ist auf ein Pergamentblatt geschrieben, dessen unterer Rand umgebogen, und durch den 13 Pergamentstreifen gezogen sind, an denen die Siegel, fast durchgehends gut erhalten, hängen, bis auf das 5te, welches ganz fehlt. Sammtliche Siegel sind in grünes Wachs gedruckt.

Am 1sten Pergamentstreifen hängt ein kleines rundes Siegel. Der dreieckige Schild zeigt das Ralikesche Wappen, wie es am Bundesbriefe von 1316 beschrieben und abgebildet ist. Die Umschrift:

S. GOSSHALC RALIC.

Am 2ten Pergamentstreifen hängt ein rundes Siegel. Der dreieckige Schild zeigt einen aus dem linken Schildesrande hervorgehenden rechts gekehrten Raubvogel-Fuß und Kralle. Die Umschrift:

S. HENNINGHE PENCE MILES.

Der Raum zwischen dem Schilde und der Rundung ist mit einem Kranze verziert. Das Siegel ist auf der Tab. XI. Nr. 8. abgebildet.

Am 3ten Pergamentstreifen hängt ein kleines rundes stark beschädigtes Siegel. Der dreieckige Schild zeigt 2 Thierköpfe, von denen 2 mit den Sachsen einwärts gekehrte Adlerflügel herab hängen, dem noch heute von der Familie von Platen geführten Wappen. Von der Umschrift hat sich nur der Vorname **HINRIC** erhalten. Es ist auf der Tab. XI. Nr. 9. abgebildet.

Am 4ten Pergamentstreifen hängt ein ziemlich großes rundes Siegel. Der dreieckige Schild ist rechts gestürzt und zeigt einen vorwärts sehenden Löwenkopf, über die linke Ecke desselben ist ein Helm gestülpt, über demselben sind 2 Pfauenwedel, die von 2 senkrechten Stützen über dem Helm gehalten werden, an diesen letzteren hängen die Helmdecken herab. An jeder Seite ist der Helm außerdem noch mit einem kleineren Pfauenwedel, der quer gegen denselben steht, besteckt. Der von diesen Figuren nicht bedeckte Raum der innern Rundung des Schildes ist mit kleinen Rosetten besäet. Die Umschrift:

S. GHOTHANI MORDER MILIS.

Das ganze Siegel ist ungemein sauber und sorgfältig gearbeitet. Es ist abgebildet auf Tab. XI. Nr. 10.

Der 5te Pergamentstreifen ist jetzt leer. Dinnies sah das Siegel indeß noch und beschreibt es (in **Diplomat. St. Georgii Rambin**) so: „**Quintum (sigillum) monstrat animal instar leonis erectum. Perigraphe deest.**"

Am 6ten Pergamentstreifen hängt ein rundes Siegel. Der dreieckige Schild zeigt über einem Schach einen rechts gewendeten wachsenden Adler, wie die, einer Familie v. d. Lancken angehörigen Wappen, an den Bundesbriefen von 1316 und 26 mehrfach beschrieben. Von der Umschrift ist noch erhalten:

. . NEDEME . . . DE LAN . . . .

Am 7ten Pergamentstreifen hängt ein rundes Siegel. Der dreieckige Schild zeigt dieselben Figuren wie das vorhergehende Siegel. Von der Umschrift ist nur:

. . SULESLAI . . . . .

erhalten.

Am 8ten Pergamentstreifen hängt ein rundes Siegel. Der dreieckige Schild zeigt einen senkrecht gestellten doppelten Wiederhaken, die untere Spitze dem linken Schildesrande zugekehrt. Die Umschrift:

S. ANTHONII DE GAWERN.

Am 9ten Pergamentstreifen hängt ein kleines rundes Siegel (das des Claus Gawern). Der Schild ist schräg rechts und links schraffirt und zeigt einen schräg links gestellten doppelten Wiederhaken. Die untere Spitze desselben ist dem obern Schildesrande zugekehrt. Die Umschrift ist völlig zerdrückt.

Am 10ten Pergamentstreifen hängt ein rundes Siegel. Der dreieckige Schild zeigt dieselben Figuren wie das des Siegels am 1sten Pergamentstreifen. Die Umschrift:

S. HENNIKE RALE . . . .

v. Kraffensche Gesch. Urk.-B. 8

Am 11ten Pergamentstreifen hängt ein kleines rundes Siegel. Der Schild zeigt das Poreczsche Wappen, wie es am Bundesbriefe von 1316 mehrfach beschrieben. Die Umschrift:

S. WILLKEN PORECE.

Am 12ten Pergamentstreifen hängt dasselbe Siegel, welches am 12ten Pergamentstreifen der von Gottschalk Ralie 1372 am St. Jürgen-Abend ausgestellten Urk. (No. 43.) beschrieben ist.

Am 13ten Pergamentstreifen hängt ein rundes Siegel. Der dreieckige, von einer bogenartig verzierten dreieckigen Nische umgebene Schild ist längs getheilt. Die vordere Hälfte zeigt einen halben Ochsenkopf, an die Theilungslinie gelehnt. Die hintere Hälfte ist quer getheilt. Im oberen Felde 3 Kleeblätter, 2. 1. Die untere Hälfte ist leer. Die Umschrift:

S. BERTOLDI D' DADSOWE.

No. 46. Anno 1377, am Tage Agnetien. (21. Januar.)

Hevno Poretze, Achilles Sohn[1]), verkauft für 330 Mk. an das Armenhaus St. Jürgen zu Rambin seinen nach Teschenhagen gehörigen Antheil an dem bei Kubbelkow gelegenen Hayenholze zu Mannrechte und nimmt anbei an, den auf diesen Antheil sonst fallenden Roßdienst von seinen Hufen in Teschenhagen mit zu verrichten.

Aus J. A. Dinnies Diplomatar. Domus St. Georgii Rambinens. Tit. IV. No. 10.

Medelowere: her Hinrik Plate, en Ridder. Heyne Poretze, Gordes son, Johan unde Suleslaf, brodere, ghebeten van Nacevitze, Wilke Plate, Thomas son, Hennyng Plate, Wilken Plate, Gordes son, Gerkold Knoc, Peter van deme Kalande, Henneke Norman unde Badel, de wonet in deme Kerspele tho Rappyn.

Von den 12 Siegeln sah Dinnies nur noch 5.

No. 47. Anno 1377, die Blasii. (3. Febr.)

Anthon Krassow, Knappe, verkauft dem Freiherrn Henningh von Podbuske, Truchseß des dänischen Königs Olaf, eine Rente von 5 Mk. sundisch aus seinem Hofe Zamustitze im Kirchspiel Lanken.

Nach dem Orig. im Fürstl. Archiv zu Putbus.

Omnibus presens scriptum visuris, tam presentibus quam futuris, Anthonius Crassow, famulus, sinceram in domino caritatem. Pro me et meis veris heredibus recognosco ac lucide protestor, quod, cum consensu et voluntate omnium meorum amicorum proximorum, rite et racionabiliter vendidi et dimisi, et in presente littera vendo ac dimitto Nobili domino, domino Hennyngho de Podbuske, baroni, illustris Olavi regis dacie dapifero, meo domino dilecto, suisque veris heredibus quinque marcarum redditus perpetuos sundensis monete in curia mea Zamustitze in parrochia Lauken situata, in agris et in omnibus attinenciis, proprietatibus, libertatibus, dicte curie adiacentibus, singulis annis festo beati Martini episcopi percipiendos, expignerandos si necesse fuerit, cum pignoribus faciendis prout ius pactus in terra postulat et exquirit. Eciam predictos

---

1) 1413 Freitag in der Woche nach Ostern bestätigten Achilles und Hans, Brdr. P., für 50 Mk. den von ihrem Vater Heyno P. geschehenen Verkauf des nach Teschenhagen gehörigen Antheils am Hayaholze und begeben sich aller Ansprüche daran. Medelowere: Hynrik, Sirffen, Matteus, brödere, ghebeten van Anen, Gödeke Banitzkow, Ghire Kalick und Wolter Banitzkow. — Als Raven Barnekow, Knappe, (1414 Tags Georgii) einen Theil vom Hainholze und 34 Morgen Acker (Medelowere: Hennyngh Barnekow, Hinrik van der Osten, den Gurdes son, Tonyes van Bytzen, Bertold van der Osten, Bertoldes son, Hande Plate und Bereslaf Bonow) und 1416 (Donnerstags vor Lätare) einen andern Theil vom Hayaholz mit 36½ Morgen Acker nebst 3 Kathen an das Hospital zu St. Jürgen vor Rambin verkaufte (Medelowere: her Hennyng van Jasmunde, ridder, und Bereslaf Banow, knape) besaß dasselbe das ganze Groß-Kubbelkow. —

quinque marcarum redditus cum meis heredibus debeo predicto domino Henningho et suis heredibus warandare annum et diem ab omni impeticione personarum, tam spiritualium quam secularium, iuri comparere volencium, et libertare penitus, et ex toto, et indempnem conservare. Vt predicta firma atque stabilia permaneant famosi famuli mecum conjuncta manu et data fide compromiserunt: videlicet Heyno Poretze, Thydericus de Bughe, Henneke de Neclade, omnia predicta inviolabiliter observare. In cujus evidens rei testimonium nostra sigilla presentibus sunt appensa. Datum anno domini m° ccc° LXXVII°, ipso die beati Blasii, martiris et pontificis.

Diese 13 Zeilen enthaltende Urkunde ist auf ein Pergamentblatt geschrieben, das 8⅔ Zoll breit und 3⅔ Zoll lang ist. Unten durch dasselbe sind 3 Pergamentstreifen zur Befestigung der Siegel gezogen. Nur an dem letzten hat sich das Wachs, worin das Siegel abgedruckt gewesen, erhalten. — Von dem Siegel selbst ist nur die Form erkennbar geblieben.

Auf der Rückseite steht:

Ita littera est super curiam Zametisse
in parochia Lancken.

No. 48. Anno 1377, am Palmsontage. (22. März.)

Anton von Bitzen, Knappe, verkauft den von seinen Voreltern zu Lehnrecht auf ihn vererbten Hof in Goetemitz mit allem Recht und mit allem Zubehör an Lübeke von Dortmund, einem Bürger zu Stralsund, zu einem todten Erbkaufe.

Nach dem Original im Stralsunder St.-Arch.

Ic Anthonius van Bitzen, en knape, mit vulbort myner leven moder, Ver Dubben, unde alle myner neghesten erfnamen, bekenne unde betughe openbare in desser scrift, dat ik hebbe vorkoft tho eneme rechten ewigen kope, mit rade miner neghesten vrent unde verlate unde verkope deme erliken manne Lübeken von Dortmunde, eme borgher tho dem Sunde, unde synen rechten erfnamen mynen hof, den ik hebbe tho Ghötemytze, den my myne olderen dar ervedcn, den he my wol betalet heft tho myner noghe, de vorbenomede Lübeke, unde ik late em den vry tho man rechte tho brukende, mit rechte unde mit denste, mit acker, ghebuwet unde unghebuwet, mit holt, mit struke, mit ackere, den man noch breken mach, mit wische, mit weyde, mit water, lopende unde stande, mit rothen unde mit rotworden, unde mit aller thobehöringhen alse dat ghud bynnen syner schede lycht, und dat nicht buten bescheden, unde des ghudes unde der pacht fry tho brukende tho ewighen tyden, alse dat ik unde myne erfnamen, noch mync bedere nummermer tho zaken scholen deme ghude. Ock schal ik dat vorbenomede ghud verlaten vor den heren des landes unde alle de dat leen ane hebben, wanner ik des gheeschet werde van dem vorbenomeden, und ik schal em dat leen tho truwer hand naholden, byt dat syn leen wert, unde wanne dat syn leen ghewordcn ys, darna schal ik em veren unde waren des ghudes vorsteuen, vor alle ansprake unde beweruisse, gestlick unde werlick, de recht nemen unde ghewen willen, alse in deme lande en recht ys. Alle desse dyngk stede unde vast tho holdende dem vorbenomeden sonder yenigherhande hulpe rede, dat love ik Anthonius mit mynen rechten erfnamen, unde mit my so loven **Anthonius Kaak**, Gotscalc Kalick, Hinric Voleke [1]), **Hannes Craclowe, de wonet tho Pazeke unde Hannes Craclowe tho Parzekenitze** knapen, unde wy loven thozamende an truwen mit ener zameden hant dem vorbenomeden Lübeken unde synen rechten erfnamen alle stucke tho holdende, alse desse bref spreckt. Were ock dat ik Anthonius edder myner lover welk storue, er der warschop, so schole wy anderen, de dar levendich blyven, enen anderen also ghuden man wedder in des doden stede setten. In ene grotern bewaringhe aller zake vorscreuen, so hebbe wy unse ingheseghele an dessen bref ghehenghet. Na godes bort dusent jar drehundert jar in dem söuen unde seventighesten jare in palme sondaghe.

Auf einem Pergamentblatt, dessen unterer Rand umgeschlagen und durch den 6 Pergamentstreifen, zur Befestigung

1) Das nach dieser Urk. abgebildete Siegel des Hinrik V. stimmt nicht mit dem zu Urk. Nr. 15. in Anmerk. 2 beschriebenen überein.

der sämmtlich in grünes Wachs gedruckten, sehr gut erhaltenen Siegel, gezogen.

Am 1sten Pergamentstreifen hängt ein rundes Siegel, der dreieckige Schild zeigt einen rechts gewendeten steigenden Fuchs. Umschrift:

+ S. ANTHONII DE VISEN.

Am 2ten Pergamentstreifen hängt ein rundes Siegel. Der dreieckige Schild ist längs getheilt. In der vordern Hälfte ein halber gekrönter Ochsenkopf, an die Theilungslinie gelehnt. Die hintere Hälfte ist quer getheilt. Das obere Feld ist schräg rechts und links schraffirt. Das untere Feld ist leer. Umschrift:

S. Antonius (K)aac.

Es ist (nach einer and. Urk.) Tab. XI. No. 14. abgebildet.

Am 3ten Pergamentstreifen hängt ein rundes Siegel. Der dreieckige Schild zeigt drei links gelegte, mit der Mündung dem Schildesfuß zugewendete Widderhörner. Umschrift:

S. GOTSCALC RALIC.

Am 4ten Pergamentstreifen hängt ein rundes Siegel. Der dreieckige Schild zeigt zwei in einem Andreaskreuz übereinander gelegte Wagenrungen, die dünneren Enden nach unten gekehrt. Umschrift:

S. HINRIC BYLEKEN.

Es ist Tab. XI. No. 15. abgebildet.

Am 5ten Pergamentstreifen hängt ein rundes Siegel. Der dreieckige Schild ist längs getheilt. In der vordern Hälfte drei Kleeblätter ohne Stengel, 2. 1. In der hintern Hälfte ein halber Ochsenkopf, an die Theilungslinie gelehnt. Umschrift:

+ S. Hennekr Crassow de Paser.

Es ist abgebildet Tab. XI. No. 12.

Am 6ten Pergamentstreifen hängt ein rundes Siegel. Der dreieckige Schild zeigt einen ganzen, nicht in der Mitte, sondern mehr nach dem linken Schildesrande zu stehenden, rechts sehenden gekrönten Ochsenkopf. Umschrift:

+ S. Johanes Crassow.

Es ist Tab. XI. No. 13. abgebildet.

No. 49. Anno 1377, zu Pudbuske, an deme daghe des hilgen lychammes. (28. Mai.)

Her Henning van Pudbuzke, de oldere, ridder unde eyn droste des rikes tho Dennemarken, überläßt aus Liebe und rechter Gunst „unde dorch rechter geistliker broderschop willen de ik nu und myne olderen, tho voren, unde myne rechten ervnamen, hebben unde dreghen, tho deme godeshuse tho der Eldena," demselben den Werder Kalversdans „also id licht an syner schede wente an dat solte water."

Nach dem Orig. im Pomm. Prov.-Arch.

Zeugen: Nicolaus Wlfeke, Hinricus Lepenisse, Johan Marlowe, Knechte, her Kersten Sellenton, Gherardus Dollan, myne scrivere.

Das Siegel scheint mit dem Bande, woran es befestigt gewesen, gewaltsamer Weise ausgerissen zu sein.

No. 50. Anno 1378, am St. Matthias Abend. (24. Februar.)

Berthold Kaack, Knappe, verkauft an Lüdeke von Dortmund einige Kathenstellen in dem Dorfe Gödemitz.

Nach dem Orig. im Stralſ. St.-Arch.

Ic Bertold Kaack, en knape, bekenne unde betughe openbare in desse scrift dat ick hebbe verkoft to eme rechten ewyghen kope myt rade myner neghesten vrent deme erliken manne Lüdeken van Dortmunde, eme borgher tho dem Sunde, und synen rechten ervnamen, myne woerde, dar men koten up setten mach, de se lighen tho Ghothemyse an der schede Thonies [1]) Kakes vnd dem kothen de höret Lübeken van Dortmunden, de he my vol betalet heft tho ener nöghe: vnd ick late se em vyn tho manrecht tho brukende myt richte vnde myt denste. Ock schal ick vnde myne ersnamen eme vryen de woerde vor ghistlick vnde werlick tho ener ewyghen tyd, de recht nemen vnde ghenen wellen. Alle desse dynck stede vnde vast tho holdende dem vorbenomeden sunder genygherhande hulpe rede, dat loue ick Bertold Raak myt mynen rechten ersnamen, vnde myt my so louen erlick manne alse Heyno Plotze vnde Gosschalk Wothenekе, knapen, vnd wy lauen tho zamende an truwen mit ener zamenden hant deme vorbenomeden Lübeken vnde synen rechten ersnamen alle stucke to holdende alse desse bref sprecht. In ene grottere bewaringhe aller saken vorsereuen, so hebbe wy vnse ynghezeghele an dessen bref ghehenghet, na ghodes bort dusent iar drehundert iar in dem achte vnde zeuentheghesten iare an Sunte Matthias auende des hilgen apostols [2]).

Auf einem Pergamentblatt, durch dessen untern umgeschlagenen Rand drei Pergamentstreifen, zur Befestigung der ganz besonders gut erhaltenen Siegel, gezogen sind.

Am 1sten Pergamentstreifen hängt das am 13ten Pergamentstreifen der Urk. Nr. 43. beschriebene und Tab. XI. No. 11. abgebildete Siegel des Bertold Raack.

Am 2ten Pergamentstreifen hängt ein rundes Siegel. Der dreieckige Schild zeigt drei aufrecht gestellte Fische. 2. 1. Die Umschrift:

+ HEYNE PLOSSE.

Am 3ten Pergamentstreifen hängt ein rundes Siegel. Der dreieckige Schild ist längs getheilt, in der vordern Hälfte eine ganze und eine durch die Theilungslinie halbirte fünfblättrige Rose. In der hintern Hälfte ein herabhängender Adlerflügel. Die Umschrift:

+ S. GHOTSALC WOTENEKE.

Es ist Tab. XI. No. 16. abgebildet.

No. 51. Anno 1378. Sabbato proximo ante dominicam quasimodo geniti. (1. Mai.)

Bertoldus Wnzeke, Presbyter, bekennt sich dem Bischof Nicolaus von Roeskilde zu einer Schuld von 200 Mk. und verpflichtet sich dieselbe am nächsten Osterfeste in Stralsund zu erlegen.

Aus einer vom Orig. im geh. Archive zu Copenhagen genommenen Abschrift.

Bürgen: Henningus de Kalent, Darzlaus de Barnekow, milites, Nicolaus Sum, senior, et Henricus de Lanken, filius Ertmari.

Von den mir nicht näher beschriebenen Siegeln fehlt das erste.

No. 52. Von demselben Tage wie No. 51.

Der Inhalt stimmt mit der vorhergehenden Urk. genau überein.

Aus demselben Archive.

Bürgen: Nicolaus et Hinricus dicti de Rode, nec non Stephanus Sissowe et Hartmannus de Segebode.

Von den mir nicht näher beschriebenen Siegeln fehlt das erste.

No. 53. Von demselben Tage wie No. 51. u. 52.

Der Inhalt stimmt genau mit den beiden vorhergehenden Urkunden überein.

Aus demselben Archive.

Bürgen: Sumo senior de Jasmundia, Gerlacus Smachteshagen, Antonius de Buga et Hermannus de Jasmundia.

1) In der Urk. ist der Name abgekürzt, er kann auch Thomas gelesen werden.

2) Anno 1381 am Tage Agathae verkaufte Lübeke von Dortmund an den Rathsverwandten und nachmaligen Bürgermeister Albert Gyldenhusen und an dessen verstorbenen Bruders, Werners Kindern, Werner, Johann und Heinrich Gyldenhusen seinen 1377 von Anton von Vitzen angekauften Hof und seine 1378 von Bertold Raad erhandelten beiden Kathenstellen in Gottemin zu einem todten Erbkauf.

Von den mir nicht näher beschriebenen Siegeln fehlt das dritte.

No 54. Anno 1379, Stralsund, am Dionysius Tage. (9. October.)

Tyde vamme Rosengarden, en knape, bekennt sich dem Albrecht Gildenhusen, Rathmann zu Stralsund, zu einer Schuld von 300 Mk., wofür er ihm 30 Mk. Rente aus dem Hofe und der Mühle zu Rosengarden verschreibt.

Aus dem Orig. im P. Prov.-Archiv.

Medelowere: **Thonnyes Kaak**, Thoren Schelen, Dubbermer Schelen vnde Henning Slaweke.

Die Siegel fehlen.

No. 55. Anno 1379. Mittwochs in der Octave des Himmelfahrtstages unserer lieben Frauen. (17. August.)

Pribe von der Helle, und seine Hausfrau **Margaretha** verkaufen an **Tönnies Crassow** ihren Hof Teskevitz „demen ok nennet tho der Helle".

Nach einer alten, wie es scheint nicht immer genauen, Abschrift aus dem Tambaner Haus-Archiv.

Alle de dissen bref sehen edder horen, heil an Godt. Ick Pribe van der Helle, vnde min husfruwe Margrete vnde vuse erfnamen don witlik vnde bekennen, dat wi mit eindracht vnde guden willen, vnde mit friger willor, mit vulbort vnser truwen frundt hebben ewig vorkoft vnde vorlaten von der handt an de handt vnde an de were **Tönnies Crassowen** vnde **sinen sonen** vnde eren erfnamen antwerdet vnsen hof tho **Teskewitz demen ok nomet tho der Helle** mit erne vnde leben, mit agker buwet unde vnnebuwet, mit alle sinem velde an Teskeuitz, an Grabeuitz, an Barkeuitz, mit allen stücken vnde allen tavelen, mit worden vnde alleme tbelege, mit koppelen vnde hoppenhove, mit holte, mit heide, mit water, mit weide, vnde weyze vnde mure, mit strucke vnde buschen, mit meinheit vnde sleme (?) mit dristen, wegen vnde stegen, mit aller thobehoringhe nomet edder vnbenomet, nichts vinomen alse et licht vnde van oldinges legen hesse, binnen alle siuen enden, lenden, scheiden. Vollen deel, like alle den huuen an deme vorbenomeden gude, hallef vnde hallef, like vel minen vedderen Tideke Molcke (?Malcke) bi sinen lawelen tho bliuende, alle des wy dar an hebben dat hebbe wi bracht van vns dat wi daron nichts beholden edder nument, ock nicht mehr tho vuß tho kamende vnde tho nument, wen twolf mark rente de Wolter van Telghes daran habbe, de beholde se op den hof alse lange als en Godt helpt dat se dat entweren **Tönnies** vnde **sinen sonen** vnde ere erfnamen, alle des hir vorschreuen is hebbe wi tho em bracht fredesam tho bruken de vnde tho beholdende, mit nut, mit frucht, mit rechtigheit vnde friheit, als et vnse vader frigest hat heft, vnde vuß aneruet iß dißen vorsprakenen, nicht mer. Men van deme fursten des landes tho manrecht entsande war edder wanne wi sint dar edder nicht, schall et vorlaten wesen vnde bliuen, vnde scholent weren en vnde frigen van allem werr wedderstall vnde aller ansprake aller personen, geistlik vnde wertlik, holden se schadelos van alle den de de recht willen geuen vnde nemen. Weme se dat laten ein deel edder althomall tho wessele edder tho kope deme schalme alle dit holden mit en. Bedorwen se auer vorlatinghe de lehnware schole wi en na holden vnvorsumet vnde ane hinder, vnde wesen en behelpen dartho wen se dat waruen vnde eschen von den heren, so schole wi vnde alle de dar lehn an hebben, Pribe vorbenomet vnde mine erfnamen vorlaten sonder vortogeringe vnde waren darna, als recht ist in alle betalende kop tho nuge. Dat alle disse stucke vnde alle disse artikele vnde ein islick bi sick holden werden vnbrekliken sonder verfolginge efte hulperede vnde bliuen enbet vnde sendet so laue Ick Pribe vnde mine erfnamen, de borgen de mit vuß lauet entruwen mit einer samenden handt, mit hande vnde munde Dubbermer Schiele, Tönnies vnd Curdt, brodere vam Buge, Teske Starkewolt, **Tönnies Crassow de Junge,** Berndt Buggenhagen, Grundis, Henneke van Berbeuitz, Sivert Puzdevolk, Peter Gawern, Siuert Kniebech, Peter Süllitz, vnd hebben en vnde alle den de dat manen, en to dnire mit vnsen ingesegelen vestet dissen bref de schreuen is vnde geuen na der bort vnses hern gades dorteinhundert jar in deme negen vnde souentigesten jare des widdewekens in unser leuen vrowen dage alse tho himmel voer.

No. 56. Anno 1379, in festo beati Nicolai episcopi. (6. December.)

„**Suum**, filius Guzlaui Swm, militis, pie recordacionis, et Swm filius ejusdem Swmmis“ verschreiben dem Bischof Nicolaus von Roeskilde für 200 Mk., 20 Mk. Rente aus ihrem Hof Clementenitz, in parochia Jaghardc, wiederlöslich.

Nach einer vom Original im geh. Arch. zu Copenhagen genommenen Abschrift.

Compromissores: Nicolaus Swm de Warnekenitze, Thidericus Swm de Keyseritze, nostri patrui, Hinricus de Rode, Nicolaus Wuzeke, filius Nicolai Wuceke senioris, Otto Wüstenye et Nicolaus Datzeke (?).

Die fünf ersten, mir nicht näher beschriebenen, Siegel sind an dem, auf Pergament geschriebenen, Orig. erhalten.

No. 57. Anno 1380, zu Stralsund, am Dienstage nach dem Feste der heil. drei Könige. (10. Januar.)

Gottschalk Maleke, Knappe, verschreibt den in der Urk. Nr. 43. genannten Vorstehern des Gotteshauses St. Jürgen zu Rambin für 100 Mk. 10 Mk. Rente aus seinem ganzen Dorfe Gukelvitz, bedingt sich jedoch die Wiederlösung.

Nach dem Original im Archive des Klosters St. Jürgen vor Rambin.

Medelowere: her Hinrik Plate, her Nicholt Rotermunt, riddere, Hans Crassow, Henneke Malik, knapen.

Auf einem, auf der Rückseite gelb gefärbten Pergamentblatt geschrieben, dessen unterer Rand umgeschlagen: durch diesen sind zur Befestigung der Siegel 6 Pergamentstreifen gezogen. Diese fehlen jetzt bis auf das vierte, ein kleines rundes, in weißes Wachs abgedrucktes Siegel. Der dreieckige Schild zeigt einen ganzen, nicht in die Mitte, sondern mehr nach dem linken Schildesrande zu, stehenden, rechts sehenden, gekrönten Ochsenkopf. Die Umschrift:

S. Johanis Cra...owe.

Es ist auf Tab. XI. No. 13. abgebildet.

No. 58. Anno 1380, die Ambrosii. (4. April.)

Anthon Krassow, Knappe, verkauft dem Freiherrn Hennyngh von Pudbuske, des Königs Olof von Dänemark Truchseß, 2 Mark Rente aus seinem Hofe Zamutytze im Kirchspiel Lanken.

Nach dem Orig. im Fürstl. Arch. zu Putbus.

Omnibus presens scriptum visuris, tam presentibus quam futuris, Anthonius Crassowe, famulus, sinceram in domino caritatem, pro me et meis heredibus recognosco ac lucide protestor, quod, cum consensu et voluntate omnium meorum heredum et amicorum proximorum, rite et racionabiliter vendidi et dimisi ac in presentibus vendo et dimitto, nobili viro domino Hennyngho de Pudbuske, baroni, illustris Olauo regisque dapifero, suisque veris heredibus duarum marcarum reditus monetarum sundensium in curia mea Zamutytze in parochia Lanken situata in quinque vncis agrorum seminalium et in omnibus attinenciis, proprietatibus, libertatibus, fructibus et vtilitatibus dicte curie adiacentibus singulis annis quolibet festo beati Martini episcopi percipiendos aut per pignoris capcione, si necesse fuerit, extorquendos, cum pigneribus faciendis prout jus pactus in terra postulat et requirit. Eciam predictos duarum marcarum redditus cum meis heredibus predicto domino Hennyngho de Pudbuske et suis veris heredibus debeo warandare, annum et diem, ab omni impeticione personarum, tam spiritualium quam secularium, jure compareri volenrium disbrigare, libertare, penitus et ex toto et indempnem conseruare, vt predicta firma atque stabilia permaneant famosus vir Johannes Tymme, swagerus meus, mecum conjuncta manu et data fide in solidum compromisit omnia prenarrata inviolabiliter obseruare. In cujus rei testimonium meum sigillum, cum sigillo mei compromissoris prescripti, presentibus est appensum. Datum anno domini m° ccc° Lxxx°, ipso die beati Ambrosii, confessoris gloriosi.

Unten in dem Blatte sind 2 Einschnitte zur Befestigung der Siegel angebracht, — nur in dem zweiten hat sich noch der durchgezogene Pergamentstreifen erhalten. Die beiden Siegel fehlen.

Auf der Rückseite steht: **Ista littera est super curia Zametisse in parrochia Lancken. Anno 1380.**

No. 58. Anno 1380, zu Stralsund, am St. Lucien Tage. (13. December.)

Gottschalk Raleke, ein Knappe, bekennt, den in der Urk. Nr. 43. genannten Vorstehern des Hospitals St. Jürgen vor Rambin 50 Mk. sund. Pfennige schuldig zu sein und verschreibt denselben dafür 5 Mk. jährliche Hebung aus seinem ganzen Dorfe Gukelvitz wiederlöslich.

Aus dem Original im Archive des Klosters St. Jürgen vor Rambin.

Medelowere: Thonnys Kaak, Hans Crassow, Hennеke Vors vnde Rodolf Gawere, knapen

---

Auf einem Pergamentblatte, dessen unterer Rand umgeschlagen und durch den zur Befestigung der Siegel 6 Pergamentstreifen gezogen. Sämmtliche Siegel sind in weißes Wachs abgedruckt.

Am 1sten Pergamentstreifen hängt ein kleines rundes Siegel. Der dreieckige Schild zeigt das Ralekesche Wappen, wie es zum Bundesbriefe v. 1316 beschrieben. Die Umschrift:

S. GOSSCALC RALIC.

Am 2ten Pergamentstreifen hängt ein rundes Siegel. Der dreieckige Schild ist längs getheilt. Die vordere Hälfte zeigt einen halben Ochsenkopf, an die Theilungslinie gelehnt. Die hintere Hälfte ist quer getheilt. Das obere Feld ist schräg rechts und links gegattert, das untere leer. Die Umschrift:

S. Antonius Caac.

Es ist abgebildet auf Tab. XI. No. 14.

Der 3te Pergamentstreifen ist jetzt leer. Dinnies sah jedoch das an demselben befindliche Siegel noch und sagt (Diplomat. Domus S. Georg. Rambin p. 53.) „Tertium ostendit integrum caput tauri. Perigraphe est:

S. Johannes Crassowe.

Differt igitur hoc sigillum, quod nostris temporibus familie gestat, ut pote quod in area dextera dimidiatum caput taurinum, et in area sinistra novem glandes (?fol. trifol.) ostendit, quemadmodum haec arma etiam jam in sigillis diplomati de anno 1316 appensis, quod diplomatorio Civitat. Stralsund. Sect. XI. sub No. 4. exhibetur, apparet". Die beigefügte Abbildung ergiebt, daß es das auf Tab. XI. Nr. 13. dargestellte Siegel war.

Am 4ten Pergamentstreifen hängt das an der Urk. Nr. 43. am 12. Pergamentstreifen beschriebene Siegel des Hennеke Vors.

Der 5te Pergamentstreifen ist leer. Auch dies Siegel sah Dinnies noch. Er beschreibt es (a. a. O.) „Quintum habet vncum dupliciter recuruum, einen doppelten Wiederhaken, insignia familiae de Gagern. Perigraphe est:

S. RICKOLDI GAWERN.

No. 60. Anno 1382, 31. December.

Appellation Esberns, Dekans in Copenhagen, gegen den Erzbischof von Lund, der den **Bertold Wusseke**, Offizial in Rügen, excommunicirt.

Nach einer, von dem Original im geheimen Archiv zu Copenhagen genommenen Abschrift.

In nomine domini amen. Anno natiuitatis ejusdem millesimo tricentesimo LXXXII°, indicione sexta, mensis Decembris die ultima, hora tercia vel quasi, in choro australi apud summum altare ecclesie beati Nicolai opidi Sundensis, Zwerinensis dyocesis, pontificatus sanctissimi in Christo patris ac domini nostri, domini Vrbani, diuina prouidencia pape sexti, anno suo quinto, in mei notarii publici nomine subscripti testiumque infra scriptorum presencia constitutus venerabilis vir dominus Esbernus decanus ecclesie Hafnensis, Roskildensis diocesis quandam aggrauacionem cause in pergameno conscriptam nec non sigillo suo sigillatam in manibus suis tenuit, quam coram venerabilibus viris, videlicet dominis Bertoldo Quaas, rectore ecclesie Oldenkerke, Gherardo Kulner, rectore ecclesie Gynxt, Nicolao de Kalende, rectore ecclesie Zagarde, Marquardo Burowen, rectore ecclesie Scaprode, Adam Hilgheman, rectore ecclesie Rambyn, in terra Ruye, dicte Roskildensis diocesis, per se publicauit, cuius tenor erat talis:

Esbernus, decanus Hafnensis, commissarius venerabilis in Christo patris ac domini, domini Nicolai dei gracie episcopi Roskildensis ad infra scripta specialiter deputatus, vniuersis et singulis ecclesiarum, cappellarumque rectoribus capellanis, perpetuis vicariis, nec non notariis publicis per terram Ruye Roskildensis diocesis, constitutis ad quos presentes littere peruenerint salutem in domino. Ex quo dudum quosdam dominum Bertoldum Wusjeken, presbiterum et canonicum Roskildensem et Sumonem seniorem de Jasmundia, Nicolaum et Hinricum dictos de Rude, Nicolaum Wusjeken seniorem in parochia Cirkow, Stephanum Cyssow, Hartmannum Zeghebode, Ottonem Wustenyen, Gherlacum Smachteshagen, Antonium de Buga, Antonium Crassow in parochia Reppyn, qui prius morabatur in parochia Pasik, Hinrikum de Lanken, filium Ertmari de Lanken et Nicolaum Sum seniorem de Keyserytze, ad instanciam predicti venerabilis in Christo patris ac domini Nicolai episcopi Roskildensis, excommunicari fecimus et excommunicatos publice mandauimus denunciari quandoquidem excommunicati diu sustinuerant et ad hoc sustinent animo indurato. Quare crescente eorum contumacia merito crescere debet eorum pena, quia obedientibus obediencia non prodesset, si contumacibus contumacia non obesset. Vobis et vestrum cuilibet qui super hoc requisiti fueritis auctoritate nobis commissa, virtute sancte obediencie, trina tamen premissa canonica monicione firmiter precipiendo mandamus quatenus per nos seu alios ex parte nostra nominati et expresse primo, secundo et tercio moneatis omnes et singulos, tam masculos quam mulieres, amicos, vicinos, notos, domesticos et propinquiores dictorum, domini Bertoldi Wusjeken, presbiteri et canonici Roskildensis, Sumonis senioris de Jasmundia, Nicolai et Hinrici dicti de Rode, Nicolai de Wusjeken senioris in parochia Cyrkow, Stephani Cyssow, Hartmanni Zegheboden, Ottonis Wustenyen, Gherlaci Smachteshaghen, Antonii de Buga, Antonii Crassow in parochia Reppyn qui prius morabatur in parochia Pasik, Hinrici de Lanke filii Ertmari de Lanken et Nicolai Sum senioris de Keyseritze sub pena excommunicacionis districte mandantes eisdem quod nullus cum dictis domino Bertoldo Wusjcken presbitero et canonico Roskildensi, nec non Sumone seniore de Jasmundia, Nicolao et Hinrico dicto de Rode, Nicolao Wusjcken seniore in parochia Cirkow, Stephano Cyssow, Hartmanno Zeghebode, Ottone Wustenye, Gherlaco Smachteshaghen, Antonio de Buga, Antonio Craffow in parochia Reppyn qui prius morabatur in parochia Pasik, Henrico de Lanken filio Ertmari de Lanken et Nicolao Sum de Keyseritze, sic excommunicatis in potu, cibo, loquela, emendo, vendendo, molendo, coquendo, ignem vel aquam dando vel alio modo participiare presumant, alioquin participantes cum eis si sic nominati, infra quator dies a participacione eorundem non cessauerint, quos exnunc prout extunc per presentes excommunicavimus in nomine dei in hiis scriptis excommunicatos cum dictis domino Bertoldo Wusjcken, presbitero et canonico Roskildensi, Sumone seniore de Jasmundia, Nicolao et Hinrico dictis de Rode, Nicolao Wusjcken seniore in parochia Cyrkow, Stephano Cyssow, Hartmanno Zeghebode, Ottone Wustenye, Gherlaco Smachteshagen, Antonio de Buga, Antonio Craffow in parochia Reppyn qui prius morabatur in parochia Pasik, Hinriko de Lanken filio Ertmari de Lanken et Nicolao Sum seniore de Keyseritze quibuslibet diebus dominicis et festiuis in ecclesiis vestris, vel alibi, vbi videritis expedere, pulsatis campanis, candelis accensis demum et extynctis et in terram proiectis in missarum solempnibus coram fideli populo publice denuncietes et denunciari faucatis, quasque satisfaccione prestita absolucionis graciam meruerint humiliter optinere. Datum Hafnie Anno domini M°CCC°LXXXII° Crastino beati Martini, sub sigillo nostri Decanatus et reddatis presencia vestris sigillis sigillata cum cedula transfixa execucionis vestre diem et modum continente, penis et monicionibus sub premissis. Qua aggrauacione sic publicata predictos dominos videlicet Bertoldum Quaas, rectorem ecclesie Oldenkerke, Gherhardum Kolner, rectorem ecclesie Gynxt, Nicolaum de Kalende, rectorem ecclesie Zagarde, Marquardum Burow, rectorem ecclesie Scaprode, et Adam Hilgheman, rectorem ecclesie Rambyn. Item dominus Esbernus Decanus Hafnensis cum instancia requisiuit, ut executionem dicte aggrauationis facerent, cum effectu ad quod dictus dominus Bertoldus Quaas respondit: volumus super hoc interloqui et deliberare et factis interlocucione et deliberacione sepedictus dominus Bertoldus Quaas, tam ex parte sua quam ex parte aliorum dominorum jam dictorum iterato respondit: qua alias litteras archiepiscopie Lundensis recepimus in quibus sentenciam vestram ipse dominus archiepiscopus reuocauit et declaravit ipsam esse nullam, nec postea in presencia excommunicatorum celebrauimus, aggrauacionem vestre sentencie recipere, non tenemus, super huiusmodi requisicioni prefatus dominus Esbernus me instanter requisiuit, ut sibi unum uel plura publicum vel publica facerem instrumenta. Acta sunt hec anno, indiccione, mense, die, hora, loco et pontificatu quibus et discretis viris, dominis Johanne Myreslaui et Johanne Wictow, presbiteris, Jacobo Plotze subdiacono, officiali terre Ruye, et Gherardo, clerico et aliis quam plurimis fide dignis, testibus ad premissa vocatis specialiter et rogatis.

Ex ego Johannes clericus Zwerinensis diocesis publicus imperiali auctoritate notarius premisse aggrauacione, productione et publicacione et requisicione et aliis quibus supra presens interfui, eaque sic fieri vidi et audiui in hanc publicam formam redegi manu propria conscripsi et signo meo solito et consueto vocatus et requisitus signaui in testimonium omnium premissorum.

No. 61. Anno 1381, Agathe. (5. Februar.)

Henne Buk[1]) verkauft dem Ritter Hennyngh von Pudbuske, des Reichs zu Dänemark Drosten, 3 Mk. sund. Rente aus seinem Hofe: „Vogkevitze, in druddehaluer huuen zadysghes ackers" wiederkäuflich für 30 Mk., räumet demselben auch das Vorkaufsrecht an dem Hofe ein.

Nach dem Orig. im Fürstl. Archiv zu Putbus.

Medelowere: Anthonyghis Crassow van Schwechouitze, Johannes Crassow, des suluen Anthonyghes zone, Wlurnke Jeghebode, Peter Buleken

An der Urk haben 3 Siegel gehangen, die jetzt fehlen

No. 62. Anno 1383, zum Sunde, am Sonntage Reminiscere. (15. Februar.)

„**Her Hennink van Pudebuske**, ridder, de jungher, olden hern Heninghes sone, dem god ghenedich sy," verkauft sein ganzes Dorf Tzybzitze, „dat dar licht in deme kerspele to Gyrkowe," dem erbaren Mann Goswyn von Deuenter, einem Bürger zum Sunde und seinen Erben für 300 Mk., mit 26⅔ Mk. jährlicher Hebung auf Martini, und aller Zubehör „mit muntepenninghen, mit deme hoghesten vnde mit deme zidesten richte," wiederlöslich; jedoch soll Henning v. P. es kaufen mit eigenem Gelde, zu eigenem Nutzen und es nicht sofort wieder versetzen. „Ok gift he (Goswin v. D.) my den deenst ofte ik enen hof legghe in dat land to Rügen my vnde mynen ervnamen to brukende, vnde nicht tu vorhuvende."

Aus einer, vom Orig. im geh. Arch. zu Copenhagen genommenen Abschrift.

Medelowere: Henneke Slaweke vnde Vertold vnde Emeke, brudere, ghehete de Wusseken.

Die vier, mir nicht näher beschriebenen, Siegel sind vorhanden

No. 63. Anno 1383, den 16. Mai.

Appellation des Dekans Esbern von Kopenhagen gegen den Erzbischof Magnus von Lund, der den **Bertold Wusseke**, Offizial auf Rügen, excommunicirt.

Nach einer, von dem Orig. im geh. Arch. zu Copenhagen genommenen Abschrift.

In nomine domini amen. Anno natiuitatis ejusdem M°CCC°LXXX°III°, indiccione sexta, mensis Maii die XVI., in sacristia ecclesie beate virginis Hafnis, Roskildensis dyocesis, hora sexta vel quasi pontificatus sanctissimi in Christo patris et domini nostri domini Vrbani diuina clemencia pape sexti, anno eius quinto, in mei notarii publici et testium infra scriptorum presentia constitutus venerabilis vir dominus Esbernus, decanus Hafnensis prescripte dyocesis quandam appellacionem sua manu publica in pergameno conscriptam produxit, quam per dominum Thetmarum Duus presbiterum eiusdem diocesis legi et publicari fecit, tenor vero eiusdem appellacionis talis erat de verbo ad verbum.

In nomine domini amen. Anno natiuitatis ejusdem M°CCC°LXXX°III°, indiccione sexta, mensis Februarii die XIII., hora vespertina vel quasi, in

1) Gegen Ende des 13ten Jahrhunderts (v. 1284 — 99) wird der Ritter Raven Boc häufig in den Urk. des Fürsten Wizlaf II. von Rügen genannt. Sein an einer Urk. von 1291 erhaltenes Siegel zeigt drei Räder (2. 1.) je mit 6 Speichen. (Umschr.: S. Raven Boc. mi . . tis.) 1294 verkaufte Konrad B. dem Johan Mörder 4 Hakenhufen; wo? ist nicht bekannt. — Auf der Insel Rügen war die Familie in der ersten Hälfte des 14. Jahrhunderts angesessen. 1335 verk. Raven B., Pfarrherr zu Baggendorf, und Reimer B., Ritter, an Eberhard Wullebagen ihr Gut Benz zu einem todten Erbkauf. Die Familie scheint noch im 14. oder doch im 15. Jahrhundert ausgestorben zu sein.

ecclesia beati Nicolai opidi Sundis, Swerinensis dyocesis, pontificatus sanctissimi in Christo patris ac domini nostri domini Vrbani, diuina clemencia pape sexti, anno eiusdem quinto, in mei notarii publici subscripti testiumque infra scriptorum presentia constitutus publici honorabilis vir dominus Esbernus, decanus ecclesie Hafnensis, Roskildensis Dyocesis, quamdam cedulam papyraceam conscriptam in manu sua tenuit, quam legi fecit in qua pronocauit appellauit, apostolos peciit et alia fecit prout in eadem plenius habebatur cuius tenor de verbo ad verbum suit talis.

In nomine domini amen. Cum oppressis perperam et inique grauatis et timentibus se grauari appellacionis remedium, tam a jure canonico quam ciuili, sit indultum, Nos Esbernus, decanus ecclesie Hafnensis, Roskildensis dyocesis, per venerabilem in Christo patrem et dominum dominum Magnum, diuina prouidencia archiepiscopum Lundensem, Swecieque primatem, sentimus nos grauatos ex eo quod, cum, auctoritate venerabilis in Christo patris ac domini, domini Nicolai, dei gracia episcopi Roskildensis nobis in hac parte commissa, contra Dominum Bertoldum Wutzcken, dudum officialem terre Ruge, sibi ad raciocinia multipliciter obligatum racione dicti raciocinii nobis, nomine eiusdem domini nostri episcopi Roskildensis, reddendi et faciendi nec non contra nonnullos alios debitores predicti domini episcopi ob defectum solucionum, in quibus sibi tenentur obligate, canonice processimus in ipsum et ipsos, propter eorum contumaciam et obstinatam maliciam, canonica monicione precedente, sentencia excommunicacionis innodauimus et ipsos per terram Ruge excommunicatos fecimus denunciari tandem idem dominus Bertoldus, ne nobis computum seu raciocinium facere euadere cupiens, nomine suo et predictorum debitorum ipsius domini nostri episcopi ad dominum archiepiscopum Lundensem accedens, quandam appellacionem, vt asseritur, friuolam interposuit, et ipse, textu illius appellacionis eundem dominum archiepiscopum Lundensem accidens, quandam litteram impetrauit in qua mandabatur presbiteris et curatis in terra Ruge predicta, vt a denunciacione predicte sentencie cessarent, cuius littere tenor est talis.

Magnus diuina prouidencia archiepiscopus Lundensis, Swecie primas et Apostolice sedis legatus, dilectis sibi vniuersis et singulis ecclesiarum et capellarum rectoribus seu eorum vices gerentibus aliisque personis ecclesiasticis quibuscunque per terram Ruge, Roskildensis dyocesis, constitutis, ad quos presens nostrum mandatum peruenerit, in dominum dilectionem et salutem et mandatis nostris firmiter obedire. Sua nobis dilectis in Christo filius dominus Bertoldus Wutzcke, presbiter et canonicus Roskildensis, pro se et nomine procuratorio pro suis ejusdem consortibus qui sunt Nicolaus Wutzcke, Nicolaus de Rode, Sum de Yasmundia, Nicolaus Wutzcke, iunior, Gutzlaus Zwm, senior, Antonius Crassow, Hartmannus Zeghebode, Nicolaus Swm senior, Gherlacus Smachteshagen, Antonius de Buga, Hermannus de Yasmundia, Hinricus de Rode, Stephanus Sissow et Henricus filius Ertmanni de Lanken, insinuacione monstrauit, quod honestus vir dominus Esbernus, Decanus ecclesie Hafnensis, eiusdem dyocesis, a venerabili in christo patre domino Nicolao episcopo Roskildensi, ad infra scripta, vt asseritur, commissarius deputatus, grauiter iniuriatur eisdem eo quod, postquam ad nostram audicienciam contra processus suos legitime appellauerant, ipsos de facto excommunicauerat et per vos ipsos excommunicatos denunciari mandauerat perperam et inique in eorum preiudicium non modicum et grauamen, petentes humiliter, ut sibi super hoc prouidere de opportuno remedio dignaremus verum, quod dictam excommunicacionis senteciam post appellacionem inuenimus esse latam, denunciamus eam nullam esse et penitus non tenere reuocaciones in statum debitum quidquid post est contra appellacionem eandem extiterat temere attemplatum. Vobis igitur et cuilibet vestrum, in virtute obediencie et sub excommunicacionis pena. quam in vos et quemlibet vestrum spacio trium dierum post canonicam monicionem premissam ferimus in hiis scriptis, si in excommunicacione huius mandati nostri negligentes fueritis aut defecti, firmiter precipiendo mandamus, quatenus a denunciacione premissa et publica processuum predictorum dicti domini Esberni, statim visis presentibus omnino desistere et cessare curetis cum effectu. Datum Lundis anno domini M°CCCLXXXII. mensis septembris die XVIII. nostro sub secreto in signum antedicti nostri mandati per vos fideliter execuli presentes remittite vestris sigillis consigillatas.

Verum, quod predictus dominus archiepiscopus de meritis et causis ipsius appellacionis, si appellacio dici debeat non cognouit, nec partes ad suam presentiam euocari fecit, nec documenta dicti domini episcopi Roskildensis audiuit, nec aliquem ordinem judiciarum obseruauit tanquam parcialem et sibi fauorabilem contra iusticiam, et predictos dedit et assignauit in magnum nostri et ipsius episcopi Roskildensis preiudicium et grauamen: ex premissis igitur et eorum, ut prefectus, grauaminibus sencientes nos grauatos ad sanctam sedem apostolicam prouocamus et appellamus in hiis scriptis et apostolos petimus instanter, instancius, instantissime, si quis sit qui nobis eos dare velit qui si nobis denegati fuerint iterum ad sedem apostolicam de nouo, vt prius, prouocamus et appellamus, saluo nobis iure addendi, minuendi, corrigendi, innouandi, declarandi, hanc appellacionem quociens nobis visum fuerit expedire. Acta et rite interposita est hec presens appellacio anno, indiccione, mense et die, loco, hora et aliis quibus supra, presentibus discretis viris dominis Lamberto de Essen, Hinrico Wolgast presbiteris et perpetuis vicariis ecclesie beati Nicolai in Sundis, Zwerinensis dyocesis, necnon domino Detmaro Dws, presbitero Roskildensi, testibus ad premissa vocatis specialiter et rogatis, quam appellationem sic latam et interpositam Esbernus predictus fuit protestatus quod reuocatio prenarrata seu ipsius copia ad ipsius noticiam prius veraciter non peruenit nec die eadem qua appellauit ad eadem presentibus testibus premissis.

Ego Jacobus Honwert, presbiter, Zwerinensis dyocesis, publicus imperiali auctoritate notarius, premissis, prouocacioni, appellacioni, apostolum peticioni et protestacioni, aliisque omnibus et singulis, dum sic ut premittitur, fierent et agerentur, vna cum prenotatis testibus presens interfui ea sic fieri vidi et audiui, et hanc publicam formam inde confeci, quam propria manu conscripsi, signoque meo solito et nomine consueto signaui rogatus et requisitus in testimonium premissorum. Qua quidem appellacione sic lecta meo notarium publicum subscriptum instantes requisiuit memoratus dominus decanus, vt sibi unum vel plura publicum vel publica perinde conficerem instrumenta. Acta sunt hec anno, indiccione, mense, die, loco, hora et pontificatu, superius pretaxatis, presentibus viris venerabilibus dominis Laurencio Boecii, Paulo Jacobi, Jacobi Petri et Petro Nicolai, Canonicis Hafnensibus, et aliis compluribus clericis et laicis testibus ad premissa vocatis et specialiter rogatis.

Et ego Ericus Awkunis, clericus Othoniensis dyocesis, publicus auctoritate imperiali notarius, predicte appellacioni, produccioni et publicacioni, ceterisque premissis dum, vt supra leguntur, fierent vna cum prenominatis testibus interfui, ea que sic fieri vidi et audiui et per alium aliud occupatus fideliter conscribi feci atque in hanc publicam formam redegi, quod signo meo signaui consueto, rogatus et requisitus in testimonium omnium premissorum superlineare dyoces. approbo non factum vicio sed errore.

No. 64. Anno 1383, den 29. Juli.

Notariats-Instrument über das Anerkenntniß des früheren Officials **Berthold Wusteke** und seiner Bürgen wegen der dem Bischofe Nicolaus von Roeskilde schuldigen Summe und des Verzichtes auf den darüber entstandenen Rechtsstreit.

Aus einer, vom Original im Königl. geheimen Archiv zu Copenhagen genommenen Abschrift.

In nomine domini amen. Per hoc presens publicum instrumentum vniuersis pateat euidenter, quod anno natiuitatis eiusdem M°CCC°LXXX° tercio, mensi Julii, die XXIX., indiccione VI., pontificatus sanctissimi in Christo patris et domini, domini Urbani, diuina providencia pape VI., anno V., hora vespertina vel quasi, in domo hospicii reuerendi in Christo patris ac domini Nicolai dei gracia episcopi Roskildensis,! in oppido Sundensi, Swerinensis dyocesis, in mei notarii publici et testium subscriptorum presencia constitutus, honorabilis vir, dominus Bertoldus Wtzcke, presbiter, Canonicus Roskildensis, dudum officialis eiusdem domini Episcopi Roskildensis dyocesis in Rughia, non vi aut metu coactus, sed spontanea gaudens et libera voluntate, justa et diligenti prehabita computacione, in presencia honorabilium virorum dominorum testium subscriptorum, Recognouit publici et expresse illa debita esse vera et justa que ipse dominus Nicolaus Episcopus Roskildensis ab eo et suis conpromissoribus qui sunt Branto de Horst, Bertoldus, presbiteri Ecclesiarum Suder et Swanteghure curati, Clawe Wtzcke, Claws de Rode et Zwme de Jasmundia armigeri, Gutzlaus de Zwme, Antonius Kraffow, Zume, senior, de Jasmundia, Gerlacus Smachteshagen, Anthonius de Buga, Hermannus de Jasmundia, Nicolaus et Hinricus de Roden, Stephanus Clasow, Hermannus Zegehode, Dominus Henning de Kalent, Miles, Nicolaus Zwm, senior, Henricus de Lanken, filius Ertmanni de Lanken exegerat, exigit et requirit, appellacioni sue ab eo ad sedem metropolitanam et ad curiam Romanam a commissario predicti domini episcopi Roskildensis, videlicet domino Esberno, decano Hafnensi, interposite, pretexto quorundam processuum in ipsum dominum Bertoldum et suos in hac parte compromissores prenotatos propter ipsa debita in quibus ipsi, dominus Bertoldus et suis compromissores prescripti, prenominato domino episcopo Roskyldensi tenentur veraciter obligati latorum, pure et expresse renuncians et eciam omni vlteriori actioni inde in posterum emergenti. Super quibus omnibus et singulis publice et expresse factis idem dominus Nicolaus, episcopus Roskildensis, me notarium subscriptum requisiuit, vt sibi inde publicum conficerem instrumentum. Acta sunt hec anno, mense, die, indiccione, pontificatu, loco et hora quibus supra. Presentibus honorabilibus viris dominis Esberno decano Hafnensi, Jacobo Hennechino, canonico Roskildensi et preposito in Ostresisla, Gerardo Kolner, Wedeghone Buggenhagen, canonicis ecclesie Caminensis, Hermanno Tarkow prouisore sanctimonialium in Bergis, Johanne Rughe, proconsuli opidi Sundensis et Henrico de Jasmundia, militi, aduocato terre Rughye, ad premissa vocatis specialiter et rogatis.

Et ego Andreas Petri, clericus Roskildensis dyocesis, publicus auctoritate imperiali, notarius, predictis, recognicioni debitorum ac appellacionis et actionis vlterori renunciacioni atque omnibus aliis dum, vt supra leguntur, fierent, vna cum prenominatis testibus presens interfui easque sic fieri vidi et audiui et in hanc publicam formam redegi, signoque meo solito signaui rogatus et requisitus in testimonum omnium, premissorum.

Et nos Esbernus, decanus Hafnensis, Jacobus Hennechini canonicus Roskyldensis et prepositus Ostresisle, Gerardus Kolner, Wedeghe Buggenhagen, canonicis ecclesie Caminensis, Hermannus Tarkow, prouisor sanctimonialium in Bergis, Johannes Rughe, proconsul opidi Sundensis, et Hinricus de Jasmundia miles, aduocatus terre Rughe, qui predictis computationi debitorum recognicioni et appellacionis et actionis renunciacioni, presentis interfuimus, in maiorem euidencie testimonium, sigilla nostra huic presenti publico instrumento duximus appendenda.

Auf einem Pergamentblatt. Das Siegel fehlt.

No. 65. Anno 1383, in Scaprode des negesten daghes sunte Mychahelis. (28. September.)

Matheus Schacht, [1]) en knape, verkauft dem Abt Jacob von Hiddensee und seinem ganzen Convente seinen Hof und all' sein Gut in Lüttelen Lesten, im Kirchspiel Scaprode, wie er es von seinem Vater ererbt und besessen und was er nach seines Vaters Tode zugekauft habe „myd erve unde myd lene, tho manrechte" zu einem todten Kauf für 1000 Mk. sundischer Pfenninge. „De schede desses vorbenomeden ghudes ghent an, van der veedryft vie deme esten en dat westen, tuschen myneme ghude tho lüttele Lesten unde Ubarze, alse se nu licht, unde ik se en bereden hebbe, unde wyset, bed tho deme stene, de dar licht tuschen Kort Platen unde my, by deme Scaprodeschen Kerkweghe, van deme stene eayecht over, an dat norden bed tho deme schedelstene, de dar licht by deme anderen weghe, tuschen Kort Platen unde my. Vort an van deme stene wedder en dat osten, wente an den acker des [illegible] kerpes tho Lesten, unde den acker de dar licht uppe Byschoppes kampe."

Aus dem Orig. im P. Prov.-Archiv.

Alle desse vorscreuen dynk, stede unde vast to holdende, so love ik Matheus Schacht, vorbenomed, unde myne rechten erfnamen, unde myne Medeloveren, de hyr na screuen synt, myd ener samenden hant in ghuden truwen: Alse Hynric Schacht van der Unrowe, Bertold van der Osten, Bertoldes sone van der Osten, Vicke van der Osten, hern Hynrikus sone van der Osten, enes ridders, Hennynk van der Osten, Bertoldes sone van der Osten, Olde Sander Bonowe, Hynrik Norman van Tribbenitze, Wyllen unde Pawel brodere gheheten Volen, Hennehe Crassowe, Vicke van Sulotze, Nicolaus van der Wisch. Tughe alle desser vorscreuenen dynk sint her

1) Es ist dies das letzte Mal, daß mir die Familie S. in rügenschen Urk. vorgekommen. M. S. war wohl der Sohn des Eleff oder Eriese S. (vergl. Urk. Nr. 15, Nr. 26 und Anmerk. 1. zur Urk. Nr. 37.) 1357, Tags vor Thomas, hatten die Gebrüder Vicke und Matth. Schacht 2 Hakenhufen von dem Hofe zu Polderitz (später Dornhof) von Thomas Platen gekauft. Ihr Vater Eleff lebte noch 1339. — Hyddensee. 1339, Montag vor Marie Magdalena, (19. Juli.) verglich sich Eleff, genannt Schacht, famulus, mit dem Kloster Hyddensee über die Grenzen und Gemeinheiten der Dörfer Groß- und Klein-Lesten im Lande Scaprode. Es heißt wörtlich in dieser Urkunde: quod discreti viri, videlicet seniores atque distinctiores terre Scaprodie et aliqui vicini, Martinus de Konitz, Chotemarus Cranstenlitz, Nicolaus de Rentitz, Hinricus de Wisch, Alvericus de Kozel, Helmicus, Willekinus et Hinricus fratres de Suhsow, Ludovicus et Georgius de Gaazekeultz, Sifridus et Johannes de Rentitz, Michael de Tuarghelstorp, Vicke de Kotzel, Johannes de Ö, et Hinricus Dene ex parte mei, jurati deposuerunt nunquam a tempore sue memorie terminos sive metas usque in presens distinctas fuisse inter villas predictas, videlicet majorem et minorem Lesten sed communia fuisse prata et pascua omnium inhabitancium villarum predictarum. Idem quoque Johannes Grawertsin et Hinricus de Gaazekeultz affirmabant, quorum verbis stare proposui ex parte domini abbatis et conventus. — Testes hujus sunt: Hermannus Papenhagen, Johannes de Dorpen, proconsules Sundenses, Hinricus de Loten, et Nicolaus dictus Rodehose, consules civitatis ejusdem. Hinricus de Osten, miles et advocatus terre Ruye, Gheselbertus, plebanus in Garez, Miroslaus, vice rector ecclesie Scaprode, Everhardus et Conradus de Poretz, Johannes de Osten, Thomas Plate, famuli. — Wie Hennekin und Thiderich, Gebrüder Schacht, die 1319 am Sonntage Reminiscere den Vorstehern des Gotteshauses zum heil. Geist zu Stralsund gelobten, die aus dem Hofe des Henneke S. zu Güstrade erworbenen Einkünfte bis nächste Fastnacht, und eben so 1 Last Gersten, die Hinrich, Nathmann, und Gherard, Bürger zum Sunde, Gebrüder die Crävener aus ihren Höfen Güldestade und Lesten heben, von allen Ansprachen zu befreien, mit obengenannten Personen zusammenhängen, vermag ich nicht anzugeben. Im Fall sie ihr Versprechen nicht erfüllen würden, verpflichteten sie sich mit ihren Bürgen — Nicolaus Therente, Nicolaus Starkowe et Heyne de Breghe — zum Einlager in Stralsund. Nach J. A. Dinnies führte Henneke S. 3 Sterne im Wappen. 1347 Freitag vor Viti und Modesti, bekennen dieselben dem Armenhause St. Jürgen vor Rambin 40 Mk. sund. schuldig zu sein und versprechen solche in 4 Terminen in eben so vielen Jahren zu bezahlen und verpflichten sich im Entstehungsfalle mit ihren Bürgen — Nicolaus Therante und Vicke Eyklaf — zu Stralsund das Einlager zu halten. Wegen Vicke Eyklaf vgl. an Urk. Nr. 26, das ihr Siegel.

Hynrik myd der Platen, her Wycke Krakevitze, ryddere, her Ghert Kolner, en kerkhere to Gynert, her Bertold Quaas, en kerkhere to der Oldenkerken, her Marquart Burowe, en kerkhere to Tůrente vnde Scaprode, her Nicolaus Plate, en dyaken, Kort Plate, en knape.

Auf einem Pergamentblatt, durch dessen untern umgeschlagenen Rand 12 Pergamentstreifen zur Befestigung der Siegel gezogen, von denen jedoch jetzt das 2., 4., 5., 7., 9., 11. und 12. fehlen. Die erhaltenen Siegel sind in grünes Wachs gedruckt.

Am 1sten Pergamentstreifen hängt ein dreieckiges Siegel. Der Schild zeigt drei Sterne (2. 1.) Die Umschrift ist bis auf die drei letzten Buchstaben fortgebrochen.

Am 3ten Pergamentstreifen hängt ein rundes Siegel. Der dreieckige Schild zeigt das Ostensche Wappen, wie es zum Bundesbriefe v. J. 1316 beschrieben. Die Umschrift ist bis auf einzelne Buchstaben fortgebrochen.

Am 6ten Pergamentstreifen hängt ein rundes Siegel. Der dreieckige Schild zeigt das Bruowsche Wappen, wie es zum Bundesbriefe von 1316 beschrieben. Die Umschrift:

. . . NDER BONO . . .

Am 8ten Pergamentstreifen hängt ein rundes Siegel. Der dreieckige Schild zeigt das Bohlensche Wappen, wie es zum Bundesbriefe von 1316 beschrieben. Die Umschrift:

. . WIL . . . BOLE . .

Am 10ten Pergamentstreifen hängt ein rundes Siegel. Der dreieckige Schild ist längs getheilt. In der vordern Hälfte ein halber Ochsenkopf an die Theilungslinie gelehnt. Die hintere Hälfte ist quer getheilt. Das obere Feld ist schräg rechts und links schraffirt, das untere leer. Die Umschrift:

. . ohannes Krasso . .

Es ist auf Tab. XI. Nr. 17. abgebildet.

No. 66. Anno 1368, Sonntags nach Mitfasten. (8. (? 15.) März.)

Clawes van der Lanken, Ertmeres sone,
verkauft seinem Bruder Mathyße v. d. L. seinen halben Hof zu Bausenevytze, als er ihm vom Vater, Mutter und seinen verstorbenen Brüdern und Schwestern angeerbt.

Aus dem Orig. im P. Prov.-Archiv.

Medelowere: Doltze Wussecke, Hinrik van deme Rode, olde Kurt Platt, junghe Kurt Plate, vnde Matthyes Marlowe.

Die 6 Siegel, welche an eben so vielen, durch den untern umgeschlagenen Rand gezogenen, Pergamentstreifen gehangen haben, sind abgefallen.

No. 67. Anno 1369, Montags nach Matthiae, des Apostels. (1. März.)

Hinrik van der Lanken, Ertmeers sone,
verkauft seinen Brüdern Matiese und Clawese v. d. L. „vader, můder erue vnde leen in deme houe to Bancenevitze to Wittowe" für 120 Mk. sund. Pfennige „in holer munthe."

Aus dem Orig. im P. Prov.-Archiv.

Medelowere: Hinrik van deme Rode, Bertold Wutzeken, Emeke Wutzeken, Clawes Wutzeken, olden Wutzeken sone van Darsitze, Sum, Sumes sone van Clementevitze, des olden, vnde Maties Marlowe.

Die 6 Siegel, welche an eben so vielen, durch den untern umgeschlagenen Rand gezogenen, Pergamentstreifen gehangen haben, sind abgefallen.

No. 68. Anno 1390, Stralsund, in der Octava des heil. Lrichnams. (5. Juni.)

Teetze van Pudbuske, Bischof zu Odensee, verkauft seinen Brüdern Prydbor, Hans und Borante, Knappen, sein Vater- und Mutter-Erbe in deutschen Landen und in Dänemark, mit Vorbehalt seines Erbrechts auf ihren unbeerbten Todesfall, und unter dem Versprechen des Beistandes zur Erhaltung des gemeinschaftlichen Erbguts.

Aus dem Orig. im Fürstl. Arch. zu Putbus.

Hyr hebben an unde ouer ghewesen erbare lude: her Vycke Bere, ridder, Wedele Walzlaf, Hennyngh van der Osten, de nu waner to der Capelle, Theetze Jernyn, **Olde Clawes Wusseke,** Hinrich Wachholt, knapen, unde her . . . Zelenton, perner.

Die 8 Siegel, welche an eben so vielen Pergamentstreifen gehangen, fehlen.

No. 69. Anno 1391.

Henning, Tesmer und **Verdeschlaff de Craffowen** verkopen dem Kloster (tho Bergen) ere gudt tho Piask.

Aus Erasmus Husens Extract von den versegelten Breven des Klosters Bergen op Rugen Anno dni. 1531

Vergl. Anmerk zu Urk. Nr. 1

Testes: **Dubbeschlaff Sissowe. Hauke van der Helle. Vicke Zeule. Pribe Posewalk.**

No. 70. Anno 1392. In Zagharde am heil. drei Königs-Tage. (6. Januar.)

Hinrik van der Lauken, Ertmers sone, verkauft seinem Bruder Mathiese v. d. L. für 93 Mk. sund. all sein Gut zu Bantzenenitze, welches ihm von seinen verstorbenen Brüdern und Schwestern angeerbt ist.

Aus dem Orig. im P. Prov.-Archiv.

Medelowere: Hinrich van deme Rode, **Clawes Wuszeke, Clawesses sone,** Sum, Sumes sone, unde Mathies Marlowe.

Die 5 Siegel, welche an eben so vielen, durch den untern umgeschlagenen Rand gezogenen, Pergamentstreifen gehangen haben, sind abgefallen.

No. 71. Anno 1392, zu Stralsund am Sonntage nach Ostern. (21. April.)

Arndt Karowe und Arendt, seines Bruders Heine Sohn, Knappen, verkaufen „durch schult willen" dem erbaren Mann Lüdke Eden [1]) für 700 Mk. sund. ihren Hof zu Karow „de dar licht op dem walle" mit allem Zubehör

1) Im J. 1349 am Sonntage vor Palmsonntag traten Bertheld von deme Paghe und Borchard van Zusitze, Hinrik van Züsitze, guten Gedächtnisses Bruder, Bertold, Claus und Hinreke, der Vorgenannten Bruderkinder, Razlaf und Henneke, Bruder die Panker, Henneke Ebrnion, Johan Kreghir van der Wiik und Claus Molner, ihr Recht an das von Hinreke von Zusitze und seinem Weibe Geete besessene Antheil in Gulevitz mit 2½ Hufen, wie es Tetze Moelberger früher besessen [vgl. Urk. 19], für eine nicht genannte Summe Pfenninge an die Vorsteher des Gotteshauses St. Jürgen bei Rambin ab. „Thughe desser dingh sint de erlike man her Borante unde her Johan de Older, riddere van Putbuske, her Albrecht Hovener, her Seghevrid, her Arnt van Woldenstede, borghermestere, und her Deghenhard, en ratman tu deme Sunde." Die Urk. ist besonders wegen der Siegel merkwürdig. Die fünf ersten runden S. zeigen in den dreieckigen Schilden eine Rose mit 6 etwas zugespitzten Blättern. Die Umschrift des 1sten S.: . Bertoldi d' Pug . ., die des 2., 3. u. 4.: Borchardi, — Bertoldi — Hinrici de Syst, die des 5. aber: S. Nicolai de Ghudderitze. Der Schild des 6. dreieckigen Siegels ist quer getheilt. In der obern Hälfte ein rechts gewendeter wachsender Löwe, mit von sich geworfenen Pranken. In der untern Hälfte ein rechts gewendetes, etwas unförmliches, vierfüßiges Thier (vielleicht ein Schwein oder Dachs). Die Umschrift: . . ass-

„mit dem lutken halven See, de dar licht by dessem erbenomeden hove, mit dem groten halven see, de dar licht vp der andern syde, des vorbenomeden haves, vnde de menheit in dassowischer vnd ander weide, de dar licht van dem lütken see an det to deme karower damme." Auch verkaufen sie demselben eine halbe Hufe Landes mit 2 Kathenworden bei dem Dorfe Wendisch Karow. Alles zu Mannrecht.

Aus J. K. Dinnies Diplomatarium legis Mariae, Tit. Goetemitz No. 16.

Wedelowere: her Hinrik van Jasmunde, rider, Tetze van dem Rosengarden, Dubbermer Schele, Szander Bonow de eldeste tho Prissenitze, Heine Voretze to deme Teskenhagen, Clans Holste Dubschlaf Sissow vnde Steffen Sissow, vnde wi louen alle Lüdeken Eden vnd sinen erfnamen erbenomet in ghuden truwen mit ener samenden hand, vnde hirmede so gene wi oner vnde vorsaken alle recht, beide geistlik vnde werlik, vnde ok nie funde, hulperede vnd alle argelist, dat desse breff gantz efte ein deel mede brockhaftig were efte broken möchte werden jenigerlei wise, vnd datsulue louende vnde alle stucke ok vorton stede vnde vast tho holdende, Priben, sinem bruder (?) her Berend van deme Rhade, ratman thom Sunde, Pribslaff van Natelvisse, vnde Steffen vnde Henningk, brödere, geheten van Natelvisse, Hinrik vnde Steffen geheten van Ahnen, Lüdeke Mortberner vnde Tetze Mordberner, deme vorbenomeden Lüdken Eden, vnde sinen erfnamen to truwer hand.

No. 72. Anno 1391, am Tage divisionis apostolorum. (15. Juli.)

Clawes Pozewalk verkauft an Tönnies Crassow zu Reppin und seinen Söhnen das

lavi Panker. Der dreieckige Schild des 7. runden Siegels ist quer getheilt. In der obern Hälfte ein rechts gewendeter wachsender Löwe, mit von sich geworfenen Pranken. Die untere Hälfte ist schräg rechts und links schraffirt. Die Umschrift: ... ohannes Panker. Der dreieckige Schild des 8. runden Siegels zeigt einen an jeder Seite mit zwei Zweigen versehenen belaubten Baum mit der Wurzel. Die Umschrift: S. Johis filii Eden. Der dreieckige Schild des 9. runden Siegels zeigt einen mit zwei Reifen versehenen Zuber. Die Umschrift: S. Johannes Croger. Der dreieckige Schild des 10. runden Siegels zeigt dieselben eigenthümlichen Klappern-Zeichen wie das am 29. Pergamentstreifen des Bundesbriefes von 1316 sub b. (p. 18.) beschriebene und Tab VII. abgebildete Siegel des Johann Berchardesson, nur daß die 2 gekrümmten Hölzer hier senkrecht, dort aber schräg links stehen. Die Umschrift: S. Nicolai Molner. — Es ist dies die erste, mir bekannte Urk. in der ein Eden genannt wird. Wie Nicolaus E. der 1350 in Urk. Nr. 27. vorkommt, mit diesem Hennеke verwandt, ist nicht bekannt. — 1475 Tage Egidii bestätigte Henning von Pudbus der Jüngern, des Ritter Hennings Sohn, den Verkauf des Hofes „de vore eyn dorp hadde ghewesen" geheißen Bartwan durch Marquart Ede an das Kloster Eldena. — 1487 Abends vor St. Johannis verkauften Claus Ede und sein Sohn Lüdeke dem Hospital St. Jürgen vor Rambin für 70 Mk. sund. einen bei Rambin gelegenen Haken Landes auf dem keine weitern Lasten als 22 ßl. Bede hafteten. Lüdeke E. war wohl der Erwerber von Karow, welches seitdem das Stammgut der Familie auf Rügen ware. Sein Vater war wohl der 1350 genannte C. E. Er kommt 1375 als Bürge einer U. vor, in der Claus Wenghelin den Herrendienst (wohl Roßdienst) von einem früher zu Giesendorf gehörigen, den Vorstehern des Hospitals St. Jürgen vor Rambin verkauften, Acker übernimmt. Claus E. besaß und bewohnte nach einer Urkunde von 1411 einen Hof in Giesendorp, war damals aber schon todt. Um die Mitte des 15ten Jahrhunderts (bis 1451) lebte Arnd Ede. — 1507 Tags Brixii verkaufte Heinrich Ede seinen Hof zu Lütken Karow an Goetke v. d. Osten für 1330 Mk. wiederlöslich. Erst Lüdeke Ede scheint denselben etwa um 1560 eingelöst zu haben. Im J. 1577 war sein Sohn Matthias E. ihm schon im Besitz gefolgt, der noch im Jahre 1601 lebte. Ludolff E. Matthias Sohn war der letzte des Geschlechts in Rügen. Seine Wittwe Hedwig Anne geb. v. Haussen, Fürstl. Leipzische und Barthsche Hofmeisterin, verheirathete sich zum 2ten mal mit Philipp Gottfried von Stettenbergh auf Mebenbach (Ehe-Beredung Bergen, den 12. Juli 1672), uralten österreichischen Geschlechts, während ihr Sohn Philipp Ludolf von Eden sich nach Curland wandte, wo er 1655 u. ff. Herzogl. Kammer-Junker war. Durch die Unglücksfälle des 30jährigen Krieges war das Vermögen der Familie ruinirt und es brach ein Concurs aus. Von den Creditoren kaufte Mart. Friedr. v. Ahnen auf Datzow d. d. 29. März 1656 Klein-Karow unter der Verpflichtung, daß wenn Phil. Lud. v. E. oder dessen Kinder über kurz oder lang heimkehren und ihr altväterl. Lehngut selbst antreten wollten, er es ihnen gegen Erstattung der Auslagen und Meliorationen zurückgeben solle. Die Familie blühte dann noch einige Zeit in Curland, wo nach landtägl. Schluß von 1718 §. 6. Jacob Friedrich von Ehden das Indigenat erhielt. S. W. Hupel nord. Miscellaneen 9. u. 10. Stück p. 64.

Gut Cussevitz, welches **Thönnies** bereits lange zuvor von seinen Eltern erkauft.

Nach einer alten vidimirten Abschrift aus dem Domkower Haus-Archiv.

Witlik sy allen, de dessen openen breff seen edder horen, dat ik Clawes Pozewall bekenne vnde betughe vor mi, myn wiff vnde vnse eruen, dat ik ereme vnde onser truwen vrunde rade vnde vulbort wolbedacht hebbe vorkoft vnde vorlaten, vorkope vnde vorlate in dessem breue, antwerdende vth der hant vnd vth der were, in de hand vnd in de were den erliken luden **Tönnyes Krassowen to Reppyn, sinen sons** vnde eren rechten eruen to ereme rechten kope ewichliken, also **Tonyes** vorbenomet van mynen olderen langhe vor desser tidt eer gekoft hadde, myn ghud the **Cussevitze** erue vnde leen, hof vnd houen, acker buwet vnde vnghebuwet, weide, wische, mure vnde alle liggbende grundt vnde wat daroppe vnde inne is, holtinghe, ghaheget vnd vnghaheget vnde mit alle siner tobehoringhe hir benomet edder vnbenomet nichtes vthgenomen, alse et nu licht an sonen scheden vnde van oldinges legen hefft, vnde mi edder minen olderen vrigest vnde brulligest aneruet is, en vrig vnde vredesamlik vor alle ansprake genigher personen geistliker edder werliker, de recht genen vnde nemen willen, dar wi ik scholen van vryen vnde vntweren, mit aller rechticheit vnde vrigheit, mit vnde vrucht, richte aller plicht to manrechte, mi edder nemande gichtes wat inn daruppe edder inne to beholdende vor enen summen den **Tönyis** vorbenomet mit suluere vnde reden penninghen wol vnde all tor noghe langhe er desses breues makinge betalede, beyde mi vnde mynen olderen also **Tonnys** kopbreue vthwisen, de he van en hefft vnde vngebraken beholt vp dat vorscreuen ghut Cussevitze, dar ik ok se mit desme jeghenwerdighen breue inwise. Were dar wes affgekamen, dat dar wedder to mochte kamen mit rechte, dat mögen se to sick bringen. De schede twischen Radebyn vnde Cussevitze is de rugghe dar entwischen dede ghete vte deme enen solten watere in dat andere. Geborden se mer verlatinghe, de schal ik vnde mine eruen en na holden, wen se vns eeschen vnde de lenware sennen an de heren, dat wy en scholen wesen to behelpen, wen ik ere lehn is, so schole wi en des ghudes waren jar vnde dagh, also dat landrecht eschet, vnde enen al betaleden kop ter noghe, se moghen ok vort en deel edder gantz so laten, vorkopen, vorgheuen edder vorwesselen wo vnde wen se willen, weme se id laten, deme scholen wi dessen bref na synem lude holden. Alle dit vnde islick stucke vorschreuen by st.t stede vnde vast to holdende laue ick Clawes erghenomet vnde myne eruen mit vnsen medelaueren also Euert, Jacob, Henneke, vnde Pribe, myne veddere, Pozewall ghenomet, Clawes Datke vnd Bernd syn sone, Wilcken, Pawel vnde Gobele Bolen ghenomet, Tybeke van der Helle, Vabel vnde Tebe Starkewold an truwen, mit ener sammenden hand **Tönnieke sinen sons** vorbenomet, eren eruen vnde vrunnen de en helper (?) manne to truwer haud. To boger bewaringhe vnde witlichelt veste wi vorbenomeden mit vnsen anhangenden ingeseghelen dessen bref, de schreuen vnde ghegeuen is to Reppyn na gades bord dusternhundert jar an deme ver vnde neghentigesten jare des negesten dages aller Apostele also se in de werlt werden ghedelet.

No. 73. Anno 1394, zu Wolgast am Tage St. Michaelis, des Erzengels. (29. Septbr.)

Die Herzoge **Barnym** und **Wartislaus**, Gebrüder, Herzoge der Lande Stettin, Pommern, Cassuben, Wenden, Fürsten zu Rügen, bestätigen dem Kloster Pudgloue, Prämonstratenser Ordens, die vom Herzog Wartislaus im J. 1317 ertheilte Confirmation über alle ihre Güter.

Aus der Matrikel des Klosters Pudagla Fol. 7—9.

Testes etc.: Dni. Wedego Bugghenhaghen, senior, noster marscalcus, Hinricus de Jasmundia, milites, Tidericus de Borne, Reymarus Nyenkerken, pro nunc advocatus noster in Wolgast, Nicolaus de Nemern, nostre coquine magister, Rodolphus Spetman, presbiter, nostre curie protonotarius et plebanus in Zagharde, Johannes Crassow, presbiter, nostre curie notarius, plebanus in Bahbyn, dns. Engelkinus

Warborgh, plebanus in Wolgast, Caminensis et Roschildensis dioecesis.

No. 74. Anno 1396, Montag vor heiligen drei Königen. (3. Januar.)

Hans von Pudbuske, Knappe, bezeugt, daß seinem Bruder, Herrn Preibor von Pudbuske, von ihren bisher im Lande Rügen gemeinschaftlich besessenen Gütern zugefallen seien: 34 Mk. 2 ßl. mit den Hünern aus Poreetze, 38 Mk. mit den Hünern aus Zellin, mit dem Holze daselbst, 10 Mk. aus der Mühle zu Strezowe, 15½ Mk. aus dem Kruge zu Pudbuske, 4 Mk. aus dem Kruge zu Gyrkow, 1 Mk. aus dem Kruge Sableurtze, 36 Mk. 4½ ßl. aus dem Dorfe Volmeurtze, 35½ Mk. mit den Hünern aus dem Dorfe zu Lüneritze, 23 Mk. aus dem Kruge zu Karzeneritze „vnde in deme houe de ghebeten ys de arge hof, de da lecht to deme suluen erogbe," 33 Mk. 12 ßl. mit den Hünern aus dem Dorfe zu Wrege, 31 Mk. aus der Mühle zu Wreghen, 8 Mk. aus der Mühle und aus dem Dorfe Dolghemuste, 5½ Mk. aus dem Dorfe Gerten, 57 Mk. 9 ßl. aus dem Dorfe Vonkendale, 57 Mk. 3 ßl. aus dem Dorfe Krakevytze, 13½ Mk aus dem Dorfe Precede, 6 Mk. aus Kreegeroshaghene, 28 ßl. aus Rathenertze, 2 Mk. in Oldeschernes Hof; zusammen 468 Mk, und dazu die Schuld, die auf diesen Gütern steht. Die gesammte Hand, Hölzung und Fischerei bleiben jedoch gemeinschaftlich.

Aus dem Orig. im Fürstl. Arch. zu Putbus.

Hyr hebben an vnde ouer ghewesen erbare manne: her Eler Burowe, raatman to deme Sunde, her Nicolaus Horst, kerkhere to der Vylmenytze, her Kersten Zellentyn, vncarius barsuluers, Stouenene, **Gerlold Wuseke**, junghe Sander Banowe to Zelnevytze, knapen, vnde Hans Depenbrot, borger to deme Sunde.

An den 7 Pergamentstreifen, die durch den untern umgeschlagenen Rand des Pergamentblatts, auf dem die Urk. geschrieben, gezogen, sind nur die 2 ersten Siegel erhalten.

No. 75. Anno 1396, zum Sunde, 17. März.

Mathias Zolewede, Pleban und Kirchherr zum Sunde, giebt zu einer Vicarie in seiner Kapelle in der Nicolai Kirche daselbst 20 Mark Rente, die er von Teze von Ruzengarde im halben Hofe Wentorp bei Garz auf Rügen erworben, und Herzog Wartislaf, bei der ertheilten Genehmigung, von allen Leistungen befreit habe.

Aus dem Orig. im Pomm. Prov.-Arch.

Pr[illegible]bus honorabilibus et discretis viris, dominis [illegible] magistris Hermanno Kale, presbitero, canonico Colbergensi, Georgio Sterneberch, in medicina, **Johanne Crassowe**, in decretis bacalaureis et Hennyngo Witten, opidano dicti opidi Sundis.

No. 76. Anno 1398. Stralessund, Sonntags Quasimodogeniti. (14. April.)

Barnym und Wartislaf, Brüder, Herzoge zu Stettin, der Pommern, Slaven und Kassuben, bestätigen dem Kloster Eldena alle bisher erworbenen Rechte und Privilegien, cassiren alles was zu deren Beeinträchtigung schon geschehen oder noch geschehen mochte und nehmen das Kloster in ihren besondern Schutz.

Aus dem Orig. im Pomm. Prov.-Arch.

Tughe desser dink sint vnse leuen truwen ratgeuere Hinrik van Jasmunde, Vicke Bere, ridder, Hennyngh Smachtteshaghen, voghet to Bard, Reymer Novenkerke, voghet to Wolghast, Radelef Spetman, to Jagharde, **Johannes Crassow**, to Pabbyn perrere, Reymer Dechow vnde andere vele rc.

No. 77. Anno 1398, „Sonavendes na sunte Peters daghe alse he gheheiliell ward." (4. Mai?)

Hennyngh van Pudbusk, Rydder, verkauft dem erbaren Mann Gotschalk Letzenissen, Bürger zum Sunde, „dat lemhus vnd dat bachus mit der borntz to Strye" für 80 Mark sund. wiederlöslich.

Aus einer vom Orig. im geh. Archive zu Copenhagen genommenen Abschrift.

Zeugen: Nicolaus Kumerow, perner to deme Tzuder, **Bertold Wotzeken,** vnse Voghet, Wolquyn Kumerow, berger to deme Sunde.

Von den mir nicht näher beschriebenen Siegeln fehlt das zweite.

No. 78. Anno 1398, Tanglim (Anclam) Sonlags vor Martini. (10. Novbr.)

Die Herzoge Barnim und Wartislaf von Pommern bestätigen die Privilegien der Stadt Usedom.

Aus Schoettgen et Kreysig Diplomataria et scriptores historiae germanicae medii aevi. Tom. III. p. 19.

Zeugen: her Wedege Buggenhaghen, vnse marschalk, Rudolfu Nighenkerken, rydderen, Toderico van deme Borne, Hinrico Clossouw, Henningho Lopen, Reymaro Nighenkerken, Reymaro Dechouwen, Martino Lepel, Reynfrido van Pentze, Hinrico van Weerne, vnde **Johanne Crassouwen,** kerkherre tho Bobbyn, deme wy hebben benalen tho scriven dessen ieghenwerdighen breef.

No. 79. Anno 1401, Sonlags nach Mitfasten. (20. März.)

Hinrik van der Lanken, Ertmers zone, bekennt, daß er von seinen Bruder-Söhnen, Hinrik, Albrecht, Hermen und Ertmer v. d. L., Matthias Söhnen, wegen allen Anfalles der auf ihn oder seine Erben an die 16 Mk. im Gute Bansenevitze, die seinem Bruder, Herrn Johannes v. d. L., verbrieft, kommen mögen, durch die ihm früher gezahlten 30 Mk. abgefunden sei.

Aus dem Orig. im Pomm. Prov.-Arch.

Tughe: Bertold vnde Ertmer v. d. L., myne zones, vnde vnse vrund alse Hinrick van deme Rode, de de wonet to deme Nyghenhaue, Sum, Sumes zone to Kerseritze, vnde **Bertold Wuseke** to Muzytze.

Durch den untern umgeschlagenen Rand des Pergamentblatts, auf dem die Urk. geschrieben, sind 6 Pergamentstreifen zur Befestigung der Siegel gezogen, von denen das fünfte fehlt.

Die an den drei ersten Pergamentstreifen befindlichen runden Siegel zeigen in den dreieckigen längs getheilten Schilden in der vordern Hälfte den halben Adler, in der hintern Hälfte drei doppelte linke Schrägflüsse. Umschriften:

S — HINRICI — BERTOLDI — ERTMARI — VAN DER LANKEN.

Das am 4ten Pergamentstreifen befindliche runde Siegel zeigt zwei in ein Andreaskreuz gelegte, die Stiele dem Schildesfuß zugekehrte Streithammer. Umschrift:

S. HINRIK VAN DEME RODE.

Das am 6ten Pergamentstreifen befindliche runde Siegel hat einen dreieckigen, längs getheilten Schild; in der vordern Hälfte einen halben Ochsenkopf, an die Theilungslinie gelehnt. — Die hintere Hälfte ist quer getheilt. Das obere Feld ist leer, das untere schräg rechts und links schraffirt. Umschrift:

S. Bertoldi Wuseke.

Es ist Tab. XI. No. 18. abgebildet.

No. 80. Anno 1404, thom Sunde am Abende Philippi und Jacobi. (1. Mai.)

Johann Krassow, Parner tho Gartz und **Claus Krassow**, Brüder, verleihen auf Geheiß ihres Vaters **Tönnies Krassow** dem Herrn Hinrik Jargenow, Priester, eine Vicarie mit einer Hebung von 28 Mk.

Nach einer Abschrift aus dem Dambauer Haus-Arch.

Wi Johannes Crassow, parner tho Gartz. vnde **Clawes Crassow**, brodere, don witlik vnde bekennen in desseme jegeuwerdigen breue, dat wi in gades ehre vnde vulbort vnde willen vnses vaderes **Tönnies**, de vns dat heft heten vnd beualen, hebben gelegen vnde lien in dessenie breue acht vnd twintich mark geldes jarliker rente almissen, deme erliken manne her Hinrik Jergenow, prestere, dewile he leuet, tho belesende wor he will, (de vicarie) de he **mit vnsem vadere** vorbenomet heft thosamende gemaket, vthgelecht vnd fundert in de ehre gades dorch erer beiden selen salicheit, erer olderen vnde vnser aller alse wi vorbenomet sin, vnde ok besondergen, her Diderikes von Unna[1]) siner husfrowen, vor Kinen vnde Tesmars Schaproden, anders Twargel genomet tho erer vnde vnser aller vorbenomet ewigen dechtnisse, vnde vor se vnde vns vorbenomeden alle tho biddende. Disse vorschreuen acht vnde twintich mark geldes almissen schall her Hinrik vorbenomet hebben, besitten, vpboren vnde utpanden alle jar, na lude vnde bewisinge der breue, de darup gegeuen sin, in dissen nageschreuenen gudern, alse tho Carow acht mark geldes, tho Goldevitz in deme haue dar Weldeman wanet vi mark geldes, tho Grabow vp deme Sudere, dar Clawes van dem Kalande vnde sin vater waneden, vif mark, tho Poppelvitz in dem haue dar Mathias wanet acht mark geldes, vnde ene mark vt vnsem eigenem gude dar wi eme alrede in gewiset hebben, vnd mit macht disses gegenwardigen breues in bruklikeu besittinge, were vnde vpborunge disses vorschreuen ingeldes vnde rente inwisen. Weret ek dat hirna dat vorschreuene geldt vnde rente ein dell edder alle vt geloft edder verkoft wurde, so schole wi **Johannes** vnde **Clawes** vorbenomet edder vnse erfnamen ane vertoch na rade vnde willen her Hinriks edder sines nalamelinges vicarius dat geldt vnde de penninge in ander gut leren vnde leggen, darmede ander gut vnde ingeld wedder tho kopende her Hinrik vorbenomet edder sine nalamelinge, tho hebbende, tho besittende vnd vptoborende in aller mate, mit rechticheit vnde friheit als dat beschreuene geldt, dar wi em alrede ingewiset hebben. Na her Hinrikes dode kamen vier mark geldes van den acht vnde twintich marken vorbenomet wedder tho vns vnde vnsen erfnamen, vnbeworren unde wedderstall vnde de andern vier vnde twintich mark geldes jarliker rente scholen bliuen tho einer ewigen vicarien in der kerken tho Reppin tho belesende, tho vnser vnde vnser erfnamen lehnwore tho ewigen tiden, wen se leddich is tho vorlende, tho biddende vnde tho denkende her Diderikes, vor Kinen, Tesmars vnde vnser aller vorbenomeden selen vnde vnser olderen. Tho witlicheit vnde bewaringe alle disser vorschreuen ding, so hebben wi **Johannes** vnde **Clewes** vorschreuen, mit **vnses vader** vnde vnsen ingesegelen her Hinriks vnde siner nalamelinge, vestet dissen gegenwardigen breff; de geuen vnde schreuen is tho deme Sunde na gades bort verteinhundert jar in deme vierden jare in Sunte Jacob Philippen auende. Tughe disser dinghe sin erlike lude, her Wichman Oldendorp, prester, her Thobias Ghildehus, ratmann. Brandt Ronneghame vnde Eler Burowe, borgere tho deme Sunde, de ok thu thughe vmme vnser bede willen ere ingesegel mit vns henget hebben in dissen breef.

1) Tikeman oder Diderik von Unna war seit 1363 Rathmann in Stralsund und starb vor 1390. Heinrich von Unna ward 1383, und Heinrich von Unna 1377 Rathmann, letzterer starb vor 1394. E. Brandenburg Gesch. des Magistrats der Stadt Stralsund p. 63 u. 64.

No. 81. Anno 1405, zu Stralsund am Gregors Tage. (12. März.)

Die Herzoge **Barnim** und **Wartislaf** transumiren eine Urk. des Fürsten Witzlaf von Rügen vom J. 1313, worin dieser dem Krüger Johann Kubitz den Krug und die Fähre zu

Kubitz übergiebt; sie übergaben die Fähre zugleich dem **Johann Blamminge** und seinen Erben, erhöhen die Pacht aber von 9 auf 12 Mk.

Aus einem Transsumpt, den der Knappe Storslaf van der Osten im J. 1450 über obige Urk. ausgestellt.

Aus dem Orig. im Pomm. Prov.-Arch.

Zeugen: 1313 Nicolaus de Pudbusk, Hinricus cum Plathe, Brunswig, advocatus, Ralekevitze, milites.

Zeugen: 1405 Hinrik van Jasmund, Ritter, Curdt Bonow, Archidiaconus tho Tribezes, her Niclas van Vitzen, Ridder, **her Johan Krassow, Perner to Gartze**, Hinrik van der Osten und Raven Barnekow, Knappe.

No. 82. Anno 1407, zu Reppin am Abend Allerheiligen. (1. Novbr.)

Claus Krassow zu Reppin verleiht mit Vulburt und Willen seines Vaters **Tönnies** Herrn Anthonius von dem Bughe, Priester, eine von seinem Vater, ihm und seinem verstorbenen Bruder, Herrn **Johan Kr.** fundirte Vicarie in der Kirche zu Reppin.

Nach einer alten Abschrift aus dem Dambauer Haus-Archiv.

Ik **Clawes Krassow wonastich tho Reppin** bho witlik vnde bekenne in dessеme gegenwardigen breve, dat Ik in gades ere van vulbort vnde willen **mines vader Tönnies Krassowen**, hebbe legen vnde lege an dessеme breve vier vnde twintich mark geldes jarliker rente almissen, deme erliken manne her Anthonies van dem Buge, prestere, dede vor em her Hinrik Jergenowe, deme godt gnedich si, hefft gehort, vnde mit mineme vadere vnde mineme brodere **her Johan Krassowen** deme godt gnedich si, vnde mit mi **Clawes** vorbenomet hebben thusamende maket, vthgelecht vnde fundert, in de ere gades dar erer selen salicheit, erer olderen vnde vnser alle alse se vorbenomet sin, vnde ok besundergen her Dideriкes van Unna vnde Kluen, siner husfrowen, vnde Tesmer Schaproden, anders Twargel genomet, vnde ok **Hinrik Krassowen mines broders, enes knapen van wapen**, thu erer vnd vnser aller vorbenomt ewigen dachtnisse, vor se vnde vor vns vorbenomet alle thu biddende. Vnde desse vorbenomeden vier vnde twintich mark gheldes almissen schall her Anthonies vorbenomet hebben vnde besitten, upbören vnde vthpanden alle jar na lude vnde vthwisinge der breve de dar vp gegeuen sint, in dessen naschrenen guderen, alse tho Karowe achte mark geldes, tho Poppelvitze vppe deme Zudere in dem hofe dar Mathies inne wonet achte mark geldes, tho Grabow dar Claus van deme Kalande vnde sin vader inne wonet habde, achte mark geldes, vnde dar beholde Ik noch inne twölf schilling geldes, dar wi ene alrede inne wiset hebben, vnde mit macht desses jegenwardigen breves in denkelke besittinge were vnde vphöringe desses vorschreuen ingeldes vnde rente inwisenn. Weret ok dat hirna dat vorschreuen gelt vnde rente en del edder alle vthgekofft edder vorkofft wurde, so schall ik vorbenomet **Clawes Krassow** edder mine erfnamen ane vortoch na rade her Anthonies vorbenomt edder sines nakomelinges dat gelt vnde de penninge in ander guth keren vnde leggen, darmede ander gut vnde ingelt wedder tho kopende her Anthoniese vorbenomet edder sine nakomelinge tho hebbende vnde tho besittende vnde vp tho borende in aller mate mit rechtigkeit vnde vrigheit alse dit vorschreuen gelt dat wi ene alrede in gewiset hebben. Disse vorbenomeden vier vnde twintich mark geldes hebbe wi gelecht thu ener ewigen Vikarien in der kerken thu Reppin tho lesende vnde tho vorbenende, vnde tho **Clawes Crassow vorbenomet** vnde siner erfnamen lehnware tho ewigen tiden vnde **sines bruder sones Hinrikes** [1]), **deme godt gnedich si**. Van desse vor-

---

1) Hier muß ein Schreibfehler zu Grunde liegen und wird im Orig. „sines bredes Hinrikes sones 2c." gestanden haben, denn die Söhne des verstorbenen Hinrik, Claus und Hans, theilten 1426 mit ihrem Vaterbruder Claus, dem Aussteller obiger Urk., die großväterliche Erbschaft.

benomede almisse leddich is tho vorleyende, also na dem dode des vorsproken hern Anthonies van deme Bughe, so schal me de vorschreuen vikarien vorlenen eneme armen prestere vnde anders numende, de schal sick legeren vnd wanaftich sin thu Reppin, de almissen dar in der kerken tho vorbenende vnde tho biddende vnde tho denkende her Diderikes vnde vor Kinen, Tesmer, Hinrikes, her Johan Krassowen, her Hinrik Jergenowen vnde vnser aller vorbenemt selen vnde vnser olderen. Thu ener witlicheit vnde tho einer groteren bewaringe aller desser vorschreuen dink, so hebbe ik Clawes Krassow vorbenomt mit mines vader vnde mineme ingesegele der Anthoniese vnde sine nakamelingen vestet dessen jegenwartigen breff, de gegeuen vnde schreuen is tho Reppin na gades bord verteinhundert jar in deme seuenden jar in alle gades billigen auende.

No. 83. Anno 1411, am St. Elisabeth Abend. (8. Juli.)

Achilles und **Hans**, Gebrüder die **Poretzen**, verkaufen an das Armenhaus St. Jürgen zu Rambin ihre 4 Hufen in Kubbelkow [1]) mit den dazu gehörigen wüsten Hofstätten und mit allen ihren daran zustehenden Gerechtigkeiten und Herrlichkeiten.

Nach dem Original im Archive des Klosters St. Jürgen vor Rambin.

Medelowere: Hinrik Naar, voghet vppe Rugen. Hinrik Kaleke, Godeke Vantekow, Schire Kaleke, Gotschalk Kaleke vnde Wolter Vantekow, Knapen.

Auf einem Pergamentblatt. Der untere Rand desselben ist umgeschlagen und durch denselben sind 8 Pergamentstreifen zur Befestigung der Siegel gezogen, von denen jetzt das 1ste, 3te, 6te, 7te und 8 fehlen.

Am 2ten Pergamentstreifen hängt ein rundes Siegel. Der dreieckige Schild zeigt das Poretzsche Wappen wie es zum Bundesbriefe von 1316 beschrieben. Umschrift fehlt.

Am 3ten Pergamentstreifen hängt ein rundes Siegel. Der dreieckige Schild ist längs getheilt. Die vordere Hälfte ist wieder quer getheilt. Das obere Feld zeigt 5 Kleeblätter, 3, 2, und das untere 3 Kleeblätter, 2, 1 Die hintere Hälfte zeigt einen, an die Theilungslinie gelehnten, halben Ochsenkopf Von der Umschrift haben sich nur die Buchstaben

..... s. Na..

erhalten.

Das Siegel ist auf Tab XI. No. 19. abgebildet.

Am 4ten Pergamentstreifen hängt ein rundes Siegel. Der dreieckige Schild zeigt die drei Widderhörner des Kalekeschen Wappens, jedoch in ungewöhnlicher Stellung. Von den 2 obern ist das 1ste rechts gewendet mit der Mündung wegen der rechten Schildecke, das 2te links gewendet mit der Mündung gegen die linke Schildecke, und das untere endlich links gewendet mit der Mündung gegen die untere Schildecke. Die Umschrift ist nicht zu erkennen.

No. 84. Anno 1413. Tags Vincentii (7. Juni.)

Herzog **Wartislaus** bestätigt dem Kloster Hiddensee den Besitz des auf Rügen gelegenen Gutes Udars [1]), welches es von **Raven Barnekow** gekauft hatte.

Aus dem Orig. im Pomm. Prov.-Arch.

Zeugen: Curd Bonow, Archidiacon zu Tribsees, her Henning von Jasmunde, ridder, Hinrik Nak. Bertold van der Osten.

Das Siegel fehlt.

1) Am Pfingstabend 1407 hatten Marcus und Arend Gebrüder Vorrard dem Armenhause St. Jürgen zu Rambin ihren Hof in Kubbelkow mit allem Zubehör, mit Gericht und Münzpfenningen und allem Rechte verkauft. Zeugen: her Arend Poleman, her Clawes van der Lippe und her Hermen Vadysseren, ratmannen tome Sunde. — Die Gebrüder Vorrard führten einen wachsenden rechts gewendeten Wolf oder Bären im Schilde. — 1383 besaß Bertram Vorrath Tetzitz. Seine Frau hieß Gertrud.

1) 1406 am Abend Catherine hatte Wolter van Penze, Reynwarden sone, Knape, an Raven Barnekow dat Gut

No. 85. Anno 1414, zu Stralsund am Tage St. Albanus. (22. Juli.)

Herzog Wartislaf VIII. verträgt das Geschlecht der Sumen und die Stadt Stralsund mit einander dahin, daß die Stadt den ersteren wegen des ihnen zugefügten Schadens 1800 Mk. bezahlen, die Sumen aber die Hand, welche dem von ihnen erschlagenen „Hern Wulue" (Wulflam) abgelöst worden [1]), mit 200 Rittern und Knechten und mit 200 Frauen und Jungfrauen in der St. Nicolai Kirche zu Grabe tragen sollen.

Aus J. A. Dinnies Diplomatarium civitatis Stralsundensis. Sect. II. No. 29.

Dat is de vorschedinge, alz wy hertoch Warzlaf van godes gnaden hertogh to Stetin vnde vorste to Rugen ꝛc. vorscheden hebben de Sumen to der enen zyden, vnde de van deme Sunde van der andern ziden, alze se recht . . . . by vns gebleuen zint, zo hebbe wy dar angheramet mit vnseme rade, dat wy ze mit vruntscop an beiden syden vorscheden hebben in aldusdaner wis. Alze de Sume claghen alz vmme eren vader vnde broder vnde van (? dat) de en af ghe-slagen zin vnde to der tid afghewundet worden, des ze den van deme Sunde tygen, dat de van deme Sunde neen to seggen, des ze zik rades vnde dades vnde alles arghes dar vmme entledighen willen, zo segge wy dat vor recht vnde vor vruntscop, nademe dat ze dar neen to seggen, zo scholen ze zik des weren alze recht is, doch zo scholen de ede by vs vnde by vseme rade stan, wes wy dar vmme seggen, dat ze dat alzo holden scholen Vortmer vmme alle eren schaden den ze hebben nomen an beyden ziden, des hebbe wi ouerwoghen den ene ieghen den andere, doch so hebben de Sume den grotesten schaden nomen, den en de van dem Sunde hebbe dan. Hir vmme scholen en de van dem Sunde vornoghen vnde geuen achteinhundert mark sundescher munte synte Mertens daghe neghest tokomende. Vortmer vmme Torkel, de de handaftighe daat schal hebben dan, alz me zeght, den scholen de van deme Sunde nicht vordeghedingen, noch houen edder huzen, men wor me ene betred in deme eren, dar scholen ze ouer em richtes beghen vnde eueme rechte bestandich wezen Vortmer alz vmme her Wulue, den de Sume geslagen hebben, des ze bekennen, dar scholen ze zik vmme den vorghenen, deme ze des van rechte plichtig sint to donde alze, alze dat van em nemen wolden,

Abarp im Kirchspiel Stapsede verkauft. Herzog Wartislaus hatte genehmigt, daß es aus dem Burglehn zu Loitze „dar id to ghelegen heft," veräußert werden möge, und Wolter v. P. hatte das „ghut tot Swynghen, dat dar licht vor dem Schoppendamme to Loytz, dat ik koste van den Smalensten, wedder in de stede in synnme borchlen gelegt, dar sal men here syn borchlen an werdende, son unvorsumet an wesen." Bürgen: Wolter und Ghewerke, brödere de de heten de Penzen, Hans van Penze, Wolter van Penze, anders ghehelen Hagen, Lippolt Warst. — Am Tage Matthias 1413 quitirte Raven Barnekow dem Kloster Hiddensee über 300 Mk., die er auf das Kaufgeld von Abars erhalten, und zu Bergen Montags nach Palmsontag desselben Jahres genehmigte sein Bruder Henning Barnekow, Knappe, diesen Verkauf. Zeugen der letzteren Urkunde her Nicolaus Kabyng, Kerkhere to Gyngst, her Johan Zasse, Kerkhere to Sameterze, und Johan van Dorpen, Bürger tome Sunde.

1) Von dem Gebrauch, wenn einer erschlagen werden, dem todten Körper eine Hand abzunehmen und solche, oder auch an deren statt eine wächserne Hand, dem Todtschläger zuzusenden, und ihn dadurch vors Gericht zu laden, da dann, wenn er nicht erschien, in contumaciam über ihn die Beschreibung erging, oder er gleichsam vogelfrei erklärt ward,, vgl. Frankens Altes und Neues Meklenburg B. X. S. 76. Dreyers Erläuterung der Lübischen Verordnungen S. 416. und eben denselben über den Reineke Voß S. 87 u. f. Konnte man des Todtschlägers nicht habhaft werden oder an ihn gelangen, so hob man die Hand so lange in dem Gerichte auf, bis der Thäter demselben in die Hände fiel, da sie dann mit ihm vors Gericht gebracht ward und gleichsam zu seiner Ueberführung dienen sollte. Daß diese Gewohnheit, die Hand von einem erschlagenen Körper zu nehmen und solche, als ein Leitzeichen, daß ein Mensch erschlagen sei, ins Gericht zu bringen, allenfalls aber, wenn man den Körper nicht verstümmeln wollte, an die Stelle der natürlichen Hand eine wächserne zu substituiren und solche im Gericht niederzulegen, auch in unsern Gegenden üblich gewesen, bezeugt Matthäus Normann in seiner Sammlung des rugianischen Landgebrauchs Tit. XIX. — — Von der Gewohnheit, daß der Todtschläger, wenn er zur Sühne gestattet ward, die bis dahin im Gerichte aufbewahrte Hand zu Grabe bringen müssen, zeugt unter andern auch der rugianische Landgebrauch Tit. XIX. u. XXII. (J. A. Dinnies). Man nannte diese Ceremonie die „Handgraft" (Hand-gräft, Begräbniß). Sie ward wie das Einlager, das eigenmächtige Pfänden und Aehnliches von Herzog Philipp I. um die Mitte des 16ten Jahrhunderts abgeschafft. Damals scheint sie nur noch auf Rügen gebräuchlich gewesen zu sein. Ueber Wulf Wulflam ist zu vergl. A. T. Kruses Monographie: Einige Bruchstücke aus der Geschichte der Stadt Stralsund. Mit Buch Stralsund, Löfflersche Buchhandlung 1847.

v. Krassow'sche Gesch. Url.-B. 11

vnde dat lik schal schen tuschen nu vnde zunte Mertens daghe to dem Sunde to zunte Nielawes, vnde scholen em dat bezweren mit twen hundert ridderen vnde knechten, vnde schalen de hand to grane bringen mit twen hundert ridderen vnde knechten vnde mit twen hundert vrowen vnde junevrowen, vnde we dat lik nympt, de schal wissenen den Sumen wedder, alze in dem lande zede vnde recht is; vnde dat schal me aldus in beiden siden holden alse vorscreuen is. Darmede schal alle veide vnde twidracht ghesattet vnde endet wesen, de de Sume vnde de eren to den van deme Sunde hadden, vnde de van deme Sunde vnde de eren wedder to den Sumen hadden, vnde dor nummer to tokomenden tiden, ze vnde ere nakomelinge in beiden ziden vp to zokende, vnde de Sume vnde ere vrund scolen velich to vnde af to desser zone gheleidet wezen sunder argh. Alle desse vorscreuen stücke stede vnde vast to holdende hebbet ze an beiden siden verborghet, alz dat van den Sumen weghen hebben den van dem Sunde vnde den eren ghelouet Hinrik Cook, Claus Gawern, Gereslaf van dem Kalende, Rickold Gawern, Claus van Stubben[2]), Hinrik van Dasmonde, Henningh Lepel, Henningh van Uzedom, Hennecke Cook vnde Hans Holste; van der van dem Sunde weghen hebben den Sumen vnde den eren ghelouet her Henning van Dasmonde, Degener van Buggenhagen, Raven Barnekow, Hinrik van der Osten, Bertold van der Osten, Hermen Bonow, Claus Crassow ..... her Hinrik Rubenow vnde Frederic Wuse. To ener tuchghenisse der vorscreuen dinghe hebbe wy hertogh Wartzlaf vorbenomet vnse ingheszeghel henghen laten vor dessen breff. Hir sint ouer ghewezet vnse leuen getruwen abbat Hinric to Pudglowe, her Conrad Bonow, archidiaken tho Tribezes, Wicke Bere to Kazenow, Henneke Starkow, Reymer Techow, Henneke Bere to deme Nyenhoue vnde de borghen van beiden siden, vorbenomet, vnde vele mer louwenwerdighe lüde. Gheghenen to dem Sunde na godes berd verteinhundert jar darna in dem verteinden jare in sunte Albanus daghe des erenwerdigen merteleres.

Appendet corrigia membranacea sigillum in lancula ex cera alba impressum cerae rubrae exhibens scutum dextrorsum inclinatum, quod in area habet gryphum et angulo sinistro super impositam galeam, cum epigraphe:

WARTISLAI DUCIS STETINENSIS.

No. 86. No. 1418, zu Stralsund »in octava epiphanie domini.«
(6. — 13. Januar.)

Herzog **Wartislaf IX.** confirmirt der Stadt Stralsund überhaupt alle ihre Privilegien und Gerechtsame.

Aus J. A. Dinnies Diplomatarium Civitatis Stralsundensis, Sect. II. No. 30.

Hujus rei testes sunt nostri dilecti consiliarii, dni. Hinricus, abbas de Puddeglowe, Johannes de Heyda, plebanus noster Sundensis, nec non Rodolphus Nyenkerke, Rickoldus de Ghawern, milites, Rabo Barnekowe, Johannes Starkowe, Henneke Bere, Hinricus Kook, Hinricus de Oesten, Conradus Molteke, et quam plures etc.

No. 87. Anno 1418, zu Stralsund, am Tage Marcelli.
(16. Januar.)

Herzog **Wartislaf IX.** confirmirt für sich und in Vormundschaft seines Bruders Barnim VII. und seiner Vettern Barnim VIII. und Suanti-

---

2) Die Stubben waren Afterlehnsleute des Hauses Putbus und besaßen als solche im 15. Jahrhundert das Gut Glowitz oder Glowitz im Casnevitzer Kirchspiel. 1391 Montags nach Ostern verkaufte Peter von Stubbe den von ihm selbst bewohnten Hof in Peppelvitz an Eler Parow, Rathmann zum Sunde. 1507 zu Bergen Montags nach Assumptionis verlieh Herzog Bogislaf dem Hinrich Norman einen Hof mit einer Hufe in Dubbenitz, den er von Claus Stubben gekauft und der Herzogs Angefälle war. Bald darauf scheint das Geschlecht der St. ausgestorben zu sein. Vgl. auch Urk. Nr. 26. u. 37. x.

bors der Stadt Stralsund überhaupt alle ihre Privilegien.

Aus J. A. Tinnies Diplomatarium Civitatis Stralsundensis. Sect. II. No. 31.

Hujus rei testes sunt nostri dilecti consiliarii, dni. Hinricus, abbas de Pudglowe, Johannes de Heyda, plebanus noster Sundensis, nec non Rodolphus Nyenkerke, Rickoldus de Ghawerrn, milites, Raven Barnekowe, Johannes Starkowe, Johannes Bere, Hinricus Kaak, Hinricus de Oesten, Conradus Molteke, Hermannus Bonowe, Marquardus Bere, Hinricus Raleke, Johannes de Vzedum et quam plures.

No. 88. Anno 1418, am Abend der heil. Dreifaltigkeit. (21. Mai.)

Clawes Kynd, wonaftig tho Zellentyn, verkauft der Brüderschaft des Kalandes to dem Sunde, 4 Mk. Hebung für 50 Mk. in seinem Hofe zu Zellentyn „also vrigh, alse ik ene sulven vrighest besitte, mit alleme rechte, myt deme hoghesten vnde deme sydesten", wiederlöslich.

Aus dem Orig. im Arch. des Kalands zu Stralsund.

Medelowere: Hans Kynd, myn broder, Wolter Nytert, Hennyng van deme Rode vnde Hans Kaak.

Durch den untern umgeschlagenen Rand des Pergamentblatts sind 5 Pergamentstreifen zur Befestigung der noch wohl erhaltenen Siegel gezogen. Diese sind in grünes Wachs gedruckt und mit einer Tectur von ungeläutertem weißen Wachs versehen.

Am 1sten Pergamentstreifen hängt ein rundes Siegel. Der dreieckige Schild zeigt den schräg rechts gestellten und dem linken Schildesrande zugewendeten Kopf und Hals eines Greifen. Die Umschrift:

S. CLAWES KYND.

Es ist Tab. XII. No. 1. abgebildet.

Am 2ten Pergamentstreifen hängt ein ähnliches Siegel. Nur daß der Greifenhals hier schräg links gestellt und dem rechten Schildesrande zugewendet ist. Die Umschrift:

S. HANS KIND.

Am 3ten Pergamentstreifen hängt ein rundes Siegel. In demselben steht eine Hausmarke. Die Umschrift:

S. WOLTER NITERT.

Am 4ten Pergamentstreifen hängt ein rundes Siegel. Der dreieckige Schild zeigt 2, zu einem Andreaskreuz übereinander gelegte Hammer, die Stiele dem Schildesfuße und die breite Seite der Hammer dem rechten und linken Schildesrand zugekehrt. Die Umschrift:

S. HENNIG VAN DE RODE.

Am 5ten Pergamentstreifen hängt ein rundes Siegel. Der unten abgerundete Schild ist längs getheilt. In der vordern Hälfte stehen 9 Kleeblätter (3. 3. 2. 1.) In der hintern Hälfte ein an die Theilungslinie gelehnter halber Ochsenkopf mit einem Ringe in der Nase. Die Umschrift:

S. Hans Kak.

Es ist Tab. XII. No. 2. abgebildet.

No. 89. Anno 1421, zu Stralsund, am Sonntage Reminiscere. (16. Februar.)

Herzog Wartislaf IX. bezeuget, daß, da Degener Buggenhagen zu seinen Füßen umgebracht worden und darauf ein Theil der Mörder sich auf das Schloß von Usedom geflüchtet, und aus demselben zu Wasser geraubt hatten, seine Städte Stralsund und Greifswald ihm beigestanden, die Mörder aus diesem Schlosse zu vertreiben, und verspricht daher, daß aus demselben niemals, auch nicht zu Kriegszeiten, einiger Raub an Kaufleuten oder sonst an dem reisenden Manne verübt werden solle. Wenn dies aber dennoch geschehen und er's nicht ver-

11 *

hindern werde, so weist er seine Vasallen und seine übrigen Städte an, daß sie so lange bei den Städten Stralsund und Greifswald stehen sollen, bis die Räuberei abgestellt und der verübte Schaden vergütet sei.

Aus J. A. Dinnies Diplomatarium civitatis Stralsundensis. Sect. II. No. 33.

Wy Wartislaff van godes gnaden to Stetin, der Wende, der Cassuben, der Pamern hertoghe vnde vorste to Rugen, vor vns, vnsen broder, vnsen vedderen vnde vnsen eruen vnde nakomelinghen, bekennen vnde betughen openbare in dessem breue: Alse vmme de schicht, dat Deghener Buggenhaghen, vnse marschalk, vormordet wart bynnen vnsem vrede vnde ghelevde vor vnsen voten, darvmme vns van vnsen mannen vnde steden to ghevunden wart, dat wy de mordere veruolghen scholden, an ere lyff vnde an ere gud, vnde de vns van en entqwemen, nummer wedder in vnse land myt vnsem willen scholen komen, vnde ok dersulue mordere en deel vppe vnse slot Vzedum qwemen sunder vnsen willen, vnde dar aff rouenden vppe vnsen wateren vnde stromen, dar hebbe wy vmme esschet vnse stede Stralessund vnde Gripeswolt, dat se vns helpen scholden myt macht de mordere alse to vervolghende, alse ze dan hebben, vnde hebben de mörder van Vzedum ghebracht myt groteme arbeide vnde groten kosten. Dar vmme loue wy Wartislaff vorbenomet vor vns, vnsen broder, vnse vedderen, vnde vnsen eruen vnde nakomelinghen, dat van Vzedum nynerley roff vnde schade schen schal van vnser, vnser erue, nakomelynghe vnde van vnser herschop weghen, sunder wy qwemen to krighe mit anderen heren, so scal doch de gemene copman vnde de wandernde man vrede hebben to lande vnde to water, vnde weret dat dar genich roff van scheghe, so schole wy, vnse eruen vnde nakomelinghe bynnen dren maanten richten ouer de genen, de den schaden vnde roff don, vnde scholen den beschedigten eren schaden wedder legghen. Weret dat wy des nichten deden, so wise wy vse prelaten, manne vnde stede to den vorscreuen steden Stralessund vnde Gripeswolt, by en to bliuende vnde mit en to vorderende so lange, dat de schade vorbolt edder gerichtet werde, alse vorschreuen steit. Weret ok dat wy genighen vnwillen efte vnmoed vp vnse stadt vnde borghere Vzedum van des krighes wegen, dat vnse vorscreuen stede vor Vzedum leghen, hebbe mochten, den vnwillen vnde vnmoed gheue wy en altomale tho. Desser vorscreuen dingh to bewaringhe hebbe wy vor vns, vnsen broder, vnde veddere, vnse erue vnde nakomelynghe vnse inghezegel henghen laten vor dessen breff. Taghe disser dingh sint de erwerdigen in gode heren Hinricus to Pudglove, Nicolaus to der Eldena, Tidericus to dem Rigenkampe, Nicolaus to Hiddense, abbete, her Symon Koller, kerkhere to Rambin, her Rolof Rugenkerken, her Hinrik van dem Borne, her Hennyngh van Jasmunde, Nickolt Gawern, riddere, Rauen Barnekowe, Merten Lepel, Vyd Dechowe, Vicko van Vitzen, Boke Bere, Hinrik Kalcke, Hinrik Kaak, Hinrik van der Osten, Hennekt Bere van dem Rygenhove, Pawel Morder, Hans van Vzedum, Hans Rigenkerke, Curd Molteke, vnse truwen radgheuere, vnde vnse rade vnser stede, alse van Tanglim Godeke Thenzerowe, Hans Benzin, van Tymin Borchard Bylowe, van Wolgast Gherd Stenelin, Hinrik Bere, van Bard Hennecke Wacholt, Tideke Tideman, van Tribuses Hermen Bisschop, schone Hinrik, van Grymme Tideke Hottensack, Helmich Volqwin, vnde van Vzedum Gherd Lepel vnde Arnd Bünsow, vnde vele mer louen werdighe lude. Gheghenen in vnser stad Stralessund na godes bord verteinhundert jar, darna in dem een vnde twyntigesten jare des sundages alse me singhet in der hilligen kerken gades Reminiscere.

Appendet filis sericis et viridis coloris sigillum Wartislai . . .

No. 90. Anno 1421, zu Stralsund, am Sonntage Reminiscere. (16. Februar.)

Herzog **Wartislaf IX.** versöhnt sich mit allen seinen Prälaten, Mannen und Städten, wegen der um Degener Buggenhagen's Ermordung vorgefallenen Händel, verspricht einem jeden bei seinem Rechte und Besitze zu lassen;

die schlechte Münze abzuschaffen und eine bessere schlagen zu lassen, zu welchem Zweck eine Bede durch das ganze Land bewilligt ist; die Zölle nicht zu erhöhen, vielmehr einen jeden die Zollfreiheit, zu welcher er berechtigt ist, genießen zu lassen; die strandtriftigen Güter nicht anzuhalten, sondern ihren Eigenthümer gegen ein billiges Bergegeld verabfolgen zu lassen; keinen seiner Unterthanen die Wege zu versperren, sondern einen jeden, auch selbst in Kriegszeiten mit seinen Waaren und Gütern frei und ungehindert reisen zu lassen; wann er in die Städte kommen würde, keinen der in denselben verwestet, mit sich in dieselben hinein zu führen und der vorgefallenen Händel wegen gegen niemand einigen Unwillen zu äußern.

Aus J. A. Dinnies **Diplomatarium civitatis Stralsundensis Sect. II. No. 32.**

Die Urkunde ist mit nicht vielen wesentlichen und sinnentstellenden Fehlern gedruckt in J. C. Dähnerts Sammlung rc. Pommerscher und Rügenscher Landes-Urk. I. Bd. p. 430. Nr. 4. Jedoch völlig ungenau ist der Schluß der Urk. in diesem Abdruck. Derselbe lautet indeß von den Worten: tughe desser dingh sint de erwerdigen rc. an, genau wie der der vorhergehenden Urk. Ein Auszug steht das. Bd. II. p. 482.

Dähnert gab die Urk. nach (Gerdes) Auserlesene Sammlung rc. von Urkunden und Nachrichten rc. I. Ausfertigung (Greifswald, 1747) p. 9. No. V. Oesterding in seinem chronol. Verzeichniß Pomm. und Rügenscher. Urk. (Rostock, 1781 — 82) führt zum J. 1421 diese Urk. dreimal nach einander auf. — Wenn er aber sagt, daß sie auch in **H. H. ab Engelbrecht Observ. select. forens** S. 252 gedruckt sei, so scheint dies auf einem Irrthum zu beruhen, denn mein, wie es scheint vollständiges, Exemplar dieses Buchs (**Wismariae et Lipsiae, 1718**) schließt mit p. 214.

No. 91. Anno 1421, zu Bergen, am St. Stephanstage „ziner vyndinghe ¹). (3. August.)

Herzog **Wartislaf IX.** versetzt dem Ritter Henning v. Jasmund das Land Jasmund für 700 Mark.

Nach dem Orig. im Pomm. Prov.-Arch.

Wy Wartislaf van godes gnaden to Stetin, to Pommern hertoghe, der Wende unde der Cassuben her unde furste to Rugen, vor uns, vor unse leven broders Barnym, vor unses veddern kindere Barnym unde Swantebur, vor unse erven und nakomelinge, bekennen unde betughen openbar vor allen luden allesweme dar desse unse bref vorekumpt unde de en zeen edder hören lesen, dat wy na rade, na wolbedachten mode unde vulbord unses rades, hebben vorsettet unde laten vorsetten unde verlaten, jegenwerdich dem wolduchtigen unsem leven getruwen her Hennynghe van Jasmunde, ridderr, unde synen erven unse land Jasmunde, in unsem bevloten lande to Rugen belegen, vor seven hundert mark sundescher witten pennynghe, dar he her Rydelt Ghawern mede van unser lantvoghedye in Rugen namen heft, so quid, vry, unbeweren, sunder bewernisse jemandes, myt allen herlycheiden, rechticheiden, vryheiden, myt welttynse, myt welthavern, myt pacht, myt holten, myt deme hoghesten unde sydesten rechte, myt stranighange, mit aller tobehoringhe, nicht utghenomen dat groteste noch dat mynste, dat zo ghenamet edder unbenomet to brukende unde vrydesamelken sunder bekummernisse to besittende alse wy dat ane beervet syn unde alse unse voroldern, unse vader, unse vedder zeliger dechtnisse vore unde wy na, dat ye alder vrygest beseten unde ghebruket hebben. Vortmer dyt vorscreven pand schal her Hennynk erbenomet edder syne erven an uns, an unse leven broder, an unses veddern kindern vorbenomt, an unse vennen ofte nakomelyngen in tokamenden tyden, nynerleye wys vorbreken noch vorwerken kenen, unde wenne wy unse vorscreven land wedder inlosen willen, do willen wy unsen leven broder, unses vedder kynder, unse erven unde nakomelinge her Hennynghe erbenomt

---

1) Sonst gewöhnlich Stephani protomartyris inventio, auch St. Stephanstag im Schnitt genannt.

edder zinen erven to sunte Johannis baptisten daghe to mydensamer, to vorne toseggben unde darna to deme negesten volgenden wynachten, alse vore tosagt is, em edder zynen erven, syne unbevaren redem ghude sundescher witten penninghe, soven hundert mark munte, de de ghenge unde gheve is sunder langhen vertoch an enem summen, to ener tyd in deme vorstendeme to Rugen, wor her Hennyngh edder zynen erven dat alder evenst kumpt to danke unde to ghude wol betalen, sunder alle arch; weret ek dat her Hennynghe edder syne erven unse vorscreuen land Jasmund eyn deyl darvan edder gantz vorpanden edder versetten wolden, dem edder den jenen ze dat versetten unde verpanden schal desse unse bref zo duldelik wesen in aller macht, ofte he en van werde to worden zulven to ludde. Vortmer do ghewe wy her Hennynghe erbenomt unde synen erven vullamene macht de achteyn mark gheldes wonliken munthe in unsem verbenomten lande Jasmunde, de unse veroldern Curde unde Hennyngh broder heten Smachteshaghen verpandet unde vorsettet hebben, wedder in to losende, unde wenn wy, unse broder, unse vedder kinder, unse erven ofte nakamelinge dat land Jasmund wedder in lossen willen, so wille wy de achteyn mark gheldes ok losen wedder vor also vele penninghe alze her Hennyngh edder zine erven de van den vorscreven Schmachteshaghen inloset heft, in der zulven tyd, munte, stede, in aller mate unde wyse alse vorscreven steyt. Alle desser vorscreuen stucke unde eyn jeslik artikel by zyk love wy Wartzslaf vor uns, vor unsen leven broder Barnym, vor unses leven vedderu zunderz Barnym unde Swantebur, vor unse erven unde nakamelinge her Hennynghe vorbenomt unde zinen erven stede unde vast an ghuden truwen unde loven sunder alle arghelyst to holdende. To tughe meier bekantnisse unde vurderer vorwaringe alle desser verscreven dynk, so hebbe wy unse ingesegel hengen an dessen unsen breff, de ghegeven unde screven is in unsem wykbilde to Berge in unsem lande to Rugen na gades bord verteynhundert jar darna in deme een unde twintigesten jare, in sunte Stephans daghe ziner vyndinghe. Thuge hir an unde ob zint ghewest de wolduchtighen ersamen unse leven ghetruwen ratghever her Roleff Nienkerke, ridder, her Johan van der Heyde, perner to deme Sunde, Raven Barnekow, Hinrick Kak, her Johan Lobeke, perner to der Schaprode, Vyd Dechow, Hans van Usedum, Wedighe Bugghenhagen, Henneke Bere vamme Nienhove, unse manne, her Curd Bisschop, borgermester, her Bartelt Kummerow, ratman to deme Sunde, her Johann Holgeman, borgermester, her Albrecht Warskow, ratman to deme Gripeswolde, unde meer unse manne erentwerdich.

Das herzogliche Siegel, so wie der Pergamentstreifen, an welchem es gehangen, fehlen jetzt.

No. 92. Anno 1425, zu Reppin, am Tage Margarete. (13. Juli.)

Claus Crassow belehnt mit Vulbort seines Vetters **Hans Cr.**, einen armen Priester „her Tzander van Regenwolde" mit einer Almisse in der Kirche zu Reppin, auf Lebenszeit.

Nach einer Abschrift aus dem Dambaner Haus-Archiv.

Witlik si allen Christen luden dar disse jegenwardige breff vore kumpt, tho sende vnde tho horende wo ick Clawes Krassow mit minen eruen hebbe gelegen vnd lige mit vulbort vnd willen mines veddern Hans Krassowen, enen armen prestere her Tzandere van Regenwalde in de ehere des almechtigen gades vnd siner leuen moder Marien, vnde alle gades hilligen ene allmisse de he belesenn vnd verdenen schall in der kerken tho Reppin, alle dewile dat dat alse, dissen Krassowen vorbenomet, eurne kumpt, dar tho hebbende vnd tho delesende desse vorbenomeden almisse, schall disse her Sander vorbenomt hebben vnde beholden tho der tidt sines leuendes, vnd schall denken vnd schal bidden vor disse vorbenomeden Krassowen vnd ehres slechtes, mit allen guden werken, vnd ock besundergen dersjenen de dar doet sin, dar sick disse almisse aldererstien hefft afgehauen vnd van en begrund iß, vor de tho biddende vnd tho denkende tho ewigen tiden. Tho disser vorbenomeden almissen scholen liggen vnd ock darthe bliuen, the deme ersten sös mark geldes jarliker pacht in deme gude tho Goldenitze, in deme hofe dat nu Eggert Sasse inne wonet, in deme kerspele tho Gustowe, vnde tho Porpelvitze vppe deme Zudere in der woninge dar nu inne wonet Hans Mathies achte mark geldes, vnd ek tho

Grabow in demsuluen kerspele in ener woninge dar Claus van dem Kalende wandages inne wonet hadde, dartho liggen schölen dre haken fadiges ackers, achte mark geldes min vier schillinge, dat bebolt ock de lütke Kaland ene mark geldes de Tönnies Krassow seliger dechtnisse heft gegeuen dessem vorbenomeden Kalende, vnd ock so scholen liggen tho disser vorbenomeden almissen dre mark geldes tho Rußkevitze in Bertholdes haue vnde gude, van dem Bughe. Dith vorbenomede ingelt vnde pacht schal her Sander vorbenomt hebben vnd vpbören alle jare vth dissen vorschreuen guderen vnd eren thobehoringen, alle jar tho allen pacht tiden, mit aller rechticheit vnd frigheit na lude vnde vthwisinge der breue de dar vp gegeuen sind, alse van den Grundißen, van den Pretzen, van den van deme Kalande vnde ock van den van deme Bughe [1]). Weret auer sake dat van dessen vorschreuenen guderen pecht wurde gelöset edder vorkoft, edder vorbutet, in welker mate dat dat schege, so scholen disse vorbenomeden Krassowen na rade her Sanders in ander wisse ghut, vnvorhögert sunder vortoch wedder schikken vnd leggen, also vele alse daruan gekamen iß. Vort mehr wen disse vorbenomte her Sander vorsteruet, dat de stunde selich si, so scholen vorbenomede Krassowen, also de jene deme dat van rechte boret, denne in de ehre gades pur vnd lutter dat guth ligen eneme armen prestere desse vorschreuen almisse dorch hulpe vnd salicheit willen erer vnd erer olderen sele, vnd ock alle der dat dat van iß vthgesproten vnd angebauen. Dat alle disse stucke vnd artikel ein eßlick bi sick stede vnde vast wol geholden werde, darup so lauen wi Clawes vnd Hans Krassowen vorbenomt mit vnsen rechten eruen vnd mit vns lauen ock vnse veddere Tönnies Krassow vnd Dareschlaff Barnekowe vnd wi vorbenomeden alle lauen in guden truwen mit ener samenden handt sunder alle argelist dissenn breff wol tho holdende. To groter bewaringhe vnd merer bekantnisse so hebben wi geuestet dissen breff mit vnsen hangenden ingesegelen, de schreuen vnd geuen is tho Reppin na gades borth dusent jar verhundert jar darna in deme viue vnd twintegesten jare an deme daghe sunte Margareten der hilligen junckfrowen.

---

1) Von dieser Urkunde ist leider nur die eine, von Henning Grundis 1363 ausgestellte (Nr. 34.), bis jetzt aufgefunden.

No. 93. Anno 1426, acht Tage nach dem heil. drei Königs Tage. (13. Januar.)

Erbvergleich zwischen **Claus Crassow** und seinem Brudersohn **Hans Crassow.**

Nach einer Abschrift aus dem Dambaner Haus-Archiv.

In gades namen amen. Vor allen dar desse gegenwertighe schrift vor kummet tho seende vnde tho horende so bekenne ik Claus Krassow vor my vnde mine eruen, dat wi sint ganzliken gescheden vnde gedelet mit mynes brodern Hinrikes kinderen, deme godt gnedich sy, an erue vnd lehne, vnde an varendem gude, beweglich vnde vnbeweglich, vnde ock an allen liggenden grunden, dar wy ane beeruet sin, aldus dane wise dat Ick Clawes und mine eruen nichtes nicht beholden in dessem naschreuenen gude alse tho Varsenevithe, Bodevitze vnde ok tho Klutzitze vnde twelf mark weddeschattes in Hinrik Holsten haue vnde gude, vnde twe mark geldes in Starkewoldes haue vnde gude, vnde dre mark geldes tho deme Gawern vnd ock tho Sabezitze vöftein mark geldes de nu tho der tidt vpbort Hans Krassowen susterr, de closter frouwe, to der tidt eres leuendes. In alle dessen vorschreuenen guderen alse de liggen mit alle eren thobehoringen vnd ok in alle dessem ingelde vnd weddeschatte beholde ick Clawes Krassowe noch mine eruen nichtes nich mit mynes broders kindern, jedoch beholde wy Clawes vnde Hans Krassowen vorbenomet vnde vnse ersnamen vnse samende handt to hope, de lenware (der) almissen de Clawes Krassow heft gelegen her (Izander van Regenwalde), sonder (?) alse na sinem dode een van unß edder van vnßen lehneruen, deme dat van rechte bort, denne wedder lighe eneme armen prestere de se vorsta, vnd vordene in der kerken tho Reppyn, vnd der selen tho denkende vnd vor se tho biddende, dar se um af is angehauen vnd begunt vnd ock vor vns alle tho biddende. Dat alle dat fast vnde vnbrecklich vnd wol geholden werde, darup so hebbe ick Clawes Krassowe tho einer groteren bewaringe vnd witlikeit min ingesegel henget vor dessen breff, vnd ock desse erbaren manne de hir an vnd auer gewesen sindt, alse her Henningk van Jasmunde, vaget vnd richter op dem lande tho Rugen, Hinrik van Jasmunde, Tonies Krassow, Jacob Bonow, Hinrik Norman, Henningk Barnekow, Clawes Norman vnde Dareßlaff Barnekow; tho einer groteren betuchnisse desser waren ding so hebben wy vorbenameden alle mit witschop vnse ingesegele henget vor dessen breff, de is schreuen vnd geuen na godes borth veertein hundert jar darna in deme söß vnd twintigesten jare, achte dage na der hilligen dre köninge dage.

No. 94. Anno 1430, Sonntags zu Mitfasten. (26. März.)

Herzog Barnim VIII. bewilligt und verleiht dem Claus Krassow 34 Mk. Pacht, die ihm Heinrich van dem Bughe in den Dörfern Ruskevitz und Lubitz verpfändet.

Nach einer Abschrift aus dem Dambaner Haus-Archiv.

Wi Barnim, van gades gnaden hertoge tho Stettin vnde furste tho Rügen, bekennen apenbar an dessemе breue vor vns, vnsem leuen broder hartoch Swantebuer, vnse eruen vnd nakamelinge, dat vor vns gewesen iß vnse man Hinrik van dem Bughe mit wolberadenem mode vnd frien willen vnd vorkoft vnd heft vorlaten vnsem manne Clawes Krassowen vnd sinen rechten eruen vir vnd druttich mark geldes, vor einen summen penninge de Hinrike vorschreuen vor der makinge disses breues woll beret iß, dat he doch vor vnß sulvest bekande, alß tho Ruskevitz in deme karspele tho Babbin, ein vnd twintich mark geldes vnd durtein mark geldes tho Lubbitze in deme Carspele tho Gagardt. Disse vier vnd dortich mark geldes hebbe wi Barnim vorschreuen laten vnd lent vorlaten vnd lenen mit kraft disses breues Clawes Krassowe vnde sinen rechten eruen tho weddeschatte, vnd wor de herschop recht ane iß dat ware wi vnvorsumet, alß dat Hinrik van dem Buge edder sine eruen disse vorschreuen vier vnd durtich mark geldes mogen wedder losen na lude des brefs de darup gegeuen iß. Des tho witlichheit hebbe wi Barnim vorschreuen heten hengen vnse ingesegell nedddene vor dissen breff. Daran auer gewesen sint vnse leuen getruwen raitgeuer her Diderik Nardowe, parner tho Demmin, her Henning von Jasmunde, her Johan Bere, riddere, her Niclas Wirs, her Johan Krakevitz, prestere, Clawes Bere, Magnus Plate, Hans Holste, knechte, vnde noch vele mehr erwerdiger. Schreuen tho Rugen na gades bort viertein hundert iar darna an deme dortigesten iare des sondages to mitfasten.

No. 95. Anno 1430, Mittwochs nach dem Tage der 11000 Jungfrauen. (25. Octbr.)

Gotschalk Malcke, Knappe, verkauft an „Metteke, Tönnies Krassowen husvrowe, deme got gnedich si," 16 Mark Pacht in seinem Dorfe zu Gütise im Gingster Kirchspiel für 200 Mk., wiederlöslich.

Aus dem Orig. im Arch. des Calands zu Stralsund.

Medelowere: Jorden Holste, Emeke Wusseke, Schire Wenghelin, junghe Henryk Sabeise, vnde Henryk Bonowe.

Durch den untern umgeschlagenen Rand sind 6 Pergamentstreifen zur Befestigung der Siegel gezogen. Die drei ersten fehlen jedoch, und auch die drei letzteren sind mehr oder weniger stark beschädigt und zerdrückt. Man erkennt jedoch noch die bekannten Schildeszeichen der Familien W, S. und B.

No. 96. Anno 1433, am St. Martinstage. (11. November.)

Hinricus, Abt, Dyonisius, Prior, Johannes, Provisor, Laurentius, Perner zu Ginrst und der ganze Convent von Usedom, des Klosters zu Pudagla bestätigen eine von Herrn Johann Walken, Herrn Nicolaus Wellyn, Priester, Tönnies Gawern und Clawes Merstorp in der Kirche zu Ginrst fundirte und dotirte ewige Frühmesse.

Nach dem Original im Kirchen-Archiv zu Gingst.

In godes namen amen. Wy Hinricus van gades gnaden Abbet, Dyonisius prior, Johannes provisor, Laurentins, perner tho Ginrst vnde dat gantze Convent van Vznem des Closters to Bndgloue doen witlick, bekennen vnde betughen openbar vor vns vnde onse nakomelinghe, dat wy yn de ere des almechtighen gades, syner werden moder Marien, vnde alle gades hilghen vnde ok vmme begheres vnde bede willen vnses kerspels tho Gynrst, vnde sunderghen vmme der erwerdighen her Johan Valken vnde her Nicolaus Vellyn prestere, Tönneges Gawern vnde Clawes Merstorpes [1]), den god beyden gnedych sy, vnde mer erwerdygher lude de ere ghave vnde pennynghe hebben ghegheuen vnde getychtet to ener ewyghen myssen, alse tho ener vromyssen yn vnser kerken tho Gynrst dat wy ok myt vnsem Conuente vnse ghave vnd almysse hebben tho ghegheuen, de wy vpnemen vnd tho steden yn desser vorscreuenen wyse, also dat me myt desser vorscreuen ghyfft vnde pennynghen, vnde dat dar noch mach tho gheuen werden schal kopen ewyghe gotlike, wyse rente de de beyden, twe prester her Johan vnd her Nicolaus, scholen boren de tit eres leuendes vnde de wyse dat se de ewyghe mysse waren efte waren laten. Weneer ok erer en vorstoruen is, so schole wy vnd willen enen anderen erliken bedderven werliken prester in de stede setten de de mysse vor sta vnde vorware wen eer ok de ander vorstoruen is so schole wy efte vnse nakomelynghe doen desghelike dat wy ok mit vnsen nakomelinghen scholen doen so dycke vnde vaken des noet is tho ewyghen tyden vnde alle ghut, rente breue vnde op borynghe desser ewyghen myssen scholen hebben, vtmanen vnde vpboren de sos kerkswaren de de syn tho der tyd vorstender to der kerken tho Gynrst tho ewyghen tyden na vtwysynghe eres breues den se vns dar op ghegheuen hebben vnde scholen de rente vort an gheuen den presteren de dar denen der myssen erghenant, na tyden also se dat hebben vordenet sunder jennegherleye vortoch. Weret sake yn tokamenden tyden dat mit hulpe vnses heren gades vnde bedderver lude sik de rente der myssen merede also dat dar bauen achtentich mark gheldes wurde tho ghemaket, de achtentich mark geldes scholen boren de prester van den kerkswaren vorscreuen, vnde wes dar bauen is dat schal me keren in de nut vnde behuff der kerke tho Ginrste na rade des perners darsuluest; vnde desse vorscreuen prester, de dar synt tho der tyd vnde de de ewyghe vromysse waren, scholen denen deme perner: wen eer dat des behuff vnde noet is, so schal me en des auendes tho voren toseggen, vnde wen eer das nyn behuff vnde noet is, so schal se numment eschen aue id sy ere gude wille. Ok de vorscreuen prestere de dar syn tho der tyd scholen de jarlikesche rente boren alze vorscreuen is vnde in eren nut keren na ereme wyllen, wen auer dat we were van den presteren der ewyghen myssen, de sick deme perner yn der kerken entegen wolde setten edder deme kerspele vnde na rade nycht wolde holden, so moghe wy myt deme perner deme efte den vpseghen den denst vnde enen anderen setten yn de stede, vnde were ed dat god affkere in tokomenden tiden na desser twyer her Johan Valken vnde her Nicolaus Vellyns leuende sik de rente der ewyghen mysse minerde edder vorwstede efte also vele alse achtentich mark geldes nycht werde to ghemaket, alzo dat sik twe prester dar aff redbeiken berghen vnde entholden konden, so scholen wy efte vnse nakomelinghe spreken myt den kerkswaren vnde den weghensten besetten yn deme kerspele tho Gynrst, wo wy dat myt endrachte an beyden syden vornemen vnde dat also schollen dat de ewyghe vromysse vorscreuen io nycht vorga edder na blyve, weret ok auer dat doch god vorbede, dat wy edder vnse nakomelinghe dar vor sumelik ane weren na desser twyer prester dode vorbenomet also dat wy dar nene prester to insetteden yn dre maenten, de de ewighe mysse mochten holden vnde waren alse vor is gherored, so scholen de kerkswaren myt den weghensten des kerspels hebben vulkamene macht prester to settende to de almyssen alse der ewighen vromissen moghen waren, vnde de rente tho berende vnde tho borende de dar tho is ghelecht sunder jennegherleie wedderstal vnser efte vnser nakomelinghe edder ymendes so langhe beth wy efte vnse nakomelinghe de prestere setten vnde de ewighe vromisse bestellen alse vorscreuen is; vnde de prestere de de kerkswaren denne setten scholen dat var vort yt solten vnde de rente der almyssen van deme care denne boren yn aller male vnde wyse alse vor is gheroret. Alle desse stucke vnde artikele vnde eyn

1) Zu Bergen 1441 Dienstags nach der Apostel-Theilung bestätigte Herzog Barnim VIII. „na rade vnses rades" dem Pfarrer zu Ginrst und den Vorstehern daselbst 10 Morgen Acker zu Trywelse auf Wittow, die Claus Merstorp zu einer Frühmesse in der Kirche zu Ginrst gegeben. — 1450 stellte Henning Merstorp nochmals einen Schenkungsbrief über diesen Acker aus (s. unten), doch war dies wohl nur eine Bestätigung der frühern Schenkung, wenn anders das Datum der Urkunde richtig ist. (Herzog Barnim VIII. starb Sonntags nach Lucii (19. December) 1451).

v. Krassowsche Geschl. Urk.-S.

jewelik by sick lawe wy here Hinricus, abbet, myt unsem conuente unde unsem perner to Gyurst vor uns unde unse nakemelinghe tho ewyghen tyden stede unde vast tho holdende unde des tho grotterer bekantnysse unde meer vorwaringhe hebbe wy unse ingesegel myt deme inghesegel unses conuentes unde ok unses perners tho Gynrst myt wytschop laten henghen vor dessen breff, de ghegheuen unde screuen is in unsem closter to Pudglowe in den jaren unses heren dusent veerhundert derna yn deme dre unde druttegesten vare yn deme daghe sunte Mertens des hylghen byschoppes. Hir an unde auer sont ghewesef de duchteghen strengen manne alze her Gotke van der Osten, rydder, Hartman Segebade, Marquart Rotermunt, kerkswaren der kerken to Gynrst, Janeke Plate, Hans van Usedum, Nickolt Rotermunt, Rauen Barnekow, Gheuert Solbekendorp, Hans Krassow, Nickolt Gawern, de eldere, Lyppolt Plate, Stoyslaff van der Osten, Hennynk Bergelase, Hinrik van der Osten, Bertold van der Osten, Nickolt Gawern, de jungher, knapen, Henneke Fantick, Micheel Hop, Merten Quinesle, ok kerkswaren darsulues, unde mer erwerdigher lude de de louen unde ere werdych sont.

———.

Durch den untern umgeschlagenen Rand sind 3 Pergamentstreifen zur Befestigung der Siegel gezogen, von denen das 2te, das des Pudaglaer Convents, fehlt. Das 1., in elliptischer Form, zeigt ein Crucifix mit 2 nebenstehenden Figuren, in einem viereckigen Rahmen. Unter demselben sieht man einen knieenden Mönch mit dem Hirtenstabe. Die Umschrift:

SIGILLUM ABBATIS VZNAMENSIS.

Das 3te Siegel ist rund und ziemlich zerdrückt. Man erkennt in demselben eine männliche Figur, aufrecht stehend, in faltigem, bis über die Knie reichendem Gewande, in der rechten Hand einen Stab, den Kopf wie es scheint mit einer hohen Mütze bedeckt. Die Umschrift ist nicht zu erkennen.

———

No. 97. Anno 1433, am St. Martens Abend. (11. November.)

Die Vorsteher und Geschwornen der Kirche zu Ginrst bescheinigen den Empfang von 700 Mk. zur Dotirung einer Frühmesse, und reversiren sich wegen derselben.

Aus der Matrikel des Klosters Pudagla fol. lxxx. und lxxxi.

In godes namen amen. Wy, Godeke van der Osten, rydder, Hartman Zeghebode, Marqnard Rotermunt, knapen, Henneke Fantik, Michel Hop, Clawes Lubbermer, vorstendere unde kerkensworen der kerken unde des kerspeles to Gynrst don wytlik, bekennen unde betughen openbare an dessene jeghenwordighen breue vor uns unde unse nakomelinghe to ewighen tyden kerkesworen dersuluen kerken, vor alles weme de ene zeen edder horen lezen, dat wy hebben untfanghen unde upgheboret to ener willekomenen nughe eer der makinghe desses breues van deme erwerdighen in got vader unde heren, heren Hinrike, abbete van Uznem des closters to Pudglowe unde synen pernere to Gynrst unde van den erliken presteren hern Johan Valken unde her Nicolaus Vellyne souen hundert mark sundesscher penninghe wonliker munte, myt den breuen unde vorwaringhe de uppe den vorscreuen summen spreken unde luden, alzo hundert de de hefft ghegheuen de erghenomede her Hinricus, abbet, myt synem conuente unde hundert mark dede her Johan Valke, twehundert dede her Nicolaus Vellyn, drehundert dede Clawes Merstorp unde hundert dede Tonnyes Gaweren zeligher dechtnisse, hebben ghegheuen in de ere des almechtighen godes unde syner werden moder Marien to enerem ewighen almissen alzo to ener ewighen vromissen in der kerke to Gynrst ewichliken to bliuende, de de vorscreuen erwerdighe vader unde her Hinrik, abbet, myt synem conuente unde myt synem perner to Gynrst in dersuluen kerken to meringhe willen des gotliken denstes hebben to ghelaten, unde togheschedet, in alzo daner mate unde wyse alzo de houet breff den se uns dar up hebben gheantwerdet dat oterliken wol utwyset, welkeren breff wy erghenomeden kerksworen myt unsen nakomelinghen alzo dicke unde alzo vakene me des behuf unde not heft, de vorscreuen misse unde den denst der almissen to bestellende scholen vorbringhen vnde laten horen sunder jenegherleye vortoch, hindernisse vnde sunder jenegherleie arghelist. Dessen vorscreuen summen penninghe, alzo souenhundert mark vnde wes dar noch mer wert van bedderuen luden in de ere des almechtighen godes to ghegheuen, schole wy vnde willen vorstendere vnde kerkswaren vorscreuen myt vnsen nakomelinghen zo dicke vnde zo valene dat me des behuf heft na rade vnde na willen des perners to Gynrst legghen in eyn wos ghud in deme bysloten lande to Rugien dar ewighe, gotlike, wisse rente mede to kopende tede twen twe prestere, her Johan Balke vnde her Nicolaus Bellyn dewile dat ze de misse waren efte waren laten, scholen borende tyd eres leuendes vnde ere nakomelinghe de dar werden to ghezettet na vtwizinghe des houetbreues de dat ok wol vterliken vtwiset, vnde desse erghenomede rente der ewighen vromissen wille wy vnde scholen myt vnsen nakomelinghen vtmanen vnde vpboren alle jar to der hochtyd sunte Mertens daghe alze pachttyd is vnde gheuen ze vort den presteren vorscreuen to sunte Nicolaus daghe neghest volghende wolboret, de de vorscreuen prestere moghen keren in ere, nut vnde behuf na ereme willen wor en des not is. Weret zake dat jik de renthe der missen merede in tokamenden tyden myt der hulpe vnses heren godes vnde bedderuer lude, alzo dat bouen achtentich mark gheldes, schole wy vnde willen gheuen den presteren de de ewighe vromisse waren, wes darbouen is schole wy keren in de nut vnde behuf der kerken to Gynrst na rade des perners darsulues, vnde scholen dat alle jar deme pernere vnde deme kerspele rekenschop af dun. Were id ok zake dat welk van vns ses kerkswaren vorsturue edder vpzede de vorstenderschop edder an enner anderen wise dar aff schedede, zo schole wy anderen an der weken neghest volghende enen anderen van zo daner bort darwedder to kezen vnde to zetten na rade des perners vnde des kerspels in zyne stede vnde de denne alzo vort werden ghezettet, scholen alle desse dynk bovestighen myt ereme breue vnde inghezeghele vnde alle stucke vnde articele in ghuden truwen holden alzo wy dat hebben vorbreuet. Weret ouert, dat dech got vorbede vnde affkere, dat wy edder vnse nakomelinghe dyt vorzumelik ane weren vnde den presteren ere lon alze achtentich mark nichten gheuen alzo vorscreuen is, alzo dat de prestere den heren den abbet edder den perner van Gynrst nodeghede vnde maende van der vromissen weghen, zo schal vnde mach de vorscreuen her abbet vnde de perner to Gynrst vnde ere nakomelinghe myt den presteren vns vnde vnse nakomelinghe kerkswaren manen vnde vorvolghen van sunte Nicolaus daghe vorscreuen wente to lichtmissen neghest volghende. Weret denne dat wy vor der tyd den presteren eren vordenst nicht hadden ghegheuen van der voerghanden pacht, so schole wy vorbenomeden kerkswaren edder vnse nakomelinghe vorantwerden deme vorbenomeden heren abbete, zyneme pernere, deme kerspele to Gynrst edder eren nakomelinghen alle breue de de luden vppe de ghudere der vromissen to Gynrst myt den ghuderen vnde penninghen de ze vns hebben gheantwerdet vnde wes dar zedder der tyd to kamen is vnde dat ze dat denne alzo bestellen vnde schikken dat de ewighe vromisse jo nicht vorgha edder nablyue. Dat schal vnde mach scheen alle jar zo dicke vnde zo vakene dat id to zodaner maninghe kumpt, vnde de vorscreuen herre abbet, zyn perner to Gynrst edder ere nakomelinghe myt den presteren de dar zynt to der tyd des not vnde behuf hebben, alzo vor is ghescreuen, edder wy vorbenomeden kerkswaren myt vnsen nakomelinghen scholen vth gheuen alle nastendighe pacht de den presteren boren mach van deme vorscreuen denste der vromissen, vnde don rekenschop alzo vor is gheroret, vnde wanne wy vorbenomeden kerkswaren vnde vnse nakomelinghe den presteren ere lon hebben ghegheuen vnde hebben rekenschop ghedan zo schole wy nene vorantwerdinghe jemande don noch breue, penninghe edder ghud, alzo vorscreuen is, men alle breue penninghe, ghud by vns vnde vnsen nakomelinghen schal ewichliken bliuen. Alle desse stucke vnde articele vnde en jewelik by zik, loue wy, Godeke van der Osten, ridder, Hartman Jeghedake, Marquard Rotermunt, knapen, Henneke Fantik, Michel Hoep, Clawes Lubbermer, kerkswaren, vnde vorstendere der kerken vnde des kerspels to Gynrst vorscreuen, vor vns vnde vnse nakomelingen, to ewighen tyden, stede vnde vast to holdende sunder jenegherleie arghelist, hulperede edder vtwende dar me dessen breff mede krenken moghe; vnde des to groterer bekantnisse, meer vorwaringhe hebbe wy vnse inghezeghel alle myt witschop laten henghen vor dessen breff, de ghegheuen vnde screuen is to Gynrst in den jaren vnses heren dusent verhundert darna in deme dre vnde druttighesten jare in dem daghe sunte Mertens des hilighen bisschoppes. Hir an vnde ouer zynt ghewezet de duchtighen strenghen manne alzo Janeke Plathe, Hans van Vzdum, Rickold Rotermunt, Rauen Barnecowe, Gheuert Soldekendorp, Hans Crassowe, Rickold Gowereu,

12 *

de oldere, Lippold Plathe, Stoislaf van der Osten, Henning Berghelaze, Hinrik van der Osten Bertold van der Osten, Rickolt Gaweren de junghere, knapen, vnde meer erwerdigher lude bede louen vnde ere werdich zint.

No. 98. Anno 1433, zu Stralsund am Lucien Tage. (13. Decbr.)

Ryckel Ghaweren, her Rykeldes sone, tho deme Ghaweren, verkauft dem Kloster Mariencron vor Stralsund 15 Mk. Pacht aus dem Dorfe Thesytze für 200 Mk.

Aus dem Orig. im Pr.-Arch. zu Stettin.

Medelowere: Thonys Ghaweren, Rikeldes broder, her Hennink van Yasmunde, ryter, Helmyth Tzume oppe Yasmunde tho der Marlowe, Wulferd Tzume, Helmyghis broder, wonaftich darzulves, Hynrik Krassowe, Clawes sone, Hans Krassowe vnde junghe Reyngward Plathe, Reyngwardes sone, tho Protzeuitze.

Die Siegel des Wulferd Tzum und Hans Krassow sind abgefallen, die übrigens fast durchgehends gut erhalten, jedoch nicht näher beschrieben.

No. 99. Anno 1434, zu Stralsund am St. Marcus Tage. (25. April.)

Ryckelt Ghawern, herrn Rykeldes sone, wonaftich tho deme Ghawern, verkauft dem Kloster Mariencron vor Stralsund 9 Mk. Pacht aus dem Dorfe zu Thesitz und 15 Hüner für 130 Mk.

Aus dem Orig. im Pr.-Arch. zu Stettin.

Medelowere: Tönnyes Ghaweren, Rykeldes broder, her Henning van Yasmunde, ryter, Marcus Kulpe, Rykelt Rotermund und Hans Krassow.

Die Siegel sind bis auf das des Hans Krassow gut erhalten. Jedoch nur das des Rickelt Ghawern und des Marcus Kulpe sind näher beschrieben.

Ersteres, ein rundes Siegel, zeigt einen rechts gestürzten schräg links und rechts schraffirten Schild. In demselben einen schräg links gestellten, doppelten Wiederhaken, dessen obere Spitze dem linken Schildesrande zugekehrt ist. Ueber dem Schilde ein rechts geneigter, mit laub- und rankenartigen Decken versehener Helm, mit 5 Straußfedern geziert. Umschrift:

S. REKELT GAWEREN.

Das 2te, ein rundes Siegel, hat einen dreieckigen Schild. Derselbe ist durch einen Sparrenschnitt in 2 ungleiche Hälften getheilt. In der untern ein rechts sehender Adler mit ausgebreitetem Fluge und von sich gestreckten Klauen. In der obern, und zwar zunächst den Rändern des Schildes, zwei gekrönte, bis an die Schultern gekürzte, vorwärts sehende Menschenbilder. Umschrift:

+ S. MAR.... KULPE.

Es ist auf Tab. XI. No. 20. abgebildet.

No. 100. Anno 1434, am St. Veits Abend. (15. Juni.)

Hinrik van dem Vughe verkauft 13 Mark Geldes und 15 Hüner Pacht zu Lübitz auf Jasmund im Kirchspiel Sagard an **Hinrik Krassowe** und seine Erben für eine unbenannte Summe Pfennige.

Nach einer alten Abschrift aus dem Dambaner Haus-Archiv.

Ick Hinrick van dem Vughe, vor mi vnd vor mine rechte erfnamen, bekenne vnd betughe openbare an desseme jegenwardeghen breue, dat ick mit vulbort miner rechten erfnamen, vnd na rade miner negesten vrunt hebbe vorkoft vnd verlaten, vorkope vnd vorlate an desme breue, druttigen mark gheldes vnd veftein honre tho Lübitze oppe Jasmunde in deme karspele tho Zagarde in deme haue dar Henneke Caghan inne wanet, the eme ewigen gantzen kosten kope mit alle siner thobehoringe, mit wathere, mit mhore, mit holte, mit struken, mit buschen, mit weide, mit weghen, mit stegen, also dat gut nu licht vnd van oldinges ge gelegen heft, binne alle sinen scheden vnd enden, mit aller nut vnd frucht, de dar nu ane is vnd in tholamenden tiden ane werden mach, dem erbaren manne **Hinrick Krassowen** vnd sinen rechten erfnamen, vor enen summen penninghe de he mi tho ener nughe wol bereth hefft eer der makinge desses breues, desse vorbenomten druttein mark gheldes vnd vöfftein hunre an deme vorbenomeden haue vnd gude hebbe ick **Hinrick van dem Bughe** mit minen eruen vorkofft so degher vnde ganz mit deme hoghesten vnd mit deme sidesten, mit aller rechticheit, also dat ick edder mine eruen dar nichts nich ane beholden, noch gunst, bot edder recht, vnd allent wat wi dar ane hat hebben, dat wise wi van vns vnd wisen **Hinrick Krassowen** darin vnd sine rechten eruen, tho eneme ewigen losten kope. Vortmer schal ick **Hinrik van dem Bughe** mit minen eruen **Hinrick Krassowen** edder sinen eruen desse vorbenomeden druttein mark geldes vnd vöftein honre mit alle erer rechticheit vnd frigheit also mine olderen vnd ick na, dat aller frigest beseten hebbe, vorlaten vor den heren des landes, wanehr ick edder mine eruen van **Hinrike** edder van sinen eruen darthe eschet werden, vnd waren vnd entfrien vor alle ansprake geistlik efte werlik, de vor recht kamen willen, recht geuen vnd nemen willen. Alle desse vorschreuen artikele stede vnde vast wol tho holdende laue ick **Hinrick van dem Bughe** mit minen rechten erfnamen vnd mit minen truwen medelawern de hirna schreuen stan, alse **Tönnies van dem Buge, Hinrik Norman tho Lubbin, Claus Norman tho Tribbenitze, Hans Holste, Renwart Plate, Hennings sone,** wi alle lauen in guden truwen mit ener samenden hand **Hinrik Krassowen** vnd sinen rechten erfnamen stede vnde vast wol tho holdende sunder jenigerleye hulperede edder wedderspråke edder jenigerleie argelist. Tho meerer bekantnisse vnd groter tuchnisse vnses truwen louedes so henge wi alle vnse ingesegele an dessen bref, dede geuen vnd schreuen is na gades bort vierteinhundert jar darna in deme vier vnd druthigesten jare in sunte Vites auende.

No. 101. Anno 1434, Tags vor Matthaeus dem Apostel.
(20. September.)

Hennecke Kak verkauft dem Kloster zu Bergen 8 Mk. Geldes sundischer Münze aus seinem Gute zu Retze für 100 Mk. sund., mit Ausnahme der von **Detlof Polterjan** bewohnten Wehre auf Wiederkauf.

Aus der Matrikel des Klosters Bergen No. 135.

Medelowere: **Alse Hinrik Crassouwe, Rickolt Rotermunt vnde Hennik Holste.**

No. 102. Anno 1435, am St. Clemenstage.
(23. November.)

In der Erbtheilung der Söhne des **Wicke van der Lancken** zu Lützitse, **Henning, Gerdt** und **Ricqwen,** übernahm **Henning** auf das Gut Lützitse eine Schuld von 300 Mk., die die Erben dem **Hinrik Crassowen** schuldig waren.

Aus der Orig.-Urk. im Pomm. Prov.-Arch

No. 103. Anno 1436, am Montage nach Judica.
(26. März.)

Ilsabe, **Claus Normanns** Wittwe, verkauft und verläßt vor dem (Gard.) Gericht (bestehend aus **Jacob Kraske,** dem Olden, als „en richter," **Schire Wengelin** und **Bertold Kack,** als „bisitteren") dem Gotteshause St. Jürgen vor Rambin eine ihr von ihrer Mutter angestorbene halbe Hufe in Drammendorf.

Aus J. A. Tinnies Diplomatar. Domus St. Georgii Rambinensis. Tit. III. No. 1.

No. 104. Anno 1436, Mittwochs vor Simonis u. Judae. (24. October.)

Henning Kack, Knappe, zu Damban[1]) wohnhaft, verkauft an Herman Manegholdt, Bürger zu Stralsund, das ganze halbe Dorf Lütke-Datzow mit Pacht und Hünern für 270 Mk., jedoch mit Vorbehalt von 5 Pfund Bede und des Wiederkaufs.

Nach dem Orig. im Arch. des heil. Geist Klosters zu Stralsund.

Jck Hennеke Kack, knape, wonaftig to Damban in dem lande to Ruygen, myt mynen rechten erven, bekenne unde betughe openbare in dessеme breve, dat ick myt guden willen unde vulbort myner negesten vrunt redbeliken unde reeliken hebbe vorkoft unde vorlaten, vorkope unde late to eneme ewigen rechten kope deme beschedenen manne Hermen Maneghоlde, börger to deme Sunde, unde sinen rechten erven vor twehundert mark unde söventich mark [sunde] sundischer penninghe, de ick to myner noge van em entfangen hebbe vor der makinge desses breves, dat gantze halve dorp to Lütke Datzow half unde half, beide pacht unde honre, myt alle des halven dorpes tobehöringe, so dat nu licht unde ye van oldinges heft geleghen binnen alle sinen scheden unde enden, gebuwet unde ungebuwet, myt wische, myt weyden, myt terne, myt mure, myt holte, myt busche, myt water, vletende unde stande, myt weghe, myt steghe, myt aller vryghеit unde rechticheit, alse vrig alse ick dat aldervrigest unde högest hat bruket unde beseten hebbe, myt manrechte, myt aller vrucht unde nut, de dar nu ane is unde noch in tokamenden tyden ane werden mach, unde dar nicht ane utgenomen, id so benömed edder unbenomet, also gantz unde also degher, dat ick noch myne erven an deme halven dorpe, unde siner tobehöringe, pacht unde honre nichtes nicht ane beholde, dat grote noch dat clene, sunder utgenomen vif pund[2]) bede. Desse vorbenomede pacht unde honre des vorbenomeden halven dorpes unde siner tobehöringe de schal de vorbenomede Hermen Manegholdt unde sine erven upboren alle jar quid unde vrig des negesten daghes eynes völliken sunte Mertens dage, des billigen bisscoppes. Weret sake, dat se em nicht en wurden te rechter tyd vorbenomed, so heft he unde syne erven vullkomene macht to pandende in deme vorbenomeden halven dorpe unde in siner tobehöringe, unde de pande sunder wedderstal to drivende, to vlotende unde to vorende, wor dat he wil unde darmede to dunde, alse en pachtrecht is, unde ick myt mynen erven scal em unde sinen erven dat vorbenomede halve dorp unde sine tobehoringe, pacht unde honre vrigen unde entweren vor aller plicht unde unplicht, vor herendenst unde vor aller ansprake unde bewernisse, vor alle personen, de recht geven unde recht nemen willen; unde he mach dat vorkopen, vorsetten, vorandеren unde keren in gheistlike achte efte in werlike achte, gantz efte eyn deel, weme he wil, vor twehundert mark sundisch unde vor söventich mark sundisch, unde weme he dat leth, deme efte den schal ick unde wil myt minen erven alle stücke unde artikele holden, alse desse bref utwiset unde ynne holt. Ok scal ik dem dat vorlaten, vor weme ik des van rechtes wegen plichtig bin to vorlatende, unde waren em vor der vorlatinge unde na der vorlatinge, alse in dem lande en recht is, wenner dat ik efte myne erven van em efte sinen erven darto geeschet werden. Jedoch ommе sunderger vruntscop willen so gift my de vorbenomede Hermen Manegholt den ewigen wedderkoep an dessеme vorbenomеden halven dorpe unde an siner tobehöringe, pacht unde honre, also dat ik efte myne erven dat moghen wedderkopen efte losen van em efte van sinen erven unde nakomelingen vor twehundert mark unde söventich mark sundisch, wen wy sülven willen, men ik efte myne erven scolen em

---

1) Im J. 1336 überwies der Knappe Nicolaus Slaventitz nach einer letzwilligen Verfügung seines Bruders Pribe (über sein Geschl. vgl. Anmk. 19. zu Urk. 16. u. Ank. zu U. 112.) dem Kloster Bergen 4 Mk. Rente aus seinem Dorfe Damban, welches er an Nicolaus Zwargel verkauft hatte. N. Z. wird der in Anmerk. 1. zu Urk. 26. 1332 genannte sein. Wie dort angeführt, bediente er sich eines dem Normannschen gleichen Wappens. 1319 (U. 7.) wird Nicolaus de Scaprode genannt. 1326 (U. 10.) führte Claus Norman ein Siegel mit der Umschrift Nicolaus de Scaprode (Al. a.). Dann wird, und zwar kommt der Name Zwargel nicht später vor, 1404—7 in U. 80 u. 82 Tessmer Schaprode anders Zwargel genannt, wohl als bereits verstorben erwähnt. Tessemer war nach U. 5. u. 10. aber ein alter Normannscher Vorname. Hält man diese sämmtlichen Notizen mit der Uebereinstimmung der Wappen zusammen, so bestärkt dies die Annahme der Stammverwandschaft der Familien Zwargel oder Schaprode und Normann fast bis zur Evidenz. Vielleicht ging Damban aus dem Besitz der Zw. in den der Kaks über.

2) Ein Pfund waren 20 ßl. Sundisch. S. Rügenschen Landgebrauch, Tit. von Pundbröke.

efte sinen eruen unde nakomelingen to voren toseggben up enen sunte Johannes baptisten dach to modden zomer, unde geuen em denne des neghesten navolghenden winachten in den veer hilgen daghen twehundert mark und souentich mark sundisch unde de pacht unde honre, eft se nastellich sin, tosamende in enen summen, binnen der stad to deme Sunde, munthe, alse denne ghenghe unde gheue is, sunder ienigerleie lengher vortoch. Alle desse vorscreuen stücke, unde eyn nywelk artikel by sick, loue ick Henneke Kack vorscreuen myt mynen rechten erfnamen, unde met my louen de ersamen manne, de myne truwen medelouere sin, alse Hans van Uzedum, Rickelt Rotermunt, Henningh Holste, Henningh Tzabezisse de junghe unde Bertold Kack, myn vedder, unde wy louen alle tosamende mit ener zamenden hant Hermen Manegolde vorbenomt unde sinen rechten eruen in guden truwen unde louen alle stücke vorscreuen stede, vast, wol to holdende sunder ienigerleie argelist, hulperede, rechtgant, efte wedderspraké. To ener högheren verwaringe unde merer bekantnisse aller desser vorscreuen dink so hebbe ik Henneke Kack vorscreuen alse en houetman und Hans van Uzedum, Rickelt Rotermunt, Henningh Holste, Henningh Tzabezize de junghe unde Bertold Kack vorbenomet unse ingezegele alse louer gehenghet an dessen bref, de gheuen unde screuen is to dem Stralessunde na godes bort veerteinhundert iar darna in deme sös unde druttichsten iare des midwekens vor sunte Simonis unde Juden dage der hilgen apostele.

Auf einem Pergamentblatt, dessen unterer Rand umgeschlagen ist und durch den 6 Pergamentstreifen zur Befestigung der Siegel gezogen, die bis auf das vorletzte in weißes Wachs gedruckt sind.

Am 1sten Pergamentstreifen hängt ein rundes Siegel, dasselbe ist aber so zerdrückt, daß sich die Einzelnheiten nicht erkennen lassen. Jedoch ist soviel bestimmt wahrzunehmen, daß es dasselbe Siegel ist, welches an der Urk. des Henneke Kack vom Agneten Abend 1438 [Nr. 106.] am 1sten Pergamentstreifen hängt und dort näher beschrieben ist.

Am 2ten Pergamentstreifen hängt ein rundes Siegel. Der dreieckige Schild zeigt drei links gewendete, mit den Mündungen nach unten gekehrte Widderhörner, (wie die Kalkeschen S. auf Tab. I. 2. b. und c.). Die Umschrift:

+ S. HANNES VAN VSEDUM.

Am 3ten Pergamentstreifen hängt ein rundes Siegel. Der dreieckige Schild zeigt einen linken mit 3 Rosen belegten Schrägbalken. Die Umschrift:

S. RIKKELLT ROTERMUNT.

Am 4ten Pergamentstreifen hängt ein rundes Siegel. Der dreieckige Schild zeigt 3 linke Schrägflüsse. Die Umschrift:

+ S. HE . . . . . HOLSTE.

Es ist abgebildet Tab. XI. No. 21.

Am 5ten Pergamentstreifen hängt ein rundes, in grünes Wachs gedrucktes und mit einer Textur von weißem Wachs versehenes Siegel. Der dreieckige Schild zeigt den Vordertheil von drei rechts gewendeten springenden Widdern (2. 1.). Die Umschrift:

+ S. HENNINK SABESE.

Am 6ten Pergamentstreifen hängt ein rundes Siegel. Der dreieckige Schild ist längs getheilt. Die vordere Hälfte zeigt 9 Kleeblätter (3. 3. 2. 1.), die hintere Hälfte einen halben an die Theilungslinie gelehnten Büffelskopf mit dem Ringe in der Nase. Die Umschrift:

+ S' Bertoldi . . . .

Das Siegel ist abgebildet Tab. XI. No. 22.

No. 105. Anno 1436, Tags vor Nicolaus dem Bischofe.
(5. Dezember.)

Hennynk van der Lanken, Wicken sone, verkauft dem Kloster zu Bergen 24 Mk. sund. in seinem Hofe und Dorfe zu Lützitze mit Gericht und Diensten für 300 Mk.

Aus der Matrikel des Klosters Bergen No. 131.

Wedelowere: Myn broder Ghert van der Lanken, Ricwen unde Bernt, gheheten van der Lancken, mine vedderen, Hinrik Krassow, Vicke Bole vnde Mattheus Bule.

No. 106. Anno 1438, am Abend vor St. Agneten. (4. Februar.)

Hennecke Kack, Knappe, verkauft an Herman Manegholb, Bürger zu Stralsund, die 2te Hälfte des Dorfes Lütken-Datzow mit Pacht und Hünern für 270 Mk., jedoch mit Vorbehalt von fünf Pfund Bede und des Wiederkaufs. (Fast wörtlich mit der Urk. Nr. 104. übereinstimmend.)

Aus dem Orig. im Arch. des heil. Geist Klosters zu Stralsund.

Medelowere: Hans van Vzedum, Hinrik Crassowe, Nickels Rotermunt, Henning Holste vnde Gerleld Kack, myn vedder.

Auf einem Pergamentblatt, dessen unterer Rand umgeschlagen und durch welchen 6 Pergamentstreifen zur Befestigung der Siegel gezogen, diese sind bis auf das 1ste in weißes Wachs gedruckt.

Am 1sten Pergamentstreifen hängt ein rundes in grünes Wachs gedrucktes Siegel, mit einer Textur von weißem Wachs. Der dreieckige Schild ist längs getheilt und die so entstandene vordere Hälfte quer getheilt. Das untere Feld ist schräg rechts und links schraffirt, das obere ist leer. In der hintern Hälfte steht ein halber, an die Theilungslinie gelehnter, gekrönter Ochsenkopf. Die Umschrift:

+ S' Hennehe Ka . . . . .

Das Siegel ist abgebildet Tab. XI. No. 23.

Am 2ten Pergamentstreifen hängt das unter Urk. Nr 104. beschriebene Siegel des Hans von Vsedom.

Am 3ten Pergamentstreifen hängt ein rundes Siegel, es ist jedoch so zerdrückt, daß man keine Figur des längs getheilten Schildes erkennen kann, nur läßt sich bestimmt wahrnehmen, daß das untere Feld leer ist. Die Umschrift:

. . Hinrik . . . . sow.

Am 4ten Pergamentstreifen hängt das unter Urk. Nr 104. beschriebene Siegel des Nickels Rotermund

Die Siegel des 5. u. 6. Pergamentstreifens sind bis zur Unkenntlichkeit zerdrückt.

No. 107. Anno 1438, am St. Gregorius Tage. (28. November.)

Tönnies van deme Bughe verkauft an Heinrich Wustrow 4 Mk. Pacht aus seinem Hofe zu Ruskevitze für 50 Mk.

Aus dem Orig. im P. Prov.-Arch.

Medelowere: Hans van dem Bughe, myn broder, Hinrik van deme Bughe, myn vedder, Emeke Wysseke, Clawes sone, vnde Henningh Seghebode.

Die Siegel fehlen

No. 108. Anno 1440, am St. Martins Tage. (11. November.)

Ghert van der Lancken, Vicken Sohn, verkauft als ein Vormund der nachgelassenen Kinder seines Bruders Henning, dem Heinrich Lavering, Bürger zu Stralsund, für 600 Mk. 42 Mk. Pacht aus dem Dorfe Lützitze.

Aus dem Orig. im P. Prov.-Arch.

Medelowere: Ricquen van der Lanken, myn broder, Henningh, Bernd und Gherd, brodere, genomet van der Lancken, myne vedderen, Emeke Wusseke, Clawes Bole, Vicke Bole, Hinrik Bole to Bolendorpe vnde Hinrik Krassow.

Die Siegel des Ghert und Ricquen van der Lancken, des Emeke Wusseke, Hinrik Bole und Hinrik Krassow sind erhalten, die übrigen abgefallen.

Die Lankenschen Siegel zeigen im quer getheilten Schilde, im obern Felde, den wachsenden, rechts gewendeten Löwen, im untern die 3 Sterne (2. 1.). Das erhaltene Siegel des Hinrik Vole zu Bolendorp zeigt im Schild über einem Stufen-Giebel den rechts gewendeten wachsenden Greif.

Das runde Siegel des Emeke W. hat einen unten abgerundeten, längs getheilten Schild. Die vordere Hälfte ist schräg rechts und links schraffirt. In der hintern Hälfte steht ein halber Ochsenkopf, an die Theilungslinie gelehnt. Ueber demselben gleichfalls an die Theilungslinie lehnend, eine kleine blumenartige Verzierung. Die Umschrift:

+ S. Hemnek Wgssehr.

Es ist Tab. XI. No. 21. abgebildet.

Das runde Siegel des Hinrich K. hat einen unten abgerundeten längs getheilten Schild. In der vordern Hälfte steht ein halber Ochsenkopf, an die Theilungslinie gelehnt. Die hintere Hälfte ist quer getheilt. Das obere Feld ist schräg rechts und links schraffirt. Das untere Feld leer. Die Umschrift:

S. Hinrik Crassow.

Es ist Tab. XI. No. 23. abgebildet.

No. 109. Anno 1441, am St. Benedicts Abend. (21. März.)

Tönnies van dem Bughe verkauft dem erbaren Mann **Hinrik Krassow** und seinen Erben 5 Mk. 5 ßl. Pacht aus seinem Gute Lübisse auf Jasmund im Kirchspiel Sagard für 60 Mk. mit Gericht und Dienst, frei von allem Herrendienst, und mit dem Recht sie zu veräußern, wiederlöslich.

Nach einer Abschrift aus dem Dambauer Haus-Arch.

Medelowere: Hans van dem Bughe, min broder, Hinrik van dem Bughe, min vedder, Arndt Danneel [1]) vnd Emeke Wylseke, Clawes son.

No. 110. Anno 1441, am Tage St. Nicolaus [des Papstes]. (13. Nov.)

Tönnies van deme Bughe tho Ruskevytze verkauft an die Vorsteher der Kalandsbrüderschaft zu Stralsund 16 Mk. Pacht aus seinem Gute Ruskevitz für 200 Mk., wiederlöslich.

Nach dem Orig. im P. Prov.-Arch.

Medelowere: Hans van dem Bughe, Marcus Kulpe, Arnt Danneel, Hinrik van dem Bughe vnde junge Emeke Wusseke.

Die Siegel fehlen.

No. 111. Anno 1441, am St. Elisabeth Abend. (19. November.)

Claus, Henning und Hinrik, Gebrüder die Normanne, verkaufen an Marquard Rotermund 8 Mk. Pacht aus allen Krügen zu Ginrst und versprechen ihrem Bruder Herman und allen, die daran Lehn und die gesammte Hand haben, zu entschädigen.

Aus dem Orig. im Pomm. P.-Arch.

Medelowere: Hinrik Norman, wonaftich vppe Wittouwe, Clawes Norman to Tribbevitze, Emeke Wusseke, Emekens sone, Henning Holste vnde Hinrik van deme Rode.

Die Siegel fehlen.

No. 112. Anno 1441, Tags nach Gregor dem Pabst. (29. November.)

Bertold Kock, wonaftich to Gödemisse, bekennt „vor my vnde vor de erlike vrouwen Katheri-

---

1) Die Danneel gehörten zu den kleineren rügenschen Adelsfamilien, bereits in der Matrikel des Bischofsroggens (Dähnert pomm. Bibl. IV. p. 52) wird im Kirchspiel Sagard „Curia Danielis" genannt. Sie besaßen später als Fürstl. Lehn 18 Morgen Acker und eine Mühle zu Balderek im Bobbiner Kirchspiel, und kommen deshalb auch in den Lehnregistern vor. Im J. 1530 am Osterabend verließ jedoch Christoph Dannel, zu Stralsund wohnhaft, dieses sein Lehn an Claus Piper zu Drivaldeke auf Wittow, zu Stettin vor den Herzogen, die den Käufer damit belehnten. Seitdem werden die Danneel nicht mehr genannt. Ihr Wappen ist mir bis jetzt nicht vorgekommen.

v. Krassowsche Gesch. Bl.-G.

13

nen, (de) wandages husfrouwe weset is Clawes Kindes, seliger dechtnisse, (de) mynes wynes moder is, vnde alle ere eruen," daß sie den Vorstehern unser lieben Frauen Brüderschaft zum Sunde für 50 Mk., 4 Mk. Pacht aus dem Hofe Zellentin im Kirchspiel Gustow „dar de sulue Katherine ynne wonet", wiederlöslich verkauft habe.

Aus dem Original im Arch. des Kalands zu Stralsund.

Medelowere: Bertold Stanghenberch[1]) vnde Heyne Wenghelin.

Durch den untern umgeschlagenen Rand des Pergamentblattes, auf welchem die Urk. geschrieben, sind drei Pergamentstreifen zur Befestigung der Siegel gezogen. Diese sind in braunes Wachs gedruckt und mit einer Tectur von ungeläutertem weißen Wachs versehen.

Am 1sten Pergamentstreifen hängt ein rundes Siegel. Der dreieckige Schild ist längs getheilt. In der vordern Hälfte stehen 9 Kleeblätter (3. 3. 2. 1.). In der hintern Hälfte ein halber an die Theilungslinie gelehnter wie es scheint gekrönter Ochsenkopf. Die Umschrift:

S. Bertoldi Kaic.

Es ist Tab XI. No. 22. nach dieser Urk. abgebildet.

Am 2ten Pergamentstreifen hängt ein rundes Siegel. Der dreieckige Schild zeigt im obern Theile einen wachsenden Löwen mit von sich geworfenen Pranken, von dem, in den untern Theil des Schildes, ein Fischschwanz herabhängt. Die Umschrift:

S. BERTELT STANGENBERCH.

Es ist Tab. XI. No. 26. abgebildet.

Am 3ten Pergamentstreifen hängt ein rundes Siegel. Der dreieckige Schild zeigt einen schräg rechts gestellten geschachten Balken. Die Umschrift:

S. HEINE WENGLIN.

No. 113. Anno 1441, Freitags nach St. Lucien Tage. (15. Dezember.)

Katherina Kindes, Wittwe, verkauft der Brüderschaft unserer lieben Frauen zum Sunde für

1) Das a. a. a. O. abgebildete Siegel ergiebt den gemeinsamen Ursprung der Familien Stangenberch und der p. 22. in Anmerk. 19. gedachten Familien Stackevitz — Kose — v. Roddin. An Urk. Nr. 10. ist in dem Siegel des Ritters Thetze Stanghenbergh (2. a.) nur der Helm enthalten. Derselbe ist mit dem anderweitig bekannten der Familie Stackevitz (an einer Urk. v. 1372) völlig gleich. Ich wollte hieraus, so wie aus dem benachbarten Besitz beider Familien auf Wittow (Zülitz und Zützitz, jetzt Lankensburg genannt), indeß noch nicht auf näheren Zusammenhang schließen. Die völlige Uebereinstimmung der Wappenschilder scheint mir über denselben nun aber keinen Zweifel mehr aufkommen zu lassen. Leider sind nur sehr spärliche Nachrichten über die Familie Stangenberg von mir aufgefunden worden. Der Name jenes Ritters Thetze Stangenberg klang in dem ruhmvollen J. 1326 in Rügen als einer der ersten. Er mit Martin Ketelwand befehligten die Burg zu Garz auf Rügen. Durch dies Verhältniß gerieth er mit den Rathmannen von Stralsund in Streit, der 1328 noch schwebte. (Vergl. Kosegartens Pommersche und Rügensche Geschichtsdenkmäler p. 225.) — Bertold Stangenberch 1441 — 43. — 1453, Dienstag vor St. Martin war Hinrik Stangenberch mit Henning van dem Rode Beisitzer eines durch Clawes Dolan „voghet vnde richter mines gnedigen hern hertogh Wartslaus des oldren", Lutke Gotleke und Kalke van Bolderitze „borgermester vnde richter der stat to Gartze in Rugen" besetzten Gerichtes, vor welchem Mathias, Hinrik und Hans, Brüder, „nomet Byrse" als vor „vnses gnedighen hern vnde der stat to Gartze sittenden richte," für sich und ihre Schwester, dem Kloster „sunte Bergitten belegben vor der stat to dem Sunde" und Thanges Gamerren, das Erbe zu Lattow mit allem Zubehör, wegen Schulden und versessener Pacht verliehen. — Später ist mir kein St. vorgekommen. — Ob das früher im Zudarschen Kirchspiel belegene, jetzt eingegangene und Losentitz einverleibte Gut Stackevitz von der gleichnamigen Familie besessen ward, ist wahrscheinlich. Nach Ansichauungen im Garzer Stadtbuche gab es bei dieser Stadt einen Acker der bereits 1377 „campus domini Slawekini" hieß, und noch 1499 „Slawken veld" genannt ward. Im Dorfe Wendorf hatte die Familie Slawekе einen Hof mit 4 Hufen; denn 1385 am Tage Mariä Himmelfahrt verschrieb Herzog Wartislaf dem Matthias Zolwerdt, Pleban zu Stralsund, und Albert Gildehus, Rathmann daselbst, seinen Hof im Dorfe Wendorpe im Kirchspiel Gartz, wie ihn früher Tetze Slaweke besessen. Die Bischofsroggen-Matr. (a. a. O. p. 55) nennt in der Parochie Gharze „bona dni. Thetzen in Wendorp" und außerdem „curia domini Slawekenz" in der Parochie Swanteghur „Pudemyn quod pertinet dns. Slawken."

50 Mk. 4 Mk. Hebung aus ihrem Hofe zu Zellentyn, wiederlöslich.

Aus dem Orig. im Arch. des Kalands zu Stralsund.

Medelowere: Bertold Kack vnde Bertold Stanghenberch. — To merer bekantnisse . . so hest myn dochterman Herne Wenghelen sin inghezeghel vor my vnde vor myne kindere vnde vor vnser alre eruen myt myner medeloweren ingezeghel gehenget an dessen breff.

Die Siegel stimmen mit den an Urk. Nr. 112. beschriebenen überein, nur daß hier das des H. W. am 1sten Pergamentstreifen hängt.

No. 114. Anno 1442, zu Stralsund, Montags nach Palmarum. (26. März.)

Die Urk. stimmt wörtlich mit der vorhergehenden überein. Nur hängt hier das Siegel des **Bert. Kaak** am ersten Pergamentstreifen. Das Siegel des H. W. am 3ten Pergamentstreifen fehlt.

Aus dem Orig. im Arch. des Kalands zu Stralsund.

No. 115. Anno 1442, thome Stralsunde, Dinxstags nach St. Catharinen Tag. (27. November.)

Hans Kack, wonastich to Ghotemisse[1]), verkauft an **Wilm Rienkerke**, Bürger zum Sunde, für 320 Mk. 19 Mk. Pacht aus dem ganzen Hof, den Drews Thor bewohnt, jedoch wiederkäuflich.

Aus dem Orig. im Stralf. St.-Arch.

Medelowere: Hans van Vsedom, Bartell Kaack, Knud van der Lancken, Bertold Grundys vnde Arnd Ede.

Durch den untern Rand des Pergamentblatts, auf dem die Urk. geschrieben, sind 6 Pergamentstreifen zur Befestigung der in ungeläutertes Wachs gedruckten, wohl erhaltenen Siegel gezogen.

Am 1sten Pergamentstreifen hängt das unter Urk. Nr. 88 beschriebene und Tab. XII. No. 2 abgebildete Siegel des **Hans Kack**.

Am 2ten Pergamentstreifen hängt ein rundes Siegel. Der dreieckige Schild zeigt drei gewundene Widderhörner, eben so wie im Siegel des Gotschalk Kalie Tab. I. 2. c. gestellt. Die Umschrift:

S. HANNES VAN VSEDUM.

Am 3ten Pergamentstreifen hängt das unter Urk. Nr. 112. beschriebene und Tab. XI. No. 22. abgebildete Siegel des **Bartell Kaack**.

Am 4ten Pergamentstreifen hängt ein rundes Siegel, der dreieckige Schild zeigt dieselben Figuren,

1) Nach Anmerk. 2 zu Urk. Nr. 30 scheint es als ob gegen Ende des 14. Jahrhunderts die Familie Gyldehusen, der Bürgerm. Albert und seine Brudersöhne Werner, Johan und Heinrich die größere Hälfte von Götemitz besaßen; die kleinere hatte sich im Besitz der Familie Kack erhalten. — Der Bürgerm. Albert G. hinterließ einen Sohn, den Rathmann Tobias G., der ihn allein beerbte. Seine Wittwe Herburg überlebte ihn so wie das mit ihm erzeugte Kind und beerbte beide, ward zum 2ten mal mit Heinrich Pleskow, Bürger in Lübeck, aus einem berühmten Geschlechte, verheirathet. Als dessen Wittwe verkaufte sie zu Stralsund am Montag vor Pfingsten 1436 dem Kloster Marien-Ehe bei Rostock, zu einem todten unwiederruflichen Erbkauf für 750 Mk. ihren Antheil im Dorfe Götemitz, nämlich die Hälfte von 6 Höfen mit 42 Mk. jährlicher Pacht, nebst Gerichten, Diensten und allem Zubehör. — Von den Brudersöhnen des Albert G. bekam der spätere Rathmann (1390) Werner G. den Antheil in Götemitz. Seine Wittwe erbte denselben mit seinen 2 Kindern und beerbte dann auch diese. Sie vererbte das Gut auf den mit ihrem 2ten Manne, Henning Wreen, erzeugten Sohn, Hans Wreen. Dessen Wittwe Mettele, Jacob van Oldbingens Tochter, erbte seine sämmtlichen liegenden Güter und fand die übrigen Erben mit Geld ab. Sie verkaufte 1436 zu Stralsund Sonnabends vor Misericordias ihren Antheil an Götemitz, als die Hälfte von 6 Höfen mit 42 Mk. Pacht, nebst Diensten, Gericht an Hals und Hand und allem Zubehör für 695 Mk. dem Kloster Marien-Ehe zu todtem Kauf. — (J. A. Dinnies Dipl. logis Mariae XI. No. 17 - - 21.) 1443 Donnerstags vor Pfingsten verkaufte Wilm Rienkerken dem Hans von Rethen, Bürger und später Rathmann in Stralsund, die von Hans Kack 1442 gekaufte Pacht, und dessen Wittwe Catherine vermachte sie in ihrem Testament dem Kloster Marienehe (a. a. O. Nr. 23 u. 25.).

wie der des Siegels des Matthies v. d. Lancken, am Bundesbriefe von 1316 beschrieben und Tab. VI. 25. b. abgebildet. Die Umschrift:

S. KNUT VAN DER LANKEN.

Das Siegel am 5ten Pergamentstreifen ist stark beschädigt. Der dreieckige Schild läßt jedoch noch die 3, mit den Spitzen gegen einander gestellten und ein Schächerkreuz bildenden Dolche erkennen. Die Umschrift fehlt.

Am 6ten Pergamentstreifen hängt ein rundes Siegel. Der dreieckige Schild zeigt einen Baum mit der Wurzel, Blättern und kleinen runden Früchten. Die Umschrift:

S. ARNT EDE.

No. 116. Anno 1443, Freitags vor dem heil. drei Königs Tage. (4. Januar.)

Der Inhalt stimmt genau mit dem der Urk. Nr. 113. und 114.

Die Siegel des Bertold Kack, Bertold St. und Herne W. sind gut erhalten.

No. 117. Anno 1443, zu Stralsund, Dienstag vor St. Antonius. (22. Januar.)

Katherine Kindes, „wedewe, wonaftich to Zellentyn," verkauft den Vorstehern der armen Schüler Brüderschaft zum Sunde für 50 Mk., 4 Mk. Pacht aus ihrem Wohnhofe zu Z., wiederlöslich.

Aus dem Orig. im Arch. des Kalands zu Stralsund.

Medelowere: Heyne Wenghelin, Bertold Kack, Emeke Wuseke vnde Bertold Staugenberch.

Von den Siegeln fehlt das 2., das des B. K., ganz, das 1. und 4. sind stark zerdrückt. Das dritte, ein rundes Siegel, hat einen unten abgerundeten, längs getheilten Schild. Die vordere Hälfte ist schräg rechts und links schraffirt. In der hintern Hälfte steht ein halber an die Theilungslinie gelehnter Ochsenkopf. Die Umschrift:

S. Emeke Wseke.

Es ist Tab. XI. No. 27. abgebildet.

No. 118. Anno 1443, am Sonnabend vor St. Paulus Tage. (22. Juni.)

Raven Barnekow bezeugt als fürstl. Landrichter, daß Magnus Plate und Hans Radasse sich vor ihm wegen der Zusprache, die sie an einander hatten, vertragen.

Aus J. A. Dinnies Diplomatarium civitatis Stralsundensis Sect. XI. No. 17.

Ik Rauen Barnecowe bekenne vnde betuge openbare in dessem iegenwerdighen breue vor alle denjenen de ene zen vnd horen lezen, dat vor my alse vor enem vulmechtighen richtere van mines heren weghen hertoch Barnom des jüngheren is ghekomen vnde wesen de erbare man Magnus Plate vnde heft betughet vnde nabrocht alse starke vnde also boghe, alse em to rechte bort, myt vnberuchteden bedderuen luden, alse Vereslaf Bouowe, Clawes Bonowe vnde Merten Koldehof, de de hebben stan vor demesuluen mynes heren richte myt vtghestrekeden armen vnde vpgerichteden vingheren, lofliken swerende to den hilghen also hoch, alse en to rechte bort, wo dat Magnus Plate heft enen vullekomenen ende der tosprake vnde schelinghe de Hans Radasse heft vnde dert to Magnus Platen vmme anderthalf hundert mark van des dotslages wegen, den Hans Radasse ghedan heft, welken ende dan sik Hans Radasse myt vorsichtighen vrigben willen ontfanghen vnde angheghan heft. To merer bekantnisse vnde groter tüchnisse desser warafttighen dyng so hebbe ik Rauen Barnecowe myn inghesseghel alse en richter ghehenghet an dessen breff, vnde desse erbare manne, de de bysittere syn ghewesen des richtes de hir na screuen stan, alse Tyde Schele, Stoyslaf van der Osten vnde Hinrik van der Osten, de ere inghesseghel mede to tughe vnde to witlicheit hebben ghehenghet an dessen breff, vnde erbare lüde de de hebben stan vor dessem süluen rechte alse dinghes lüde Otte Horst, Janeke Bonow, Tönnies Crassowe noch vele mer erwerdigher. In deme iare na gades bort verteynhundert iar darna in deme dre vnde vertigesten iare, des sunavendes vor sunte Pawels daghe.

Appensa fuerunt quatuor sigilla, ex quibus tamen tertium in ordine decidit.

No. 119. Anno 1444, Donnerstags nach Dionisii. (15. October.)

Hans Crassow bezeugt, daß der Vicar der Kirche zu Ginrst zu Gunsten des Abts **Lorenz** zu Pudagla und dessen Convent auf ein Erbe und die darauf eingetragenen 100 Mk. verzichtet habe.

Notiz aus dem Pomm. Prov.-Arch.

No. 120. Anno 1445.

Kurd Moltecke, Ritter, gestattet dem **Heinrich Krassonw** 16 Mk. Pacht aus Banzenitz einzulösen, welche **Klaus Tzernyn** versetzt hatte.

Netiz aus dem Pomm. Prov.-Arch.

No. 121. Anno 1445. am St. Urbans Tage. (25. Mai.)

Clawes van Pudbuske verkauft an **Hinrik Crassow** und seine Erben 10 Mk. 2 ßl. Pacht „to deme Tzudern" für 125 Mk., wiederlöslich.

Nach einer alten Abschrift. Das Original befindet sich im Fürstl. Archive zu Putbus.

Zeugen: Her Diderik Grabowe .... tho Cirkowe, Vollert Wysseke, Clawes Benowe und Clawes Stoghenene.

No. 122. Anno 1445, am St. Vincents Tage. (15. Juni.)

Tönnies und **Hans,** Gebrüder **v. d. Bughe,** verkaufen ihr Gut zu Lübitz zu einem todten Kauf an **Heinrich Crassow.**

Nach einer alten Abschrift aus dem Dambaner Haus-Archiv.

Ick Tönnies vnd Hans brodere, nomet van dem Bughe mit vnsen rechten erfnamen, bekennen vnd betughen apenbare an desseme jegenwerdigen breue dat wy vlha rade vnd vulbort vnser eruen vnd vnser negesten vrund hebben vorkoft vnd vorlathen, vorlaten vnd vorkopen to eneme ewigen kofften kope deme erbaren manne **Hinrik Crassowen** vnd synen rechten erffnamen vnse ghut to **Lübitze** beleghen vp Jasmunde vor enen summen penninghe, den he vns to noghe wol boret heft vor der makinge disses breues. Dat vorbenomede gut Lübitze schal **Hinrik Crassowe** vnd syne erffnamen hebben vnd bruken to ewigen tyden, mit richte vnd mit deenste, mit deme hoghesten vnd sydesten mit aller vryheit vnd rechticheit alse vnse olderen te voren vnd wy na dat alder vrygest ghehat hebben vnd beseten hebben mit alle des gudes to behoringhe, alse dat nu licht vnd van oldinghes gy geleghen hefft binnen allen synen scheiden, it sy wat id sy, noch dat elene edder dat grote, dar beholde wy Tönnies vnd Hans vnd vnse erfnamen nichts nicht ane, noch gunst, gnade edder recht vnd allent wes wy darane hat hebben dat wise wi altomale van der handt, ewichliken bi en tho bliuende sunder jenigherleie tosprake vnser edder vnser erffnamen. Ock so wille wy Tönnies vnd Hans mit vnsen erfnamen **Hintrik Crassowen** vnd synen erfnamen dit vorbenomede ghut mit alle siner thobehoringhe vorlaten vor deme heren des landes wan er **Hintrik** vnd syne eruen vns vnd vnse erfnamen dartho eschen, vnd entfrigen vnd waren vor der vorlatinge vnd na also in deme lande recht is vor aller ansprake geistliker efte werliker personen, de vor recht kamen willen, recht geuen vnd nemen willen. Alle disse vorscreuen artikele stede vnde vast wol tho holdende in ghuden truwen laue wy Tönnies vnd Hans brodere, nomet van dem Bughe mit vnsen rechten erfnamen, vnd mit vnsen truwen medelaueren, de hir na screuen stan, alse Marcus Kulpe, Hinrik van dem Bughe, Arndt Dannel, Emeke Wysseke vppe Jasmunde, Clawes sone vnde Henningh Seghebade, wy alle lauen in ghuden truwen, mit ener samenden hant, **Hinrik Crassowen** vnde synen rechten erfnamen stede vnde vast wol tho holdende sunder jenigherleie hulperede edder weddersprake. To groter bekantnisse desses truwen lauedes, so henghe wy alle vnse ingesegele an dessen breff, dede gheuen vnde schreuen is na gades bort verteyn hundert iar darna in deme viff vnde vertigesten iare in sunte Vincentius auende.

No. 123. Anno 1447, Donnerstags nach dem heil. Kreuzes Tage. (21. September.)

Hans Kack bezeugt, daß zu dem Hofe seines Bauern Drewes Thoren in Götemitz anderthalb Hufen Ackers und eine Kavel Holz gelegen, die er zu Erbrecht besitze, und wovon er jährlich 19 Mk. Pacht zu entrichten habe.

Aus dem Orig. im Stralsunder Stadt-Arch.

Vor alle denjenen, de dessen bref zeen edder horen lezen, so bekenne ik **Hans Kack**, mit minen rechten eruen, Drewes Thoren vnd sinen rechten eruen vnd sinen nakomelynghen, dat ik em hebbe leghe to deme koten, dar he nu inne wonet alzo vele ackers, dat he nughafstich ane, alze in anderthaluen houen. Dessensuluen acker schale Drewes vorbenomet, vnde zyne eruen vnde zyne nakomelynghe bruken to erue, vngheropet vnde vngherodet, alzo de nu alrede ene heft vnder zyner ploch, na vnser beyden eyndracht, dartho schal he hebben ene kavel holtes, de dar lycht by dem hudewynkelle, de schall he bruken myt aller nud to dessеme erue. Hyrvore schal Drewes vorbenomet gheuen alle yar negheuteyn mark pacht. Dyt vorbenomede gud schal he bruken vnde zyne eruen alze eruerecht vs. Byschoppeslorn, papentegheden, köstercorne syle naberen, alze ein wonlik zede is na houetalen. Alle desse vorscreuen stucke laue yk **Hans Kack** myt mynen rechten eruen vnde myt mynen truwen medelouern de hyr nascreuen stan, alze Arent Ede, Willeken van Anen vnde Heyne Wenghellin, we louen alse in guden truwen myt ener zamenden hant Drewes Thoren vnd zynen eruen vnd zynen nakomelynghen stede vnd vaste wol tho holdende, alzo hyr vore screuen steyt, sunder jenegherleye arghelyst. Tho meren bekantnisse vnd tuchnysse zo hebbe wy vnze inghezeghel ghehenghet vor dessen bref, de gheuen vnd screuen ys na gades bort verteynhundert yar in deme souen vnd virteghesten yare des Dunredaghes na des hilighen cruces daghe.

Durch den untern umgeschlagenen Rand sind 4 Pergamentstreifen zur Befestigung der in ungeläutertes Wachs gedruckten Siegel gezogen.

Am 1sten Pergamentstreifen hängt das an Urk. Nr. 88. am 3ten Pergamentstreifen beschriebene und Tab. XII. No. 2. abgebildete Siegel des **Hans Kack**.

Am 2ten Pergamentstreifen hängt ein rundes Siegel. Der dreieckige Schild zeigt eine schräg rechts gestellte Figur, die möglicher Weise einen Baum vorstellen kann, jedoch sehr undeutlich ist. Die Umschrift:
S. ARNT EDE.

Am 3ten Pergamentstreifen hängt ein rundes Siegel. Der dreieckige Schild zeigt einen fast schräg rechts gestellten Eselskopf und Hals. Die Umschrift:
S. WILKEN VAN ANEN.
Es ist Tab. XI. No. 28. abgebildet.

Das 4te runde Siegel ist stark beschädigt, doch läßt der dreieckige Schild noch den schrägen rechts gestellten geschachten Balken erkennen. Die Umschrift:
. . HEINE . . WENGE ? . .

No. 124. Anno 1448, zu Stralsund, im Weihnachtsfeste. (25 — 27. December.) [1]

Herzog **Barnim VIII.** bestätigt dem Kloster Marienkron alle Güter, welche dasselbe in seinem Lande in Besitz hat, nimmt dasselbe in seinen Schutz und ertheilt ihm die Freiheit und

---

1) Damals und noch viel später, bis gegen Ende des 16ten Jahrhunderts, ward das neubeginnende Jahr nicht vom 1sten Januar, sondern vom Weihnachtsfeste an gerechnet. Zuweilen, besonders im 16ten Jahrhundert, fand auch wohl ersteres Statt, aber gewiß nur selten.

Befugniß, bis zu anderweitiger Verfügung noch mehrere Güter an sich zu bringen.

Abgedr. in Gadebusch Pomm. Sammlungen. II. u. III. Heft. p. 192 — 193.

Tughe desser dyngh synt de erwerdyghen Her Dyderyk Nordow, kerkhere tho Demyn, Her Bernd Molzan, kerkhere tho Bard, Her Hennyngh van Yasmunde, Rytter vnde Hans Krassow, knape, vnse getruwen, vnde vele mer Erwerdyghen vnses rades.

No. 125. Anno 1448, zu Stralsund, am Abende vor dem Feste der heil. drei Könige. (5. Januar.)

Claus Wusseke, knape, „wohnastich tho Zargelitz in deme kerspele tho Zirkow," verkauft dem Kloster Marienkron vor Stralsund 9 Mk. 4 ßl. Pacht, aus seinem Wohnhofe und dem des Hinrik Wulf „belegen by Zargelitze, unde in desser houe aller thobehoringe mit aller fryheit, alse ik vnde myne vorfaren de aller fryhest hebben van den van Pudbusche" für 130 Mk. wiederlöslich.

Aus einer alten Abschrift im Arch. des Klosters St. Annen und Brigitten zu Stralsund.

Medelowere: Emeke Wusseke, de olde, Claus Bonowen vnde Hans Kark.

No. 126. Anno 1450, Tags vor den heil. drei Königen. (5. Januar.)

Jacob Bonow, Hennink Bonowen Sohn, wohnhaft zu Pritzeuisse, verkauft der erbaren Frau Ermengharde, Priorissa und dem Kloster Bergen sein Gut Neradin, belegen an der Burnisser Scheide für 100 Mk. sundisch wiederkäuflich.

Aus der Matrikel des Klosters Bergen Nr. 130.

Medelowere: her Jacob Bonowe, officialis to Rugen, Sander Bonouwe vnde Hinrik Krassowe.

No. 127. Anno 1450, am St. Agneten Abend. (21. Januar.)

Tönnies Crassow überweist „her Jacob Rangen, perner to Berghe" 16 Mk. Pacht aus Güttyse. [1])

Nach dem Orig. im Arch. des Kalands zu Stralsund.

Ik Tönnyes Crassowe myt mynen rechten erfnamen, bekenne vnde betughe openbare in desseme jegenwardighen breue, dat ik hebbe antwerdet her Jacob Ranghen, perner to Berghe enen besegelden breff, dede lud vppe sosteyn mark gheldes in dat gud to Guttyse vor twe hundert mark, de my her Jacob Ranghen beret heft eer der makinghe desses breues, vnde ik Tönnies vnde myne eruen wysen her Jacob vnde syne eruen in desse vorbenomeden sosteyn mark gheldes to hebbende vnde de to brukende in aller craft alse de breff in syk holt van worden to worden sunder jenigherleye hulperede edder weddersprake. Dit laue ik Tönnyes Crassowe myt mynen erfnamen her Jacob Ranghen vorbenomet vnde synen erfnamen in guden truwen stede vnde vast wol to holdende. To groter bekantnisse desser dynk so hebbe ik Tönnyes Crassow myn ingheseghel ghehenghet in dessen breff vnde desse erbare manne de hir na screuen stan, alse Hinrik Crassowe vnde Hans Crassowe de

---

1) Dieser Cessions-Brief ist mit der unter Nr. 95. mitgetheilten Verschreibung des Gottschalk Ralske über 16 Mk. zusammengeheftet, und kann sich daher wohl nur auf diese beziehen. Nach einer gleichfalls angehefteten Verschreibung der Vorsteher der Brüderschaft unser lieben Frauen in unser lieben Frauenkirche zu Stralsund vom Michaelis Abend 1473 hatte Jacob Range in seinem Testament diese 16 Mk. der „erliken vrowen Grateken Rabeleyes" und nach ihrem Tode dem Priester Hinrik Kerkow vermacht. Nach des letzteren Tode sollten davon 8 Mk. an die 8 Priester, welche täglich singen „de tyden vnde myssen vnser leuen vrowen in sunte Nicolawes kerken tom Sunde" und 8 Mk. an ihre Brüderschaft fallen.

to tughe mot mo ere ingheseghele henghen an dessen breff de gheuen vnde screuen is na godes bort veerteynhundert iar darna in deme vefstigesten jare in sunte Agneten auende.

Am 1sten Pergamentstreifen hängt ein rundes Siegel. Der dreieckige Schild ist längs getheilt. In der vordern Hälfte steht ein halber Ochsenkopf an die Theilungslinie gelehnt. Die hintere Hälfte ist quer getheilt. Im oberen Felde stehen 4 Kleeblätter. (2. 2.) Das untere ist leer. Die Umschrift:

S. Tonnies Crassow.

Es ist Tab. XII. No. 3. abgebildet.

Am 2ten Pergamentstreifen hängt das zu Urk. Nr. 118 beschriebene und Tab. XI. No. 25. abgebildete Siegel des Hinrik Krassow.

Am 3ten Pergamentstreifen hängt ein rundes Siegel. Der dreieckige Schild ist längs getheilt. In der vordern Hälfte ein halber, gekrönter Ochsenkopf an die Theilungslinie gelehnt. Die hintere Hälfte ist quer getheilt. Das obere Feld ist schräg rechts und links schraffirt. Im untern Felde steht eine nicht genau zu erkennende blattähnliche Figur. Die Umschrift:

S. Hans Crassowe.

Es ist Tab. XII. No. 4. abgebildet.

No. 128. Anno 1450, Tags Margarethä. (13. Juli.)

Emeke Wyske, der ältere, verkauft dem Rathmann Cord v. Bloten zum Sunde in seinem Gute zu Cirkowe 8 Mk. Geld aus dem Hofe, den derzeit Sernyk bewohnte, für 100 Mk., wiederlöslich.

Aus „dem Kerken-Bok to S. Nicolawes" zu Stralsund.

Medelowere: Volltert Wyseke, myn vedder, Raven Barnekowe, de eldere, Clawes Bonow, Sander Bonow vnde Clawes Stoghenene.

No. 129. Anno 1450, zu Stralsund am St. Michaelis Tage. (29. September.)

Barnim VIII., Herzog von Pommern confirmirt den von Matthias van der Lippe geschehenen Verkauf des Dorfes Selvitz „in deme kerspele tho Zirkowe... in deme gebede Juncher Clawes van Pudbuske"... „alse dat in vortiden her Stoyslaf von Pudbusk, ritter, mit sonen eruen Hans Schelhorne, borger tome Sunde, vorkost vnd vorgruet heft" an den Convent des Klosters Marienkron vor Stralsund, und vereignet dem letzteren dieses Dorf, mit der Freiheit von Ablager und aller andern Beschwerde.

Aus J. A. Dinnies Diplomatarium Coenob. Mariae Coronae. Sect. II. No. 14.

Daran vnd auer sint gewesen de erwerdigen vnse leuen getruwen vnde redere, alse her Bernd Molzan, kerkhere tom Sunde, her Raven Barnekow vnse voghet in Rugen vnde Hans Krassow.

No. 130. Anno 1450, am Dionysiustage. (9. Octbr.)

Henning Merstorp giebt zur Unterhaltung einer Frühmesse in der Kirche zu Ginrst 40 Morgen Acker zu Dreuoldeke auf Wittow. [1])

Nach einer alten Abschrift.

Vor allen seligen christen lüden, dar disse bref vor kumpt, tho sehende vnde tho hörende, bekenne ick Henning Merstorp apenbar, dat ick mit volbort miner rechten erven vndt na rade miner negesten vrundt vorlaten, geue vnd vorlate gegenwerdicklich in dissemе breue vertech morgen ackers buwet vndt vngebuwet, de belegen tho Dreuoldeke, in alle eren scheiden vndt enden vndt allent dat ick dar hebbe vndt mine eldern go gehatt hebben, alse den nu the der tidt

1) Vergl. Anmerk. zur Urk. Nr. 96.

Simon Piper [1]) buwet, alse se nu liggen vndt gy gelegen hebben in all eren scheden, mit alle eren thobehoringen in de ehre des allewaldigen Gades, Gode tho einen ewigen denste tho der vromissen tho Ginrste dessen vorbenomeden acker mit alle sinen thobehöringen, vndt allent des ick tho Dervoldcke hebbe, verlate ick vor der handt gantz vndt aldeger vnwedderroplilen tho der handt des erwerdegen in godt, vaders vndt herrn, herrn Laurentius abbates the Puddegelowe, herr Johans, des perners tho Ginrste, her Gödekens van der Osten, Ritters, Marquardt Rotermundes, Henninck Bargelasen, Michel Hopes, Claus Lubbeners vndt Hinrich Kontze der verstendere der kerkenn tho Ginrste vnd der vromissenn darsulvest vnde deme gantzen kerspele vnde alle eren nakomelingen in alsodaner wyse dat ick effte mine erffnemen edder nemandes von minetwegen dar nichtes ane beholdenn scholen, vnde nummermere vpsaken, noch vppe erue yffte lehen, nichtes vthgenamen, noch dat grote noch dat kleine, dat sy benomet edder vnbenomet, men allent datt ick daranne hadt hebbe mit mynen eruen vndt myne oldern gy vort beseten hebben, vnde ick na mit minen eruen dat sy acker, dat sy erue effte lehen, dat verlate ick gantz vndt aldeger, dat ick yffte mine eruen edder nemandes von minetwegen dar nichtes ane beholden, noch dat eine, noch dat andere men allent dat ick mit minen eruen vnde minen oldern thovorn gy gehat vnde beseten hebbe, dat verlate ick vnde antwerde dat mit krafft vnde macht dieses breues den erwerdigen herrn vndt vorstendern vornombt, vnde dem gantzen carspel vnde eren nakomelingen, also dat ick edder mine eruen edder yemandes von minetwegen dar nummermere vp saken scholenn vnde ick Henninck vorbenomet bekenne ock dat ick dyt vorbenomede gudt hebbe verlaten vor Rauen Barnekowen mynes heren Vogede in eme sittende richte, vnde schal ick vnde will dat verlaten vor myne Herrn van dem lande, wan ick edder mine eruen dartho geeschet werden, vnde ock schal ick vnde mine eruen dit gut entfrien vnde weren vor aller ansprake aller personen de vor recht kamen willen, recht geven vndt nemen willen, vor der verlatynge vnde na alse in dem lande recht is. Ock bekenne ick Henninck vorbenomet, dat ick de verlatinge de vor Rauene geschehen is in deme richte, will volmechtig holden, lykerwyse offt sy scheen were vor myne Hern van dem lande dar ick doch will vnde schal ock verlaten, wenehr ick vnde myne eruen dartho geeschet werden sunder jenigerleie weddersprake. Alle disse vorschreuene stucke vndt artykele, yewelick by sick, stede vnde vast wol tho holdende, dat laue ick Henningk Marstorp mit mynen rechten eruen vnde mit my lauen dyse erbare manne als Hinrich Krassow, vndt Stopslaff van der Osten. Wy lauen alle in guden truwen vnde mit einer samenden handt, dem erwerdigen in godt vader vndt herrn, herrn Laurentio, Abbete tho Puddeglaue, herrn Johanne, Parnere tho Ginrste, herr Gödeke van der Osten, Ritter, Marquardt Rotermunde, Henninck Bargelasen, Michel Hop, Clawes Lubbenere vndt Hinrick Kontze, den vorstendern der kerken tho Ginrste vnde der vromissen darsulvest vndt dem gantzen Kerspele vnde alle eren nakomelinge alle disse vorschreuene artikele stede vnde fast wol tho holdende sunder yenigerleye wedderspake, vnder sonder versel-

1) Diese Familie Piper ist merkwürdig, weil sie aus dem Bauernstande in den der Herzogl. Vasallen überging; nachdem sie, wie es scheint, den Bauerhof zu D. ununterbrochen fast ein Jahrhundert inne gehabt. Im Huldigungs- und Lehnsregister der Herzoge Georg und Barnim von Pommern heißt es wörtlich: Anno xxx (1530) am Osteravende hefft Christoffer Dannel them Szunde wonafftich Clawes Piper the Drivoldeke up Wittow geseten syn erue vnd lehn nhemblich achtein morgen ackers vnde eine wuste mole tho Balderecke up Jasmunde im Boddiner Carspel affgetreden vnd verlaten vnd hefft berurter Claues Piper sollick lehn entfangen vnd gewontlike erffhuldigung gedan ic. — Zu Wolgast, Dienstags nach Ursule 1540 ertheilte Herzog Philipp seinem „vnderthan vnd leuen getruwen Clawes Piper up unsen Furstendhom Rügen" einen Lehnbrief, in welchem er den Kauf des oben genannten Gutes bestätigte und ihn damit belehnte. Der Gerichtsgewalt ist jedoch nicht gedacht. Er sollte jedoch davon dienen „alze manlehns recht und gewandeit is." — Ich vermuthe daß C. P. vor 1548 gestorben und 2 Söhne hinterlassen habe, Claus und Tilke. Letzterer bewohnte den Hof zu Drewoldeke zu Erbe- und Bauerrechte (s. u. Urk. zu 1548), ersterer erbte seinen Besitz zu Balderecke. Ob Vater oder Sohn gemeint, wenn Herzog Philipp I. Donnerstags nach Simonis und Judä 1547 gestattet, daß Claus Quatz auf Varnkevitz seinem „Jechter Mann" Claus P. zu Drewoldeke 35 Mk. Pacht aus Varnkevitz für 700 Mk. verpfänden möge, läßt sich nicht urkundlich nachweisen, doch ist ersteres wahrscheinlich, und diese Verschwägerung mit einem Edelmann und ansehnliches Vermögen dürften denn auch seine Aufnahme unter die Lehnleute erklären. 1561 den 15. Januar nach dem Tode Herzog Philipp I. meldete sich C. P. zu Balderecke zur Muthung seines Lehns und empfing es 1567 mit den übrigen Lehnleuten zugleich. Mit ihm hörte indeß schon sein Stamm auf; als er 14 Tage vor Fastnacht 1588 ohne männliche Erben starb, wurde Jürg Segebaden am 17. Juni d. J. mit seinem nachgelassenen Lehngute zu Balderecke belehnt.

1. Krassowsche Gesch. Urk.-B.

14

gluge vengtes rechtes. Tho groter bewaringe vnses truwen louendes so hebbe wy mit willen vnde mit wollicheit vnse yngesegel henget vor dissen breff de schreuen vnde geuen vß na godes bort verteinhundert ihar darna vn deme vöfftigsten, an Sunte Tronyslus dage.

No. 131. Anno 1452, Gretzen, am Freitage nach Pfingsten.

„**Emeke Wosseken**, de Olde, [1]) vnde **Clawes Bonowe**, **Heynen** sone" begeben sich des ihnen zustehenden Wiederlösungsrechts an 12 Mk. jährlicher Pacht aus Selevitz, wohingegen ihnen das Kloster Marienkron auf 3 Jahre den Hau des Holzes, der Schelhorn genannt, für eine Summe von 160 Mk. verwilligt, überdieß auch für die anzuweisenden Scheiden und Grenzen im Holze ein halbes Laken Leidener Tuch verspricht [2]).

Aus J. A. Dinnies Diplomatarium Coenob. Mariae coronae Sect. II. No. 18.

Tugen: De erbaren vorsichtighen manne **Hinrik Krassow** vnd **Hans Krassow**, ock wonachtich in deme vorbenomeden lande tho Ruyghen.

No. 132. Anno 1453, Mittwochs in der Quatember vor Weihnachten. (19. December.)

Herzog **Wartislaus**, der Aeltere, verkauft an **Heinrich Krassow** das höchste Gericht zu Helle und Banzelvitz und 3 Mk. 2 ßl. Bede von Pulitz für 350 Mk., wiederlöslich.

Nach einer alten Abschrift aus dem Dambauer Haus-Archiv.

Wy Wartzlaf de elder van gades gnaden tho Stettyn Pameren der Wende vnde Cassuben hertoghe, vnde vorste tho Ruyen, greue tho Gütskowe, vor vns vnse eruen vnde nakomelinghen bekennen vnde betughen apenbar in dessem unseme breue dat wy hebben vorkofft vnde vorlaten vorkopen vnde vorlaten deme duchtigen **Hinrik Crassow**, vnsenie leuen getruwen vnde synen eruen vnse hoghheste rychte tho der Hellen vnde Banselwitze vnde dre mark vnde twe schillinghe bede tho Pulitze vor anderhalff hundert mark sundescher pennynghe de vns **Hinrik** vorbenomt wol beret vor der malinghe desses breues. Dat vorbenomte hoghheste (richt?) vnde bede scal **Hinrik** vorbenomt vnde syne eruen hebben vnde bruken also qwit vnde frigh also wy vorbenomte here vnde vnse olderen alder frigest gy ghebruket vnde beseten hebben sunder jenigherleye wedderspreke offte wedderstal vnser ofte vnser eruen, weret auerich sake dat wy here, edder vnse eruen dit vorbenomete hoghheste (richte?) vnde bede wedder wollen hebben vnde lozen szo scalen wy vnde wollen **Hinrik** vorbenomt vnde synen eruen desse anderhalff hundert mark sundischer penuynghe wonliker munte, de denne genghe vnde geue synt, wedder geuen in eneme summen vppe ener stede sunder jenigerleie hinder edder wedderspreke vnser offte vnser eruen vnde nakomelinghen. Des tho merer bekantnisse vnde tuchnisse hebben wy vnse ingesegele myt wytscop henghen laten vor dessen breff de geuen vnde screuen is na gades bort dusent veerhundert darna in deme dre vnde vefftigesten jar des myddewekens in der quater temper vor wynachten.

Auf der Rückseite steht: **Clawes Krassow, de Older.** Desse breff steyt iic mark houetstols; darvor dit hogeste gerichte to der Helle vnde Banselwitze vnde iii m. ii ßl. bede to Pulitze.

---

1) Das Siegel desselben ergiebt, daß er identisch mit dem in Urk. Nr. 108. genannten E. W.

2) Die Bürgermeister Otto Voge und Johann Schwarte, die Rathsverwandten Evert von Huddesen, Alef Grevesrode und Rotger Stenweg und die Bürger zu Stralsund Claus Hagebeern, Henning Budde und Matthias van der Lippe haben diesen Vergleich am Montag nach Trinitatis 1452 vermittelt. J. A. Dinnies a. a. O. Nr. 19.

No. 133. Anno 1454, tho der Landauen tho Rügen an deme daghe funte Benedictes des hilgen vaders. (14. April.)

Herzog **Wartislaus IX.** verkauft an „Ghodeken, Hinrik vnde Bertelden, broderen, Wycken, Berdelde vnde Hinricke, alle gheheten van der Osten, alle bede bede stan in dyssen naschreuen ghuderen, alze yn deme houe to Glode eyn punt, to Boltzenitze sös punt, to Lützenitze vnde Pluggenitze druddehalf punt, tho Koressowe eyn punt, tho Monnekenitz twe punt, tho Busscenitze ses punt vnde tho Dussnytze vnde tho deme Prybrode vyff punt, vnde tho Tolkemytze eyn punt vor veerhundert mark sundescher pennynghe" und behält sich nur den „ewigen wedderkop" vor.

Aus dem Orig. im P. Prov. - Archiv.

Tughe dysser warafftighen dyngh synt ghewesen vnse truwe raat her Hynrik Vos, ferner to deme Zunde, Hynrik vnde Hans, vedderen, benomet Krassowen.

Das Herzogl. Siegel fehlt.

No. 134. Anno 1454, am St. Bartholomäus Abend. (24. Aug.)

Hinrik Crassow verkauft dem Priester Herrn Paul Gulen 4 Mk. Leibgedinge aus seinem Gute Lübitz auf Jasmund, die er mit den 16 Mk. von der Vicarie, die er ihm verliehen, zugleich haben soll. Nach seinem Tode sollen 2 Mark von diesem Leibgedinge auf immer zu der Vicarie gelegt werden.

Nach einer alten Abschrift aus dem Dambauer Haus - Archiv.

Ick Hinrik Crassow mit minen rechten erfnamen bekenne vnde betuge apenbar in dissem jegenwerdigen brefe, dat ick hebbe verkoft vnde verlaten deme erliken manne her Paul Gulen, presstere, veer mark geldes liffgedinges sundescher penninge wonliker munte, vth mineme gude tho Lübitz vp Jasmunde, gelegen in deme kerspele tho Sagarde, vor enen summen penninge den mi her Paul wol bereth hefft ehr der makinge disses breues, disse ver mark schal her Paul Gule alle jar fredesam vpbören, mit den söstein mark geldes van der Vicarien de ick em vorlegen hebbe in der ehre gades, des negesten dages sunte Mertens des hilligen bisschoppes, vnde weret sake dat se em nicht entwerden op disse vorschreuen tide, so hefft her Paul, edder wem he dat befelet van siner wegen, vullenkamene macht de tho pandende vthe deme vorbenomeden gude Lübitz vnde vthe alle sinen thobehoringen vnde mit dem pande tho varende, alse pachtrecht vthwiset, vnde wen her Paul verstoruen is in godt, dat de stunde zelich si, in deme jare scholen folgen de vier mark geldes liffgedinges deme, we der gnaden (?) der Vicarien, vnd ock schall her Paul vorbenomet de tidt sines leuendes disse vorschreuen vier mark... (?) vnde weme de Vicarie vorlegen wert na em, in de ehre gades twe mark tho der Vicarien quith vnde frig mit richte vnde mit denste, mit deme hogesten vnde mit deme sidesten, ewichliken tho der Vickerien tho bliuende, vnde de andern twe mark liffgedinges komen wedder tho mi Hinrik Krassowen vnde tho minen erfnamen. Dit laue Ick Hinrik Krassow, mit minen rechten erfnamen, vnde mit minen truwen medelaueren de hir na schreuen stan, alse Hans Krassow, de Olde, Bartbold van der Osten, Bartholdes sone, Hans Holste vnde Hans van Vsedhum, Hanses sone, wi alle lauen in guden truwen mit einer samenden handt Paul Gulen prester vnde sinen nakomelingen na lude disses breues, alle articule stede vnde vast wol tho holden sunder jenigerlei hulprede edder wedderspreake. Tho groter bekantnisse vnde merer betuchnisse vnde vnser truwen louendes so henge wi alle vnse ingesegel in dissen breff, de de geuen vnde schreuen is na gades bord verteinhundert iare darna in deme vier vnde veftegesten iare in sunte Bartholomeus Auende des hilligen Aposteln.

No. 135. Anno 1456, to Paaske, am vridage vor palmen. (19. März.)

Herzog **„Wartslaff de oldere" (IX.)** bekennt, daß er durch „Hinrike van der Osten vnseme vaghede vppe Ruyen" hatte heischen lassen „Hinrike von der Lanken wonaftich vp Wittowe vnde Wuluingh Segeboden[1]) beide vnse manne" zu erscheinen im Gericht mit ihren Beweisen, um rechtlichen Entscheid wegen des Gutes Brege auf Wittow, „dar se to langhen tiden vmme entwei gestan," zu erwarten.

---

1) In der Urk., in welcher der Ritter Joh. v. Gristow sich gegen Greifswald verpflichtet, seine Burg Ecberg nicht wieder zu erbauen (Tags nach Dionisii und seiner Gesellen), 1331 zeugte „Hartmodus Seghebode, de Ruga, famulus" (Kosegarten Gesch.-Denkmäler p. 242). Seit dieser Zeit erscheint die Familie häufig in rügenschen Urk. 1362 wird Ludolfus Z. und in Urk. aus den J. 1374—1400 Hartman S. genannt, Wulvent Zeghebode, Knappe, der 1395 urkundl. vorkommt, war vielleicht sein Sohn, und Hartmann und Henning, Gebr. die Z., seine Enkel. Im J. 1425 verkaufen diese letzteren eine Rente aus ihrem Gute Kamper auf Jasmund. Hinrich Z. wird 1423—25 als Zeuge in mehreren Urk. genannt. Mit den genannten Gebr. Hartmann und Henning beginnt die ordentliche Stammreihe. Hartmann wird bis 1440 genannt, war aber 1447 mit Hinterlassung seiner Wittwe Margaretha und zweier Söhne, Wulnink (des in Urk. 135 genannten) und Heinrich, gestorben. 1462 (Sonnabends vor Allerheiligen) ward Wulwing S. trotz des Urtheils von 1456 von Herzog Wartislaf X. mit Brege belehnt, da Albrecht v. d. Lancken sich, ihm zu Gunsten, seiner Ansprüche begeben. Er lebte noch 1481 und wird mit seinem Bruder Heinrich zu Austorp genannt, als er den Verkaufs-Brief seiner Vettern über Kampe besiegelte. — Henning S. wird von 1425 bis 1447 in mehreren Urk. genannt und besaß, einer Verschreibung von 1438 zufolge, das Gut Kampe. Seine (muthmaßlichen) Söhne Hartman und Henning Z. verkaufen am St. Lorenz Abend 1481 ihr „gantze hele gudt genomet Kampe" erblich an Tydeke v. Hudderssen, Rathmann zum Sunde; ersterer ist wohl mit Hartman S. identisch, der noch 1510 „tho Balderecke" genannt wird. — 1502 verkaufte Hinrik v. d. Lancken an Albrecht Z. seine Hälfte des Gutes Brege. Dieser Albrecht S. war der Sohn des Wulwink S. (1447—81) zu Kopdorpe und ist Stammvater aller später lebenden Segebaden. Er besaß, nachdem er 1510 sein Gut Brege an das Kloster Hiddensee verkauft, nur noch Koßdorf, nahe am nördlichen Ufer der Halbinsel Jasmund gelegen. Da er noch 1540 genannt wird, scheint er ein hohes Alter erreicht zu haben. Von seinen zwei Söhnen bewohnte Hartman „Costorp." — Jürgen hatte (nach Eizow) 1544 in Greifswald studirt, suchte 1556 und 60 sein Lehn, war aber schon am 29. Jan. 1561 mit Hinterlassung eines Sohnes, gestorben. Dieser, Namens Albrecht S., wird aber nicht weiter genannt. Hartman war 1567 mit Hinterlassung eines Sohnes, Jürgen S., gestorben. Dieser besaß das väterliche Gut, war erst Hauptmann zu Jasenitz, dann zu Franzburg und endlich Hofmeister der Gemahlin Herzog Bogislafs XIII. Im J. 1568 erhielt er als ein Gnadenlehn den, durch Claus Pieres Tod heimgefallenen Antheil an Balderek. Durch seine Heirath mit Else oder Ilsabe Haseri, des Rathmanns zu Stralsund Bernd H. Tochter, erwarb er wohl c. 1582 das Gut Ralow, und ward veranlaßt, vor seinem 1596 erfolgten Tode, Bürger in Stralsund zu werden. Von seinen zwei überlebenden Söhnen erhielt Albrecht Kosdorf, — Jürgen Ralow. Beide erhielten von Herzog Philipp Julius im J. 1618 einen Lehn- und gesammten Handbrief über Kosdorf und ihren Antheil in Balderek. Albrecht S. besaß außerdem noch Mohrdorf und mehrere Höfe in Hohendorf, verkaufte diese Güter aber 1624 an seinen Schwager, den Bürgerm. Zievelin Bölschow zu Stralsund, und in eben dem Jahr verpfändete er auch Kosdorf und Balderek an den Herzogl. Amtmann Joachim Scheele. Da er später Concurs machte, so blieben diese Güter bei den Erben des Joach. S. und kamen nach dem Tode seines Schwiegersohnes Caspar Norman auf Peppelvitz im J. 1651 von dessen Erben an den Grafen Carl Gustav Wrangel auf Spieker rc. Dennoch erhielten die Söhne des Albr. S. den 24. September 1651 die Belehnung über Kosdorf und Balderek, kamen aber, da ihnen die Mittel zur Einlösung fehlten, nicht in den Besitz, und scheinen bald ohne Erben gestorben zu sein. — Von den 6 Söhnen des Jürgen S. (der 1611 den Werder und Kuesenhof Libitz tauschweise von Herzog Philipp Julius erhielt), die derselbe minoren hinterließ, kamen alle in den Kriegen des 17. Jahrhunderts um, bis auf Olef S., der als Rittmeister „im großen teutschen Kriege" nach Angabe seines Sohnes Henning Joh. S. so viel erwarb, daß er die in Händen der Creditoren befindl. väterlichen Güter annehmen konnte. Er hinterließ 10 Kinder, 6 Söhne und 4 Töchter. Von diesen nahm Henning Johann die väterlichen Güter an und erwarb noch die Ossenschen Güter Duserviz und einen Antheil von Unrow. Von seinen 2 Söhnen erbte der Major Henning Detlef v. S. die väterl. Güter, starb aber den 23. October 1748 wohl ohne männliche Erben.(?) Der jüngere Sohn Heinrich Güßlaf v. S. war Major in schwedischen Diensten, ward 1731 in Schweden naturalisirt, und starb den 30. Juli 1743 auf dem Gute Solla in Ostgothland. Sein Sohn Carl Otto von Segebaden stieg bis zu der Würde eines General-Lieutenants in schwedischen Diensten und ward im J. 1771 in den Freiherrn-Stand erhoben. Er stellte im J. 1773 eine Klage wegen Reluition seiner altväterlichen Güter Koselderf und Balderek an, die mit Spieker in den Besitz der Grafen Brahe übergegangen waren, trat aber, nachdem ihm dieselbe laut Tribunals-Erkenntnisses vom 30. October 1775 zugestanden worden, seine sämmtlichen Gerechtigkeiten an oben genannte Güter für 400 Ducat. spec. an Graf Brahe ab. Laut Urkunden, Stralsund d. 6. Mai und Wyeby, d. 2. Juni 1777. Das dreifache Proclama erfolgte den 7. Jan. 1778. Das alte von S. Wappen ist ein aufrecht stehendes Hirschgeweih, im längs getheilten Schilde, dessen vordere Hälfte silbern, die hintere schwarz ist, mit abwechselnden Farben, schwarz und silbern, und auf dem Helm ein eben solches Geweih. Die Helmdecken sind silbern und schwarz. (Nach einer Abbildung in der Kirche zu Landow auf Rügen.) Aeltere Siegel zeigen wohl die rechte oder linke Stange

Beide waren erschienen „mit velen erer vrunde" und Hinrik v. d. L. „brachte vôr, vnde bede vns in ghérichte einen openen besegelden bref van vnseme seligen vorteler heren Bugghesłaue, wandages to Stetin rc. hertoghen vnde fürsten to Ruyen, vthgegeuen vnde mit sinem anhenghenden ingesegele vorsegelt, vp de dre houen to Brege ludende, mit sulkem vnderscheide oft em mer breue to bewisende, dat de suluen dre houen sin vnde siner broder len weren, not vnde behuf worde dat he de na vnser irkantnisse gherne vorbringen wolde. „Dariegen leet Wuluingh Segebode vormiddelst Hans Crafsowen segghen vnde vraghen, oft sine breue vormiddelst waters efte vures not em van henden kamen weren, oft he des icht neten mochte." Heinrich v. d. L. bat, daß „Wuluingh des gudes scholde vorvallen wesen." Nachdem nun beide Parteien abgetreten waren, entschied der Herzog „na rade vnser leuen ghetruwen ratgeuere," daß Hinriks Brief bei Macht bleiben solle und theilte ihm das Gut zu.

Aus Schoettgen & Kreisig Diplomataria Tom. III. S. 131., abgedr. in J. G. L. Kosegartens „Pommersche u. Rügensche Geschichtsdenkmäler" p. 263. seq.

Wir sint an vnde ouer ghewest de ghestrenghen her Henningh van Jasmunde vnde Godeke van der Osten riddere, meister Simon Kruse, vnse canteler, Hinrik Crassowe vnde Hinrik van der Osten, vnse vaghet.

des Geweihs abwärts und dann die linke oder rechte aufwärts gekehrt, oder beide Stangen aufwärts, aber unten nicht verbunden. In Svea Rikes Ridderskaps och Adels-Wapn-Bok ist Abth. Ridders och Adelsmans p. 61 Nr. 1822, das Wappen des Majors H. G. v. S. abgebildet und zeigt einen längs getheilten silbernen und rothen Schild und in demselben so wie auf dem Helm ein Hirschgeweih (anscheinend) in natürlicher Farbe. Wahrscheinlich ward diese Veränderung des Wappens bei seiner Naturalisirung in Schweden vorgenommen, wie dies fast immer in ähnlichen Fällen geschah. Es ist aber falsch, wenn angegeben wird, daß dies Wappen auch von der Familie in Rügen und Pommern geführt sei. Das etwas vermehrte freiherrliche Wappen ist a. a. O. Abth. Friherrar p. 14 Nr. 283. abgebildet.

No. 136. Anno 1456, am Andreas Abend. (30. November.)

Eggert Wustenye, Knape, wonafstich to Campe vppe Jasmunde, verkauft dem Priester Carl Wenthagen 8 Mk. Pacht für 100 Mk.

Aus dem Orig. im P. Prov. - Arch.

Medelowere: Emeke Wusseke to Boratisse, Baltasar van Jasmunde, Sum tor Marlowe vnde Hinrick van der Lancken to Borowe.

Die Siegel fehlen.

No. 137. Anno 1458, Dienstags in den Paschen. (4. April.)

Curt Zum verkauft „den erbaren lüden Claus und Hans, brodere genomet Krassowen" 5 fl. Pacht zu Lübitz aus dem Erbe des Techan zu einem todten unwiederruflichen Kauf.

Aus einer Abschrift aus dem Dambaner Haus - Archiv.

Medelowere: Erik Zum, min broder, und Henninck van Jasmunde.

No. 138. Anno 1459, am heil. drei Könige Tage. (6. Januar.)

Clawes Warnekow tor Lanken im Kirchspiel Sagard auf Jasmund, verkauft der St. Nicolaus Kirche zu Stralsund für 300 Mk. in dem Dorfe Szramisse, belegen auf Rügen in dem Hofe den Gorries Bisscop bewohnt 6 Mk.

Pacht, in dem Hofe des Michel Last und in dem Hofe des Hans Dran 8 Mk. Pacht, wiederlöslich.

Aus dem „St. Nicolawes Kerken-Boke."

Medelowere: Hans Borneken, Clawes Krassow, Hans Krassow, Raven van der Oesten vnd Hans van Usedum.

No. 139. Anno 1462. des mandages na pinghsten. (14. Juni.)

Schinkel Kack verkauft zu einem ewigen todten Kauf dem Knappen Clawes Krassowen sein ganzes Gut, Erbe und Lehn zu Damban im Kirchspiel Pyatzke.

Nach alten Abschriften aus dem Dambauer und Pansevitzer Hans-Archiv.

Ick Schinkel Kack, bekenne mit minen erven vor alsweme dat Ick na rade vnde vulbort miner erven vnd negesten frundt hebbe verkoft vnde verlaten, verlate vnd verkope to enem ewigen koften kope, dem erbaren manne vnd duchtigen knapen Clawes Krassowen vnd sinen erven min gantze gudt, erve vnd len tho Damban, belegen in dem karspele tho Pyatzke, vor einen summen penninghe de te voller noge mi woll beret sin, vor der malinge disses breves. Dit vorbenomede gantze gudt tho Damban, erve vnd leken schall Clawes vorschreuen vnd sine erven hebben vnd bruken mit alle sinen thobeheringen alß id licht, mit alle sinen scheden vnd enden, vnd van oldinges gelegen hefft mit aller frigheit vnd rechticheit vnd ayker, buwet vnd vngebuwet, mit wisch, mit weiden, mit moren vnde mit torue, mit holte vnd holtinge wel vnde hart mit wegen vnd vnwegen, mit vischerien, mit watere, stande vnd fletende, mit meenheiten, mit pacht vnd pachthonre, mit richte hogeste vnde sideste, tho richtende ahn halß vnd handt, mit denste, mit aller nut vnd frucht, de dar nu ane iß vnd noch an werden mach, vnd menliken mit aller frigheit, herlicheit vnd rechtigkeit, als mine voroldern vor vnd Ick na dat vorbenomede gut alder frigest vnd quitest gehat vnd beseten hebbe vnd Ick mit minen erven beholde an deme vorbenomeden gude alles nicht, noch gunst noch gnade, noch bot efte bede, men allent wes Ik mit minen erven an deme vorbenomeden gude hebbe, efte gehat hebbe, id si benomet efte vnbenomet, dat wise ick mit minen erven gantzliken in krafft disses brefs the Clawes Crassowen vorbenomet vnd tho sinen erven. Ock so schall Ick mit minen erven Clawes vorschreuen vnd sinen erven dit vorbenomede gudt entfrigen vnd entweren vor aller ansprake vnd vorweruiß aller personen geistliker vnde weltliker de vor recht kamen, recht geuen vnd nemen willen. Ock se schall Ick mit minen erven vnd mit denjenen de de samende handt mit mi hebben Clawese vorschreuen efte sinen erven disser vorbenomed gud vorlaten wor Ick des plichtig bin, wen ick efte mine erven dartho geeschet werden, vnd waren vor der vorlatinge vnd na alß in dem lande ein recht iß. Alle disse vorbenomeden stucke vnd artikele stede vnde vast wol to holdende lave Ick Schinkel Kack vorbenomet mit minen erven Clawes Crassowen vorschreuen vnd sinen erven in guden truwen sonder jenigerleie argelist. To groter tuchnis so hebben de erbaren manne her Johan Wostenie kerkhere tho Bergen, Henning Barnekow, Hans Krassow, Hanses Sone, vnd Clawes Barnekow, Henninges Sone, um miner bede willen ere ingesegel ock gehenget nebben dissen breff. Tho vullamener bekandtniß so hebbe Ick Schinkell vorschreuen vor mi vnde mine erven min ingesegel mit minen tugen vorschreuen gehenget nebben an dissen bref, de geuen is na gades bort verteinhundert iar darna in deme twe vnd sößtigesten iare des mandages na Pingsten.

No. 140. Anno 1462, am Tage Dionisii. (9. Octbr.)

Hinrik Kack, Henneckens Sohn, überläßt seinem Bruder Schinkel Kack seinen gesammten Antheil an dem Gute Lütken Datzow.

Nach dem Orig. im Arch. des heil. Geist Klosters zu Stralsund.

Ick Hinrik Kack, Hennekens sone, vor my vnde vor mine rechten erven bekenne vnde betughe in desseme jegenwardighen breue dat yk reeliken vnde reddeliken hebbe vorkoft vnde verlaten, to eneme rechten koften kope myneme leuen brodere Schynkel Kake vnde synen rechten erven myn deel gudes, wes ik hebbe vnde hat hebbe to Lütke Datzowe, vor enen summen penninge, dee he my wol beret heft er der makynghe desses breues. Dit vorbenomede gud schal Schinkel vnde syne eruen hebben vnde bruken also qwit vnde also vryg, alse yk dat vrygest beseten vnde hat hebbe, my edder mynen eruen dar nichtes nicht ane to beholdende, men allene de samende hand, vnde eft my myt rechte wes ansteruen möchte in tokamenden tyden vnde allent wes yk edder myne eruen darane hebben, vnd hat hebben, dat wyse yk vnde myne eruen vthe der hant vnde vthe der were in de hant vnde in de vredesamelike brukelke, besittinghe vnde were Schinkele vorbenomet vnde syner eruen to ewyghen tyden by en to blyuende, my edder mynen eruen dar nummer op to sakende. Alle desse stücke vnde artikele loue yk Hinrik Kak vnde myne eruen stede vnde vast wol to holdende vn guden truwen sunder jenigherleie wedderspraie edder argbelist. Her hebben an vnd ouer wesen desse erbaren mannen Clawes vnde Hans, brödere, ghenomet de Crassowen, Hinrik söns, vnde Ghoten Norman, de de ymme myner bede wollen ere inghezeghele ghehenghet to tuge vor dessen bref, de ghegheuen vnde screuen ys na gades bort dusent veerhundert darna in deme twe vnde söstigesten iare in deme daghe dyonisii des hylighen merteleres.

Auf einem Pergamentblatt, dessen unterer Rand umgeschlagen und durch den 4 Pergamentstreifen zur Befestigung der Siegel gezogen, von denen jetzt das 2te und 4te fehlen. Die 2 vorhandenen sind in grünes Wachs gedruckt und mit einer Tectur von weißem Wachs versehen.

Am 1sten Pergamentstreifen hängt ein rundes Siegel. Der unten abgerundete Schild ist längs getheilt. Die vordere Hälfte ist quer getheilt. In der hintern Hälfte ein rechts hinsehender gekrönter Ochsenkopf mit herausgeschlagener Zunge, mit der Stirne an die Theilungslinie gelehnt. Die Umschrift:

Sigillum Hinrik Schinkel.

Das Siegel ist auf Tab. XII. No. 5. abgebildet.

Am 3ten Pergamentstreifen hängt ein rundes Siegel. Der unten abgerundete Schild ist längs getheilt, in der vordern Hälfte ein links sehender Ochsenkopf, mit der Stirne an die Theilungslinie gelehnt, mit herausgeschlagener Zunge. Die hintere Hälfte ist quer getheilt. Das obere Feld ist schräg rechts und links schraffirt. Das untere Feld ist leer. Die Umschrift:

S. Hans Crassowen.

Das Siegel ist auf Tab. XII. No. 6 abgebildet.

No. 141. Anno 1464. Dinstags vor dem heil. drei Könige Tage. (3. Januar.)

Otto Voghe, Bürgermeister zu Stralsund, verkauft dem Claus Krassow die Insel Pulitz. [1])

Nach dem Orig. im P. Prov.-Arch.

Jk Otto Voghe, borgermeister tom Stralessunde, mit mynen kyndern, bekenne vnde betughe apenbar in desme breue vor alsweme dat Jk rechtliken vnde erddelken hebbe

---

1) 1413 am Tage Assumptionis Mariä hatte Gottschalk Leghenisse, Rathmann zum Sunde und Hans Wren, Bürger daselbst an Bertelt Kummerow, Rathmann daselbst 10 Mk. und 8 Hüner in dem Lande zu Rügen auf dem Werder zu Pulitz „dat gantz vnd all vmme beslaten is" für 100 Mk. wiederkäuflich verkauft. — 1443 am Tage Matthäus des Apostels verkaufte Hans Wren „borgher to deme Sunde" und wohl der Letzling seines alten berühmten Rathsgeschlechts, „mynen leuen broder her Otte Voghen borgermeister darsulvest" 10 Mk. und 8 Hüner auf dem Werder zu Pulitz im dem Kirchspiele zu Bergen für 150 Mk. — Zeugen: Ditmar van Dorpen und Magnus van Alen. — Durch seine Auflehnung gegen Herzog Wartislaf IX. und die damit zusammenhängende Hinrichtung Raven Barnekowe, des Landvoigts auf Rügen, im März 1453, hat sich Otto Voge eine traurige Berühmtheit in der pommerschen Geschichte erworben. Die Verwicklungen, die nach dem Tode Barnims VIII. eintraten, besonders die Beziehungen Herzog Wartislaus IX. zu Stralsund, sind leider noch eben so wenig, wie die durch Raven Barnekows Tod veranlaßte Fehde erklärt. Auch zu der jüngst erschienenen pommerschen Geschichte des Prof. Barthold lassen sich, so weit sie diese Verhältnisse betrifft, aus handschriftlichen Quellen noch viele erläuternde Zusätze machen. Das Geschlecht der Voge war bereits um 1330 in Stralsund angesehen. Otto V. war der Sohn des Bürgermeisters Nicolaus V. (+ 1416) (vergl. Gadebusch pomm. Samml. 2r Bd. p. 117.)

Ueber die durch ihn herbeigeführten Zerwürfnisse der Stadt Stralsund mit dem Herzoge, deren Verlauf und Otto Voges fernere

vorkoft vnde vorlaten, vorkope vnde late jegenwerdich in kraft desses breves to enem ewigen erfliken kope, deme duchtigen manne **Clawes Krassow** vnde synen eruen vor enen summen penninge alse wy des vnder vns wol eens synt, de my ok tor nuge wol bereth is, al er der makinge desses breves dat gud **Pulitze** belegen vppe Rugen in deme kerspele to Bergen mit alle synen tobehoringen, alse dat begrepen vnde belegen is bynnen alle syzen maten enden vnde scheyden an acker wische torfe mores holtinge wateringe vischerye, dar to mit aller herlicheit vrigheit vnde rechticheit. Mit alleme richte vnde rechte deme hoghesten vnde sydesten an hals vnde an hant to richtende, mit denste, bede, pacht, beringe, darto mit aller nut vnde vrucht de dar nu ane is vnde noch ane werden mach, in allen tokamenden tiden, mit alle, nichtes nichte vtgenomen, id sy benomet edder vnbenomet vnde wo men dat nomen mach vel vnde qwyd, alse ik vnde myne vorevaren datsulue gud mit alle sinen thobehoringen je hogest vryest vnde evgenst gehad beseten vnde gebrukel hebben, my noch mynen eruen dar nichtes nichte ane to beholdende, noch dat grote, efte dat kleyne, noch van gnaden, rechte efte bede. Men allent wes ik mit mynen eruen in demesuluen vorbenomeden gude vnde synen tobeheringen aldus lange gehad hebben, id sy van wat namen nutticheit, rechticheit vnde eygenheit, dat gewe wy altomale an, vnde stellent mechticliken an, mit kraft disses breves an **Clawes Krassow** vorscreuen vnde syne eruen en dat sulue gud to brukende van eruen to eruen ewiglik na erem eygen willen. Ok schal ik Otto Voghe vorscreuen mit mynen eruen **Clawes Krassowen** vorbenomt vnde synen eruen datsulue vorbenomede gud **Pulitze** mit alle dar to vryen vnde entweren vor alle ansprake vnde bewernisse aller personen, geestlik vnde werlik de vor recht komen, recht geuen vnde nemen willen vnde schal id en ok vrig vnde qwit vorlaten vor den landesheren edder dar ik des to rechte plichtig bin, wanner ik edder myne eruen darto geeschet werden vnde waren en na vnde vore alse in deme lande recht is. Dit allent alse vorscreuen is lone ik Otto Voge vorscreuen mit mynen eruen **Clawes Krassow** vorscreuen vnde synen eruen in guden truwen vnd sekeren louen stede vnde vast wol to holdende sunder alle argelist hulperede efte behelpinge alles rechtes efte rechtgrundes. Des to groter verwaringe vnde meer tuchnisse so hebbe ik Otto Voge vorscreuen vor my vnde myne eruen myn ingesegel witliken gehenget an dessen breff, den mede tor witlicheyt alse mechtige tughe besegelt hebben de ersamen manne alse her Urbanus Bere, radmann, vnde Hans Bere, erfseten borgher tom Stralessunde. Geuen vnde screuen na godes bort XIIIIc. vnde veer vnde sostich des dingstedages vor der hilghen dreer konige daghe des werden hilgen festes.

An der Urkunde haben 3 Siegel gehangen, von denen die 2 ersten fehlen, nur das 3te ist noch gut erhalten. Es ist in grünes Wachs abgedruckt, und zeigt im Schilde einen aufgerichteten Bären, auf dem Helme einen Pfauenwedel. Die Umschrift ist:

S'. Hans Bere.

No. 142. Anno 1465, am St. Martens Abend. (11. Novbr.)

Clawes Berndes, wohnhaft zu Konthe, belegen in dem Kirchspiel zu Gingst, verkauft den Vor-

---

Schicksal sind als beste Quellen zu vergl. Stralsunder Chroniken, herausgegeben von Mohnike und Zober. Ir Bd.; die Chronik des Fr. Detmar, herausgeg. von Grautoff, 2r Bd. p. 155 u. 208 und J. A. Dinnies Nachrichten, die Rathspersonen der Stadt Stralsund betreffend, und manche noch ungedruckte Urkunden. Neue und interessante Notizen, besonders über Rath. v. d. Lippe, sind in A. T. Kruses: Erster Entwurf einer Stralsunder Bürgermeister-Tafel, Stralsund 1846 (Abdruck statt Manuscript) p. 17 — 19, gegeben.

Sonst gehörten die Voge bis ins letzte Viertel des 15ten Jahrhunderts zu den herzogl. Vasallen und hatten Besitzungen in Lütten Bünsow, Gnatzkow, Quilow, Pentin und Dargezin. Wedege und Michel Voge, ersterer war ein Schwager des Marquart Rusche, lebten ums J. 1400. — Später 1414 — 1429 Wedege und Herman Voge zu Bunsow, gleichzeitig lebte Curd Voge und Hinrich V. Bürger zu Greifswald. — Reimer Voß heirathete 1424 Katharine V. Schwester des Priesters Michel V. und Tilke Vorne Wittwe. — 1437 trat Bernd V. dem Peter Büningk seinen Hof in Bünsow ab. Wedege V. versetzte seiner Hausfrau für ihm geliehene 100 Mk. 10 Mk. Pacht aus Pentin, Quilow und Jargezin. — Später wandte sich die Familie nach Barth. 1478 verschrieb Michel Voge, Rathmann zu Barth, seinem Vetter Michel Voge zu Lütten Bünsow 12 Mk. Pacht aus diesem Gute. Er scheint nach einer Urk. v. 1519 (Kosegarten, Gesch.-Denkmäler p. 265.) ohne männliche Erben gestorben und zuletzt Bürgermeister in Barth gewesen zu sein. Vielleicht erlosch mit ihm das Geschlecht. — Nach einem Notariats-Instrument (J. A. Dinnies Diplomatar. eccles. Mariae. Sect. III. No. 10.) führte der Bürgermeister Otto Voge im Schilde ein mit drei Nägeln durchstochenes Herz, umgeben von einem Kranz.

stehern des Gotteshauses St. Nicolaus zu Stralsund für 200 Mk. sund. 16 Mk. Pacht aus dem von ihm selbst bewohnten Hofe mit drei Hufen, so wie der Priester Reymer Bernd sie dem seel. Niclas Bellin und dieser sie ihm verkauft.

Aus dem „Kerken-Bock tho S. Nicolawes“ im Archive der Nicolai Kirche zu Stralsund.

Medelewere: Hans Crassowe, der older, Nicolaus Gawern de older, Hans van Vsedum, hern Hennynges sone, Willen Plate und Hardman Plate.

No. 143. Anno 1466, am Tage Viti. (15. Juni.)

Clawes Barnecouwe, Darsleues sone, verkauft den Vorstehern des Kalandes zum Sunde für 100 Mk. 8 Mk. Pacht, in den vier heiligen Tagen zu Weihnachten aus seinem „have to der Lanken vp Jasmunde, dar ik nu suluen inne wane,“ zu erheben, jedoch wiederlöslich.

Aus dem Orig. im Arch. des Calandes zu Stralsund.

Medelowere: Hans Barnecouw, myn broder, Clawes Krassouwe, Hinrikes sone, Clawes Barnekouw, Henninges sone, vnde Hans van Vitzdum, Vriben sone, Knapen.

Durch den untern umgeschlagenen Rand des Pergamentblattes sind 5 Pergamentstreifen zur Befestigung der wohlerhaltenen Siegel gezogen. Diese sind in grünes Wachs gedruckt und mit einer Tectur von ungeläutertem weißen Wachs versehen.

Die drei Barnekowschen Siegel zeigen im Schilde einen wachsenden rechts gewendeten Widder. Das Siegel des Claus Krassow ist unten zu Urk. No. 150. beschrieben und am dort bezeichneten Ort abgebildet. Das Siegel des Hans van Vitzdum zeigt die bekannten Schildeszeichen (Tab. IV. 17. c.) der Familie.

No. 144. Anno 1466, c. nativ. Joh. Baptiste. (24. Juni.)

Erbtheilung über Tobias van Zütfeld, eines Sohnes des Rathmannes Berend van Zütfeld, Nachlaß.

Aus J. A. Dinnies Nachrichten und Urkunden, die Rathspersonen zu Stralsund betreffend, No. 109. Als Quelle ist „das oberste Stadtbuch super Resignationibus hereditatum“ genannt.

Anno mº cccc° Lxvi° c. nativit. Joh. Bapt. post obitum Tobye Sutfelds filii dni. Bernardi de Sutfelde p. m. et Margarete relicte ejusdem dni. Bernardi eadem Margareta se amicabiliter composuit cum Tilseken et Anneken, filia illius ab ea et dicto Tobye procreata, juxta consensum Johannis Crassowen nunc mariti dicte Tilseken et omnium dictarum partium tutorum et amicorum, ita videlicet, ut sequitur in vulgari.

Margareta nalaten wedewe saligen hern Bernd van Sutfelde heft sik vruntliken vorgan vnde entscheden mit eres vorstoruen sones Tobyeses nalaten wedewen Tilseken, Hinriks van Vunna dochter vnde Anneken, erer dochter, alse dat se mit der erbenomeden erer dochter schal hebben de hofe landes de de kest is van Arnd Geden, vnde dat dorp Mellenitze beyde hoffe, vnde to Gustow IIII hofe, darynne sint xxIIII mark vnde xII mark in Arnd Geden hoffe, vnde to Domrade mit Hinrik Godschalkes xII mark pacht, vnde to der Buse mit Clawes Stubben xxIII mark pacht, darsuluest mit Schutten xvII mark pacht, vnde de halue mole to Gynrste, vnde van erer wegen, dat ere vader vorbenomt er heft mede geuen, de IIII boden vnde den garden mit dem torne, belegen in dem hilken hole by der swarten monneken dore, her Gammelowen dar aue beholden sin lifgeding. Dit vorschreue gut schal dat kint Anneken half hebben nv vp to vnde vpberen vnde ere vormunder schelent vortan anleggen van yaren to yaren, dat id sick betert, deme kynde to nutte.

vnde de moder schal dit vorbenomede er kynt Anneken van my an beth x jar lang holden an vrigen kost vnde ix jar lang schal id reddelken kleden, na den ix jaren so schal men id kleden van dem synen. Dit vorbenomede ere kynt schal ok hebben dat halue ingedompte, also gud alset was, do id uth her Berndeses huse qvam in der kisten. Vnde hirto schal Tilseke erbenomt de moder vnde Hans Crassow nv er erlike man geuen dessem kynde Anneken wan id kumpt to synen manbaren jaren, dat id verlouet wert v C mark reden geldes, vor welke v C mark Hans Crassow vorbenomt dessem synen stefkinde heft gesettet tor vorwaringe de helfte der hove laudes van Arnd Geden gekoft vnde de helfte des dorpes Mellenitze bouen beruret. Hirmede schal de moder Tilseke vnde er kynd Anneke nummer mer fallen vp her Berndeschen gud edder vp dat sament. Dit hebben aldus bedinget vnde endet de erliken manne, alse van her Berndeschen wegen her Euerd van Hudzem vnde her Matthias Darne, borgermeistere vnde van Crassowen siner werdinne vnde stefkyndes wegen her Erasmus Stenwech, her Lodowich Grauerode, borgermeistere Hinrik van Buna, Willam van Sutfelde vnde Hans Bere mit Hans Crassowen vorbenomt des kyndes vormundere volmechtich, doch dat kynd vnde en jewelik vnversumet an synem erfliken anvalle, dat em van erfliken rechte mochte tokamen vnde erflik anvallen.

No. 145. c. 1467 1).

Claus, Wilken und Henning Platen verkaufen an Claus Crassow ihr durch einen Rechts-Streit an Henigh Deseneches nachgelassenen Hof (zu Breetz) erstrittenes Recht.

Aus einer alten Abschrift im Dambaner Haus-Archiv.

In gades namen amen. Ick Clawes Plate, Kordes sone, vnde Wilken Plate vnde Henningk Plate to Swenze wy alle erbenomt, bekennen vor vns vnde vnser aller eruen apenbar in dessen jegenwerdigen breue, dat wy hebben vorkofft vnd vorlaten, tho eneme gantzen kosten kope deme erbaren manne Clawes Crassouwen, Hinrikes sone, vnde sinen rechten eruen welle vorwunnene rechticheyt, de wy vorwunnen hebben mit allene rechte in Henigh Deseneches nalatene haue vnd ghude vnd siner brodere dar se imme samen inne beeruet sind, vnd des haues thobehoringe vor viff vnd druttich mark sundescher penninge wonliker munte, de vns Clawes, erbenomt woll beredth hefft ehr der makinge disses breues des wy Platen erbenomt also baner sumen tho achter sint van pacht vnde van andre gheldinge wegen, dat wy erbenomte Platen vor Henning Desenecke vnd syne eruen ghulden hebben, dat wy dat vorbenomede gudt hebben vorwunnen vnd entfriget alse vns Platen tho rechte beherth, vor allen andern schuldenern vnd vor alle dede sick an datsulue edder vorbenomede gudt beclaget hebben, sunder jennigerley hulperede edder gegenseggent mit rechte, vnde mit also baner rechticheit vorkoven vnde vorlaten wy Platen erbenomt vns vnd vnsen eruen van der handt Clawes Crassouwen, erbenomt vnde sinen eruen tho der

1) Ich habe das ungefähre Datum dieser, leider nur fragmentarisch erhaltenen Urkunde nach nachstehendem in rechtsgeschichtlicher Beziehung höchst merkwürdigem Documente angenommen: Vor allen selligden Chrysteuen luden de dissen breff sien efte hoeren lesen, bekenne Ick Clawes Plate, Cordes sone, apenbar in dessem gegenwardigen breue dat vor my sind gewest de ersamen lude alse Hinrick Quaey vnd Peter Ruter vnde hebben ane klaget Heningk Desenickes nalatene gudt, erue vnde egene, liggene grunde, stande vnde bewegelick vnde vnbewechlich, vor tzogen mark vnde hundert mark de en Henning vorbenomede schuldich was, dat se nha bringen wolden vor eneme sittende richte, wente dat dat van ehn nemen wolde, alß hebbe ick vorbenomt dat gudt vorbaget to rechte, alse een vulmechtich richter van mynt ghnedigen heren wegen vnde miner vedderen wegen, den ersten dach, den anderen, den drudden wente an den verden dach vppr jemandes hulperede efte jegenseggent, vnde dat doch noch bawen dat hefft staen jar vnde dach ehr de inrichtinge geschenn is, efte dat wol jegenseggent hadde, dat doch nichte schren is, also hebe Ick se angerichtet vnde inneweiset an dit vorbenomede ghud se sick daranne tho mechtigende vnde to weldegende negest der heren pacht vnde plege, vnde negest den borgen dede Ghotene Normanne leuet hadden, der vere vnd vefftich mark, wente se der eiet dat se dat ehr vthe hebben. Tho ihe geeter bekantnisse vnd thugenisse so hebbe Ick min ingesegel henget vor dissen breff alse ein vulmechtich richter, vnd mit my hebben besegelt mine bedder des richtes, alse Wilken vnde Henninck mine vedderen, de mit my hebben ihe inge ere ingesegel henget vor dissen breff, de de grum vnde seeruen is na gades borth verteynhundert jar, darnha in dem sösten vnde sostigesten jare, in der hilligen drier koninge dage. (Nach einer Abschrift aus dem Dambaner Haus-Archiv.)

handt sick darane tho vorweldigende vnd tho brukende tho siner behoff vnde nutticheit mit deme sibesten richte alse knezen recht [1]) vtdwiset, also dat Clawes erve- nomt dat gudt mach vorkopen, versetten, vorbuten, voranderen vnd wandelen ein del effte gantz. . . . .

---

1) Zuerst wird dieser Knesitzen (Herr — Edelmann — im Russischen Fürst) in der Matrikel des roeskilder Bischof-Roggens gedacht — (Dähnert pomm. Bibl. IV. p. 43.); in der Voigtei Bergen bei dem Dorfe Ihrchevatsitze »domicelli dicti Kuesitzen ibidem;« in der Voigtei Patzig bei Gnysitze »knesitzen ibidem« und endlich in der Voigtei Jasmund im Kirchspiel Bobin »domicelli knesitzen in Baluvitze.« In dem Aufsatz über die Einnahme des Fürsten Witzlaf von der Insel Rügen v. J. 1314 (Dreger ungedruckte Urkunden) wird im Dorfe Patzig von »uno knesitzen« 2 Mk. 4 ßl., und in der Voigtei Rambin von 24 Knesitzen 16 Mk. Zins berechnet. — Als im J. 1319 am 19. November der Fürst Witzlaf von Rügen dem Ritter Johann von Kyle seine Güter in Rügen, mit allem daran habenden Recht verpfändete, heißt es in der Urkunde: exceptis knesyczen sine vlyeghelt super quibus nichil juris habuerit preterquam suam pensionem infra scriptam.« — Im Text der Url. heißt es dann noch — »item in villa Dessin de knezieznn iii marcas, item in Nanovieze de knezieznn viii marcas minus iiii solidis — item in Guyzo xii solidos de vlyeghelt, item in Dargutyzo xii solidos vlyeghelt, item in Zilmenicze xii solidos de knezieze, item in Paseke xii solidos de knesieze« — Schwarz (Lehn-Hist. 296 u. 99.) scheint den Namen Knesitz in allen angeführten Stellen der Urk. nur auf die Abgabe zu beziehen, er sagt: „Diese Herrlichkeit wird in der Urkunde zu verschiedenen malen mit dem wendischen Namen Knesytz belegt und mit dem teutschen Wort Vlieghelt,“ mir scheint, daß wohl nur allein von den Knesitzen das „Vlyeghelt“ gegeben und es deshalb vielleicht der Kürze wegen zuweilen nach ihnen genannt ward. In einer Berechnung der Einkünfte der Voigtei Streu durch den dortigen Voigt Theslaus im J. 1320 heißt es beim Dorfe Zrambsitz — item ibidem unus knesytze viii solid. In Lanka de duabus knesitze unam marcam — item ibidem de uno knesytz 1 punt cere. — Villa Zelnovitz viii marcas. De Arnolde Bonow ibidem de uno knezytz xii solidos. Als der Herzog Bugbezlaf am Tage nach Thome 1373 dem Kloster Bergen die vom Fürsten Witzlaf an den lübischen Rathmann Arnold Pape verkauften Güter, die dasselbe erworben, bestätigte, heißt es in der Urk. »cum omni jure et jurisdictione, majore jure videlicet et minore, puta manus et colli, quod jus etiam ultra knesyczen, sicut de aliis hominibus, habere debent.« Mir scheint diese Stelle kein gutes Zeichen für das Ansehen und die Freiheit der Knesitzen zu sein. Schwarz (a. a. O.) beziehet sie geradezu auf „die vom Adel“ und klammert bei dem Worte Knesitzen die Uebersetzung nobiles ein, ich kann dies aber nicht für richtig halten, wenigstens wenn er darunter herzogl. Vasallen versteht. Das Kloster hatte diese Güter ja erkauft, wie sie dem Arnold Pape versetzt waren, diesem war kein Recht über irgend einen Vasallen eingeräumt, wohl mochten indeß einige der ihm vorzugsweise aus den Voigteien Bergen, Patzig und Sagard versetzten Hebungen von Knesitzen zu entrichten sein, obgleich dies in dem Verpfändungsbrief nicht gesagt ist, und daher die Gerichtsgewalt über diese sich herschreiben, obwohl sich dieses eben so wenig nachweisen läßt. Jedenfalls sind jene oben citirte Worte der Urkunde eine sehr bemerkenswerthe Thatsache. 1346 am Tage Luciae (13. December) verkaufte Andreas von Kubytze dem Johan Lütteken, Bürger zum Sunde, und Nicolaus genannt von Wysch, seinen Hof und das Gut seines Brudersohnes Engelke in Dubrchenitz (Dubkevitz im Kirchspiel Gingst) — nichil retineo, sed quidquid phoudi, hereditatis, juris knesitzen, libertatis et proprietatis in eis habui — Ea volens et debens appropriare, quod dicitur waren, velut jus knesitzen dictat et requirit. Pro his omnibus firmiter et inviolabiliter observandis vna mecum mei fidejussores videlicet Dargomarus de Jasmunde, Nedemer de Lanke, Hennekinus Marlowe, Andreas Blyshoritze, Hennekinus Rantzowe, Hinricus Prihyeze, Kont, Teslaus Klingebudel, Nedatke, Gotemarus Nedascitze, Dubbeslaus Rosentreder et Nicolaus Knebarch, sicut juris est knesitzen promiserunt. — 1359 am Tage des Königs Olaf verkauften Robelin von Cubitze, Olaselin, Robelin und Ratzlaf, seine Söhne an Hinrich Wreen, Johan Jordan, Arnold Smit, und Lubeke Rosenberch, Bürger zum Sunde, 15 Mk. aus Cubitz, binnen 10 Jahren wiederkäuflich. — Et ipsis, cum fuerimus per nos ac nostros heredes requisiti, tenemur et debemus coram advocatis in terris libere resignare et de manibus demittere ex toto prout jus est in terra. — Compromissores: Pribe Ralic, Eghardus Bůc, Dubbeslaus Zůlensone et Thomas Koth, famuli. Des Knesitzen-Rechtes wird in der Verschreibung nicht gedacht — Lehngüter konnten aber nur gewöhnlicher Weise vor dem Herrn des Landes, nicht vor dem Vogt verlassen werden. — 1362 Tage vor Margaretha (12. Juli) verkaufte »Hinricus Robekinus in Cubitze, filius Robekini de Kubitze pie memorie« dem Johann Lutteken, Bürger zum Sunde — omnia mea bona justa in Cubitze situata — quemadmodum Robekinus pater meus dilectus pie memorie, mihi liberius hereditavit, prout jus knesizorum requirit — Compromissores: honesti viri fide digni: Robekinus meus frater, Dubbeslaf Zulen, Egbardus Bůe, Tessemarus Myidaz, Henneke Zům, Heyneman Oom, Nickolaus de Nenchnuitz. — 1364 Freitags nach Letare (8. März) verkaufte Lüder Grambow an Johan Lütteken, Bürger zum Sunde »quartam partem mee curie quod dicitur dat veerdendeel in Dubberkevitze in parochia Gyngst — nihil retineo, sed quidquid phendi, hereditatis, juris knesitzen, libertatis et propriet. — Debeo etiam et volo hec bona ab inpeticione omnium personarum spiritualium et secularium omnino disbrigare, si per quemquam inbrigarentur totiens et quotiens quando fuero requisitus et volo et debeo dicto Johanni Lütteken et suis here-

15 *

No. 146. Anno 1468.

Emeke Wusseke verkoft syn gantze gudt Bus-kevitze dem Kloster (Bergen).

Erasm. Husen's Verzeichniß.

---

dibus dicta bona appropriare, quod dicitur waren, velut jus knesitzeen in terra Ruge dictat et requirit. — Compromissores: honesti famuli Bertoldus, Vicke, Heyno, Lippoldus fratres, dicti de Osten, filii Henningi de Osten armigeri, pie memorie, quod unanimiter promisimus et nostris cum heredibus prout jus knesitzeen exigit et requirit. — 1367 Tags Jacobi (d. 25. Juli) verkaufte Dubberslaus Zůle, famulus, dem Johann Lüttelen, Bürger zum Sunde, 10 Mk. Rente aus seinem Hofe Dubberkewitz, nach acht Jahren wiederlöslich, würden sie dann aber nicht gelöst, sollten sie zum todten Kauf bleiben — preterea redditus jam dictos, cum fuero requisitus, volo coram dominis terrarum seu eorum advocatis resignare et de manibus dimittere, et postea warandare, prout jus knezitzorum in terra exigit et requirit — Compromissores: honesti viri Ghoten Zůle, patruus meus, opidanus in Sundis. Eghardus Bůch, Johannes Vire junior, famuli. — 1396 Dienstage vor Fastelabend (1. Februar) verkaufte Gothen Scherer „deme beschedenen manne Johan Lüttelen, borgher to deme Sunde" für 77 Mk. „dat ghud to Rubesse mit der hoinen meraghen henwisch also alse ik dat ghud dar hadde, dar de sulve Johan Luttele dat bogbeste vnde dat sovesse an hest vnde dar he ek twe vnt twintich schillink gheltes ane hadde — alse alse myne olderen vorr vnde ik na dat bezethen hebben — to knezzeen rechte. — Hir hebben an vnd ouer ghewesen beschedene manne Henyngh Rode vnde Herbert Durraghe, borghere to deme Sunde. — 1382 zu Bobbin am Sonntage Quasimodogeniti bekannen Bernhard und Venyzle, Gebrüder Venzekevitze, daß sie aus den Gütern, welche sie im Dorfe Polpevitz auf Jasmund vom Sohne des Leopeke gekauft, dem Rathmann Ludeke von Kulpen zu Stralsund 34 fl. sund. Pfennige Pacht nebst der Bede zu entrichten haben, und daß sie diese Güter, so wie auch ihre übrigen Güter »secundum jus knesitzen« besäßen. Zeugen: »Gherlach Smachtenhaghen, Slauus de Campen, Hinricus Lopritze et Hinricus Clement« — 1382 zu Stralsund am 8ten Tage nach dem Tage der unschuldigen Kinder verkauft Vinze Venzekevitz dem Rathmann Ludeke von Kulpen für 30 Mk. 2 Mk. Pacht aus seinem Eigenthum in dem Dorfe Pelpevitz, welches Knesitzen-Gut genannt wird, und verspricht die richtige Erlegung dieser Pacht »secundum jus knezitzen. — Pro hiis omnibus et singulis firmiter et perpetue observandis et satisfaciendis ego predictus Ventzeke cum meis heredibus et compromissoribus infra scriptis videlicet Dobbeslaus Borotoken et Jacobo Rantzowen, Erhardo Gustave et Techmaro Polpeuitze et cum

No. 147. Anno 1468 u. folg.

Nachrichten aus dem Archive des Gewandhauses zu Stralsund, den Hans Krassow betreffend.

Anno lxviii (1468) Hans Krassow.

Aufzeichnungen im ältesten Register der »societas pannicidarum in Sundis.« [1])

---

1) Es ist eine vielfach bekannte Thatsache, daß einzelne Mitglieder von altadeligen Familien sich in Städten niedergelassen und dort Sitz im Rathe eingenommen und zur Bürgermeisterwürde gelangt. Auch in Pommern fand dies in voller Ausdehnung statt. Aus mir so eben vorliegenden Urkunden erhellt, daß Mitglieder der adlichen

---

eorum heredibus secundum jus knesitzen unanimi manu et data fide, dicto Ludekino et suis heredibus promisimus et sicut jus knesitzen in terra requirit, promittimus in hiis scriptis.« Gegenwärtige Zeugen: Hinricus Lupnitze, Johan Marlow und Henning Stephani.

Aus der ersten Hälfte des 15ten Jahrhunderts sind mir keine Urkunden vorgekommen, die über die Stellung der Knesen und ihre Rechte Aufschluß geben, wenn man nicht etwa die vereinzelte Notiz, wie Herzog Barnim 1419 dem Abt Lorenz von Pudagla u. a. 12 fl. von einem Knepen zu Dargbenitz a. R. versetzt, dahin rechnet. Nach Kanzow (Pomerania ed. Kosegarten I. 346) starb in den ersten Jahren des 15. Jahrhunderts die letzte wendisch redende Frau „Vnd vmb diese zeit (1404) ist eine alte fraw im lant zu Rhügen auff Jasmunde, Gulitzin geheißen, gestorben (sie, (also dort, wo nach den Urk. v. J. 1382 u. 69 noch viele Knesen verbunden waren) welche sampt irem manne die letzten wären, die im lande zu Rhugen wendisch konnten reden." — Was es mit dem Knezen-Recht um die Mitte des 15ten Jahrhunderts auf sich hatte, lehrt die oben gegebene, nicht vollständig erhaltene Urkunde, es war die Befugniß zum niedern Gericht. Nach der in Anmerk. 1 gegebenen Urkunde scheinen die Platen über den hier in Rede stehenden Hof das höchste Gericht gehabt zu haben, denn Claus Platen erkannte in einer denselben betreffenden Angelegenheit „alse een vulmechtich richter van myner eghenen wegen." — Für die rügensche Rechtsgeschichte ist diese Stelle von großem Interesse, denn sie lehrt, daß die zu Knezen-Recht gehenden Güter den zu Mannrecht (jure feudale) besessenen gegenüber standen, mit dem, wenigstens im 14. Jahrh. und später, das hohe und niedere Gericht, an Hals und Hand, verbunden war. Anfangs, im 13. Jahrh. war dies freilich nicht so. Der älteste bis jetzt bekannt gewordene rügensche Lehnbrief ist der von Fürst Witzlaf I. dem Magister Iwan zu Stralsund am 25. September 1242 ausgestellte (Fabricius rüg. Urk. 51). Der Fürst verkaufte demselben Ziarcowe, Reddevitz, Carnin und Bilegust und 30 Hägerhufen jenseits der Barthe, mit dem Versprechen, daß zwischen Ziarkow und Wedelstow keine neue Mühle angelegt werden solle, und dem Patronat der zu erbauenden Kirche, für 150 Mk. slav. Schillinge, und verlieh ihm die Güter zu Erb- und Lehnrecht (feodali et hereditario jure — libertatis), frei von Diensten, Zöllen und dem Vogteigericht (ut — a jure advocatie sint libere)

Item Anno lxxv (1475) do starf Willem fon Gurfelde.

Item Anno lxxvi wart Hans Krassouwe karen in syne stede to rechter tyt, olt xlvi jar.

Anno lxxxii vorstarf Hans Krassowe in god, deme god gnedich sy mit allen cristen zelen.

Aufzeichnung im „Oldermennebok" p. 8. [2])

Familien Behr, Boieke, Kahlden, Lanken, Mellentin, Mörder, Normann, Oehr, Osten, Pudel, Rahden, Rethen, Segebaden, Tessin, in Stralsund, Apenburg, Belen, Eickstedt, Preetz u. a. in Greifswald, Barnekow, Hagen, Kolste, Mellin, Rethen, Roidermand, Rusche, in Barth, Lepel u. a. in Usedom, Kad, Schwerin, Usedom, Tessin u. a. in Anklam, als Bürger der genannten Städte gewohnt — meist ohne dadurch ihren Stand als Edelleute aufzugeben, weil sie ihre Lehngüter behielten und den Lehndienst leisteten; — wenigstens läßt sich dies von Wicke Bolen, erst Bürger und dann Bürgermeister zu Greifswald im 16ten Jahrhundert nachweisen. In einem Zeugenverhöre v. J. 1538 wird Raven Barnekow „als Edelmann und Bürgermeister der Stadt Barth" genannt. Von den meisten der genannten „Bürger und Edelleute" haben sich Siegel erhalten. Sie stimmen genau mit denen ihrer auf dem Lande wohnenden Vettern, nur daß sie gewöhnlich zierlicher gearbeitet sind. — In den wenigsten Fällen hat sich bisher aber speciell der genealogische Zusammenhang der in den Städten wohnenden Glieder adlicher Familien mit ihren Stammes-Vettern nachweisen lassen, was wohl dem Mangel gründlicher genealogischer Forschungen zuzuschreiben. In späteren Zeiten, in denen Stadt und Land sich in ständischen und anderen Verhältnissen, beiden zum Unheil, schroff gegenüber standen, wollte der Adel es nicht aufkommen lassen, als hätten seine Vorfahren oder deren Verwandte sich zu städtischen Ehrenämtern herbeigelassen. Er schloß, daß dies nur wegen unächter Geburt geschehen sein könne, und deshalb jene Städter keineswegs für rechte Vettern und Agnaten zu halten gewesen. — Mir scheint nun das Verhältniß des Hans Krassow, der sich zuerst in Stralsund niederließ und dessen Lehngüter, nachdem sein Mannsstamm erloschen, an seine Agnaten kamen (s. u.), besonders interessant, weil sich seine genealogischen und sonstigen Beziehungen genau den erhaltenen Urkunden entnehmen lassen. — Vergl. auch „Stralsundische Chroniken, herausgeg. von Mohnike und Zober 1r Thl. p. 211 n. 12, z. J. 1474.

2) Ueber diese so beachtenswerthe Quellen der Stralsunder Special-Geschichte vergl. A. T. Kruse „Verzeichniß von Büchern, Urkunden und einigen anderen schriftlichen Nachrichten des Gewandhauses in Stralsund, 1. Abthl. bis 1595. Stralsund, 1847" Nr. 1 u. 3.

---

jedoch »praeter solam sententiam capitalem quam excipimus, qui in eum inciderit nunc dominio nostro judicandam reservamus«. Der Fürst behielt sich also das höchste Gericht vor. Aus dem Lehnbrief des Iwan, so wie aus vielen anderen Stellen (vergl. Fabricius II. p. 36) ist zu schließen, daß dem Fürsten überall in Rügen — etwa die Güter der fürstlichen Nebenlinien ausgenommen — neben

No. 148. Anno 1468, am Sonntage vor Christi Himmelfahrt.
(22. Mai.)

Clawes von Pudbuske, Herrn Pridbers Sohn, bekennt, daß er seine Tochter Ipolite

---

dem Obereigenthum an allem Grund und Boden auch überall da das höchste Gericht zustand, wo er sich desselben nicht ausdrücklich entsagt hatte — was in dem vorliegenden Falle trotz aller andern Zugeständnisse nicht geschah. Zuerst erhielten Kirchen, Klöster und Geistliche über ihre Besitzungen das volle Gericht. Nur in den ältesten desfallsigen Verleihungen (1221, 1225. Fabr. rüg. Urk. 22 u. 28) finden sich noch Vorbehalte. Das Kloster Neuenkamp erhielt schon 1231 bei seiner Gründung in seinen Gütern die Gerichtsbarkeit ohne beschränkende Bestimmungen. Jedoch nicht allzulange wird dasselbe bei ferneren Belehnungen an Laien reservirt worden sein. Für Rügen fehlen für die nächste Zeit Lehnbriefe, die im 13. und 14. selbst noch im 15. Jahrhundert nur selten und ausnahmsweise ertheilt wurden. Im benachbarten Meklenburg, wo sich im 13. und 14. Jahrhundert die Verhältnisse ganz ähnlich wie in Rügen, meist nur etwas früher als hier, gestalteten, ward im J. 1274 schon ein bedeutender Gütercomplex mit Gericht an Hals und Hand (cum judicio manus et colli) verliehen (Meklenb. Jahrbücher X. 209.) und wenige Jahre später, 1278, verlieh auch Fürst Wizlaf II. den Rittern Matthäus und Eberhard Mellekt jenes 1242 an den Magister Ivan mitverkaufte und verliehene Dorf Rethebaritz (heute Retebas) mit aller Gerichtsbarkeit — »cum omni jurisditione, quemadmodum illam a nostris progenitoribus suscepimus et possedimus, videlicet judicium majus et minus in omni causa« (Fabr. rüg. Urk. 203.). Bereits 1261 war der Ritter Eghard von Dechow von der Domkirche zu Ratzeburg mit dem Dorfe Pütitz und dem Gericht an Hals und Hand daselbst belehnt; obgleich 1225, als die Kirche das Gut erwarb, vorbehalten war, daß, wenn auf Todesstrafe erkannt würde, der Fürstliche Voigt den Vorsitz des Gerichtes haben sollte.

Auf Güter der Insel Rügen Bezug habende Lehnbriefe aus so früher Zeit sind bis jetzt noch nicht bekannt geworden. Da sich alles Wendische hier länger wie auf dem Festlande hielt, mag auch das deutsche Mannrecht hier erst später und langsam Eingang gefunden haben. Der älteste mir hier bekannte Lehnbrief ist im J. 1298 (d. 25. Jan.) dem Henne v. Pesee über das Dorf Zilitz ertheilt. Er erhielt es »cum omni jure feudali, ad utendum quod alii nostri feodarii utuntur.« — Einer verliehenen Gerichtsgewalt ist nicht ausdrücklich gedacht. Um diese Zeit besaß jedoch die Familie Erlandson die Hälfte von Dikdense cum pleno jure et judicio und Tesselin konnte dem Kloster Eldena einige Hufen in Banz auf Wittow cum omni judicio verkaufen. (Fabr. rüg. Urk. 446, 473.) — Als am 2. Decbr. 1320 Fürst Wizlaf seinen Dienstleuten (nostris familiaribus) Dargemar und Hermann v. Jasmund für 1600 Mk. slav. »curiam et villas Polchow, Glove et Veernort, que est sita in Jasmunde« verkaufte und sie damit belehnte, geschah es »cum judicio majori et minori, quod si in manum et collum extendit — justo titulo pheodali perpetue pacifice possidenda.

an Herrn Erasmus Steenweg verheirathet und sich deshalb verpflichtet habe, ihm so viel Land und Hufen zur Einlösung zu verschaffen, (8 Mk. vor 100 Mk.) wie im Dorfe Altenkamp bei Putbus belegen. Würde er dieser Verpflichtung innerhalb 3 Jahren nicht nachkom-

---

Als 1347 Tags vor Gregorii die Herzoge Barnim und Wartislaus den Ritter Gutzlaf Tzum und seine Söhne Peter und Nicolaus mit Clementewitz und Landen auf Jasmund belehnten, geschah es gleichfalls »cum judicio majori et minori.« — Eben so verlieh Herzog Barnim 1397 am Kindertage in den Weihnachten Nicolaus und Otto Dorst ihr nicht großes Gut zu Tribbevitz im Kirchspiel Trent „myd deme hogheſten unde myd deme ſideſten to richtende an hant vnde an hals." In allen Lehnbriefen aus späterer Zeit, die mir bekannt geworden, wird dasselbe verliehen, den einzigen des Claus Piper v. 1540 (vergl. Anmerk. zur Urk. Nr. 130.) ausgenommen, in welchem der Gerichtsgewalt gar nicht gedacht wird; ob die dort vorkommende Formel „alse manlehns recht vnd gewohnheit ys" sich etwa auf dieselbe mitbezog, wage ich nicht zu entscheiden. — Obenstehende Urkunde lehrt, daß das Gut Breetz, im Trenter Kirchspiel zu Knesenrecht ging. Später kam ein Theil desselben zu eben dem Recht an Claus Krassow, (s. U. zum J. 1488 u. 92) ein anderer an Kersten Holste, bäuerlichen Geschlechts. — 1493 Montags vor Philippi und Jacobi verließ Curdt Kralewitze, Herzogl. Voigt auf Rügen „den ersamen Hinrik und Henyngke broder genomet de Holsten den hof vnde gudt tho Breße, dat ere vader Kersten Holste vort vpre wenet heft, myt alle synen egendom vnde tobehorunge van oldinges eth, myt alsedaner vrigheyt alse ere vader dat beseten heft, vnde van Hanse vnde Hynrike broder genomet de Dessenick lost hebben vnde alse se dat vorhen hadt vnde bruket hebben" — Beisitzer: „de erbare Hans Norman to Trebbeuyse vnde Hynrik Norman tho Breße." — Obgleich nach dem was aus obigen Urk. zu entnehmen, wohl kaum zu bezweifeln, daß dieser Hof auch zu Knesen-Recht ging — so ward er doch um die Mitte des 16. Jahrhunderts als ein Bauerhof, obiger Verlaß-Brief von 1493 als ein bloßer Erbbrief angesehen. Ein Gleiches wird mit vielen andern zu Knesen-Recht besessenen Höfen geschehen sein. — Die damals verbreitete oberflächliche Ansicht, als seien Knesen etwa nur durch Familien-Verbindungen und Vermögen zu Ansehen gekommene Bauern, spricht am deutlichsten unser Thomas Kantzow (Pomerania herausgeg. von Kosegarten II. p. 433.) aus. Er sagt, nachdem er von der Wohlhabenheit und den wenigen Diensten der rügianischen Bauern gesprochen „daher es kumpt, das die pawern sich als frey achten, und dem gemeinen von adel nicht nachgeben wollen. Darin sie von deswegen so viel mehr gesterkt werden, das oft ein armer edelmann einem reichen pawren seine tochter giebt, (vergl. Anmerk. zu Urk. 130.) und die kinder sich darnach bald edel achten, dieselbigen kinder werden dann die knesen im lande genennet." — Matthens von Norman, der Verfasser des rügianischen Landgebrauchs um die Mitte des 16ten Jahrhunderts, und gründlicher Kenner rügianischer Rechtsverhältnisse, gedenkt in seinem merkwürdigen Buche weder der Knesen noch ihres Rechtes. — Kamen Knesen-Güter aber in die Hände von Herzoglichen Vasallen, so mußten diese sich das höchste Gericht zu verschaffen, welches wohl auch allein veräußert ward (vergl. Urk. Nr. 132.), oder maßten sich dasselbe auch ohne weiteres an; wäre dies nicht der Fall gewesen, so würde dies Knesen-Recht nicht so bald bis zur völligen Vergessenheit verschollen sein. Als Curd Kralevitz 1492 (s. U. z. d. J.) dem Claus Krassow „alse een lenrichter — darto geschicket" den von Berndt Dessin 1488 erkauften Antheil in Breetz verließ, ward nicht entfernt des Knesen-Rechts gedacht, womit er als „lenrichter" wohl kaum etwas zu thun hatte; schon seine Eigenschaft als „vaget vnde richter" würde wohl hingereicht haben, ein „Knesen-Gut" zu verlassen, (vergl. oben Urk. 1359) wie es denn ja auch, wie eben gezeigt, 1493 geschah. — In einem Abschiede über mehrere streitige Punkte zwischen der Wittwe des Landvoigts Wilken von Platen und dem Herzoge Philipp I. „Camp, am Sonabend nach Bartholomäi 1539" heißt es wörtlich „so vele de gerichtesgewalt tho Breetz belanget dat M. g. h. vnangesehen dat s. f. g. dersulvest vth den bren houen dat punt vnd rockhon hadde, dem de hogste vnd stedste gerichtewalt nha gewonheit vnd olt herkhamenden bruke des fürstendomes Rügen anderzig vnd volgede, dat de gemelte Platische tosampt eren kinderen des fleschen gerichte, dewile se id van einander gesundert vnd gedeilt mit eren Kindern, wo dersulvigen voroldern datsulvige gebrukt vnd gehat freddsam, doch vnschedlich siner f. g. gerechtigheit vnd gerichtswalt bevorrnet bruken, inhebben vnd beholden scholde. Nhadem se aber sich vnderstanden des gedachten ueberigen vnd stedsten gerichte halfen einem s. f. g. armen vnderthan Hans Schlichten, vmb dessulven dat he en einen gulden van dem kroge, vor de eth vnd insbor vermoge siner verplichtung so he Wilken Platen gedan to entrichten geweigert vnd vorentholden, fendlik angenhamen vnd in xv fl. brote en to betalen gestraffet, hefft M. g. h. solliß ere straffe vnd gefoderten brote nicht billigen, vth orsaken, dat de sulvigen so vormalß de houe ingehat im gantzen fürstendom keine macht ine gehat auer viff mark brote van einem ter straffe to forderen, vnd derhalffen et s. f. g. den Schlichten van dem geforderten brote wolde absoluert vnd entbunden hebben." — Wenn man diese Stelle als ganz richtig annimmt, bleibt es nun freilich auch zweifelhaft, ob die Platen 1467 befugt gewesen, das höchste Gericht in Breetz auszuüben; über eine förmliche Cession des niederen Gerichts, in dessen Besitz sie anerkannt wurden, fehlt völlig alle Spur, mir scheint es sehr wahrscheinlich, daß, nachdem Breetz in den Besitz von Bauern gekommen, sie sich dasselbe, als ob es dem oberen Gericht angehörig, angemaßt. — Ob aber überall in Rügen das höchste Gericht dem Rauchhuhn folgte, wie in obiger Urk. steht, auf welchem Argument allein gestützt der Herzog das höchste Gericht in Breetz den Platen ab und sich zuerkennen ließ, dürfte doch noch eine Untersuchung erfordern. S. W. Wohlbrück in der Geschichte des ehemaligen Bisthums Lebus I. p. 242. sagt, daß es in

men, so solle Herr Erasmus alsdann einlösen und zu Weddeschatte kaufen das Dorf und Gut zu Gr. Schwerzin, daß er nun den Mönchen zu Eldena zu Weddeschatt für 1300 Mk. sundisch versetzt habe, und so lange besitzen, bis die oben genannten Landgüter herbeigeschafft seien.

Aus einer Abschrift. Das Orig. ist im Fürstl. Arch. zu Putbus.

Tugben: Jacob Bonowe, Pravest, Her Rolef Molre, Börgermeister, Her Johan Nuling, Rathmann thom Sunde, Balthasar von Jasmunde, Hinrick von der Lancken, Bertelt Sum, Clawes Stugenewe, Clawes Crassowe unde Hans Crassowe, Börger thom Sunde.

---

der Mark gewöhnlich dem gegeben worden, der die Pacht erhielt, und zum Fleischzehnten gehört habe. Der vorsichtige gründliche Mann nennt sogar die Meinung, als ob das Rauchhuhn zu den Einkünften von der hohen Gerichtsbarkeit gehört und als Zeichen derselben anzusehen sei, eine seltsame. — In Urk. 132, wo das höchste Gericht verkauft wird, ist von keinem Rauchhun die Rede, und in anderen Urkunden über Pachtverschreibungen werden die Hüner gleich hinter der Geldpacht genannt, wie in Urk. 100 und 104. — Die Frage ohne vorhergegangene sorgfältige Untersuchung zu entscheiden, ist für Rügen doppelt schwierig, weil, wie oben gezeigt, hier bei allen zu Mann- oder Lehnrecht gehenden Gütern das höchste Gericht mit besessen ward, und wenn ein Besitzer eine Geld- und Hüner-Pacht aus einem Bauerhofe verschrieb, er zugleich den zugehörigen Theil der von ihm besessenen Gerichtsbarkeit mitveräußerte. Für das Fürstenthum Rügen, „van der Rugianschen Vere an beth tho Damgarde op de Rekenitz, darumme land vnd daren tüschen, beede wol vnd bret“ hatten die Herzoge „Wartislaf IX. und seine Söhne Erich und Wartislaf X. es anerkannt, daß es „enn olde lovelike vnd mene lantrecht“ sei „dat alle dejennen de dar hebben in den dörpern vnd landgudern de upboringe der bede vnde der munterpenninge, dat desulven dar ock hebben dat högeste recht vnd gericht in densülven dorpen vnd gudern“ d. d. Bark am Johannis Abend 1432. (Oesterling, Pommersches Magazin 2r Thl. p. 281.) — Der Name von Knesenhöfen erhielt sich aber noch auf Rügen bis ins 17. Jahrhundert. 1611 zu Bergen den 6. Mai vertauschte der Herzog Philipp Julius an Jürg Segebaden zu Ralow den Knesenhof Lybitze mit 1 Hufe, wie solcher Hof rund umher beschlossen, mit aller Herrlichkeit und Gerichtsgewalt an Hals und Hand gegen ½ Hufe in Zansebur und 700 fl. J. v. S. bezahlte auch den auf L. wohnenden Bauern 400 Mk. Erbgeld und nahm den Knesenhof L. „welcher von Alters her ein Freihof gewesen“ vom Hause Pommern für sich und seine Erben zu Lehn. — Ich glaube nun aus den oben gegebenen urkundlichen Nachrichten folgern zu dürfen, daß die Knesitzen Edle wendischen Ursprungs gewesen, die ihre Güter vom Landesherrn nicht nach deutscher Art zu Lehn genommen, daher auch keinen persönlichen Lehnsdienst geleistet, sondern demselben wohl wegen seines Obereigenthumes (vergl. Fabricius II. p. 35, aus dem auch das 1348 und folg. (s. o.) erwähnte »pheudi« herzuleiten sein dürfte, welches trotz des juris knesitzen genannt wird) ein sogenanntes Pflichtgeld (olpzghelt) entrichteten. Im Anfange des 14. Jahrhunderts (in welche Zeit ich, aus denselben entnommenen Gründen, die Roeskilder Bischofs-Roggen-Matrikel setze) noch in hohem Ansehen stehend, wofür der Ehrentitel domicellus (wenn anders die Stelle richtig gelesen) zeugt, sank dasselbe, je mehr deutsche Weise sich verbreitete. Dies beweist die Einräumung der Gerichtsgewalt über sie von Seiten des Herzogs (1326), welche im folgenden Jahrhundert selbst Vasallen über sie ausübten (1467), wie ich vermuthe durch Verpfändung des Pflichtgeldes zuerst veranlaßt. — Das höchste Gericht,

---

ursprünglich ausschließlich fürstliches Regal, ward bei den ältesten Belehnungen (1242) noch reservirt, später, noch im Laufe des 13. Jahrhunderts, ging es an die Vasallen als fürstl. Lehnträger über, und hob gewiß das Ansehn derselben sehr bedeutend. Da die Knesitzen als solche keine Güter zu Lehn besaßen, von denen sie gleich den Vasallen persönlich dienten, konnten sie auch nicht das höchste Gericht erwerben, weshalb wohl später vorzugsweise »secundum jus knesitzen« so viel als nur mit niederem Gericht begabt bedeutet, wenigstens steht es fest, daß dies in der letzten Hälfte des 15. Jahrhunderts der Fall war. Leider können jetzt wenigstens nicht anderweitige besondere Eigenthümlichkeiten desselben, als etwa Erbrecht rc. nachgewiesen werden. Im Laufe der Zeit war aber die ohne allen Zweifel edle Abkunft der Knesitzen vergessen und verschollen. Die wendische Sprache war ausgestorben, die bedeutendsten Geschlechter wendischer Abkunft (wie z. B. die Stovele, vergl. Anmerk. 19 p. 22, Anmerk. 1 p. 94 und Anml. 1 p. 96) hatten sich im Laufe des 14. Jahrh. deutscher Weise gefügt, auch wohl deutsche Namen angenommen (z. B. Stangenberg), das Fürstengeschlecht mit seinen Nebenlinien den Putbus, den Gristowe an der Spitze; wohl nur kleinere, größeren Verhältnissen ferner stehende Familien waren starr bei ihrem „alten Recht“ geblieben. Später, als Glanz und Sprache des wendischen Stammes verschollen und man die Namen „Wend oder Slaf“ für Schimpfworte hielt (Th. Kantzow Pomer. I. p. 4.), war es leicht erklärlich, daß man sie, die Knesitzen etwa für „halbedel,“ für Emporkömmlinge aus dem Bauernstande ansah. — Leider lassen sich den Urkunden nur spärliche Nachrichten über einzelne Fälle entnehmen, die zu dem Bilde der längst verschienenen Zeit nur mit großer Vorsicht, etwa wie einzelne Steinchen zu einer großen Mosaikarbeit, zu benutzen sind. — Das Wendenthum in Rügen ging in deutscher Sitte und Gewöhnung unter, der slavische Fürstenstamm hatte das Beispiel gegeben. Ob dies mit Härte und Kränkung Einzelner geschehen? — die Geschichte schweigt darüber. In unseren Tagen sehen wir einen Kampf ähnlicher Art. Ein mächtiges, deutschem Stamme entsprossenes Regenten-Haus führt einen starken Zweig des deutschen Volkes in jeder Weise dem Slaventhume zu. Sein

No. 149. Anno 1469, am St. Antonius Tage. (13. Juni.)

Otto Padel, wohnhaft zu Bandelslavitze im Kirchspiel Patzke, verkauft der Nikolai Kirche für 100 Mk. 8 Mk. Pacht aus den Höfen die Rickelt Gawerdesche und Hans Stanke bewohnen und dem Katen des Hans Drageber.

Aus dem „Kerken-Bock tho St. Nicolawes.“

Medelowere: Hans Holste, Hans van Vitzebom, Hansesson, Clawes Krassow und Henninck Holste, Henninghesson.

No. 150. Anno 1468, am Mittwoch nach Mariä Heimsuchung. (28. Juni.)

Schinkel Kak, Knappe von Wapen, zu Gernisse, verkauft an den Rathmann zu Stralsund, Johann Ruwing alles sein Gut zu Lütken Datzow mit 39 Mk. Pacht und 19 Hünern.

Nach dem Orig. im Archive des heil. Geist Klosters zu Stralsund.

Ich Schinkel Kak, knape van wapen, wonaftich to Gernissze belegen in deme kerspele to Bergen oppe Ruyen mit mynen eruen bekenne vnde betüge openbare in dessenie breve vor alsweme, dat ik rechliken vnde redbeliken na rade vnde vulbort myner negesten eruen vnde vrunde hebbe vorkoft vnde vorsaten, vorkope vnde late jegenwardigen in kraft desses breues to eneme ewigen rechtverdigen kosten kope deme beschrebene manne her Johan Ruwinge, radman tom Sunde, vnde synen eruen vor enen benomeliken summen penningen de de my van em to vuller nuge vnde to dauke wol betalet is vor der makinge desses breues, alle myn gud to lutteken Datzowe, belegen in deme kerspele to Patzeritze oppe Ruyen, dar nu Michel Swarte oppe wonet, mit negen vnde dörtich mark pacht vnde negenteyen hönre, de her Johan vorbenomt mit synen eruen alle jare oppe sunte mertens dach hebben vnde bören schal vte deme vorscreuen hove vnde vth alle synen tobehoringen, alse desulue hof nu licht vnde van oldinges vth gelegen heft bynnen allen synen maten, enden vnde scheden, id sy in acker, wische, weyde, torue, more, holtinge, wateringe, lopende vnde stande, mit visscherye, darto mit aller vrigheit, herlicheit vnde rechticheit, denste, bede vnde mit allem richte vnde rechte, sunder dat högeste richte an hals vnde an hant vnde vyf punt bede vtgenomen, darto mit aller nut vnde vrucht de dar nu ane is vnde noch ane werden mach in allen tokamenden tyden, id sy benömet ofte vnbenomt, vrig vnde qwiit, alse ik densuluen hof vnde gud mit der vorscreuen jarliken pacht vnde alle synen tobehöringen je höghest, vryest vnde eygenst ofte myne vorfaren je beseten, gebruket vnde gehad hebben, my noch mynen eruen in den vorscreuen guderen vnde in allen eren tobehoringen mit alle, nichtes nichte to beholdende, noch dat lütteke ofte dat grote, noch van gnade, bede ofte van rechte, men allent wes ik mit mynen eruen aldus lange in deme vorscreuen gude vnde der pacht vnde mit allen eren tobehöringen je gehad hebben, dat geuen wy alle tomale gantzliken ouer vnde setten mechtichliken ouer an her Johan Ruwinge vorscreuen, vnde syne eruen, en dat vortan to brukende, to vorändernde, in geistlike ofte werlike achte to kerende vnde dormede to donde vnde to latende, wes en allerbequemest vnde nuttest is, my noch mynen eruen ofte niemant van vnser wegen dar nummer nicht mer op to sakende in allen tokamenden tiden. Wert ok sake, dat jenige andere breue gefunden worden in tokomenden tiden, de schölen dessen brefe mit alle unschedelich wesen, so verne se oppe dit vorscreuen gud luden. Ok schal ik vnde wil mit mynen eruen en dat vorscreuen gud alle mit der vorscreuen pacht vnde mit alle synen tobehoringen vryen vnde entweren vor alle ansprake vnde bewernisse aller personen, geistlik vnde werlik, de vor recht kamen, recht geuen vnde nemen willen, vnde wil id em ok alse vrig vnde qwiit vorlaten, dar ick des to rechte plichtich bin, vnde warent em na vnde vor der vorlatinge, alse in deme lande recht is, vnde wyse en hyrmede myt synen eruen in de vredesame besittinge, böringe vnde brukinge des vorscreuen gudes mit alle sinen tobehoringen van stunde an in kraft desses brefes. Dit allent, alse vorscreuen is, sammeliken vnde en iszlik stücke by sick loue ik Schinkel Kak, vorscreuen mit mynen eruen vnde truwen medelaueren, alse de duchtigen manne Balthesar

Recht soll demselben gewahrt werden, aber von seinem „Deutschthum“ soll nicht mehr die Rede sein!! (Kaiser Nicolaus I. Antwort an die Deputirten der livländischen Ritterschaft im Februar 1846.)

van Jasmunde, Hinrik van der Lanken, **Clawes Crassow**, Hans Holste, **Hans Crassow, Hanses son**, vnde Bertolt Sabetze, wy alle vorscreuen louen sammentliken mit ener samenden hand allent alse vorscreuen is her Johan Ruwinge vnde synen eruen in guden truwen vnde louen stede vnde vast wol to holdende, sunder alle argelist, hulperede efte behelpinge alles rechtes efte rechtsgandes. Des to vaster vorwaringe vnde merer tuchnisse so hebben wy alle vorscreuen vnse ingesegele gehenget an dessen bref. Geuen vnde screuen na godes bort xiiii C vnde negen vnde söstich jare des negesten middewekén na vnser leuen vrouwen dage to midde samer.

Auf einem Pergamentblatt, dessen unterer Rand umgeschlagen und durch den 7 Pergamentstreifen zur Befestigung der Siegel gezogen, von denen der 5te mit dem Siegel fehlt. Sämmtliche Siegel sind in grünes Wachs gedruckt und mit einer Tectur von weißem Wachs versehen.

Am 1sten Pergamentstreifen hängt ein rundes Siegel. Der dreieckige Schild ist längs getheilt. Die vordere Hälfte ist quer getheilt, das obere Feld ist leer, das untere schräg rechts und links schraffirt. In der hintern Hälfte ein halber gekrönter Ochsenkopf, an die Theilungslinie gelehnt. Umschrift:

S. Schinkel Kak.

Das Siegel ist abgebildet Tab. XII. No. 7.

Am 2ten Pergamentstreifen hängt ein rundes Siegel. Der unten abgerundete Schild zeigt zwei neben einander stehende Ranten. Umschrift:

+ S. BATHASAR + VAN JASMUND.

Am 3ten Pergamentstreifen hängt ein rundes Siegel. Der unten abgerundete Schild zeigt einen wachsenden rechts gewendeten Löwen, mit von sich geworfenen Pranken. Unter der untern Pranke stehen 3 Sterne (1. 2.). Unter dem Leibe befindet sich eine Figur, ähnlich einer Vogelklaue. Umschrift:

+ S. HINRICK VAN DER LANKEN.

Das Siegel ist abgebildet Tab. XII. No. 8.

Am 4ten Pergamentstreifen hängt ein rundes Siegel. Der unten abgerundete Schild ist längs getheilt. In der vordern Hälfte ein links sehender Ochsenkopf mit der Stirne an die Theilungslinie gelehnt, mit herausgeschlagener Zunge. Die hintere Hälfte ist quer getheilt. Das obere Feld ist schräg rechts und links schraffirt. Das untere Feld ist leer. Umschrift:

+ S. Clawes Krassowe.

Das Siegel ist abgebildet Tab. XII. No. 9.

Am 6ten Pergamentstreifen hängt ein rundes Siegel. Der dreieckige Schild ist längs getheilt. In der vordern Hälfte ein halber gekrönter Ochsenkopf, an die Theilungslinie gelehnt. Die hintere Hälfte ist quer getheilt. Das obere Feld ist schräg rechts und links schraffirt, das untere Feld ist leer. Umschrift:

+ S. Hans Krassowe.

Das Siegel ist abgebildet Tab. XII. No. 10.

Am 7ten Pergamentstreifen hängt ein rundes Siegel. Der unten abgerundete Schild zeigt den Vorderleib von drei springenden rechts gewendeten Widdern, 2 und 1 gestellt. Die Hörner sind vorwärts gebogen. Umschrift:

+ S. BARTELT + SABESITCE.

No. 151. Anno 1471, am Dienstage vor St. Lucien Tage. (10. Decbr.)

Clawes Crassow, wonaftich to Damban, im Kirchspiel zu Patzke, verkauft dem erbaren Manne Wilhelm van Sutvelde, Bürger zum Sunde, und seinen Erben für 100 Mk. Sundisch 7 Mk. Pacht aus seinem Hofe zu Damban, den er selbst bewohnt, wiederlöslich.

Aus dem wohlerhaltenen Orig. im Haus-Archive zu Pansevitz.

Wedelowere: Hans Crassow myn broder, Tonnyes Crassow to Swechteuitze, Hans van Bozedum, Hanses son, Hans van Bozedum, Pryben son, vnde Clawes Gawern.

Von den 6 Siegeln fehlen das 2te, 4te und 5, die übrigen sind vorhanden, aber zum Theil stark beschädigt.

No. 152. Anno 1472, post Reminiscere. (24. Febr.)

Hans Crassow et Peter van Huddezem tamquam curatores relicte Hinrici de Vnna, videlicet Kuneken de Vnna recognouerunt esse obligatam dictam Kuneken domin. Hinrico de Orden in II C marcas.

Aufzeichnung im Liber. heredit. im Stralsunder Stadt-Arch.

No. 153. Anno 1472, Mittwochs vor Philippi und Jacobi. (29. April.)

Kyneke van Vnna, seel. Hinrik [1]) van Vnnas Wittwe, bekennt sich dem Rathmann Herrn Hinrik van Orden zu einer Schuld von 150 Mk. und setzt dafür, mit Willen ihrer Vormünder „alse Hans Crassow vnde Petre van Huddesem ihre vier Buden, belegen in der „bodikerstraten by olden van Huddesem orthuse" zum Pfande, reservirt sich indeß eine halbjährige Kündigung.

Aus dem Orig. im Arch. der Nicolai-Kirche zu Stralsund, No. 21.

Zeugen: Bernd Leueringk vnde Tideke Hofmeister.

Durch den untern umgeschlagenen Rand des Pergamentblatts sind 4 Pergamentstreifen zur Befestigung der 4, in grünes Wachs gedruckten, gut erhaltenen Siegel gezogen.

Das Siegel des Hans Krassow ist dasselbe, was zu Urk. No. 140. auf Tab. XII. No. 6. abgebildet ist. — Das Siegel des Peter van H., am 2ten Pergamentstr., zeigt im längs getheilten Schilde in jeder Hälfte 4 dem rechten Schildesrande zugewendete Spitzen. Umschrift:

PETER VAN — ESEM.

Es ist Tab. XII. No. 11. abgebildet.

Das Siegel des Bernd L. am 3ten Pergamentstreifen zeigt einen quer getheilten Schild. In der obern Hälfte drei rechts gewendete Lerchen (plattd. Lewark, Lewerk —), in der untern 5 Rosen (3. 2.). Auf dem Helm eine rechts gewendete Lerche. Umschrift:

S. BERND LEUERINCK.

Es ist Tab. XII. No. 12. abgebildet.

Das 4te Siegel zeigt eine Hausmarke.

No. 154. Anno 1472, tu Bergen Sonnabend nach St. Gregor. (5. Decbr.)

Matthias Kankel und Jacob, sein Bruder, bekennen; daß nachdem Junker Clawes von Pudbuske ihren Vater als seinen verlaufenen Bauern eingeschlossen, und die ehrwürdigen, tüchtigen Männer Henning Barnekow, Clawes Crassow und Raven Barnekow wegen dessen Loslassung getheidigt, sie dem Junker dies niemals verweisen noch aufrücken wollen. — Zur Urkunde von den 3 Unterhändlern besiegelt.

Aus einer Abschrift. Das Orig. ist im Fürstl. Arch. zu Putbus.

---

1) Dieser Heinrich van Vnna war ein Sohn des Bernd v. U. und Enkel jenes Tidemann v. U., für dessen Seelenheil bei der von Tönnies Ac. nach Urk. Nr. 80. gestifteten Vicarie gebetet ward. — Jener Tideman und sein Bruder Heinrich waren die ersten bekannten Männer ihres Geschlechts in Stralsund; die Descendenz des letzteren erlosch mit seinen Enkeln bereits im ersten Viertel des 15. Jahrhunderts. — (Aus J. A. Dinnies Nachrichten die Rathspersonen betr., 6r Bd. Tab. X. d.) Mit Heinrich v. Unna erlosch zwischen 1466 und 1472 der Mannsstamm seines Geschlechts. Seine einzige Tochter Ilsabe war nach Urk. 144 mit Hans Crassow in 2ter Ehe vermählt. Nach dem Siegel an einer Urk. v. J. 1444 führte Heinrich v. Unna über einem Schach 2 neben einander stehende Sterne (letztere im Schildeshaupt).

No. 155. Anno 1473, im Kloster Eldena, am Tage Agate. (5. Febr.)

Clawes Ghaweren, Hanses zone, verkauft an Johann, Abt des Klosters Eldena, und seinen ganzen Convent zu einem ewigen Kaufe sein Gut Darneuysse im Lande zu Rügen im Kirchspiel Gartz, mit 30 Mk. Pacht, auf Martini zu erheben, für 1208 Mk. sundisch, welches Geld er zu seinem und seiner Erben Nutzen angewandt. Auch überließ er dem Abt 3 Ruthen Moors, jährlich daraus für Darnevitz den Torf zu stechen und übernahm vom Herrn des Landes die Einwilligung zu diesem Kauf zu erlangen.

Aus dem Orig. im Pom. Prov.-Arch.

Medelowere: Rykelt Ghaweren, Tonnyges Ghaweren, Hans van Usedum, Hertman Plate, Tonnyges Krassow, Tonnyges Kaleke.

Die 7 Siegel fehlen.

No. 156. Anno 1474, „in den twelften.“ (25. Decbr. bis 5. Januar.)

Tönnies Krassow, wonaftich to Pantzenitze, verkauft der Brüderschaft des Calands zu Stralsund für 50 Mk. 4 Mk. aus seinem „gude to Klutze in dem Kerspele to Ginrste,“ wiederlöslich.

Aus dem Orig im Arch. des Calands zu Stralsund.

Medelowere: Tideke Wengelin, Steffen van Anen to Natzenitze, Clawes Berndes to Koutze [1] vnde Henningk Ghaweren to Zrleutze.

1) Die Familie Berndes gehörte wohl zu den kleinen adlichen Familien Rügens, und wird urkundlich bald nach der Mitte des 15ten Jahrhunderts etwa 50 Jahre lang als zu Konz, Malkevitz u. Teskevitz bei Gingst gesessen, genannt. Aus dem zusammengesetzten Wappen möchte ich auf städtischen Ursprung der Familie schließen.

An den durch den untern Rand gezogenen 5 Pergamentstreifen hängen eben so viele gut erhaltene Siegel, von denen das 1ste und 4te in grünes, die übrigen in ungeläutertes weißes Wachs abgedruckt sind; sie sind sämmtlich rund und haben mit Ausnahme des 4ten unten abgerundete Schilde.

Der Schild des am 1sten Pergamentstreifen befindlichen Siegels zeigt die linke Hälfte eines sehr roh und unvollkommen gearbeiteten Ochsenkopfs. Umschrift:

S. Tonnis Crasowe.

Es ist Tab. XII. No. 13. abgebildet.

Der Schild des 2ten Siegels zeigt, ganz abweichend von den bisher angeführten Wengelinschen Siegeln, einen stark gezahnten Querbalken und über und unter demselben einen 6strahligen Stern. Umschrift:

S. TIDEKE WENGELIN.

Es ist Tab. XII. No. 14. abgebildet.

Der Schild des 3ten Siegels zeigt einen rechts sehenden Eselskopf mit dem Halse. Umschrift:

S. STEFFEN VAN ANEN.

Der Schild des 4ten Siegels zeigt im untern Theile eine Figur, ähnlich einer französischen Lilie und über derselben, jedoch ohne irgend eine Verbindung, eine Rose. Umschrift:

S. CLAWES BERNDES.

Es ist Tab. XII. No. 15. abgebildet.

Der Schild des 5ten Siegels zeigt einen schräg links gestellten doppelten Widerhaken, dessen untere Spitze dem rechten Schildesrande zugekehrt ist. Umschrift:

S. HENINK GAVEREN.

No. 157. Anno 1474, Donnerstags nach Ostern. (14. April.)

Tonnies Gaweren verkauft an Wedige von der Osten 2 Mk. Pacht aus Tetzenvitz für 25 Mark.

Aus dem Orig. im Pomm. Pr.-Arch.

Medelowere: Hans Krassow to Vartzenevitz, Tönnies Krassow to Pansewitz und Henning Plate, wonaftich to Silenz.

Henning Platens Siegel fehlt, die übrigen sind erhalten, jedoch nicht näher beschrieben.

No. 158. Anno 1474, Donnerstags nach Walpurgis. (5. Mai.)

Wedighe von der Osten überweist dem Knappen Henning Barnekow 2 Mk. Pacht aus Tetznevitz, die er von Tönnies Gaweren gekauft.

Aus dem Orig. im Pom. Pr.-Arch.

Medelowere: Hinrik und Gödke von der Osten, myne brodere, und Tönnies Crassowe to Panserwitz.

Das Siegel des Tönnies Krassow fehlt, die übrigen erhalten, aber sehr zerdrückt und nicht näher beschrieben.

No. 159. Anno 1475, am Abend Epiphanie. (6. Jan.)

Schinkel Kack verkauft dem Priester Hrn. Johann Haue 4 Mk. Pacht aus seinem ganzen Gute zu Jernitze für 50 Mk. wiederlöslich.

Aus einer Abschr. Das Orig. im Fürstl. Archiv zu Putbus.

Medelowere: Bartelt und Hinrik Gebrüder Sabelissen und Chaten vamme Rade.

No. 160. Anno 1475, Sonnabends vor Martini. (4. Novbr.)

Rave Warnekow, bevollmächtigter Richter des Herzogs Bogislaus[1]), bezeugt, daß Hans Berghelaze und **Tönnies Krassow** ausgesagt, daß dem Priester in Gynrst aus der Wedeme daselbst 4 Mk. Pacht zuständen.

Notiz aus dem Pomm. Pr.-Arch.

No. 161. Anno 1476, am St. Brigitten Tage. (? 1. Febr.)

Wedege von der Osten, Herrn Gödken Sohn, bezeugt, daß sein Bauer Mathies Torik und sein Sohn Jacob sich vor ihm in seinem Gerichte zu einer Schuld von 50 Mk. an die Nicolaus Kirche zu Stralsund bekannt, wofür er jährlich 4 Mk. aus dem Hofe zu Ramitz versprochen. Wed. v. d. Osten, als Herrschaft und Richter, verschreibt das Bauern-Erbe, Acker, Frucht und fahrende Habe zum Pfande.

Aus dem „Kerken-Bock tho S. Nicolawes."

Zeugen: Tonnyges Krassow und Hennyngh Plate.

No. 162. Anno 1477, „up unsem schlate Tribbeses am Fridage vor Petri und Pauli, apostolorum." (27. Aug.)

Wartislaus X., Herzog von Pommern, bewilligt den Carthäusern zu Marienehe, daß sie in dem Dorfe Devin alles mögen erbeigenthümlich erkaufen, was sie zu Kaufe bekommen können, es sei die Hälfte, oder bei Vierteln oder achten Theilen.

Aus J. A. Dinnies Diplomatarium Monasterii legis Mariae. Tit. Devin No. 9.

Wir an vnd auer sin gewesen de werdigen vnd erbaren her Werner Zamer, vnse Cantzler vnd kerkhere tho Gützkow, her Vlrich Vppich, vnse sekretarius vnd kerkhere tho Kerßnevitze, Henning Barnekow, Clawes Crassow, vnse getruwen rhedere rc.

---

[1]) Wenn hier kein Irrthum zum Grunde liegt, so würde dies für die pomm. Geschichte eine interessante Notiz sein. Denn so weit sonst bekannt, regierte damals noch der Oheim des Herzogs Bogislaus X., Wartislaus X., allein im Fürstenthum Rügen.

No. 163. Anno 1478, am Tage Valentini. (14. Febr.)

Kurt van der Oe tor Oe [1]) verkauft dem Johan Prutz, obersten Stadtschreiber zu Stralsund, 16 Mk. Pacht aus seinem Hofe zur Oe für 200 Mk.

Aus einer alten Copie im Pomm. Prov.-Arch.

Zeugen: Wedege van der Osten, Clawes vom Rade, Tonnyges Krassow, Hennynk Plate to Churretulze, Hinrik Pasewalk, Schyr Pasewalk, Henneke Holst.

No. 164. Anno 1479, Sonnabends nach der Himmelfahrt unsers Herrn. (22. Mai.)

Herzog **Bogislaus X.** bestätigt der Stadt Barth und ihren Einwohnern alle Briefe, Handvesten, Freiheiten, Gnaden und Gerechtigkeiten von Artikel zu Artikel und von Wort zu Wort, wie sie von seinen Vorfahren ertheilt, im Allgemeinen, ohne sie einzeln zu benennen.

Aus dem Org. im Stadt-Arch. zu Barth.

Tughe desser dinghe sint gewest de erbaren, woldüchtigen manne Bernd Moltzan, am Lande tho Stettin Marschalk, Hans Krakevisse, vaghet tho Usedom, Tamme Schenkel, unse kantzeler unde vaghet thor Louenborch, unse rede, Henricus Krassouwe, unse scriuer, Clawes Smelink, Wicke Krakevisse, Peter Sastrouwe, knapen.

No. 165. Anno 1479, Mondags vor Martini. (8. Novbr.)

„**Johannes,** prester unde kerkhere tor Oldenkerken unde Wicke, brodere, ghenomet Krakevitzen, Hinriks sons seliger dechtnisse", verkaufen dem Kloster Hiddensee „all unse gud unde vaderlike erue in erue unde leen in deme dorpe to Breghe, beleghen up Wittouw," zu einem todten Kauf.

Aus dem Orig. im Pomm. Prov.-Arch.

Zeugen: Hans unde Curd brodere, benomet Krakeuitze, Baltazar van Jasmunde, Bertold van der Oesten to der Capelle, Hinrik unde Ricquen brodere, genomet van der Lancken, Ricquens sons, Clawes Rotermunth, Clawes Krassouw, Hinrik van der Oesten, Bertoldes sone, Henningh Norman, Clawses sone, Baltazar van der Oesten unde Raven Barnekow, Ravens sone.

Von den 14 Siegeln sind die des Johann, Hans und Kurt Kr., des Baltazar v. Jasmund, der Gebr. v. d. Lancken, des Hinrik v. d. Osten und Raven Barnekow gut erhalten, die übrigen mehr oder weniger zerdrückt und unkenntlich.

Das runde Siegel des Joh. Kr. am 1sten Pergamentstr. zeigt in der innern Rundung des Siegels einen links gewendeten aufrecht stehenden Löwen (?). Umschrift:

S. JOHANNIS KRAKEVITTE.

Es ist Tab. XII. No. 16. abgebildet.

Das runde Siegel des Hans Kr., am 3ten Pergamentstr. zeigt im unten abgerundeten Schilde einen rechts gewendeten gehenden Löwen (?). Umschrift:

S. HANS KRAKEWISSE.

Es ist Tab. XII. No. 17. abgebildet.

---

1) Mit diesem Kurt beginnt die ordentliche Stammreihe der Familie v. d. O. — vergl. Anmerk. 131 p. 11. Ob der dort 1314 und 1316, später 1339 (p. 71) und zuletzt 1348 genannte Johann v. d. O. eine Person, steht dahin. — 1349 Tags Egidii verkaufte Johann v. d. O. dem Johann Lütcken, Bürger zu Stralsund, 20 Mk. aus seinem Gute Renzkow. Bürgen waren seine Söhne Johann, Nicolaus und Willekin und Nicolaus v. d. Wisch. Heyne v. d. O. wird 1376 in einer Urk. des Nicol. Pargow als Zeuge genannt. — 1423 werden Clet und Evert v. d. O. urkundl. genannt. — Die Stammverwandten v. d. Wisch scheinen gegen Ende des 14ten oder im Anfange des 15ten Jahrhunderts erloschen zu sein. — An irgend einen Zusammenhang mit dem mächtigen Geschlechte der v. d. Wisch in Holstein ist, bei der völligen Verschiedenheit der Wappen und dem bekannten Ursprunge dieser Familie, nicht zu denken.

Das runde Siegel des Kurt Kr., am leen Pergamentstr., zeigt im altdeutschen Schilde einen rechts gewendeten klimmenden Löwen. Umschrift:

S. KURT KRAKEVITTE.

Es ist Tab XII. No. 18. abgebildet.

No. 166. Anno 1479, am Abend Thomas des Apostels. (21. Decbr.)

Clawes Ghawern, Hanses sone, bekennt, daß er dem Abt Nicolaus von Eldena und seinem Convente sein Erbe zu Darnevitze für 93 Mk. verkauft, von welchem ihm des Abts „hauemester Herr Lambrecht vam Werle" 53 Mk. bezahlt, die fehlenden 40 Mk. aber am St. Peterstage übers Jahr entrichten solle, welches Erbe mit allem Zubehör als 1 Hufe rc. der Abt so frei besitzen solle als er, Claus Ghawern zuvor, und Jerslaff vam Kalande sie hernach gebaut.

Aus dem Orig. im Pomm. Pr.-Arch.

Zeugen: Tonniges Krassow tho Pansevitze vnde Hinrik Ghaweren.

Die 3 Siegel fehlen.

No. 167. Anno 1481, Montags vor Lichtmeß. (31. Jan.)

Thomas Plate, Priester und Dekan, Arnold Tzum, Kämmerer, und alle Brüder des Kalandes zu Bergen verpflichten sich gegen Junker Woldemar von Pudbus, der ihnen das Gut Bernowe im Kirchspiel Sagard verlassen und verliehen, welches sie von Henning Tzum gekauft, zu den Diensten und Pflichten, wie sie seine übrigen Lehnleute nach ihrem Antheil thun.

Aus einer Abschrift. Das Orig. im Fürstl. Archiv zu Putbus.

Zeugen: Hinrik van der Landen vnde Clawes Krassowe.

No. 168. Anno 1483, am Tage St. Jacob. (25. Juli.)

Herr **Pribbern von Putbuske** bekennt mit seinem Bruder Waldemar von Putbuske die väterlichen Güter so getheilt zu haben, daß er, Pribbern v. P., haben solle, was ihr Vater in Dänemark gehabt, als Opborch, das Schloß in Nord Jütland und den Hof Kerdorp in Fühnen, und alle andere Güter, die dort liegen, nichts ausgenommen, und Woldemar solle haben das Schloß Putbus, in allen seinen Scheiden und was dazu gehört in Rügen, Jasmund und im Lande zu Barth. Dazu solle Waldemar bei sich behalten ihre Mutter und sie ehrlich und redlich halten und eben so ihre Schwester Giesele, und sie zu einer gleichen Ehe bringen und dazu ausrichten, beide aber auch allein beerben. Hiermit wollen beide Brüder völlig getheilt sein und nichts zusammen behalten als Lehn und gesammte Hand.

Aus einer Abschrift. Das Orig. im Fürstl. Arch. zu Putbus.

Zeugen: Herr Johann van Jasmund, Balthasar v. Jasmund, Herr Hinrick v. d. Landen, Raven Barnekow, Clawes Stugeneve, Clawes Krassowe, Volrct Wussicke, Bartelt van der Osten, Wedege van der Osten und Hinrick Wussicke.

No. 169. Anno 1485, Montags nach Neujahr. (3. Jan.)

Balthasar von der Osten bekennt, daß er zu einem ewigen todten Kaufe den erwürdigen Herrn Matheo Calik und Herrn Berend Greuenn, Priestern, Vorstehern und allen Brüdern, Priestern in der Memorie der Brüderschaft der heiligen Dreifaltigkeit zu Bergen und allen ihren Nachkommelingen 4 Mk. Geldes jährlicher Pacht in dem Dorfe zu Rametze für 50 Mk. sundischer Münze, mit Gericht und Dienst, höchstem und niedrigsten, mit aller Nutzung und Frucht verkauft habe; er behält sich jedoch den ewigen Wiederkauf vor.

Aus der Matrikel der geistl. Brüderschaften zu Bergen.

Zeugen: Wedege vnde Gobke brodere, ghenomet van der Osten vnde Tonnyges Crassouwe to Panzeuitz.

No. 170. Anno 1485, am 6. Tage Epiphanie. (11. Januar.)

Clawes Gaweren verkauft seinem Sohn Hans G. seinen Theil Gutes in dem Dorfe Karow „bonomelken dat halue dorp, myn del in der groten coppelen vnde dat veerdel in deme groten mure, myn del effte helffte in den heyden, belegen by der Wyndeldaelschen (?) scheden, darto erff vnde leen vor souen hundert mark" zu einem festen Kauf.

Aus dem Orig. im ehemal. Vlovselbritzer Haus-Arch.

Zeugen: Tönies Crassow to Panseuitze, Hinrik Gawaren to Teskenitze, Rickelt Gawern syn broder, wonastich to Silentze, Hartman Plate tom Bresen vnde Hennyck Plate to Selentze.

Die 6 Siegel fehlen.

No. 171. Anno 1485, am St. Antonius Tage. (27. Jan.)

Tönnyes Gaweren, wonafftich thom Gaweren, verkauft den Vorstehern „unser leuen frowen tiden in sunte Jacobs Kerke thom Sunde" für 100 Mk. sund. 8 Mk. Pacht „vthe mynem haue thom Gaweren dar nu vppe wanet Peter Pudeske, dar vormals Hans Jencke vppe wanet," wiederlöslich.

Aus einem Copiarium im Arch. der Jacobi Kirche f. 93 b. — 95.

Zeugen: Clawes Crassow tho Damban, Hans Crassow tho Varsenestze, Clawes Gaweren tho Morselbritze vnde Kort Krakeuisse to Pustelitze.

No. 172. Anno 1485, den 29. November zu Copenhagen.

Olauus Martini, Bischof zu Röskild, verleiht Engelbert Molre eine Vicarie in der Andreas Kirche zu Reppin (in ecclesia sancti Andree apostoli in ville Reppin) auf Präsentation Anthon Crassows von Sweckevitz, deren Hebungen in 20 Mk. von 2 Höfen in Silenz, die früher den Jeghebaden, jetzt Henning Platen und seinem Bruder gehörten, und in 1 Mk. von dem Hofe des Anthon Crassow in Sweckevitz bestanden, die durch den Tod des Magisters Heinrich von Usedom erledigt war. Als Stifter der Vicarie werden genannt der Presbiter Guslav Koveth, der Laie Anthon Crassow und Geze Rosenate. Dem Anthon Crassow von Swedevitz und seinen Erben bestätigt der Bischof das Patronats- und Präsentations-Recht dieser Vicarie.

Aus einer alten, zum Theil lückenhaften, Abschrift im Dambaner Haus-Archiv.

„Ne igitur hujusmodi redditus ecclesiastici ad vsum redeant prophanum, nos auctoritate nostra ordinaria juxta pium desiderium primorum instituentium videlicet Guslavi Koveth presbiteri, Anthonii Crassow laici et Geso Rosenates fundatorum predictorum reddituum prout in literis desuper confectis clarent luculenter, quorum tenores volumus per expressam; eosdem redditus viginti quatuor marcharum sic ut promittitur fundatos ac alios in posterum fundandos et eisdem advertendos in titulum perpetui beneficii erigimus, stabilimus, denominamus (?) et ordinamus necnon eosdem confirmamus dei nomine in hiis scriptis ac ad ecclesiasticam libertatem recipimus jus aut patronatus et praesentandi dicto Anthonii Crassouwen et suis heredibus in perpetuum respuamus de gratia spiritoali sic . . . quod postquam et quotiens istud beneficium vacaverit tociens patroni vnum presbiterum idoneum ad illud praesentabunt, alioquin proviscorum pro ista vice nobis et successoribus nostris duximus respuandos casu quo dicti redditus reempti a dictis Platen fuerint extunc patronis et vicario pro tempore existente involute . . . ."

No. 173. Anno 1486, am andern Mittwoch nach Ostern. (5. April.)

Claws Crassow gestattet, daß Hans Ustim, sein Untersaß und Bauer, wohnhaft zu Lancken, dem Herrn Johann Webele, Priester und Vicar zu unser lieben Frauen Messe zu Lancken und den Vorstehern dazu 4 Mk. Pacht von 3 Morgen Acker, Levitze genannt und einer Wiese zu seinem Erbe, den Hopfen Hof, belegen für 50 Mk. wiederlöslich verkaufen möge.

Aus einer Abschrift. Das Orig. ist im Fürstl. Arch. zu Putbus.

Zeugen: Hinrick van der Lancken und Hans Barnekow.

No. 174. Anno 1487, am Tage der heil. Dorothee. (6. Februar.)

Tonniges Krassow to Panseuisse verkauft der armen Schüler-Brüderschaft zum Sunde „alse vnser leuen vrowen vnde sunte Nicolawes" 8 Mk. Pacht aus seinem Gute zu Klutze für 100 Mk. wiederlöslich.

Aus dem Orig. im Arch. des Kalands zu Stralsund.

Medelowere: Clawes Krassow wonafftich to Dambarn, Tonnighes Krassow to Swechtenitze, Hennyng Plate tho Churetitze vnde Hennynk van der Oesten.

Von den 5 Siegeln fehlen die 2 ersten. Das 3. zeigt das auf Tab. XII. No. 13. abgebildete Siegel des Tonnies Kr. zu Pansevitz. Das 4. und 5. Siegel zeigen das bekannte Platensche und Ostensche Wappen.

No. 175. Anno 1487, am St. Peters und Pauls Abend. (28. Juni.)

Nicolaus Kak, Priester und Kirchherr zu Schwantow, Hans Kakes Sohn, verkauft den von seinem Vater an Wilhelm Nyenkerken wiederlöslich verkauften, und in dieser Weise von Johann von Rethens Wittwe dem Kloster Marienehe vermachten Hof in Goetemitz an das gedachte Kloster zu einem todten Erbkauf.

Nach dem Orig. im Stralsunder St.-Arch.

Ick her Nicolaus Kaak, prester vnde kerkhere to Swantegor, Hans Kakes zeliger dechtnisse naagelaten sone, bekenne, tughende apenbar vor my, mine eruen vnd allesweme, dat ek na rade myner negesten eruen vnd frundt myt wolvorbedachtem mode hebbe rechte vnd erdbelken vorkoft vnde vorlaten, vnde noch jegenwardigen in kraft desses breues vorkopt vnde vorlate to enem ewigen kosten kope vnd gantzliken egendome den andachtigen to gade Carthuseren des klosters Mariener by Rostock amme stichte to Zwerin belegen, en vnd alle eren ewigen nakamen mynen hof brunen Ghotemisse amme kerspele Rambin vppe deme lande tho Rügen belegen, den na tor tydt debuwet vnd bewonet Mathias Went, myt ackere gebuwet vnde vngebuwet, myt holtinge, mit wyschen, weyden vnde beger, mit aller anderen leghelyken tobehoringen nichtes vthgenamen, myt aller pacht, nuth vnde frucht, de dat nu ane es vnde in ewygen tyden ane werden kan, ock nichtes vthgenamen, myt alleme rechte, rechte vnde denste, myt deme bogesten vnde sybesten, an hant vnde hals tho rechtende, vnde degher myt aller herlicheyt, ock nichtes vthgenamen. Welkere vorbenomede hoff densülvesten Carthusere van mynen voroldeten vor twyntech vnd drehundert mark sundesch to weddeschatte vorpandet was, vnd zee my nu darenbauen vor den vorschreuen egendom eynen summen pennynghe vor makinghe desses breues wol betalet hebben. Vnd ock sette de Carthusere yn de lyfflike ewyghe besittynghe vnd hebbende were desses vorschreuenen hafes vnde beholde my vnde mynen eruen dar nichtes nycht aue ydt sy benomet effte vnbenomet. Ock ock effte myne eruen scholen vnde wollen en dessen hoff vorlaten, wo vaken zee vns darto eßken, wore wy des van rechte plychtych syn, de vorlatynge stha denne ouer lanck efte kort, de Carthusere darane vnuorsumet, vnde waren en des vore vnd na der vorlatynghe, also in deme lande eyn recht ys. Ock alle breue vnde schrefte, nichtes vthgenamen, vppe dessen vorbenomeden hoff jenegerleye wys ludende scholen behulpelik wesen den Carthuseren hyr namals, gelyk de synt gewesen my vnde myne voroldeeren hervormals. Were ock wes an dessem breue vnde kope vorsumet, dat syck to enem redeliken kesten kope behoret, dat schal my vnde mynen eruen tho neneme vramen vnde den Carthuseren tho neneme schaden kamen. Vortyge ock vor my vnd vorlate vnde vor myne eruen alles rechtes vnde behelpynghe, dar wy zee mede moghen vnde dessen breff mede breken mochten. Alle vnd ysl*k vorschreuen artikel laue ik vorbenomede her Nicolaws Karck vor my vnd myt mynen eruen den vorschreuenen Carthuseren mit mynen medelaueren, vnde duchtigen mannen also Clawes Krassowen, Tönnies Kaak vnd Hennynck Sumen, myt ener samenden hant stede vnde vaste wol to holdende sunder aller arch, vnde hebben des to orkunde vnd högher bewaringe alle vnse ingesegel henget benedden dessen breff. Gheuen vnde screuen na der bort Christi vnses heren dusent verhundert darna amme söuen vnde achtentygesten iare, in Sunte Petri vnd Pauli avende.

Durch den untern Rand der Urk. sind 4 Pergamentstreifen zur Befestigung der wohl erhaltenen, in grünes Wachs gedruckten Siegel gezogen.

Am 1sten Pergamentstreifen hängt ein rundes Siegel. Der unten abgerundete Schild ist längs getheilt. In der vordern Hälfte stehen 7 Kleeblätter (2. 2. 2. 1.) In der hintern Hälfte ein halber Ochsenkopf, mit einem Ringe in der Nase, an die Theilungslinie gelehnt. Die Umschrift:

+ S. Tonius Cak.

Es ist Tab. XII. No. 19. abgebildet.

Am 2ten Pergamentstreifen hängt das zu Urk. No. 150. beschriebene und Tab. XII. No. 9. abgebildete Siegel des Claus Krassow.

Am 3ten Pergamentstreifen hängt ein rundes Siegel. Der Schild stimmt mit dem des am 1sten Pergamentstreifen beschriebenen Siegels überein, nur, daß der obere Theil der vordern Schildeshälfte leer zu sein scheint und der untere 6 Kleeblätter (3. 2. 1.) enthält. Die Umschrift:

Sigillum Clawes Ca . .

Es ist Tab. XII. No. 20. abgebildet.

Der dreieckige Schild des runden Siegels am 4 Pergamentstreifen zeigt einen klimmenden Löwen mit gespaltenem und verschlungenem Schwanz. Die Umschrift:

S. HENNINK SUM.

Es ist Tab. XII. No. 21. abgebildet.

No. 176. Anno 1488, Donnerstags vor dem Palm Tage. (27. März.)

Margareta Preze, Priorissa, und der ganze Convent des Klosters Bergen bekennen, daß der „erwürdige" Hans Gerlach, ihr Untersasse wohnhaft zu Bergen, mit ihrem Willen und Zulaß den Vorstehern zu St. Jürgen vor Bergen in dem Lande zu Rügen 4 Mk. Pacht aus seinem Erbe für 50 Mk. sundisch wiederlöslich verkauft habe.

Aus der Matrikel der geistl. Brüderschaften zu Bergen.

Der Probst Heinrich von der Lancken und „vnßer vorstander Clawes Crassowe tho Dambunn," haben diese Verschreibung mit besiegelt.

No. 177. Anno 1488, post Quasimodogeniti. (14. April.)

Erbtheilung zwischen Tilseke von Unna, Hans Krassowen Wittwe und ihren Kindern Heinrich, Kyneke und Margarethe Kr.

Aus J. A. Dinnies Nachrichten und Urkunden, die Rathspersonen zu Stralsund betreffend, Nr. 116. [1])

Tilseke relicta Johannes Krassowen modo uxor legitima Conradi Vuntes fuit divisionem hereditariam pueris suis Hinrico, Kyneken et Margerete condictis Krassowen ab ea et dicto Johanne patre procreatis, ita quod dedit et assignat eisdem curiam integram to Pustelisse, in qua pro nunc Curt Krakevitze habitat, item tres *kotas* in villa Reppin dicte curie Pustelisse adiacente, item quatuor marcas to Bandelvitze in curia Jacob Pudbusen, item de curia Henning Ryschen to Gussevitze x marcas. Predicta bona debent habere prefati pueri integre cum omnibus suis attinentiis et grauaminibus, quibus predicta bona granata existunt. Insuper dat et assignat predictis pueris et eorum tutoribus, videlicet dno. Thiderico de Huddezem et Cerstiano Symonis, Consulibus, et Nicolao Zumen vltra premissa medietatem omnium et singulorum bonorum infra scriptorum, videlicet medietatem ville Ruskenisse [2]) *upp Jasmunde* cum grauamine centum marcarum item medietatem ville Lubetze cum jure patronatus vicarie ibidem, item medietatem redditum in Buzen cum Erico de Raden et Merten Schutten comparatorum, item medietatem ville *tor Melnitz* cum grauamine suo quinquaginta marcarum, item medietatem reddituum in Dumrade, item medietatem reddituum cum Hinrico Eden in Karow, item medietatem reddituum cum Hans Dargeslaf in Gurreuisse cum iure patronatus vicarie ibidem existentis, item medietatem reddituum in Wargetzowe cum jure patronatus vicarie ibidem, item medium molendinum in Ginzst cum grauamine ejusdem; item medietatem in Gustowe; insuper medietatem orti in *de westige*, item medium ortum apud *vresten wort*

---

1) Als Quelle ist das oberste Stadtbuch »super obligationibus hereditatum post quasimodogeniti im Jahr 1488« angegeben.

2) Es war dies der Antheil in Ruskevitz, der 1430 (u. f.) von den v. d. Bughe verkauft war. Conrad v. d. B. war der erste dieser Familie, der auf Rügen genannt wird. Die Gebrüder Tönnies und Cord v. d. B. 1379 u. f. mochten seine Enkel sein. 1415 am Matthaeus Tage verkaufte Hans v. d. B. seinem Schwager Vereslaf Bonow „alle mvn gud dat ik hebbe tho Ralewyl alse ik Vereslaf vore vryg beseten hebt:" welches von Vereslaf Bonow 1416 am Tage Matthaeus an den Bischof Peter von Roeskilde zu einem todten Kauf verkauft ward (Bürgen der letzteren Verschreibung „her Henningh von Jasmund, rydder, Rauen Barnekowe, Thepe Cernyn de olde, Henningh Sabeltze, Jacob Bonowe und junghe Henning Sabeltze"). Heinrich v. d. B. 1430 war vielleicht ein Vater der Brüder Tönnies (zu Ruskevitz) und Hans v. d. B., die mit ihrem Vetter Hinrich v. d. B. von 1436 — 64 genannt werden. 1481 Montags vor Michaelis verkauften Nicolaus, der Guardian des Franciscaner Klosters zu Greifswald, und Hans v. d. B., Gebrüder, an Diderik von Huddesen Tylens Sohn, Rathmann zum Sunde, den Hof des Hans v. d. B. zu Ruskevitz im Kirchspiel Bobbyn zu einem todten Kauf. Ihre Brüder Korth und Henneke genehmigten dies, und Temas (Tönies) v. d. B. bürgte mit andern für den Kauf. 1512 verkauften die Gebr. Dyderik und Jacob von Huddessem diesen Hof an das Kloster Oldenkamp. Die Familie v. d. B. ist gewiß sehr bald darauf erloschen oder doch verschollen (vgl. Anl. zu Urk. 223.) Mir scheint es wahrscheinlich, daß Ruskevitz und nicht Kesekevitz bei Bergen gemeint, wenn das Gut des „Tonges van dem Boghe — tho Rosekeuytze" in einer Urk. v. J. 1361 (Berger Matr. Nr. 102) genannt wird (vergl. Grümbke Gesch. des Kl. Bergen p. 95). Wohl zu unterscheiden von diesem Geschlecht, welches einen Adler im Wappen führte (Tab. IX. 4.), ist die in Anmerk. 1 zu Urk. 71 genannte gleichnamige Familie, die mit den v. Schlitze auf Wittow stammverwandt war. Letztere erlosch noch im 14. Jahrh., denn 1394 Montags nach Lätare verliehen die Herzoge Barnim VI. und Wartislaus VIII. an Everard Hup alles was die Gebrüder Herman und Timme v. d. B. Bürger zu Stralsund vormals in dem Gute Scharpitz zu Lehn besessen und nach ihrem Absterben der Herrschaft heimgefallen war. — Auf Wittow angesessen, wo sich die Verwandten dieser Familie von Schlitz, von Gubbevitz nannten, dürfte es nicht unwahrscheinlich sein, daß sie sich nach der dortigen Halbinsel, die noch heute „der Bug" heißt, nannten. Aus dem Gesagten dürfte sich die Unhaltbarkeit der von Schwarz (in seiner Lehns-Hist. p. 1138 und 39) aufgestellten Conjunctur des gemeinsamen Ursprungs der Bughen und der Buggenhagen ergeben. Der erste Buggenhagen, der mir bisher vorgekommen, ist der Ritter Wedege v. B. Er wird 1284 als Zeuge in der Urk. genannt, in der Herzog Bugslaf der Stadt Greifswald das Dorf Darghelin bestätigt.

cum medietate quatuor bodarum ibidem, item medietatem angali in *Ossenreygerstraten* cum medietate bodarum et cellariorum ibidem, cum omnium dictorum bonorum attinentiis. Item dat et assignat dictis pueris tredecim marcas argenti proprie *lodige mark suluers.* Pro quibus prefata Tilseke mater obtinere debet omnia clenodia in auro, in margaritis, in *corallensnoren* et in *tafelsmyde.* Item dat eisdem pro medietate ventimentorum suorum quinquaginta marcas. Item debet dare dicte filie sue Margarete Crassowen cum viro nuptui tradita fuerit, vnum *stantem bedde* cum supellectili, sicut dicta mater habuerit et eidem filie decens fuerit. Pro quibus etiam dicta mater retinere debet omnia lectisternia, proprie *beddegewant*, sicuti in domo est. Item dat eisdem pueris medietatem omnium apum et ovium, vbicumque fuerint. Item omnia credita exstantia debent manere coniunctim apud matrem et dictos eius pueros immouenda. In effectum premissorum omnium et hujusmodi diuisionis hereditarie debet dicta Tilseke mater cum marito suo presenti Conrado Vust prefato obtinere integram domum siue hereditatem stantem in platea *Ossenreygerstraten* inter domos Hinrici Micheln ab vno et Hinrici Dummens lateribus ab altero, cum sartagine braxali, instrumentis braxatoriis, cum braseo, humulo et uno iugere agri, item cum omnibus vtensilibus domus, proprie *husgerede*, prout est et omnibus aliis suis attinentiis. Occasione cujus diuisionis hereditarie est prefata mater Tilseke a prefatis suis pueris pretextu paterne hereditatis totaliter separata et diuisa, ita quod de hujusmodi hereditate paterna dictis suis pueris nichil tenetur obligata.

No. 178. Anno 1488, Freitags vor St. Johannis Baptiste. (20. Juni.)

„Hinrik Bole to Slavekevitze in deme kerspele tom Suder" verkauft der Nicolaus Kirche zu Stralsund für 100 Mk. 6 Mk. aus dem von ihm selbst bewohnten Hofe.

Aus dem „Kerken-Bock the St. Nicolawes."

Medelowere: Clawes Krassow to Damban, Balthazar van der Oesten to der Vnrowe, Wedege van der Osten to Dubberkeuitze, Kord Krakeuitze to Postelisse, Götke van der Oesten to Rametze vnde Hennenk Bergelaze to Slauekevitze.

No. 179. Anno 1488, Freitags vor St. Johannis Baptiste. (20. Juni.)

Henning Bergelaze, wohnhaft zu Slavekevitze verkauft den Vorstehern der St. Niclas Kirche wiederlöslich für 100 Mk. 6 Mk. Pacht aus dem von ihm selbst bewohnten Hofe.

Aus dem „Kerken-Bock tho S. Nicolawes."

Medelowere: Clawes Krassow tho Damban, Gotke van der Osten tho Rametze, Erick Barnekow tho Silnevitze, Raven Barnekow tho Kublekow, Hinrik Bole tho Slavekevitze vnd Henninck Bergelaze tho Teskevitze.

No. 180. Anno 1488, am Tage St. Lucien. (13. Decbr.)

Berndt Deszinck, wohnhaft zu Rostock, verkauft an **Claus Krassow** seinen Hof und Gut zu Bretze „mit erwe vnde Knezen rechte."

Nach einer Abschrift im Dambaner Haus-Arch.

Jck Berndt Deszinck, wonafftich to Rostock, bekenne mit mynen eruen vor alsweme, dat ick na rade vnd vulbord myner eruen vnd negesten frundt hebbe vorkofft vnde vorlaten, vorlate vnd verkope to enem ewigen kosten kope deme erbaren manne Clawes Crassouwen vnd sinen eruen minen hoff vnd gud to Bretze, belegen in dem kerspele to Trente, vnde alle des hanes tobehoringe vor einen summen penninge, dat ick ane vornoget bin vor der makinge disses breues. Dissen vorbenomten hoff vnde gud schal Clawes ergescreuen vnde siue eruen hebben vnde bruken mit erue vnde Knetzenrechte, mit acker, buwet vnde vngebuwet, mit wischen vnd weyden, mit allen holtingen, mit mere vnd torne, mit water, stande vnd fletende, mit meenheiden, mit all' sinen tobehoringen, mit aller nuth vnd frucht, de dar nu ane is, vnd noch ane werden mach, mit aller herlicheit, frigheit vnd rechticheit alz myn vader Arnd Detzinck seliger dechtnisse vnde (mine) vorolderen vor vnde ick na dat alder frigest gehat vnd beseten hebben vnde ick mit mynen eruen, edder mynes vader eruen beholden an dissem vorbenomeden gude ifte in sinen tobehoringen altes nicht, noch richte noch denst, noch jenigerleie toseggent, men allent wes myn vader vor vnde ick na dar ane hebbe ifte gehadt hebbe, idt sy benomet edder vnbenomet, dat wise ick mit minen eruen gantzliken vnd alle to Clawes Crassowen vorbenomt vnd sinen eruen. Ock schal ick mit minen eruen Clawese vorscreuen vnd sinen eruen dissen vorbenomten hoff vnd gut mit sinen tobehoringen vorlaten vor den heren des landes wen ick ifte mine eruen van em darto geeschet werden, vnd waren em vor der vorlatinge vnd na, vnd entfrigen vor alle ansprake aller personen to rechte, alz recht. Disse vorscreuen stucke vnd articule stede vnde vast wol to holdende in guten truwen Clawes Crassowen vnde sinen eruen laue ick Bernd Detinck vorscreuen vor my vnd myne eruen sunder jenigerleye hulperede ifte argelist. Des to groter bekenntnisse, so hebben de ersamen Hans Hogedorp, Hinrik Tzeente vnde Michel Vitterick, borger tom Sunde, ere ingesegelle vmme mines bedes willen gehenget nedden dessen breff. Geuen na der bort Christi veerteinhundert an deme achte vnde achtigesten jar an dem dage Sunte Lucie der hilligen juncfrouwen.

No. 161. Anno 1489, Dinstags nach Kreuzerfindung. (28. April.)

Clawes Gaweren auf dem großen Hofe zu Zylense verkauft an her Vyth Wulue und olde her Dyderik van Huddesem als Vorsteher des St. Jürgen Gotteshauses 12 Mk. Pacht aus seinem Hofe zu Zylense für 200 Mk. wiederlöslich.

Aus dem Orig. im Pomm. Prov.-Arch.

Medelowere: Volret Gaweren min broder, Clawes Bernt to Teskenisse, Tönniges Krassowe to Panskenisse, Clawes Bonowe und Henneke van Vzedum.

Die Siegel sind abgefallen.

No. 162. Anno 1489, Sonnabends vor Martini. (7. Novbr.)

Baltzer Jasmunde, wonaftich vp Jasmunde, und Steffan van Nanen, wonaftich tor Multze, verkaufen Herrn Carsten Symen, Rathsmann zum Sunde, für 500 Mk. 34 Mk. Pacht aus ihrem Hofe zu Sallentin im Gustower Kirchspiel, der nun in zwei Höfen liege und von Kersten Lütke und Claus Dam bewohnt werde, deren jeder 17 Mk. geben; behalten sich jedoch den ewigen Wiederkauf vor.

Aus einer alten Abschrift in den Lehn-Acten der von Ahnen, No. 5. f. 3 u. f. im Lehn-Arch. zu Greifswald.

Medelowere: Hans Krassow to Parsitzenitz, Tönnies Krassow to Schweichtenitze, Arndt van der Osten und Hans Rotermund, mine dochtermanne, Henning van Nanen tho Natzenitze und Hans Pretze vp dem Zuder.

No. 163. c. 1490.

In einem Verzeichniß der von den Jungfrauen, die in das Berger Nonnenkloster aufgenommen werden, gezahlten Einkaufgeldes aus dem 15ten Jahrhundert werden genannt:

Item Beale Crassow c marce, — item Cecilia Wyssecke c marce, item Lucie Crassow c marce.

Matrikel des Klosters Bergen f. 83. Gedr. in Dr. J. J. Grümbkes Geschichte rc. des Nonnenklosters rc. in Bergen p. 20. rc.

In einem Verzeichniß der Nonnen „die keine Pröfen haben," aus dem J. 1490 wird **Gerdrudt Krassowen** mit 8 Mk. genannt.

Aus dem Regestum Monialium de Bergen anno 1490, gedr. in dem Anhange zu C. D. Gustav v. d. Lancken Rügensche Geschichte. Greifsw. 1819, p. 74 seq.

No. 184. Anno 1491. Freitag nach Tiburtius dem Märtyrer. (15. April.)

Henninck van der Osten to Bussenisse verkauft den Procuratoren der Marien Brüderschaft „in vnser leuen fruwen kerke tom Szunde" für 30 Mk. 4 Mk. aus dem Hofe zu Burowe den Laurenz Sekute bewohnt, wiederlöslich.

Aus einer beglaub. Abschrift im Arch. des Calands zu Stralsund.

Medelowere: Tönnies Krassow to Pansevisse, Steffen van Auen to Mulze vnd Hinrik van Auen to Natzeuisse.

No. 185. Anno 1491, Montags nach St. Urban. (30. Mai.)

Hennink Plate to Zylentze verkauft den Procuratoren der Brüderschaft des Kalandes zum Sunde für 13 Mk. sund. 16 ßl. Pacht aus Peter Schlichtens Kruge zu Trente mit allem Zubehör „myt alleme richte vnde rechte deme hogesten vnde sydesten," wiederlöslich..

Aus dem Orig. im Arch. des Calands zu Stralsund.

Medelowere: Tonnyges Krassouwe to Panseuisse, vnde Hennink Bergelase to Tesleuisse.

Durch den untern Rand sind 3 Pergamentstreifen zur Befestigung der drei in grünes Wachs gedruckten und mit einer Tectur von weißem ungeläuterten Wachs versehenen runden Siegel gezogen.

Das 1. zeigt im dreieckigen Schilde das gewöhnlich Pl. Wappen. Das 2. Siegel ist zu Urk. No. 136. beschrieben und Tab. XII. No. 13. abgebildet. Das 3. am rechten Rande stark beschädigte Siegel zeigt im dreieckigen Schilde einen senkrecht gestellten, mit den Scheeren dem Schildesfuß zugewendeten Krebs. Die Umschrift:

S. HENNINK BER . . .

No. 186. Anno 1491, Montags vor Simonis und Judae. (24. Octbr.)

Hans Crassow verkauft an Nicolaus Kontz, Vicar in der Kirche zu Reppin, und den Patronen seiner Vicarie **Claus Crassow, Heinrich Crassow, Tönnies Crassow,** seinem Bruder, und sich selbst 12 Mk. jährlicher Pacht aus seinem Dorfe und Gute Vartzenevitz für 200 Mk. wiederkäuflich.

Nach einer Abschrift aus dem Tambauer Haus-Arch.

Ick Hans Crassow bekenne mit minen eruen vor alsweme, dat Ick hebbe vorkoft vnde vorlaten, vorlate vnde vorkope tho eneme ewigen koften kope deme ewerdigen manne Er Nicolao Kontzen, prestere, vicarie in der kerken tho Reppin vnde Clawes Crassowen, Hinrik Crassowen, Tönnies Crassowen minem broder, vnde mi als patronen der vorbenomeden vicarien vnde alle eren nakomelingen twelf mark geldes jarliker pacht in minem dorpe vnde gude tho Vartzenevitz als dar nu Varnowe want achte mark gheldes vnde dar nu Michel

Janke want, ver mark gheldes vor twehundert mark guder sundischer wonliker munte, dar Ick aue vornoget bin vor der makinge disses breues; disse vorschreuene twelf mark gheldes schal her Nicolaus vorbenomet edder sine nakomelinge hebben vnde boren fredesam alle jar des negesten daghes sunte Martens vt dem vorbenomeden gude vnde vt alle sinen thobehoringen, vnde were dat he en denne nicht worden, so dest he vnde sine nakomelinge, eft wem dat beualen wert, vullenkamen macht de vorbenomeden twölf mark geldes vth tho pandende vth deme vorbenomeden huuen vnde gude vnde vt alle eren thobehoringen so vaken en dat behuf is, vnde mit den panden to varende als pachtrecht is. Ok so schall her Nicolaus vorschreuen vnde sine nakomelinge desse vorschreuen twelf mark gheldes hebben vnde bruken mit richte vnde denst, bogeste vnde sideste mit aller nut vnde frucht de dar nu ane is vnde noch an werden mach vnde alle herlicheit, friheit vnde rechtigheit als mine eldern vor vnde Ick na die allerfrigest gehat vnde beseten hebben. Ock so schall Ick mit minen eruen her Nicolao vorschreuen vnde sinen nakomelinghen de vorbenomeden twelf mark geldes entfrigen vnde entweren vor allen herendenst, plicht vnde vnplicht de dar vp kamen muchte, vnde vor alle ansprake aller personen geistlik eft werlik de vor recht komen, recht geuen vnde nemen willen. Ock schall Ick mit minen eruen her Nicolao vnde den patronen vorbenomet vnde eren nakomelingen disse vorschreuen twölf mark gheldes verlaten vor wem wi des plichtich sin, wan ick efte mine eruen darto geeschet werden, vnde waren vor der verlatinghe vnde na als in dem lande ein rechte is. Ock so mach her Nicolaus vnde de patronen vorbenomet mit eren nakomelingen de vorbenomeden twölf mark gheldes vorkopen, vorbuten, voranderen iste vorwandelen in geistlike eft werlike acht to nutticheit der vorschreuen vicarien wor vnde wo se willen, vnde dem se aldus denne sin vorandert, will Ick mit minen eruen holden alle artikele dis breues. Doch so beholde ick mi vnde minen eruen den ewigen wedderkop disser vorschreuen twölf mark gheldes, wen so schall Ick efte mine eruen en eft eren nakomelinghen thoseggen vp einen sunte Johannes Baptisten dach tho midden somere vnde geuen en denne in den vier hilligen daghen tho winachten, denne negstfolgende twehundert mark mit der jarliken vnde plichtliken pacht, vorschreuen guder sundescher munte als denne (genge) vnde geue is, sonder eren efte erer nakomelinge bewisliken schaden. Alle desse vorbenomeden stucke vnde articele stede vnd vast woll tho holdende laue Ick Hans Crassow vorschreuen mit minen eruen vnde mit minen truwen medeloueren als Balzer van der Osten, Raven Barnekow tho Koseldorp, Henning Plate tho Chuteriz, Raven Barnekow, Erikes sone, Nickel Nettermundt vnde Henning Bergelase, Hanses sone. Wi alle lauen in guden truwen mit einer samenden handt her Nicolao Konzen, Vicario vnde sinen Patronen vorbenomet vnde alle eren nakomelinghen alle desse vorschreuen stucke stede vnde vast woll tho holdende sonder jenigerleie hulperede iste arghelist. Des tho groter bekantnisse so hebbe wi alle vnse ingesegele gehenget nedden dissen bref. Geuen na der bort Christi vierteinhundert an deme ein vnde negentigesten jare des mandages vor dem daghe sunte Simonis vnde Judae der hilligen Apostolorum.

No. 187. Anno 1491, Tags vor Lucia. (10. December.)

Clawes Gaweren to Zylenze, verkauft den Vorstehern der Marien Kirche zu Stralsund, als her Rolof Molre, borgermeistere, her Nicolaus Rotghere, radmanne, Clawes Molre, Peter Witten, Hans Byrouwen, 3 Mk. Pacht aus einem Hofe zu Zylense für 50 Mk. wiederlöslich.

Aus dem Orig. im P Prov.-Arch.

Medelowere: Clawes Gaweren tom Gawerten, Tonniges Crassowe to Pansevitze vnde Clawes Bernd to Kolze.

No. 188. Anno 1492, im Kloster Marienkron am Sonntage nach den heil. drei Königen. (8. Januar.)

Arnd van der Osten, wonafstich to Rattenevitze oppe Jasmunde, vnde Hennynk von der Osten tho Lutzevitze oppe Ruygen verkaufen dem Kloster Marienkron für 50 Mk. 3 Mk. aus Hans Orkeuitzens

Hofe zu Lutzenytze im Gingster Kirchspiel, wiederlöslich.

Aus J. A. Dinnies Diplomatar. Coenb. Mariae coron. Sect. XIV. No. 12.

Zeugen: Baltazar van der Osten thor Burowe in deme kerspele to Gynzste, Wedeghe van der Osten tho Dubberkeuytze, Hinrik van der Osten tho Lutzenytze vnde Thonges Crassowe tho Pantzeuitze.

No. 189. Anno 1492, am St. Gregorius Tage. (9. März.)

Clawes Bole, Stüringes sone, verkauft an Hinrick v. d. Lancken, Ricquens sone, 8 Mk. Pacht aus seinem Hofe Maldenbritze für 100 Mk., wiederlöslich.

Aus dem Orig. im P. Prov. - Arch.

Zeugen: Stürink Bole, Bernd van der Lancken to Woldenitze, Vicke Quaztе, to Ganselitze vnde Vicke Quase to Varnkevitze, Ghert Quatze, Hynrik Kak, Pawel Vyrse vnde Vicke Bole.

Die Siegel fehlen.

No. 190. Anno 1492, ghenen vnde schreuen an deme kloster Marienkron, — des midewekens na der Cantember? ...? (? 14. März — 13. Junius — 19 September oder 19. December.)

Raven Barnekow, Ravens sone, wonaftich to Kotzelstorpe im kerspele tho Berghen, verkauft den geistlichen Personen Alheyt Elmenhorstes, abtissen vnde Hynrico Kummerowen ghemenen bychtegheren vnde allen anderen susteren vnde broderen des klosters Marienkron ɪc. beleghen vor deme Stralessunde für 100 Mk. 6 Mk. Pacht aus Soldekevitz im Kirchspiel Rambin, wiederlöslich.

Aus J. A. Dinnies Diplomatar. Coenob. Mariae coron. Sect. XIV. No. 13.

Medelouere: Clawes Ghaweren van Moiselbritze, Rydelt Rotermunt, Hynrik Ghaweren syn sone, Tonnyges Crassowe to Tzweghewytze, Hynrik van Anen, Henningh Plate to Tzylentze.

No. 191. Anno 1492. Montags vor St. Jacobs Tage. (23. Juli.)

Curd Krakevitz, Herzogl. Vogt und Richter auf Rügen, verläßt als ein Lehnrichter dem Claus Crassow das von Bernd Desinck in Breetz gekaufte Gut.

Nach einer Abschrift aus dem Dambaner Haus-Arch.

Jck Curd Krakeuitze des irluchten hochgebaren forsten vnde heren, heren Bugslaffs to Stettin, to Pamern ɪc. Hertogen, Heren vnde Forsten to Rügen, vagete vnde richter vppe Rügen, bekenne mit mynen bisitteren nageschreuen vor alsweme, dat vor my am sittenden richte in sunderger beuelinge des vpgescreuen hochgebarnen heren is gewesen de ersame Bernd Desinck, borger to Rostock in vulmechtichеit, vnd hefft mit sinen eruen in frigen willen affgelaten van dem gude vnd haue belegen vppe Rugen in deme kerspele to Trenthe in deme dorpe Bretze an Clawes Crassouwen vnd sine eruen, alse de erbenomte Clawes dat vorscreuen gud van deme suluen Bernde hirvormals entliken gekofft hefft, vnde Jck alse eyn leenrichter van vnseme gnedigen heren vorgemelt darto geschicket deme suluen Clawese vnd sinen eruen inwise, des rechtes vorth vorlaten vnde inwiset hebbe, dat to besittende na lude sines breues. Des to groter bekantnisse so hebbe ick Curdt vorscreuen richter, mit den erbaren Rauen Barnekouwen deme oldern vnde Henningk van der Lancken, myne bisittere, vnse ingesegelle gehenget nnden dissen breff. Geuen na gades bort meccc an deme xcii jar des mandages vor sunte Jacobs daghe.

No. 192. Anno 1492, am Abend der 11000 Jungfrauen. (21. October.)

Balteser van Jasmunde verkauft den Vorstehern des Kalands zum Sunde für 25 Mk. 2 Mk. von Hinrik Burmesters Hofe „to Pluchghouwe belegen in deme kerspele to Zaghardе" wiederlöslich.

Aus dem Orig. im Arch. des Kalands zu Stralsund.

Zeugen: Tonnyges Krassouwe to Polpreuisse, Cord Smachtesbagen, Clawes Smachtesbagen, Tonniges Krut te Zagbarde.

An 5 Pergamentstreifen hängen eben so viele runde Siegel, in ungeläutertes weißes Wachs gedruckt. Das Siegel des Balt. Jasm. zeigt die 2 Rauten, die S. des Cord und Claus Sm. einen linken Schrägfluß. Das des letzteren mit der Umschrift: **S. CLAWES SMACHTESHAGEN** ist Tab. **XII. No. 22.** abgebildet. Das Siegel des Tonnies Kint zeigt den rechts gewendeten Adlerkopf Das Siegel des Tönnies Kr., das 2te in der Reihenfolge, ist völlig zerdrückt.

No. 193. Anno 1492, am St. Andreas Abend. (30. Novbr.)

Heinrich Schmachteshagen zu Campe, verkauft dem Rathsverwandten Cord Rugemann, als derzeitigem alleinigen Vorsteher des Gotteshauses St. Jürgen am Strande für 100 Mk. 6 Mk. Pacht aus seinem Hofe zu Campe auf Jasmund, wiederlöslich.

Aus J. A. Dinnies **Diplomat. Domus St. Georgii. Strals. p. 97 — 98.**

Zeugen: Clawes Smachteshagen, Clawes son, tho Zelße, Helmich Smachteshagen, Clawes son, tho Dalmeuisse, Tonniges Krassouwe, Clawes son, tho Polpevisse, Henning vam Rabe, Steffens son, tho Syssouwe.

No. 194. Anno 1492.

„Verkoft **Hennecke Kock** dem Closter (Bergen) den halven kroch thor Rigenkerken."

Aus Erasm. Husens Verzeichniß.

No. 195. Anno 1493, am St. Fabians und Sebastians Tagr. (20. Januar.)

Henningk van der Osten to Bussevisse im Kirchspiel Gingst verkauft den Procuratoren der Marien Brüderschaft zum Sunde für 10 rheinl. Gulden 2 Mk. Pacht aus Hans Lütkens Erbe zu Bussevisse, wiederlöslich.

Aus dem Orig. im Arch. des Kalands zu Stralsund.

Zeugen: Tonnies Krassowe to Panseuitze, Henningk Verghelaze to Teskevisse vnde Henningk van der Osten to Bussevisse.

Durch den untern umgeschlagenen Rand sind 4 Pergamentstreifen zur Befestigung der vier runden in grünes Wachs gedruckten und mit einer Tectur von weißem ungeläutertem Wachs versehenen Siegel gezogen. Das 1ste und 4te sind stark beschädigt, doch erkennt man noch, daß sie das gewöhnliche Ostensche Wappen enthalten. Das 2te Siegel ist das zu Urk. **No. 156.** beschriebene und Tab **XII. No. 13.** abgebildete Siegel des Tönnies Krassow. Das Siegel des Henning Berglase zeigt den Krebs, es ist jedoch nicht das zu Urk. 185 beschriebene senkrecht gestellte Siegel.

No. 196. Anno 1493, Mariae Magdalenae. (22. Juli.)

Dominus Gherardus Bolcke accepit in dotalitium cum uxore sua moderna Margareta, filia olim Johannis Crassouwen. p. m. medietatem domus angularis site in platea dicta ***Ossenreygerstrate*** **in acie platee doleatorum. —**

Item ducentas marcas sundenses in Karow, quas **Hinricus Crassow** dicto domino Gherardo debet expagare. (?) Item adhuc centum florenos renenses.

Aus dem liber resignationum im Stralsunder St.-Arch.

No. 197. Anno 1493, am Michaelis Abend. (29. September.)

Clawes Gaweren to Zylentze verkauft den Vorstehern des St. Jürgens Gotteshauses „her Hennink Wardenberghe und her Gordt Rugemanne radmannen" 6 Mk. Pacht aus dem Dorfe Zylentze für 100 Mk.

Aus dem Orig. im Pom. Prov.-Arch.

Zeugen: Volret Gaweren, myn broder to Solensse, Clawes Gaweren tom Gaweren, Clawes Bonowe to Syrmovsel vnde Tonnyges Krassouwe to Panseuitze.

Von dem Siegel des Klaus Bonow ist ein Fragment erhalten, die übrigen fehlen ganz.

No. 198. Anno 1493, am St. Nicolaus Abend. (6. Decbr.)

Hennink Plate to Ghurretisse verkauft den Procuratoren des Kalandes zum Sunde für 50 Mk. 3 Mk. Pacht aus den von ihm selbst bewohnten Hofe zu Ghurretisse, wiederlöslich.

Aus dem Orig. im Arch. des Calands zu Stralsund.

Zeugen: Tonnyges Krassouwe to Panseuitze, Hennink van der Osten to Busseuisse vnde Hennink Vergelase to Teskeuisse.

Von den 4 Siegeln fehlen die 2 letzten. Das Siegel des Henn. Pl. zeigt das bekannte Platensche Wappen, die 2 Flügel mit den Köpfen auf den Sachsen. Das des Tön. Krassow ist zu Nr. 156 beschrieben und auf Tab. XII. No. 13. abgebildet.

No. 199. c. Anno 1493.

Emeke Wosseke, wonaftich to Darsitz, genehmigt, daß sein Untersasse Hinrik Smidt zu Cirkouwe der Brüderschaft Gottes und seiner Heiligen zu Bergen 2 Mk. Hebungen für 25 Mk. verkaufen möge. (Das Ende der Urkunde fehlt).

Aus der Matrikel der geistl. Brüderschaften zu Bergen.

No. 200. Anno 1494, Freitags vor dem heil. drei Königs Tage. (10. Januar.)

Rickelt Ghaweren, wonaftich to Karow in deme kerspele to Samptyns, verkauft dem Herrn „her Gerwen van Hudbessen, kalandesheren tome Sunde" für 30 rheinl. Gulden 9 Mk. Pacht aus seinem Wohnhofe zu Karow, wiederlöslich.

Aus dem Orig. im ehemal. Morselbritzer Haus-Arch.

Zeugen: Tonnyges Back to Cholemytze, Hans Holste to Garlerow vnde Titke Wengelin to Grosenberge.

Von den vier Siegeln hat sich nur das letzte erhalten. Obgleich sehr zerdrückt, läßt sich im Schilde ein geschachter rechter Schrägbalken erkennen.

No. 201. Anno 1494, Sonntags nach der Octave des heil. Leichnams. (8. Juni.)

Heinrich von der Lancken, Ricqwens Sohn, bekennt mit seiner Hausfrau Ghiseken, „Junckheren Clawes van Pubbusken zeliger dochtuisse nalatenen dochter" 500 Mk sundisch Mutter-Erbe, außer den 1700 Mk. Brautschatzes, empfangen zu haben. Dazu habe ihm Junker Woldemar van Pubbuske, seiner Hausfrau Bruder, die Besserung in dem Gute und Dorfe Radelisse gegönnt, welches er eingelöst habe, und hebe er daraus 80 Mk., je 7 für hundert. Stürbe seine Hausfrau vor ihm, ohne Leibes-

Erben zu hinterlassen, so solle er und seine Erben ihren Erben wieder entrichten und bezahlen 500 Mk. Mutter-Erbe, dazu das Dorf Nadelisse oder ein anderes eben so gut, welches jährlich 80 Mk. Pacht gebe, je 7 für 100, innerhalb Jahr und Tag nach dem Tode seiner Frau. Stürbe er vor seiner Frau ohne aus ihr Erben zu hinterlassen, so sollen seine Erben, Ghiselen und ihren Erben wieder entrichten die 500 Mk. und das Dorf Nadelisse mit 80 Mk. Pacht. „Men weret dat vuȷ̈er een van deme anderen vorsterue vnde erfnamen van vns gebaren tosamende naleten, dat scal denne darinne gan alze yn deme lande een recht is, deme wedderkering breue, den ik hir vormals vorsegelt hebbe, vnschedelik."

Aus dem Orig. im Pomm. Prov.-Arch.

Medelowere: Rieqwen von der Lancken, myn vadere, Raven Barnekow to Koseldorp, Cord Kratevitz, Riqwen van der Lancken, Hinrikes sone, vnde Tonniges Crassow, Clawes sone.

Die Siegel fehlen.

No. 202. Anno 1494, Montags nach Allerheiligen.
(3. Novbr.)

Hennink Bergelase to Teskeuisse verkauft den Procuratoren des Calands für 100 Mk. 6 Mk. Pacht aus Claus Wencken Hof zu Launitz wiederlöslich.

Aus dem Orig. im Arch. des Calands zu Stralsund.

Medelowere: Tönnyges Krassowe to Panseuisse, Hartmann Plate to Vresen, Tonnyges Kalik to Bentze, Henninck van der Osten to Busseuisse.

Durch den untern umgeschlagenen Rand sind 5 Pergamentstreifen zur Befestigung der runden, in grünes Wachs gedruckten Siegel gezogen. Die drei ersten sind mit einer Tectur von ungeläutertem Wachs versehen.

Das Siegel des Henn. B. ist das zur Urkunde No. 195. beschriebene, das des Tönnies Kr. ist zu Urk. No. 136. beschrieben und Tab. XII. No. 13. abgebildet. Das Platensche und Ostensche Siegel enthalten die gewöhnlichen Schildeszeichen dieser Familien. Das des Tönnies Kalik ist stark zerdrückt.

No. 203. Anno 1494, Sonnabend nach Martin dem Bischof.
(15. Novbr.)

Hartman Plate tom Frezen verkauft an den Bürgermeister Zabel Oseborn und Hinrich Buchow, als Vorsteher zum heil. Geiste aus seinem Hofe zum Frezen „dar ick nu tor tyt sulven vppe wane" und aus seiner Windmühle daselbst für 150 Mk. 9 Mk. jährliche Pacht, mit Gericht und Dienst, jedoch mit Vorbehalt des ewigen Wiederkaufs.

Aus J. A. Dinnies Diplomatarium Domus Spiritus Sancti. Tit. Freezen p. 351—56.

Medelewere: Tönniges Krassow tho Panseuitze, Hinrik Plate tho Tribbekevitze, Tonnyges Kalik tho Bentze, Henninck Plate tho Gusterade vnde Hennynk Bergelaze tho Teskevitze.

No. 204. Anno 1494, am St. Nicolaus Abend.
(6. December.)

Hennynk Plate to Ghurtysse verkauft an die ersame Frau Gertrud Hornes und ihre Erben für 200 Mk. 12 Mk. Pacht aus Ganskevisse von den Höfen des Hermen Sehcute und Gherete Wytmüsse, wiederlöslich.

Aus dem Orig. im Arch. der Nicolai Kirche zu Stralsund. Urk. Nr. 41.

Tzeugen: Henuynk Plate to Sylensse, olde Hans Krassouwe to Varseuisse, Tonnyges Krassouwe to Panseuitze, Tonniges Krassouwe to Swercheuitze, Valtes van der Osten tor Vnrouwe, Hennink van der Osten tor Vnrouwe.

Die 7 Siegel, die an eben so vielen Pergamentstreifen gehangen haben, fehlen.

No. 205. Von demselben Tage wie No. 204.

Derselbe verkauft derselben für 200 Mk. 12 Mk. Pacht aus Ganskevysse von den Höfen des Gerke Torkel und Drewes Koldenkerke, wiederlöslich.

Aus dem Orig. im Arch. der Nicolai Kirche zu Stralsund. Urk. Nr. 45.

Zeugen: Hennink Plate to Ghurtyhe, myn broder; die übrigen Bürgen stimmen genau mit den in No. 204. genannten überein.

Die 7 Siegel fehlen bis auf ein Fragment von dem des Tönnies Crassow zu Panseviz. Es stimmt mit dem zu Urk. No. 156. beschriebenen und Tab. XII. No. 13. abgebildeten überein.

No. 206. Anno 1494, Luciae virg. (13. Decbr.)

Hinrik Crassow accepit in dotalitium cum uxore sua moderna Anneken relicta olim p. m. Nicolai Wytten domum sue (?) hereditatem (?) integram sitam in platea Tributzensi.

Aus dem liber resignationum im Stralf. St.-Arch.

No. 207. Anno 1495, am dage Petri ad catedram. (22. Febr.)

Claus Krassow bekennt, von seinem Vater Claus Krassow den Hof Damban unter bestimmten Bedingungen auf 5 Jahre empfangen zu haben.

Aus einer Abschrift im Dambaner Haus-Arch.

Wer alsweme dat desse breff vor kumpt, enne seen edder horen lesen, bekenne Jck Clawes Krassow, Clawesses sone, vor mi vnde myne rechten ervenn, dat ick mit mynem leuen vader auer ein gekamen bin to enem vulkamen ende vmme zinen hoff the Damban in desser naschreuen wise, alsz dat Jck den vorgedachten hoff mit syner tobehoringe hebben vnde bruken schal to miner behoff mit acker, weide, wische, watere, holtinge, muringe, rusch vnde busch, vnde mit alre nutticheit vnde vrigheit alse de sulfte hof in all sinen scheden vnde grentzen nu jegenwerdigen vnde van oldelinges gelegen is gewesszet, alse eruerecht vthwiset, ene to besittende vnde nicht anders sedant vnde also wi des auer enn gekamen zint, so hir nagescreuen steit. Dessen vorgeschreuen hoff mit syner thobehoringe schal ick gantz vnde alle besitten vnde gebruken wo vorberört, vthgenamen allent wes zick myn leue vader daranne beholden hefft vnde vthbescheden, alse benomelken xxiiii mark geldes jarliker pacht, de myn vader her Hennink Wardenberge tom Sunde darinne vorpandet hefft to weddeschatte, de ick demsulfften her Wardenberge effte synen eruen alle jar daruan vthrichten, de tidt auer vnde also vnse vordracht dureth, vnde betalen schal, ock allen bischoppes roggen papentegeden vnde koster korne, alse vele alse vp den gantzen hoff lopt, dat ick ok alle vthrichten schal, sus nene ander plicht effte vnplicht darue ick daruan dhon effte vthgeuen. Vorthmehr so hefft zick myn leue vader dar au deme vaken dachten haue vnde gude vth bescheden vnde beholden to synen behuff vnde brukinge dat nye hus bynne bomgarden mit dem bomgarden auerall vnde vort dat backhus mit der lutken schune, vortmer beholt he ock alle holtinge vor sick vthgenamen dat bel anlange, dat tho deme haue behort, dat schal Jck vor mi beholden, vorder alle horgwischen de ock myn vader vor sick beholt, ane sös morgen scholen to myner behoff bynne haue blyuen, ok beholt zick myn leue vader xxii morgen ackers, twe morgen im garstuelde, ix in der brack, ii morgen stoppel vnde ix morgen to wicken, vnde densulfften acker alle schal ick em begaden vnde borechten laten mit myner ploch, egeden vnde meissent like myme acker darto wil myn leue vader alle weyde thom haue belegen like my bruken vnde syn vehe vor myne herde driuen de idt mit mynem scholen hoden vnde weyden vp myne kost vnde lohn. Vnde desse vordracht vnde ende wo bauen schreuen schal duren vnde vnvorbraken vorblyuen van datum deses breues an, beth dat viff jaer vmme gekamen zint, denne so schal ick den vacken gedachten hoff mit syner tobehoringe alse ick den entfangen hebbe, mit sedaner verdicheit der tymmer vnde begadinge des ackers, besyget vnde vnbeseyget, bemesset effte vnbemesset,

18 *

mynem leuen vader wedder afstreden vnde rumen, zunder jenigerleige vortoch effte vorhinderinge, behalven wy qwemen bynnen der tidt to nygerme handel edder vorbracht vmme densulfften hoff. Alle desse vorschreuen stucke vnde artikel vnd ein islik bi sik laue ik Clawes Krassow vpgenomt, mit mynen eruen vnde truwen medelaueren hirnageschreuen alse Chaten vnde Otto broder genomet de Normanne, Raven Bernekow, Hinricus Krassow, Hans Bere vnde Tönnies Krassow, myn broder. Wi alle houetman vnde borgen wy vorbenomt lauen Clawes Krassowen, mynem leuen vader vpgemelt mit ener samenden handt stede vnde vast wol tho holdende in guden truwen vnde ane alle geverde. To groter tuchnisse vnde zekerheit hebbe wi alle vnse ingesegel mit willen vnde witschop hengen heten vor dissen apenen breff, de geuen vnde schreuen is na gades bort dusent verhundert imme viff vnde negentigesten jare amme dage Petri catedram, negest vor Maria nah lichtmissen.

No. 208. Anno 1495, Donnerstags nach Ambrosii. (9. April.)

Clawes Sum, Bürger zu Stralsund, verkauft seinen „Vettern" Gustaf und Claus Sum 39 Mk. 3 ßl. Pacht aus seinem Hofe zu Warnkevisse für eine unbenannte Summe Pfennige.

Aus dem Orig. im Pom. Prov.-Arch.

Medelowere: Vykke Qwas to Varnekevisse, Vicke Qwas to Ganselisse, Ghert Qwas, Hinrik Kak vnde Pawel Vyrs.

Alle Siegel sind noch vorhanden und ziemlich gut erhalten, aber nicht näher beschrieben, nur das des Hinrik Kak ist bis zur Unkenntlichkeit zerdrückt.

No. 209. Anno 1495, Donnerstags vor Martini. (5. November.)

Reinard Plate, wonaftich to Poldesitz, anders genomet de Dornehof, belegen in deme Kerspel to der Schaprode, verkauft dem Abt Heinrich zu Hiddensee und seinem Convente für 200 rheinische Gulden und 300 Mk. sundisch 40 Mk. Pacht aus seinem oben genannten Hofe, nach 20 Jahren wiederlöslich.

Aus der Matrikel des Klosters Hiddensee Fol. 7 u. 8.

Zeugen: Curt Krakevitze, Hans Krassowe tho Darzhenewitze, Wyken tho Granskevitz, Hinrik tho Trybbekevitze, Hinrik tho Netelitz alle genomet de Platen, Vycke Qvatz to Ganselytze, Gert Quatz tho Varnekevitze, Henning Holste tho Swetzenewitze.

No. 210. Anno 1495, Sonnabends vor St. Martens Tage. (7. November.)

Hennynk vamme Rade, Titkens zone, to Syssow verkauft den Vorstehern „vnser leuen frowen tiden" in der St. Jacobs Kirche zu Stralsund für 150 Mk. $7\frac{1}{2}$ Mk. Pacht aus seinem Hofe zu Syssow, wiederlöslich.

Aus einem Copiarium im Arch. der Jakobi Kirche Fol. 61 — 63.

Zeugen: Jorden Grundys tho Bentze, Hinrik Ede tho Karow, Clawes Kaeck tho Chotemisse, Hennynk vamme Rade, Bernts zone, Hennynk vamme Rade, Steffens zone.

No. 211. Anno 1495, Tage Elisabeth. (19. November.)

Hans Normann zu Trybbevitze, verkauft dem Priester Peter Badendyke zu Stralsund aus seinem Gute zu Satze von dem Hofe des Wernеke Wenеke 12 Mk. Pacht für 225 Mk. sundescher Pfenninge.

Aus dem Orig. im Pom. Prov.-Arch.

Zeugen: Clawes Noreman, myn broder, Choten Noremann to Lubbyn, Clawes Krassowe to Dambahn, Tonnyges Krassowe to Tzweghevitze, Hennecke van Vzedum tho Bubbekevitze, Henniuk Plate to Zylentze vnde Henniuk Plate tho Netelytze.

Von den 8 Siegeln, die an der Urkunde gehangen, ist nur noch das des Hennecke v. Vzedum erhalten, die übrigen fehlen.

No. 212. Anno 1495, Dienstags vor Weihnachten.
(22. Decbr.)

Steffen van Anen tor Multze im Kirchspiel Samptins verkauft der St. Nicolauskirche zu Stralsund für 130 Mk. 8 Mk. Pacht aus seinem Gute zu Salekow im Kirchspiel Gustow, als aus dem Hofe des Claus Byssrop 6 Mk. und aus dem Erbe des Clawes Weydeman 2 Mk.

Aus dem Kerken Boke tho St. Nicolaws.

Zeugen: Hinrik van Anen to Natzevitze, Tonniges Kack to Chotemitze, Rickelt Gaweren tom Vinkendale, Marten Schele to Güstelitze vnd Arnd vam Rade tho Nehatmitze.

No. 213. Anno 1495, am Tage Thomas des Bischofs.
(29. Decbr.)

Tönnies Krassow zu Pansevitz verkauft dem Priester Heinrich Zum als Vicar, und den Lehnsherren derselben Vicarie, alten **Hans Krassow, Claus Krassow** zu Damban, **Tönnies Krassow** zu Pansewitz, **Tönnies Krassow** zu Schwegevitze, **Heinrich Krassow** zum Sunde und sich selbst 12 Mk. Pacht aus seinem Gute zu Veikevitze.

Nach einer Abschrift aus dem Dambaner Haus-Arch.

Ick Tönnies Krassow, wanaftich to Panseuitze mit minen eruen bekenne vnde tuge apenbar vor alsweme in dessenne breue dat ik rechtliken vnde reddeliken hebbe vorkoft vnde vorlaten, vorlate vnde vorkope gegenwardigen in kraft desses breues deme erliken manne her Hinrik Zum prester alse enem ewigen vicario vnde sinen ewigen nakomelingen dersuluen almissen vnd lehns, dartho olde Hans Krassowe, Claus Krassowe tho Dambane, Tönnies Krassowe tho Panseuitze,[1]) Tönnies Krassow tho Schwegeuitze, vnde ock Hinrik Krassow thome Sunde vnde ehren eruen, alse lehnheren dersuluen vicarien dar ick sulvest mede lehnhere tho bin, dersuluen vicarien de desulve vorbenomede her Hinrick Zum van vns allen heft, vor twehundert mark sundisch dede mi wol tho der nuge bereth sint vor der malinghe desses breues twölf mark gheldes jarliker pacht, dede vorth her Hinrik Zum mit sinen ewigen nakomelingen alle jar hebben vnde vpbören schall op Sunte Mertens dach vth minem gude tho Veykeuitze, belegen in deme kerspele tho Paske, alse in deme haue dar nu tho der tit inne wanth Hinrik Brun dre mark, vnde in deme haue dar nu inne wonth Merten Bulle dre mark, vth alle dersuluen houe thobehoringhe alse desuluen hene nu liggen, vnde van oldinghes vth geleghen hebben, binnen allen eren enden, maten vnde scheiden, an acker, wische, weide, torfe, more, holtinghe, wateringhe, mit aller frigheit, herlicheit vnde rechticheit, dartho mit alleme rechte vnde richte, mit deme hoghesten vnde sidesten an hals vnde an handt tho richtende, weret ock sake dat en ere pacht nicht tho rechten tiden vnd tho danke nicht wurde, so hebben se alle wege vullenkamen macht de vth tho pandende vnde vth deme vorbenomeden gude, vnd siner thobehoringhe na allem pacht rechte, ock schall ick Tönnies vorbenomet mit minen eruen en disse vorbenomede pacht mit allen eren nakomelinghen frigen vnde entweren vor alle auspeake vnde weruisse aller personen de vor recht kamen, recht geuen vnde nemen willen. Jodoch dorch sunderghe gunst vnde fruntschop willen so geuen, se alle vorschreuen mit ehren nakomelinghen ock mi den ewigen weddercop der vorbenomeden twölf mark pacht vor twehundert mark sundisch houetstols op enen sunte Johannis Baptisten dach tho midden samer thouorne tho seggen vnde op den negesten navolgenden winachten, so schal ick Tönnies vorschreuen mit minen eruen en wedder geuen rede twe hundert mark houetstols, mit der

1) Es wird hier oder oben am Eingange der Urk. ein Schreibfehler zu Grunde liegen und statt Pansevitz zu lesen sein Polrevitz oder Polrechow; wenn nicht anders der Aussteller der Urk. auch hier gemeint ist, obgleich er sich gleich darauf dann nochmals als Lehnsherr nennt.

pacht de sick denne behert, iste nastellich is an eneme summen munte, de denne ghenge vnd ghene is, wellere twe hundert mark houetstols hern (F..) efte ehre eruen rede wedder anleggen schölen an wisse gudere tho der vorbenomeden vicarien vnde almissen nuth vnde behuf ewig bi tho bliuende. Dit allent alse vorbenomt is loue ick Tönnies Krassow vorbenomet vnde mine eruen vnde truwen medelouere alse de duchtigen manne Valtzer de Osten, Wedege de Osten, Henning de Osten tho der Barowen, Henning Plate tho Silenz, Hartman Plate thom Fresen, Henning Holste tho Schwerseneuitze, wi alle louen samptliken mit ener samenden hand her Hinrik vorschreuen vnde sinen nakomelinghen vnde den vorbenomeden lehnheren vnde eren eruen allen, alse vorschreuen is stede vnde vaste wol tho holdende, sunder alle argelist. Tho groter tuchnisse so hebbe wi alle vnse ingheseghele witlik henghet an dessen bref. Geuen vnde schreuen na gades borth viertheinhundert darna in deme viff vnde negentigesten jare in deme daghe Thome Episcopi.

No. 214. Anno 1496, Dienstags nach dem unschuldigen Kindertage. (29. Decbr.)

Claus Krassow de Olde zu Damban, verkauft der Brüderschaft des Kalands zum Sunde für 100 Mk. 6 Mk. Pacht aus dem Hofe des Hinrik Lemmin zu Stonnekevitz im Kirchspiel zu Samptens.

Aus einer Abschrift im Dambaner Haus-Arch.

Zeugen: Hans Krassow zu Foroneuitze, Tönnies Krassow zu Schwertheuitze, Henninck vam Rade tho Murkevitze, Jerschlaff vamme Kalden.

No. 215. Anno 1496, „xiiii dage na paschen. (17. April.)

Hartman Plate tome Bresen wonaftich verkauft den Procuratoren des Calands zum Sunde (darunter Herr Johann Langen, oberster Stadtschreiber) für 50 Mk. 3 Mk. Pacht aus Bresen, wiederlöslich.

Aus dem Orig. im Arch. des Calands zu Stralsund.

Zeugen: Hinrick Plate, Wylkens sone, Tonnyges Kalef to Bentze, Henrynk Berglase to Teskenitze vnde Hans Krassow, Tonnyges sone.

An 5 Pergamentstreifen hängen eben so viele runde in grünes Wachs gedruckte Siegel, von denen die 3 ersten die bekannten Wappenbilder der betreffenden Familien zeigen. Das Siegel des Henning Bergl. ist jedoch nicht von demselben Stempel, wie die zu Urk. No. 185. und No. 193. beschriebenen Siegel, obgleich es wie diese den senkrecht stehenden Krebs zeigt. Das 5te, dem Hans Krassow gehörige Siegel zeigt im unten abgerundeten längs getheilten Schilde, in der vordern Hälfte einen halben Ochsenkopf mit einem Ringe in der Nase, an die Theilungslinie gelehnt, in der hintern Hälfte 9 Kleeblätter 3. 3. 3. Die Umschrift:

S. Hans Krassouwe.

Es ist Tab. XII. No. 25. abgebildet.

No. 216. Anno 1496, 14 Tage nach Paschen. (17. April.)

Arnt van der Osten to Rateneuitze verkauft den Vorstehern der Marien Brüderschaft zum Sunde für 25 Mk. 24 ßl. Pacht zu Tychow im Kirchspiel Gyrkow aus Laurentz Hoveners Erbe wiederlöslich.

Aus dem Orig. im Arch. des Calands zu Stralsund.

Medelowere: Tonnyges Krassow, Claweses sone, to Poldechow, Hans Rotermund tome Nygenhane vnde Hinrik van Jasmunde to Vernouwe.

Durch den untern umgeschlagenen Rand der Urk. sind 4 Pergamentstreifen gezogen, an welchen eben so viele in grünes Wachs gedruckte runde Siegel hängen.

Das 1. und 4. Siegel zeigt die gewöhnlichen Ostenschen und Jasmundschen Schildeszeichen. — Das Siegel des Tönnies Kr. am 2 Pergamentstreifen zeigt im unten abgerundeten Schilde die etwas schräg rechts gestellte rechte Hälfte eines gekrönten Ochsenkopfes. Die Umschrift:

S. Tonies Krasson.

Es ist Tab. XII. No. 23. abgebildet.

Das Siegel des Hans Roterm. am 3. Pergamentstreifen zeigt im Schilde einen mit 3 Rosen belegten rechten Schrägbalken und auf dem Helm 6 auf langen Stängeln stehende Blumen. Die Umschrift:

S. HANS ROTERM.

Es ist Tab XII. No. 24. abgebildet aber sehr unvollkommen gearbeitet.

No. 217. Anno 1496, am St. Gregorius Tage. (7. Mai.)

Henneke von Usedum wonaftich tho Bobbekeuitze, verkauft den Vorstehern des Gotteshauses St. Jürgen am Strande zu Stralsund **Henning Wardenberg** und **Cordt Rugemann** für 100 Mk. 6 Mk. Pacht aus seinem Hofe in Bobbekevitz, jedoch wiederlöslich.

Aus J. A. Dinnies Diplomatar. Domus St. Georgii Strals. Tit. VII. C. No. 1.

Medelowere: Clawes Bonow tho Eyrmoysel, Hans Norman tho Tribbevitze, Clawes Saweren tho Solenitze, Henngnk Kack thom Rosengarden vnde Gerdt Rodemunt tho Boldevitz.

No. 218. Anno 1496. acht Tage vor St. Laurentii. (3. August.)

Chaten Norman tho Wobbelopse im Berger Kirchspiel verkauft der St. Nicolaus Kirche zu Stralsund für 200 Mk. 12 Mk. Pacht aus seinem Gute Riegendorp, im Trenter Kirchspiel.

Aus dem St. Nicolawes Kerken Boke.

Medelowere: Clawes Crassow to Damban, Hans Norman to Tribbevitz, Chaten Norman to Lubbin, Hinrik Norman to Bretze vnde Clawes Norman tho Lebbin.

No. 219. Anno 1496, Freitags vor Weihnachten. (21. Decbr.)

Tonnies und **Clawes** Gebr. die **Krassowen** verkaufen ihrem Vater **Clawes Krassowen** „veftein mark geldes jarliker pacht in vnsem dorpe vnde gude tho Ruskeuitz, belegen in dem kerspele tho Babbin, als in dem lütken haue, den nu Henrik Koß de junge buwet twölf mark geldes, tho Zwente in dem katen dar nu Hans Zuickel inne want twe mark geldes vnde in dem katen dar nu Marten Ristich want ene mark geldes vor drehundert mark," — „dartho so schole wi vnde vnse eruen em geuen ein verndell guden heringes," wiederlöslich.

Aus einer alten Abschrift im Dambaner Haus-Arch.

Medelowere: Chaten Norman de olde, Nickelt Rotermund, Jerschlaf vam Kalande vnde Henning Kack.

No. 220. Anno 1497, Mittwoch vor St. Martin, dem heil. Bischof. (8. November.)

Marcus Wusseke, wohnhaft zu Mutzytze in dem Kirchspiel zu Cirkow verkauft der Nicolaikirche zu Stralsund für 100 Mk. 6 Mk. Pacht aus seinem von ihm selbst bewohnten Hofe.

Aus dem „Kerken-Bock tho S. Nicolawes" zu Stralsund.

Medelowere: Clawes Strubbe tor Glonatze, Steffen van Anen tor Mutze, Hinrik van Anen to Natzeuitze vnde Marten Schele to Güsselisse.

No. 221. Anno 1498, am Palmabend. (7. April.)

Bernt Buggenhagen to Kranseuisse verkauft den Procuratoren der Brüderschaft des Calands für 50 Mk. 3 Mk. Pacht aus Kranseuisse im Karseneuisser Kirchspiel aus dem Hofe des Jacob Glouate, wiederlöslich.

Aus dem Orig. im Arch. des Calands.

Medelowere: Hinrik vamme Kalande to Moltzin, Hennink Cak vnde Hinrik van Knen.

An 4 Pergamentstreifen hängen eben so viele runde in grünes Wachs gedruckte Siegel. Das etwas zerdrückte S. des Bernt Buggenhagen zeigt im Schilde 2 mit den Sachsen einwärts gekehrte Adlerflügel auf 2 die Klauen einwärts gekehrte Adlerfänge stehend. Das 2te und 4te Siegel zeigt das v. K. und v. K. Wappen. Das dritte Siegel hat einen dreieckigen längs getheilten Schild. In der vordern Hälfte einen halben Ochsenkopf an die Theilungslinie gelehnt. Die hintere Hälfte ist quer getheilt. Das obere Feld gegittert, das untere leer. Die Umschrift:

S. Hennink Cak.

Es ist Tab. XII. No. 26. abgebildet.

No. 222. Anno 1498, am St. Petrus und Pauls Abend. (29. Juni.)

Hans und Jerslaf, Gebr. von Usedom „wonaftich tho Bobbekevitze in deme kerspel to Reppin" verkaufen den Vorstehern des Gotteshauses St. Jürgen am Strande, Herman Kindemann und Martin Fust für 100 Mk. sundisch 6 Mk. Pacht aus ihrem Hofe zu Bobbekevitz, jedoch wiederlöslich.

Aus J. A. Dinnies Diplomatar. Domus St. Georgii. Stralsundensis p. 103 u. 6.

Medelowere: Hinrik van der Osten to Lüssenitze, Tonnyges Crassowe to Schwerdtenitze, Hinrik Gawetzen to Teskenitze vnde Marquart Rotermunt to Maskenholte.

Ueber die Siegel heißt es: Appendent corrigiis membranaceis sex sigilla, insignia solita familiarum, quae in hoc diplomate nominatae sunt, praeferentia.

No. 223. Anno 1498, Mittwochs vor dem Tage St. Martens. (7. November.)

Wicke Pretze, knape, wonaftich to Popelnitz vpp Rügen, verkauft an Lambert Abt von Eldena und seinem Convente für 300 Gulden, oder 900 Mk., 43 Mk. Pacht aus seinen nachgeschriebenen Gütern und Höfen, als in dem Dorfe Popelvitz, aus dem Hofe und Hufen des Clawes Schutte 22 Mk., aus dem Hofe des Henning Blanke 7 Mk. Geldes und aus dem Katen des Hinrik Blanke 2 Mk. und zum Zuder aus dem Hofe und Hufen des Peter Garlepouwe 9½ Mk. Geldes und daselbst in dem Hofe und Hufen des Claus Fulian 2½ Mk., wiederlöslich.

Aus dem Orig. im Pom. Prov.-Arch.

Medelowere: Hans Pretze, Hans Crassouwe to Vartzenevitze, Wedeghe van der Oesten, Arndt van der Oesten tome Wulvesberghe, Hans vnde Henningh, brodere ghenomet Crassouwen to Pantzevitz, Henning Plate tho Churretitz, Matias Holste vnde Hans Holste.

Die Siegel fehlen bis auf die des Henigh Plate und Hans Holste. Diese sind aber deshalb sehr merkwürdig, weil sie nicht das gewöhnliche Wappen der P. und H., sondern beide im Schilde einen rechts sehenden Adler mit ausgebreitetem Fluge und von sich gestreckten Klauen zeigen. Die Umschrift:

S. HENNIK PLATE und . . . . . . HOLST . .

Sie sind Tab. XII. No. 27. und 28. abgebildet [1])

---

1) Es ist dies genau dasselbe Wappen, was die Familie von dem Bughe führte (vergl. Anmerk. zu Urk. Nr. 177.) und man könnte fast auf die Vermuthung kommen, als ob es zugleich mit einer

No. 224. Anno 1499. Freitags vor Oculi mei. (1. März.)

Hans Bere zur **Hellen**, im Kirchspiel Rappyn, verkauft der St. Nicolauskirche für 100 Mk. 6 Mk. Pacht aus seinem Hofe Borkenbeke im Semlower Kirchspiel.

Aus St. Nicolawes Kerken-Boeke.

Medelowere: Baltazar van der Oesten tor Burow, Cord Krakevitze to Postelitze, Tongges Krassow to Swecheuitze, vnd junge Clawes Krassowe to Damban.

No. 225. Saec. XV.

Claus Wutzeke verkauft an Heinrich v. Jasmund den dritten Theil des Guts Neu-Schwerein für 276 Mk. (Defect.)

Notiz aus dem Pomm. Pr.-Arch.

No. 226. cr. 1500.

Item min gnedige here is berichtet, dat de **Crassowen** im lande tho Rügen nicht de samende handt hebben, ock nicht van einem stammen, efte frundt sint, dat idt M. g. h. angeshel schole sin.

Aufzeichnung in einem Copialbuche, jetzt im Prov.-Archive zu Stettin. R. Wolg. Tit. 65. No. 4. „Ein altes Buch darin Lehnbriefe ic." Fol. 302 a.

No. 227. Anno 1500, am St. Agnethen Tage. (5. Febr.)

Hennynk Plate to Zylentze verkauft an die Vorsteher des heil. Geisthauses, her Arndt Segeberg, im Kaiserrecht Doctor, und her Arndt Wulwe, Rathmann zum Sunde, für 50 Mk. 3 Mk. jährlicher Hebung aus seinem Hofe zu Zylentze „dar ick nu to tyt sulven inne wane," wiederlöslich.

Aus J. A. Dinnies Diplomat. Domus Spiritus Sancti. Art. Silentz p. 350 — 53.

Medelowere: Bollert Gaweren to Ralswyk, Thomas Plate tho Zylentze, Wilken Plate to Retelitz vnde Hans Krassow tho Pansewitz.

No. 228. Anno 1500, Mittwoch vor St. Petri Cathedra. (19. Febr.)

Hennink Kack, Knappe, bezeugt, daß er mit Consens des Abts Lambert, von Eldena von Bartelt Fresen sein Erbe und seine Erbstelle mit Zubehör gekauft, und dieses vom Abt Matthias nur als ein schlichter Pachtmann, nicht aber als ein Lehnmann, so ein Erbmann, empfangen habe; unterwirft sich auch der Gerichtsgewalt des Klosters.

Aus dem Orig. im Pomm. Prov.-Arch.

Jck Hennink Kack, knape, wonafttich tom Rosengarden uppe Rugen, bekenne unde betuge apenbar vor alsweme vor my unde myne erven, dat ik mit willen, tolate unde vulborde des werdighen in got vadere unde heren Lamberti, wandages abtes des closters Eldena, ordens van Cistercien, Camminsches ghestichtes, dem got guade unde zinen convente darsulvest, mit ripen rade rechtliken hebbe koft van deme bescheden Bertelt Fresen tom Rosengarden sine erve unde erfstede myt zinen tobehoringe, alzo twen hoven ackers de helfte der holtinge, wyschen, wesen unde knechtbruginge (?) so dar to belegen ys

Erbschaft von den Buges an die hier genannten Personen übergegangen. Ganz erloschen war das Geschlecht der v. d. B. aber noch nicht, denn noch 1505 verkaufte Hans vamme Buge nach einer vereinzelten Notiz 1 Mk. Pacht aus Schabe, und nach Urkunde Nr. 264. lebte er noch 1511. — Es ist dies aber auch der letzte v. d. B. den ich urkundl. genannt finde. — Weder früher noch später ist mir außer den Genannten ein Platen oder ein Halste vorgekommen, der den ganzen Adler im Wappen führt. Hennig Pl. siegelte mit dem zu dieser Urkunde abgebildeten Siegel noch i. J. 1500.

vor hundert mark sundisch wanliker genger unde gever munte dede ik Vresen betalet hebbe unde dar ik denne uppe bewet hebbe huß unde schune, welkeren sulvesten hoff mit zynen tobehoringen efte erve my unde myne erven van dem vorsechten heren Lamberte, abte ter Eldena erstmals, unde my na, van data desses mynes breves, andermalß van deme werdigen in got vader unde heren Mathias abbates unde heren des sulvesten closters unde zinen gantzen convente anders nichtse, alße eneme slichten pachtmanne ghegdunt vorlaten unde entfangen hebbe unde nicht alsus eyn lenmen so en erfsman, des closters herlicheit unde rechticheit alle wege unschedelik, et sy in brole in deme grotisten ofte sitesten unde in anderen articulen benomt efte unbenomt na lude der leybreve de dar up ghemaket synt unde ok in plege unde densten. Item ock wil ick Hennink Rack unde myne erven, willen unde scholen nicht beger, myner efte meer an dre sulveste erve teen, unde dat andere dar ik nu uppe wane, wen allene so dur recht es unde weret sake dat ik efte myne erven, dat got affkere, van unslechte wegen efte mit worden, raden, daden, worderen efte werken, hostiges efte bedachtes modes unde willen, sick an unseme naberen under deme abbate ter Eldena darsulvest wanende vorhalden efte verwrachten, wil ik unde myne erven, willen unde scholen, sunder weddersegget to rechte stan vor deme abbate tor Eldena de tor tyt here es efte vor deme jenen, deme he sedans to horende bevelt, lyden unde entgelden wat recht es na legenheit der saken unde unwestendicheit der daet, unde dar june wy horlik unde naburlik holden unde den abbet unde zin convent in den dingen irkennen so des gudes ersheren. Ock love ick Henninck Rack mit mynen erven, dat ik unde mine erven den molren tom Rosengarde tor tyt wesende wil gunnen unde bruken laten eren egendom unde fryheide weß denne des es, it sy in vischerien, in holtingen, helteolen, krugen in soden to gravende unde in anderme ghewerde, so dat dat closter ter Eldena unde de molre je von oltinges ghebruket hebben unde rowsam beseten. Alle desse articule unde stucke unde ern islik by sick lave ick vorsechte Henninck Rack mit mynen erven unde mit mynen truwen medelaweren alßo de erbaren Hinrick Narman to Tribbratz, Hinrick vamme Kalende to Malsin, Jaroslaff vamme Kalende to Dunzevitze unde Hinrik vamme Kalende to Zilmenitze entfzeten wy alle laven deme vorsechten heren unde abbate to Eldena zineme convente unde eren ewighen nakomelinghen in guden truwen wol to holdende mit ener samenden hant sunder hulperede argelist unde nye funde dar me dessen breff mede breken efte krenken mochte unde sunder bescherminge geistlikes unde werlikes rechtes. To meter warheit so hebbe wy alle myt witschop unse ingesegel her under anghehengen laten. Geschreuen an deme closter to der Eldena na godes bort dusent vifhundert (jar) am mydweken vor sunte peters dage ad cathedram.

Von den 5 Siegeln, welche an der Urk. gehangen, ist nur noch von dem vorletzten, dem des Jaroslaff v. Kalende, ein Bruchstück erhalten.

No. 229. Anno 1500, am St. Mauritius Tage.
(22. Septbr.)

Hermann Plate zu Bresen verkauft den Vorstehern des Kalands zum Sunde für 500 Mk. 30 Mk. Pacht aus 3 Höfen aus seinem Gute zu Rentze, belegen in dem Kirchspiel Trente, wiederlöslich.

Aus dem Orig. im Arch. des Kalands zu Stralsund.

Medelowere: Wylken Plate to Grantzkenitze, Hinrik Plate to Tribbekevitze, Hinrik Plate tome Dornedaue, Thomas Plate to Sylentze, Hans Krassow to Partzenewitze unde Hennink Vergelaze ter Lauenitze.

An 7 Pergamentstreifen hangen eben so viele runde in grünes Wachs gedruckte und mit einer Lectur von ungeläutertem Wachs versehene Siegel. Die fünf ersten zeigen das gewöhnliche Platensche Wappen, das 7te den Vergiaseschen senkrecht gestellten Krebs. Doch ist es keins von den zu Urk. 185 und 93 erwähnten Siegeln. Das 6te Siegel zeigt einen unten abgerundeten längs getheilten Schild. Die vordere Hälfte zeigt einen halben Ochsenkopf an die Theilungslinie gelehnt. Die hintere Hälfte drei rechte Schrägstriche, die von vier linken Schrägstrichen getrennt werden Umschrift:

S. Hans Krassowe.

Es ist Tab. XII. No. 29. abgebildet.

No. 230. Anno 1500, Martini. (11. Novbr.)

Hans Krakevitze to Divitze verkauft den Procuratoren der beiden Zeiten, die man täglich singt in der St. Jacobskirche zum Sunde, für 300 Mk. 18 Mk. jährlicher Pacht aus seinem Dorfe Karnyn, wiederlöslich.

Aus dem Orig. im Haus-Arch. zu Divitz.

Medelovere: Hans Krassow to Vartzenevis, Tonnyges Krassow, Cordt Krakevitze, Baltazar van der Osten tor Unrow, Wedege van der Osten to Dubbelkenvitze unde Hinrik Plate tom Dornhaue.

Von den sieben Siegeln fehlt das des Hans Krassow. Das des Tönnies Krassow zeigt einen unten abgerundeten längs getheilten Schild; in der vordern Hälfte einen roh gearbeiteten halben Ochsenkopf, an die Theilungslinie gelehnt. In der hintern Hälfte 5 kleine kugelartige Figuren (1. 2. 2.). Umschrift:

S. Tonies Crassow.

Es ist Tab. XII. No. 31. abgebildet.

Die übrigen Siegel sind stark zerdrückt.

No. 231. Anno 1500, am St. Martens Tage. (11. Novbr.)

Hennink Berglaze tor Lauenitze verkauft den Alterleuten der Krämer zu Stralsund für 100 Mk. 6 Mk. Pacht von seinen 16 Morgen Acker, „belegen bynnen Gynrte," wiederlöslich.

Aus dem Orig. im Arch. des Calands zu Stralsund.

Zeugen: Hans Krassow to Vartzenevitze. Hennink Plate to Guttzse, Hennynk Plate to Gurretisse unde Hennink vamme Kalande to Maltzyn.

An 5 Pergamentstreifen hangen eben so viele runde in grünes Wachs gedruckte Siegel, von denen das erste das zu Urk. 229. erwähnte Siegel des Henning Bergl., die zwei Platenschen und das Kablden'sche Siegel die gewöhnlichen Wappenzeichen dieser Familie zeigen. Das Siegel am 2ten Pergamentstreifen zeigt im dreieckigen Schilde einen in der linken Schildeshälfte stehenden und dem rechten Schildesrande zugewendeten rechts hin sehenden Ochsenkopf. Etwa in der Höhe der Stirn steht eine kleine Kugel. Umschrift:

S. Hans Crassow.

Es ist Tab. XII. No. 30. abgebildet.

No. 232. Anno 1501.

„Ein gantz Bund afgelöseder Breue vp Reetze, so de **Kake** dem Closter (tho Bergen) vorkoft hebben, hiebi Hertoch Bugschlaves willebref."

Aus Erasmus Husens Verzeichniß.

No. 233. Anno 1501, Freitags vor dem heil. Dreifaltigkeits-Tage. (4. Juni.)

Hennynk Bergelaze tor Lavenitz verkauft den Vorstehern des Calands zum Sunde für 100 Mk. 6 Mk. Pacht von Hinrik Starkes Hause zu Ginrte und von seinen 6 Morgen Ackers, die er ihm verpachtet, wiederlöslich.

Aus dem Orig. im Arch. des Calands zu Stralsund.

Zeugen: Hans Krassow to Vartzenevitze, Hennynk Plate to Guttzse, Thomas Plate, syn broder, to Sylentze, Hennink Plate to Silentze vnde Hennink van der Osten tor Vnruve.

Das Siegel des Hen. B. zu L. stimmt mit dem zu Urk. No. 229. beschriebenen S. überein. Eben so zeigen die Platenschen und das O. Siegel das gewöhnliche Wappen dieser Familien. Das Siegel des Hans Krassow ist zu Urk. No. 231. beschrieben und Tab. XII. No. 30. abgebildet.

No. 234. Anno 1501, am St. Mertens Tage. (11. Novbr.)

Hennink Plate to Guttise verkauft an Herr Peter Badendyk, Kirchherrn zu unser lieben Frauen Kirche zum Sunde für 66⅔ Mk. 3 ßl. 4 pf., 4 Mk. Pacht aus seinem Gute to Neese „de nu besyt vnde heft van my gekoft

19*

Merten Steffen myt dre morgen ackers vnde ver kauelen wyskes," wiederlöslich.

Aus dem Orig. im Arch. des Galands zu Stralsund.

Zeugen: Clawes Berndt to Gouste, Hinrik Plate to Trybbekeuisse, Hennynk Berglase to Teskevisse, Wilken Plate to Retelisse unde Henngnk Crassow to Pansevisse.

Statt der 6 Siegel hangen nur 3 an der Url. Es fehlt das des Henuink Bergl. und ist für dasselbe auch kein Einschnitt gelassen. Das Siegel des Claus B. ist das auf Tab. XII. No. 15. abgebildete. Das Siegel des Henning Kr. ist halb fortgebrochen. Es zeigt einen dreieckigen längs getheilten Schild; in der vordern Hälfte, die jetzt beschädigt ist, erkennt man noch 3 Kleeblätter. Die hintere Hälfte zeigt einen rechts hin sehenden Ochsenkopf. Von der Umschrift sind die Buchstaben . . . ennik Cr . . erhalten. Es ist Tab. XII. No. 32. abgebildet.

No. 235. Anno 1501, thor Eldena, Mandaghes aho sunte Mertens daghe. (15. Novbr.)

Henninck Kack, knape, zeten tom Rosengarten, verkauft an Matthias, Abt des Klosters Eldena, für 600 Mk. sundisch „mynen hoff, eruen, katen, houen vnde husinge mit alle zinen tobehoringen ghebeten de Rosengarde in Garser karspele to Ruyen belegen," „mit aller frigheit, herlicheit vnde rechticheit vnde mit alleme richte vnde denste, deme hogesten vnde deme sidesten an hals vnde hant tho richtende," übernimmt auch das Gut von aller Ansprache zu befreien.

Aus dem Orig. im P. Prov.-Arch.

Zeugen: Hinrich Norman tho Tribbratz, Berend Buggenhagen to Kranzeuitze vnde Jerslaff vom Kalande tho Dontzeuitze.

Die Siegel fehlen, jedoch sind noch 3 der Pergamentstreifen, an denen sie befestigt gewesen, vorhanden. Die Urk hat durch Feuchtigkeit gelitten.

No. 236. Anno 1501, an vnser leuen frouwen auende, alse se geoffert ward in den tempel." (21. Novbr.)

Hans van Usedum to Bubbekevitze in deme kerspele to Reppyn verkauft den Vorstehern der Brüderschaft des Calands zum Sunde für 50 Mk. 3 Mk. Pacht aus seinem „haue vnde huuen to Eixmoysel dar nu tor tyt Clawes Bonow vppe wonet," mit allem Zubehör, höchstem und niedrigsten Gericht, wiederlöslich.

Aus dem Orig. im Arch. des Calands zu Stralsund.

Medelowere: Tonyges Krassowe to Swrcheuitze, Clawes Bonow to Eixmoysel, Vollert Gawern to Ralswyk vnde Hennynk Grundys to Benze.

An 3 Pergamentstreifen hangen eben so viele runde in grünes Wachs gedruckte und mit einer Tectur von ungeläutertem Wachs versehene Siegel, nur das zweite besteht ganz aus grünem Wachs. Sämmtliche Siegel zeigen die bekannten Wappen der betreffenden Familien. Das des Tönnies Kr. ist Tab. XII. No. 31. abgebildet.

No. 237. Anno 1502, am St. Remigius Tage. (13. Jan.)

Hans Kedinck, Bürger zum Sunde, verordnet in seinem letzten Willen, den er den abgeschickten Bevollmächtigten des Raths zum Sunde, den ersamen Mannen, Herrn Lukke Langen und Herrn Arnde Wulff, Rathmannen, übergiebt; daß sein Leichnam zu St. Jacoppe begraben werden solle. Wege und Stege zu bessern giebt er ½ Gulden. Zu St. Jacoppe den vierten Theil seines Hauses in der „bretsmede strate", wo seine Schwester seel. Rutger Stenweges zu wohnen pflegte; zu St. Nicolawese den andern vierten Theil und den dritten vierten Theil zu vnser „leuen frowen," „hyr vor scholen de vorstendere desser dryer kespel kerken my vnde Metten Stenweges, myner süster, alle hilgen dage denken laten van deme predyckstole to ewigen tiden." — Das letzte Viertel dieses Hauses giebt er den „beyden tyden in sunte Jacoppes kerke:" „hyr vor schoten de tyde heren my vnde myne suster Metke Steneweges alle yar ens mit vygilgen vnde zelemyssen began to ewigen tyden." Die 50 Mk., welche die Calandsherrn auf diesem Hause hatten, möchten sämmtliche Vorsteher ihnen ablaufen.

Zu Tzuhsse auf Rügen waren ihm zu Martini 200 Mk. aufgekündigt. Hiervon sollten 50 Mk. verwendet werden „armen junckfrouwen mede to den eren to helpende." 50 Mk. sollten kommen zu „zelebaden" und mit 100 Mk. sollte man einen armen Priester senden „to Rome vnde to den ensedelen, god den heren vor my vnde myne suster Metken to biddende."

Zu St. Johanse und zu St. Katherinen giebt er je ein Tröunt Roggen, wofür sie „vilgen vnde zelemyssen" begehn lassen sollen. Will Taleke Meyer, seine Brudertochter seine „wantsnyde" behalten, so soll sie 50 Mk. „to selebaden tome hylgen geiste vnde to sunte Jurgen, vnde eneme islyken kranken mynschen enen ßl. in syne hant, dorch salicheit wollen myner zelen" geben.

Soffken Tzanders, seiner Magd, giebt er vor ihre treuen Dienste eine Bude mit dem Keller bei der Franken Mauer, nächst dem großen Thurme „na deme staue" zu ihrem Leben; dazu soll sie haben 8 Mk. „reder pennynge" und 1 Kanne und 1 Grapen, und man solle ihr folgen lassen ihre Kiste und alles was ihr sei, und nach ihrem Tode solle die Bude kommen „to ener ewygen mysse tor Pütte." Herrn Pawel Nateldorne giebt er ein Bett mit Zubehör, davor soll er „na holden de xl myssen" und giebt ihm zwei messingene Kessel und den Leuchter „mit dem schepe vnde twen raden." Wenn sein „bygraft" und diese verzeichneten Gaben ausgerichtet sind, alles was dann übrig bleibe von seinen nachgelassenen Gütern, als sein Haus, als es stehe quit und frei und alle seine liegenden Güter, die lasse er als eine milde Gabe seinen nächsten Erben, als Taleke Meyers, seines Bruders Tochter, „vnde bydde se, dat se myner armen zele yo wat gudes dar van na do."

Zu seinen bevollmächtigten Testamentariis verordnet er die ersamen Manne Herr Gerdt Leueringe, Ratman tome Sunde, Olerff Lorberen, Hans Krasken vnde Hinrick Krassouwen „vnde bidde se alle vmme gades willen, dat se dyt testamente mynes lesten wyllen aldus vtrichten vnde vorstan, alze Ick en des wol to loue, vnde nemen darvor dat lon van deme leuen gade. To groter tuchnisse sint desses testamentes twe allens ludende van worden to worden, dat ene vte deme anderen gesneden dorch A. B. C."

Nach dem auf einem Pergamentblatte geschriebenen Original im Archive der Stadt Stralsund.

No. 238. Anno 1502. Freitags vor Palm-Sonntag.
(18. März.)

Hennynck Bergelase tor Lauenitze verkauft den Alterleuten der Krämer zum Sunde für 100 Mk. 8 Mk. aus seinen 16 Morgen Ackers vor Ginrt, in welchem sie bereits 100 Mk. hatten.

Aus dem Orig. im Arch. des Calands zu Stralsund.

Medelouere: Hans Krassow to Vartzeneuitze, Hennynk Plate to Zrlentze, Hennink Plate to Gurretisse vnde Hennink Holste to Swetzeneuitze.

Das Siegel des Henn. Bergl. zeigt einen schräg rechts gestellten, mit den Scheeren nach unten gerichteten Krebs, also verschieden von den zu Urk. No. 229. u. 33. beschriebenen Siegeln. Das Siegel des Hans Kr. ist zu Urk. No. 231. beschrieben und Tab. XII. No. 30. abgebildet. Die 2 Plateuschen Siegel sind bis zur Unkenntlichkeit zerdrückt. Das Siegel des Henning Holste zeigt drei Querflüsse und über diesen eine sternähnliche Figur, ist jedoch auch stark zerdrückt.

No. 239. Anno 1502, Mittwochs nach Quasimodogeniti.
(6. April.)

Hinricus Krassow, kerkhere to Samptyns, vnde Hermen Bere tom Nygenhaue

vormondere der vnmündigen kindere zeligen Hans Beren," verkaufen den Vorstehern der Brüderschaft des Calands zum Sunde vor 225 Mk. 12 Mk. Pacht aus der Kinder Güter to Stromerstorpe, wiederlöslich.

Aus dem Orig. im Arch. des Calands zu Stralsund.

Medelowere: Vicke Bere to Hugelstorpe, Johan vnde Hans, de Beren genomet, tome Vorwerke, Syvert Datenberch tome Oldenhaue vnde Otte Thun to Slemyn.

An 7 Pergamentstreifen hangen eben so viele Siegel aus ungeläutertem Wachs, nur das erste ist in grünes Wachs gedruckt und mit einer Tectur von ungeläutertem Wachs versehen. Das erstere Siegel ist stark beschädigt. Man erkennt jedoch noch in demselben einen deutschen längs getheilten Schild. In der vordern Hälfte steht ein halber Ochsenkopf, die hintere Hälfte ist quer getheilt. Von der Umschrift ist . inrici Krass . . erhalten. Es ist Tab. XII. No. 33. abgebildet. Das Siegel des Herm. B. zeigt einen steigenden rechts gewendeten Bären. Das des Vicke B. einen solchen links gewendeten. Die S. des Johann und Hans B. einen auf die Hinterfüße aufgerichteten rechts gewendeten Bären, mit einem Halsbande. Das S. des S. Datenb. zeigt einen gebogenen, verstümmelten Baumstamm. Das S. des O. Thun ist bis zur Unkenntlichkeit zerdrückt.

No. 240. Anno 1502, am Abende Conceptionis Mariae. (8. Decbr.)

Hinrich Plate, wonafticch tho Trybbekevitze, im Kirchspiel Trent, verkauft an den Abt Tymmo zu Hiddensee und seinen Convent für 802 Mk. 66 rheinischen Gulden und 6 Ellen braunen leidenschen Wandes 32 Mk. Pacht aus seinem Hof Trybbekevitze, nach 20 Jahren wiederlöslich.

Aus der Matrikel des Klosters Hiddensee.

Zeugen: Johannes myn broder, Wilken tho Grauslevitze, Hartman tho Rentze, Hennink tho Guttitze, Henning vnde Tomas the Zilentze, alle genomet de Platen, Chaten Narman tho Lubbin, Hinrik Kake tho Lütkenitze, Hennynk Krassow to Pansevitze vnde Otto Horst to Tribbekevitze.

No. 241. Anno 1503, Dienstags vor Matthei Apostoli. (21. Febr.)

Tonnyges Kalik tho Bentze bekennt, nachdem seine Vorfahren den Vorstehern der Marien Brüderschaft in unserer lieben Frauen Kirche zum Sunde aus seinem Gute Guttyse 16 Mk. Pacht für 200 Mk. verkauft, so hätten ihm die Vorsteher hiervon 4 Mk. nachgelassen, daß er ihnen nur für obige 200 Mk. 12 Mk. Pacht zu entrichten; doch habe er ihnen sofort wieder diese 4 Mk. für 66⅔ Mk. 2 ßl. 4 Pf., die sie ihm ausbezahlt, verkauft. Mithin habe er ihnen also nach wie vor 16 Mk. Pacht zuentrichten. Er behält sich jedoch den Wiederkauf dieser Pacht für 266⅔ Mk. 2 ßl. 4 Pf. vor.

Aus dem Orig. im Arch. des Calands zu Stralsund.

Zeugen: Olde Hans Crassow to Partzenitze, Hartmann Plate to Rentze und Chaten Narman to Lubbyn.

Das Siegel des Tön. K. zeigt drei mit den gebogenen Spitzen dem rechten Schildesrande zugewendete Gemshörner. Das Siegel des Hans Kr. ist zu Urk. No. 229. beschrieben und Tab. XII. No. 29. abgebildet. Das Pl. und Narm. Siegel zeigt das bekannte Wappen dieser Familien.

No. 242. Anno 1503, Donnerstag vor Palmsonntag. (6. April.)

Herman Norman to Sylentze verkauft an Johan Lutten, Jacob Moysken, Priestern, Gerdt Kroger und Hans Pustonwen, Laien und Vorstehern der Marien Brüderschaft zu Stralsund 3 Mk. Pacht aus seinem Hofe zu Sylentze für 50 Mk.

Aus dem Orig. im Pomm. Prov.-Arch.

Zeugen: Clawes Norman to Lubben, Clawes Bole op Wyttow to Maldebrysse, Hennink Crassow to Pansewitze und junge Hans Crassow to Pansewitze.

Die Siegel des Claus Norman, Claus Bolen und Hans Krassow sind abgefallen, die übrigen gut erhalten. Das Siegel des Hennink Krassow zeigt im Schilde die rechte Hälfte eines Stierkopfes; der Schild ist aber von 7 Kleeblättern umgeben. Die Umschrift: Hennink Crassow. Es ist Tab. XII. No. 31. abgebildet.

No. 243. Anno 1503, am Tage St. Felicis. (30. Mai.)

Tönnies Kake, wohnhaft zu Chatemitze, verkauft den Vorstehern der Brüderschaft Gottes und seinen Heiligen zu Bergen 3 Mk. Geldes Hebung aus seinem Gute Koserow, im Kirchspiel Rambin, für 50 Mk., wiederlöslich.

Aus der Matrikel der geistl. Brüderschaften zu Bergen.

Zeugen: Steffen vann Anenn to Multze, Hinrik vann Anenn tho Natzeuitze, Hennink vamme Rade, Tydkens sone, vnde Nickolt Gaweren, Claweses sone.

No. 244. Anno 1505, Crispi et Crispiniani. (25. Octbr.)

Tilseke, nagelaten wedewe zeligen Curd Bustes heft erffschichtinge gedan **Hinrik Crassowen, erem sone,** von wegen vnde in vormundschop siner **husfrowen Anneken des gedachten Curdes** suster van sinen nalaten guderen — also dat se densuluen **Hinrik** vnde **Anneken** sine husfruwe gentzlik to enem vulkomen ende vornuget hefft.

Aus J. A. Dinnies Nachrichten, die Rathspersonen der St. Stralf. betr. VI. Bd. in den **Probationes** zur Stammtafel der v. Unna aus dem liber resiquat.

No. 245. Anno 1506, am Agathen Tage. (5. Februar.)

Reynert Plate und **Vicke**, sein Sohn, verkaufen an **Tymmo**, Abt von Hiddensee, einen Morgen Ackers bei **Heinrich Platens Hof** (zu Dornhof?) für 32 Mk.

Aus dem Orig. im P. Prov.-Arch.

Zeugen: Rolelt Rotermunt tho Volbeuitze, Henningh Crassow tho Panseuitze und Hans Grundys to Domrade.

Sämmtliche Siegel sind gut erhalten, jedoch bis auf das des Henning Kr. nicht näher nachgewiesen, letzteres ist das zu Urk. No. 242. beschriebene und Tab. XII. No. 31. abgebildete.

No. 246. Anno 1507, am Brigitten Tage. (1. Februar.)

Nicolaus, Priester, **Otto** und **Matthias**, brodere ghenomet Horste, verkaufen an **Tymmo**, Abt von Hiddensee, 33 Mk. Pacht aus dem Dorfe Trypkevitze aus den Höfen wo Otto Horst selbst und Kersten Kale wohnen für 1800 Mk.

Nach dem Orig. im P. Prov.-Arch. Tit. Hiddensee

Zeugen: olde Raven Barnekow, Hinrik Kark, Hinrik Plate to Trypkevitze, Hinrik Plate to Grameleuitze, Thomas Plate to Silentze, Hinrick van Jasmunde, Hinrick vamme Kalende, Jeroslaff vamme

Kalende, Clawes vamme Rade to Murkeuzhe und Hinrik van Jasmunde to Verneve.

Otto Horsts, Raven Barnekows, Hinrik Platens to Tryptevitze und Jeroslaffs v. Kalendes Siegel sind vorhanden, aber mehr oder weniger beschädigt; die übrigen fehlen.

No. 247. Anno 1507, am daghe Marci vnde Marcelliani der hilghen merteleres. (18. Juni.)

Vicke Crassow, Clawes sone, verkauft „der erbaren vnde duchtigen fruwen Margareten, ene nalaten husfrowe Ghert Boleken seliger dechtnisse vnde eren rechten eruen" 3 Mk. Pacht aus seinem Hofe zu Teskeuisse im Kirchspiel Reppin aus dem Erbe des Jacob Hasse für 50 Mk. [1])

Aus einem Copiarium im Arch. der Jacobi Kirche zu Stralsund, f. 117—19.

Medelowere: Raven Barnekow tho Koselstorpe, de older, Tonnyes Krassow tho der Helle vnde Clawes Krassow tho Dambane.

No. 248. Anno 1507, zu Bergen, Dienstags nach Assumptionis Mariae. (17. Aug.)

Herzog **Bogislaus X.** belehnt **Hans Krassow** mit den Gütern, die sein Vater **Tönnies Kr.** in den Dörfern Schwechevitz, Salckow und Siggermow zu Lehn gehabt.

Aus einer vidimirten Abschrift in den R. L. A. No. 28.

Wi Bugslaff van gades gnoden tho Stettin, Pomern, Cassuben, der Wende hertoge, förste to Rügen vnde greue to Gützkow bekennen hiemit vor allemenniglich, dat wi dem erbaren vnsen leuen getruwen **Hans Krassowen** vnde sinen menliken liues lens eruen vmb siner flitigen bede vnde truwen willigen deinste, so he vns bether gerne gedan vnde henfürder noch wol den schall, kan vnde mag, vnde vth sundergen gnoden sodant lengut alse sin vader **Tonnies Krassow** van vns tho lehene gehat, vnde na sinem dode vp em geeruet, nemlich de dörpere **Schwechevitz, Salckow** vnde **Siggermow** mit holten, agkern, wesen, weiden, molen, moren, broken, rechten, densten, gerichten, högesten vnde sidesten an hand vnde hals vnde allen anderen eren herlicheiden, gerechtickeiden, fruchtbrukingen vnde tobehorungen nichts vthgenamen als de in eren scheiden, grentzen vnde malen gelegen, vnde van sinem vader de aller frigest vnde quitest geeruet vnde vp em gekamen sint, tho rechtem manlehn gnedichlik gelegen hebben, vnde liegen em de jegenwerdigen in vnde mit macht dises vnses breues, als dat he vnde sine menlike liues lenseruen de gedachten gudere henfürder van vns vnde vnsen eruen tho len hebben, so vaken vnde dicke des nodt deit entfangen vnde darvan don, holden vnde denen schole wo manlens gewanheit vnde recht is. Wy ligen gemelten **Hans Krassowen** vnde sinen menliken liues lens eruen an vorscreuenen guderen allent wat wy em van gnaden vnde rechts wegen daran verlenen mögen, jodoch vns vnsen eruen an vnsen, vnd süß idermennichlikes an sinen gerechtickeiden vnschedelik. Tho vrkunde mit vnsem anhängenden insegel besegelt vnde gegenen to Bergen am dingstedage na assumptionis Mariae im vöffteigen hundersten vnde söuenden jhare. Hierbi an vnde auer sind gewesen vnsere rhedere vnde leuen getruwen (Er) Degener Buggenhagen, ridder, Er Theodoricus van der Schulenborgk, Andreas Becker, Doctores, Er Johannes Otte, principal, Peter Tetzen, vnse cantzeler, Ewalt Massow, vnse hauemarschalk, Erasmus Manduwel, licentiatus, Jpolitus Steinwer vnde Niclaus Brun, vnse secretarien.

No. 249. Anno 1508, „des mandages na sunte Johannes baptisten dage, des vorlopers Christi. (26. Juni.)

„**Slowke Stoghenene, erffseten to Darsebande in deme karspele to Wilmenisse,"** verkauft dem ersamen Mann Herr **Nicolaus Blaßhagen,**

1) 1513, Mittwoch nach Oculi verkaufte Margarete, Wittwe des Gert Bolcke, „wandages rathman thome Sunde" mit Willen ihrer Vormünder dem Priester Johan Taggen diese 3 Mk. Pacht.

Priester zum Sunde, für 50 Mk. 3 Mk. Pacht aus dem von ihm selbst bewohnten Hofe, mit allem Zubehör, höchstem und niedrigstem Gericht, wiederlöslich.

Aus dem Orig. im Arch. der St Nicolaus Kirche zu Stralsund, No. 53.

Medelowere: Nickels Rotermunt to Boldevitze, Clawes Wusseke to Sargelisse unde Clawes van deme Kalendende to Kotelvitze.

Von den Siegeln fehlt das des Cl. St. mit dem Pergamentstreifen, an welchem es befestigt gewesen. Es hat sich jedoch im Arch. ein loses Siegel mit der Umschrift: S. SLAUE . . . ENEUE gefunden, welches man daher als das seinige ansehen kann [1]). Es zeigt im unten abgerundeten Schilde einen wachsenden, rechts gewendeten Hasen oder Esel. Es ist Tab. XIII. No. 1. abgebildet. Von den Siegeln des Nick. Rot. und Cl. v. d. K. haben sich nur Fragmente erhalten. Das runde Siegel des Cl. W. zeigt im unten abgerundeten Schild die rechte Hälfte eines Ochsenkopfes und links neben demselben 3 kleine Kugeln (2, 1.). Umschrift: S. Clav . . Wossek . . Es ist Tab. XIII. No. 2. abgebildet.

No. 250. Anno 1308 [? viell. 18], am Tage Bernardi Confessoris. (20. Aug.)

Hinrik van der Lancken, wonaftich tor Wick, verkauft dem Herrn Bartoldo Lütsouwe für 600 Mk. 6 Mk. Pacht „vth mynem güde tor Lancken, dar nu inne wont Tonnis Piper," wiederlöslich.

Aus dem Orig. im Arch. des Kalands.

Zeugen: Tonnies Crassow to Vartzenruytze, Hennink Plate to Gurtisse, Hans Crassow to Swerdruytze unde Wolken Plate to Granslevytze.

Durch den untern umgeschlagenen Rand der Urk. sind 5 Pergamentstr. zur Befestigung der fünf runden, in ungeläutertes Wachs gedruckten Siegel gezogen. Diese sind jedoch so wenig gut erhalten, daß man keine Einzelheiten genau erkennen kann. Doch sieht man in dem des v. d. L. den wachsenden Löwen über die 3 Sterne. In den 2 Krassowschen Siegeln sieht man in der rechten Schildeshälfte den halben Ochsenkopf, während die linke völlig unkenntlich geworden, und in den 2 Pl. Siegeln die 2 Adlerflügel mit den Köpfen auf den Sachsen.

No. 251. Anno 1308, Abends Simonis und Judä in des Abts von Eldena und seines Conventes Gut zum Hagen im Lande zu Rügen. (28. Octbr.)

„Vicke Pretze, knape, seten tho Mallyn, beleghen yn dem lande to Wusterhusenn," verkauft an Matthias, Abt des Klosters Eldena und an dessen Convent 4½ Mk. 4 ßl. 1 Wittenpfennig sund. jährlicher Pacht und Pflege in und aus seinem Acker, belegen in und auf der Feldmark des Dorfes Grabow, im Kirchspiel Suder, im Lande zu Rügen, dazu auf die Besserung der andern Güter, die er demselben in dem Dorfe Poppelvitze und in dem Dorfe Suder verkauft, als nämlich von 1 Morgen Landes, den die nachgelassene Hausfrau des Hans Pewes baute 11 ßl., von 2¼ Morgen Landes, die Henning Munt baute, 2 Mk. 4 ßl. und von ½ Morgen, die derselbe Henning Munt baute, 5½ ßl. für 150 Mk. Hauptstuhls wiederlöslich; übernimmt auch über diesen Kaufbrief den Willebrief des Herzogs zu schaffen.

Aus dem Orig. im Pomm. Prov.-Arch.

Medelowere: „Tonnyges Käck, wonhaftich to Gölemitze, Hinrik vam Rade, wonaftich thom Kowalle, Hinrick vam Kalande, wonhaftich tho Zylmenitze, Arndt vam Kalande, wehnhaftich thom Schorte, Clawes vam

1) Es ist beachtenswerth, daß es fast dasselbe Wappen ist, welches die ganz in der Nähe von Dardand auf Güßelitz gesessene Familie der Scherlen führte. Eben so die v. Ahnen.

v. Krassowsche Gesch. Urk.-B.

20

Rade tho Garlepow, Darghemer Mackenholt tho Prohernitze, Clawes vam Kalande tho Koteluitze vnde Clawes vam Rade tho Merkuitze."

Von den 9 Siegeln, die an der Urk. gehangen, sind nur noch Fragmente, von denen des Hinr. v. K. tho Zolmenitz, Claus vam Rade tho Garlepow, Darghemer Mackenholt und Claus v. Kaland erhalten; jedoch läßt sich fast nichts an diesen erkennen; alle übrigen fehlen.

No. 252. Anno 1509, verleyen daghe na Wynachten. (8. Januar.)

Clawes Kransdorp, Bürger zum Sunde, verkauft an den Magister Johann Taggen, Offizial zum Sunde, für 100 Mk. 6 Mk. Hebung „in vnde vthe myner bode vnde redesten guderen, wor ik de hebbe, bewerhlik vnde vnbowerhlik, beleghen in der bodbeker strate tusken her **Hinrik Krassowen** vnde Stribeken, dat nu tor tidt Johan Milleke inne wonet."

Aus einem Copiarium im Arch. der Jacobi Kirche, zu Stralsund f. 115. 16.

No. 253. Anno 1509, am Tage Fabiani des Märtyrers. (19. Januar.)

Peter Voltzke, wanhaftig to Paßke, verkauft dem ehrwürdigen „Reymar Hanen, Archidiakon zu Waren und Kerkheren thom Sunde, Reinoldo Leuelinge unde Ewalto Rellin," Vorsteher der „groten tyden," die man tägl. singet in St. Nicolawes Kirche 3 Mk. jährliche Hebung aus seinem Gute zu Renthe, belegen im Kirchspiel zu Trente aus dem Hofe des Hans Tode für 50 Mk., wiederlöslich [1]).

Aus einer alten Copei im Arch. der St. Nicolaus Kirche zu Stralsund No. 57.

Medelowere: Clawes Krassowe to Damban, Marten Barnekowe to Ralswik vnde Hans van Usedhom tho Bubbekevitze.

No. 254. Anno 1509, am Tage Brigidä. (1. Febr.)

Marten Schele, wonaftich tho Güstelitze, verkauft der Brüderschaft Gottes und seiner Heiligen zu Bergen 6 Mk. Hebungen aus seinem Hofe zu Güstelitz für 100 Mk., wiederlöslich.

Aus der Matrikel der geistl. Brüderschaften zu Bergen.

Medelowere: Berndt Buggenhaghen, Emeke Wosseke, Steffen vnde Hinrik brodere genomet van Anenn.

1) Nach einer Anzeichnung besaßen in der letzten Hälfte des 16. Jahrhunderts (1571) die Platen diesen Hof. Die Voltzken gehörten zu den kleinen Adelsgeschlechtern der Insel Rügen. Vor 1455 verkaufte Claus Voltzke dem Heinrich von Jasmund den 3ten Theil des Guts Neu Swertzin für 276 Mk. 1477 verkaufte Arnd Bole, Arnds Sohn, als Vormund des unmündigen Kindes seiner Schwester, Marien Volskes Wittwe, dem Kloster Hiddensee dessen Antheil an Sulitz (Jülitz) auf Wittow. Henning V. „en gude man" (der bezeichnende Ausdruck für einen herzogl. Vasallen) ward von den Stralsundern auf Wittow gegriffen, und der Herzog Bogislaf X. mußte ihn selbst aus dem Gerichte der Stadt lösen. — Er machte denselben dies 1483 zu einem großen Vorwurf. 1510 Donnerstags nach Lazari belehnte Herzog Bogislaf X. den Bernd Voltzke mit seinem väterl. Erbe auf Rügen, als einem Hofe und 1 Hufe im Dorfe Renthe, den ein Bauer, Tode, bewohnte. — Auf Rügen kommt die Familie später nicht mehr vor. Christopher Voltzke oder Jiltzsche empfing 1540 wegen Minderjährigkeit einen Lehns-Indult. Er lebte noch 1601 und war in Sommersdorf im Demminer Kreise begütert. Joachim V., wohl der Sohn des Christoph, empfing den 14. Februar 1610 zu Wolgast sein Lehn. Im 17. Jahrhundert ist die Familie ausgestorben oder verschollen. Micräl sagt von dem Wappen der Jolschen, sie „führen zwei grüne Lorbeer-Zweiglein über einander im Creutz, im blauen (Felde) und zwo blaue Straußfedern auf dem Helm."

No. 255. Anno 1509, Montags nach Mathie. (26. Febr.)

Martin Bernecouw gestattet, daß sein Untersasse Henning Ternute der Brüderschaft Gottes und seiner Heiligen zu Bergen 20 ßl. aus seinem Erbe zu Streye für 18 Mk. wiederlöslich verkaufen möge.

Aus der Matrikel der geistl. Brüderschaften zu Bergen.

Erik Barnekow und Hinrik Kake haben diese Verschreibung mit besiegelt.

No. 256. Anno 1509, am Dreifaltigkeits Abend. (2. Juni.)

Hennynk Holste to Zwetzeneuitze in dem kerspel to Ginrte verkauft den Vorstehern der Brüderschaft des Kalands zu Stralsund für 50 Mk. 3 Mk. von seinem Acker, den Pawel Sore to Kluxeuisse baute, wiederlöslich.

Aus dem Orig. im Arch. des Calands zu Stralsund.

Medelowere: Hinrik van Vsedom, Mathias Holste to Ginrte, Thomas Plate to Silentze, Henninh Krossow to Panlzeuisse.

Die Siegel des G. und M. Hol. zeigen im Schilde 3 linke Schrägflüsse; das des Hinr. v. V. drei mit den Mündungen abwärts rechts gewendete Widder oder Gems-Hörner; das des Thom. Pl. die 2 herabhängenden Flügel mit den Köpfen auf den Sachsen. Das des Hen. Kr. ist zu Urk. No. 242. beschrieben und Tab. XII. No. 34. abgebildet.

No. 257. Anno 1509, „in aller gades hyligen avende." (1. Novbr.)

„Ick Hennink Holste to Swetzeneuysse im karspel tho Gynrte myt mynen eruen, hebbe vorkost dem kalande thom Sunde vnde eren nakamelyngen vor anderthalfhundert mark sund., de my vornoget synt ıx marc geldes jarliker pacht, de se alle jar vp sunte Martens dage in vnde vth mynem acker myt syner tobehoringe den nu thor tydt buwet Berent Karck to Gynrte ıııı marc, vnde van Hennynk Rykelt darsuluest vyff marc geldes, to ewygen tyden van dessem erbonemeden acker. Dyt allent vorscreuen laue ick Henninck Holste myt mynen eruen vnde truwen medelaueren alse Hynrik van Vsedum tho Kartzysse, Henninck Krassow to Pansenenitze, Hennynges sone, Hans Holste to Garlepow, Matias Holste to Gynrte, Otto Wostenyge to Gustyn."

Alte Aufzeichnung im Arch. des Calands zu Stralsund.

No. 258. Anno 1510, am Tage Sigfridi confessoris. (15. Februar.)

Albrecht Szegebade, Wolvynges Sohn, wohnhaft zu Koßdorpe, verkauft dem Abt Tymmo von Hiddensee sein Gut Brege, nämlich 22 Mk. 4 ßl. aus dem Erbe, welches Hans Kremer bewohnt, 19 Mk. aus dem des Hinrik Kruße, 20 ßl. aus Dynnyges Kruses, 6 ßl. aus Hans Wöleskens, 12 ßl. aus Hinrik Kruses und 6 ßl. aus Lubbemers Kathen, für eine Summe Pfennige, welche ihm Claus Bole bezahlt hat.

Aus dem Orig. im P. Prov.-Arch., Tit. Hiddensee.

Zeugen: Johann Kraleuytze, kerkhere tor Oldenkerke, Herimann Szegebode to Balderecke, Hinrik Smachtesbagen to Kampe, Tonnigers Kack to Chotemytze, Stenslaff Tzum, Berndt van der Lancken to Woldenytze, Clawes Smachteshagen to Zeltze, Henninck Plate to Rentze vnde Erick Tzum to Gromnytze.

Die Siegel des Hinrik Schmachteshagen, des Stoislaf und Erick Tzum sind ziemlich gut erhalten

20 *

von denen des Johan Krakevitze und Tonnyes Kack findet man nur ziemlich unvollständige Fragmente. Jedoch läßt der längs getheilte Schild im Siegel des T. Kack links einen halben Ochsenkopf erkennen; die vordere Hälfte ist sehr zerdrückt, vielleicht war sie ganz leer (?).

No. 259. Anno 1510, to Berghen, des Midwekens na Invocavit. (20. Februar.)

Merten Barnecowe, wonaftich to Ralswik, verkauft den Vorstehern des Calands zum Sunde für 70 Mk. 4½ Mk. Pacht in dem Hofe und Gute zu Tramtze, wo Kersten Lucht wohnt, laut eines Briefes, den ihm „Vor Metke vamme Raden, priorissa, myt tholathe eres conuentus vnde her Hinrik Szumen, prawestes des juncfrowen klosters to Berghen, dar vp vorsegelt."

Aus dem Orig. im Arch. des Calands zu Stralsund.

Den Brief [be]segelten mit ihm: her Hynrik Krassowe, lantprawest to Rugen vnde Raven Bernecowe to Keseldorp, de oldere.

An der Urkunde hängen 3 runde in grünes Wachs gedruckte und mit einer Textur von ungeläutertem Wachs versehene Siegel.

Das 1ste zeigt im rechts gelehnten deutschen Schilde einen wachsenden, gekrönten, rechts gewendeten Widder. Der auf die linke Schildesecke gesetzte Helm trägt 3 Straußfedern Umschrift:

MARTEN BARNEKOV.

Es ist Tab. XIII. No. 3. abgebildet.

Das 2te Siegel zeigt einen deutschen längs getheilten Schild. In der vordern Hälfte steht ein halber gekrönter Ochsenkopf, an die Theilungslinie gelehnt. Die hintere Hälfte ist quer getheilt. Das obere Feld zeigt 9 Kleeblätter (3. 3. 3.), das untere ist leer. Der Schild ist von einem zierlich gelegten Bande mit der Inschrift:

S. Hinricus Crassov.

umgeben.

Es ist Tab XIII. No. 4. abgebildet.

Das dritte S. zeigt im dreieckigen Schilde einen rechts gewendeten wachsenden Widder. Die Umschrift ist zerdrückt.

No. 260. Anno 1510, am Tage Philippi und Jacobi. (1. Mai.)

Tönnies Krassow verkauft der Brüderschaft Gottes und seiner Heiligen 2½ Mk. jährliche Hebung aus Wartzenevitz.

Aus der Matrikel der geistl. Brüderschaften zu Bergen.

Ick Tönnyges Crassow, Hansses sone, tho Wartzenevitze inn deme karspel tho Reppyn myth mynen eruenn bekenne vnde betughe apenbar vor alsweme inn dessem breue, dath yk recht vnde redelyken hebbe vorkoft vnde vorlathen, vorkope vnde vorlathe seghenwerdyghen inn krafft dessés breues deme erlykenn herenn Nicolao Vlashaghenn prestere des Swarynskenn stychtes vnd synenn eruenn vor drudehalff hundert mark sundes, de my vann em woll tho dancke vornoget vnde tho telect synt vor der makynghe desses breues, vofftteigenn mark geldes jarlyker pacht de he myt synenn eruen alle jar opp sunte Martens dach dancklykenn hebben vnde vpboren schall in vnde vth mynem gude tho Wartzenevitz erbenomt, alse vth deme have dar nhu vppe waneth Pawel Marsagel, veerteigen mark vnde vth deme haue dar nu vppe wanet Mathias Nagel eyne mark vnde vth aller disser beider heue thobehoryngen alse de nu lyghen vnde je van oldynges vth ghelegen hebben binnen alle eren mathenn, schedenn vnde endenn ick sy inn ackere inn wyschenn, weyden, tornen, moren, holtynghen, wateryn-ghen myth aller fryghkeit, herlicheyt vnde rechtycheit, myt alleme richte vnde denste, dem hoghesten vnde sydesten an hals vnde hanth tho richtende myth aller nuth vnde frucht, de dar nu ane is vnd noch inn thokamendenn tiden ane werden mach, myth alle, nichtes vthghenamen benometh vnd vnbenömeth so frigh vnd quidt alse myne voruarenn desse vorscreuen gude myt der pacht vnde myth alle eren thobehoringhen je vnd ee hogest vnde egenst ghehat, bruket vnde beseten hebben myth vuller macht de suluen pacht dar vth tho pandende so valene alse en des noth vnde behuf werth sunde ihnder wedderstall vann jemande vnd van den panden ere gelt tho nemende alse pachtrecht is. Ock schall ick vnde wyll myth minen erven inn desse vorscreven pacht mith alle erenn thobehoringhen frigen vnde entweren vor alle plicht vnde vnplicht vor heren denst, dar tho vor alle ann- sprake vnd bewernisse aller personenn de vor recht kamen, recht gheven vnde nemenn willen vnde will ȥe en ock quidt vnde frigh vorlathen dar ick des tho rechte plichtich bin vnde warent en vor vnde na der vorlatinghe alȥe dath inn deme lande einn recht is. Ok schall Jck vnde wyll mith minen erven en mines guedighen herenn vnde landesfürsten wille- bref schaffen vppe desse vorscreven jarlike pacht, quidt vnde frigh, vp mine eghene kost vnde teringhe wen er Jck iffte mine erven van en dar tho gheeschet werde. Eze moghen ok desse vorscreven pacht mith alle erer thobehoringhe vor drudde- halffhundert mark sundes vorlan vorkopenn, vorsetten, vor- buthen, vorpanden vnde voranderen the weme ȥe suluenn wollen, vnde dar ȥe also voranderth wert, so schall Jck vnde will mit minen erven holden alle artikele desses breves. Jodoch ȥo beholde Jck Tonnyges Crassow mi vnde minen erven denn ewigen wedderkop desser vorscreven pacht mit alle eren tobehoringhen vp enem sunte Johannes baptisten dach tho midden ȥamere tho vorne to toseggende vnd gheven en denne des neghesten navolghenden sunte Martens dach drudde halfhundert mark ȥundes henetisels munthe, alȥe denne thome Sunde ghenghe vnd ghene is, mith der pacht de ȥik denne behorth vnd noch alle nastellych vo an eneme ȥummen, binnen der stadt thom Szunde ane leugher vor- toch dar tho sunder alle eren hynder vnde schaden. Vorth- mehr iffte desse bref ienich ghebrek kreghe idt were an den ȥegelen edder cabuck an der schrift, dath schall em vnschede- lik weȥen. Tho allent vorschreven lane Jck Tonnyges Crassow bauenscreuen mith minen erven vnd truwen mede- laueren, alȥe de duchtighen manne Hennynk Crassow myn broder tho Pansevitze, Tonnyges Crassow tor Helle, Clawes Crassow tho Damban, Hans Crassow tho Swechevitze, Hinrik Kach tho Wobbelovsze, Rodelf Gawerenn thom Vinkendale, Clawes Gaweren tho Morsȥelbroȥe vnde Hans van Vȥedum tho Bubbekevȥe, wy alle vorbenomt lauen ȥamentliken myth ener samenden handt, en vor alle meth unȥen erven ghelick vnȥem houetmanne dem erghebachten Er Nicolaus Vlaßhaghen vnd ȥynen ervenn in guden truwen vnd sekeren louen stede vnd vast woll tho holdende ȥunder alle arch vnd arghelist. Des tho groter tuchnisse vnd vaster vorwaringhe hebbe wy itbenomede lovere vnȥe ingeȥeghele myth vnȥes houetmans ingheȥeghele wytliken ghehenghet ann desseme breff, de ghenen vnde schreuenn ys na gades borth vefftenhundert vnde teyn jare amme daghe Philippi vnd Jacobi der hylghen apostele.

D. d. 1523, Sontags nach St. Margarethen überließ Nicolaus Blasbagen diese Rente der Brüderschaft der heiligen Dreifaltigkeit zu Bergen.

No. 261. Anno 1510, am Tage Antonii. (2. Septbr.)

Hans Narmann, wanafftych to Trybbevitze, ver- kauft der Brüderschaft Gottes und aller sei- ner Heiligen 3 Mk. Pacht aus Trybbevitze für 50 Mk.

Aus der Matrikel der geistl. Brüderschaften zu Bergen.

Medelowere: Otto Narmann, wonafftich the Jer- nvȥe, Clawes Narman the Lubbon, Tonnyges vnde Clawes brodere ghenomet Crassowen.

No. 262. Anno 1510, Sonnabends vor Martini. (9. Novbr.)

Clawes Bole, Stüringes son, in Rügen, nu tor tyt wonaftich to Malmeritze oppe Wittow, verkauft den „ersamen wolwisen mannen her Hinrik Schutinge, her Henninghe Morbere, borgermestere toem Szunde, Ruth- gart Schutinge und Joachim Warden- berge, borgere darsulvest, vnde vormunderen zeligen junge Roloff Molres, unmundighen nalaten kynderen, alse Rolof vnde Clawes," vor 600 Mk. 24 Mk. Pacht aus seinen Gütern zu Wostewisse und Etrakelvisse auf Jasmund.

Aus dem Orig. im Pomm. Prov.-Arch. zu Stettin.

Zeugen: Hans Normann to Tribbevisse, Ghotc Norman to Lebbin, Clawes Norman to Lebbin, Anthonies Krassow tor Helle, Jürgen und Hinrik gebrodere de Posewalke genomet und Herman Norman tho Stlentze.

Die 8 Siegel, selbst fünf der Pergamentstreifen an denen sie gehangen, fehlen.

No. 263. Anno 1510, Mittwoch nach St. Martens Tage. (13. Novbr.)

Hennink Plate zu Sylentz verkauft den Vorstehern der Brüderschaft des heil. Leichnams in der St. Jacobs Kirche zum Sunde für 50 Mk. 3 Mk. Pacht aus seinem Wohnhofe zu Sylentz, wiederlöslich.

Aus dem Orig. im Arch. des Calands zu Stralsund.

Medelowere: Hennink Crassowe to Panseuitze, Clawes Gaweren to Moyfeldrisse vnde Hans Gaweren to Gusseuisse.

Von den vier runden, in grünes Wachs gedruckten Siegeln ist das erste so zerdrückt, daß man es nicht mehr genau erkennt.

Das 2te zeigt im längs getheilten Schilde in der vordern Hälfte einen halben gekrönten Ochsenkopf. Die hintere Hälfte ist mit 9 Kleeblättern bestreut. Umschrift: Henningk Krassow Pāsewt. Es ist Tab. XIII. No. 5. abgebildet.

Das Siegel des Claus G. zeigt einen doppelten Wiederhaken mit der obern Spitze dem linken Schildesrande zugewendet, und das des Hans G. einen senkrecht gestellten doppelten Wiederhaken mit der untern Spitze dem linken Schildesrande zugekehrt.

No. 264. Anno 1510, in Vigilia Sancte Katerine. (24. Novbr.)

Hans Normann gestattet seinem Untersassen Tomas Pilasse dem Priester Laurentio Kryntzen ½ fl. Hebung aus seinem Erbe zu Tribbevitz, im Neuenkircher Kirchspiel für 19 Mk. zu verkaufen.

Aus der Matrikel der geistl. Brüderschaften zu Bergen.

Tomas (wohl falsch geschrieben statt Tönnies) Krassowe van der Hellen vnd Claus Normann, sein Sohn, haben die Verschreibung besiegelt.

No. 265. Anno 1511, am Tage Agnete virginis, (21. Januar.)

Heinrich Kok verkauft den Vorstehern einer geistlichen Brüderschaft 3 Mk. Geldes aus einer Besitzung, die früher Hermann Normann gehabt, für 50 Mk., wiederlöslich.

Aus der Matrikel der geistl. Brüderschaften zu Bergen.

Medelowere: Tonnyges Crassow tor Hellen, Tonnyges Crassow tho Wartzenruytze, Clawes Wosseke tho Prytzenruytze vnd Hans Crassow tho Swecheuitze.

(Der Anfang der Urk. fehlt, deshalb ist sie nicht vollständig zu extrahiren gewesen.)

No. 266. Anno 1511, am Tage Conversionis Pauli. (25. Januar.)

Henning Wostenyge gestattet seinem Bauern Kersten Kors tho Lupcowe, im Girkower Kirchspiel, dem Priester Laurentio Kryntzen 2 Mk. Pacht für 25 Mk. wiederlöslich zu verkaufen.

Aus der Matrikel der geistl. Brüderschaften zu Bergen.

Clawes Wuocken hat die Verschreibung besiegelt.

No. 267. Anno 1511, am Tage Petri Cathedrae. (22. Febr.)

Hennink Krassow tho Pansevitze gestattet einem seiner Bauern dem Priester

L. Kryntzen 2 Mk. jährliche Hebung zu verkaufen.

Aus der Matrikel der geistl. Brüderschaften zu Bergen.

Ick Hennynck Krassow, Hanses szone, wonaftich tho Panseuitze, bekenne vor my vnde myne eruen vor alsweme, dath de ersame Clawes Venske myn vndersate vnde bure, wanafftich tho Vegkeuitze, im Vasker kerspele, hefft mith sinen eruen in minem willen vnd tholate vorkoft vnd vorlathen tho eneme ewighen kofften kope deme erwerdighen manne her Laurens Kryntzen vnd synen eruen twe mark geldes jarliker pacht in syneme erue vnde gude, dar he nu inne wanth tor tidt vnd in alle des erues thobehoringhe vor viff vnd twintich mark guder sundescher wanliker munthe dar he ane vornoget is vor der makinghe desses breues. Desse vorbenomte twe mark geldes schall her Laurens vorscreuen mith syuen eruen hebben vnd bruken fredesam alle jar des negesten dages sunte Martens neghest der heren pacht vth dem vorbenomeden erue vnd siner thobehoringhen effte he dar vth tho panden effte panden lathen effte mit geistliken rechte tho manende wo em edder synen eruen dath even kumpt vnd mit dem panden tho varende so pacht recht is. Ok schall Clawes erbenomt vnd sine eruen desse vorbenomte twe mark geldes her Laurentio vnd sinen eruen entfrigen vnd euweren vor alle plicht vnde vnplicht, de dar vp kamen mochte vnd vor alle ansprake aller personen tho rechte. Ock so mach her Laurens vorbenomt desse twe mark geldes vorkopen, vorbuthen, vorsetten, voranderen, vorwandelen wo vnd wor he will vnde deme idt is vorandert schall vorbenomede Clawes holden alle artikele so vorscreuen is, doch so beholt sick Clawes mith sinen eruen vnd nakamelinghen den ewigen wedderkop desser twe mark geldes men so schall he tho vorne thoseggen her Laurentio vnd synen eruen vppe enen sunte Johannes baptisten dach tho mitsamer siner borth vnd gheuen denne negest vppe martin her Laurentio effte sinen eruen vif vnd twintich mark sundes so vorscreuen is munthe mit der jarliken pacht, sunder synen effte synre eruen bewisliken schaden effte jenigherleie arghelist. Des tho groter bekantnisse so hebbe ik Hennynk vorbenomt min inghesegell mit den inghesegelen der erbaren Hennynck Krassowen, mynes veddern, Tonnyges szone, vnd Mathias Holsten witliken hengeth vor dessen breff, de gheuen is na der bort Christi dusent vifhundert vnd in deme eleffsten jare imme daghe Petri Cathedre.

No. 268. Anno 1511, Donnerstags nach Mitfasten.
(3. April.)

Wycke van der Oesten tor Vnrowe verkauft den Vorstehern der Marien-Brüderschaft in unser lieben Frauen Kirche zum Sunde für 25 Mk. 24 ßl. jährlicher Hebung aus seinem Gute zur Vnrowe aus den Erben des Hynryk Wycher und Clemente Blyfflernycht wiederlöslich.

Aus dem Orig. im Arch. des Calands zu Stralsund.

Zeugen: Hennynk Krassow, Tonniges sone to Panseuitze, Thomas Plate to Zrlense vnde Hennynk van der Oesten tor Capelle.

Von den 4 Siegeln sind nur das 1ste und 4te, letzteres nur fragmentarisch, erhalten, beide zeigen das gewöhnliche Ostensche W.

No. 269. Anno 1511, zu Wolgast, Dienstags nach Jacobi.
(29. Juli.)

Herzog Bogislaf bekennt, daß Hans van dem Buge ihm unterrichtet, wie er aus „notdorftigen vnd merkliken orsaken" sein Erbe und Lehn, nämlich „syn gantze lengudt vp Schabes in vnsem forstendome to Rügen, belegen in dem kerspele to Bobbin, mit alle des gudes tobehoringen, vtgenamen de krichwisch vnde de weide dar Hinrik Krassow den breff vp hefft," „dem erbaren vnsem rade vnde leuen getruwen Walter van Jaßmunden vnde synen eruen to eynem ewigen vnwedderropliken doden kop verkoft hefft" und belehnt Balz. v. J. mit diesem Gute.

Aus einem alten Copiarium im Lehns-Arch.: Arch. Wolg. Tit. 65. No. 30. Alte Privilegia f. 26. b.

Hiran vnd ouer sindt van vnsen rederen gewest de erbaren vnde werdigen Ewalt Massow, vnse Hauemarschall, Peter Tetzen, vnse Cantzeler vnde Er Jürgen Komele, parner to Barth.

No. 270. Anno 1511, am Abende Simonis und Judä. (28. October.)

Hennink Plate, Erffeten tho Zylentze, gestattet seinem Untersassen Hans Paes, wohnhaft zu Güsterade, der Brüderschaft Gottes und seiner Heiligen zu Bergen 4 Mk. jährlicher Hebung für 50 Mk. zu verpfänden.

Aus der Matrikel der geistl. Brüderschaften zu Bergen.

Rockelt Gaweren ihom Gaweren und Hennynck und Tonnygges brodere genomet de Crassowen haben diese Verschreibung besiegelt.

No. 271. Anno 1512, am Tage Conversionis Pauli. (25. Januar.)

Hynrik Kaeck, Schynkel Kackes sone, verkauft der ersamen Frau Elyzabeth, Hinrik Segheboden nachgelassener Hausfrau und ihren Erben 2 Mk. Hebung in seinem Gute und Erbe zu **Züsceitze,** da zur Zeit Hans Reddemer wonth, vor 33 Mk. wiederlöslich.

Aus der Matrikel der geistl. Brüderschaften zu Bergen.

Zeugen: Her Johan Krakenitze, Marten Barnelowe, Tonnygges Krassowe to Dartzenevitze vnd Hans Krassowe to Swerhenevitze.

No. 272. Anno 1513, 16 März.

„Am Dinrstedage nach Reminiscere anno xvC vnd twelue to Wolgast in gegenwerdicheit Er Degener Buggenhagens, Er Peter Pudewils, rittern, Er Johan Otten, principals, Peter Tetzen, cantzlers vnd Peter Heneschen heft m. g. h. Gobeken van der Osten ervnen heff, de Multzel hof (wohl Mulitz) genomet vpme lande to Rugen belegen, im karspel tho Czampten, de en Steffen van Anen vorkoffte, vnde twe euen thu Koserow mit dem anparte an dem groten Karower sede de em Tonygges Kaeck vorkoffte, ock vp Rugen belegen, mit all eren tobehoringen vnd gerechticheiden gnedichlick vp huten datum wo bauen, vorreket vnd vorlegen hefft, wo manlehn gewanheith vnd recht is."

Aus einem alten Copiarium im Lehns-Arch., betitelt: Alte Privilegia rc. Arch. Wolgast. Tit. 65. No. 30. f. 29. a.

No. 273. Anno 1512. am Avende Andree Apostoli. (30. November.)

Hinricus Crassowe, Priester und Vicarius zu Streue, bekennt für sich und seine Nachkommen in der Vicarie vom Junker Woldemar von Pudbuske 100 Mk. Hauptstuhls und 5 Mk. Pacht erhalten zu haben, die er zum Nutzen der Vicarie nach Rath des Junkers Woldemar verwenden will, wie sie der edle und gestrenge Herr Hinrik (?) von Pudbuske, Ritter, zu dieser Vicarie gegeben.

Aus einer Abschrift, das Orig. im Fürstl. Archive zu Putbus.

Medelowere: Tonnygges Crassow, myn broder, Raven Barnekow de older tho (Ro)senborp, Berndt Buggenhagen tho Kranseuitz und Merten Barnekow tho Ralswiek.

No. 274. Anno 1513, am Tage Barbare virginis. (4. Decbr.)

Steyslaff van der Oesten, wohnhaft zu Lüsseuitze, verkauft den Vorstehern der Brüderschaft Gottes und aller seiner Heiligen zu Bergen 3 Mk. Geldes jährlicher Hebung in seinem Erbe, Gute und Acker zu Gynrt, die von Hans Lobbin und Hans Sterke bewohnt werden, für 50 Mk. wiederlöslich.

Aus der Matrikel der geistl. Brüderschaften zu Bergen.

Zeugen: Hennynk van der Oesten thor Capelle, Hinrik van der Osten thor Burowe, Hennynk Plate tho Gurptysse vnd Henningk Crastowe tho Pantheuitze.

No. 275. Anno 1514, Dienstag nach dem heil. Dreifaltigkeits-Tage. (13. Juni.)

Hans Norman tho Tribbeuitze im Carspel tho Nygenkerken verkauft den Vorstehern der „groten tyden de men dagelingen singet in sunte Jacobskerke tome Sunde" für 30 Mk. 3 Mk. Rente „in vnde vth minem haue vnde houen tho Tribbeuitze, dar ik nu tor tidt suluen vppe wane;" behält sich jedoch den ewigen Wiederkauf vor [1]).

Aus einer Abschrift im Arch. des Revisions-Collegiums zu Stralsund.

Zeugen: Tönniges Krassow thor Helle vnde Hinrik Pasewalk thor Libbow.

No. 276. Anno 1514, am Tage Johannis Baptiste. (24. Juni.)

Wilken Plate to Guttyse verkauft den Procuratoren der „marien tiden in zelige Doctor Gerwinus capelle in vnser leuen vrowen kerke" für 100 Mk. 6 Mk. Pacht aus seinem Gute zu Guttyse im Gingster Kirchspiel aus dem Hofe des Hans Voge, wiederlöslich.

Aus dem Orig. im Arch. des Kalands zu Stralsund.

Medelowere: Hennind Plate to Gurtitze, Pawel Plate to Silentze, Steitzlaff van der Osten to Lüsseuitze, Clawes Norman to Tribbekevitze vnde Hans Krassow to Burgkeuitze.

Die 6 an eben so vielen Pergamentstreifen hangenden runden Siegel sind in grünes Wachs gedruckt und mit einer Tectur von ungeläutertem Wachs versehen. Die 5 ersten zeigen die bekannten Schildeszeichen der betreffenden Familien. Das Siegel des Hans Kr. ist etwas zerdrückt; man erkennt jedoch noch im längs getheilten Schilde, im obern Theil der vordern Hälfte, 6 Kleeblätter, 2. 2. 2., in der hintern Hälfte einen rechts hinsehenden Ochsenkopf. Umschrift: S. Hans Carsov. Es ist Tab. XIII. No. 6. abgebildet.

No. 277. Anno 1514, „amme dage Dionisii myt syner hylgen selschop." (9. Octobr.)

Marcus van Usedum, wohnhaft zu Bubkevitze, verkauft den Vorstehern der Brüderschaft Gottes und seiner Heiligen zu Bergen 3 Mk. jährlicher Hebungen aus seinem Dorfe und Gute Bubkevitze aus seinem eignen Wohnhofe für 50 Mk. wiederlöslich.

Aus der Matrikel der geistl. Brüderschaften zu Bergen.

Zeugen: Eggert van Usedum, myn broder, Tonnyges Crassow tor Hellen vnd Tonnyges Crassow tho Wartkenvitze.

No. 278. Anno 1514, Montags nach Martini. (13. Novbr.)

Otto Wustenye, wanaftich to Gustyn in deme kerspel to Ghyurte, verkauft den Vorstehern des Calands zu Stralsund für 50 Mk 3 Mk.

1) Bis jetzt ist jedoch diese Verschreibung nicht eingelöst.
v. Krassowsche Gesch. Bd.-P.

21

Pacht, als 1½ Mk. aus Clawes Knuths Erbe zu Gustin und 1½ Mk. von Mouritz Subbeglene to Gynrte von 2 Morgen Ackers, wiederlöslich.

Aus dem Orig. im Haus-Arch. zu Pansevitz.

Medelowere: Hennynke Plate, wonaftich to Sylentze, Hennyngh Krassow to Pantzeuitze, Joachim Holste to Szweseluitze vnde Clawes Stogneue in Darsbant.

Die Siegel fehlen bis auf das 1ste und 4te. Ersteres zeigt ein rechts gewendetes springendes Eichhörchen, letzteres 3 linke Schrägflüsse, die Wappen der Wüstenye und Holste.

No. 279. Anno 1514, am Abendt Andree. (30. Novbr.)

Hennynk Berghelasze, wohnhaft zu Slawkeuytze, verkauft der Brüderschaft Gottes und seiner Heiligen zu Bergen 7 Mk. Pacht aus seinem Wohnhofe zu Slavkevitz für 100 Mk. wiederlöslich.

Aus der Matrikel der geistl. Brüderschaften zu Bergen.

Medelowere: Baltazar Berghelasze, myn broder, Ervk Barnekow, Berndt Bugghenhagen, Clawes Wosseke, Hinrik Narman to Kransenitze vnde Marcus van Uszdum.

No. 280. Anno 1515, am Tage Mathie apostoli. (24. Febr.)

Wicke Plathe, wonaftich to Trentow, verkauft den Vorstehern der Marien Brüderschaft 6 Mk. Pacht aus 2 Höfen in seinem Dorfe Güsterade für 100 Mk. wiederlöslich.

Aus dem Orig. im Arch. des Calands zu Stralsund.

Zeugen: Tonnies Crassow tor Helle, Henninck Plate to Gurptisse, Henninck Crassow to Panseuitze, Bartelt van der Osten to Lüsseuytze, Wylken Plathe to Granskeuytze vnde Wylken Plathe to Retelytze.

Die 7 runden Siegel sind in ungeläutertes Wachs gedruckt, zum Theil aber sehr zerdrückt. — Die Platenschen und das Ostensche Siegel scheinen die gewöhnlichen Schildeszeichen dieser Familien zu enthalten. Das Siegel des Tön. Kr. zeigt nicht, wie das zu Urk. No. 216. beschriebene und Tab. XII. No. 23. abgebildete Siegel desselben Mannes, die rechte Hälfte eines gekrönten Ochsenkopfes, sondern im unten abgerundeten Schilde einen ganzen links hinsehenden Ochsenkopf und die Umschrift: S. Tones Craschov. Es ist Tab. XIII. No. 7. abgebildet.

Das Siegel des Hennink. Kr. ist zu Urk. No. 242. beschrieben und Tab. XII. No. 34. abgebildet.

No. 281. Anno 1515, Dienstags vor der Kreutzen Woche. (8. Mai.)

„Pawel Plate Erbaren (?), wonaftich to Silentze," verkauft den Vorstehern der Leichnams-Brüderschaft in der St. Jacobskirche zum Sunde für 100 Mk. 6 Mk. Pacht aus seinem Hofe zu Silentze, den Mathias Blysan bewohnt, wiederlöslich.

Aus dem Orig. im Arch. des Calands zu Stralsund.

Zeugen: Balthasar Bergelasze, wonaftich to Tesseuisse im kerspel to Ginrte, Henninck Krassow, wonaftich to Panseuisse im Ginrter kerspel, Wyllen Plate to Granskeuisse im kerspel to Trendre, Marcus van Uszdom, wonaftich tho Bobbeteuisse im karspel to Reppyn.

Die 5 Siegel sind in grünes Wachs gedruckt und mit einer Tectur von ungeläutertem Wachs versehen. Die zwei Platenschen Siegel zeigen das Pl. Wappen. Das Siegel des Balt. Bergl. zeigt eine krebsähnliche Figur zwischen 2 Köpfen, von denen 2 Flügel herabhängen (ganz so wie diese Bilder im Platenschen Wappen dargestellt wurden). Umschrift: BAL . . BERGLASE. Es ist Tab. XIII. No. 8. abgebildet. Das Siegel des Hen. Kr. ist zu Urk. No. 242. beschrieben und Tab. XII. No. 34.

abgebildet. Das Siegel des Marc. v. B. zeigt 3 gewundene mit den Spitzen dem linken Schildesrande zugewendete Hörner.

No. 282. Anno 1516, Mittwochs nach Mittfasten. (5. März.)

„Wicko Platen, wonastich in deme landt to Rughen in deme kerspel tor Schaprode," verkauft den Vorstehern der Brüderschaft des Calands zum Sunde für 75 Mk. 4½ Mk. Pacht aus Hans Steffens Hofe zu Güsterade im genannten Kirchspiel, wiederlöslich.

Aus dem Orig. im Arch. des Calands zu Stralsund.

Zeugen: Wilken Plate to Reteliße, Pawel Plate to Sylcuße, Tonniges Krassowe to Farsenvitze, Henninck Krassowe to Panseuitze vnde Hans Norman tor Breeße.

Die Plat. und das Norm. Siegel zeigen die gewöhnlichen W. dieser Familien. Für die Siegel des Tönn. und Henn. Krassow befindet sich merkwürdiger Weise zweimal das Siegel des Tönnies Krassow zu Helle, welches zu Urk 280. beschrieben und Tab. XIII. No. 7. abgebildet ist, an dieser Urk., obwohl dasselbe wesentlich von den Siegeln der beiden Henning Kr. zu Panseviß, die Tab. XII. No. 34. und Tab. XIII. No. 5. abgebildet und auch von dem Siegel des Tönnies Kr. zu Jarsneviß Tab. XIII. No. 9. abweicht.

No. 283. Anno 1516, zu Stralsund, den 9. Mai.

Revers des **Joachim Crassow,** der vom Bischofe Lago Vrne von Roeskilde zum Landprobst auf Rügen ernannt war, gegen denselben.

Aus dem Orig. im Königl. geh. Arch. zu Copenhagen.

Ego Joachim Crassow juris vtriusque baccalaureus, protestor manu propria me velle fideliter sine omni dolo ac sinistra machinatione aliqua deseruire reuerendo in christo patre domino, domino Lagoni Vrne, dei et apostolice sedis gratia episcopo Roskyldensis, domino meo gratioso, in officio prepositure terre Rugie juxta et secundum juris dispositionem dictamen rationis ac eiusdem terre laudabilem consuetudinem reddo singulis saluo jure domini Cancellarii ejusdem domini gratiose. Pro institutionibus ac dimissores reddendo fidelem ac debitum calculum de leuatis. Sic me deus adiuuet et omnes sancti. Datum Sundis Anno domini millesimo qvingentissimo decimo sexto die vero veneris nonna mensis Maii.

Das Siegel fehlt.

No. 284. Anno 1517, 18 März.

„Anno xv^C^xvii am midweken na dem sundage Oculi heft **Tonniges Krassow** vor m. g. h. affgetreden dat dorp Ruskeuitz Baltesar van Jasmunde, de dat van Tonigs na lude des kopbreues darauer gegeuen, gekoft vnd denne m. g. h. genanten Baltser van Jasmunde sodane dorp tho rechtem manlehne vorligen vnd vorreket. In forma etc. Dat. Anklam vt supra. Praesentibus Er Jürgen Kameke, kerkhere tho Barth, Henneke Stein, Nicolao Brun, Achim Bliren vnd Joh. Schoppink."

Aus einem alten Copiarium im Lehns-Arch. Arch. Wolg. Tit. 65. No. 30. Alte Privilegia rc. f. 67. a.

No. 285. Anno 1518, am St. Johannis Baptisten Tage. (24. Juni.)

Hinrik van der Lancke, wonaftich tor Wyk, verkauft den Vorstehern des Calandes zum Sunde für 100 Mk. 6 Mk. Pacht in und aus seinem

21 *

Gute „tor Lancken, dar nu inne want Thonnyges Pyper," wiederlöslich.

Aus dem Orig. im Arch. des Calands zu Stralsund.

Medelowere: Thonsse Krassow to Vorkenevitze, Hans Krassow to Swekenevitze, Hennynck Plate to Ghuritze vnde Wylken Plate to Granzkevitze.

An der Urk. hangen 5 runde in grünes Wachs gedruckte und mit einer Tectur von ungeläutertem Wachs versehene Siegel. Es sind dieselben mit der Urk. No. 250. besiegelt [1]). Das Lanckensche und die Platenschen Siegel zeigen das Wappen dieser Familie. Das Siegel des Tön. Kr. zeigt einen deutschen längs getheilten Schild, in der vordern Hälfte einen halben gekrönten Ochsenkopf. Die hintere Hälfte ist quer getheilt. Im oberen Felde stehen 9 Kleeblätter, 3. 3. 3. Das untere Feld ist leer. Umschrift S. Tonie ...ssow. Es ist Tab. XIII. No. 9. abgebildet.

Das S. des Hans Kr. zeigt im unten abgerundeten längs getheilten Schilde in der vordern Hälfte einen halben Ochsenkopf, in der hintern 6 Kleeblätter, 2. 2. 2; Umschrift: S. Hans Karsowe. Es ist sehr roh gearbeitet und Tab. XIII. No. 10. abgebildet.

No. 286. Anno 1519. am Tage Valentini, des Märtyrers. (14. Febr.)

Hinrik vamme Rade, wonaftich tome Kowalle, verkauft „Er Johan Tetzen, prester, Clawes Wossekеn, Matthias Benedictese vnde Matthias Gotschalk, vorstendere der elenden broderschop to Berghen vp Ruygen," für 50 Mk. 3 Mk. Pacht aus seinem Hofe tom Kowalle, belegen imme kerspele to Gartze, wiederlöslich.

Aus dem Orig. im Pomm. Prov.-Arch.

Medelowere: Henningk Narman to Jeralitze, Hans van Jasmund tom Vorwerke vnde Tonyes Bonow to Pepseuitze.

Das Siegel des Henn. N. fehlt ganz, die drei übrigen sind mehr oder weniger stark beschädigt. Das Siegel des Hinr. v. R. zeigt 2 in ein Andreaskreuz über einander gelegte Streithammer, und ist scheinbar von 4 Rosen umgeben. Die v. J. und B. Siegel zeigen die bekannten Schildeszeichen dieser Familien.

No. 287. Anno 1519, zu Bergen, Montags nach Allerheiligen. (7. November.)

„Jürgen Borke, hovetman tho Treptow, Wilken Plate tho Grantzlevitze, Hans Holste tho Carlepow vnde Clawes Woszeke tho Szargelitze, vormundere der nalatenen wedewen Tilina zelige Erik Pankers vnde erer kindere alze Erik vnde Hans genomet," verkaufen dem erbaren Vicke van der Lanken den Hof Matgowe genannt für 2500 Mk. Von dieser Summe soll V. v. d. L. bezahlen „den vorstenderen tho den groten dageliken tiden in sunte Nicolawes kerken thom Sunde de dor dageliken gesungen werden 750 Mk., Henninck, Jacob vnde Clawes genomet de Quatze 150 Mk., sunte Jürgens vorstendere thom Sunde 200 Mk., den kalandsheren thom Sunde 100 Mk., der elenden ghilde tho der Oldenkerken 100 Mk. vnde Vicke van der Lanken 75 Mk. na lude vnde inholde desser bauenscreuen weddescatte de de auer langen yaren in deme gude geseten hebben na fegelen vnde breue van den Pankernn en dar vp gegeuen. Vicke van der Lanken hadde in erwden met Hennynk Pankern vppe dat halue gudt gedan eynen ewigen kop, welker Henninck de dar was der vnmündigen grotfader broder vnd en darup betalet negentich mark sundisch, den suluen kop den vnmündigen to den besten heft Vicke van der Lanken vns vorscreuen vormundere los gegeuen, men desulue negentich mark schal

1) Ich habe nochmals das Datum beider Urk. untersucht, um einen etwanigen Irrthum zu berichtigen. Das Orig. von Urk. 250 ist sehr schlecht und flüchtig geschrieben. Die Jahrezahl ist ausgeschrieben „verteyn hundert vnn achten," was ich nur für 1508 nehmen zu können glaube. Das Orig. obenstehender Urk. ist sehr deutlich geschrieben, die Jahrezahl lautet hier „vifteyen hundert achteyen jar." —

Vicke ergemelt oppe de beteringe des gudes deme sulven gegeuen hebben." — „Noch hefft Vicke van der Lanken vns erbenomte vormundere gulden vnde betalt 375 Mk., de wy p. a. in der unmündigen beste nut vnde behuf gekert hebben, alzo Jürgen Borken 300 mk. van siner frouwen moder erue vnde frowelikem rechticheit de se an de Pauker kinder hadde, vnde der vnmundigen moder tho sodeude und nettuest der kindere 75 Mk." Die Unmündigen behalten an diesen Hof nichts als den ewigen Wiederkauf, der auf einen Weihnachten erfolgen, worauf denn die Zurücknahme des Gutes übers Jahr stattfinden soll.

Aus einer alten beglaubigten Abschrift.

Zeugen: Clawes Norman, Henninges sone, Vicke Bole, Hinrik Norman vnde Tönniges Krassowe.

No. 288. Anno 1520, zu Stettin.

Herzog Bogislav X. genehmigt, daß **Tönnies Krassow** für sich und seine Brüder und Brudersöhne dem Raven Barnekow das Dorf Stunnekeuitze, sammt einem Kruge, verkaufen möge.

Aus einem alten Copiarium im Lehns-Arch. Arch. Wolg. Tit. 65. No. 30. f. 182 a. 83 a.

Wy Bugslaff ꝛc. bekennen hirmit vor vnß, vnse eruen, nakameden herschop vnd suß idermennichlik, dat an vns gelanget is de erbat vnße leue getruwe Tonniges Krassow vor sick ond in vulmacht syner anderen brodere vnde broderßens vnderrichtende wo dat he vor sick vnde im namen wo itzt berurt, deme erbarn ock vnsen lenen getruwen Raven Bernekowen mit weten, willen, rade vnde fhulbersb syner vnde ehrer negesten eruen dat dorp Stunnekeuitze sampt eynem kroge im Samiesar karspele vp vnsem Furstendhome Rhugenn belegen tho eruene ewigen doden kope vormoge des kopbreves darauer ergangen recht vnde redelikes kopes vor eynen summen geldes vorkofft hebbe, vnderdenigen demodigen flites biddende ßoliken kop gnedichlik tho bewilligende vnde dewile he denne, in sodanen namen wo vorluth demelten, Ranen Bernekouwen soliken dorp sampt deme kroge mith sinen tobehoringen, gerechticheiden, huten datmus vor vns als den laudsfürsten vnde lehnsheren affgetreden vnd vorlathen ock in syn lehn gesant hefft, vnd Raven Bernekow weder bitlick angefallenn wy, gemelte dorp vnde den kroch vorreken vnd liggen, des wi denne in ansehinge der willigen vorlatinge bauen gedachten Tonniges Krassouwen vnd der angestelleden vlitigen bede genanten Raven Bernekowen beragen vnd nicht vor vnbillick erkant, alßt hebben wy ßodanen geschenen kop erstlick bowilliget vnd nagegeuen vnd berurten Raven Bernekowen vmb syner mennichfoldigen willigen, getruwen vnde anneme deuste willen ßo vnß syn vader vorhen tho velen malen gerne gedann vnd he vnd syne eruen vns vnd vnßen eruen in tokamenden tiden noch woll dhon konen scholen vnde mogen vnd uth zunderliker gunst vnd gnade hebben wy ehme vnd synen rechten lehnseruen bomeltes dorp sambt dem kroge dartho belegen, mith allen in vnd synen tobehoringen, gerechticheiden, vnde fruchtbrukingen an ackern, gewunnen vnd vngewunnen, an weßen, holtingen, struCten, moren, broken, jachten, vischerien, an fletenden watteren, standen, an gerichten, deme hogesten vnd sydesten, an hand vnd hals, nichts vthgenamen, inmaten jegenwerdiger vorkoper vnd ehre vader vnde oldern de allerfrigest vnd quitest inne gehat, beseten vnde gebruket vnd opgesant (?) vnd geeruet, reken vnd ligen ehme vnd synen rechten lehnseruen an gedachten dorpe, kroge vnde allen andern synen gerechticheiden in maten wo vorstelt, allent datjenige wes (wi) ehm daran van gnaden vnd rechts wegen renken vnd ligen mogen, doch dat he vnd syne eruenn wo angetagenn ßodane dorp van vnß vnd vnßen eruen ßo offt vnd dicke des not deith tho lehne entfangen, daruan denen vnd holden scholen wo manlehns gewanheit vnd recht iß, vnd, vnser eruen vnd sus eines idern gerechticheit vnschedelick. Des tho orkunde mith vnsem hirangehangenen ingesegel vorsegelt vnd geuen tho Stettin na christi vnses hern geborth als me schreff dusent vifhundert vnd twintich. Hirbi an vnd auer sint gewest de erwerdigen, gestrengen vnd erbarn vnße leuen getruwen er Erasmus Manduwel, des stiftes tho Camin confirmirter Coadjutor, Peter Podewels, houetman tho Lortz, ridder, Balthasar Seckel vnse Cantzler, vnd Joannes Schepprut, vnße Secretarius.

---

rasmus Manduuel, des stichtes tho Camin confermirer Coadjutor, Peter Podewils, vnse hovetman tho Lovtz idder Valtzer Zekel vnse Cantzler, Johannes Scheppink vnse Secretarius.

No. 290. Anno 1520, Sondags nach Francisci. (8. Octbr.)

Herzog Bogislav X. genehmigt, daß **Hans Krassow** das Dorf Szalekow für 60 fl. wiederlöslich verkaufen möge.

Aus einem alten Copiarium im Lehns-Arch. R. Wolg. Tit. 65. No. 30. f. 147 b.

Wy Bugslaff rc. bokennen vor idermennichlik, dat wy deme erbarn vnsem leuen getruwen **Hans Krassowen** vp vnsem fürstendhome Rugen geseten vmme siner willigen vnde annemen densten, de he vnde sine nakamelinge vns vnde vnsen eruen gerne gedhan vnde noch in thokamenden tiden wol dhon kenen scholen vnde mogen, dat dorp Szalekow in deme kerspel Gustow belegen vp vnsem forstendhome Rugen, wo dat in sinen greutzen, scheiden, vnd malen gelegen, na inde des kopbreues darauer fullentagen, whor he dat goddelikest, he sy gestlik edder werlik bekamen kan, vor söszhundert gulden houetstols tho einem wedderkope, wo wedderkopes gewanheit vnd recht is tho vorpandende vnd tho vorkopende gnedichlick vorgunt vnd bewilliget hebben, gunnen vnde bowilligen ehm zodant in crafft vnde macht dieses vnses breues, doch mit deme boschride, dat **Hans Krassow** edder sine eruen mith deme ersten wedder by sick bringen. Tho orkunde mit vnsem anghehangeden ingesegel vorsegelt. Gegeuen tho Stettin sundages na Francisci anno xvC vnde twintich.

Praesentibus Baltasar Seckel, Kantzeler, Doctor Stoyentin, Bluigentze von Eckstede, Szabel van Welde.

No. 291. Anno 1520, Sonnabend nach Martini des heil. Bischofs. (18. Novbr.)

Arend, Wicke vnd Henningk, Gebrüder vam Kalende, to Schurtze vnde Kotelvisse, vertauschen an die Vorsteher des Gotteshauses zum heil. Geist in Stralsund, Christoph Lor-

ohann Steylenberg den Hof
Kirchspiel tom Szudar, den Hin-
bewohnt, mit 20 Mk. und
ht [1]), gegen den Hof zu Schurtze,
acht gab.

Diplomat. Domus Spiritus
t. XVI. No. 1.

schlaff van Kalende to Garthe,
e to Kotelvisse, Wilken Pla-
ten to Grantzkevisse, Vicke Preeze thom Rygenhove, Arnd van Rade tho Reparmisse, Hans

---

in gab später zu einem höchst interessanten
oces im Weihnachtsfeste 1550 bekennen
ten der Stadt Stralsund „dem Erbaren
'm reisigen hauptman, den hof den de
. dar itzt Simon Litze vp wonet, thom
eben vnd verkofft tho hebben tho erue-
, dat he denn alle jar den armen in
rk jarliker pacht entrichten schele. Dar-
alven houe, de vnse varfaren dat vp
n vöfftich mark schall · Jürgen vam
nie geuen, dewile de sodane geldt stande
urde vöfftich mark entrichtet vnd vthge-
dre mark rente nicht gemanet werden.
gemelte Jürgen vam Kalden ein-
et hefft in guder gandbarer müntе, de
res empfangen hebben vp einen Sum-
wie denne in der armen kist vnd fra-
Jürgen vam Kalden vnd hefft idt
e, also vorgemelten Simon Litzen
me vnd an dem haue hefft thofreden
klagent edder ouerlopend hebben. So
ns vnde vnse nakamelinge, dat wi
n edder sinen eruen nichts vieз edder
t em vnd sinen eruen befreden su,
pacht vnd de vorgemelten 3 Mk. jar-
50 Mk. entrichtet hefft bethalet, ane
sinen eruen fredesam vnd rowsam
ho lathen. Es iss sick ock thebrage
s hawes gerechtigkeit belanget, schall
n, de vthmanen vnd richte tho
issie, so doch sick jümmer de broke
t den verworfern entrichten vnd tho-
den Acker dieses Hofes zu seinem
ei seinem Absterben beides auf sei-
ben. Von diesem forderten die
s Hofes und Ackers, den er von
Erbpferd. Gutzlaff v. K. wei-
en die Vorsteher ihm im J. 1569
den Hof und Acker, so, daß sie ihm nach Bauer- und Pachtrecht auf nächst bevorstehenden Petri Stuhlfeier, das von seinem Vater darauf gezahlte Erdgeld der 1000 Mk. wieder geben und sodann den Acker nebst der Hofstelle zur fernern Disposition an sich nehmen wollten. Hierüber beschwerte sich Gutzlaff v. K. beim fürstl. Hofgericht, da er, wenn er gleich nach dem Inhalte der Urk. von 1550 eine jährliche Pacht von 20 Mk. nebst 3 Mk. Rente an das Gotteshaus zu erlegen habe, doch im übrigen vermeinte, daß sein Vater den früher dem heil. Geisthause zugehörigen Hof mit zugehörigen Acker durch den dafür bezahlten Kaufschilling erb- und eigenthümlich acquirirt habe und mithin er so wenig von demselben das Erbpferd zu geben schuldig, als die Vorsteher wegen dessen Verweigerung das einmal eigenthümlich von seinem Vater erkaufte Bauerwesen ihm zu kündigen und solches wieder zurück zu nehmen befugt sein könnten. Die Vorsteher erwiederten, daß nach dem rügianischen Landgebrauch, wenn Bauerhöfe zu Erbrecht hingegeben und ein gewisses Erdgeld darauf genommen würde, solches eben so viel sei, als wenn sie zu Pacht- und Bauerrecht ausgethan würden, mithin von dergl. Höfen nicht nur die gewöhnlichen praestanda prästirt werden müßten, sondern auch die Verkäufer die wahren Eigenthümer und Grundherren daran blieben und mithin solche auch nach Bauer- und Pachtrecht nach geschehener Kündigung und Wiederbezahlung der aufgenommenen Erbgelder wieder zurück nehmen könnten. Nach von beiden Seiten hierüber gewechselten Schriften, worin die Vorsteher u. a. auch noch für sich anführten, daß es mit der an Jürgen von Kahlden geschehenen Ueberlassung des Hofes wohl um so weniger eine andere als die von ihnen angeführte Meinung gehabt habe, als dieser Hof ein geistl. Gut gewesen wäre, das nicht anders als jure coloniario, nicht aber in perpetuum alienirt werden könne, wurden die Acten zur Einholung einer rechtlichen Erkenntniß an die Juristen-Facultät zu Leipzig versandt, welche aber auf das zuletzt angeführte Argument gar nicht achtete, sondern vermöge des am 13. Juni 1609 publizirten Urtheils erkannte: würden klagende Vorsteher den angezogenen rügianischen Landgebrauch und daß vermöge desselben die in der producirten Urkunde gesetzten Worte, zu Erbrecht, nicht anders, denn Bauer- und Pachtrecht heißen und importirten, wie Recht erweisen, und Beklagter von Kahlden, das geforderte Erbpferd sich ferner verweigern, so bleibe es bei beschehener Aufkündigung der Ecker billich und wäre der von Kahlden solche abzutreten und klagenden Vorstehern einzuräumen schuldig. — Die Vorsteher traten den ihnen in diesem Urtel auferlegten Beweis an, und ließen von einer in Rügen niedergesetzten Commission viele Zeugen darüber abhören, ob nicht nach dem Rüglanischen Landgebrauch die Worte „zu Erbrecht," bei Ueberlassung eines Bauerhofes, eben so viel involvirten, als wenn derselbe bloß zu Bauer- und Pachtrecht ausgethan würde, mithin kein unwiderrufliches Eigenthum auf den Besitzer übertrügen. Allein obgleich einige Zeugen ihnen beipflichteten, so hielten doch viele andere dafür, daß diese Erklärung nur dann allenfalls stattfinden könne, wenn ein Bauerhof ausdrücklich

No. 292. Anno 1521, am Tage Dorothee. (6. Febr.)

...ans Holste, wonaftich to Garlepouwe[1]) in deme kerspele to Swantegos, verkauft den Vorstehern

1) Als Hans Holste zu Garlepow im J. 1538 oder 39 ohne ...hnserben starb, zog Herzog Philipp sein hinterlassenes Gut als

...chiele, alle zum Stralsunde geseten, folgender gestalt endt-...ch vnd ithem grunde vorglieken vnd vordragen, datt van dato desses ...esses an benferner, so lange mergemelte Thomas van Jasmundt ...n levende, nach Gottes willen syn vnd bliven werdt, he den hoff ...lementeluide mit finer thobehoringe besitten, bebuwen vnd bewanen ...bele; doch dat sick de ietzige herschop vor sick vnd ere ewige na-...amende, grund vnd boden an densulven, mit navolgen-...en rechten, richten, vnd densten, hegest vnd sidest sampt allen ...ndern herlicheit vnd friheit vor sick beholden vnd gedachter Jas-...iund by volthebung dieses vordrags den verwesern gemeltes closters ...nderthalffhundert mark sundisch in recognitionem dominii vnd dar-...er datt he wanen bliuen schole, ock dauen de affhandelunge mit fre-...aen her Nicolaus Steven vnd Johan Vollekowen damalen ...eschehen, geuen vnd entrichten schole. Darthe schall vnd will he hin-...rner so lange he dissen hoff besitten werdt, darvan xxx mark jahr-...cher pacht, vnd dena vor denst-futtergelt vi mark geuen vnd entrich-...en vnd ock sonst den bemelten verwesern hiemit vorbeholtlich wenn ...esulvigen an diesem vnd anderen des closters guderen saken the ver-...ichten, dat ehnen rydenamen syn schole nachtlager na gelegenheit, ne-...enst billige vthrichtinge darsulvest the hebbende vnd the nemende. ...e the jeder tidt wesende vorweser der dieses danes vnd gudes her-...chop the erkennende, besundern wenn desulnen fallen, den vorwesern ...nthemelden, de denne als herschop dat inkamelgelt entfangen, de ent-...wichtinge holden, vnd de parten darbuer na landes gebruke entschei-...en werden. Im geliken schall mehr berepter Jasmundt ock nicht ...nechtigl syn einigen acker vam daue the nemende edder ahne vorweten ...nd bewilligung mehrgedachter herschop schrideliscne tho setten edder de ...grentze the verenderen, vele weiniger einen andern den hof ohne ehren ...willen in the doude, the vorkopende edder in enem edder andern wege ...he vorendernde, sondern schall densulven sulvest buwen vnd bewanen, ...ein buw- edder hartholt ahne vorweten der herschop howen, de tim-...mere in wesentliken stande jeder tidt erholden, alles by verlust des em ...nd den sinen thostanden hoffgeldes, vnd wenn idt em nicht gelegen ...en hoff bemelter gestalt tho bewohnen, solkes der herschop in gebo-...render frist the vermelden, die alsdenn nah entrichtinge des gebürliken ...koppgeldes den hof an sick tho nemende vnd tho des closters besten, ...ehrens gefallenes darmede tho vorfarende macht hebben, vnd sick sonsten ...orch eth dergestalt verholden schole, dat se, die vorweser keine orsake ...the em gewinnen vnd den hoff na landtsittlikem gebruke, edder ock ver-...möge der rechte vp theseggen vnd gegen erlegginge des koppgeldes, ...nemblich . . . . . (in der Abschrift steht in margine: ist im Origi-...nal die Summe nicht zu befinden) gulden vp geborlike termin an sick ...the nemende. Vnd hebben hierntgegen mit vorweten vnd bewilligunge

des täglich...
zu Stralsu...

Angefall ein, obgle...
Teschevitz Erbgesess...
von Eldena den ...
als der Herzog die...
schilling schuldig, ...
Mallin zu einem ...
Octave Corpor. ...
laf Holste, zu ...
ning Normans...
Lutken Tescheviz i...
Die Familie führt...
der ursprüngl. 3 ...
auf dem Helm 3 ...

eines erbaren rad...
vorwesere Thom...
ken vnd thogesech...
dorchvth gemel vo...
peliswell vor sick ...
von Jasmundt...
dissen vordracht w...
legginge des vorh...
weddervmbe vorfal...
van Jasmund...
ges vnd süß derm...
lichen affgange de...
nen begerendt we...
frembden bekegt...
Tho merer vrkun...
pergament geschre...
dorch Thomas ...
beide als Georg ...
Schielen, vnd ...
gestellet dorch der ...
Johannes Pru...
pittschaften besegel...
baptisten des Jahr...

Nach Thom...
mit seinem Sohn...
daß sie ihm den ...
jedoch solle er d...
zahlen. Er ließ ...
auch demnach en...
ziehen und wei...
den 30 Mt. ...
fürstlichen ...
auch in seinem...

v. Kre...

ichen Singens in der St. Jacobs Kirche
'fund für 50 Mk., welche er schon in
.

ich noch Jochim Helsk desselben Geschlechts, zu
n, im Leben war. Dieser hatte von Abt Ewald
of Mallin im Lande Wusterhusen gekauft und war,
Klostergüter einzog, noch 100 Fl. auf den Kauf-
r ihm der Herzog erließ und ihm und seine Erben
'annlehn verlieh. (Wolgast, Montags nach der
briali 1557). Sein muthmaßlicher Sohn Güz-
kin Erbgesessen, verkaufte 1580 Martini, dem Hen-
n Dubbenitz 40 Mk. Pacht aus seinem Dorfe zu
Kirchspiel Rappin für 2150 Mk., wiederlöslich. —
egen Ende des 16. und im 17. Jahrhundert führt
'n Schrägbalke über 3 Querstücken 2 Sterne, und
aenfedern.

eser stadt Stralsundt bauen genomedes closters
an Jasmundt vth sonderliker gunst vorsprö-
me dissen hoff, so ferne he sick dessem verdrag
n werdt, vorgesetzter maten bewonen tho laten,
'e nakomende vthdrücklich vorbeholden de he,
'sture, datt alsdann de bemelte vorweserr an
nicht verbunden, besondern den hoff gegen er-
t loggeldes, newen dem erfwerde an dat closter
n schole. Wofern sick ock gedachtes Thomas
legen bemelte herschop inholt dieses vordra-
'rholden würden, dat se nah eres vaders döt-
webberumb tho hur- vnd pachtrecht tho bewa-
els enen jeder tidt guder wille vor andern vnt
'iesen werden. Alles getrew vnd ohne gefehr.
'isses vordrages twe glickludend exemplar vp
'erdiget, darvan de de herschop thogestellet
smund sulvest vnd sine erbedene vnderthan-
den, Jürgen Buggenhagen, Marten
'derumb Thomas van Jasmund the
Sassen vnd Melchior Warneken,
Joachim Daden mit eren angeboren
en thom Stralsundt am dage Johannis

Jasmunds Tode kamen die Vorsteher
von Jasmund im J. 1600 überein,
f 24 Jahre zu Pachtrecht lassen wollten;
, an Pacht und 16 Mk. Dienstgeld be-
anfänglich gefallen und der Contract ward
a später weigerte er sich, solchen zu voll-
lo die von seinem Vater jährlich bezahl-
im J. 1601 seinem Vorgeben nach die
Ablager gehabt hätten, so behauptete er
er Landesherr oder dessen Bediente das

Vorzeiten vom seeligen Gerwyno Huddesen auf seinem kleinen Hof empfangen, 3 Mk. aus seinem Wohnhofe.

Aus dem Orig. im Pomm. Prov.-Arch.

Medelowere: Vicke Pretze tom Nygenhagen, Clawes Wosseke to Sargelitze, Bertelt van der Osten tom Wulffesberch, Hennink vamme Rade to Tzissouw.

No. 293. Anno 1522, amme dage Brigidr. (1. Februar.)

„Wy Stoyslaff vnde Steffen van der Oesten, veddern, hebben vorkoft her Emeken Wusseken, sinen erven vnde testamentarien III mark pacht imme dorpe tho Duseuisse imme karspel tor Landaue mith Hans Friderike 1 marc vnde in deme erue dar nu Claus Bettrik wuent 1 mrc. Im dorpe tho Ramehe mit Lucius Silm 1 mrc. vor söftich mrc. sund. **Recemptio (?) Johann. Bapt.**"

Notiz aus dem Arch. des Calands zu Stralsund.

Ablager hätten, nicht verbunden zu sein in eben dem Jahre Pacht zu geben. Da aber die Stadt überall in ihren Gütern dem Fürsten kein Ablager geständig war, so ließen die Vorsteher ihn auf die verfallene Pacht pfänden. Hierüber erhob er bei Hof eine große Klage. Herzog Bogislaf XIII. verfuhr in Vormundschaft seines Vetters, Herzogs Philipp Julius mit starken Rescripten wider die Vorsteher, nannte in denselben das Kloster St. Brigitten sein Kloster — behauptete seine Ablagers-Gerechtigkeit, verbot alle Erhöhung der Pacht, befahl die Restitution der abgenommenen Pfänder, und nöthigte dadurch die Vorsteher und die Stadt an das Kaiserliche Kammergericht zu gehen, woselbst auch die Sache angenommen und betrieben ward. Die im St. Stadt-Archiv befindlichen Acten ergeben jedoch nicht den Ausgang der Sache. — (Aus J. A. Dinnies Diplomatar. miscellum No. 122. u. 23.) Ueber den Hof Clementevisse findet sich noch folgende alte Aufzeichnung: „am hove Clementevisse heft m. g. h. dat recht wenehr he in der Stubbenitz jaget edder jagen leth, dat s. G. edder denern ehrlichtinge drin geschut, so hoch als de pacht is, nemblich xxv marr, wat auer darbauen vorteret moten de heren sulven betalen. Relator Jerschlaff vam Calden vnd Wulff Segebade, Dunredages na nativit. Marie 1551." Thomas von Jasmund gehörte zu einer Nebenlinie der von J. auf Vorwerk. Sein ältester Sohn hieß Moritz

image
not
available

preſter, alze enme vicario" für
5 Mk. Pacht in und aus ſeinem
Poſeritze" von 4 Höfen, wieder=

im Arch. der St Nicolai Kirche
Stralſund No. 67.

ngnd Norman to Triwraz, her
ler, Marten Barnechow to Ralo=
f Morſtenige, erſieren borger tom

Siegel fehlen. Die Urk. hat durch

---

nno 1521. (9. April.)

en to Bergen am Sonnauende
geniti Anno Domini XV°
pfingen ihr Lehn:
v tho Damban, Tonges Kraſ-
ans Kraſſow tho Schwechenitze.
Tit. 65. Arch. Wolg. No. 6.
b. im Lehn-Arch.

Tage Valentini. (14. Februar.)

nrich und Marcus von

lten Abſchrift.

in zu Bubbekevitz bekennt, daß
ed v. B. in der Art ſein vä-
den Hof zu Bubbekevitz mit
en, Marcus den Brenhoff
vor gut angeſehenen Wieſen
„grame ekenholt" bleibt zur
eins in veer deelen na lude
„Ock hebben we dat dorp
o belende alſo dat ick mit
Haffen, Hans Haſſen

vnde Michael Starkewolde in katen, ſo behelt Marcus mit ſynen eruen vp ſyn deel Hans Seeuten, Bartelt Freſen vnde Claus Haffen, wo de erue vnde katen nu liggen vnde van oldynges gelegen hebben mit pacht, pachthöner, denſtplicht, vnplicht wo van olders, wente an biſchoppeskorne, papenteghden, koſter geneth, wasgelt, wo de hoff Bubkevitz vorhen gegenen heſt ſchöle wy ſamptliken vthrichten." Vom Wedeſchatz erhält jeder die Hälfte. Medelowere: Eggert von Vſedohm, myn broder, Ridelt Gawern thom Gawern vnd Hans Kraſſow tho Schweckevitz.

No. 299. Anno 1526, zu Wollin, Montags nach Jubilate.
(23. April.)

Die Herzoge Jürge und Barnim geben dem Hans Kraſſow auf, den Kalandsherrn zu Stralſund bis Johannis die 5 Jahre nachſtellige Rente für 400 Mk. Hauptſtuhl zu bezahlen.

Aus einer alten Abſchrift.

Wy Jürge vnd Barnym ꝛc. bekennen hirmit vor idermenniglik, nachdeme ſick etlike gebreke twiſchen den werdigen vnſen leuen andechtigen, der preſterſchop iſſie kalandesheren binnen vnſer ſtath Stralſunth elegern an einem, vnde deme erbaren vnſen leuen getruwen Hans Kraſſowen vp vnſem furſtendhome Rügen geſeten, booelageden anders deils, verhundert mark heuetſtols vnd van vyff jaren vorſetheuer renthe haluen, de gemelte Craſſow der vpberorden preſterſchop, luth breue vnd ſegel, darthe he ſick bekandt heſſt, ſchuldich entholden, vthgenhamen dath gemelte preſterſchop viff mark renthe darup entfangen hebben, hebben wy tho zampth vnſen biſittenden rederen tho rechte erkanth: Nachdeme ſick Hans Kraſſow tho den vpgemelten verhundert marken heuetſtols ock tho ſinen darauer gegeuen breff vnd ſegell effentlick bekanth heſſt, dat he den ſuluigen preſteren alle vorſethene renthe twiſchen date vnd Johannis baptiſten dage midden imme ſamere ſchirſtkunfftich tho entrichtende vnd tho betalende ſchuldig ſin ſchole. Mith botalinge des heuetſtols ſchale id nha vormoge des ſchulthbreues ſo derhaluen vullentagen geholden warden. Van rechtes wegen. Datum Wollin, mandages nha Jubilate Anno XXVI°. Hirby an vnd auer ſint geweſt Vinigenze van

· 1329, zu Bergen in sunte Johannis dage in
deme Wynachten (27. Decbr.)

e Kalende, Jerslaffes sone, be-
dem Hynrik Splinth zu einer

in Boldewitz. (Nach Angabe des Landraths Phil.
.) Ueber die oben angeführten Orte möge hier
n, daß, da nach der Roeskilder Bischofs-Roggen-
iel Maskenholt frei war, keiner derselben dort
selben wird auch gesagt, daß der gleichfalls freie
Kirchspiel Patzig liege, was ich nirgend bestätigt
nach dem oben angeführten im 16. Jahrhundert
Zoll war. In einem alten Hebungs-Register
Lanken, Platkevitz, Breseuitze in der Voigtei
m J. 1638 baute der Landrath Philipp Gützk-
t, geb. 1607 † 1667, zum Ersatz für die ver-
ackenholt eine solche auf seinem Stammsitz Bol-
n Präpositus zu Gingst M. Johann v. Eisen
i derselbe alle 14 Tage in dieser Kapelle des
auch 2 mal im Jahr allen schwachen Leuten
ahl reichen solle. Als Patron und Fundator
" dotirte er dieselbe mit dem Bauerhofe, der frü-
: Kirchspiel gehörte, so daß der denselben bewoh-
ositus jährlich 25 Rthlr. Pacht zu entrichten
ihren ward die alte ganz schadhaft gewordene
? wird seit Frühling 1817 eine neue gebaut,
ächst bevorsteht. Der Hof in Maskenh., den
ten und den Phil. Gützk. v. R. zu seiner
·r bei der großen Reduction Carl XI. wieder
, war aber gewöhnlich von den Besitzern von
ihn der Hauptmann Rickman Gottlieb
ken auf Boldewitz gegen Ende des 18. Jahrh.
äter ist er als völliges Eigenthum an Bolke-
:e des 18. oder im Anfange des 19. Jahrh. ward
l noch den Ort bezeichnen, wo er gestanden. Man
r alten Maskenholter Capelle. — Der oben ge-
verschwunden. Ein zu Gr. Kubbelkow gehöriges
Moor, „die Lanke" genannt, läßt vermuthen,
den gestanden. — Auf die Trennung der
. Parochie gehörigen Orte von Landow wird
·r (a. u. n. Rügen p. 333.) dem alten
i Jasmund, dem Nachfolger des Hein-
em Mund gelegte Denkspruch: „Ave Lan-
die wahrscheinlich im ersten Viertel des
e Familie Maskenholt sind nur sehr ver-
ekommen. Als Claus und Hermen,
rades Kinder, Tybe und Sulesla f,
as Kinder am Johannis Tage 1346 an
Bürger zum Sunde, 2 Höfe mit 6 Haken
ge für 300 Mk. verkauften und sich ver-

Schuld von 53 Mk., die er in den 4 heiligen Tagen des nächsten Weihnachtsfestes wieder bezahlen will.

Aus dem Orig. im Arch. des Calands zu Stralsund.

Zeugen: Hans Crassow to Swecheuytze vnde Hynrick van Ruen to Natzeuitze.

Die 3 Siegel sind vorhanden, doch fast bis zur Unkenntlichkeit zerdrückt. Doch läßt sich erkennen, daß das Siegel des Hans Cr. dasselbe ist, was zu Urk. No. 285. beschrieben und Tab. XIII. No. 10. abgebildet ist.

No. 303. Anno 1533, 27. August.

Michael, Pfarrer zu Sagard, zeigt dem **Joachim Crassow**, Probst auf Rügen an, daß er sich einen gewissen Johan zum Coadjutor und Nachfolger gewählt.

Notiz aus dem Pomm. Pr.-Arch.

No. 304. Anno 1503 (733), 9. Septbr.

Joachim Krassow, Probst, überträgt dem Michael Georg die erledigte Pfarre in Sagard auf geschehene Präsentation Herzog Philips.

Notiz aus dem Pomm. Pr.-Arch.

No. 305. Anno 1533, zu Wolgast, Mittwochs nach Conceptionis Mariae. (10. Decbr.)

Herzog Philip von Pommern confirmirt dem Er **Joachim Krassow**, Landprobst auf Rügen, eine Ver-

———

pflichteten, ihm bloß „ver den dern des landes" zu verlaßen und zu warten „alze en tuesoyen gudes recht ys" verbürgten sich hierfür „her Kiewen van der Lanken, her Henningh Buggenhagen, riddere, Tubbermer Schele, Hinrik Norman, Darghemer Maskenholter, Barnes Pozewalk, Hinrik Schele vnde Patel, knaben." Dieser Darghemer ist der erste seines Geschlechts, der mir vorgekommen. Henning M., der seit 1450 u. folg. urkundlich vorkommt und am Hofe Wartislaf X. als Rath genannt wird, scheint in Ansehen gestanden zu haben. Darghemar M. 1506 u. folg. ist der letzte, der mir von dieser Familie vorgekommen.

image
not
available

Fürstenthum Rügen gesessen, und seinen
ehns-Erben, nachgeschriebenes Lehngut,
Henning Kakes, als des letzten sei-
n ihn (den Herzog) anfallsweise ge-
en Gnaden verliehen, nämlich den Hof
usen und den Hof des Mathias
use, und 10 fl. Pacht aus dem Katen
; mit allem Zubehör, Herrlich- und
enning Kak freiest besessen, verkauft
also und mit dem Bescheide, daß er
gen an Hinrik Kaks nachgelassene
er vor ihrer Ausweisung für frau
M. vermöge eines Vertrags, so der
der Frau und ihren Vormündern
d bezahlen solle. Dazu solle er dem
für die Besserung des gedachten
Terminen, als nächsten Weihnach-
nachten, wenn man anfan-
igen Zal 10 zu schreiben
hlen. Wenn aber Silentz mit ei-
euten oder Schulden zum Sunde
äre, und der Herzog die wegen
von Rechts wegen zu bezahlen
von dem Gelde der Besserung
Doch behält der Herzog sich aus-
den Kakes mehr Lehngüter,
er verkauft wären, er die Lö-
halten wolle. [1])

---

ember 1568 bestätigten die Söhne
Friedrich, Bogislaf XIII.,
asimir, dem Sommer Preetz
Sammer (Sambor), Evert
Geschlechts. Den 19. Octbr. 1586
rmann einen Angefäll-Brief auf
lvitz vnd das Höfichen im Zuder
wohnt." Im J. 1600 befaß Heinr.
ge hier noch werden, daß die
hrhunderts ihr altes Wappen
nken mit 13 Kugeln belegten
n demselben 4. 4. 3. 2. gestellt,
90), Henningh Preetz zu
Sambor P. führte (1576)
hann Marlow führte im
elegten Schrägbalken im Sie-
n beider Familien, der Preetz

No. 309. Anno 1538, 25. Februar.

Joachim Crassow, Probst auf Rügen, überträgt dem Johann Ludeken eine Vicarie in der Parochialkirche zu Rambin.

Notiz aus dem Pomm. Prov.-Arch.

No. 310. Anno 1538, 3. Juni.

„Anno xvC vnd xxxviii Mondages nha Exaudi hebbe ick Niclas von Klemtzen vth beshel m. g. h. hertoch Philips rc. tho Bergen vp Rügen so de Bischop von Roschilde vor tiden gehat befraget vnd erkhundet: Nemblik: Bi Baltzer von Jasmunde landsaget, her **Joachim Crassowen,** landprawest, her Lippolt Plathen, Prawest tho Bergen, Denische Hans Norman vnd herr Benedictus Haueman, Rentemeister vp Rügen."

Auszug aus einem Protocoll, betreffend die Verhältnisse des Bischofs von Roeskilde zu Rügen.

„Wat des Landpravestes oder des Bisschoppes Amt:

De Bischopp heff eigener person vmb dat drutte, vehrde edder veste Jar vp Rügen kamen vnd dasßülvest kerken, altare vnd kercken, item priester wyhen vnd de kloster Junkfrowen kronen, oder aber einen wigel Bischopp schicken moten, de sollike ampt und officium vthrichtede. In synem affwesen aber hefft he den Landtprawest vp Rugen holden moten, de ok vor xl oder l Jaren ve vnd allwege mit behusunge vnd wonunng tho Ralswik gewest, sick aldar mit einem Capellan, Item mit perden vnd knechten statlich geholden, wo by menschen gedenken noch einer, her Vicke van der Lancke tho Ralswyk gewanet, bet so lang de Bischop eine weltliche person, vor einen vaghet darhen gesettet, de erste is Henning Norman, Petzken Vader, gewest, de heft tho Ralswigk gewanet, vnd nichts deste weniger hefft de Bisschopp den Landprawest vp Rügen geholden de hefft de Juridiction over de geistlichelt vnd in allen fhellen anstadt vnd van wegen des Bisschoppes gebruket, heft de broke gebaret vnd darnan dem Bisschopp de helffte thostellen moten.

---

image
not
available

op, in seinem Gute zu Salechow wohn-
iit seinem Wissen und Willen dem ersa-
tüchtigen Laurn Klattevallen, Bür-
Stralsund, 5 Mk. Pacht für 100 Mk.
lich verkauft habe.

rig. im Arch. des Calands zu Stralsund.

erbaren vnd vesten Raven Bernekow,
nekow tho Koselsdorp, Hans Ber-
lswyck erffzeten."

Siegeln sind die 3 ersten in weißes unge-
das letzte in grünes Wachs gedruckt und
von weißem ungeläuterten Wachs versehen.
Hans Kr. ist bis zur Unkenntlichkeit zer-
iegel des R. und J. Barnek zeigen im
dem Helm einen rechts gewendeten wach-
Das Siegel des H. Barnek zeigt im
chsenden rechts gewendeten (nicht gekrönten)
diesem Schilde die Buchstaben H. B.

1545, Freitags nach Valentini. (21. Febr.)

Calden, Landvoigt auf Rügen,
Barnekow zu Koseldorp, Vicke
den zu Schoritz, **Hans Krassow**
ievitz und Hans von Jasmund
rk vertragen die **Krassows** zu
Pansevitz und Varsnevitz mit dem
u Schoritz und Silenz wegen 9 Mk.
Gericht und Dienst aus ihrem Gute
die zu einer Krassowschen Vicarie

ilten Abschrift aus dem Dambauer
Haus-Arch.

ip huten datum dises, fridages na sunte
nigern tald nha der gebort vnses hern
ff vnd vertigesten iare, synt derch vns:
Calden, Landvogt vp Rügen, Ra-
tho Koseldorpe, Vicke vam Cal-
den tho Schortze, Hans Krassow tho Schwcrcheuitze
vnd Hans vom Jasmunde tom Vorwerke ersge-
seten als frundtlike entscheides richtere erwelet vnd erkaren
van den erbaren vnd uhesten Magister Jochim Krassowen
tho Bergen, ock in namen synes broder sohns Hansen,
vnd Hans vnd Jacob tho Panseuitze, Emcken darsuluest vnd Hinrich to Vartzeneuitze alle genomet de Krassowen, veddern vnd gebrudere als clegern eins deils,
vnd ock van den erbaren Euert vnd Samer gebruder
genomet den Pretzen tho Schortze vnd Silentz geseten, als beclagten andern deils, frundlick vmme alle
errunge vnd gebreken van beidersides allenthaluen vordragen
van wegen der negedehaluen mark pacht vnd deustgelt sampt
aller gerechtigkeit id sy an richte, an denste, an bogest vnd
sydest nichts vthgenamen de die vorbemelten Krassowen beth
auher in dem erue to Poppelvitze dat nu bewant Vribe
Julian, anborich tho einem geistliken lehne, dat in vortiden
de Krassowen funderet vnd bestediget hebben, alse dat die
vorbenomeden Krassowen alle ere gerechtigkeit wi vorbenomet vnd sick sampt eren eruen nichts darinne tho beholden,
sunder hebben desulne vorbenomede gerechtigkeit eren frundt-
liken leuen ohmen vnd frunden, als den vorbenomeden
Pretzen togetragen vnd vorrreden. Doch vnd alse, dat sie
de vorbenomeden Pretzen den vilbemelten Krassowen dar-
für geuen scholen verhundert mark sundisch vppe dre negest-
uolgende winachten, dat is vp enen itzliken winachten einhundert dre vnd achtich mark, viff schillinge veer pennynge.
Do dem beholt vor sick Magister Jochim Krassow de
vorgeschreuen negende halue mark pacht vth demsuluigen arue
tho hebben vnd tho beren vp disen negestkamenden Martini
ane behinderinge der Pretzen edder jemants vnd nicht
lenger. Ock hebben sick de vorbenomeden Krassowen wen
sie ehn dat erste geldt gegeuen hebben vor dat nastellige genugsam vorstandt an segel vnd breuen dohn willen. Wed-
dernmme hebben sick de vorbenomeden Krassowen vorwilliget
vnd vorplichtet, dat se den vorbenomeden Pretzen alle segel
vnd breue so se vp dat vel benomede erue hebben, bi dem
ersten gelde, na vorgeschreuener beschener vorwaringe vorreken
vnd auerantwerden willen. Alle disse vorgeschreuene stucke
vnd artikulle stede vnd vestiglich ane alle geuere vnd argelist
wol tho holden hebben gelauet vor de vorbemelten Krassowen alse Er Lippelt Plate to Ginzte vnd Hans
van Jasmunde thom Vorwerke. Vor de beyden ige-
nanten Pretzen hebben ock gelauet Vicke vam Calden

image
not
available

lubt eines forstlikeen wyllenbreues vnde
rencs, ville, schall Pancker vndt sine er-
ndt den vorstaruen edder ehren nakomelin-
vermelden, vndt in deme sick nichtes tho-
len ock die vorschreuen vndt kerspel tho
ffes recesses vorher Pancker mit einem
h besorgen vnndt schall wedderumme
vp verantwerdinge des eruebreues den
fleudern einen Recess geliker vp puncte
alt, geuen vndt auerreken, vnde dewile
lers, Titke Piper, sick ellicker vermelu-
hmen vndt heren hefft laten, iß der
elt, alse wo Titke Piper mehr alse
rat, doch nicht tho vermodende iß, be-
desse handell vnuerknüppet vndt nicht
e, dat Nickelt Pancker edder sine
geuen wolde, so scholen se die negesten
et syn. Weret ock sake, dat de besitter
iiijc mark ersgeldes bewysende würde,
e Pancker aller gewahr mit einen
n thogeuende entleddiget syn, danen
iiijc mark, alse dat sulck acker ver-
queme tho stende, vnndt willen de
sellude gemelten Nickelt Pancker
wllicheitt generen laten, vndt aue
cht entsetzten. Dewile ock de ge-
hueß beghunt hefft tho buwende,
deme bewer affthobreken von vp-
rgunnen edder eue tho freden stel-
benne sulcke buwete hernamalß
de orsake) des verorsakel würde,
r kerken billich angeschlagen mochte
a nicht hoher alse he betall der
vp vorschreuenen val, de buwedt
ssen vorher (?) handel wo ver-
rspels Ginrt behandelt de er-
aff vamme Kalande land-
hern Ern Lanfrens Krintze
icke Bergelase, Baltzer
ergelase, Emeke Krassow,
pkeuitze, Kersten vnndt
der Osten vnde de kasten
unß Sudgleue, Slauke
s karspels Jacob Stanke,

Clauß Büssow, Hanß Tetze tho Berbeluitze vndt vele mehr loffwerdiger; vonn wegen Nickelt Panckers syn itzigen juncker Hanß Barnekow, Arendt Bohle, Clawes Bohle, Hans von Vsedomb, Rauen Barnekow der jünger.

Tho mehr orkundt sint disser Recesse thwe gemaket, undt von wegen des karspels dorch de erbarn vndt erentuesten Ern Lippolt Platen, Baltzer, Rotermundte, Jürgen Platen tho Grantzkeuitze belauet vndt van wegenn Nickelt Panckers Arendt vndt Clawes de Bohlen thu Bresenitzle ersffsetenn, Hanß von Vsedomb tho Karthzitze. Gehandelt, vnndt schreuen tho Ginrt ann dem dage vnndt jar wo vorgeschreuen.

No. 317. Anno 1552, zu Wolgaß, Freitags nach Fabiani und Sebastiani. (22. Februar.)

Außzug aus einem Fürstlichen Abschieb, das Amt Rügen betreffend.

„Herr Jochim Crassow — nachdem man nit weiß das ehr jemals einiger missetadt beschuldiget oder verargwonet, derwegen dan der entleibten güter nach recht confisciret werden, so achten de rete, das dieses verlassene güter von M. g. H. nit mügen angefochten werden. Allein wen die güter eröffnet vnd inventiret das alsdann davon M. g. H. Copeien oder die Originalia, wo sie s. g. zustendig gegeuen. — Der Lantfogt [1]) bittet sonst vmb das beneficium die Tesauraria genant, darzu der Calant zu Bergen patron gewesenn."

No. 318. Anno 1552. (16. April.)

„Anno 1552. Sambstags in den Ostern hat m. g. H. Hans Crassowen, Clawes sone (tho Dambahn), sein Erb und Lehn nach gethaner Eidespflicht persönlich verliehen, in Beisein Heinrich Normanns, Joachim Pla-

1) Seit Michaelis 1551 Matthäus Normann aus dem Hause Dubnitz, nicht Tribratz, wie man nach Gadebusch Vermuthung gewöhnlich angenommen.

ist achteckig und zeigt 3 senkrecht -blättrige Rosen und die Buchstaben -mund). Das 4te (runde) zeigt und die Buchstaben A. V. D. O. -. Das 5te runde, besonders san-chts gelehnten Schilde einen wach- gekrönten Widder, im Schilde und -staben J. B. (Jochim Barne- -t Siegel zeigt einen deutschen längs vordern Hälfte einen halben Och- -i 6 Kleeblätter, so wie die Buch- -er Heinrich Krassow). Es ist -ebildet.

- 1558 (?), Weihnachten.

zu **Pansevitz** Leibgedings- eheliche Hausfrau Ilsebe -ning Platens Wittwe.

-n Pansevitzer Haus-Arch.

-weßens, standes, grades, condi- -th, geistliker edder werliken stende - diße breff vorkumpt de cheue sen, -e, berichte apenbar Jck Emcke -im forstendhom Rügen erffgeßeten -amen, dath ick mit miner frunt- -en ßeliges Henninck Platen -de Kakeß, Hinrik Kakeß ße- erffgeßeten, entfangen hebbe achte -mpt kisten und kastengerede, bedde -zillich ißh, vnde in twen ßerten C. van einander geßneden, eine -ath ander bi miner frowen, we ahne weß eren kinderen in Ke- -cke ßo ße gehat angelereth hefth. -de de almechtige ßo ffogede dath Ilßebe Kakes in godt ver- -lich ßi, vnde Jck eren dodt be- -ck Emcke Craßow eren eruenn -n achtehunderth marck vp vher -nisdage in den hilligen winach- -tekenn nha erem dodliken aff- gange vorhantreken ßodann geßmuke, clenodia, bedde vnde beddegewanth, kysten vnde kasten gerede ßo alße ik dath entfangen hebbe wo bauen angetogeth onde in gemelten ßerten vorlifſeth, vnde were ith ßake, dath ith goth de almechtige ßo fogede dath Jck Emcke Craßow van miner frunliken leuen hußfrowen in goth vorstorue (goth geue de stunde mith gnaden) vnde ßie minen doedt beleuende, ßo schelen er mine eruen wedder geuen, gelden vnde betalen achtehundert mark vnde vherhundert mark beteringe vnde ßie na dre vp enander folgendenn winachtenn, eweß iderenn vherhundert marck nha minem dohtliken affgange negestfolgende an redeme gelde vnde ßie dar ...., dede nha IIII weken mith dißen nafolgen othwißen, dartho scholen er mine eruen geuen enen ferdigen beslagenen wagen, thwe perde, ein ider ßo guth alße achte gulden, vnde ein moderperth, noch twe drometh roggen, twe dromet gersten vnde twe drometh haffe-renn, dergeliken vher melke koie, twe rindere, de haluen genße, söß stücke swinß, vnde ein ßerge kleidt vnde noch vöfftich marck bauenn denn vorberürdenn summen, ock schal ße beholden dat halffe hußgeradt binnen der gaddere, ith ßi benomith efte unbenometh, halff vnde halff, vnde wo Jck noch, Emcke Crasow, bauen dith alleß miner elikenn hußfrowenn etweß in minem testamente effte latesten tholekende iffte egent ide were an ßulver, perlene, golde vnde anderem geßmucke, dat scholen er mine eruenn ock unvorhinderth verreken vnde folgenn lathenn, vnde were ith ßake, dath Jck Emcke Craßowen dißer betalinge haluen iffte mine eruen des bruthschattes, begifftinge edder gesmucken, alleß wo bauen beroreth, vorßumlick werden, vnd mine fruntlike leue hußfrowe Ilßebe Kakes, iffte ere eruen der ..... uthrichtinge haluenn jenigenn schaden nemen, kosth vnde teringe darumme deden, de erwißlick were, alle denn schaden, hinder, kosth vnde teringe schal vnde wil Jck Emcke Craßow mith minen nageschreuen borgen miner fruntlicken leuen hußfrowen edder eren eruenn vp ..... vnde wedderstadenn bi vnde geliketh deme hovetßummen ahne alle jegenßeggenth, hulperede vnde ßunder jenigerleie vorwißinge des rechten ..... vnde dith vorbenemede guth vnde geldt schal vnde will Jck Emcke Craßow mith minen eruenn irgedachter miner leuen hußfrowen Ilßebe Kakes iste eren ernen quidt friemi vnd weren vor alle ansprake ock ßunder beßate der herenn (ste erer gnaden amptluden nubekummerth vor allen anderenn schuldenn uth minen nhagelatenenn guderenn uth thorichtende, vnde wel ock dißene breff hefftth mith miner leuen

image
not
available

zemelð selbst, wol vorbetrachten gehabten
Beliebung durch die auch Edelen, Ehre-
n nachgeschriebene, ihre beiderteils dazu
', als die Unterhändeler, eine Ehestiftung
Gott dem Allmechtigen, seinem götlichen
ent der ehe zu lob und ehren, und ihnen
gedeilicher wolfart, nachfolgender gestalt
und beschloßen. Also das ehr gemelte
nd Margareta Bergelasen, kraft
bei seinem Leben und ihrer lieben Mut-
hauer Zusage, alles mit ihrer beiderseits
Willen einander zur christlichen heiligen
haben christlich getreulich und freundlich
mehrer Wissenschaft auch dato alsfort
riebener ihrer Freunde und sonst ande-
: Lobel Koste gehalten worden. Und
frich Bergelasen nachgelaßne Wittwe
bar und Andreas die Bergela-
) Schwester Margareten zwölfhun-
uf drei nachfolgende Weihnachten je-
t sundisch, des Krassow die Berge-
ins was er empfanget zu quittiren an-
zt. Sechszig reinische Goldgulden uud
sammitenen Koller und Ermeln, beide
zebremet, ein langen gezogenen Vor-
e Haube von gezogenen Borten mit
nz Borten mit Perlen belegt. Ein
iche, ein dammasken mit Sammit
und Ermeln mit gewirkten Borten
on neun Loth Silbers, eine Haube
it Blitteren verknüppelt, ein glanz-
be gleich, ein weiten dammaschken
ne Haube von guldenem Knuppelste
ein gezogen Borden Bindechen,
gehört, ein Kartele mit Sammit
guldenem Knuppelse mit Flittern
t von gezogenen Borten, ein Gür-
s, ein Pareit alse sich darzu ge-
ott mit Sammitte bremet und mit
in weiten gefuterten Zarn, ein
ammit bremet, einen Matheiern
met, ein Zaren Underrock, ein
ammit gebremet, ein gefuderten
r Mantel, eine Binde von gulde-

nem Knuppelste und gezogen Borten vor den Kopf und sonst ihre tägliche Kleidung, darzu auch Kisten und Kisten-Geräthe Bedden und Beddegewand, dem Ehegelde gleich, mitzugeben und vollkomlich zu entrichten sich verpflichtet, gelobt und zugesagt.

Es soll auch ehrgemelter Margarethen Berglasen und Hans Krassowen in ihrem Namen und von ihretwegen ihr mütterlich Erbtheil, da auch derselben Schwestern eine ausgesteuert und ohne Erben verstürbe, dergleichen von ihren Brüdern und alle andern Erbfälle, ausgeschlossen Vater Erbe, und auch wo eine oder mehr von den Schwestern unausgesteuert Tods abgehen würde, derselben Erbschaft und Nachlasses er sich hiermit gentzlichen begeben, zu fordern vorbehalten und unbenommen sein. Darkegen Hans Krassow seiner verlobten künftigen Braut Margareten Bergelasen fünfzig Gulden hinwiederumb zur Morgengab geben und entrichten, und sie Margareta Bergelasen da sie seinen Tod, nach Willen des Allmächtigen erleben würde, zu dem l Gulden Morgengabe, aus ihres lieben Bräutigams und Ehemannes Krassowen Gütern, was innerhalb Hauses, oder binnen der Gaber an Vitalien, Hausgerate, Horne Vehe, Schweinen, Schafen rc. und anderer fahrender Habe, ausgenommen die Pferde, von allem Korne was derzeit vorhanden sein würde, den dritten Theil, auch vier Pferde, die besten nächst den reisigen, mit einem guten verdeckten fertigen Wagen, von seiner Barschaft haben und empfangen. Darneben auch zu ihren vierhundert Gulden Ehegeld, zweihundert Gulden Besserung und also sechshundert Gulden Muntz, auf drei, die nächste darnach folgende Weihnachten, jedes zweihundert Gulden, zusammt ihren eingebrachten Geschmuck, Kleinoden und anderm wie vorgemeldet, mit alle dem was ihr von ihm in Zeit der stehenden Ehe und in seinem letzten Willen verehret und bescheiden worden sie mochte, ihr Margareta Berglasen auf benannte Termine, und sonst zur Stund folgen, sie auch nach seinem Tode, vermöge der jüngst erlangten Privilegien jedoch, daß alsfort aller Verdacht vorzukommen, in beider Parteien Freundschaft Beisein, ein glaubwürdig Inventarium was alles vorhanden, darin zum förderssten und fürnembsten, Siegel und Briefe und alle bare Verlassenschaft verleibt, gemacht und aufgerichtet werde; Jahr und Tag über notdürftige Vorsehung in dem Hofe und Gütern, sich desselben Jahres aller Abnutzung zu ihrem Frommen und Besten zu gebrauchen, unturbiret gelassen werden soll. Im Fall auch Margare-

image

not

available

ihrer Heiraths-Beredung zugesichert,
odesfall 1000 Thlr., 50 Goldgul-
n mit den 4 besten Pferden, nach
und von seiner anderweitigen Baar-
renden Habe, die Pferde ausge-
dritten Theil.

hrift im Dambaner Haus-Arch.

i tho Damban geseten, bekenne of-
e, nadem ick mit der Erbaren Mar-
gelafen seligen dochter, miner frunt-
als Jck de vormiddelst godtliker vth-
n rath vnser beiderfits frunden, in
odtlichen Allmechtigheit gestiften, ehe-
liken brutschat, dartho kleider, ge-
stengerede, vnd anderem na landes
gefallen gebragen befriet vnd tho
gen hebbe. Sie sick ock gegen mi
truwe vnd erbarkeit ock flitiger hus-
barmhertige Gott vns vormiddelst
e, angewendeter muhe vnd gebruck
n gudern (darvor ick sine Almech-
iten gesegnet, dat ick mine lehn-
t vnd sonst ansehnlich gebetert
miner fruntliken leuen husfruwen
fgang afleuen werde, damit se
eit, bewiseder truwe, abngewen-
vorsichticheit minem willen na,
ticheit, ok geneten möge banen
schatt vnd dessulven wedderle-
noden, kisten, kistengerede, ock
vnd klenoden gegeuen vnd sonst
icheit, so ehe na landdrenke vnd
chop van den landfürsten ge-
rdnungen vnd frigheiden, ahne
n se ock mit disser vormalunge
schole) vorordenet vnd gegeuen
r ock hirmit in bester bestu-
r rechte thom kresstigsten vnd
lone voruth dusent daler,
mit vier den besten perden,
we vorhanden sin werden,
farenden haue auerst, de

perde vthgenamen, (dewile idt darmit wo negst banen geschreuen sinen boschelt heft) welichs vp behandelunge der partien stan plecht, solcke muhe ock affthoscheiden, wil ick dat twe dell minen eruen bliuen und dat drudde deil mine leue husfruwe hebben schole, ahne indracht sperunge effte verhindernnge miner eruen, lehnfolger und menniglichs, als dat ehre vor sick sulvest ahne einige wieder ahnwisunge, auerantwerdunge, vorglikunge effte rechtliche erkenntnisse, sonder vth eigener macht und mit guder fuge tho sick nehmen, darmit tho schalten, walten, erfflich und eigendomlick tho besitten und tho gebruken, dan ick vp gesetteden fall in solichen allem minen eruen nichts vorbeholde, sonder alle mine gerechticheit so ick daran hebbe miner leuen husfruwen, jetzt als dan und dan als jetzt, in krafft disses breses vollenkamenlich aftrede und auerantwerde, und de Durchlnchtige hochgeborne Fürsten und Herrn, Herrn Johann Friedrichen, Herrn Bugschlaffen, Herrn Ernst Ludwigen, Herrn Barnim und Herrn Casimirn, Hertoge tho Stettin, Pommern 2c. mine lehnherrn hirmit underdenigtlich bidde disse mine vorordnunge gnedichlich tho confirmiren und mine leue husfruwe darbi tho schutten und tho hanthauen. Urkundlich hebbe Jck min angebarne Jngesegel an dissen breff gehenget den mede thor tuchnisse vmme miner bede willen vorsegelt hebben, de Erbaren, Hochgelerden und Ersamen Herr Joachim Klinkow, Burgermeister, Joachimus Ketel, der rechten Doctor, Bartholomeus Sastrow, Rathmann, Olef Lorber, Hans Parow und Hans Wessel, borger thom Strallsunde. Geschehen darsulvest den twintigsten July Anno Christi der weiniger thall viff und söstich.

No. 329. Anno 1566, zu Varsnevitz, den 3. Januar.

Heinrich Krassow, als Herrschaft, hält Erbschichtung in den nachgelassenen Gütern des Franz Schröder zu Varsnevitz.

Aus dem Orig. im Vansevitzer Haus-Arch.

Anno MDLXVI den **III.** Januarii hefft de Erbare Eruveste **Hinrik Krassowe** alse eine herschop tho Varsenevitze in Frens Schroders sinem nagelaten gude in biwesen der Erbaren und Erntvesten Hans van Vsedums, Clawes Barnekowen, **Christoffs Krassowen**, Marten Normans und **Daniel Krassowen**, tho Karsitze Re-

21

image
not
available

No. 338. Anno 1566.

...en **Hans Krassow zu Dam-**
...lassenen Güter und der Gebäude und
Hofes zu Damban.

...m Dambaner Haus-Arch.

...ns Krassowen verlassenem Hofe Dam-
...ner.

...rx (Gebinden) mit einer fertigen Dörn-
...kammern.

... vii (Gebinden) neben einem Pferde-
...e werts.

...is, ohne Schornstein, von iiii Ge-

...eine von fünf Gebinden, der andere
...eine Dorporten oder Hakelwerk vor
... allein die Walt- und Kolhoff mit
...en.

...en sadiges Ackers und xvii Mor-
...ii Morgen in der Wiß Stalbrode

...m Hofe sein vier Koppeln, unge-
...rgen groß.

... Hof sein alleine x obs Beume,
...nd xxix Widen vorhanden.

...em Hofe Damban gehörig.

...dem Holtze Gulten genant, der
... (166) Stücke Eichen Holtzes

...n Holtze Lange.

...ssowen verlassene Bauern.

...r v i tz.

...hat eine Hufe Landes, und an
...iran 11 Fuder Grases werben.
...orgen Holtzes. Giebt xv Mk.

...ow jerlich iii Mrk., die mit
...tet, können abgelöset werden,
...owen empfangen.

...t hat eine Hufe Landes, kann
...werben, hat auch bei 1½

...Pacht, die Hans Krassow

allerdings gehoben. Gefraget, warum er weniger gebe als sein Nachbar, berichtet Putbrese sampt gedachtem seinem Nachbar, es sei stets also gewesen.

Vnd sollen in dem Kusseritzer Holze 11^{c} Stücke Eichen Holtzes stehen. Dabei denn noch ein Buschen Cirmoissel genannt, darin 20 Eichen vorhanden.

Lüdke Helle.

Marten Blandow hat eine Hufe sadiges Ackers, kann jährlich 8 Fuder Hew werben. Zwei Koppeln, beide 1½ Morgen groß. An Holtze nichts sonderlichs, ohn daß er etlichen Backel Strauch sammeln kann.

Giebt 20 Mk. Pacht, davon er jährlich 3 Mk. in den Kaland zum Sunde, die mit 50 Mk. seinem Berichte nach können abgelöset werden, das übrige seel. Hans Krassowen entrichtet.

Zuwellin.

Michel Buker hat einen Haken Landes und 2½ Morgen Howwisches. Eine Koppel, ½ Morgen groß.

Giebt 9 Mk. Pacht, davon der armen Kasten zu Bergen 3 Mk., die auch, beruris Bukers Anzeige nach, mit 50 Mk. abzulösen, die andern 6 Mk. seel. Hans Krassow bekommen.

In Teskevitz

Chim Schole, hat einen Kotzen, dazu 1 Morgen Feldes belegen, hat kein Hew, Holtz oder Koppeln. Giebt 4 Mk. Pacht, die Hans Krassow stets gehoben

Jacob Hasse hat einen Kotzen, darzu einen Morgen Feldes und 1 Morgen Wisches belegen. Hat kein Holtz oder Koppeln. Giebt 3 Mk. Pacht, welche Hans Krassow empfangen.

Hans Zernin hat ein Erbe von xviii Morgen Acker, dazu 1 Morgen Howwisches, an Holtze nit mehr, dann ein Dornbusch eins „verndels" (¼) von einer Morgen groß. Hat keine Koppeln. Giebt 6½ Mk. Pacht und 1 ungemestede Gans.

Von beruiten 6½ Mk. er jährlich 3 Mk. in den Kaland zum Sunde, die mit 50 Mk. sein, Zernins, Berichte nach abzulösen. Die übrigen 3½ Mk. er seel. Hans Krassowen entrichtet. Zu dem hat gedachter Zernin eine wüste Kotzen Stede, darzu 9 Morgen Ackers und 1 Morgen Wisches belegen, davon er jährlich 5½ Mk. Pacht giebt und bekommt Barthold Padell zum Sunde von den 5½ Mk. 3 Mk., das übrige bick gemelter Hans Krassow seel. empfangen.

21 *

image not available

n handschrift, ludende op iic gul-
rge einen ersteres breff op sin
lbolde thom pande gesettet der ol
en.
thom Sunde sin breff op ic fl.
sich jegen Hans Krassowen seli-

neken darmit tho bewisende dat
inge hebbe olb Hans Möllers
op S. Peters verhöringe, welke
llich sint.
aubschrift op l fl. daruor he
ho pande gesettet, unde schöle
i fl. tor rente geuen, dewile he
gebruket; dit steit in rekenschop.
is broderschop breff tho Bergen,
le iii mrk. pacht thor Lasen.
beloise sin breff ludet op l fl.

schen den Krassowen unde
id, derwegen de Preben noch
na lude des vordrages.
inies Krassow tho Pan-
estere als einem Vicario, unde
ten Krassowen tho Dam-
cheutze unde thom Sunde

gegeuen op xii mrk. beringe
onzen Vicario in der ker-
rassowen unde Tönnies
s.
sentationes.

lebbern budell sint xxxiv.
nd punte gelde na selige
nne nagebleuen wehre tho
sten, Löster, knechten unde
saue stande hebben, unde
en othgift de men tho be-
lige Hans Krassowen
ten.
geben unde darin geboge-
s stan, darup de wede-

we Krassowesche suluest ehrem manne van ehrem egenen gelde gedhan hebbe ic fl., selige Krassow hebbe sich verhapet dar he den schnor beihalen und eigendomlichen bi sich bringen wolde, wen solliches geschehen, hebbe he siner fruwen de betheringe so he dauen de ic fl. daruor geuen worde, tho vorehren thogesecht, welichs der fruwen vormunder wol gehoret.

Item ein golden pitzier rinck,
x suluern lepel und
iiii suluern sette beker.

Dith schöle Hans Krassow ock der fruwen in sinem lesten gegeuen hebben, wo mit den tho bewisen, so darbi gewesen.

Item In Hans Krassow siner taschen befunden:
vii gestempelde gollgulden,
ii vngerische gulden und
i gelden krone.
iiii Dütken,
ii olde schillinge und
xv sundesche penninge,
i Römlisch penningk, dar is ein runbt loch dorchgeschlagen.

Hans Krassowenn sine Kleider:

i Schwart englisch rock mit vossen gefudert, mit Sammit umbher gebremet.
i Slicht schwart rock mit vossen gefudert.
ii Schwarte kappen, de eine mit grouen wande, de andere mit Twelick gefudert.
ii lifrocke, de eine mit schwartenn schapfellen gefudert, de ander mit wande gefudert und mit sammit gebremet.
i Siden athlas wammes und hosen mit karteken dorchgetagen. Noch
i olde överloch mit karteke dörch getagen.
i par wandthosen mit samit gebremet und mit karteke dorchgetagen.
i par slichter bagliker hosen mit arresch dorchgetagen. Noch
i damsten dachlich wammes,
i sammits borelt und
i olde viltmantelt.
Item i harnsch, darbi is kein rinck tuch.
i Schwert mit i sülvern ortbande und

ise brit eine panne van vii tonne waters.

n van winfaten,
noch
fen, de beiden sint van Koselsdorpe.
oselsdorpe eine panne, dar hefft
e dele inne gehatt.
n im hase liggen xxiiii stucke ekeus
ock echliges bembalt.
nd leuendiger varne hase to Damban

er, de Hans Krassow siner fru-
en. Noch
loch
er de he Drewes Bergelasen
och
hlen, so he, Krassow, Henning
bbe. Noch
n is tho Kussenitze in der vode-
ning Bergelasen ther Lasenitz

eke,
eke,

nd

ho Kussenitze in der suderinge.

in der suderinge. Noch

ho Lubitz in der suderinge,
Horne vieh.

er so darunder sint van dren

h.
rassow nicht geholden, de
de wedewe na ehres man-

Item desse nageschreuen schult schall noch werden ingemahnet:

Van Godken van der Osten thor Gustine tho forderen l mrk. de he schuldich is vor eine wilde.

Mathias Kankel tho Bergen is schuldich xlviii mrk. vor i pert.

Clawes Staude iß vor ii mödern l mrk. schuldich vnd vor eine auder möder ock l mrk.

Thomas Balle tho Bergen iß schuldich x fl. Vrkund des olden landvagedes, Melchior und Hinrik Krassowen.

Jacob Kankel iß schuldich Jarschlaff Bernekowen l mrk. de Hans Krassow tho erue empfangenn.

Hans Moller, de kroger tho Reppin, iß schuldich xxv mrk.

Jürgenn Bregatze iß schuldich i daler daruor iß schuldiger borge Jacob Hasse tho Reppin.

Casten Torkel iß schuldich vii gulden.

Casten Kawen tho Lübitze vp Jasmunde iß schuldich xii gulden vor ein pert.

Jürgen Barnekow iß schuldich vor einen gulden[1]), l gulden, daruor hebben gelouet sine broder Jochim und Lutius.

Item dat huß tho Bergen dar her Jochim Krassow inne tho wanen plach, iß Hans Krassow angeschlagen vor iii^c mrk.

Jürgen Stuthe tho Bergen, ein schoster, iß na lude sines auergeuenen Registers schuldich vngeferlich vi mrk., steit auerst in rekenschop.

Jochim Guberge, thom Sande iß schuldich vorseten rente xii fl.

Hinrik van Platen iß van twen Jaren rente schuldich ock xii fl.

Hirentgegen sinth ock gerekent vnd folgender gestalt vpgeschreuen de schulde so vth dem hase scholen bethalt werden:

Item Hinrik Krassow tho Zarßneuitze schall hebben vermöge eines schult brefs i^c fl.

De Remenschnieder Dargemer tho Bergen xxx mrk. xi ßl.

Claus Stancken tho Bergen lxxxvii mrk. ii ßl.

1) Ein goldenes Schaustück, wie es an einer Kette oder Schnur um den Hals getragen ward.

image
not
available

nichte als solle er 300 Mk. für die
lem zugehörigen Acker an Krassow
ze er seinem er dies beweise 1 Ha-
Theil des Unterholzes in den ge-
baden, nebst einer Wiese, dem Kohl-
mung, so wie die oben bezeichneten
weß aber 10 Mk. Pacht zu ent-
en Dienste zu leisten habe. [1])

7, zu Berch, den 26. März.

Koke über den halben Hof

Wolg. Tit. 66 No. 1. f. 286 etc.)
hns-Arch.

Landvogt auf Rügen, überläßt
en Hans Krassow seel. besessen
herrschaft eröffnet, dem arbeitsa-
Hause, langen Koben, 1½ Hu-
der Heu-Wiesen, einer der Kop-
halben Unterstrauch im Holze
der Büsche in der Wiese Stal-
an 4 auf einander folgende
, und 30 Mk. Pacht. Die
be näher bestimmt [2]).

Stralsund, am 18. Septbr.

und Orte schwuren den
wen zu Farsenenitz,

bestätigten die Herzoge Johann
Ludwig, Barnim und Casi-
ig von Platen, Landvogt auf

rtius 1568 bestätigten die Her-
ann, Ernst Ludwig, Bar-
den Kauf, den der Landvogt
uern Curdt Kole über den
. dat. bestätigen die genannten
n d. d. Wenz, den 16. April
eschlossenen Kauf über die an-
Bedingung des Lucius Kock
Kock.

Pansenenitz vnd Schwechevitz gesessen; (sie) baten um Verleihung ihrer Lehne vnd (die) samende Hand.

Auszug aus der Lehns-Registratur. Arch. Wolg. Tit. 65. No. 48. f. 173 a. im Lehns-Arch.

Auf obiges Gesuch erfolgte der mündliche Bescheid.

„M. g. H. wollen den Crassowen einem Jedern sein leben leihen. So viel die samende Hand betrifft, wollen J. F. G. Ihnen die auch leihen, so weit sie die mit brieflichen Urkunden beweisen, oder von alters gehapt oder darthun können. Protestiren davon, ihnen in den lehnen die Jost von Dewitzen gegeben, keine samende Hand zu verleihen.

So wissen sie, daß J. F. G. gueter heimgefallen, die J. F. G. innehmen lassen, und weil sie J. F. G. derwegen belanget, vnd rechtlich besprochen, so wollen J. F. G. ihnen ahn den guetern durch diese Verleihung nichts geben, oder durch ihre angreifung nichts einräumen. Crassowen zeigen an, J. F. G. hochseel. Herr Vater habe ihnen ohne alle Bedenken die samende Hand vorliehen, habe an einen samenden Hudt gegriffen.

Die Protestation lassen J. F. G. in ihren Würden beruhen, hoffen es darzuthun, daß es nit alte Lehne seien, wollen sich auch nichts begeben haben.

Hans Krassowen Söhne, Melchior, Christoph und Jochim haben ihre Lehen sonderlich empfangen.

Jacob und Heinrich Krassow haben ihre Lehne auch sonderlich empfangen, daran haben Melchior, Christopher und Jochim die samende Hand empfangen."

No. 335. Anno 1567, zu Bergen am Dage Michaelis. (29. Septbr.)

Vergleich zwischen Rickmhan von der Lancken und Michel Bolen für sich und seine Brüder über einen Hof in Bolendorp.

Aus dem Orig. im Pomm. Pr.-Arch.

Sambur Pretze und Clawes Rotermundt, thom Suder und Boldevitz Erbgesessen, vergleichen Rickmhan van der Lancken, tho Woldenitz, und Michel Bole für sich und wegen seiner Brüder Michel [1]), Henninck und

1) Michel steht zweimal in der Orig.-Urk., obgleich wohl nur durch ein Versehen des Schreibers, denn sämmtliche genannte Brüder

aden, bi ſinem ſohne thor Lütken
den vnd Herrn wohnend, iune bi
Kuſſeuitz vader den Kraſſowen tho
ebacu, ſecht dat he van ſinem vader
andowen gehort dat ſeliger Hans
ſittern des guts Damban grotvader
ben, welcher Claus folgende ſine
emelten Hanſes vader, Chime
o etwas houetkrank geweſen,
er gehat vnd Tönnies Kr., de
t gewanth vnd van dar na
he ock geſtoruen, deſulue eine
Barnekow tho Eilneuitz thor
n.

iwecheuitzer Kraſſowen grotva-
ibow dat deſuluige, wie he nich
enth.

eruitzer vnd Panſeuitzer Kras-
Grothvader geheten hebben weth

trich Kr. itzo tho Farszneuitz
tho Panſevitz geſeten vader
ten hebben, weliche Tönnies
Hinrichs und Jacobs vader
reder geweſen.
eruer, dat de Schwecheuitzer,
er Kraſſowen mit den Dam-
tterſchop geholden.
erſtlich bi ſich gebracht, weth

er vorberurdem Claus Nar-
ver lxx jahre olt. Secht
en letzten beſittern des guts
vnd deſſuluen vater ebrnants
Claus Kr. geheten hebben,
lich Hanſen grotvader, fol-
n Claus, Hanſen vader,
nnies Kr. de tho Gingſt
ſohn, de etwas houet-
Haſſen unbewuſt vor-

kr. ock dochter gehath, weth

Woll dat gudt Damban erſtlich bi ſich gebracht, Haſſe nedeit.

IIII. Laurens Zinnen, bi ſinem ſohne Mathias vnder M. g. H. tho Wurke wohnend iune, bi xc Jahren olt, ſecht

Dat Hans Kraſſowen letzten beſittern des guts Damban grothvader Claus Kr. geheten hebbe. Deſuluige vier ſöhns nomblich Clauſe itzbenants Hanſen vader, Chimme Landprawest, Tönnies de anfenglich thor Helle gewanth, van dar överst na Gingſt getagen, darſulveſt he ock geſtoruen vnd Vicke Kr. de etwas houetkrank geweſen, welche vier, des olden Claus Kr. ſohne, ehr Zinnen wol gekanth. Inſonderheit överſt hebbe Vicke Kr. wo he Zinnen brüdegam gereden mit ehm van Piatzke na huß gereden, do gemelter Vicke voll waſſen geweſen överſt balde darna geſtoruen.

Id berichtet ock Laurentz Zinnen dat de olde Raven Barnekowſche tho Koſeldorpe, letzten Ravens darſulveſt moder, letzten Hans Kraſſowen vaderſchweſter geweſen.

Gefraget, wo der itzlevenden Schwecheuitzer Kraſſowen grotvader geheten, ſecht Zinnen deſuluige hebbe Tönnies geheten vnd tho Schwecheuitz gewanth, welcher Tönnies vnd de olde Claus Kr. als ſeligen Hanſen letzten beſittern des gudes Damban grotvader twe ſchweſters Narmans van der Jernitz dochter thor ehe gehatt.

Der itzt levenden Farſzneuitzer vnd Panſeuitzer Kraſſowen grotvater ſchole Hans geheten hebben vnd tho Farszneuitz gewanth, welcher Hans Kr. twe ſohns, nomblich Tönnies, Hinricks, itzt tho Farszneuitz vader vnd Henning, Jacobs tho Panſevitz geſeten vader vorlaten. Hebbe alſo de olde Claus Kr. ſeligen Hanſen, letzten beſittern des gudes Damban grotvader tho Damban, der Schwecheuitzer Kr. grotvader tho Schwecheuitz vnd der Farszneuitzer Kr. grotvader tho Farszneuitz op ene tidt gewandt, welichs berurde olde Laurenz Zinnen gar woll denken kan vnd ſe gekant.

Wo nah överſt ebrnante Kraſſowen ſich vnder einander vorwanth, weth Zinnen nicht.

Woll Damban vor erſt bi ſich gebracht nedeit.

25 *

image not available

jeniger gestaldt alse idt
ahne sick gebracht hat,
isch, vand hefft dit erue
t geldt nichts tho donde.
d gudt sollde feruer oder
rpandet werdenn, soll ick
so ferne wi dat darumb
he donde sick erbiethenn,
ebben. Idt were denn,
wolle nach gelegenheit ver-
Hinrich Crassow mit
nn thun. Solchß alleß
mit minen eruenn, kei-
argelist oder geuerde wo
erdacht issie vorwendet
Dith alleß vnd jedeß
erbarlich, stede, vest vnd
inrich Crassow mit mi-
nn alß dem Ehrnuestenn
dreaß geuedderenn
fevitz vnd Pluggen-
Jostenitz erffsethenn
olthoholdenn. Deß tho
nge, hebbe Ick Hinrich
ll Brieff mit minem ahn-
nd mith nie vpgemelte
k ahnhengende versiegelth.
vnd hielandeß geburdt
enn Jhare ahn Mitde-

scheint abgeschnitten zu
an dem es gehangen,
ist völlig gut erhalten,
vorhandenen Pergament-

de, in sprachlicher Hin-
Plattdeutsch.

No. 310. Anno 1570, zu Bergen, Sonnabends nach St. Thomas. (23. December.)

Pfand-Verschreibung über den Hof Helle.

Aus einem alten Copiarium im Lehns-Arch.

Hinrik Normann tho Sabitz erbgesessen, bekennt, daß er mit Vorwissen und Willen seines Bruders Christoffer N., erbgesessen zu Tribratz, verkauft und verlassen habe dem erbaren seinen lieben Vetter Joachim Norman thom Rigendorpe erbgesessen zu einem rechten Wiederkauf den Hof tho Groten Helle den Jochim Pepelow bewohnt, den Hof zu Woppense und ein Erbe in Teschevitz das Merten Bruker bewohnt, alles im Kirchspiel Reppin belegen, dergestalt daß er nächsten Weinachten den ehrenvesten Gerhardt, Jochim, Jakob, Hncholt, Hans und Adam, Gevettern und Brüdern der Behren tho Rustrow, Werder, Rigenhafe, und Hugelsdorp erbgesessen, seinethalben 1800 fl. erlegen soll; dazu habe er ihm genugsam versichert 2300 Mk, so sein (Heinr. N's.) Vetter Lucius Normann seel. „vp de güder gedaen" die soll Jochim N. und seine Erben erlegen, wenn er oder seine Erben es verlangen würden. Weil Jochim N. den Hof zu Helle selbst bewohnen und dort ein Bauwerk halten wollte, so solle er dem Bauern Jochim Pepelow sein Erbgeld als 1600 Mk. sund. in so viel Terminen bezahlen als dessen Erbbrief besage, dem er außerdem in allen Stücken nachleben solle. „Vnd wo idt benannten buren, edder sinen eruen vth böser bethalinge edder nichtholdinge, berurter siner erffbreue jeniger bewißliker schade erfolgede, densulnen schal vnd will Jochim Normann vnd sine eruen erstaden, vnd daruan my Hinrik Normann vnd mine eruen frig vnd-schadelos holden, vnd wolte (er) edder sine eruen van dem haue tho Woppoiß etliken acker tho sinem buwerke leggen vnd gebruken so schall he den buren Jacob Schönroggen so itzund dar wonet nha außhal sines erffgeldes mit minem vorweten, radt vnd willen tho freden stellen. Wurde he en ock sonst van deme haue gantz affsetten, welchs doch nicht anders als vth rechtmetigen landtgewontliken orsaken geschen schall, so hefft Jochim Norman angenomen, ehm edder sinen eruen dat volkomlike eruegeldt, alse druttehalfhundert gulden, nha lude sines erffbreues tho entrichten vnd em sonst densulnen alles sines inholdes genethen lathen. He schal ock dat erue in Teskenitze dar Marten Bruker wanet, ock sonst in einigen stucke der vorbenomeden guder dat erue gelt nicht vorhogen. vnd wo

caten) Landvagt, Heninck
Bargelasenn, Henninck
: Platenn, Hinrich Kras-
m, gebrüder de van der
ho Veng, Lasenitz, Testeuitz,
ickseuitze, Gustow vnd Rame-

---

ds nach Misericordias domini.
ril.)

Varsnevitz und Pansevitz
Heinrich Krassow.
ts-Arch. zu Pansevitz.

mseuitz im Fürstendhom Rü-
jegenwerdigen breue vor mi
, dat ick mit meinen freun-
Krassouwen to Varsneuitze
tein jar gedhan hebbe, alß
sneuitz, darup ein huß vou
einem kropell und ein kaue
eff nu thor tidt Matties
vor söß hundert mark erue-
ien hoff jarlich achtein marck
ruen papenregeden vnd einen
enenst den katen, den itziger
ffe und mit einer wusten ka-
nrich Krassow und mi tesa-
üsten katenstede mein vedder
sine eruen und erffnhemen
, und seinß gefallenß gebru-
dat mein vedder Heinrich
nd erffnemen van dato disser
jar nichts darin schal buwen
vorgeschreuen hoff und katen
vedder Heinrich Krassow
guder mit alle dersulven ein
sten und wat sunst kundelich
gelangen mach, acker, wische,
more und aller anderun hermen, wil Ick Jacob Kras-
inrich Krassow frien und
icher und werltlicher personen
willen. Hir entjegenn und

darvor hefft mein freuntliche leue vedder Heinrich Krassow wedderumb ingedan und in meinen besith und gebruck tho nhemen den hoff to Panseuitz de selige onse vedder Emeke Krassow etwan ingehath und nu ter tidt Claus Wage bewonet, de Wage vor viii^c mark eruegeldt gekofft, welche viii^c mark Wage meinem veddern Heinrich Krassouwe up viff negest folgende Cathedra Petri entrichten und betalen schal und wil, dartho den katen den Claus Sittgarne besith sampt der wisch, de Schulphorne genant, so vor dem dorpe Panseuitz bei dem katen gelegen, jedoch dat Ick Jacob Krassow uth der samenden wische tho Varsneuitz von meinem andeile so vel meinem veddern Heinrich Krassow genochsam wedderumb erstaden schal und wil. Dissen vorberurten hoff und katen schal Ick Jacob Krassow mit minen eruen in alle sinen enden, grentzen und scheidenn alß densuluen hoff mein vedder Heinrich Krassow Clauß Wagen vorkofft, beturde jarschar de guder sampt alle dersulvigen ein und thogehorung, gerichten, diensten, und wat sunst kuntlich lantgebruck tho folge to fallen gelangen mach acker, wische, heide, weide, torff, more und aller andern herlichelden nichts nicht uthgenamen. Ferner is behandelt wen vorgemelte souentein jare verflaten, schal ein deil dem andern, und also ein jar thouorn up Catedra Petri upseggen und wen solche opseginge von einem dele dem andern geschut, so schal und wil Ick Jacob Krassow edder meine eruen meinem veddern Heinrich Krassow edder sinen eruen up dre negest hinder einander folgende Catedra Petri to Bergen in einem huse söß hundert mark eruegelt entrichten, gelden und betalen und de guder ein dem andern vnuorletzt an timmern, buwete nichts uthgenamen, ane vthflucht, einsage edder jegenrede we de van minschen sinnen to bedenken sin mogen wedderumb afftreden, einrumen und auerantwerden, alleß bi adelichen ehren und truwen gelouen stede, vest, genem und wol to holden. Tho vrkundt und warheit hebbe Ick Jacob Krassow vor mi und meine eruen und erffnemen dissenn meinen breff mit meinem angebarn pitschafft bekrefftiget und besegelt, den ock thor tuchnisse vorsegelt hebben de Edlen, Ernuhesten alß Jochim Barnekow tho Ralswik, Moritz Kralenitz tho Postelitz und Andreas van der Osten tho Plüggentin alle erffseten. Geschen tho Bergen nach Christi unsers herrn und heilands geborth im vöffteinhundert und twe und souentigesten jare des sonanendes na misericordia domini.

image not available

Heinrich Krassouw tho Farsh-
nd tho Poldevitz und Hans
:, alle erfgeseten," besiegelten

, zu Wolgast, den 18. April.

ares Curiae, Christian
. Bernhard Bere vermit-
ich zwischen Herzog Ernst
ommern und Heinrich, Ja-
Christoph und Achim Ge-
rüder den **Krassowen** we-

Mk. Hebung aus ihrem Hofe wieder-
en 30 Jahren waren aber die aus dieser
icht bezahlten Hebungen zu 96 Mk. an-
7 schenkte Heinrich P., der Sohn des
P., dem ältesten Sohn des Jacob P.,
ngung, daß sein Vater ihm den Hof ab-
eenselben die Rente von 16 Mk., so wie
Mk. 50 Mk. abbezahlen solle. Enewald
D. Der jüngere Sohn des Jacob,
nach Rostock und ward im J. 1488 auf
selbst wegen seiner Ansprüche an den Hof
ulden abgefunden. Der eben genannte
Sohn, lebte noch 1514. Sein Sohn,
51 genannt und wohnte zu Stralsund.
f hat sich dann wohl die Familie nach
Panzelvitz im Kirchsp. Patzig scheint das
sein. 1488 verkaufte Wolter Padel
Stralsund für 30 Mk. 3½ Mk. aus Hans
m sie schon 2½ Mk. zu fordern, wieder-
laf P. verbürgte den Kauf. Dieser scheint
i haben und hinterließ die in obiger Urk.
r. — Bis zum 12. Novbr. 1572 wird
n Lehn-Reg. gedacht; an genanntem Tage
für sich und seine abwesenden und unmün-
ue Jürg sein väterl. Lehn und erhielt den
nbrief über Großen Panzelvitz auf Rügen,
nd Vettern alienquiten und freiheß gebraucht
eren der P. ist mir bisher nicht vorgekom-
nd Stralsund lübecken im 15. Jahrhundert
el. Seit dem Verkauf von Panzelvitz scheint
chollen zu sein.

rl.-E.

gen der von **Hans Krassow** zu **Damban** nachgelassenen Güter.

Aus einer Abschrift in den R. Kraff. L.-A. No. 28. Gedr. in J. C. Dähnerts Landes-Urk. Suppl. I. p. 923—25.

Zu wissen, nachdem die Durchlauchtigen, Hochgeborn Fürsten und Herrn, Herr Johann Friedrich, Herr Bugschlaff, Herr Ernst Ludwig, Herr Barnim und Herr Casemir, Gebrüdern, Herzoge zu Stettin, Pommern, der Caßuben und Wenden, Fürsten zu Rügen und Grafen zu Gützkow, Unsere gnädigen Landesfürsten und Herrn, vor etzlichen Jahren weylandt **Hans Crassowen** etwa zu Damban auf dem Fürstenthumb Rügen gesessen, nachgelassene Lehn-Güter, so viel er derselben nach seinem Absterben hinter sich verlassen, einzunehmen befohlen, wie denn J. F. G. denselben Besitz wirklich apprachendiret und bis anher neben andern J. F. G. Tisch und Kammer Gütern gebraucht aus der Ursache, daß selbige Güter nach gedachten **Hans** Crassowen tödtlichen Abgang an J. F. G. als ein eröffnetes Lehn gefallen, sintemal dieselben Güter zum Theil gar neu erkaufete Lehn, darauf die andern Crassowen nicht mit belehnet, und in den andern, ob die wol etwas älter, die Krassowen keine gesampte Hand oder Agnation, viel weniger, daß sie die Natur und Eigenschaft eines **antiqui feudi** haben sollen, erweisen oder darthun können, und ob wol Heinrich, Jacob, Melchior, Christoph und Achim die Crassow zu Farßenevitz, Pansevitz, Sallauw und Schwekevitz gesessen, sich mit J. F. G. vor niedergesetzten **Paribus Curiae** vorgedachten Güter halben, in Rechtfertigung eingelassen, so haben sie doch in **Processu Causae** befunden, daß Ihnen mit Ihrem gnädigen Fürsten und Herrn die Rechtfertigung außzuüben beschwerlich fallen würde, auch der Eventus und Ausgang des Rechten fast zweifelhaftig seyn möchte, haben sie bey uns Christian Küssowen, Hauptmann auf Tribses, zu Müggenwalde, und Bernhard Beren, der Rechten **Doctori**, zu Fergatz gesessen, als damals verordneten **Paribus Curiae** fleißig angehalten, wir möchten bei unserm gnädigen Fürsten und Herrn hochgedacht, unterthänige Intercession und Vorbitt thun, daß J. F. G. den ganzen Handel zum gütlichen Verhör und Vertrage wolle kommen lassen mit dem Erbiethen, sie wollten sich gegen J. F. G. dermaßen in gütlichen Handlung unterthänig erklären und verhalten, daß J. F. G. daran ein gnädiges Gefallen tragen sollten. Wie nun wir vor-

image
not
available

iß es Ihres behaltens, im
Meinung gehapt, als daß
ozinevitz und Schwechevitz
gen werden, so hette viel
Herr dahin gnädiglich ge-
also Inhalt des aufgerich-
lichen teilen sollen verleihet
den gewöhnlichen Lehneid
zugnüs gewertig sein, daruff
b anzeigen lassen, weil die
trage kommen, und V g
h erkläret, daß die Verlei-
erichteten Reces̃es gerichtet
vndertheniglich wol zufrie-
angezogen ins Werk möchte
en obgemelten Krassowen,
hior, der gewöntliche Lehn-
selben mit aufgereckten Fin-

Ihnen vom Herrn Haupt-
n im namen vnsers g. H.
t wie es der aufgerichtete
und menniglichs Rechten ohne
werden.
Aprilis Anno 1577, in le-
tten, Christian Küsso-
uff Vkermünde, Grimmen
rowen, Hofmarschalchs
, Cantzlers.

---

ergen und Lüthen Helle,
22. Febr.

elchior, Christoph
lkow und Schwekevitz
einrich zu Pansevitz
r. und Gevettern Kras-
dem Nachlaß des Hans
an erhaltenen Güter.

us-Arch. zu Pansevitz.

enen fürsten und herrn, herrn
zu Stettin, Pommern, der
Cassuben und Wenden, fürsten zu Rügen und grafen zu Gützkouw, vnsers gnedigen landsfürsten und herrn verordente Commissarii wir Heinrich Norman, I. F. G. landvoigt auff Rügen zu Tubbenitz und Andreaß von der Osten zu Plüggentin erbseßen thuen hiemit menniglichen kundt und zu wißen: Nachdem vnß von hochgedachten vnserm gnedigen landsfürsten und herrn gnedichlich auferlecht und befohlen, daß wir **Melchior, Christoff** vnd **Jochim** zu **Salkouw** vnd **Schwechevitz, gebrüder, fürderer ahm einem, Jacob** vnd **Hinrich** **geuettern die Krassouwen** zu **Pansevitz** vnd **Karsnevitz gesessen, befürderte anderstheils,** zu fürderlichster gelegenheit für vns bescheiden, sie jegen einander hören und wo muglich aller zwischen ihnen schwebender irrungen halben in der gute entscheiden und vortragen solten, alles fernern einhalts hochgedachter fürstlicher Commission.

Derselben wir, als die gehorsamen vnterthanen und diener, in allen puncten besten vormügens zu geleben und nach zu setzen vns schuldig erkandt, daher wir obbenanten partien durch schriftliche ahn sie ausgangene ladungen auff heut dato den 14. Februarý laufenden 78 jahres jegen Bergen (in) Paul Trantzken behausinge zu erscheinen erfurdert, partien auch sampt und sonderlich zur stetten kommen. Als haben wir verordente Commissarn, welcher gestalt wir zu diesen sachen kommen, sonderlich das vns die fürstliche commission, die wir vulengst mit geburender reverentz empfangen, vnd damit zu bekummern auferlecht, die wir den partien vmb mehrer richtigkeit willen buchstablich vorlesen lassen, und uns dabei erpotten, das wir solichen empfangenen bevehlich nach, vns besten vermuegens mit vleiß bemürehen wollen, sie die part zwischen ihnen schwebender irrungen halben in der guete zu vergleichen, wolten vns auch hinwiederumb zu denselben freundlich vorsehen, sie in diesem actu den richtigen wegk gehen und sich selbst vor beschwerliche weiterungen behueten wurden. Haben demnach beide teile in ihrem fürtragen und gegebenen antwort gehöret und sonderlich des klagenden parts meinunge dahin vorstanden: Nachdem der allmechtige gütige godt den ehrnuesten erbarn **Hans Krassouwen** seligen, etwan zu **Damban** geseßen vorschienen lxv jahres aus diesem jammerthal, vngezweifelt zu ewiger himmelscher freuwde abgefürdert, derselbe keine menliche leibs lehns erben hinter ihm gelaßen, sie klagende **Krassouwen** sowol alse ihre vettern **Jacob** und **Heinrich** sich bedunken laßen, wie auch noch, das

25 *

image
not
available

:uft vns die partinn
d wenden laßen. Se
)wechseultzer Krassouwen
n teil haben, und zu auß-
processes drei teile, da ihre
en getragen, leggen müßen
zuwell außgeben, von ihren
n. Welche expensen, alse
auf bericht aller teile, in
r erstrecken, davon Jacob
d sie gebrueder die Schwe-
:r erlecht. Darauß erfolget
zu rechnen, das sie die ge-
haler zu viel entrichtet, die
Heinrich zwei und ihnen
il zu tragen zukompt, er-
echenitzern von Jacob und
ff hundert drei und dreißig
ige zukommen. Es haben
md Jochim gebrüder die
as sie doctor Heinen pro
:chofe pro arrha auch
·en, notarien, den sie zwei
or jeder reise 5 thaler und
ı alles in specie nicht an-
le ehleggen müßen, wollen
:er Jacob Krassow, die
n, erpotten, solichs in
und gelangen zu laßen,
le auch billiche ersta-

jacob und Heinrich ge-
t ihre erben, vielgedachten
:istoff und Jochim gebru-
hren erben, der durch sie ge-
ı und anderen furderinge we-
schleßen 200 gulden müntze
n xxiiii lübische oder xlviii
beuorstehenden weihnachten
kindertage alhie zu Bergen
nge, in einer summa ohne
: jegensage, jegen gebürliche
ı wollen. Und nachdem zwi-
erseits derentwegen vneinigkei-

ten und bitterungen eingefallen, das die pauren in diesem durch seligen Hans Krassouwen verlaßenen und durch sie erhaltenen lehnen guetern auff der einen oder andern annueten mit den dienstleistungen alse es von ihnen gefurdert sich nicht vorhalten, sollen dieselben dergestalt hiemit aller dinge aufgehoben sein, das die pauren derentwegen von dem einen oder andern teile in keine ansprache sollen genommen, noch entweder zur guete oder zu rechte, wie solichs geschehen konte oder mochte, befurdert werden. So viele aber mehrgedachte durch sie von ihres seligen vettern gelaßene, erhaltene lehne und gueter anlanget, ist von vns den verordenten commissarien decerniret und vorordnet, das wir sonnabends den xxii hujus neben ihnen den Krassouwen allerseits zu kleinen Helle zu früher tage zeit wollen erscheinen, dahin sie die Krassouwen alle die pauren, diesem ahn sie gelangten vnzerteilten guete vorwandt zu erfurderen, von denen wir die commissarien und sonsten bericht auffzunehmen, was zu eins jedern pauren hofe, erbe und kotzen ahn acker, wiesen, koppeln, holtzunge, mohre, rhore, vischerei und anderer pertinentil belegen, was die ahn jehrlichen pechten, zehenden, cüsterkorn und cüsterpröuen, bischoffsroggen entrichten, einem jedern seine wohnunge ahn erbgelde gestanden, und nach empfangenem bericht müglichen vleiß anzuwenden, das soliche gueter in drei gleiche teile von einander gesetzt und vnter sie genettern und gebrüder die Krassouwen durch das loß der kavele muege verteilet werden. Womit diese sache in der guete zu bestendigem vnwiederruflichen ende und grunde, dergestalt verglichen und vertragen, das kein teil zum andern, keine fernere zusprache oder furderinge, ohn was ihnen dieser contract concediret oder nachgibt, behalten, besondern sich deßen viel mehr wißentlich renunceijret, vorziehen und begeben. Alles getrewlich und ohne geferde. Hirbei ahn und ober gewesen bei Jacob und Heinrich geuettern den Krassouwen die ehrnuesten erbarn Jochim von Jasmundt zum Vorwerke und Claus Rotermundt zu Boldeuitz geseßen, Melchior, Christoff vnd Jochim gebruder der Krassouwen teils der auch ehrnuester erbar Jorge vam Kalden zu Maltzin gesetzen und neben diesen allen, mein des landvoigts schreiber Jochim Hagemeister.

Deweill nun von vns obengedachten verordenten commissarien ist verordnet, van geuettern und gebrüdern den Krassouwen allerseits beliebet und eingangen, das die

image
not
available

ber pacht. i fimme lxxv ger-
paftorn als j fimme roggen,
j fimme xii garben habern.
ein fchrat ein brodt, iij fchfl.
ɔll ihm ahn erbegelde ftehen

er junger, hat zu einem erbe
aber vier morgen eitel fandt
n wifches. Ein klein koppel-
:n teil von einer morgen groß,
fein. Hat kein holtz, hat mit
torfffteche und vifcherei. Gibt
f. pacht. ij fimme zebenden,
gerften und j fimme habern.
brodt, ein fchrat, ij fchfl. i vert
it ihm feiner anzeige nach ge-
nft zu diefem guete Kuffeuitz
ein bufch in dem felde Kritz
eſpen zaunwerk und ethlich
ichs auf drei morgen raumes

o zu diefen vorbergefetzten gue-
ɔnpflicht diefelben belecht: vier
gen ahn acker, xviij morgen
vii fl. gelt zinfe, viii mrc.
ii fimme xxv gerben korn ze-
ier ii fchfl. roggen, einen fchin-
drei worfte, x fchefl. iii vert
ı diefen guetern fein mit zwen
viertzigk mrc. acht fl. erbe-

der geftallt die vorher fpecifi-
ile von einander gefetzt. Auff
Marten Blandouwen zur
ufe acker, iii morgen wifches,
groß, und ii morgen von den
dt, weliche die Kraffouwen
zu fein erachten werden, die
abzumeßen und zuuorfteinen.
dahin ahn acker xl morgen,
gehapt, fo muß ehr doch von
den wifchen vj morgen jegen
:ldes abftehen, die zuuorglei-

chunge diefer dreien teile nothwendich mußen gebraucht werden, behelt auch die ander koppell bei feinem erbe belegen. Der weide, torfffteche und vifcherei gebraucht ehr fich gleich anderen feinen nachbarn, dar ehr die biß dahin in Teßkeuitz gehapt. Und nachdem Blandouwen ahn acker x morgen, ahn wifchen vj morgen abgehen, ehr biß daher xx mrc. pacht und viii mrc. wifchhuir entrichtet, follen ihm von den xx mrc. pacht v mrc. und die viii mrc. wifchhuir abgezogen fein, das ehr hinfüro nicht mehr den xv mrc. pacht jehrlich zu geben. Gleicher geftalt foll ehr, da ehr zuuor vier fimme, hinfüro alleine drei fimme korn zehenden, alfo eine fimme roggen, eine fimme gerften und eine fimme habern, dem küfter, da es biß daher i fchfl., alleine iii vert roggen, einen fchinken, ein brodt und van den vi fchfl. bifchoffsroggen nuhr iv fchfl. zu geben vorpflichtet fein. Das erbegeldt ahnlangendt, ob wol ehrmelts Blandouwen erbe ahn erbegeldt i^{m} mrc. geftanden, ihm aber nuhn x morgen acker und vj morgen wifches abgehen, follen ihm dafür iij^{c} mrc. ahn erbegeldt erftattet werden, und bleibt gleichwoll das erbegelt, wormit Blandouwen erbe belecht viij^{c} mrk. Vorßander iß diefem erften teile zugeordnet, das erbe zu Zuwellin, welichs jetziger zeit Michell Bucker bewondt, mit den darzu belegenen xii morgen ackers, iii morgen wifches, das kleine kelberkoppelken, j morgen groß, behelt feine weide, torfffteche und vifcherei, dar es die biß dahin gehapt und gebrauchet. Gibt ix mrc. pacht, und ob diefe erbe biß daher keinen zehenden, küfterkorne oder bifchoffsroggen gegeben, fo fol es doch hinfüro von der fimme roggen zehenden, den Martin Blandouw weniger alfe ehr zuuor entrichten, weil ehr zehen morgen acker und fechfte halben morgen wifches abftehen muß, eine halbe fimme roggener gerben dem paftorn zu Reppin, dem küfter daffelbe, nebenft der worft und brode, fo die jehrlich bei ihm zu geben gehapt, j vert roggen und ahn bifchoffsroggen drei vert jehrlich entrichten. Daß erbe ftehet ahn erbegeldt iiii^{c}vii mrc. Vorß dritte fein diefem erften teile zugeeignet von den x morgen acker, die Marten Blandouw zur kleinen Helle muß abftehen, drei morgen, alfo die nechft ahn Zuwellin belegen, die halbe morgen wifches bei dem Tetzitzer graben, die Marten Blandouw biß daher gehabt. Diefen dreien morgen acker und j morgen wifches kommen von den v mrc. zinfen, die Marten Blandouw hinfüro weniger geben foll, ij mrc. zu tragen. Gleichergeftalt kommen auf diefe drei morgen acker von den iij^{c} mrc. erbegeldes fo Marten Blandou-

image
not
available

i morgen wisches, ein kelber-
vi pf. pacht, i simme lxxv
korn zu Reppin, alse j simme
gersten und j simme xii gar-
n küster, ein schrot, eine worst,
l. bischoffsroggen. Die erbe
eile sein außerhalb der lxxv
Blandouwen zehen mor-
agen müßen, mit vclxxvi mrk.

orbent: Deß jungen Carsten
wend, erbe, mit der dazu be-
en wisches, kleinen koppelken,
vischerei dar ehr die biß an-
i ßl. vi pf. pacht, ij simme
en, j simme gersten und j
dem küster, ein brodt, ein schrot
boffsroggen. Das erbe stehet
sein auch diesen dritten teile
itze wohnend, erbe mit xiii
zugeeignet. Bebelt die torff-
ehr die biß anher gehabt und
cht vi pacht hoener. Vnd ob
nen zehenden, küsterkorn oder
hinfüro von der i simme rog-
wen, weil ehr x morgen acker
ggener garben, j vert roggen
sroggen entrichten. Dem kü-
Das erbe stehet ahn erbe-
ritte wohnunge ist diesem drit-

Teskenitz kotze mit einer mor-
ine kauell wisches von Haßen
groß. Gibt iiii mrk. pacht.
etzen xxxij mrk. Sonst sein
ahn acker von den zehen mor-
v abgestanden, ij morgen auff
bbelitz zugeschrieben, die auch
idelmahle abzusondern, damit
leiben muegen. Von diesen
lich i mrk. pacht gegeben wer-
rk. Ahn wischen sein diesem
er pauren erbe diesem dritten

teile zugeschrieben belegen zugeordnet, die obrigen beiden morgen in Stalbrodt, die diesem teile auch abzumeßen und zuversteinen.

Summa alle dessen, so auff dieß dritte teil ahn acker und wiesen geordent, was daßelbe ahn jehrlicher geltzinse, pacht, hoenern, kornzehenden, küsterkorn, küsterpronen und bischoffsroggen entrichten, die erbe ahn erbegelde gestanden: xlvi morgen acker, v morgen wisches, ein klein kelberkoppelken, xxv mrk. x ßl. vi pf. pacht, vi pacht hoener, ii simme korn zehenden, alse i simme roggen, j simme gersten und j simme habern, iij vert roggen dem küster, i schrat, ii brodt und i worst demselben, iii schfl. bischoffsroggen. Die erbe und kotzen in diesem dritten teile sein außerhalbe der l mrc., so die beiden morgen acker von Blandouwen x morgen, diesem teile zugeordent, tragen müßen, mit vcxl mrk. viii ßl. ahn erbegelde belecht. Dieweill aber dieß dritte teil ahn acker eine morgen mehr, als das erste und ander teill, und henwiederumb ahn wiesen ij morgen weiniger als das erste, und eine morgen weiniger alse das ander teil hat, ists mit der obrigen morgen ackers, so es mehr alse die obrigen beide teile haben, denselben allerdinge vorglichen. Es haben aber geuettern und gebruder die Kraffouwen zeit wehrenden teillhandlunge berichtet, das das erste teil beßern und zuträglichern acker alse das ander und dritte teil haben solle, und dan befindlich das in den Kußenitzern ekern, ahn holtze etwas, gleicher gestalt in dem Kußenitzer felde ein busch Krifitz genandt, stehen solle, so itzo reiff und angewachsen, das es ohn schaden der gründt wol abzuhauwen, alß ist vorordnet, das Kraffouwen semptlich soliche holtzungen entweder personlich abhauwen oder andern vmb den billichen werdt dießmahll alleine vorkeufen und das gelt oder holtz in drei gleiche teile vnter sich verteilen muegen. Hernacher aber sol soliche holtzungen bei dem andern und dritten teile, weil die ahn acker nicht so gut alse das erste teil, erblich ahn grundt und bodden bleiben und gelaßen werden. Das eichen holtz in Grabbeuitz und was deßen bei der kleinen Helle stehet anlangendt, von dem sein xx die besten stücke zu erbauwinge der wüsten kotzenstete bei dem andern teile, wie solichs vorher zuersehen, vorordnet. Daß obrige alle wollen und sollen geuettern die Kraffouwen, alse sie teurste konnen vorkaufen, und das gelt zu drei gleiche teile vnter sich von einander teilen.

Ferner ist die vorgleichunge des erbegeldes in alle drein teilen ahn die handt genommen und richtich gemacht und

27

image
not
available

ebuctt im xvclxxvlll jahre

t ahn und ober gewesen: der
Bsedbom zu Bubbekeuitz ge-
zis schreiber Jochim Hage-

---

einander gelegte Bogen eines
schrieben, dessen Wasserzeichen
, in demselben eine Haupt-
Enden dem Schildesfuße zuge-
en Seite stehen die 5 ovalen,
grünes Wachs untergelegt, ge-
Bachs wird der Faden, mit dem
ret, gehalten. Das erste Siegel
theilten Schilde in der obern
chts gewendeten Adler, in der
:ehende Rauten. Auf dem Helm,
arabeskenartige Decken herabhän-
nd vor denselben 2 in ein Andreas-
e Ruder. Neben denselben die
inrich Normann). Das 2te
v. d. Osten ist zu Urk. No.
tieben. Das dritte S. zeigt einen
Schild. In der vordern Hälfte
an die Theilungslinie gelehnt.
getheilt. Das obere, etwas zer-
Kleeblätter, das untere ist leer
gen Decken geschmückten Helm ste-
en einwärts gelehrte Sensen-Mes-
: Buchstaben M. K. (Melchior
drückte Siegel zeigt im Schilde die-
a Helm jedoch zwei mit Stielen
nüber stehende, mit den Schneiden
, deren Rücken mit je drei Kugeln
iesen die Buchstaben C. K. (Chri-
iegel stimmt den Figuren nach mit
nd hat die Buchstaben C. K.
em jeden der Siegel steht von dem
er Name des Inhabers sehr zierlich
en. Das 3te bis 5te Siegel sind
- 16. abgebildet.

No. 348. Anno 1578, 19. April.

„**Joachim** und **Christoph** Gebrüder die **Crassowen** haben heut Dato am 19. Aprilis Anno 78 nach geleistetem gewöhnlichen Lehneid Ihre Lehne ober die Dambergschen (? wohl irrthümlich statt Dambanschen) gueter empfangen. **Praesentibus Valentino ab Eickstet, Henningo ab Ramin und D. Westpfalo.**"

Lehns-Registratur 1567 ꝛc. (A. Wolg. Tit. 65. No. 48. f. 173.) im Lehns-Arch.

No. 349. Anno 1578, zu Bergen, den 11. Septbr.

Jacob und **Heinrich** Gevettern die **Krassowen** zu **Pansevitz** und **Farsnevitz** und Joachim Normann zu Tribbevitz vertauschen dem Herzoge Ernst Ludwig ihre Antheile an dem Dorfe Klütz gegen das Dorf Malkevitz.

Aus einer alten Abschrift.

Wir Jacob vnd Heinrich Geuettern die Krassouwen zu Pansevitz vnd Farsmeuitz vnd Jochim Normann zu Tribbenitz erbgeseßen, thuen hiemit vor vns, vnsern erben vnd erbnehmen, auch jedermenniglichen kundt vnd bekennen: Nachdem der durchleuchtige hochgeborne fürst vnd herr, herr Ernst Ludwig herzog zu Stettin, Pommern der Cassuben vnd Wenden, fürste zu Rügen vnd graff zu Gützkouw vnser gnediger landsfürst vnd herr, vns durch J. F. G. landtvoiget albir auf Rügen den edlen ehrnuesten vnd hochgelarten Heinrich Normann zu Tubbenitz erbsessen, vnsern freundtlichen lieben ohemen vnd vettern anmelden lassen; weil J. F. G. auf radt vnd bedenken ihrer eltsten vnd furnehmsten lande vnd hoffrethe, nach vorlehunge gotlicher gnaden gemeint vnd fürhabens, derselben itzt neuw angelechtes Gawerenisches ackerwerk mit acker etwas zu erweitern, abern keine eigene J. F. G. ohn mittel angehorige tischgueter, von denen selichs fuglich beschehen konnen, bey orts liegende hetten, des derffs Klutze eckere vnd andere pertinentien mit dem Gawerenschen felde greintzen vnd ahn einander stoßen, vnd geregte erweiterunge mit keinem stücke

image

not

available

Jochim Nermanne gebr-
vnd also in summa mit aller
vnd frucht so darauf abn ist
et werden, aller dinge quiet
st dieses, gentzlich abgetreten,
enwertiglich, also wir solichs
restigst thuen nuegen und kon-
G. derselben erben und nach-
ne possession und gewehr ehr-
J. F. G. derselben erben und
ßtern ihrem gedeilichen furtra-
sie von vns, vnsern erben und
der wege sollen behindert wer-

emit vor vns, vnsern erben und
sern gnedigen landsfürsten und
achkommenden herschafft, vielge
glichs zusprache zur guete oder
b angelanget, ohn einige and
: alle alte und newve briefe, zu
und derowegen nichts nicht, so
hmen zu staten kommen muchte,
vns hiemit und in krafft dieses,
en nuegen und konnen verziehen

vnser gnediger landsfürst und
ütze belegene hofe wüste machen,
G. notturfst gebrauchen wolte,
derselben des erbegeldes wegen
rbegeld in Klütze, wie wir dan
nitze, bei vns, also das J. F.
vnsern erben, und wir hinwie-
zu erwarten, behalten.
im dorff Klütze, gleichergestalt es
sein, von alters ahn korn und
inge, küsterkorn und küsterprouen
entrichtet, solichs werden und
o sie das zu thuen schuldich, hin-

en vns auch hiemit vor vns, vn-
jegen hochgedachten vnsern gne-
F. G. erben und nachkommende
n ehren, truwen und christlichem
verschreibunge einverleibte punct

stet vhest genehm und vnuorbrochen wol zu halten, dawider zu keinen zeiten nicht zukommen, noch dagegen weder newe oder alte funde einwenden noch fürnehmen, besondern den viel mehr wissentlich aller dinge renuntyret haben, alles getreuwlich und ohne gefehr.

Haben des zu mehrer orkunde und wahrheit jegenwertigen brieff mit den angebornen vnsern pitzschaften, den umb vnser bit willen die edlen ehrnuesten vnsere freundeliche lieben vettern Melchior, Christoffer vnd Jochim gebrüder der Krassouwen zu Salchouw vnd Schwerchuitz, Hans und Hermen geuettern die Nermanne zu Tribbeuitz und Lobbin erbsessen neben vns zur zeuchnisse vorsiegelt, bekrefftiget.

Dis gegeben und geschrieben zu Bergen nach Christi vnsers Herrn und Heilands geburt im xvclxxviii jahre den 14. monatstagk Septembrr.

No. 350. Anno 1578, Wolgast, den 30. Octbr.

Herzog Ernst Ludwig tauscht von Jacob und Heinrich Krassow zu Pansevitz und Farsnevitz und Chim Norman zu Tribbevitz das Dorf Klütze gegen Malkevitz ein, leiht ihren Vettern Melchior, Christoph und Joachim Kr. die gesammte Hand und läßt Chim Normann die Gerechtigkeit der gesammten Hand, wie er sie an Klütze gehabt.

Aus dem Orig. im Haus-Arch. zu Pansevitz.

Hiebei an vnd über sein gewesen die ernvesten vnd erbarn unsere Räthe vnd liebe getrewen Valtin von Eickstedt, unser Hauptmann auf Ukermünde zu Tamitzow, Niclas von Sastrow, unser Hauptmann zur Eldenow, zu Salchow, Henning von Rammin, unser Cantzler, zur Boele, Hans von Eickstedten, unser Hofmarschalch vnd Hauptmann auf Wolgast, Hermannus Westphal, der Rechte Doctor vnd unser Hofgerichts-Verwalter, Melchior Normann, unser Cammer-Rath, zur Dubbenitz geseßen, Joachim Berckhann vnd Johannes Engelbrecht unsere Secretarien.

---

image not available

…achs abgedruckten und mit einer …ersehenen, an einem Pergament-Siegel ist der untere Theil fort-

1579, den 7. Februar.

…hns-Suchung des **Heinrich** …assow, wegen des Malke-

…olg. Tit. 65. No. 48. f. 172) …ehns-Arch.

…ato Heinrich und Jacob Gevettern …ebener Lehnspflicht im Namen v. …vas sie von J. F. G. in getroffenen …men, dermaßen, wie sies zuvor in …n, verliehen werden. Praesenti- Eickstetten, Henningo …anno Westphal et Joa-

…uch Chim Norman, was er in …Wechsel in Malkevitz erlanget, der- …Glück gehabt, zu gebrauchen verlie- …t. Anno 79."

…no 1580, den 29. März.

Lehn-Suchung des **Heinrich** …en **Jacob C.** nachgelassener

…A. Wolg. Tit. 65. No. 18. f. 172.) …Lehns-Arch.

…nno 1580 sein Heinrich Crassowen …icht seines seel. verstorbenen Vettern …assene Lehngüter verlehnet worden …assow vor sich und im Namen … der samenden Hand so Ime …n den Hut gegriffen. Prae-sentibus Henningo von Ramin, Concellario et Melcher Normanno. Actum Wolgast die ut supra. J. Engelbrecht.

Heinrich Krassowen Lehngüter auf Rügen:

1. Varsenevitz.
2. Panseuitze.
3. Veikevitze.
4. Malkevitze.
5. Eine Hufe in Schwechevitze.
6. Von den Dambauschen Gütern Kuszevitze.
7. Eine Hufe in Teskevitze."

No. 354. Anno 1583, Sontags esto mihi. (10. Febr.)

Vertrag des **Heinrich Krassow** mit Christian Barnekow wegen eines Bauer-Gehöftes in Triptitz, welches der Sohn des ersteren, **Daniel K.**, fünf Jahre lang zu seinem Hofe Kraditz gebrauchen sollte.

Aus dem Orig. im Haus-Archiv zu Pansewitz.

Ick Hinrick Krassow tho Varseneuitze vnd Panseuitze erbgeseten, thue hir mitt dißer miner schrifft kundt und bekenne vor my und myne eruenn unndt sonsten vor iedermenniglichen dat nahe deme myn sone Daniel Krassow itziger tith wonafftich tho Kraditze tho gedachten hoeffe so vele acker so he tho sinem pfluge vonnoetenn nicht hatt, unndt dene der eddele, ehrnueste mein freundtlicher lieber schwager Christian Barnekow hartt an gedachtenn Kraditzer hofe ein erue, dat nu Hanns Kuetz inne wondt, liggente hatt, derwegenn mitt gedachtenn Christiann Barnekowenn vmb datsuluige erue gehandelt wie folgett: Dat solches Hanns Kuetzen erbe mit alle sinenn eckern, wischkenn, weidenn, gemelter myn sone Daniel Krassow tho sinem itzigen hoeffe Kraditze leggen, hebben, genetenn, vnd sines gefallens gebrukenn schall und magt funff ihar lanck, he schall anerst solck erue landtgewenliker wyse (do he idt tho sinem hoeffe leggen wurdte) von den burenn an sick bringen, ehem sin eruegeldt, so vele alße he darfor gegebenn, wedder vp gewonnlike termine geuenn oder erstatenn. Ock dem Hans Kuetze tho einer anndernn woninge verhelpenn. Tarmit

image
not
available

ich am Tage Simonis und Judae.
Octbr.)

und Heinrich Krassow
unissarien die Gagern zu
Finkenthal wegen ihrer ge-
nen Güter.

h. Moyselbritzer Haus-Arch.

Fürstl. Landvoigt auf Rügen, zu
cassow, zu Varsnewitze Erbsessen,
Herzogs Ernst Ludwig von
d Gebrechen, so zwischen Hein-
n den Gagern, Gebrüdere zu
, für sich und im Namen ihres
us, da der noch im Leben an
, Clause und Baltzere Ga-
Finkendhal und Moiselbritz Erb-
gen ihrer samenden und vermisch-
nachfolgender Weise. Weil er-
tern sowohl die Finkeldalschen als
se Güter, als das Dorf Tetzitze
den Hof Luttow mit 2 Hufen im
rnewitze mit 1½ Hufen im Rambin-
e Zeit her ins sammende besessen,
eise, denn die Moiselbritzer, als
der, haben im Dorfe Tetzitz drei
. als Casper und seine Brüder
Theil daran. An den andern bei-
und Zernewitze haben beide Theile
kenthalschen als Caspar und sei-
nicht mehr als 1½ Hufen oder 45
Acker, Wiese und Holtz von den
genannt, zukomme, den Moisel-
Olof und Jürgen Gagern an
Luttow und Zernewitze von 3½
theil als 1 Hufe 22½ Morgen zu-
aber den Moiselbritzern wegen ihres
hofes zum Besten gelegen, Luttow
Caspar und seinen Brüdern zum
he angrenzet, so haben anfänglich
Baltzer Gebrüder die G. ihren Vet-
ren Brüdern in Tetzitz 15 Morgen
Morgen, also zusammen 19 Morgen
-e.

abgetreten und dagegen von dem Antheil der Moiselbritzer in Zernevitz Erstattung genommen, gehören diesen also nun noch in Zernevitz 3½ und in Luttow 30 Morgen, die sie ihren Vettern Casper, Claus und Baltzer für 1000 fl. oder 3000 Mk. sund., in 2 Terminen zu erlegen, überlassen. Die Finkenthalschen behielten demnach 1 Hufe und das zu dem Freilande gehörige Hölzchen und Wiese in Tetzitz, die von einem Bauern Hans Schröder bewohnt ward, und auf dem Süd-Ende der Feldmark, nach Süvelin werts, lag. An diesem Bauern entsagten Heinrich, Olof und Jürge sich aller und jeder Insprache. — Etwaniger Unwille und Insprache an Personen, die in diesem Handel gebraucht, werden aufgegeben. Wegen der Rohrwerbung ward festgesetzt, daß dieselbe von allen zugleich geschehen solle und einer sich nicht der ganzen Nachbarschaft zu wiedersetzen habe. —

Die 2 Siegel fehlen.

Anno 1585 zu Wolgast den **21.** Decbr. bestätigte Herzog Ernst Ludwig obige Uebereinkunft in allen Punkten. Hierbei an und über sein gewesen ꝛc. Henningk von Rammin unser Cantzeler zu Bocke, Melchior Norman unser Cammer-Radt zu Cunsow, Joachim Berckhane zu Wolgast und Johannes Krakevitz zu Postelitz gesessen, Hofräthe, Johannes Engelbrecht und Caspar Bunsow unsere Secretarien.

Die Urk. ist eigenhändig vom Herzoge unterzeichnet.

Das Herzogl. Siegel ist wohlerhalten. Es scheint der Abdruck eines runden Siegelringes zu sein und zeigt die 9 Schilde des Pommerschen Wappens mit den 3 zugehörigen Helmen aber ohne Schildhalter. Die Anfangsbuchstaben des Herzogl. Namens **E. L. H. Z. S. P.** sind auf demselben angebracht. Das Siegel ist in rothes Wachs gedruckt und mit einer starken Tectur von gelbem Wachs versehen. Durch den Pergamentstreifen, an dem dasselbe befestigt, sind beide Urkunden, der Vergleich und die Herzogl. Bestätigung, zusammen geheftet.

No. 356. ec. 1585.

„**Melcher Krassowen** Verschreibungen, darin er seinen dreien von Anna Normanns seel. seiner ehelichen Hausfrauen gebornen und hinterlassenen Töchtern 3000 fl. anstatt mütterli-

28

image
not
available

cht mit herusammit ausgeslagen,
zulden knuppelse gebremet. Ein
t sammit gebremet, ein brun damit gebremet und mit swartzen
ein weit swartz wandtrock mit
swartzen siden fransen ausgesla-
ck mit sammit gebremet und freu-
weit swartz wandtrock mit frensen
arnet damasschen mit herren sam-
:r gefodert und mit mardern und
:en langen swartzen dammaschen
beschet, der krage mit mardern
uwerk gefudert, ein swartz wandt-
et, der krage mit mardern und
gefudert. Ein goldtgel damma-
herren sammit gebremet, ein goldt-
nit rodem sammit gebremet, ein
arbe mit sammit in sparwerk ge-
krage mit glausborden gebremet,
tuch, ein swartz sammit krage mit
:met, und einen gezagenen borden
schürtze mit einem golden grundt,
schürtze, mit einer krusen grundt,
nmaschen schürtze, ein par gulden
den knuppels ermeln mit vorermeln
nd zwantzig thaler zu einem beutel
se auch ihre jungfrowliche kleidung
den die mutter ihres gefallens
tatzen sie die bis anher gebrauchet,
·n betten, dre under, dre ober bette,
len, alse eine dammacken mit sam-
e, und dan die drutte eine gute
tzien par laken, achtzien schulder-
dtzien handtüchen, davon der halbe
von gutem slechten linnengewande,
· von 6 blettern, zwe wagenpfüle,
n, welches alles nixe sin soll, viii
sipe, vier mit ruschern ledder ober-
:en heitze gemacke und vormhalete
mit auszügen, dauon zwe gemalet,
de mit isern beslagen kleiderkam, die
laden sellen vollenlomlich lanck und
andtgriffen und dubbelden schlossern
maßen daun solchs mehrgemelte meine

eheliche gelebte hausfrouw zu mir gebracht, und ich allerdinge dauon ich auch ver mich, meine erben und folger er-
gedachter meiner freuntlichen lieben husfrowen vater und
desselben erben hiemit und in kraft dieses breffs genzlich
quitere, freig, ledbich und loß sage, bekommen und empfangen oder ehr von mir in zeit stender ehe vorehret und ge-
schenkt, vollenkomlich allerdinge solle zugestellet und gefolget
werden. Es sollen mergemelte meine erben genanter meiner
lieben husfrouwen einen newen beslagenen mit swartzem tuch
de ele to einem fl. vorbeckeden wagen mit reinen selen und
halsspeil uebeust zwen der besten pferde, wan das berge-
wede gewönlicher weise voraus empfangen, sampt x ele, de
ele to v mrc. engels gewande tom sorgekleide und einen
halben tuch fuder linwandt folgen zu lassen verbunden sein.
Und dar ich ober zuversicht folgendes in einige schulde gerede und die hinter mir verleisse, soll vielberurte meine ge-
liebte eheliche husfrowe deselben zubezalen nicht verpflichtet
sein, noch ihre beiradt gudt oder was sie sonst wie oben gemeldet mir zugebracht, nicht dafür haffteu noch von jemands
angehalten werden. Im fall auch an meine liebe hußfrouwe
Anna Krassow künftiglich einiger erbfall gelangen, welchen ich empfangen und in meinen nutz und fromen wenden
wurde, dieselbige soll dickgemelter meiner lieben hußfrouwen
gelich und neben der außstür eins idern termeins den drub-
den teil danckbarlich erstadet werden; ferner habe ich Marten van Ahnen, meiner lieben hußfrouwen den drudden
teil aller meiner barschaft an golde, silber, redem gelde und
bei luten außstande, so über schuldt, wan deselbe dauon ab-
gelecht und bezalet, vorhanden, dergleichen von allem hußgeradt, farende habe, betten, bettegewandt, kisten, kasten, ge-
rete, vittallie, so in dem wimen, kamern befunden, daß selbe
ehr auch vnweigerlich solle zugestellet werden, bescheiden ihr
auch de einhundert rinsche gold-gulden, so ich derselben meiner lieben hußfrouwen zur morgingabe vorehret und ge-
schenkt, de se auch albereit empfangen vnweigerlich folgen.

Dagegen und hinwiderumb soll viel genandte meine ge
liebte hausfrauw inner ..... iiii wochen die negest na mei
nem dödtlichen abgange hinder einander folgen ein glaub-
werdich vollomlich inventarium zu ferfertigen, meinen erben
ehte folgern zuzustellen, auch nach entfangung deß ersten teils
drudden teil aller barschaft als den drudden teil von inge-
brachten beiradtgeldes desselben besserung, geschmucks, kleno-
dia, kleder wie allenthalben vnder scheidentlich vormelt nach
verheißnng des gnaden jars alle meine güter gedachten mei-

28 *

image not available

n rühren die 2 eingeklammerten,
en Stellen her.

Bergen, im Anfange des Jahrs
tachlosfeltr. (28. Decbr.)

Gagern wegen empfangenen
s.

im ehem. Meiselbritzer
ts-Arch.

Eggerts von der Osten tho
ennt, nachdem ihre Brüder Jas.
Gebr. die Gagern zu Meisel-
r Erbgesessen, ihr wegen ihres
nd Inhalt des deswegen aufge-
2000 Mk. zu entrichten ver-
ihrem Bruder Claus Gagern
) fl. 8 pf. ausbezahlt, so quitire
mme. Ihre „leven Oheme und
verordente vormundt Heinrich
und Claus Barnekow tho
t den Quitanz-Brief.

---

licher Weise zusammen gelegten
erste Seiten die Urk. füllt. Das
e das des Papiers der Urk. 331.
. dem grüngelbes Wachs unter-
n Text der Urk., 2 ovale Siegel
Urk. 331. als 1stes S. beschrie-
7. abgebildet. Das Schild des
Auf dem mit arabeskenartigen
ennt man jedoch noch zwischen
rechts gewendeten, wachsenden

---

zu Varsnevitz, den 25. Juli.

zu Varnsnevitz über-
Daniel Kr. den dritten
ter.

Haus-Arch. zu Vansevitz.

ermenniglichen, in sonderlich aber
toten. Nachdem der edler und
ernvester **Heinrich Krassow** zu **Varsenevitz** erbsessen bei sich bedacht und erwegen, daß nach seinem tödtlichen Abscheide zwischen seinen lieben Söhnen **Daniel Krassowen aus erster und Anthonio vnd Hansen aus ander Ehe**, wegen ihrer erblichen theilung der lebengütter sich allerhand vneinigkeit, zang und wiederwillen erregen könnte, und aber seiner gütter gelegenheit niemandts besser als ihme selbst bekandt; als hat er, damit gedachte seine lieben söhne so viel einiger, freundt- und brüderlicher nach seinem absterben mit einander leben mögen, mit obgedachtem seinen eltesten sohne **Daniel Krassow** vf desselben instendiges fleißiges anhalten, wegen seines künftigen dritten theils der ihme sich einer erblichen theilung in untenbenannter ihrer allerseits darzu erbetenen freunde beisein, zum grunde verglichen und vertragen in maßen als folgt:

Und erstlich hat vorgedachter **Heinrich Krassow** benanntem seinem sohne **Daniel Krassowen** das dorf **Veykrvitze**, seinem selbst begehren und bitten nach, mit allen desselben zubehörungen an acker, wiesen, holtzungen und allem so darzu von alters gelegen gewesen, auch mit gerichten und diensten, dem höchsten und niedrigsten (doch ausgenommen die pächte, und jährlich zwölf fuder torf aus dem more daselbst, so der vater selbst werben und abholen laßen will, und er sich alleine zu seinem leben und nicht ferner vorbehalten) dißer gestalt zugeordnet, daß ihme daßelbe ipo alsofort nach dato dieses in wirkliche possession constituiret und eingeantwortet sein solle. Und weil er daselbst seinen sitz anzurichten fürhabens, so hat der vater zu **absindunge der pauren (denen er zu der behuf aufgesagt) acht hundert gulden erbegeld**, ohne einig seines sohns **Daniels** zuthun, zu erlegen versprechen, ihnen auch zu verfertigunge der gebew die eintausend mark sundes, darmit genannter sein sohn Daniel ihme unlängst, inhalt brief und siegel, verhafft geworden, mit den betagten und hinterstelligen zinsen, erlassen, und dazu noch einhundert gulden, vff martini anno achtzig neun negst kommende zu erlegen gewilliget und angenommen.

Zum andern hat er ihme sein gantzes antheil im dorfe **Teskenitz** mit aller seiner zubehörunge an acker, weiden, wassern, holtzungen, dem höchsten und niedrigsten gerichte und aller andern herrlich-, frei- und gerechtigkeit (daran er, der vater, imgleichen sich nichts mehr dann die pächte, dann auch zwei thaler jerlicher wiesenheure zu seinem leben vorbehalten) zugeschlagen und überlassen, nach sein des vatern tödtlichem

image
not
available

Wolgast, den 2. August.

confirmirt die Verschreibung,
Krassow zu Barsene-
Daniel Krassow den
Lehngüter abtritt.

rift in den ält. Lehns-Acten
l. 6—7.

Ernst Ludwig, hertzogk zu
uben und Wenden, fürst zur
rc. thuen kundt und bekennen
der erbar unser lieber ge-
unterschiedtliche theilrecesse eines
uch erbar unser lieber getrewer
teuitz gesessen, wegen desselben
seinen beiden brüdern aus an-
rlich überreichet, mit under-
gnädiglich confirmiren woll-
jen demnach angezogene theilen und punkten, wie dieselbe
ibung wörtlich lautet, hiemit
iess, idoch unserm und jonsten
en, zu urkundt mit unserm an-
Gegeben auf Wolgast, den
unsers einigen erlösers und se-
endt fünfhundert und acht und
und veber sein gewesen die
t unsere räthe und lieben ge-
umin, cantzler, zur Beeke,
marschalk und hauptmann
now, Melchior Normann,
Hermannus Westphal,
lhow, Johann Krakevitz
Wakenitz zur Cleuenow
brecht und Caspar Bün-

nestus Ludouicus.

No. 362. Anno 1590, zu Bergen, den 4. Decbr.

Vergleich wegen des Besitzes von Malkevitz zwischen **Heinrich Krassow** und Jochim Normann.

Aus dem Orig. im Haus-Arch. zu Pansevitz.

Heinrich Normann, Fürstl. Landvoigt auf Rügen zu Dubbenitz und Poppelnitz erbsessen, thut kund: nachdem zwischen Heinrich Krassowen zu Farsznevitz und Jochim Norman zu Tribbenitz erbsessen, wegen des Dorfes Malkevitz, daran sie gegen Abtretung des Dorfes Klütze, Krassow auf zwei und Normann auf den dritten Theil, erblich, jedoch ungetheilt und insgesammt angewiesen, Zwiespalt und Irrung entstanden, sonderlich da Krassow anziehe, als daß sie des Guts Malkevitz halber durch die getroffene Theilhandlung gänzlich verglichen, ein jeder das seine für sich gebrauchet, und Kr. sich in dem Theil so Norm. zugekommen, etzliche Hebunge an Gelde und Hünern, so er zuvor in Klütze gehabt, vorbehalten, Jochim Norm. aber solcher Theilung nicht geständig, vielweniger die Hebung in dem Seinen gestatten wolle, sondern behaupte, daß die Vonandersetzung nur auf eine Prakelzeit gewilligt. Daher habe er, der Landvoigt, auf der Partheien vielfältiges Anhalten, diese Mängel wie folge verglichen: — Anfänglich: daß ein jeder die Erbe, die er in der Vergleichung, so sie unter sich selbst getroffen „es sei den dieselbe damalen erblich oder vf Jahre gemeint oder angenommen" mit allem Zubehör, Gerichten, Diensten rc. behalten und ohne des andern Eintrag nutzen und gebrauchen solle. Was jedoch auf die Gemeinheit oder Straße des Dorfes zu Bruche gelangen möchte, hätten sie nach Anzahl der Hufen von einander zu theilen. — Entsage Kr. der Pächte, so er bis dahin aus Norm. Antheil erhoben. — Von einigen Morgen Sandacker, so zu diesem Dorfe gelegen, die bis jetzt Kr's Bauern allein sich angemaßet, solle Norm. 3 Morgen an der Seite nach Malkevitz hin erhalten. — Norm. entsage aber seiner Ansprüche an der Wiese bei dem „Stenckel." — Dagegen solle Norm. der dritte Theil an den Busch Holzes in Malkevitz abgetreten werden. — Als auch angezogen, daß Kr. ein Haus Norm's Bauer Acker gar zu nahe habe aufrichten lassen, so habe sich ersterer erboten, den Acker, so an dem Hause belegen, mit letzterem auszuwechseln. — Einige Forderungen wegen Bruchs und dritten Pfennigs ließ Norm fallen —

image
not
available

'gerichtet, dieselben mit eigenen handen vnter-
iit vnsern pitschaften versiegelt. Geschehen
1 gegenwart der edlen und ernuesten Claus
zu Resekenitz, Marten Normans zur
Jilken von Platen zu Bentz erbses-
'n vns semptlich erbetener freunde und vnter-
auch nebenst vns zu mehrem glauben ihre
:trukt. Freytags nach Matthaei, war der
ie Septembris anno Christi funfzehen
end neunzig.
Krassowe. Tonnies Krassouw.

---

einander gehefteten Bogen desselben Pa-
vorhergehenden Urk. geschrieben. Unmittel-
'rt sind auf einem Blatte Papier, dem
untergelegt, 6 Siegel, in 2 Reihen ab-
: Siegel, das des Heinrich Kr., ist zu
chrieben und Tab. XIII. No. 17. abge-
Siegel zeigt im längs getheilten deutschen
ern Hälfte einen halben gekrönten Och-
lungslinie gelehnt, in der hintern 9 Klee-
uf dem rechts gewendeten offenen Helm,
irbeliete, arabeskenartige Decken herab-
mit den Schneiden einwärts gekehrte
n je mit 3 Straußfedern besteckt ist,
stehen 3 Straußfedern. Neben dem
: Buchstaben T. K. Das 3te Siegel
rzten, längs getheilten deutschen Schild.
· steht ein halber Ochsenkopf, an die
die hintere Hälfte ist quer getheilt.
9 Kleeblätter, 3. 3. 3.; das untere
s gewendeten Helm, von dem man-
ngen, stehen 2 mit den Schneiden
n, deren Rückseite je mit 2 unverhält-
:dern besteckt ist. Oberhalb des Helm-
chstaben H. K. Das 2te und 4te
No. 19. und 20. abgebildet. Das
nekow ist zu Urk. 339. als 2tes
Schild zeigt einen wachsenden rechts
2 letzten Siegel sind so zerdrückt,
nicht erkennen lassen.

Anlage zu Urk. No. 363.

Pacht-Register.

Simon Tode xiii mrk. Carsten Rickermann iii mrk. Chim Wiprecht vi mrk. viii ß. Chim Bulle iiii mrk. Marten Zilm iiii mrk. Jaspert Richert iii mrk. Hans Marzagel xv mrk. Hans Voth xii mrk. Claus Benedike xii mrk. viii ß. Frentz Simon x mrk. Mattias Hasse x mrk.

Pansevitze.

Thomas Bintze iiii mrk. Hans Norman xii mrk. Claus Blaßk viii mrk. Hinrick Wiprecht xii mrk. Hans Jan x mrk. Hans Deue iiii mrk. Claus Hasse xviii mrk. viii ß. Hans Wencke xiiii mrk. Hans Marzagel iiii mrk. Hans Hundertmarck iiii mrk.

Malckevitze.

Peter Bitzebulle xiiii mrk Jacob Sillem xiii mrk. viii ß. Hinrick Teßke x mrk. Henning Pepelow xii mrk. viii ß.

Ramitze.

Thomas Puffroske vi mrk.
Summa lixvlii mrk. viii ß.

No. 364. Anno 1591. Freitags nach Matthaei, den 24. Septbr.

Vertrag des **Anthonius** und **Hans Krassow** über den ungetheilten Besitz der Güter Batsnevitz und Pansevitz für die nächsten drei Jahre vom nächsten Ostern an.

Aus dem Orig. im Haus-Arch. zu Pansevitz.

Wir Anthonius und Hans gebrodere die Krassowen orkunden hiemit, nachdem vnser geliebter vater Heinrich Krassow wegen seines erreichten alters und schwacheit, seiner haußhaltunge nit mehr obseln konnen, und dahero vnß als seinen sonen und lehnserben seine lehengütter gegen gewisse jarliche pension inhalts darüber aufgerichten vortrages, abgetretten und eingereumet, und wir bei vns nit thatsam erachtet, die gütter von einander zu setzen, als haben wir vns deshalben aus wolbedachtem gemuete und vorher zeitlich ge-

image

not

available

nis, nach Christi gebutt, im Eintausent,
ïn und Neunzigsten Jare.
:rassouwe. Hans Krassow.
ine handt.

---

ander geheftete Bogen desselben Papiers
e Urk. geschrieben. Auf einem Blatte
es Wachs untergelegt, sind unmittelbar
wei zur vorhergehenden Urk. beschriebe-
No. 19. und 20. abgebildeten, Siegel
bgedruckt.

ı Varsnevitz, Montags nach Quasimo-
vaili. (3. April.)

w zu Varsnevitz Erbge-
chichtung in den nachgelassenen
ıs Marzagel zu Varsnevitz.
n -Haus-Arch. zu Panseritz.

ı mandages na Quasimodoge-
der Tönnies Krassow zu Varsene-
eck edlen, ernuesten sinen fruntt-
und sinem broder Hans Krasso-
nd Hinrick van Platen tho
tho gebeden, in selig Hans
t tho Varseneuitz, volgender ge-
Idt hefft auerst selig Marza-
thgesturet sint, alse Carsten,
alle vnmundich, Grete, Trine
, kinder sick im leuende vorla-
Ties Buker tho Kolbenitz,
tho Liskow und Gingst the
erderliken ampts mit getrewen
staet sick vorplichtet und an-
els kinder sint vthgesturet,
: eine dochter hefft Hans
rens buhre tho Tazow, de
chenitz. Hans Douwe iß
nung noch etwas tho ha-
ngliken hefft desulue Douwe
Merten van Manens
en wedderuaren schall van
ıs Jimen auerst so der

juncker buhre und vnderdahn, hefft nicht inkamen willen, besunder mit dem thofreden, wat he entfangen. Darjegen auerst hefft sick de herschop vorbeholden efft desulue inkamen will edder nicht. — Vnd iß anfencklich gefraget efft kein erffbreff vorhanden, darup alle kinder neen berichtet, besunder ere vader selige hebbe gesecht, dat dat erue vi^{c} mrc. gekostet, dat den de herschop, weil kein schin darmit se idt bewisen konden glouen willen, und alle den Marzagelen bi erem ede und bi dem hegesten dat desulue auer se hebbe anmelden laten, dat se de warheit seggen und nichts verhelen scholenn. Dewile Tönnies Krassow mit weten sines brodern Hans Krassowen de sollks mit gehandelt, achte morgen acker van dem erue genamen, hefft he twe morgen howwische, de vöfftich marck werth, wedderumme dartho gelecht, und vöfftich marck bahr gelt dartho gegeuen, dat nu also alleine men eine houe tho dem erue belegen, desulue up v^{c} mrc gesettet, darmit alle eruen thofreden. Alleine Douwe, secht van viff gulden de selig Marzagel Tönnies Krassowen vor viff morgen acker gegeuen, der he sick nicht begeuen will, iß auerst gunst-gelt. Vp dissem erue blifft 1 schepel bischopsrogge und twe vimme tegedenn. Dortich geruen so de cüster hebben plecht und 1 schepel bischopsrogge wert tho dem erue dar Chim Wibrecht itziger tidt op wandt gelecht. Idt sint x morgen roggen vpgeseiet, de morgen vp 4½ mrc. gesettet facit xlv mrc., ver vimme roggen vp xvi mrc. gesettet. xii vimme gersten, de vimme iiii mrc. gesettet facit xlviii mrc. Ein drompt roggen, den schepel xxii ßl. gesettet facit xvij mrc. vi drompt ii schepel gersten, den schepel xx ßl. gesettet facit xciij mrc. viii schepel hauern, den schepel i mrc. facit viii mrc. — Varne haue. Achte perde, dat stucke vp xxiiii mrc. gesettet facit i^{c}xcii mrc. Sunst sindt noch twe auer jarsche valenn, de scholenn erer gebohr na gelegenheit angewendet werden. Veer koihe, dat stücke vp xj mrc. gesettet facit xliiii mrc. Noch twe starkenn van twen jahren, dat stucke vp vii mrc. gesettet facit xiiii mrc. Ein auerjarisch rindekenn iß der maget van der herschop und allen eruen gewilliget und geschenket. Negen schape, dat stücke vp iii mrc. gesettet, facit xxvii mrc. Söß olde swine, dat stücke vp iii mrc. gesettet facit xviii mrc. Achte vasten varkenn vam jahr vp viii mrc. gesettet. Achte gense ahne den ganten vp viii mrc. gesettet. Alle bowtuch, wagen de nicht ferdich, ploge, ysertuch, alse eren, bile, seissen rc. watt in alles dartho gehort, des allerdinge nicht hüpich vorhanden, vp xxx mrc. gesettet. Hueßgeradt. Ein olt ketell

29 *

image
not
available

ück auerst dat de andren dre, so di selig
mende vthgesturtt, engelike mehr entfan-
n bekamen konnen. Als Frens Zimen
, besundern leth sick an demsuluen wat
n, derhaluen nicht nedich tho specificeren.
nit v mrk. ingekamen heft dit unfol-
lich l mrk. bahr gelt, ein perth xxx (mrk.)
ver vi tunne behr, ix mrk. tho Gote-
ggen entfangen, iii mrk. in twen sche-
iii mrk ii schepel gersten, ii mrk. an
mrk. tho Swantow an vi schepel
ii schepel gersten tho Swantow ent-
vinnne gersten entfangen. Summa
dat Hans Marzagel in alles entfan-
he ll mrk. vij ßl. mehr alse seine
tern bekamen de he na landes ge-
che schuldich, daruan he denne wen
genden stranck hefft. Wat Hans
he vormerket dat men datsulue wat
n mit siner frowen daruon gelo-
n und nicht doren willen, idt iß
estern fennpelich gefraget und auge-
scholen wat Douwe bekamen vp
dern gerichten idt dar don schol-
worden. Erstlich hefft Douwe
de he ock thouorn gestanden,
vele redt gelde dat sick in de
el gestanden, noch hefft he van
ener demsuluen xv mrk. in be-
vi mrk. so Douwe Castien
: Douwe bi sick beholden, noch
entfangen, noch iiiij mrk. an
noch iii mrk. an twen sche-
eine mutte, noch v mrk. an
wol mehr werth gewesenn,
lene geschenket. Au Kledern
tlich einen roden engelschen
xvi mrk. noch iiii elle brun
noch iiii elle engelsk wandt
ch iii elle blaw schotisk de
ngelsche und sundesche want
, eine hoyke van funde-
l., is ix mrk, vi mrk. vor
mrk., dartho so vele in de

kiste darmit se na buhres gewohnheit bestan und so vele er thogesecht bekamen, vi laken, ii stoel küssen, iii schulder küssen sint nicht gerekent, v mrk. de besten mützen dorden, viii mrk. de beste deckenn, vi mrk. de ringeste decken, xii vor de bühren auer de bedden, dartho eine halue frie köste gedan, allein vp xxx mrk. gerekent, alle makelohn der kleider iß nicht gerekent. Summa iiicxxxi mrk. viii ßl. dat Douwe in alles entfangen, hefft derwegen iicxlii mrk. vij ßl. mehr alse disse itzigen bekamen, de de wile he sine v mrk. inkamelgeltt gelecht, nah landesgebruke schal wedderkehren und sinen negeden deel daruan gewarden. — De veer knechte bekamen jeder lx mrk. und genen den dre megeden de xxviii mrk. und dar bi Douwen und Hans Marzagel etwes mit rechte (tho)erholden, hebben de broder den megeden gegeuen, doch dat se de unkosten so darup gaen muchten, stahn scholenn. Dewile auerst der broder veer, iß en gefraget wer dat erue van en anthouemen gemeint, hebben se sick mit einander vorgleken und vp Casten geweblet, und em dat erue mit allen willen auergeuen, welchs den de herschop mit gewilliget und vor gudt angesehen, und schal desulue alle schulde so dieser erffschichtung innerliuet vp söuen termine betalen, alse van dem künftigen cathedra Petri an thorekennen dre jahr tho den gemeinenn schuldenn, darna den dre megedenn datt ere up dre termine anno 96 angande alle jahr jederer den drudden deill, darmit eine jede etwes alle jar bekumpt, den souenden und lesten termin iß anno 99, allen dren knechten dat ere entrichten und betalen, dat den Casten Marzagell neuenst allen puncten so disser erffschichtung innerliuet angenamen, und iß em van der herschop datsulue erue van stunden an tho erue und buhr rechte vorlaten wordenn sine schuldige pechte und denste neuenst sinen nabern tho leisten und vorrichten also dat he in keinen puncten disser erffschichtung wil straffbar erfunden werdenn, darup he tho borgen gestellet Claus Venedicts, Hans Withe, tho Varsenewitz, Frens Szimen tho Swechewitz und Chim Marzagel tho Turow, und tho merer orkundt sint disser erffschichtungsrecesse twe glicklndende vorferdigett, daruan dat eine de besitter des erues und dat ander de vormundt entfangen und mit der herschop pitschafft vorsegelt. Geschen tho Varsenewitz im vöffteinhundersten twe und negentigesten jare vt supra.

aßungen gewendet. Thuet
Van die schulde abgezogen
7 ßl. und sollen vom erb-
no 93, 94, 95 vff Petri
ihlet werden. Es ist von
iprechte von den 165 mrk.
ihme von dem künftigen
n mit vorwissen der her-
vberreicht worden. Das
t der künftige erbman alß
ing der herschafft und gut-
afft mit derselben vff das
lter Bartholomeus Schrö-
gudt alse 50 mrk. unnd ein
nd eb woll disse maget
dern se von Chim Wip-
gesampten guetern außge-
keit des guets so itzo vorder zeit der alte Wiprecht
tten, bekomen kan, so ist
ebüret, bi ehres vattern
enantem Jacob Schröder,
befrien, und ist gedachtem
jhar zu baur und
dige rechte dienste, auch
n zu bewahnen ingethaen
9 von solchen 20 jahren
Swecheuitz mit vorwissen
abern vorgedachter
überleben, soll Ja-
kindern bi den erbe
mit 100 mrk. außweisen,
thedra Petri einß jedern
nzt, entrichten, dan das
t, so der junge erbman
r haben soll, kumpt da-
von der herschaft noch
r dan so viele mehr alse
ndig hat entrichtet wer-
Schröder das erblicken
ahn den gebuwren vor-
ihme ahn seinem erbe.
billich für obgedachte
zet werden. In folge

solicher handelung auch wegen entrichtung des so dissem erff-brieffe incorporiret hat Jacob Schröder nachgesetzte, alß seinen vatter Bartholomeus Schröder zu Gnitze, Claus Hamelowen dasilbst zu borgen gesetzt. Urkundtlich und zu mehrer nachrichtung seint disser recesse zwo gleichs inhalts, dauon der concept bi der herschafft geblieben, de ander abern Jacob Schröder dem erbmanne zugestellet worden ist, mit der herschaft pitzschafft besiegelt. Gescheben anno et die vt supra.

Auf zwei in einander gelegte Bogen eines gelblichen Papiers, dessen Wasserzeichen sich nicht mehr genau erkennen läßt. Das Siegel fehlt.

No. 367. Anno 1583, zu Stralsund, den 15. December.

Tausch- und Kauf-Contract über den Antheil der 3 Hauptkirchen zu Stralsund in dem Dorf Patzig und eines Antheils in Ramitz zwischen Bürgermeister und Rath der Stadt Stralsund und Anton Crassow.

Aus einer vidimirten Abschrift im Arch. der St. Marien Kirche zu Stralsund.

Bürgermeister und Rath der Stadt Stralsund bekennen, nachdem ihre verordneten Provisoren und Vorsteher der drei Kirchen St. Nicolaus, St. Marien und St. Jacob zu Stralsund ihnen berichtet, daß sie des Dorfes Patzke in Rügen, so viel ihren Kirchen daran zustehe, wenig Nutzen hätten, weshalb sie bewogen worden dies Dorf dem edlen und ehrenvesten Antonio Crassowen, zu Pansevitz Erbsessen und seinen Erben pfand- und wechselsweise zu überlassen, — als von Matthias Schlaucken 4 Mk. 2 ßl. 6 Pf. Pacht, 12 Hüner, 30 Eier; von Peter Burfitz 8 Mk. 5 ßl. Pacht, 11 Hüner, 30 Eier; von Achim Secutte 8 Mk. Pacht, 2 Hüner; von Marten Gotschalk 5 Mk. 8 ßl. Pacht, 8 Hüner, 40 Eier; von Peter Torike 9 Mk. 2 ßl. 6 Pf. Pacht, 11 Hüner, 45 Eier; von Hans Tober 1 Mk. Pacht, 6 Hüner; von Jacob Simons 5 Mk. Pacht, „von diesem Erbe vier Mark 2 ßl. an Geld Pacht neben 16 Morgen Acker hiezu belegen, wird kegen Erstadung im Erbe Ramtze, welches zum halben Theil 10 Mk. jährlicher Hebung giebt, so Thomas Busseschе bewohnet, dazu auf den halben Theil 21 Morgen Acker belegen, nebenaus Marten Hintzen Hove

image
not
available

und neunzig, indictione
re Magdalenae, war der
achte vngefherlich, der mit-
rchlauchtigsten großmächtig-
id herrn, herrn Rudolphi
römischen kaysers, zu allen
manien, Hungarn, Behe-
lauonien 2c. königs, ertz-
n zu Burgundien, Steyr,
g 2c., grafen zu Tyroll 2c.
rf. Marst. reiche des römi-
ll. und hungarischen im
Zneviß, sonderlich der gro-
engekommen die edlen el-rn-
Holdevitz, Marten Nor-
n Platen zu Uenz erb
ehrnvesten Tönnies vnd
wen zu Karßnevitz und
benannten sachen erpetene
, vnterschriebenen, sowohl
ten beiden gebrüdern den
n und erfürderten notare
:brüder einhellig und auß
en berichtet: Demnach der
assow, ihr geliepter va-
hrenvesten Daniel Kraf-
engten sohne, ihrem halb
nf hundert acht und ach-
XXV. monatstag Julr,
r und sich verglichen also:
empfahung seines brinen-
i lehngütern auf die übrige
et, auch aller förderung
r sich und seine erben zu
en dan sie beide sowohl
en seligen durch seine be-
:n durch lehnsgerechtigkeit
edachten übrigen lehngü-
essen, und dieselbe vnge-

Weill aber eine jede
und vngelegenheit bei sich
cher lehngüter vielfeltiger
ch sie vnteraunder der brü-
fft, das, obwohl ein jeder von ihnen seinen antheil der güter keinem andern, er sey auch wer er wolle, vmb einiges geldt oder geldeswerth überlassen würde, gleichwohl ehe und zuvor zur theilung geschritten werden sollte, ein jeder lieber dem andern die semptlichen gueter abtreten und einräumen wolte. Diesemnach hätten sie sich beide mit wolbedachtem radt und wissen verglichen, versprochen und zugesaget, wollten auch in vnser aller kegenwert frey und gutwillich zugesagt und versprochen habben, doch vnsern allergnedigsten landsfürsten und lehnherren ahn J. F. G. hohen obrigkeit und lehngerechtigkeit ohne nachteill, daß sie vmb mehrgedachte ihnen beiden zustehende lehngüter tablen oder lossen wollten, also daß derjenne, welchem hirinne Gott das glücke gönnen würde, solche ihre semptliche veterliche lehngüter, mit höchstem und sidesten gerichte und sonsten allem zubehör, gerechtigkeit, holtungen, werden, fischereyen, jagten 2c. nichtes davon ab noch ausgescheiden, allermaßen ihrer seliger lieber vater bey seinem leben, und sie hernach dieselben gebraucht und gehapt 2c. allein haben, besitzen, genießen und gebrauchen solte. Mit vleißigem freundlichen pitten, sie ihre freunde und darzu erpetene unterhendler ihre wolmeinliches bedenken eröffnen, und wan sie mit ihnen des punctes halben einig, ferner zwischen ihnen handlung pflegen möchten. Weill nun beide gebrüder bei solcher ihrer meinung und bericht nach vielfeltigem erinnern bestendig und beharlich geblieben: als haben gemeldete vnterhendler sich solchs auch, im nahmen des allmächtigen, mit also gefallen lassen, und darauf ferner folgender gestalt mit einhelliger beider gebrüder beliebung zu bestendigem vnwiderruflichem ende und grunde gehandelt und geschlossen: daß derjenne, dem in diesen sachen Gott das glücke gönnen und das gudt durch die tabel zufallen wirdt, vff negstfolgenden ostern anno XCVIII., wan ihre, der brüder, hiebevohr gepflogene handlung auf drei jahr, derselben nach sie es bis vf die gedachte ostern noch alles halten sollen und wollen, ihren ende genommen, als dann, kraft dieses, die ruhigliche possession gedachter lehngüter erblich eingereumet und abgetreten sein, das feudum in seine, seiner kinder und in absteigender linien eheliche lehnserben handt refutirt und so lange derselbe eins im leben von dem andern dessen erben und nachkomlinge nit angefochten noch darin veruntruhet werden solle. Da aber über zuversicht einer von ihren kindern und erben künftig diesen handel in einigen punkt anfechten würde, soll derselbe also baldt ipso facto in straffe fünfftausent

30

image not available

r zufallen werden, vor dem
bsteigenden lehnserben ohne
rner ehelicher lehnserben ab-
steigende lehnlinien besteyren
heidt, ob mehr gemelte gelde
in oder nicht, dieser contract
i würden sein soll, also daß
der linien lehnserben, vnan-
ngen, dergestalt als wan die-
in allen mehrgemelten, des
ncediren solle. Hiejegen ho-
vhestiglich bedingt und zuge-
i die lehngüter absallen wer-
chlassung ehelich von sich ge-
ren in linea descendenti.
all, und da die obgedachte
noch nicht bezahlt, der ander
lehnserben, all solche summa
ohne einige endtgeltung, erb-
Da aber solche summe albe-
izgedachte clausull nit dahin
zahlung der zehntausent gul.
neunhundert gulden, inmaßen
nige verhinderung geben solle,
rde, daß er wie gedacht ohne
ohrner sohn,* tochter vnd erben,
erfahren würde, daß alsdann
uder, dem die güter zugefal-
linien lehnserben, gleichwoll
fordern sollen, welche summe
uder, vff den gedachten fall
eschehnen zahlen, dan als izt
und bestendiglich gegeben und
iren auch hiemit vor sich und
iglich. Dieses alles in seinen
enden, inmaßen hir oben de-
önnies und Hans, gebrüder
erben und nachkommen, stets
ten bei adelichen, ihren ehren,
rotadt auch des vorpfändung
und zukünfftiger, aller ihrer
eteten vnterhendlern, wie auch
zugesagt. Wie sie dann darauff
, privilegien, freiheiten und in-

sonderheit der exception doli mali, simulati contractus, fraudis, metus, erroris, rei sic non gestae l. 2. C. de rescin. vend., auch den rechten, so da wollen, daß niemandt irrequisito iudice et propria auctoritate eins anderen besiz occupiren solle, und sonsten allen anderen exceptionibus und benificyn, geistlicher oder weltlicher rechte, die jezo sein erdacht, oder künfftig erdacht werden möchten, sowohl in genere als in specie mit guter erinnerung vnd wissen, hirmit und krafft dieses, für sich und ihre erben, abgesagt, renunciret und sie zu keinen zeiten, für sich oder ihre erben, zu gebrauchen, frey und guetwillich, begeben haben, alles getrewlich und ohne gefher. Des zu mehrer sicherheit und vhester getrewer haltung haben jegenwertige instrumentsweise gefaßete brüderliche erbhandlung, obberührte vnterhendler, nebenst beiden gebrüdern Tönnies und Hans Krassowen mit den angebornen ihren pizschaften besiegelt und eigenen händen vnterschrieben. Actum ahm jahr, tage, monat, indictione, kayserlicher regierung, orte und stete wie oben gesetzet.

Vnd weil ich Steffen Kaßke aus römischer kays. mayst. macht und gewalt, offener und geschworner, auch ahm höchstlöblichen kays. cammergericht approbirter und immatriculirter notarius, bei obgesagter brüderlicher erbhandlung vf gebührliche, so woll der herrn unterhendler, als beider gebrüder der Krassowen (erfordern) persönlich gewesen, was dabei vorgelaufen, gesehn, gehöret und zu anfange prothocolliret, als habe ich vf ferner derselben begehren solchs alles in jegenwertige dieses offenen instruments form, vmb die gebühr gebracht, mit eigenen meinen handen, tauf-, zunahmen und gewöhnlichen notariatzeichen geschrieben und vnterschrieben. Dazu gebührlich erfordert und beruffen.

Steffen Kaßke, notarius publicus.	(L. sign. notarii.)
Tönnies Crassow, meine eigen handt.	Hans Krassow, meine eigen handt.
Claus Rotermund, mejn eigen hand	Marten Normann, meine hand.

Willen von Platen,
meine eigen handt.

Von den 5 Siegeln fehlen die des Claus R. und Marten N. Die vorhandenen, von denen die des Tönnies Kr. und Willen v. Pl. stark beschädigt, sind in

30 *

image
not
available

en Bogen eines starken gelblichen Pa-
ert der Urk. ist auf einem, dem Papier
isen, dem grünes Wachs untergelegt,
bliebene und Tab. XIII. No. 19. ab-
n. Kr. gedruckt.

1598, zu Pansevitz, den 13. März.

ws Erbschichtung über Hans
Jansevitz Güter.

rig. im Pansevitzer Haus-Arch.

m. d. xcviii den xiii martii heft
ans Krassow, nebenst synen thogebe-
ck edlen, erntvesten Stoislaff van
ckjewitz und Claus Barnekowenn
geseten in des olden Hans Jahns
at he swakheit und synen beswerliken
hie nicht lenger vpholden und entsetten
alt erffschichtung geholden: Dat erue
et, darner idt Hans Jahn gekofft
roggen vpgeseiett, de mergen vp vi
i mrk. Idt findt ix vimme korns the-
den, de vimme vp iiii mrk. gesettet,
ruchane. Idt findt veer perde ver
lxxx mrk. gesettet. Dre houede horne
settet. Dre schape mit den lemmern
ulte mit viii varken und twe auerjari
en vp x mrk. gesettet. Dre geuse vp
at bowtuch, wat in alles darthe geho-
riert. Hußgeradt: alle holten hun
ettet. De bedden belangende is dem
en ere bedde und kiste nagegeuen, de
mrk. tarirt. Dat suluc is alles van
idt stelt also gesettet: Summa de werde
xi mrk. viii ßl. Volgende schulde
+ icxx mrk. der herschop Hans
mrk. in de kerke to Gingst, + vi mrk.
xxv mrk in de kerke tho Reppin, +
van ver jaren rente, + ix mrk. dem
+ 41½ mrk. dem kerkhern tho Rep-
ck Holsten zu Sussin, ix mrk. van
aluen, + xxv mrk. Vites kindern,
ite, + xxv mrk. Gouwen kindern,

vi mrk. iiii ßl. Chim van der Ostenschen, icxviii mrk. Wibrechte, xviii mrk. Lucius Silm, xxxiii mrk. Jacob Hoben tho Gingst, icxxvii mrk. Hinrik Jcken tho Gisendorpe, iiij mrk. Claus Bodbeker tho Ramitz. 4½ mrk. Hans Sreuten tho Silenz, viii mrk. Hans Fresenn tho Barge, xvi mrk. Martinus Andres thom Sunde, 13 mrk. Frans Klatten them Sunde, xv mrk. Hinrik Holsten thom Sunde, 8 mrk. Peter Rosenbarge, viii mrk. Jochim Randell, ix mrk. Paul Transkenn tho Barge, xxiii mrk. dem smede tho Gingst, xii ßl. Peter Sinneken tho Barge, xx mrk. darner Chim Nort gelauet jint aner l mrk. gewesenn, darnae de houetman ane sin vorweteni xxx mrk. van den Sundeschen gehauen, und disse xx mrk. nagebleuen darumme de houetman vorbert, ix mrk. Ties Silme tho Reseleuitz, iii mrk. Frens Mechter tho Sehlen, i mrk. Piper vp der Vagnitz, xvii mrk. Thomas Gerke tho Kubbelkow. xv mrk. Chim Richert tho Dnutzenitz, + xii mrk. Jacob Marzagell, xxv mrk. siner dochter verdent lohn, ix mrk. Bartelt Narmanne, + iiii mrk. dem schriuer vor de erffschichtung, + i mrk. vortert. Summa aller schult imxiii mrk. De werde und schult gegen ein ander conferiert, beuindt sick dat iicLxxxi mrk. viii ßl. mehr schult alse vorradt vorhandenn, idt mothen auerst van den viicxxxi mrk. viii ßl. alse werde des gudes de herschop, kerken und kerkendener, vorinth vor den gemeinen schuldenern vnaffgebrakenn vnd dar dat erutzlen vor vorrekent steit, dede is iiicLxxvii mrk. viii ßl. van stunden an angenamenn the betalende und vorrentet werden, bliuen noch auerich iiicliiii mrk, de vnder de gemeine schulde, dede vicxxxvi mrk. sint, moten verdelet werden, und bekumpt ein jeder de helffte, und bliuen noch xxxvi mrk auerich, daruan mothen xiij mrk. genamen und tho Gouwen stefkinder gelde, wile idt arme kinder und mit der herschop bewilgung vthgedan gesettet, darmit se ere xxv mrk. vull bekamen mogen, bliuen noch xxiiij mrk. De iiicliiii mrk schal de junge Hans Jahn vp der kunfftige cathedra petri anno xcix angande, betalenn, de kerkenn renten mach he van stund an entrichten und van jahren tho jahren de houetsummen vorrentenn, und is dem jungen Hans Jahne dat erue mit siner thobehorung tho erue und buhr rechte vorlatenn, alle schuldige pechte und deinste getrwlich (tho) leisten und (tho) verrichten. Tarup he wat disser erffschichtung innerlinet tho holdende tho borgenn gesettet Hinrik Irken tho Gisendorpe, Hinrick Wibrechte tho Pansevitz.

---

image
not
available

Antonius und Hans itzt gedachten ne, Melchior für sich, Johann für stoph, sel. Christophs Sohne verordthim für sich, alle Erbrüder und Vetden ihnen von Herzog Ernst Ludden 11. Januar 1579 ertheilten Lehnbrief über Lücken Helle, Kussenitz, und w, zu Damban gesessen, in Teskevitz auch 8 fl. in einem Kruge, insofern ingehabt wörtlich, imgl. was Hein: r Kr. von Herzog Ernst Ludwig eten Vertrages in Malkevitz erlangt.

gistratur befindet sich bei diesem Dolulogisches Schema:

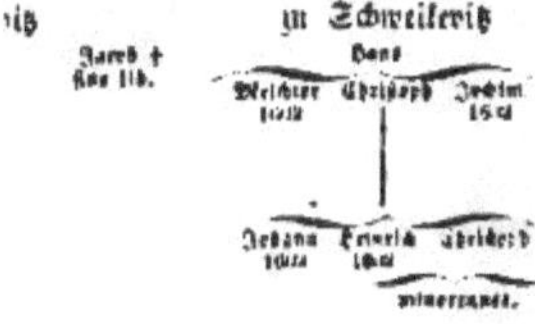

n Farsenevitz haben nicht die samende so zu Schweckevitz gesessen, und dien deren Güter zu Farsenevitz: aus n Güter, so im Wechsel-Briefe spe-

---

02, zu Wolgast, den 19. Januar.

Julius bestätigt und transumirt en zu Schweikevitz den Lehnbrief 07.

Abschrift in den N. L. A No 28.

Julius bestätigt Melchior Krafm, Hans für sich, Heinrich und Christophs sel. Söhne verordnete vater obgedachter Hans, und Joan Hanses seel. Sohn, auf ihre unon seinem Herrn Groß-Eltervater, planen rc. ihrem Vatern und Großergen am Dienstage nach Assumptionis Mariae 1507 (Urk. No. 248.) gegebenen Lehnbrief und transumirt denselben. Heinrich und Christoph sollten jedoch, sobald sie mündig, den schuldigen Lehneid leisten. Da sie über die von Hans Krassow zu Damban auf sie gekommene Güter, auch über das, was Heinrich und Jacob tauschweise in Malkevitz erlangt, besondere Briefe, so achte man es für unnöthig, dies aufs neue in diesem Briefe zu verleihen.

No. 386. Anno 1602, zu Veikevitz, den 10. Novbr.

Heinrich, Hans, Tönnies und Daniel Gebr. der Krassow zu Veikevitz Erbvertrag.

Aus einer beglaubigten Abschrift im Haus-Arch. zu Pansevitz.

Im Namen der heiligen Dreifaltigkeit Amen. Kund und zu wissen sey jedermänniglich, denen dieser Brief zu lesen oder zu hören vorkommt, und insonderheit dem Durchlauchtigsten Hochgebohrnen Fürsten und Herrn, Herren Bogislaven, Herzogen zu Stettin, Pommern, der Cassuben und Wenden rc. unsern gnädigsten Fürsten und Herren, welchergestalt au heute untergeschriebenen dato die Edlen und Ehrenvesten Heinrich, Hans und Tönnies Gebrüdere die Crassowen zu Veickevitze Erbsessen und derselben minderjährigen Bruders Daniel Crassowen verordnete Vormünder, die auch Edlen und Ehrenveste Johann Normann zu Webeleitz und Henrich von Usedom zu Grammenitz erbsessen, wegen vorermeldter vier Gebrüdere ihrer väterlicher und mütterlicher respective Lehn-Güther und anderer Verlassenschafft sich folgendergestalt und maßen, beständiglich und vestiglich verglichen und vertragen haben. Nemlich, daß Heinrich Crassow als der älteste, und welcher so woll vor seines Vatern seeligen Absterben als hernacher nicht allein in den Gütern gewesen, sondern auch baußen gereiset, und von etlichen Jahren here die Gelegenheit seiner väterlichen Güter erlebret und erfahren, sich dahin würklich und beständiglich erklärt, daß Er von Anfang der Meinung gewesen und noch sey, daß er sich erblich von vater- und mütterlichen Gütern begeben, abweichen und renunciren, dieselbe alle seinen Brüdern lassen und hinwieder ein gewisses an Gelde annehmen wolle, inmaße Er auch Anno 1600 mit fürstlichen gnädigen Consens und Bewilligung von obbemeldten Vormündern zwei hundert Gulden, item vier hundert Gulden auf sein

image
not
available

:ommodo, an welchen allen Heinrich
) zu keinen Zeiten einige Anspruch, forde-
gkeit sich vorbehalten hat, nur und alleine
s Gerechtigkeit an diesen und an andern
orbehaltende und dasselbe gleichwoll mit
Gedinge, daß er sich derwegen auf alle
Fälle wan und welchergestalt dieselbe fal-
gen würden, mit geld alß unverdächtige
l oder erbetene Freunde dasselbe schätzen
rden, von mehr beregten seinen Brüdern
le und wolle, welches alles er jedes wie
seinen Puncten und Clausuln stets fest
zu halten, mehrgemeldete Gebrüdere und
Vormunde verheischen und versprochen und
einen Handtgelübdt bestärket haben, alles
n, treuen wahren Worten, christlichen Glau-
. Wie denn auch mehr ermelte Gebrü-
ründigen Vormunde wissent, wolbedächtlich
nnert, verziehen und renuncyrt allen be-
ngen, Indulten, Freiheiten und Ausflüch-
in weltlichen und geistlichen Rechten, ge-
erbahren constitutionen und Gewohn-
oder künftig erdacht werden möchten, und
tioni doli, metus simulationis, rei
. 2. C. de resc. vend. und allen an-
genere vel specie. Item exceptioni
tiationem non valere nisi specialis
n allen und jeden hinwieder zu ewigen
sich oder ihren Erben nicht zu gebrau-
n gebraucken nicht verhengen und zulassen,
gedachte Gebrüdere und Vormünde dieses
er bestermaßen, wie es im Recht oder Ge-
fan, soll oder mag, vor gültig und kräf-
geachtet haben wollen, et si quidquam
ivisio, permutatio et venditio vel
t ut donatio vel pactum, item vice
lo libet ..... est. Immaßen auch zu
ig obgeschriebenes alles mehrgedachte Ge-
über hundert Gulden straff willkührlich
t, welche alß offt einer oder ander in ei-
eder zu handeln sich unterstehen würde,
gen Landesfürsten, und den andern halben
ltenden erleget und bezahlet werden sol-
mehrgemeldeten Gebrüdere oder derselben

Erben der diesen Vertrag im Gerichte zu antworten nicht schuldig; es sey den zuvor von dem nicht haltenden Theile die Strafe erleget worden, und soll alßdann dieser Contract nichts weniger in allen Puncten und Clausuln beständig und fest verbleiben und die Straff erleget werden. Und endlich haben mehr gemeldte Gebrüdere und des minderjährigen Vormunde sich dahin erklähret, daß sie zu mehrer Bekräfftigung obiges alles hochgedachtes unsers gnädigen Fürsten und Herren gnädigen Consens und Confirmation (dazu gleichwoll Hinrich Krassow die Unkosten zulegen sollen) unterthäniglich ausbitten wollen. Dessen allen zu steter ununterbrochener Haltung haben Hinrich, Hans und Tonnies Krassow vor sich und ihre Erben und im Nahmen Daniel Krassowen, Johan Normann und Heinrich von Usedohm alß Vormunde und daneben die Edle und Ehrenveste Jochim Crassow zu Schweichevitz und Marten Barnekow zu Tribbevitz erbgesessen, alß beyde Krassow erbetene Freunde zum Zeugniß der Wahrheit dieses mit eigenen Handen unterschrieben und mit ihren angebohrnen Pittschafften alle (ausgenommen Tonnies Krassow, welcher in mangel des Siegels unterschrieben) versiegelt. So geschehen zu Veickevitz den zehenden Novembris im Jahre nach Christi seeligmachenden Gebuhrt sechszehenhundert und zwey.

Heinrich Krassow mein eigen Hand.	Hanß Krassow mein eigen Hand.
Tönnies Krassow, in mangel meines Siegels.	Johann Normann mein eigen Handt.
Heinrich von Usedom.	Jochim Krassow.

Marten Barnekow
mein eigen Handt.

No. 381. Anno 1602, den 15. Novbr.

Herzog Bogislaus XIII. bestätigt als Vormund des Herzogs Philipp Julius die vorhergehende Urkunde.

Nach einer Abschrift im Hans-Arch. zu Pansevitz.

Von Gottes Gnaden, Wir Bogislaff, Herzog zu Stettin, Pommern, der Cassuben und Wenden, Fürst zu Rugien,

image
not
available

zu beiden Theilen frei ste-

aus-Arch. zu Pansevitz.

arseneuitz vnd Pansevitz erb-
meine erben vnd sunsten jeder-
ch recht vnd auffrichtigen habe
lasse hiemit vnd in krafft dieses
nhafftigen Heinrich Hassen
zu Malkevitz, darauff ein hauß,
d Backheuschen, daß Heinrich
uor ingehabt vnd bewohnet hat.
ers, nebenst der heuwiesen, die
aun in alles licht, vnd von alters
grensen vnd scheiden gelegen hatt,
n Mark sundesch erbegelt, die er
folgende Cathedra Petri zu voller
minß ein hundert neun vnd dreisich
für mich vnd meine erben ihm
nd in krafft dieses briefes thue
Es soll aber Heinrich Hasse
hr neun Mark gelt pacht, sechs
hs huener vnd viertzigk eier geben,
eust seinen nachbarn getrewlich lei-
el dabei behalten alle vnpflicht, alß
nden, küsterkorne, kirchschatz, laut-
s davon gegeben. Dakegen wil ich
ine erben, Heinrich Hassen oder
rbe frien vnd wehren für alle an-
eltliche personen, die für recht kom-
ehmen wollen, für alle alte vnd neue
müchten, oder gegeben konten wer-
e begeben würde, das ein den andern
solche auffsage ein gantz jahr zuuor,
auff Sanct Peters tagk zu geschehen,
Hasse oder seine erben seine vier-
Mark Sundesche, inmaßen er die be-
r einander folgende Cathedra Petri,
ist der vffsage von mir oder meinen
gewerrich sei. Begebe eß sich alsdenne,
em holtze in dem erbe, das erweislich
t, vnd begabt, oder dar he etwas nie-
get vnd abgezogen werden. Diß alles
gefer zu halten, habe ich **Hans** Kras-

sow für mich, meine erben, meine angeborne pittschafft zur warheit vnd zeuchnüße hieunder wissentlich getruket vnd versiegelt. Welche gegeben im Jahr nach Christi geburtt sechtzehen hundert vnd sieben auf Cathedra Petri [1])

Auf einem in gewöhnlicher Weise zusammengelegten Bogen eines gelblichen Papiers, dessen Wasserzeichen sich nicht mehr genau erkennen läßt. Auf einem Stück Papier, dem grüngelbes Wachs untergelegt, ist das zu Urk. 354. beschriebene und Tab. XIII. No. 17. abgebildete Siegel abgedruckt, dessen sich früher der Vater des Hans, Heinrich Krassow, bediente.

No. 384. Anno 1607, Wolgast, den 19. Septbr.

Bescheinigung, daß **Hans** und **Daniel** Gebrüder die **Krassowen** zu Veickevitz gesessen, dem Herzoge Philipp Julius den gewöhnlichen Lehns-Eid abgestattet.

Aus der vidim. Abschr. in den ält. Lehn-Acten No. 3. fol. 18.

---

1) Das Verhältniß der „Köter" war dem der Bauern ganz analog, nur daß sie weniger Acker besaßen und ihre Dienste zu Fuß leisteten, weil sie gewöhnlich wohl keine Pferde hatten. Mehrere in den Pansevitzer Gütern über den Nachlaß von Kötern gehaltene Erbschichtungen ergeben dieß. So hielt Hans Krassow den 3. Mai 1602 in des verstorbenen Chim Bullen Katen Erbschichtung. Derselbe hatte eine Wittwe mit drei mündigen verheiratheten Kindern hinterlaßen. Das Erbgeld des Katens mit 3 Morgen Acker und ½ M. Wiese betrug 63 Mk. Er hinterließ 1 Kuh, 2 Rinderchen (von 1 und 2 Jahren), 3 Schweine, 3 alte Gänse mit 18 jungen, 5 Scheffel Gerste. Der Werth der Betten und sämmtlichen Hausgeräths betrug 49½ Mk., der seiner sämmtlichen hinterlassenen Güter 163 Mk. 8 ßl. Dagegen betrugen seine Schulden 410 Mrk. 6 ßl., so, daß „wen nun de herschop, de kerke, vndt etliche andre von eter schuldt (orsake halven) nicht missen, konen de andern Creditorn von eter schult nicht mer als dat vierde deil na thogelechter rekenschop bekamen." — „Den katen heft de herschop, sampt alle finer vorigen thobehoring the erue vndt buhrrechte verkofft, einem mit namen Frentze Secute, dat he em sine pechte vnd denste darvan dohe, wen idt de Juncker wert begeren, vnd heft vor den katen gelauet tho geuende 30 fl. vp drie na einander folgende Petri effte Termine wo landtgebrucklich is tho betalende, eines ideren Termins 30 Mrk. Heft ock darby angelauet, dat he wil den katen beteren vnd nicht vorschlimmeren. Vor dith alles stades vaste vnde wol tho holdende, heft he der herschop tho borgen gestellet vnde hebben gelauet Pawel Gouwe tho Veickevitz, Hans Benedichts tho Varseneuitz vnd Claus Benedichts tho Pansevitz, alle wanhafftich."

31 *

image
not
available

zslinie gelehnt. Die hintere
ern Felde stehen 3 Kleeblät-
te ist leer. Der Helm, den
2 einwärts gekehrte Sicheln,
dern besteckt ist. Ueber dem
K. Das 4te Siegel zeigt
elmdecken geschmückten Helm
eten Widder. Neben dem
B. Das 5te Siegel zeigt
aus 5 Stücken bestehenden
hts gewendeten wachsenden
mückten Helm stehen 2, sich an
zaltende, vorwärts schauende
t die Buchstaben **I. B.** Das
eilten deutschen Schilde in
an die Theilungslinie ge-
hälfte ist mit 3 Kleeblättern
rbeiteten Decken geschmückte
e Sicheln, deren Rücken mit
Ueber dem Helmschmuck die
e und 6te Siegel sind Tab.
t.

---

alsund, den 11. März.

Krassow mit einem
1610.

nuseviţer Haus-Arch.

teilten Dreifaltigkeit Ahmen.
: deren in diese mühseliget
vissers, also der todt, dane-
die stunde desselben, und
seu, das er von seinem er-
ool erworbenen guetern, wie
gehalten werden solte, dis-
habe ich **Anthonius Kras-**
seuitz erb- und Anclam ge-
und dahero mit gutem wol-
bei voller vornunfft und
letzten willen und dispoși-
lben hiemit wie solches zu-
ten geschehen sol, kann oder
magk. Anfenglich und zum ersten befehle ich, die übrige zeit meines lebens der heiligen protection und regierung meines himlischen Vaters, und in seine hende meine sehle auf die stunde meines absterbens, von herzen bittend und nitt zweifelnd, er wolle vmb seines lieben Sohns meines erlösers und sehligmachers Jesu Christi, bitter leiden und sterben mir alle meine sünde aus lauter barmherzigkeit vorziehen und vergeben und mir das ewige erbtheil im himmel, demselben seinen sohn Jesu Christo gnedigklich geben und ererben lassen. Zum andern befehle ich meinen leib nach meinem absterben der erden, darin der frölichen auferstehung der todten am großen tages Jesu Christi zu erwarten, und will, das mein leib mit christlichen ceremonien begraben und dem prediger, so die leichtpredige halten wirdt 10 Fl., allen übrigen predigern einen reichsthaler, den schulgesellen einen jedern 1 Fl. und den schülern jeder 4 ßl., neben auch mir ein zirlich epitapfium aufgestellet, und der kirchen 300 Fl. zur milten gabe vor die begrebniß und glockenleuten zugekehret werden sollen. Zum dritten so legire und vermache ich den predigern und armen in Anclam die rente von 500 Fl. hauptsum, davon der halbe den predigern, die übrige halbe theil den armen iehrlig ausgetheilet werden sol, und damit dieses desto gewisser geschehen müge, so sollen meine erben einen erbstandt der stadt Anclam innerhalb einem viertentheil jhares nach meinem absterben 500 Fl. bahr erleggen, und dagegen eine reception annehmen, das dieser meiner verordnung jherlig nachgesezet und gelobet werden solle. Hiernegst und zum 4ten wil ich, das aus meinen reidesten gütern folgende legata entrichtet werden sollen, nemblich **D. Lamberto Steinwichen**, welchen ich in meinen studiis, gefehrligkeiten, reisen, auch folgendt trew befunden und bestendiglich geblieben, 200 Fl., dan auch meinen beiden guten bekandten und freunden, bürgermeistern **Michaeli Winkop** und rathsverwandten **Jochim Guzkowen** einen jeden 100 Fl. Zum 5ten meine liebe haußfraw betreffendt solln meine erben derselben entrichten alles was sie mir zugebracht. (Jedoch davon zuvor abgezogen, was ich ihr vorstrecket und vor sie bezahlet und angewandt) und dazue die gewonliche besserung des ehegeldes und was sonsten vermüge der adelichen privilegien und pomrischen landtgebrauches ihr gebühren magk, dan ich dieselbe mit nichten nach stadtgebrauch, sondern vermüge aufgerichteter ehestifftung, und meiner haußfrawen und der ibrigen selbst eignen beliebung, nach adelichen gewonheit gefreiet, auch mich nimmer der stadt An-

image
not
available

:r hand geschrieben und vnterschrieben, ebornen pitschaffte bekrefftiget.

Anthonius Crassow,
meine eigen handt.

1611, Wolgast, den 11. Januar.

Julius von Pommern bestätigt ntract, in welchem Siverd der Johann Gebrüder die Decho- thonio Krassowen ihr Lehn- it dessen Pertinentien für 25000 ahre verpfänden, obgleich ihr Vet- Dechow der Aeltere in solche Ver- willigen wollen, wozu er nach ien und Landtags-Abschieden nicht ').

1611, zu Bergen, den 10. Sept.

ann, Heinrich Krassows ihrem Sohn Hans Kr. 500 Todesfall.

im Haus-Arch. zu Pansevitz.

nn, sehligen Heinrich Krassowen anseviltz Wittwe, bekennt, vor dem -Secretair Georg Krause und den lbaeus, Petrus Pagenkopff, heus Petschen und Zacharias gewilligt „eine Uebergabe auf den Todesfall zu bestettigen" und von ihren zeitlichen Gütern ihren hertzlieben Sohn rc. Hans Krassowen zu Varsenenitze und Pansenitze Erbgesessen etwas voraus zu verehren „vnd solches darumb weill sie biß daher in ihrem Witbenstande auch sonsten von Jugend auf alle kindliche Liebe und trewe, hülffe, raht und best in worten und werken an ihm erspüret, sie dessen auch sich ferner zu ihm, sonderlich, da sie unser Herre Gott in diesem ihren nunmehr erlebten hohen alter mit leibes vnuermügenheit und anderm creutze zuehaus suchen solte, zu getrösten, weil er ihr zur negesten thüer, ihre andern lieben kinder aber außerhalb Ruigen wohneten, und sie sich derselben aufwartunge, hülffe (und pfle)ge also nicht wie von diesem ihrem sohne Hans Krassowen zu erfrewen haben möchte, und dann auch darumb, weill zu der zeitt wie zwischen ihm, Hans Krassowen und seinen brueder, ihrem auch lieben sohne Antonio Krassowen etzlicher zinß oder wucher, wie auch ander gelde halben mißverstandt eingefallen, dadurch ihr der brüder erblicher Vertragk disputirt worden und große vneinigkeit sich anspinnen wollen, auch die brüder darieber in feindtscheligkeit und vnuersöhnlichen haaß und zu ander vngelegenheit gerahten können, welches ihr der fraw Krassowschen, alß der leiblichen mutter, eine hertzliche sorge und bekümmerniß gewest, dieser ihr sohn Hans Krassow sich durch ihr, der mutter träuliches bitten und flehen dahin bewegen lassen, daß er seinen brueder Antonio Krassowen noch über den vertragk fünffzehen hundert gulden zu geben gewilligt, auch folgents gehalten, welches er Hans Krassow, wenn erß nicht ihrer, der mutter bitte halben gethan, zu geben im geringsten nicht schuldig gewesen, sie, die Mutter, sich darnach auch offte darieber bemühet, das sie ihren sohnen Hansen darzue beredet, weil ihm und seinen kindern daran zu nahe geschehen, sie gleichwoll seinen kindlichen gehorsam und gemühte darauß erspüeret. Aus ..... vrsachen, solte er Hans Krassow auf ihrer, Dorothea Normans todesfall, von denen zwen tausent gulden bahrschafft, so sie itzo auf siegel und briefe vor sich hatte, erstlich die fünffhundert gulden, so ihme ohne das, wann diese donation nicht geschehen, zue seinen vierten theil zukähmen, ohne abgangk haben und behalten, und darzue wolte sie ihm hiemit von den übrigen fünffzehnhundert gulden noch fünffhundert gulden **donatione mortis causa** vermachen, schenken und geben, das er also von ihrer bahrschafft die helffte, also ein tausent gulden zue gewarten haben sollte. Damit aber ihr sohn Hans Kras-

nach **Conversionis Pauli** 1607 bestätigt den Pfandcontract, in welchem Eggert n Eidam Henning von Oldenburg it allen Pertinentien 20 Jahre lang für e Agnaten, Sivert Dechow der ältere Bruder, und seine Vettern Sivert der spar Gebr. die Dechowen zu Pütnitz

image
not
available

auchen können,
webet und wie
der magk, von
ch meines gnä-
nzweiffentlichen
oheit oder Ju-
en nichtes prä-
und dergestalt,
ientien, nichtes
er, verpfändlich
Behindern ge-
Sohn Stoiß-
n, ihm alsofort
. das consti-
rer Sicherunge
ibirung anderer
Hans Kras-
ahre, zu bester-
. Dakegen ge-
ser Obligation
zu einem wah-
gen Valentini,
undert Gülden
vollenkomment-
et. Ihne dero-
ollerlegten fünf
n rechtens qui-
tae pecuniae
Krassow ehr-
g Jahr verflos-
ch Guht Güstin
also ein Jahr
ne Erben Land-
blich auff und
Valentini, wann
ff gleicher Zeit
ndschilling auff
nothwendigen
herlich erkennen
a und Unkosten
niß und Mode-
uht zu räumen
ndem **qualita-**
entarii abzutre-

ten und zu räumen und immittelst die Güter nicht zu verschlimmern verpflichtet, auch sich absonderlich dazu reversirt. Wie denn auch erwehnter Hans Krassow und seine Erben gute macht haben und behalten sollen, es einem andern wer ihm gefellig, jedoch da meine Vettern das geben werden, was ein anderer bezahlt, daß Sie den Vorzug haben und behalten, solche behandelte Jahr ohne mein der Meinigen und allermenniglichen Behindern des verpfändet Guht Güstin anderweit zu verheuren, zu verpensioniren und zu verpfanden. Inmaßen ich mich nochmals Krafft dieses verpflichte, in solchen fünf und zwantzig Pfandjahren ihnen keineswegs derselben auch eher der Pfandschilling nebenst Interessen und Unkosten auff vorhergehende richterliche Moderation nach verflossenen Jahren bey Heller und Pfenning erleget, nicht zu compelliren oder turbiren, sondern ihm **liberam dispositionem** damit laut dieser Pfandverschreibunge solche Jahr über zu schalten und zu walten, unbehinderlich frey zulassen. Da auch an Scheiden und Grentzen auch wegen des gantzen Guhtes, oder dieses Contracts halber, ermeldtem Pfänder Hans Krassowen jeniger Streit in diesen Pfandjahren entstehen und erreget würde, verpflichte ich mich solches alles ihm zu entfreyen, und auff meine Unkosten zu vindiciren und zu eviniciren, da er aber mit dem einen oder andern unnötigen Streit erregen sollte, dazu will ich und die Meinigen nicht verbunden seyn; wie dann auch da was zu diesem Guete von Alters gehörich, verpfändet oder vereußert were, solches ich wieder zu freyen schuldig seyn solle. Wegen der **Casus fortuitos** haben wir beide Contrahenten uns dieser gestalt verglichen und vereinbahret, dafern über verhoffen, welches Gott im Himmel als ein Vater aller Barmhertzigkeit in gnaden lange verhüete, durch Gottes wetter und Wind oder Durchzug eines Kriegesheers diesem Guhte Güstin jeniger Feuerschade, ohne Hans Krassowen und der Seinigen Verursachen, zuwachsen würde, soll er dafür zu antworten nicht schuldig seyn; — es were dann, daß etwa Feuersbrunst oder ander Schade durch Hans Krassowen oder seines Volkes Unachtsamkeit verheuket würde, dazu soll er vermöge der Rechte zu antworten verpflichtet seyn. Diesen obgeschriebenen Pfandvertragk ehrlich, adelich, auffrichtig und unabbrüchlich zu halten, lobe und verspreche ich Erich von der Osten für mich und meine Erben und Lehnsfolgers nochmals und Krafft dieses bey meinen adelichen Ehren, wahren Worten und guten Glauben, auch an Eydesstaht gleich were derselbe Eyd wördtlich und würklich abgeleget

32

image
not
available

Wulffen Freyhern zu Putbusch, wie auch dem erbarn, unsern lieben getrewen **Hans Krassowen**, zu **Panseuitz** gesessen, vier tausent zwei hundert und vierzigk gulden vfgenommen und dafür unser Dorff Dollau, im Cirkower Caspel belegen, und die Hofe, so wir in Mönnckenitz haben, wie auch einen Hoff in Patzigk, gemelten Hern zu Putbusch und **Hans Krassowen** eingethan, wir aber befunden, das wir die Hofe- und Pflugdienste in Mönneckenitz und Patzigk von unserm Gagerschen Ackerwerke nicht entraten können, das wir demnach von dem Erbarn unsern auch lieben getrewen **Tönnies Krassowen**, zu **Veikenitz** gesessen, zu abtragung solcher gelde vier tausent gulden Pommerscher wehrung, ieder gulden vier und zwantzig schilling lübs gerechnet, anderweit entlehnet, obgedachten Hern zu Putbusch und Hans Krassowen damit abgefunden, und unsere versetzte gütter wieder entfreiet, innaßen wir heut dato solche vier thausent gulden von ihme Tönnies Krassowen zu voller Gnugen an bahrem gelde guter gangbarer grober Müntze empfangen, und demnach der **Exception non numeratae pecuniae** renuncyren, verpflichten uns auch hiemit bei fürstlichen Ehren und Würden, das wir solcher vier tausent gulden hernachmals jerlich vff Valentini, und erstmal, wenn man 1617 schreiben wirdt, mit zwei hundert und virzig gulden verzinsen wollen.

Damit aber er Tönnies Krassow und seine Erben dieser 4000 Fl. und der jehrlichen Zinsen halben so viel mehr versichert sein mügen, haben wir mit vorgehabten Raht unsers Landvoigts und Rentmeisters in Ruigen ihme dafür gedachtes unsers Dorff Dollau mit dessen Pertinentien an gericht, höchst und siedest, auch aller herlikeit und gerechtigkeit, wie es nahmen haben magk, nichts als das barte, hohe und setzholz ausgenommen, das wir uns vorbehalten, ihme Tönnies Krassowen und seinen Erben zum Unterpfande eingesetzet und uns ferner mit ihme dahin vereiniget, das er solch Dorff Dollau mit dessen Pertinentien wie verstehet, auch den holtzkaveln, so die Bauern zu ihren Erben bis daher gebraucht, von dato achtzehen Jahren einhaben, und entweder selbst besitzen, und austatt der Zinsen seine Gelegenheit nach gebrauchen, oder einen andern die Jahrschar über wieder einzuthun, auch die Bauren vf und abzusetzen (doch das er ihnen die gebürende Erbgelder entrichte, wie denn auch eine scheferei daselbst legen soll und magk) bemechtigt sein soll, und weill er Krassow vermelnet, seinen Sitz daselbst anzuschlagen, wollen wir ihme zu

image not available

dt-Secretair Jacob Marquarter
:en, und sei folgenden Tages mit der-
hren, und allda den 6. Febr., weil
en, so sie haben adjungiren wollen,
-en können, das anbefohlene Werk
fangs 2 glaubwürdige Zeugen, als
Churdt Rietert, beide in Dam-
rt und in derselben Gegenwart da-
großen Stube unten im Hause, zur
nge, um 9 Uhr vor Mittage die an-
en und Interessenten vorbeschie-
n Befehl angezeigt und ihnen
t. Demnach habe seel. Claus
lassene Wittwe durch ihren gevoll-
Henningk von Kalden, Fürstl.
üter, diesem Acte Christoph Bal-
girt und eine schriftliche Protesta-
lts: Nachdem Herzog Philipp
:ugestümes Anhalten Hans Kras-
s. Antonii Krassowen hinterblie-
haft etiam ante apertos testa-
als müsse s. Claus v. Schwe-
unung an ihren Ort gestellet sein
:rücklich bedingen, daß diese In-
-diß des vorhandenen Testaments
habe sich nomine Hans Kras-
ob Wessel als Notar angeze-
gerichtetes Schreiben legitimirt.
owe Diener, Christian Pol-
tation übergeben, des Inhalts,
stehenden Rechte, wegen der fort-
:nningk vom Kalden oder
n möchte, keineswegs durch diese
rn bis zur gelegnen Zeit verbe-
:arten von Ahnen junior,
-f sich dem Fürstl. Befehl, reser-
und adjungirte als Notar den
if" habe Simon Wichmann
sollten dem Protocoll inserirt,
:lassen werden, es hätten sich
die Interessenten sammt und
u absentiren. Hierauf ist die
er Hand genommen, und hat
nn seine 6 Sigilla, so über

die andern Siegel vor der Lade, die von Greifswald gebracht, in Lack gedruckt gewesen, recognosciret und richtig befunden; darauf er dieselben abgenommen, und haben ferner der Pastor zu Damgarten, Er Conradus Cramer und Johannes Fischer, Notarius, ihre Sigilla, welche ein jeder gedubbelt in grün Wachs über dem Schloß und Decke der Lade, kurz nach seel. Anthonii Krassowen tödtlichen Abgang, vf der Erben begeren, gedrucket, besichtiget und befunden, daß das eine, als des Pastoren Siegel, oben auf der Laden-Decke an ihm selbst zwar richtig, aber das Papier darvf mehrentheils los gewesen, und ist dafür von allen geachtet worden: daß es durch das eisen, darüber das Papier gangen im Fahren los geschabet, die andern 3 Siegel aber, welche kreuzweis über das Schloß gangen, richtig, die Lade auch an ihr selbsten an Schlosse, Decke, Boden, und beiden Seiten unverletzet und wol mit eisen verwahret gewesen. Imgleichen sein die Siegel vor das große schwarze Schapf, vor 2 schwarzen und 1 weißen Lade in der großen Stube, wie auch vor dem Sabelschapf vf der Dielen just befunden. An dem Rustkasten auf dem Pforthause sein die Siegel zwar unverletzet, das Papier aber entzwei gewesen, ist berichtet, daß es in den Begrebnißtagen vielen Gedrangs, und das häufig Zeugs darvf geworfen. Worauf die Interessenten sich absentirt und zu der Inventur geschritten, wozu der Anfang in gedachter großen Stuben auf dem Hause gemachet. Da man im Werke gewesen, hat Hans Krassow ein Schreiben des Inhalts eingeschickt: Daß er eine Ansprache zu den Pütenitzer Pfandlehngütern vor allen Erben, vermöge aufgerichteter Pacta auch Gelübds halben, im Belauf von 2(120)0 Fl. habe, die durch Testamenta oder Verordnung wie die Namen haben mögen, nicht abgeschnitten werden könnten, welches mit ins Inventarium gebracht werden müsse. So habe auch seine Hausfrau ein neu stehende Bette, mit aller Zubehör, seinem seel. Bruder, so lange geleuet, bis sie eine Tochter aussteuren würden; auch habe der seel. Bruder eine Stute von ihm bekommen, und sich zur Zahlung aller Wege erboten, dieselbe er voraus oder 20 Thaler habe wolle; es habe der seel. Bruder, wie er das Gut erstlich gekauft, 3 Last 1 Drömt Saatkorn von ihm bekommen, darauf er 10 Fl. schuldig geblieben; welches er vor nöthig achte, ins Inventarium zu bringen, von welchem, wenn es fertig, sein Diener Abschrift mitbringen solle, d. d. „ilig Pauseviz, den 6. Februarij."

image
not
available

Documento Notarij Thomaei Weigelij und Michael Zimmermans Bekandtnüs vf 20 Mk. 15 ßl., item David Belhagens und Niclaus Grafen Bekandtnüs vf 7 Rthlr.

Jürgen Bohlen Obligation vf 100 Rthlr. Bürgen sein Michel und Melchior die Bohlen sub dato Bergen, den 10. Januar Anno 1602.

Eggerdt Dechowen Quitung unter dessen Handt und Siegel vf 3000 Fl. lautend, sub dato die Anthonii 1612.

Siverdt und Johan, Gebrüder der Dechowen, Quitung vf 25000 Fl. Kaufgeld nebst 900 Fl. einjähriger Zinsen, sub dato Bardt, den 11. Februar Anno 1612.

Anthonii Krassowen Obligation vf 159 Fl. 16 ßl., so er Siverdt Dechowen für Viehe schuldig plieben sub dato Pütenitz, den 6. Februar Anno 1611.

Siverdt Dechowen Quitung, so er Anthonius Krassowen vf 459 Fl. 16 ßl. wegen abgekauften Viehes gegeben, datirt Pütenitze, den 6. Februar 1611.

Eggerdt Dechowen Quitung vf 1000 Fl., datirt Pütenitz, den 3. November Anno 1611.

Siverdt Dechowen des Jüngern Quitung vf 100 Mk. Ackerpension, datirt Damgarten, den 6. Januar Anno 1612.

Johann Dechowen Quitung vf 24 Fl. 16 ßl., wegen abgekauften Hausgeräths, datirt Pütenitz, den 5. Februar Anno 1611.

Noch desselben Quitung vf 518 Fl. 4 ßl. für abgekauftes Viehe, datirt Pütenitz, den 5. Februar Anno 1611.

Martini Andreae Quitung vf 180 Fl. Zinsen sub dato den 18. Februar Anno 1612."

Diese sämmtlichen Documente sind darauf wieder in die Lade gelegt, darauf dieselbe wieder verschlossen, von den Notariis versiegelt und endlich der Fürstl. Verordnung nach aufs Thorhaus gesetzet.

Zwei anderweitig vorhandene schwarze Laden waren leer.

In dem schon erwähnten großen schwarzen Schrank in der großen Stube, waren 4 Fächer und davor eine doppelte schloßfeste Thür.

In dem obersten Fache war vorhanden:

„Ein groß Pergamentbrieff belangend den Contract zwischen Eggerdt Dechowen und Anthonius Krassowen, über etliche stücke seiner Lehn so für 7000 Fl. vf 21 Jahre wiederlößlich verkauffet, datirt den 22. Juny Anno 1611

image

not

available

ichts-Ordnung. — Quaestiones
ion. — Institutiones juris Pon-
· Bartholdus de pactis. — Ejus-
n institutiones. — Colloquium
In Quarto: sieben Bücher, so theils
sieben.

linus de Republica. — Corpus
Theilen. — Observationes Gail,
de pace publica. — Titus Li-
pi Melanchthoni Camerarij. —
bus, fratribus et filiis Claudii
thodus Vigelij in observationes
Cujacii, in 3 Theilen. — Praxis
ri. — Jacobi de Belviso in
um. — Zangerus in institutio-
ij jurisprudentia Romana. —
Tractatus fortunij Garciae de
lis et canonici. — Institutio-
s. — Enarratio codicis vena-
gulas juris. — Quatuor Trac-
stamenti. — Rolandus a Valle
isses Oltendorpii. — Campe-
Processus juris Terminei. —
be. — Processus Henningii
us de magistrata Venetorum.
rebus judicatis. — Francis-
2 Theilen. — Bartholomaeus
s juris, zweimal in kl. Octavo.
Colloquiae familiaris Erasm.
matica Philippi, zweimal. —
Horatius. — Virgilius, zwei
in 3 Theilen. — Terentius. —
rdi. — Greca gramatica Phi-
Dialectica Rami. — Dialo-
lis. — Dialectica Lossij. —
Gryneus de concordia fide-
Vonni. — Libellus de anima
Hofmanni. — Arithmetica
de liberorm educatione. —
Catechismo Lutheri. — Jo-
texendae orationis. — Ig-
eingebunden. — Ein alt Bede-
Landtafeln und 2 alte Kupfer-

„An Briefen in selbigem Fache.“ Unter dieser Rubrik finden sich viele Scripturen, aus deren ganz kurzer Bezeichnung nichts erhellt. — Unter denselben fand sich auch „ein roter Parchen Ermel mit Pantzer gefüttert.“ — Sämmtliche Gegenstände wurden in die Fächer, in denen sie gelegen, gethan, diese verschlossen und von den Notarien versiegelt.

Noch war vorhanden „ein weiß Schap, mit vier Fachen, darin 2 schloßfeste, die andern beiden einwendig mit eisern Sprankrigeln, darin allerlei Apoteker-Kruken und Schreinechen, auch etlich alt weiß Leinengerethe an Plunder, Ueber- und Underfrawen-Hembden und alter Kragen.“

Eine eichene weiße Lade, so gar fest mit Eisen beschlagen und mit 3 Ueberfellen, dafür Schlösser gehenget werden können, so versiegelt, aber das eine Siegel los gewesen. Darin befunden: Tax und Anschlag des Guts Pütnitz, nebst der darin ergangenen Acten.

Copia Heinrich Kraffowen Testament-Sachen, item Nachrichtung wegen des Differens mit Stralsund über Patzecke in pto. evictionis. Desgl. contra Bardt vnd etliche Dr. Lamberti Steinwiges Schreiben.

Fascicul intitulirt Hans Kraffowen Brief.

Nativiteten und Themata.

Jochim von Eickstetten, Achim Riben und anderer von Adel Briefe an Anthon Kraffow.

Fasciculus verschiedentlicher Schreiben der Fürstl. Witwen zu Loitze und andere dabei vorhandene Sachen, Geld-Sachen belangend.

Fasciculus intitulirt medicorum litterae, Convolut Matthiae Schmeckers, der Stadt Pasewalk, Bentz Blüchers, Jürgen Wilhelm und anderer Schreiben.

Etliche der Fleminge, Holzendorffs und Lübbedorffs Schreiben.

Ein versiegelter und vnderschriebener Original-Vertrag zwischen Anthonio und Hansen Gebr. den Kraffowen sub dato Pansevitze, den 7. Martij Anno 1609, die Lehngelde und andere zwischen ihnen abgehandelte Puncte betreffend.

Kauf-Contract zwischen Anthon Kraffowen und D. Daniel Schwerin über einen Bawhof und etliche Aecker und Gärten zu Anclam. Datum Pütenitz, den 18. July Anno 1611.

image
not
available

bedde mit einer bunten Bühre, — 1 Pfühl mit 1 bunten Bühre, — 1 Pfühl mit 1 bunten Bühre, — 2 Bredtstühle, 1 messingsche Lüchter-Plate, — 2 zinnerne Matteln (?), — 4 Fenster, — 1 Secret mit einem Thürichen, — darnächst noch eine alte Kammer, oben der Küchen, dafür eine Thür mit eisernen Hespen und Ueberfell, — darin 1 fenern Tisch, — 1 Blat von einer Mangeltafel, — 1 Hünerzeug (?), — 1 Bredtstul, — 1 hämpfen Tow, — 2 Fenster, — 10 Barkmeier (?), — 4 Halfftern zu Wagen-Röhren, — 1 gelb Sadel mit Steigbogeln und gebührlichem Zeuge, auch Zaume. — Uffm Boden bei dem Schornstein 4 Fenster. — Eine Treppe, so vf den obersten Boden gehet; — darvf vorhanden gewesen etliche hundert Dacksteine, — 1 Rinderhaut, — 2 Kälberhäute. — Ueber der kleinen Stube eine Kammer, dafür eine Thür ohne Schloß, darin 2 alte Beddestetten, — 16 Fenster, — 1 eichene Decke von einer Beddestede, — 1 Feuerbele. — Die Knechtkammer vfm Boden, — dafür eine Thür mit eisern Hengen und Klinken, darvf vorhanden gewesen: 1 bunte Beddestede mit einer halben Decke, darvf 1 Underbedde mit einer strippeden Bühre, — 1 Ueberbedde mit einer weißen Bühre, — 2 Pfühle mit schlechten weißen Bühren. — Noch eine andere Beddestede, darvf ein Underbedde, mit einer stripeden Bühre, — 1 weiß Ueberbedde und 1 weißen Pfühl, — 1 alt Tröscherbedde mit einer stripeden Bühre, — 2 Pfüle, — 4 Fenster. — Darnegst des Schreibers Kammer, dafür 1 Thür mit eisern Hespen, Klinken, Ueberfell und einem fürhengenden großen Schlosse. Darin 1 Tisch, — 1 Beddestette mit einer Decke und schlechten Stappen, — darauf 2 weiße Bedden, — 2 weiße Pfühle, — 1 Bredtstuel, — 8 Fenster, — 1 Camin, 1 Secret mit einer schlechten Thür. — Sonsten vorhanden: 16 Hauptküssen vf die Bedden ohne Bühren, — 120 Milchbütten, — 6 hölzerne Schüsseln, — 9 silberne Löffel, — 4 silberne Becherchen, — 1 messinsche Lichtputze. — Sehligen Anthony Kraffowen Leingeretbe hat dessen Dienerin Anna, berichtet daß sie es in ihrer Warsamb habe und vf der Erben begeren dafür zu antworten erboten. — 1 Wulffs-Peltz mit growem meisesch en Tuche, — 1 Schlaffpeltz von gron in schwartz Meiselan, mit 2 schwarz in grönen Schnüren und Schleuffen, verbremet und besettet, mit Fuchsen gefüttert, — 6 Paar flächsen Laken, teils von 3, teils von 4 Breiten, — 6 Küssenbüren, — 2 alte türkische Wagendecken, — 1 gröne Tischdecke, — 1 newe Bundt Bank-Pfüle.

image not available

use 1 newer Brun, oben mit einer
ib eine eiserne Fahne darof, mit
te, auch 2 beschlagenen Eimmern;
und einer höltzern Ländige darumb.
ein Zaun. —
von 20 Gebinden, 2 Giebeln,
ipfen, in Holz gemauert und mit
einen Ende osterwärts unten ein
ßfeste Thür mit eisern Hengen,
Darin 20 Fenster. In demselben
vf den Sommersall hinvf gehet.
en Hengen. Vf selbigem Som-
— 4 Schemel, — 1 Cammerstul,
Bancke, — 2 weiße Bedden, —
et Underbedde, — 1 bunt dunen
Pfüll. Ein new von eichenen
.
andt des Thors, westwerts ein
e Thür, mit eisern Hespen, Ha-
in 2 Krippen und 2 Röpen. —
Treppe, so vf den Kornboden
e Thür mit eisern Hengen und
Vf dem vndersten Boden, so mit
nden gewest: 1 alte Kaste, —
Boraße, — 4 Fenster. — An
Roggen, — 3 Scheffel Buch-
en, — 1 Last 1½ Drömt wei-
ömt Mangkorn, als Haber und
Eisen beschlagen. — 1 Haber-
. — Von demselben Boden eine
Boden, so auch mit eichenen
vngefehr 1 Drömbt Maltz und
— 1 Winde mit bastenen

auses, westwerts, sehligen An-
tal, dafür eine eichene Thür,
, Klincke und Veberfelle, darin
Brettern bekleidet. — 2 Krip-
en. — 1 Pfül. — 2 Paar
. — Kegen diesen Reitestal
erk bis an die newe Scheune.
Thor mit 2 eichen Flügeln
ken eisernen Hespen, Nägeln,
nd einem Blinden-Schloße.

Vf dem Platze nach der Scheune werts: 1 Thor ohne Flügeln. — Darnegst ein Ende Glindes in Holzwerk gemauert.

Der Baw-Pferde-, Rinder-, Kelber-Stall und Fuderschneider-Kaste von 10 Gebinden, in Holtze gemauret und mit Ziegeln gedecket, so new. Dafür nach dem Wald werts 4 Thüren mit eisernen Heugen und Krampen. — In dem Baw-Pferdestall 2 Krippen und 2 Röpen. — In dem Kälberstall 1 Röpe. — In dem Rinderstall 1 Röpe. — In dem Fuderschneidekasten 1 Krippe und Hecke.

Eine newe Scheune von 21 Gebinden und 2 Gibeln in Holtzwerk, vmbher gemauret, vnd Strohe gedecket, hat 2 Vnderschlege. Für der Scheune 4 newe gedubbelte Thüren von eichenen Bretter, darvnter eine mit eisern Veberfelle, die andern mit Krampen. — Eine lange Scheundele und eine Dele in die Quere. — Darin gestanden ein new, mit Ledder gantz verdeckter Kutschwagen, so fertigk. — 1 Kornsieb. — 5 Fache noch mit Roggen belegt. — Vf der Dele vngefehr der Drescher Bericht nach 18 Scheffel ausgedröschter Roggen. Beilengst dieser newen Scheune, nach dem Wald werts, sein 16 eingerammete Eichen Pfähle, mit eichenen Riegeln, vnten mit eichenen Brettern, zum Gange befestiget. Ein Baumgarten hinter derselben Scheune.

Von dieser newen Scheune ein brettern Glindt vf der linken Hand, bis an das hinder Thor, welches fertigk, mit eisern Krampen, Ketten und vorhangendem Schloß samt der Pforte. — Vor demselben Thore bis an die alte Scheune ein Glindt von Brettern.

Eine alte Scheune von 8 Gebinden, aber jedes Fach 14 Fuß langk von einander; die beiden Giebel daran in Holz gemauret, negst vmbher aber gekleimet, mit Stroh gedecket. Dafür 2 gedubbelte Thüren, auch eine Seitelthür mit Kramp und Schlosse. Vf (der) Dielen befunden, an rein gemachten Habern, vngefehr, dem Dröscher Bericht nach, 3¼ Last weißen Haber, 1 ganz Fack mit Roggen, 3 Facke mit Gersten.

Der Kuhestall, von 18 Gebinden, mit Strohe und Rohr gedecket: daran ein Beistall von 6 Gebinden. Die Thür dafür vnfertigk. — Eine Hecke zwischen dem Fuderkasten und Kuhestalle.

Ein neu Vorthor, oben mit Ziegeln behenget. Gute Flügel dafür, und eisern Häugen, eine Kette und Schlosse. — Von diesem Vorthor vf der linken ein brettern Glindt, bis an das newe Kornhaus. Der Hoff vmbher mit einem

image
not
available

newe fertige Brücken mit Lehningen.
el Maltz in der Mastkisten, da so
me daher, daß wegen Mangel des
gewesen, inmaßen der Müller, Jo-
Das Mühlenbedde bawfellig.
ür Pütenitze. An derselben soll, des
mangeln 1 newe Rede, 1 Welle,
Stück Balken, 1 Mühlenstein. —
latern vorhanden. Und soll v. g.
ühlen den dritten Theil haben; weil
ssow, vermöge Fürstl. Verordnung,
verdt Dechowen zu Beyersbagen
ieljret und in fertigen Stand ge-
zung, bis er sich der vfgewandten
, allein zu heben verstattet worden.
inar-Diener, daß der Fürstl. Haupt-
vorgedachter Verordnung zuwieder
igt zu Beyersbagen aufagen lassen
kein Matkorn aus solchen Müh-
zu lassen, sondern die Pächte nach

für dem Teiche bei der Wasser-
r new mit eichen Pfälen und ei-
, so Anthon Krassow allein

atus der Kirchen zu Damgarten
w zwei Theil v. g. F. und H.
den 3ten Theil.
zu Pütenitz, 2 fürm Thore daselbst.
itzer Hölzung soll, wie berichtet,
Bäume daraus bekommt, zum
bagegen gefolget werden. Alle
ach Pütenitz gehören.
Pauren noch schuldige Pacht
s Anzeige und seinem Register

itz, alda an Schafen befun-
de Schaffe, noch im Gemenge

aus von 5 Gebinden, beide
an beiden Seiten gekleimet,
fertigk. Die Hausthür da-
Stube, mit 1 Thür und
Fenster, 1 Kammer.

Ein Lämmerstall von 10 Gebinden, 2 Giebeln, der eine Giebel ganz, der andere aber halb in Holtz gemauret, vf beiden Seiten gekleimet, mit Strohe gedecket, fertigk. Daran 2 Thüren, inwendig notdürfftige Krippen und Röppen.

Der eine große Schaffstall, ein Giebel ganz in Holtze gemauret, der andere aber von vnden auf, bis an die Plate in Holz gemauret und oben mit Brettern bekleidet, von 12 Gebinden, mit Ziegeln gedecket, fertig gekleimet und ganz new. Davor 2 Thor-Flügeln. In demselben Stalle notdürftige Schaffröppe und Hecke.

Der ander große Schaffstal von 10 Gebinden und einem Giebel, so halb gemauret, mit 3 Thüren, notdürfftigen Reifen vmbher, gekleimet und oben mit Strohe gedecket, fertigk. — 1 alt Keese-Haus. — 1 Kohlgarten. — 1 Backofen. — 54 Hürten. — 1 Schäferbude. Diese Schäferei vmbher begraben und mit Zäunen befriedigt.

Der Newehoff.

Daselbst eine newe Scheune von 11 Gebinden, die beiden Giebel in Holzwerk gemauret, das andere gekleimet, mit Strohe gedecket, so fertigk, dafür 2 Thüren, in der Mitte gegen einander, jede mit 2 Flügeln. Darin auf der Diele gelegen, der Dröscher Bericht nach, ungefähr 1 Last ausgedröschter Weißhaber. Noch ½ Fack auch mit weißem Haber belegt, etwa vf 6 Drömt geschetzet. 1 Fack mit Gerste belegt, vngefähr vf 1 Last gerechnet.

Das Wohnhaus und der Kuhestal vnter einem Dache von 9 Gebinden, beide Giebel in Holtze gemauret, mit Strohe gedecket, fertigk. Eine eichene Thür für den Kuhestall und 1 Krippe darin. Die Hausthür alles von Holze. In der Stube 1 alt Kachelofen und 2 Fenster.

Ein Hammelstall negst der Scheune von 7 Gebinden, davon der eine Giebel in Holzwerk gemauret, der andere Giebel ist vorquer in die Scheune gefüget. Darin etliche Schaffröpe und eine Thür dafür. Vf dem Hofe 10 Schaffröpen.

Der Hoff mit einem neuen Hakelwerk vmbher befriedigt. Ein new eichen Thor, die Flügel dafür von feuernen Brettern mit eisern Haken und Krampen, oben mit Ziegeln behenget.

An Rindviehe daselbst: 12 Ochsen-Rinder, darunter 1 Bullen-Ochs, 10 von 3 und 2 von 2 Jahren.

An Hammel-Jährlingen: 181 Hammel-Jährlinge im Gemenge. An alten Hammeln: 336 alte Hammel im Gemenge.

Hengen und Klinken, 1 alt Kachel-
der Stuben 1 Cammer, dafür 1 Thür
ab einem Ueberfelle, darin 1 alt Fen
e, dabei 2 Kohlhofe und 1 Baum-

ershagen.

:rf Hans Brandt wohnet. Das
inden, 2 Kühlenden und 2 Abseiten,
nselben Hause die Remer entzwei, das
Vor- und Hinter-Thüren fertig. Die
en Hespen, 1 Kachelofen und 2 Fen-
3 Gebinden, 2 Kühlenden und einer
d die Thüren zimblich gut.
fertigk, von 3 Gebinden. 1 Stübi-
· 1 Backofen. — 1 Brunn mit Balen
ung des Hofes gut. An Hofwehr
:r bekommen: 6 Pferde, 2 Kühe,
agen. Zu diesem Hofe belegen:
effel Winter-Roggen, geseiet entfan-
1 Rauchhun, 1 Top Flachs, 3 ßl.
ide-Haber.

; darauff Claus Brandt woh-
on 5 Gebinden, 2 Kühlenden und
:nd die Thüren dafür fertigk. Die
alt Kachelofen und 2 Fenster. Die
nden, und darbei ein angebaweter
nn mit Balen vfgesetzet. Das Thor
Thüren vnfertigk. Die Befriedi-
Hofwehr des Pawren Bericht
, 1 Rindt, 6 Schweine, 5 Gense,
tig Pflug, 1 Exe, 1 Langkbake,
:cheffel Sadt-Roggen, 1 Tröndt
n. Hat 5 Vierteil Acker. Gibt
1 Top Flachs, 4 Scheffel Weide-

rauf Frents Stalbaum woh-
dergefallen. 1 newe Scheune von
Beistellichen Das Dach fertigk.
Gebinden und 1 Abseite, so vnfer-
rwohnet. Darin 1 kleine Stube
en und 1 Fenster. 1 Backofen.
befriediget. 1 geringes Vorthor.
ht nach: 6 Pferde, 4 Kühe, 6
ner, 1 fertiger Wagen, 1 fertiger

Pflugk. Acker 5 Vierteil. Gibt Pacht 3 fl minus 3 Schilling, 3 ßl. Torfgeld, 4 Scheffel Weide-Haber, 1 Top Flachs.

Der 4te Bawhof, darvf Chim Schröder wohnet. Das Wohnhaus von 6 Gebinden, 2 Kühlenden und 2 Abseiten. Das Dach und Thüren zimblich fertigk. Imgleichen die Stube, darin 1 guter Kachelofen und 6 Fenster. Die Scheune von 3 Gebinden und 2 Kühlenden, Dach und Thüren vnfertigk. 1 Heußichen von 4 Gebinden, darin das Stübichen vnfertigk. Ein fertiger Pferdestall von 3 Gebinden. Ein neu Thor mit 2 Flügeln. Die Befriedigung des Hofes ziemlich. An Hofwehr des Bauren Bericht nach: 9 Pferde, 6 Kühe, 6 Schweine, 6 Gense, 6 Hüner. Zum Hofe belegen 5 Vierteil Acker. Gibt Pacht 7 Mrk., 2 Rauchhüner, 3 ßl. Torfgeld, 1 Top Flachs.

Der 5te Bawhof, darvf Jacob Stats wohnet. Das Wohnhaus von 6 Gebinden, 2 Kühlenden und 2 Abseiten. Die Thüren und Dach vnfertigk. In der Stube 1 Kachelofen und 1 Fenster. Die Scheune von 5 Gebinden mit einem Beiställichen, das Dach und Wände vnfertigk. Thüren aber gut. 1 Brunn von Steinen vfgesetzet. Die Befriedigung zimblich gudt. An Hofwehr wie dieser Bauer berichtet: 9 Pferde, 6 Kühe, 6 Schweine, 6 Gense. Gibt Pacht 7 Mk. 4 ßl. Weide-Haber, Torfgeld, 2 Rauchhüner, 1 Top Flachs. Hat zu diesem Hofe 6 Vierteil Acker.

Der 6te Bawhof, so itzo wöst, doch daselbst gestanden: 1 new Wonhauß von 5 Gebinden, beide Giebel mit Brettern zugekleidet, das Dach und Wende new und fertigk, sonst aber ohne Thüren. 1 newe Scheune von 5 Gebinden, vnten gekleinet, das Dach fertigk, sonsten alles offen. Der Hof vnbefriediget. Darzu belegen 5 Vierteil Acker, so von dem Pütenitzschen Hofe beseiet.

Der 7te Bawhof, darvf Chim Qwast wohnet. Das Wonhaus von 5 Gebinden, 2 Kühlenden, 2 Abseiten, das Dach und Thüren ziemblich gut. In der Stube ein alter Kachelofen, 3 Fenster. Die Scheune von 5 Gebinden, 1 Abseite, das Dach und Thüren auch gut. 1 klein Kornhäußichen von 3 Gebinden, darin 1 Böniken. Das Dach fertig. 1 gut Thor. 1 Backofen. 1 Sodt von Steinen vfgesetzet. Die Befriedigung des Hofes gut. Der Bauer berichtet, daß er an Hofwehr eben so viel habe, wie seine Nachpawren, und giebt auch so viel Pacht. Zu dem Hofe 5 Vierteil Acker belegen.

Der 8te Bawhof, darvf der junge Hans Qwant mit seiner Mutter wohnet. Das Wonhaus von 6 Gebinden,

34

er diesen Kaufschilling ihm 100 Fl.
en bei Antretung des Guts auf
Weil aber Woldemar Stone-
x priori matrimonio zu diesem
zwischen dato und Johannis frei
e zu resolviren, ob er die Credito-
urch diesen zwischen seinem Vater
lden abgeschlossenen Eventual-Con-
lle. Dieser Contract ist von den
Zeugniß von den edlen und ehren-
lden zu Maltzin, Peter von
Tönnies und Hinrich Gebr.
evitz und Tetzitz, Erich von
nd Hans Crassowen zu Salichow
ieben [1]).

ört zu den alten Vasallen-Geschlechtern
1307 wird „Stogenew" in einer
on Vilmenitz genannt. (Urk.-Nach-
sband bei Putbus scheint sich am läng-
t haben. Um die Mitte des 16. Jahrh.
and (1536). Er verpfändete Tags nach
llert sein Gütlein D. für 4500 Mk.,
ch 3 Söhne Woldemar, Bartelt
St. im Septbr. 1590 starb, hinterließ er
, einen mit ihr erzeugten Sohn Ludwig
t Anna v. Kalden a. d. H. Maltzin
Anna, Maria und Ursula. Da aber
e verhanden waren, der Lehnherr, Frbr.
r zu Wildenbruch, das Gut auch nicht
wollte, so nahm Woldemar St. es
ende Habe 2c. für 1027 Mk. erb- und
er konnte den übernommenen Verpflich-
Herrschaft zu Putbus scheint eine Zeit
aftet, und Woldemar S. Lantzkevitz
21. Febr., nahm er es indeß wieder
an die Herrschaft abzutreten, die ihm
umme Geldes zugestand; den 22. Ja-
ung eines ihm noch zustehendes Restes
egen des Gutes Darsband." — Der
uf von Lantzkevitz kam indeß nicht zu
St. verkaufte es d. d. Bergen, den
hn Bartelt St. für 8732 Mk. Im
aber schon wieder in drückender Noth.
fändete er den 17. Juni 1623 Lantz-
n (a. d. H. Kotelvitz) auf 10 Jahre.
dann der Frhr. Bellmar Wolf zu
n Newenhof auf 1 Jahr für 60 Fl.

No. 397. Anno 1619, zu Bergen Valentini (14. Febr.)

Schuldverschreibung des Schinkel v. d. Osten.

Aus einer Abschr. im Pansevitzer Haus-Arch.

Schinkell von der Osten zur Unrow bekennt von Hans Krassow zu Pansevitz 500 Gulden, à 21 ßßl., geliehen zu haben, die er jährlich mit 30 Fl. zu verzinsen verspricht, und Henningk von der Osten zur Unrow, Christoff von Kalden zum Zicker, Jürgenn Segebaden zu Kalow und Jürgen Schmiterlowen zum Niendorff Erbsessen, zu selbstschuldige Bürgen setzt.

No. 398. Anno 1620, den 9. Februar 2c.

Nachrichten den Roßdienst des Geschlechts der Krassow auf Rügen betreffend.

Aus Abschriften aus dem Lehns-Arch.

Da wegen der Roßdienste unter den verschiedenen Adelsgeschlechtern sowohl als auch unter den einzelnen Gliedern eines Geschlechts auf Rügen vielfacher Streit entstanden, so ernannte Herzog Philip Julius Wolgast, den 9. Febr. 1620, den Landvoigt auf Rügen, Christoff von der Lancken auf Lancken, Wilken von Platen zu Venz und Dr. Augustin Raw, zu Brandshagen gesessen, zu Commissarien, um da „etliche aus der Ritterschaft in Rügen supplicando zu erkennen geben, weßmaßen wegen der Roßdienste unter den Geschlechtern keine Vergleichung getroffen, teils auch wie es darumb gewandt, sie weniger denn nichts an Nachrichtung haben, besondere ihnen dieselbige aus unserm Archivo mitzutheilen unterteniges fleißiges gebeten," die im Fürstenthum Rügen gesessenen von Adel vorbescheiden, die Geschlechter gegen einander zu hören und zur ferneren Verordnung Relation einzureichen. Der Cammer- und Lehn-Secretair Simon Wiechmann ward ihnen beigeordnet. — Am 19. Juli 1620 hatten sich die Commissarien in Bergen versammelt. Sie zeigten dem versammelten Adel an, „daß sie sich erinnern würden, welchermaßen J. F. G. die

---

Das Geschlecht ist dann wohl bald erloschen oder in den Stürmen des 17. Jahrh. verschollen. Im Anfang des 18. Jahrhunderts, 1706, wußten, nach einem Zeugenverhör, die ältesten Leute durch Hörensagen von ihren Eltern u. a. von einem „Edelmann Stuveneven," der zu Lantzkevitz gewohnt habe, zu sagen.

34 *

image
not
available

schen Schweden, Polen und Dänemark war ein „General-Aufbot" erfolgt (Dähnerts Land.-Urk. III. 1256 u. 57), ohne daß über den Erfolg desselben etwas bekannt geworden. Die alte Ungewißheit, der alte Streit über die zu leistenden Roßdienste bestand indeß fort. Erst den 28. April 1681 schloß die damals versammelte Haupt-Commission einen Vergleich ab, nach welchem von 10 Ritterhufen ein Roßdienst zu leisten war, den König Carl **XI.** am 15. Septbr. 1682 bestätigte. Im Jahre 1688 fand dann die erste Musterung nach diesem Uebereinkommen statt. Die Rügenschen Lehnpferde wurden zu Anklam den 16. Januar 1688 gemustert. Sie bildeten die Leib-Compagnie der aus 3 Comp. bestehenden, aus den Roßdiensten gebildeten Ritterfahne. Dieselbe ward vom Obersten Paul Wedige von Borck commandirt. Die Mitglieder des Geschlechts von Krassow waren dabei in nachstehender Weise betheiligt:

Seel. Andres Normanus Erben zu Tribratz 6 Hufen, Ketelshagen, Capit. Tabell 2 Hufen, Gustelitz Christoph Erich Bohle 15 Morgen, und Veikevitz der Gardvoigt **Krassow** 1 Hufe 15 Morgen, stellten 1 Pferd, Melchior Christoph Normann ritt selbst als Lehn-Reiter. — „Hat schlechte Montirung und muß das Pferd nebst dem übrigen verbessert werden."

Normann von Helle und Wopporse 5 Hufen, Swekevitz **Adam Marten v. Krassow** 4 Hufen und Tribbevitz, Jochim Normanns Wittwe 1 Hufe, — 1 Pferd, Lehn-Reiter Jochim Ahnen, „hat nur schlecht Gewehr."

Seel. Landrath v. d. Osten Erben zu Plüggentin von 8 Hufen 15 Morgen, **Pansevitz c. p. Ulrich Adolph von Krassow** 1 Hufe, Ketelshagen Capit. Tabell 15 Morgen, — 1 Pferd, Lehnreiter Paul Erdmann, „hat schlecht Gewehr."

Hr. Barnekow von Revskevitz und Koselsdorf 6 Hufen, Prissevitz Hr. Bonow 3 Hufen, **Veikevitz der Gardvoigt Crassow** von 2½ Hufen, 1 Hufe — 1 Pferd. Lehnreiter Ties von Hagen, „das Gewehr nur schlecht."

Lieut Schmiterlow von Neuendorff ein Normann Lehn 5 Hufen, **Schwrikvitz Hans Eggerd Crassow** 4 Hufen, Tribbevitz seel. Jochim Ernst Normanus Wittwe von 3 Hufen, 1 Hufe — 1 Pferd. Lehnreiter Jacob Torusen, „die Pistole cassirt."

Hr. **Krassow von Pansevitz**, Gustin, **Varnkevitz** von 11¼ Hufen, 10 Hufen — 1 Pferd. Lehnreiter Michel Schmitt, „die Pistolen cassirt."

.d habe ihm demnach ge-
ite:
hlr. restirende Zinsen, 30
s Krassows Beitrag zu
ns-Gebühr, also in Sum-
Dafür trete er gedachten
Jus und Gerechtigkeit, so
Recht wie auch gerichtliche
llerbesten und beständigsten
kann und mag, also daß
Beickevitz nicht räumen und
gesetzten Summe halber bei
nen bezahlt, und damit er
i, habe er nicht nur den
rsprochen, sondern auch den
em Gerdes, J. U. D. und
und Hofgerichts-Advocaten

Wolgast, den 26. April.

aus Krassow.

aus-Archiv zu Pansevitz.

Veikevitz wegen Hans Kras-
seuitz Erbgesessen sich an-
Leidens-Unvermögens halber
schuldigen lassen, so habe der
nommen, und wolle dem Land-
Lehn-Eides zuschicken und ihm
Namen von ihm den Eid auf-
terl. Lehen zu verleihen.

1624 bestätigte Herzog Philipp
r Hans v. Howe ist nichts Näheres
as vom Hauff verwandt, oder wohl
der letzten Jahre des Herzogs Ernst
n auf Pudagla war und den Herzog
schaft des Herzogs Philipp Julius
tache der Herzogin Sophie Hedwig
rtwig Anne von Hauff, Wittwe
r Hofmeisterin der verwittweten Herzo-
d Agnes von Pommern.

No. 402. Anno 1626, zu Wolgast, den 27. April.

Muthzettel des Hans Krassow zu Veikevitz.

Zu währender Erbhuldigung habe Hans Krassow zu Veikevitz Erbsessen durch seinen Bruder Daniel Krassow, daselbst Erbgesessen, bei Herzog Bogislav sich angeben und seiner schweren Unvermögenheit halber wegen seines Ausbleibens in Unterthänigkeit entschuldigen lassen, als habe derselbe dies in Gnaden angenommen, und ihm bis zur wiedererlangten Gesundheit befristet, um alsdann zu Wolgast den gebührlichen Lehn-Eid abzulegen [1]).

No. 403. Eod. Dat.

Muthzettel des Tönnies Krassow.

Aus der Abschr. im Lehns-Arch.

Herzog Bogislaf ertheilt Tönnies Krassow zu Schweikevitz, der sich wegen Leibesschwachheit bei der Landeshuldigung nicht einstellen können, einen Muthzettel; jedoch solle er den Eid nach erlangter Huldigung abstatten.

No. 404. Anno 1628, auf Judica.

Schuldverschreibung an die Kirche zu Gingst über 200 Fl.

Aus dem Orig. im Pansevitzer Haus-Arch.

Des sel. Hans Krassowen auf Panseuitze und Varsenevitze Erbsessen hinterlassenen Sohns verordnete Vormünder (Daniel Krassow zu Veikvitz, Arndt Bonow zu Prissevitz, Olof v. d. Lancken und Philipp Gotlob Rotermund zu Boldevitz) bekennen sich, nachdem der Kirchen zu Gingst wegen ihres Pupillen Vaters sel. Begräbniß, Glockengeläuts und dann vor das Pferd, 200 Fl. versprochen, auf Judica zu erlegen, die Wittwe aber wegen der hochschädlichen, landesverderblichen Kaiserl. Einquartierung zur Abstattung derselben nicht gelangen können, den Vorste-

---

1) Die Suppl. und der darauf ertheilte Bescheid vom 27. April 1626 nennt als Grund des Ausbleibens eine schwere Krankheit seiner Frau.

image
not
available

Ehestiftungen, mit einander
erblich verbindlich gemacht:
igam, zu leichter Eintragung
aus den vorhandenen Erb-
geben versprochen, und ihm
Umbschlag Judica lauffen-
keine bahre Gelder aufzubrin-
nd von der Zeit an jährlich
in nächstfolgende beyde Jahre,
34 erstlich zu erstattung der
uf in den Halß 800 Fl., für
1000 Thlr., jeden Thaler zu
ugethume im Hause 800 Fl.,
Gefallens nach zu zeugen sie
aben und in ein richtig Inven-
und von Braut und Bräutigam
werden. Es soll auch dem Hrn
und Gaben 300 Thlr. entrichtet
gte Mitgift hat der Bräutigam
nstein für sich und seine Erben
nd sich verpflichtet, seiner vielge-
en Ehegemahl 400 Fl. zur Mor-
da ihn der liebe Gott von seinem
den natürlichen Todt zeittiger ab-
hiermit vor sich und seine Erben,
ß seinen hinterpliebenen Ehegatten
ndern nicht alleine die 6000 Fl.
Erbschaften, nach laut dem Inven-
dern auch zu ihrer löblichen Unter-
esserung, 1000 Gulden wegen des
s ihr sonsten vermöge Landes-Ge-
rilegien dieser Oerter mehr gebühren
ufs geringste zu ihrer vollen Genüge
rden, deswegen ihr alle seine Güter,
e, itzige und künftige, krafft dieses
Formb rechtens sollen hypothecirt"
aber zu, daß Maria Sophia Kraf-
n Ehewirt ohne Leibeserben versterben
ebe Gott in Gnaden lange verhüten
eben begaben wolle, so soll Alexan-
tein schuldig sein, seiner verstorbenen
l nächsten Erben die 6000 Fl. Ehegeld
ier, nach laut dem Inventario und Ehe-
nach Landesgebrauch unweigerlich folgen

Bd. V.

zu lassen, und weilen er in diesen Landen nicht possessionirt, dahero die Erben, dessen nicht genugsam gesichert, die Capithal abzufordern nicht berechtigt sein, ehe er die Vormünder und Erben desfals genugsam versichert oder solche Gelder an Lehne und unbewegliche Güter hinwiederumb verwendet. — Es thuen aber die Vormünder ihrem Pflegesohn hiermit außdrücklich vorbehalten, daß ihm die Lehn- und Pfandgüter alleine pleiben sollen, und sollen die letzten Jungkfrawen aus den Lehnen, sowohl Pfandgütern, so nach dem Willen Gottes zum heiligen Ehestand kommen, den ersten gleich außgesteuert werden: ehe und zuvor aber die letzten Jungkfrawen den ersten gleich bekommen, soll sich Alexander von Weißenstein oder dessen Haußfrau, noch von Vater- oder Mutter-Erbenschaft nichts anzumaßen haben. — Die Pfandgüter, wenn die letzten Töchter den ersten gleich bekommen, und unser Pflegesohn, welches der vielgütige Gott in Gnaden lange verhüten wolle, diese Welt gesegnen würde, sollen den nächsten Erben nach gemeinen Rechten pro quote sein und pleiben."

No. 408. Anno 1672, zu Bergen, den 23. Januar.

Pacht-Contract über Panseviz und Malkeviz mit Alexander von Weißenstein auf 10 Jahre.

Aus dem Orig.-Concept im Haus-Arch. zu Panseviz.

Zwischen den Wohledlen Daniel Krassowen zu Veikeviz, Arndt Bonow zu Prisseviz und Stedar, und Herrn Henning Gerdessen, der Rechte Dr., als sehl. Hans Krassowen weil. auf Panseviz und Varszneviz Erbgesessen, hinterlassenen Sohns Christian Kr. verordneten Vormündern und Litis-Curatoren, an einem, und dem Wohledlen Alexander von Weißenstein, Königl. Maj. zu Schweden bestalltem Capitain, am andern Theil, sei folgender Pensions-Contract in Gegenwart des Wohledlen ꝛc. Oloff von der Lancken zu Lancken Erbgesessen abgeschlossen. — Es verrensioniren die Vormünder dem Hrn. Capitain und seinen Erben, ihres unmündigen Christ Krassowen Gut Panseviz nebst allen dazu belegenen Höfen und Kathen, sowohl in Panseviz als Malkeviz, besage aufgerichteten Inventarii, nichts ausgenommen, auf 2 Prakelzeiten, von diesem Petri Stuhlfeier 10 Jahre lang, mit ausgesäeter Wintersaat, als 6½ Drömt Roggen und 4 Drömt Gersten zur Sommersaat. — Diese so wie das Korn zur Haushaltung,

image
not
available

schon, mit meiner Bewilli-
Tochter freiwillig verehret,
und von Vsedomb gute
ne mit Perlen gestickte Hülle,
Mk., so bei Claus von
item ein Silber-Gürtel von
maften Mantel, auch einen
gleichen sechs Kissen von grü-
Bankpfühle, sechs Paar La-
ellen Handtücher und zehen
he, so ihn bei des seel. Va-
heute **dato** freiwillig und
ch ihr solches nochmalen als
ier geschehen soll, kann und
verehren, auch alsofort rea-
ie, und damit dieses alles so
and möge angefochten wer-
d Ratification ich hierüber
Schwiegersohne verschaffen,
n kann, habe ich vorbesag-
n Vsedomb, und den Ge-
sinm Günterbaken ritt-
n dieses zum Gezeugnus zu
, Dienstages **post Judica**
zwei und dreißigk.
om, meine eigene Hand.
er Fr. Krassowschen habe
Notarius publicus und
ine dieses mit eigen Handen
en [1]).

---

lgast, den 11. April.

ines Antheils im Panse-

im Lehns-Arch.

irt den Contract, in welchem
n kundbarer Ungelegenheit und
el Krassow sein Antheil des

i 1632 confirmirt Herzog Bo-
ung in allen ihren Clausuln,

Pansevitzer Holtzes an hart und weich erblich **sub dato** Bergen am Tage **Gregorii 1632** verkauft [1])

No. 412. Anno 1633, Stettin, den 27. März.

Herzog Bogislav XIV. eximirt den Daniel Krassow zu Veikevitz von der Instanz des Rügenschen Landgerichts.

Aus der Abschr. im Lehns-Arch.

Von Gottes Gnaden Wir Bogischlaff, dieses Namens der vierzehende, Herzog zu Stettin, Pommern, der Cassuben und Wenden, Fürst zu Rügen, erwählter Bischof zu Camin, Graf zu Gützkow und Herr der Lande Lawenburg Bütow ꝛc. thuen kundt und bekennen hiermit für Unß, Unsere Erben und nachkommende Herrschaft, als Hertzogen zu Stettin, Pommern, obwohl der Veste unser Lehnmann und lieber Getreuer **Daniel Krassow zu Veykevitz** gesessen, nebenst den Seinigen, gleich andern denen von der Ritterschaft und derselben Unterthanen, nach Landes Gebrauch, **in prima Instantia**, für unserm Landtgerichte in Rügen zu stehen ist schuldig gewesen, daß Wir dennoch wegen seiner Unserm Fürstl. Hause geleisteten getreuen Dienste, auch sonsten aus gewissen Ursachen, vf sein unterthäniges Ansuchen und Bitten ihme und seinen Erben, welche die Güter, so er itzo von Uns zu Lehen trägt, besitzen oder zu Lehn tragen werden, mit gutem Fürwissen und wellbedachtem Rath hinfüro, gleich wie bisher geschehen, von solcher ersten Instanz für dem Landgerichte in Unserm Fürstenthum Rügen gäntzlich eximiret, und durch dieses Unser sonderbares Privilegium in allewege entbunden und entfreihet haben. Thuen auch solches hiemit wissentlich, wie wir solches auß Landesfürstlicher Macht und Hoheit woll befuget, also und dergestalt, daß hinfüre Unser Landvoigt und Amptleute vff Rügen sich keiner Jurisdiction über ihn und die Seinigen auch in dessen Gütern mit mandiren, pfändern oder andern, was mehr zu gerichtlichem Zwang und Gewalt gehöret, anmaßen, besondern alle Klage wieder ihn und Sie **in prima Instantia** ohne alle Exception an Unß und unsere Fürstliche Hofgerichte zu Wolgast verweisen sollen. — Ingleichen sollen unser Landvoigt und Amptleute wann Streit zwischen ihm oder den Seinigen und dann unsern Bürgern in den Flecken, auch dem

---

1) Der Contract selbst findet sich nicht.

machen — dann Feikevitz zu taxiren und dem Meistbietenden erblich zu verkaufen.

No. 414. Anno 1637, zu Bergen, den 4. April.

Erneuter Pacht-Contract über Pansevitz mit Alexander von Weißenstein.

Aus dem Orig. im Pansevitzer Haus-Arch.

Da die Pachtjahre über Pansevitz am letzten Petri abgelaufen, so hätten die Vormünder mit dem Herrn Obristlieutenant Alexander von Weißenstein darüber folgender Gestalt von neuem accordirt: 1. hätten dieselben dem Genannten das Gut mit allem Zubehör von dem bevorstehenden Ostern an noch auf 1 Jahr verpachtet, 2. die zum Gute gehörigen Bauern habe er civiliter, als einem fleißigen Hanswirthe gebühre, zu gebrauchen, 3. vor solcher Abnutzung entrichte er den Vormündern 800 Fl. Pension sogleich baar voraus. 4. Onera realia als Priester- und Küster-Gebühr, wie auch Bischofs-Roggen entrichtet der Hr. Oberstl. Die übrigen Kriegs-Contributionen, wie sie Namen haben möchten, hätten die Vormünder zu tragen, die Vieh-, Trank- und Scheffel-Steuer entrichteten gleichfalls die Vormünder, nur für die „Gutsch- und Reitpferde" nicht, doch habe der Hr. Obristlieutenant ihnen dieselbe zu erstatten. 5. Casus fortuiti ständen zur Disposition des gemeinen Rechts. 6. Auf Ostern 1638 habe der Herr Obristlieutenant ohne einig Contradiction das Gut mit aufgesäeter Wintersaat, als 6¼ Drömt 3 Viert Roggen und was zum Sommer-Saat gedüngt und gestrackt, wie es ihm jetzt überliefert, zurück zu geben. 7. Wegen der Hölzung verbleibe es bei der vorigen Vergleichung. 8. Die Zimmer wären im baulichen Stande zu erhalten und zurück zu liefern. 9. Wegen der Roßdienste verbleibe es bei voriger Vergleichung. 10. Sei diese Punctation von allen Theilen beliebet und auf Cavalirs Parol, adlichen und biedermanns Glauben zu halten versprochen.

No. 415. Anno 1638, zu Stralsund, den 13. März.

Die Fürstl. Pommerschen hinterlassenen Räthe vermitteln einen Vergleich zwischen Seel. **Hans Krassowen** auf Pansevitz hinterlassenen Töch-

image
not
available

angewandten meliorationen, Bawkosten, Viehe und Fahrnüß, so der Sel. Vater verlassen, und die Sel. Mutter zugekaufft, und wie sothane fürderungen alle nahmen haben können, sie seien allhier benandt oder nicht, gäntzlich auffgehoeben, und beyde Theille, alß nemblich der Sohne und dessen Curatoren, und die Töchter und dero Ehemänner und Curatores deßfals vff vorhergesetzte Conditiones, wege vndt maße zu grunde und gäntzlichen verglichen. Mit vorgedachtem festen Versprechen, daß kein theill in einige wege dawider kommen oder handeln wolle oder solle. Zu welches mehrere befestigung Sie dan sampt und sonders allen Exceptionibus undt begnadungen der Rechte, wie die nahmen haben, erdacht sein und werden mögen, sonderlig aber den Exceptionibus Doli mali, laesionis cujuscunque etiam enormis, minorennitatis, restitutionis in integrum, nullitatis, Appellationis, Supplicationis, reductionis, rei non sic sed aliter gestae, fraudulentae persuasionis, Statuti vel Rescripti moratorij lapso praesente forte futuri, retentionis, Compensationis, arresti und dan der bekandten Regull generalem renunciationem sine speciali expressione nullius esse efficaciae, also daß omissa pro expressis gehalten werden sollen, Krafft dieses wissentlich und wolbedacht ausdrücklich renuncyren. Getrewlich und sonder alle gefehrde. Gestaldt dan zu Vhrkunde und desto fester bekrefftigung dessen allen dieser Vertragk von den Fürstl. anwesenden Rähtten mit dem Fürstl. Insiegel, der Parte, Ehemännern und Curatoren aber mit eigenhändlicher Subscription und Sigillation bestettigt ist.

Actum Stralsundt, den 13. Marty Anno 1638.

(L. S.) Philip Horn.

Baltzer v. Wolde. m. p.

Das 9schildige, mit einem Herzoghut bedeckte und mit dem Wappen des Bisthums Camin belegte herzogl. pommersche Wappen, auf einem 8eckigen Stempel, mit der Umschrift Bogislaus H. z. Pommern. 1637. Es ist in rothes Wachs abgedruckt, mit einer Tectur von weißem Papier versehen und hält die dunkelbraune Heftseide, mit der die 3 Bogen, auf welchen die Urk. geschrieben, in einander geheftet.

Auf der folgenden, sonst leeren Seite steht:

Daniel Krassow, mir und meinen erben ohne schaden, mein eigen handt.

P. C. v. Rotermundt. (L. S.)

image not available

n 21. October zu Bergen.

dessen Vormünder und
n den dem ersteren zustehen-
; an Philipp Gützlaff
Boldevitz.

Haus-Arch. zu Pansevitz.

y hiermit jedermänniglich, be-
tigk, waßmaßen heutigen unter-
.en WollEdlen, Gestrengen und
wen, dessen Vormündern und
Krassowen, Arendt Beno-

ı Commissarien abgeschlossen. Er lau-
Fürstl. Herrn Commissarien in Sachen
› auf Pansevitze hinterlassenen Erbnes
tro Ehemänner und Vermund Andern-
Gestalt im Grund verglichen und ver-
›n allen vorhandenen bahren Geldern
Kleinodien, Pfandgütern, und was an-
reditate vorhanden, per sortem in
gesteuerten fünf Schwestern so hoch als
t deswegen vfgerichteter Verträge ausge-
jeden gefolget werden. Waß über dem
›llen sembtliche Schwestern und der Bru-
r sich theilen, und weil die sembtlichen
rige Jungfrauen Vermund praetendiren,
getheilte Erbschaft, noch das mütterliche
›mun, der Vormundt aber solches von der
euer überbleibet bezahlen wollen, als ist
ıus den Lehnen den Schwestern auch noch
Compromiss process dergestalt ausge-
ven Quartalen zu Quartalen solle proce-
ägern, als die diese Forderunge anstellen,
ƨ an die Conclusion Schrift ein nach dem
der Conclusion aber ist beliebet, daß dieselbe
m einen Theile sowohl als den andern Ab-
. aber keine Handlunge darauf verstattet wer-
ɩt zur vester Haltunge haben die verordneten
zuförderst, hernacher auch alle Theile diesen
ten unterschrieben.

16. Aprilis Anno 1633.

m manu ppr. Casper Norman mppr.
ı mppr. Daniel Krassow eigen Handt.
pr. Philip Gützlaff Rotermund mppr.
tzendeßen, J. V. D. mppr.
ver mich und im Namen Heinrich Krausen.
ppr. Arend von Kelten. Philipp Norman.
ı Weißenstein. Adam von Platen.

Urk.-B.

wen und Henningo Gerdessen, der Rechten Doctorn und der Stadt Greifswald Syndico, vff Pansevitz, Varßnevitz, Veickevitz, Pritzevitze und Stebder Erbgeseßen an Einem, und Philipp Gützlaff Rotermunden, verdienten Königl. Schwedischen Capitain auff Boldevitz und Patzigk Erbgesessen, Anderntheils, wegen des zu Patzigk belegenen Erb- und Pfandtgutes, welches Anno 1592 anfänglich Sehl. Anthonius Krassow von Bürgermeister und Rhatt der Stadt Stralsund, wie auch den Provisorn der Kirchen zue St. Niclas, St. Jacob und St. Marien daselbst, zum theill durch auswechselunge gegen ander in Ramitze belegenen, denen von Krassowen zustehenden güdter, zum theill Pfandesweise für viertausend drei hundert und drei und dreißigk gülden acht schillinge lübisch an sich erhandelt, hernacher ermelten Anthonius Krassow seinem damahlen noch lebenden, numehr auch in Gott ruhenden Brudern Hans Krassowen zue Pansevitz und Varßnevitze Erbsessen, selbige güdter, und sein daran habendes Erb- und Pfandt-Recht pleno jure Anno 1598 hinwiederumb für fünftausend fünf hundert gulden abgetreten, und nach dessen tödtlichem Hintritt vorgedachten Christian Krassowen Vormünder und Litis-Curator ermelten Capitain Rotermunden, aus denen dazu bewegenden und im vffgerichteten Vortrage enthaltenen erheblichen Vhrsachen, Anno 1638 den 8. Septembris solch Erb- und Pfandtgudt in Patzigk und druff habende Gerechtigkeit, wie solches vorgedachter Hans Krassow Sehl. in besitz gehabt, genützet und gebrauchet hat, für dreitausendt vier hundert Gulden hinwiederumb überlassen und abgetreten und ihn in ruhesamben besitz selbiger Güdter gesetzet. Jedoch gedachten Christian Krassowen und dessen Vormündern die Wiederlösunge selbiger, wan es ihm gefallen würde, vmb selbigen Pfandschillingk hinwieder an sich zu bringen außtrücklich reserviret und vorbehalten. Alles vermüge der, über solche Vergleichungen Erb- und Pfandt-Contracte in obbenandten dreyen vnterschiedtlichen Jahren vffgerichteten Verträgen und darüber begriffenen schrifftlichen Recessen, dahin man sich hiemit geliebter Kürtze referiren thuet, ferner handlung zu pflegen und gäntzliche Vergleichung zu treffen, vor rathsamb befunden. Vnd alß sowoll Christian Krassow, dessen Schwiegervatter und Vormünder, alß Philipp Gützlaff Rotermundt für guth und nützlich zu allen Theilen befunden, daß wegen den, Christian Krassowen reservirten und fürbehaltenen Reluition endliche Richtigkeit mit Philipp Gütz-

36

d dessen Schwiegervatter bin-
Rotermunden vff alle fälle
llen schuldigk sein sollen, deß-
woll alß dessen Schwiegervater
re und güdter, so viell hierzu
aff Rotermunden, Krafft
ret.
Philipp Gützlaff Roter-
owen und dessen Vormündern
leten Pfandschillinges der drey
n Capital und Zinsen, daferne
gk sein sollte, gerechtt werden,
rassowen und dessen Vormün-
hungen und Quitungen wegen
bst einbringen und also wegen
der fünf tausend fünf hundert
ssowen und dessen Vormünder
.
ache wegen Verenßerunge Chri-
tzigk zustehende Erb- und Pfand-
schen ermelten Krassowen und
idene irrunge in der gühte gentz-
d vertragen.
nahlen Christian Krassow für
vorgepflogenen Rhatt obgedachten
Vormünder und **Litis-Curatoris**
chts und Gerechtigkeit, welches er
Patzigk belegenen, ihm Erb- und
gewesenen antheill gudts in Patzigk,
gantz reservirend und fürbehaltendt.
zung und fester vnverbrüchlicher gel-
egeben sich Christian Krassow,
und Vormünder aller begnadungen
und in künfftigen Zeitten wegen die-
statten kommen, so woll **in genere**
derheit aber renunciiren und begeben
**n non numeratae pecuniae, lae-
um, minorennitatis, resitutionis
fraudis, rei non sic, sed aliter
, nullitatis, reductionis ad arbi-
ppellationis, Item** der **Exception**,
n den Vormündern und dem **Pupillo**
len andern Außflüchten, wie die Nah-
cht werden mügen, **ita ut omissum
pro expresso habeatur**, wie auch der **Regula generalem renunciationem non valere nisi specialis praecesserit.** Eß soll auch zu mehrer befestigunge dieses Contracts **decretum judicis** darüber gesuchet und gebethen
werden. Deßen allen zu stetter fäster haltunge seindt hierüber zwo gleichlauttende Recesse vffgerichtet und so woll von
den Principalen alß Vnterhändlern denen WollEdlen, Gestrengen und Vösten Herrn Eccard von Vsedumben,
Fürstl. Pommerschen hinterpliebenen Landt-Rhatt und Landt-
voigtt vff Rügen zue Cartzitze und Liddow, Herrn Ernst
Berglasen bey dem Vor-Pommerschen Hoffgerichte bestal-
ten Rhatte zue Teschevitze und Losenitze, und Herrn Philipp Marten Norman zu Jarnitz und Buschevitze Erb-
und Pfandtgesessen, angebornen Pitzschafften besiegeldt und
eigenen handen unterschrieben. **Actum** Bergen, den 21.
Octobris **Anno** ein tausendt sechs hundert und drey und
viertzigk.

In mangel meines sigels Arendt Bonow. **m. p.**
Christian Krassowen. **m. p.** Daniel Krassow. **m. p.**
P. G. v. Rotermundt. **(L. S.)** Eccard von Vsedumb.
(L. S.) Ernst Berglase, mein eigen Hand. **(L. S.)**
Philip Marten Norman, mein eigen Handt, in man-
gel meines Siegels. Henningus Gerdeßen. **D. J. V.
in fidem rei sic transactae. (L. S.)**

No. 417. Anno 1650, den 10. Juli zu Stettin.

Nachricht wegen der Urkunden des Guts Wollin.

Aus dem Lehns-Arch.

Der Archivar und Lehns-Secretair Godofred Schrö-
er bescheinigt, daß vom Bürgermeister Mich. Wesche in
Vormundschaft seel. Dion. Günterhaken Kinder folgende
Documente producirt: 1) Den Wollinschen Kauf-Contract
nebst den **Documentis** geschehener Zahlung. 2) Den Dol-
lauer Pfand-Vertrag mit Krassowen. 3) Den
Permutations-Vertrag des Gütleins Wollin gegen Dollan zwischen seel. Günterhaken und gedachten seel. Krassowen, von denen vidimirte Copien
bei den Acten gelassen und die Originalia zurück gegeben.

---

image

not

available

kann oder mag, den Kauffschilling der sechstausendt Fl. in 4 Terminen also und dergestalt zu bezahlen, daß weil das Guth jetzo in zimlich schlechtem Zustande und zu dessen einrichtung ein großes wirt erfordert werden, der erste Termin nemblich 1500 Fl. von jetzigem **Judica** über 2 Jahr, als **Anno 1661** allererst fellig sein, die übrigen 3 Termin aber jedesmahl gleichfals 1500 Fl. in den nechsten 3 Jahren, als auf **Judica 1662**, 1663 und 1664, jedoch allemahl ohne Zinsen, unfehlbar und ohne einige Wiederrede erleget werden sollen, gestalt den desfals der Herr Käuffer nicht allein für sich und seine Erben mit allem Hab und Gütern, so viel jedesmahl dazu vonnöthen, hiemit caviret haben will, sondern auch daß verkauffte Guth bis zu erlegung des felligen **pretij** den Creditoren **pro hypotheca** verbleibet und krafft dieses reserviret wird.

4) Eß hat aber der Herr Käuffer hiebey außbedungen, im fall einige Totalruin des Landes (wofür der liebe Gott in gnaden bewahren wolle) entstehen solte, also daß man im Lande nicht bleiben und das seinige geniesen, also er auch einen oder andern Termin auffzubringen nicht bemittelt sein könnte, daß demnegst dasjenige, was fellig, bis auf das folgende Jahr möchte verschoben werden, alsdann solches ohnfehlbar und consequenter in den nehesten Jahren **in praedicto Termino** der Rest gleichfals erfolgen solte, welche **Clausulam** dann **Creditores** ihnen auch endlich gefallen lassen.

5) Als aber annoch zwischen der Frau Wittwe und Creditoren, wie auch derselben Vater, sich einige unabgerichtete puncten **in lite** sein, gleichwoll aber man vermeinet, daß irgents, inner Jahresfrist, annoch viel dabei geschehen könte, der proces aber insonderheit von dem gemeinen Anwalde ohne Mittel nicht befodert werden kan, für der Haubt auch in etzlichen puncten die **acta** zur Transmission stehen, wozu die **Sportulen** gleichfals unumgenglich eingebracht werden müssen, so hat gedachter Herr Käuffer sothane **Expensas** so viele **a dato**, inner Jarsfrist, dar auff gehen müchte, aus dem Guthe annoch, außer vorigen, zu entrichten über sich genommen, maßen auff beschehenes erinnern er die Nothurfft dazu zu reichen erböthig ist, damit also das gantze Werk zu völliger Entschaffr dermahlen eins gedeihen möge.

6) Wan nun das Werk also zum Stande gebracht und durch gewissen Abspruch einen jeglichen das seinige zuerkannt worden, soll demselben von debnen fesligen Terminen **pro rata et salvo cujusvis jure ex privilegio**, maßen des-

image
not
available

30. Novbr. zu Oergen.

t an Christian Kraf-
ig, der ihm von seinem
1200 Fl.

ns-Arch. zu Pansevitz.

iemit jedermenniglich, sonder-
von Nöthen, daß heute nach
denen Wolebelgebornen, Ge-
hristian Kraffowen auf
zesessen, an einem, und Herrn
ndern Theil, ein zu Recht be-
iederruflicher Kauf-Contract off
ndlung, wie es am kräftigsten
nnen oder mögen, mit gutem
d getroffen beliebet und be-
elbe folgender Gestalt gesetzet,
versiegelt.

gebachter Hr. Georg Krake-
unft den (dazu) belegenen Ka-
t seinem Weib und Kin-
ruder wegen der Forderung in
lagen, wie auch allen andern
und was darin erb- und nagel-
Ackern, Heiden, Weiden, Jag-
Jurisdiction, als höchsten und
andgericht, Herrlich- und Gerech-
gerechtigkeit, oder wie der Hof
itäten, Mahlen, Scheiden und
ehrermelten Hrn. Georg Kra-
ezen **jure proprietatis et Do-**
t worden, wohlgedachten Herrn
sowen Erb- und eigenthümlich
Geldes tradiren und einräumen,
nheit nach ohne jemandes Tur-
i gebrauchen, nicht weniger sich
ermann An- und Zusprache, des-
bere Gewähre zu sein, bei genug-
es Herrn Verkäuffers beweg- und
ütern, wo und welchen Orts die-
agen sein. Daentgegen aber hat

der Herr Käufer vor sich und seine Erben an baarem Gelde, guter gaukbarer wohlgeltender Müntze zwölfhundert Gulden, den Gulden zu 24 ßl. erleget, und dieselben oft wohlgedachten Herrn Verkäufer Georg Krakevitzen zu treuen Handen zugestellet und überreichet, maßen er dann solcher abgetragener zwölfhundert Gulden halber, vermöge dieses vom Herrn Verkäuffer gänzlich quitiret und los gesprochen wird. Und damit auch der Herr Käufer wegen seines zu eigen erkauften Guts nicht allein vor frembden, besondern auch Hrn. Georg Krakevitzen gesammten Lehnsfolgern vor einziger turbation und Behinderung um desto mehr gesichert sein möge, als haben wolermelten Hr. Georg Krakevitzen Erben und Lehnsfolger alles Erb- und Lehn-Rechtes sich kraft dieses Kauf-Vertrages hierunter bester maßen begeben und abgesaget.

Wollen auch Hrn. Käuffern und dessen getreuen Einhabern dieses, keinerleiweise in seinem erkauften Gute verunruhigen, oder sich deswegen einzigen Rechtes, welches sie zu haben vermeinen, anmaßen, besondern denselben und seine Erben darinnen geruhiglich schalten und walten lassen, zu dessen mehrer Bestärkung dann über diesen Kauf-Contract der hohen Landes-Obrigkeit gnädigste Confirmation erbeten und auf Herrn Käufers Unkosten angeschaffet werden soll.

Alles dieses ohne Gefährde und Argelist getreuwlich zu halten haben beiderseits Contrahenten für sich und ihre Erben auch resp. Lehnsfolger nicht allein allen und jeden **Beneficiis** und **Exceptionibus** geistlich und weltlicher Rechte **tam in genere, quam in specie, ita ut omissa pro expressis haberi debeant,** insonderheit **non numeratae pecuniae, doli, metus erroris calculi, fraudulentae persuasionis, simulati contractus, laesionis ex quacunque causa etiam enormissimae l. 2 C. Rescindenda Vendition: Juris prothomisionis rei non sic gestae, aliter fuisse dictum quam scriptum,** imgleichen **appellationis nullitatis etc.** und dann endlich der gemeinen Rechtslehrer Regul **Generalem renunciationem non valere, nisi specialis expressa praecesserit,** wissentlich und wolbebachtlich, wie es zu Rechte am kräftig- und beständigsten geschehen kann oder mag, hiemit renunciiret und abgesaget, sondern auch diesen getroffenen Kauf-Contract zu desto mehrer Bekräftigung eigenhändig unterschrieben und

image
not
available

Zubehörungen, dan das Guht Varsnevitz
m pertinentijs von einander gesetzet, bei
r aber alle onera feudalia, Priester- und
derogleichen praestationes behalten, diese
o Caveln gesetzet und darüber zugleich ge-
werden solle.

und fürs Ander sindt die auf den vorbe-
hafftende und in hereditate befindliche
bet und ist befunden worden, das nach zuer Liquidation der Fraw Wittwen Forde-
30 Fl. der Kinder erster Ehe auff 3270
en Creditorn vermöge angeheugter Desig-
h auff 17283 Fl. 10 ßl. betragen. Wan
:regten pretio und Taxe der Gueter diese
und danegst defalciret worden, was den
nder Ehe wegen ihres Bettgewandts und
:leget worden, und sich auff 300 Rthlr.
er Calculus dahin gezogen, daß annoch
len übrig geblieben, und weill hievon einer
zue ihrem Ehegelde 1111 Fl. 8 ßl. zue
'o ist das übrige unter den fünf Brüdern
n jeder davon 1333 Fl. 8 ßl. an seinem
halten und erlanget.

drittens dieses also fest gestellet und man
notturfft erachtet, die Gueter in zwei
'etzen und darüber zu sortiren, so sindt
denen etwa inskünfftige zue besorgende
gen und diesen bestmöglichst abbelffen
lichen Herren Interessenten nachfolgende
redet und beliebet worden, daß (1) die
und dero Kinder Forderung im guhte
nd daß die Creditores, welche hiebei sub
n, von deroselben aus der Vbermasse
Pansevitz und Züstin contentiret und
llen.

ürs (2) ist placitiret, daß, dafern dem
Ehe das guht Pansevitz cum perti-
lung zuefallen solte, er sothanes dem-
twen und ihren Kindern erblich über-
ieselbe mit ihrer Familie sonsten keine
vitz haben kan, selbiger und ihren Kin-
dahingegen das gedachte guht Varsne-
ssen staet annehmen solle.

Wie dan auch (3) zue solchem ende diejenigen Creditores, welche entweder generalem oder specialem hypothecam in Pansevitz haben, sothanem guhte cum pertinentijs abgebürdet und von gedachtem Herrn Sohn bezahlet oder auch von ihm diesergestalt vergnüglich versichert werden sollen, das die Creditores sich aller ansprache und etwa zuestehenden Juribus daran begeben und die Fraw Wittwe und dero Kinder im geringsten nicht behelliget werden sollen, immaßen dan derselbe auch sich bey ausdrücklicher Verpfändung seiner mütterlichen und väterlichen Foderungen auch aller andern seiner haabe und guetern sowohl itzigen als künfftigen sich verpflichtet, innerhalb Jahresfrist dieses, also nach antretung des guhts würcklich zue beschaffen, daß die Fraw Wittwe und dero Kinder zue jederzeit noht- und schadeles gehalten werden sollen, und hat der Herr Landraht und Landtvoigt Herr Wilcken Berglase und Herr Balzer Burchard von Plate sich hiemit verobligiret, vermittelst einsetzung ihrer haab und gueter, die bei Herrn Johan Hagemeistern stehende 2100 Fl. über sich zu nehmen und zue beschaffen, daß die Fraw Wittwe und dero Kinder desfals zuer Bezahlung nicht sollen adstringiret und incommodiret werden. Wie dan auch gleichergestalt Herr Balzer Burchardt Plate sich verbindlich gemachet, wegen seines Brautschatzes und Pfandschillings sich an Beickevitz, so weit es reichet, und im übrigen an Varsnevitz zue halten und desfals auf Pansevitz cum pertinentijs keine Prätension zu machen.

Solten aber (4) über die hiebey specificirten Schulden sich annoch einige herfür geben, oder auch die angegebene sich höher betragen, ist verabredet, das solche unter gesambten Erben proportionaliter gleich andern vorhandenen Creditis vertheilet und unter ihnen dividiret werden sollen, wobei auch verabredet, daß Keiner einige Schulden, sie rühren her wie sie wollen, ohne einwilligung der andern Interessenten, an sich handeln, vielweniger sich mit ihnen vergleichen solle.

Allermaßen dan auch (5) das Vieh und Fahrnüs, Saht und Brodtkorn (nachdem das letzte auff einen gewissen Preis gesetzet) auch andere Mobilien, so nicht Erd- und Nagelfest, nebst dem Zugkviehe, nach gehaltener Cavell unter den Interessenten getheilet, jedoch soll das Zugkviehe bis nach geendigter Sahtzeit bei einem jeden theile gelassen werden.

Würde aber (6) dem eltesten Herrn Sohn Mons. Hans Ernst Krassowen, so wenig das Gut Pansevitz als Varsnevitz in der Cavelung zuefallen, so soll demselben seine an

vor mich und in Volmacht Herrn
Wilken Berglase, als gezeuge.
mann, als Vormundt.

B.

rzeichniß
uf die Gueter Pansevitz und Güstlin
kommen:

...	8850 Fl.	—	ßl.
ꝛchter	8667 „	—	„
Betten und Leinen	600 „	—	„
Normann	1100 „	—	„
ꝛormann	90 „	—	„
	273 „	8	„
	20 „	—	„
	155 „	—	„
Erben	120 „	—	„
	250 „	—	„
	9 „	—	„
	20 „	—	„
Zoppe	40 „	—	„
	72 „	—	„
	41 „	—	„
	663 „	—	„
eines Jahrs Salar			
ꝛs-Kosten	62 „	—	„
Rechnung	4 „	—	„
Summa	21031 Fl.	—	ßl.

en Norman. m. ppr. Christoff
Margaretha Catharina von
stian Krassow nachgelassene Wittwe.
sow. m. ppr. Georg von Schwe-
vor mich und in Volmacht Herrn Mi-
lken Bergelase. m. ppr., als ge-
rnst Normann. m. ppr., als Vor-

rzeichniß
so auf die Gueter Barsnevitz und
Brickevitz kommen:

Mütterliches	3270 Fl.	—	ßl.
	3550 „	—	„
er	2100 „	—	„
zu übertragen	8920 Fl.	—	ßl.

übertragen	8920 Fl.	—	ßl.
Sehl. Daniel Krassewen Kinder	1083 „	—	„
Restirende Zinsen	18 „	16	„
Sehl. Paull Lemnii Erben	214 „	—	„
Krackevitzen Erben Capitall	4000 „	—	„
Zinsen so restiren	600 „	—	„
Gingster Kirchen-Capitall	961 „	—	„
Zinsen	33 „	8	„
Conrad Tonjes	63 „	—	„
Rappinsche Kirche	150 „	—	„
Superintend. Vossische	300 „	—	„
Jochim Normann	200 „	—	„
Der elteste Herr Sohn erster Ehe	1333 „	—	„
Die Trenter Kirche	251 „	—	„
Auf den Teschevitzer Acker	200 „	—	„
Ernst Warnecke	73 „	—	„
Schloman	61 „	—	„
Summa	19000 Fl.	10	ßl.

Philipp Martin Normann. m. ppr. Christoff Gagern. m. ppr. Margaretha Catharina von Holstein, sehliger Christian Krassowen nachgelassene Wittwe. Hans Ernst Krassow. m. ppr. George von Schwerin, als Vormundt und in Vollmacht Herrn Michel Bohlen. Wilken Bergelase, als gezeuge. Gützlaff Ernst Norman. m. ppr., als Vormundt.

Die Urkunde mit den Anlagen A. und B. ist auf vier mit gelber Seide in einander gehefteten Bogen Papier geschrieben. Die 9 Siegel sind in schwarzes Siegellack abgedruckt, achteckig und nicht groß. Das Siegel des Philipp Martin Normann zeigt im unten abgerundeten Schilde das gewöhnliche N. Wappen, den wachsenden, rechts gewendeten Adler über drei Rauten, auf dem mit Helmdecken gezierten Helm aber nur zwei in ein Andreaskreuz über einander gelegte Ruder, neben und über diesen die Buchstaben P. M. N. Das Siegel des Christ. Gagern zeigt im unten angerundeten, schräg rechts getheilten Schilde einen senkrecht stehenden doppelten Wiederhaken. Der mit Decken gezierte Helm zeigt 3 Straußfedern; neben denselben stehen die Buchstaben C. G. Das Siegel des J. Georg von Schwerin zeigt im unten abgerundeten Schilde eine Raute und auf dem mit Decken gezierten Helm 3 Straußfedern, neben denselben die Buchstaben J. G. v. S. Das Siegel

37 *

image
not
available

drückliche abrede getroffen, daß weiln der sehl. Herr Krassow einen auffsatz seiner Huffen bei der hochlöbl. Königl. Regierung eingegeben, Copei davon gebeten, und nach dessen einhalt, oder dafern einige andere nachrichtungen beizubringen sein werden, demjenigen theill, so darunter laediret, oder ein mehres an Huffen, als vorhin in den Registris oder Catastris enthalten, bei sich hat, Satisfaction geschehen und die Sache also wohl untersuchet und dieser Interims-Vergleich bis dahin gelten solle. Zu mehrerer Bestetigung ist dieses von anwesenden Interessenten unterschrieben.

Datum Bergen, am 23. Februar Anno 1671.

Willen Bergelasen. Michel Bohlen, in Vormundtschaft.

Philip M. Norman. Baltzer Burchard v. Platen.

No. 426. Anno 1681, zu Pansevitz, den 4. October.

Auseinandersetzungs-Vertrag der Kinder des Christian Krassow aus 2ter Ehe nach dem Tode der Mutter Margaretha Catharina, geb. von Holsten, abgeschlossen.

Aus dem Orig. im Haus-Arch. zu Pansevitz.

Im Nahmen der Hochheiligen Drey-Einigkeit.

Zu wissen sey hiemitt, als nach des Höchsten unwandelbahren Willen die Wollgebohrne Fraw Margaretha Catharina gebohrne von Holstein, des weyland Wollgebohrnen Herrn Christian Krassowen auf Pansevitz 2c. Erbsessen nachgebliebene Fraw Wittwe ohnlängst aus dieser Zeittligkeitt auffgelöset worden, und dannenhero nach vollgebrachter derselben Christ-Adelichen Leichbestättigung die hinterlassene gesambte Kinder der nothwendigkeit nach entschlossen, wegen der vorhandenen gesambten Verlassenschaft sich zu vereinigen und gute richtigkeit zu treffen, daß solches auch vermittelst anwesender Herren Vormündere und respective Anverwandten im Nahmen Gottes vorgenommen und deshalb zwischen denen dreyen Herren Söhnen und dreyen Jungfern Töchtern folgender Vergleich befodert und ins werk gerichtet worden:

Anfangs und zuerst, nachdem das Corpus Bonorum behörig untersuchet, und aus dem respective mütter- und brüderlichen Vergleich de ao. 73 den 12. April angemerket worden, daß die vorhandenen Lehn- und Gütter durch ge-

image not available

ien Geld fallen solte, die andern
ıgefallen, demselben gleichfals vor
führen gehalten seyn solle.

ıntragen möchte, daß einem von
Gut anfiele, auff solchen fall der-
t gegönnet, dem andern auff ao-
geben solle.

r Herren Gebrüder alle Zahlungs-
n in dem Jahr, darin sie vorhin-
ɔst eines jeden von der Zeit an
zwar allemahl in denen 3 ersten
das reliqvum abgegeben werden
das verfallene und lauffende in-
. 83 zum erstenmahl fällig ist.

ıen Schwestern, so lange sie un-
ben, ingesambt der gebühr nach
freie Wohnung in beqvemen Lo-
Hölßung, an- und abfuhr nach
germaßen nebst der Feuerung und
t haben und behalten sollen.

rgemeldte Jungfrauen auff dem
ande nach notturfftiger weyse ali-
nige Bruder, deme solches theill
render maßen erweisen solle, dem-
50 Fl. auff jede der Jungfrauen
irterin 20 Fl. gut zu thun. Es
ınen Jungfrauen die wahl, ob sie
unterhalten, oder an des Bru-

sfälle eines oder des andern der
ero Vatter Erbe und dessen hal-
das Lehn es allerdings bei mehr-
allewege sein Verbleiben haben

euen dieses Jahresrevenüen über
ıme etwas übrig bleiben oder sich
ore honorum gehörig, es mag
ılle, auffgeben solte, wird solches
in 6 theile getheilet, wie auch,
verificirte Schulde einige angeben
von den gesambten zu bezahlen.
ner jemandt der Crebitoren ohne

des andern Consens an sich zu handeln bemechtigett seyn solle.

Sonst ist achtens alles übrige, was an Mobilien vorhanden gewesen, als Silber, Zinnen, Kupfer, Messing, Leinen, Betten und Bettgewandt, wie auch Vieh und fahrende Haabe, in gleiche Theile getheilet, und durch die Cavell von einander gesetzet worden.

Worauff man neuntens zur Cavell der Güter geschritten, und ist gefallen Monf. Ulrich Adolph Geld, Monf. Ernst Detlof Pansevitz, und Adam Philip Bartzneviz, so alles mit Glückwünschung angenommen.

Schließlich haben nicht allein Herren Gebrüdere, denen die Güter gefallen, angenommen die Zahlung der abzuführenden Capitalien und Zinsen an den ältesten Herrn Bruder und Jungfrauen Schwestern ohnweigerlich sub poena paratissimae Executionis allemahl verschriebener maßen zu thun, besondern auch beide theile allen Exceptionen, Begnadungen und Wolthaten der Rechte, so woll in genere als in specie gäntzlich zu mehrer und steter festhaltung renunciiret und abgesaget, nebst der gemeinen Reguil. Generalem renunciationem non valere, nisi specialis praecesserit; also das tacitum pro expresso zu halten.

Uhrkundlich ist dieser Receß darüber auffgerichtet und von allen Interessenten, Herren Vormündern und Beyständen eigenhändlich unterschrieben und besiegelt worden.

So geschehen Pansevitz, den 4. October Anno 1681.

Ulrich Adolph Krassow. E. D. Krassow. (L. S.) Wilcken Bergelase, in Vormundtschafft. mppr. (L. S.) Adam Philip Krassow. (L. S.) G. E. Norman, als Vormundt. (L. S.) B. v. Rahden, als Beystandt. (L. S.) Achatz Heinrich von Platen, als Beystandt.

Demnach über die ½ portion zweer Jungfern Schwestern, so in Bartzneviz angeschlagen, gekavelt, so findt selbige bei der jüngsten gefallen. Dannenhero solches nachrichtlich anhero verzeichnet ist, und durch mich Not. Publ. attestiret wirdt.

So geschehen Pansevitz, den 5 October 1681.

U. Bezel, Not. Publ.
In fid. mppr.

image
not
available

Uebertragen	6382 Fl.	— ßl.
Auf eines Bruders portion dem Geld fallett	2959 „	— „
Eines Bruders gantze portion	3959 „	— „
Zweer Jungfr. Schwestern ⅔ portion ...	4400 „	— „
Jüngste Schwester gantze portion	3300 „	— „
Summa	21000 Fl.	— ßl.

Salvo errore omni praessert. calcul.

Die Urkunde ist auf 4¼ Bogen Papier geschrieben. Sie hat durch häufigen Gebrauch mehrfach gelitten und ist später neu geheftet. Die Siegel sind sämmtlich in rothes Siegellack abgedruckt. Die Gebrüder Ulrich Adolph und Adam Philipp Krassow haben sich eines und desselben Siegels, wie es scheint eines Siegel-Ringes, bedient. Es ist achteckig. Der längs getheilte Schild ist unten abgerundet; die vordere Hälfte zeigt den halben, vorwärts gekehrten, an die Theilungslinie gelehnten Stierkopf, die hintere Hälfte 9 Kleeblätter, 3. 3. 3. Der gekrönte mit Helmdecken gezierte Helm zeigt zwei mit den Schneiden einwärts gekehrte Sicheln, deren Rücken je mit 4 Pfauenfedern besteckt ist. Neben denselben stehen die Buchstaben **H. M. K.** — Es ist Tab. **XIII. No. 24.** abgebildet. — Das Siegel des G. E. Normann ist zu No. 423. beschrieben. — Das Siegel des B. v. Rahden ist achteckig. Der runde Schild zeigt in einem Kreise von 14 Kugeln (richtiger Rosen) zwei in ein Andreaskreuz über einander gelegte Streithammer, die sich auf dem gekrönten, mit Helmdecken gezierten Helm zwischen zwei Schwertklingen (Pfauenfedern?) wiederholen [1]. — Das Siegel des Achatz Hinrich v. Platen enthält das gewöhnliche Platensche Wappen.

No. 427. Anno 1686, zu Panserviz, den 20. Januar.

Adam Philipp Krassow überläßt das ihm in der Erbtheilung zugefallene Gut Varßneviz

1) Micräl beschreibt das Rahdensche Wappen im 6ten Buch seines „Alten Pommer Landes." Führen zween Streithammer, ins Kreuz gelegt, und etliche Rosen umher. Auf dem Helm aber zwischen solchen Streithammern einen Federbusch von Pfauen.

image
not
available

n Schneiden einwärts ge-
nit 7 Pfauenfedern besteckt
nem Handgriff ein Pfauen-
II. No. 25. abgebildet.

ind, den 13. Octbr. rc.

eutenant Ernst Det-
Pansevitz rc. und dem
helmine Edlen von

s-Arch. zu Pansevitz.

heyligen Dreyfaltigkeit
Stiffter des heiligen Ehe-
nder Theile mehreren auff-
rschafft, mit Consens und
rau Mutter und nechsten
ohrnen Hrn. Lieutenant
Erbherren auf Pansevitz,
Sponso an einem, und
Wilhelmina Edlen
Braut, am andern theile
beschlossen.

men das christliche werk,
en und placitiret, durch
vollenziehen, auch eines
s Leben fristet, hertzlich
ndgütige Gott in weh-
illen begebenheiten, die
cklich sein lassen wolle,
n andern ertragen hel-
im Trost und erwünsch-
andes durch Beystand

r, Frau Anna Clara
Wolffrathin, consti-
lgebornen Edlen von
ter Sustinirung one-
ichsthaler, davon die
ffte anstatt der Para-
das laut beigefügter
nd Leinen, Gold und

Silber, oder was sie ihr sonst aus mütterlicher Affection zu kehren wird.

3) Dagegen wohlgemeldter Herr Sponso seine vielgeliebte Braut und künftige Ehefrau, nach volfürtem Beylager mit einer Morgengabe von tausend Reichsthaler und landesgewöhnlicher Verbesserung auff oben gesetzte Ehegelder hinwieder versorget.

4) Was vierdens solchergestalt dem Hrn. Sponso dotis nomine zugebracht oder dessen Verlobten durch weiter Erbfälle erwachsen möchte, solches wie er es zu seiner Güter-Verbesserung oder Erweiterung und also zu beider Theile nutzen und Wollfarth anzuwenden befugt, so versichert er auch solches alles, mit seinen Güttern, wie es rechtens und Gewohnheit halber zum beständigsten geschehen kan und mag.

5) Solte dan der liebe Gott in diesem Ehestande sterbfälle kommen lassen, die die Güte des Höchsten nach seiner Gnade lange verhüten wolle, und es betreffe den Hrn. Sponsum und künftigen Maritum zuerst, wen solcher Casus unbeerbt, so nehmen die wohlgebohrne Auguste Wilhelmina Edle von Wolffrathin ihre dotem und was sie sonst ererbet und zugebracht, zurücke, hat auch den genuß von vorgeschriebener verbesserung, die Morgengabe und was ihr als einer adelichen Wittwen an Vieh und fahrender Habe, Kutsche und Pferden gehörig, was ihr von dero Eheliebsten vor oder instehender Ehe geschenkgt oder sonst vermachet sein möchte, empfänget und behält sie proprietatis jure nach den adelichen Privilegien und Wollinschen Landtages-Abschieden.

6) Betreffe aber solche Todesfall die vermählte edle von Wulffrathin zum ersten, so ist durch diese Pacta beliebet und beschlossen worden, daß auff den unbeerbten fall dem Herrn Sponso, was dieselbe an Möbeln, Gold, Silber und Kleinodien verlassen, imgleichen was sie ihm geschenket, wie auch die Helffte von dem Ehegelde und Paraphernalien vi pactorum dotalium eigenthümlich verbleibe.

7) Es ist aber beyderseits Eheleuten frey und unbenommen, wan sie durch testamentliche Disposition, was sie einander verschreiben, verbessern, oder das übrige gar schenken und geben wolten, immaßen ihnen solches durch diese pacta unbenommen, vielmehr ausdrücklich reserviret sein soll.

Uhrkundlich und zu mehrer Festhaltung renunciiren beide contrahirende Theile allen und jeden beneficien und wolthaten, so ihnen hinwieder zu staten kommen könnten oder möchten, in specie rei non sic sed aliter gesta, fraudulentae persuasionis, simulati Contractli und wie es

38 *

image
not
available

ı Brette richtig zu bezahlen,
:l., daß übrige aber an die
·res abzuführen, als welches

t und Mons. Ulrich Adolph
ven über Verhoffen nach des
rnst Detlof ohne Leibes-
n möchte, ihm alsdan alle
ng der Rechte und dem Erb-
getheilten Bruder jure suc-
en könte oder möchte unwei-

dem Hoffe Varßnevitz befind-
ßsaat, Brodkorn und übrige
diesem Vergleich nicht einge-
e nicht übergeben sind, son-
dolph Krassow zur freien
n jetzt und allewege vorbe-
ihm beim abtritt durch die
: Sachen an den Orth, wo-
t werden sollen.
es in allem unverändert bei
nd sistiret ein jeder nach des
· permutandis zu prästiren

und fester Haltung vorgehen.
Partheyen allen der Rechte,
ohlthaten, wie selbe schon er-
n kommen möchten, so woll
unciiret, nebst der gemeinen
iationem non valere nisi
daß tacitum allewege ex-
les bei adelichen Ehren und

eß darüber schrifftlich auffge-
n eigenhändig unterschrieben
.nno 1688, den 4. July auf

). C. D. Krassow.

A.

Specification dessen, was Mons. Ulrich Adolph Krassow auf Varßnevitz zu fordern hat:

Aus brüderlichem Vergleich nach der Theilung	3959 Fl.	—	ß.
Wegen der seel. Schwester Erbschaft	660 „	—	„
An Herrn Obristl. Klinkenströhm	100 „	—	„
An den Kauffmann bezahlet	1140 „	20	„
Der Rappinschen Kirche alte Zinsen bezahlet	31 „	—	„
Wegen Anbauung des Stalles	400 „	—	„
Summa	6292 Fl.	20	ßl.

(L. S.) C. D. Krassow.

Das runde Siegel des U. A. v. Kr. ist in schwarzes Lack gedruckt. Der unten abgerundete Schild ist längs getheilt. Rechts ein durch die Theilungslinie halbirter Ochsenkopf, links 9 Kleeblätter 3. 3. 3. Der mit herabhängenden Helmdecken geschmückte Helm zeigt 2 mit den Schneiden einwärts gekehrte Sicheln, deren Rücken je mit 4 Pfauenfedern besteckt. Es ist Tab. XIII. No. 26. abgebildet.

No. 430. Anno 1693, zu Stettin, den 20. Decbr.

Die Pommersche Ritterschaft verwendet sich bei der Regierung um Allerhöchsten Orts für alle begangenen Lehnfehler einen General-Pardon zu erwirken. Präsentirt d. 4. Januar 1694.

Aus dem Original im Lehns-Archiv. Aeltere Lehnacten des Geschl. v. Kr. No. 12. f. 5 — 8.

Memorial

an Seine Hochgräfl. Excell. und an die Königl. Regierung.

Eß haben Hinrich Ulrich und Adam Martin Gebrüdere [1]) von Krassow, wie auch Jürgen von Krackevitz sich bey der Ritterschaft vernehmen laßen, welchergestalt sie ihre altväterliche Stam-Lehne zu muthen willens, aber zur abstatbung deß Lehn Eydeß nicht admittiret, sondern vermittelst Bescheideß vom 11. December 1693 abgewiesen weren: wobey sie zwar den von der Königl. hochpreyßlichen Regierung theilß angemerkten, theilß vieleicht weiter anmerkenden „Lehnfehler“ agnosciren, jedoch danebst

1) Sind nicht Gebrüder sondern Gevetter. Anmerk. der Lehns-Canzlei.

zut, daß er a primo ac-
le nun gedachter Hans Jo-
. daß dieses der Casus sey,
h also befünde, und er den-
daß er die gesambte Hand-
et hette, abgewiesen were,
ils ein wieder die Disposi-
id dieses Landes-Privilegien
allgemeines gravamen ge-
n zu interessiren haben, daß
im von Sydow, als an-
herstammen, zur Erwerbung
ff begehren verstathet werden
Hochgräfl. Excellenz und der
und hochgeneigte Erklährung
.

1693.

mersche Ritterschafft.

Marlow, den 7. Febr.

ig, daß er bei der Hul-
i3 zugegen gewesen und
vier Brüder seine altvä-
n.

A. L. A. No. 12. f. 14.

Unterschriebener urkunde und
zu Wolgast in Anno 1663
den, unserm anjetzo Gottlob
Herrn, von Dero gesamm-
Pommern wohnhaften Va-
gster Unterthänigkeit präsen-
nung, ich nebenst andern mei-
wen, vor mich sowohl, als
noch unmündigen Brüdern,
Hinrich Ulrich und Carl
, Allerhöchstgedachter Ihrer
chneid zu Wolgast geschwo-
l. Mayt. Namen durch des
n Reichs-Admirals Wran-
en und Excell., in Gegen-
ichtungs-Werk verordneten

Herren Commissarien, mit gebührlichen Solennitäten, specifice mit Angreifung dero Hubs, wie gleich andern meinen Vettern, alle angestammete altväterliche Lehne drauf alsfort conferiret und verliehen worden, da ich dann auch zwar um einen Muthzettel instantz gethan, allein wegen Vielheit anderer drum zugleich Anhaltender, auch Nothwendigkeit meiner zu beschleunigenden Rückreise, selbigen so wenig damals, in so enger Frist meines Daseins, als nachgehends bei meinem Abwesen zu erhalten vermocht. Welches nicht allein mit andern noch lebenden Edelleuten, so bei dem Huldigungs-Acte mich gesehen, sondern auch vornemlich mit meinem körperlichen Eid, auf Begehren dazu, allemal bereit und erbötig bin (zu erhärten). Urkundlich hab auf Begehren meines geliebten Bruders Hinrich Ulrich von Krassouen diesen attestirenden Schein in forma probante eigenhändlich unterschreiben sollen und wollen.

Geschehen zu Marlow, den 7. Februarii Anno 1694.

Ernst Krasso.
Mein Eigen Handt.

No. 432. Anno 1694, zu Stralsund, den 4. Juli.

Ehe-Beredung des Capitains Adam Philipp von Krassow mit dem Fräulein Anna Hedwig Edlen von Wolfrath.

Aus dem Orig. im Haus-Arch. zu Pansevitz.

Im Nahmen der Hochheiligen und Hochgelobten Dreyfaltigkeit Amen

Kundt und zu wissen, daß durch Göttliche Providentz auch vorgepflogenen reiffen Raht beyderseits hochadelichen Familien zwischen dem wolgebohrnen Hrn. Capitain Adam Philip von Krassau und Sponso an Einem, und des wolgebohrnen Herrn Adolph Edlen von Wolffrathen, Ihre Kayserl. Mayt. weyland wolbetrauten Rahts und Residenten hinterbliebene Frau Witwen, der wolgebohrnen Frau Anna Clara Edlen von Wolffrathen, gebohrne von Uslar, an staat und von wegen dero hertzgeliebten Fräulein Tochter und Braut, der Wollgebohrnen Anna Hedewich Edlen von Wolffrathen am andern Theile, ein christlicher Ehebund auffgerichtet und geschlossen.

1) Wie dieses im Nahmen Gottes angefangene christliches Ehewerk forderfahmst durch priesterliche Einsegnung zu

image not available

und Piken) umgebene runde der rechten Hälfte ein aus der gekrönter Ochsenkopf mit einem ken Hälfte ein Querbalken und Kleeblätter, 3. 3. 3. Das Sie- abgebildet. Ulr. Adolph Kr. io. 25. abgebildetem Petschaft esiegelt.

———

Herr Schwiegersohn, der wohl t Philip von Krassow und ne Frau Anna Hedwig von und Aussteuer mitgegeben: Rthlr. — Vor einen Ring 300 ‑Perlen 392 Rthlr. — Ein -- Brasiletten 100 Rthlr. — uringe 30 Rthlr. — Knöpf ins nit 25 Rthlr. — Zwei silberne ei silberne Krüge 20 Rthlr. — ielgeld 10 Rthlr. — Guldene silberne Leuchter 80 Rthlr. — Paar Laken. — 21 Paar Kis- . — 12 Dutzend Servietten. — iden. — 36 Schnupftücher. — öcke — Kopfzeug, Ermelen und ffers 28 Rthlr. — Ein Scharp chzeit 200 Rthlr. — Zur Reise isch 100 Rthlr. — Vor 6 Wo- Noch einen Ringk 100 Rthlr.

n 14. Martii Anno 1694.
itbe Edle von Wolffrat,
G. v. Ußlar.

———

zu Schwerkvitz, den 31. März.

ssow bezeugt, daß Ernst allgemeinen Huldigung 1663 damals minderjährigen Brü- fangen.

n A. L. A. No. 12. f. 27.

, Hr. Hinrich Ulrich Kras- ersuchet, ich ihm mit einem attest, daß sein eltister Bruder, Hr. Ernst Krassow, der der allgemeinen Huldigung in ao. 63 gehuldiget, zue statten kommen möchte: So attestire hiedurch, daß ermeldter Hr. Ernst Krassow er in vorberegten 1663sten Jahre so woll vor sich, als im Nahmen seiner der Zeit noch minderjährigen Brüder, in specie auch des Hrn. Hinrich Ulrich Krassow, zugleich mit dem gesampten Geschlechte der Krassowen den schuldigen Lehneydt abgeschworen, und darauff von Sr. damahls hochgräffl. Excell. dem nunmehr hochseel. Reichsfeldtherrn Wrangeln mit der Successions-Gerechtigkeit auff alle angestammete altväterliche Lehne vor sich und seine minderjährigen Brüder, also auch vor Hrn. Hinrich Ulrich Krassowen (angemerket, sie von ihres seel. Vatters Todt an, bis sie erwachsen, ungetrennet zuesammen geblieben) belehnet worden: Gestalt habe ich bei obigem Huldigungsacte ihn nicht allein gesehen, sondern auch zugleich mit ihm an Sr. hochgräffl. Excell. des Hochseel. Reichsfeldtherrn Wrangels Hut gegriffen. Uhrkundtlich habe dieses attestatum in forma probante stellen, eigenhändtlich unterschreiben und solches auff erheischenden fall ferner zuebestätigen mich hiedurch erbieten wollen. So geschehen den 31. Martii Anno 1696 auff meinem Hofe Schwechevitz.

Hans Ekarb Krassow,
meine Hand.

———

No. 434. Anno 1697, zu Stralsund, den 12. März.

Wilken von Berglasen auf Teschvitz und Losentitz verkauft an den Obersten Ernst Detlof von Krassow auf Pansevitz das Ackerwerk Wüsteney für 3500 Fl.

Aus dem Orig. im Haus-Arch. zu Pansevitz.

Zu wissen ꝛc., das zwischen dem Hochwollgebornen Hrn. Obristen Ernst Detlof von Krassow, auff Pansevitz ꝛc. Erbherrn, Käuffern an einem, und dem wollgebohrnen Hrn. Wilken von Berglasen auff Teschevitz, Losentitz ꝛc. Erbherren, Verkäufern andern Theils, wegen des Ackerwerks Wüsteney, dato folgender Contract beliebet und geschlossen worden:

1) Verkauffet und tradiret Krafft dieses, der Hr. von Berglasen an den Hrn. Obristen von Krassow das

ibreas von der Osten und dessen
Kauff-Contractus de anno 91,
t, dieses verabredet und beliebet wor-
jochim Andreas von der Osten
Hufe in Schwetznevitz und ¼ Hufe
oder kurtz vereußern solten, daß Hr.
Erben alsdan die negstigkeitt zum
ß demnach heute unten gesetzten dato,
Osten und dessen Erben die Veräu-
Schwetznevitz vorzunehmen geresolvi-
er Ernst Detloff Crassow im
Petri in den Berglasischen Kauff
en diesen beyden Parteyen folgender
be 1 Hufe verabredet und geschlossen
erkauffet mit guten Vorwissen und
Andreas von der Osten und
von solcher 1 Hufe in Schwetznevitz
annoch davon hatt, umb und für
ulden, und weill 3 Morgen davon
hwetznevitz, nach Dubekevitz gehörig,
ablen veräußert sind, cediret der
d seine Hrn. Mitwer-Käufer dem
ven als Käuffern deßhalb alles
d Befugnis, selbige 3 Morgen be-
nd wieder herbeyzuziehen, und be-
n der Prätension, dafern inskünff-
r sich auffgeben möchte, daß mehr
den Scheiden und Gränzen dieses
ern solte, zumahln er solchen Vor-
entgelt zugleich übergiebet und gerne

et und genehmet der Hr. Obrister
lchen Verkauff wollwissendlich, be-
en behandelten Kauffschilling auff
r Summe 450 Fl. zu bezahlen.
n Hrn. Verkäuffern dem Hrn. Käu-
bergeben, zwischen beyden Parteyen

Balzer Raven) v. d. O. (? aus
on Wüsteney. — — Zu Bergen den
oachim Andreas v. d. Osten und
aß ihr mit Wilken Berglasen ab-
den Obristen Ernst Detloff Kras-
n, und quitiren dem letzteren, daß er
renden Forderungen bezahlt.

verabredet und einmüthig beliebet worden, daß dieser Contract als Particull des Haubt-Contracts gegolten und darin alle puncta und Clausuln, so weitt selbe hiebey einigermaßen zustatten kommen können oder mögen, dergestalt gelten sollen, als wenn sie hieselbst würklich exprimiret wehren. Gestalt dan beyde Theile allen Ausflüchten, Begnadungen und Woltathen der Rechte, sowoll in genere als in specie durchaus entsaget, also daß das nicht gesetzte für das ausgedruckte zu halten. Bey Renunciation der gemeinen Rechts-Regull: daß gemeine Verzeihung nicht gültig, dafern nicht die besondere vorher gegangen. Alles getrewlich und ohne gefährde. Zu dessen Uhrkunde ist dieses darüber schriftlich gefertiget und von beiden Seiten unterschrieben und besiegelt worden.

So geschehen Bergen, den 23. July Anno 1698.

Jochim Andreas von der Osten. (L. S.) E. D. v. Krassow. Vor mich und meine Miterben A. M. v. d. Osten. (L. S.) P. A. v. d. Osten. In Mangel meines Pettschafts.

In fidem rei sic gestae
subscr.
Ulricus Bezel, ut Not. Publ. ad req.
m. p.

No. 436. a. 37. Anno 1700, zu Falkenhagen, den 1. Febr. und zu Stettin, den 6. Febr.

Die verwittwete Edle von Wolffrat, geb. von Uslar, bittet, ihre Schwiegersöhne, Ernst Detloff und Adam Philip von Krassow, mit Falken- und Hennekenhagen zu belehnen und der Bescheid der Königl. Regierung auf dies Gesuch.

Aus dem Orig. in den S. A. L. A. No. 7. und im Haus-Arch. zu Falkenhagen.

Von Ihr. Königl. Maytt. zu Schweden zum Pommerschen Estat hochverordnete Herr General-Staathalter und Regierung.

Hochgebohrner Herr Grafe, Königl. Raht und Feldmarschall, gnädiger Herr, Wohlgebohrne Hochgeneigte Herren rc.

Ew Hochgräfl. Excell. und Gnaden, wie auch die Hochpreyßl. Königl. Regierung, unterm 21sten passato dahin

39 *

image
not
available

ouff Panſevitz ꝛc., die andere iſt
nna Hedwig, auch Edle von
e an den Königl Schwediſchen

tung der ſonderbahren freund-
eiterſeits legen einander tra-
r Almechtige nach dem unwan-
ohlgefallens Ihme ohne Men-
nit Tode verfallen laßen würde, Ehr
ir, beides die er noch ſelbſt im wirk-
ch die Gerechtigkeit oder das jus re-
zu Klevenow verhypothecirten gütern
em Bernd vom Hagen, ionſten
Mennlichen leibß lehns Erben oder da
rüdern vnd dero Kindern et ordine
enliche geſchlechte, gönnen vnd alſo
n vnſern Fürſtenthumben dadurch bei-
rn gnedigen Conſens zu ertheilen in
ben wir diß ſein vnterthenigeſ ſuchen
d woll erwogen, aller Billigkeit ge-
ch vnd verwilligen krafft dieſes, in
· Kunigliche Würde von Deunemar-
Oheim vnd Schwager deßwegen bei
rei, wolwißentlich vnd wolberechtig-
it woll erinnert, von niemand verlei-
wir krafft habender regalien an den
t tragen, dafern Henningk vom
es ohne Menliche leibß Lehns Er-
Mitbeſchriebenen, wie deren anitzo
ne Henningk vom Hagen hin-
nd pertinentiis, nichts davon aus-
vir darum nach Ordnung der Rechte
ivestiret vnd belehnet werden ſol-
iſern Fürſtenthumben belehnet wer-
wer, doch mit den Conditionen vnd
it Henningk vom Hagen, vnd
en Hauſe ſich jederzeit verwandt
hiebei berichtet worden, daß dieſe
ruhenden hochſeligen Hern Vatern,
den ſein ſoll, So wollen wir alſo
hung in Vnſern Fürſtenthumben
neciſſion verzeigen laßen vnd deren
ſundenen Sachen vnd mit Ihme
Intereſſe daran haben mochte, alſo
Urſach haben ſellen, ſich desdalb
age zu beſchweren, vielweiniger
genannt, derwegen im die geringſte
denſelben damit allerdings ver-
Verwandtſchaft des Henningk
n Hagen, ſonſt Geiſt genannt,
und exiſtirte auch nicht. Die
ilie des Letzteren habe ich unter

Capitain, Herrn Adam Philipp v. Kraſſow, und dan allerſeits von Ihnen mit einander erzeugte eheliche Leibes- auch Lehns-Erben. Geſtalt der Herr Obriſter v. Kraſſow

dem Art. Geiſt und Hagen, in Joh. Friedr. Gauhens Adels-lexicon, Leipzig 1740. I. S. 463, gefunden. Henningk vom Hagen, Fürſtl. Wolgaſtiſcher Kammerjunker, zu Falkenhagen, Gerdeswolde und Willerswolde Erbſeßen, ſtarb den 3. Januar 1626. Jacob Warendorf, Paſtor zu Reinberg, hielt ihm die Leichenpredigt, die zu Greifswald in demſelben Jahre gedruckt iſt. Mit ihm erloſch ſein altes Geſchlecht, nicht mit Ulrich vom Hagen auf Haushagen (in Mecklenburg † 1634) wie bei Bagmihl a. a. O. geſagt iſt. Das pommerſche Geſchlecht führte einen längs getheilten Schild. Rechts 9 Kugeln oder Pfennige, 3. 3. 3. Links 2 ſchrägrechte Flüſſe. (Nach dem Siegel des Jasper v. H. 1482 — 1507 und ſeines Sohnes Lorenz). Bei Bagmihl a. a. O. ſind nach einem dort Tab. VI. abgebildeten Siegel v. J. 1439 die Flüſſe rechts und die 2. 2. 2. 2. 1. geſtellten Kugeln links geſtellt. Der Helm zeigt eine wachſende Jungfrau. Das mecklenburgiſ. Geſchlecht vom Hagen führte nach v. Medings Nachrichten von adlichen Wappen II. S. 220 (No. 319) im goldenen Felde einen ſchwarzen Bärenkopf, der ſich mit drei neben einander ſtehenden Pfauenfedern beſteckt auf dem Helm wiederholte. — In Folge der Belehnung des Berndt vom Hagen, ſonſt Geiſt genannt, entſtand jetzt wohl zwiſchen ihm und dem Hauſe Putbus ein Streit über die Lehnfolge in den nachgelaſſenen Gütern Falkenhagen ꝛc. — „Vff Wolgaſt in hochgedachter vnſer lieben Schweſter Annen, Geborenn zu Stettin Pommern, Hertzoginnen zu Mekelburg, alhier gehaltenem Fürſtlichen Beylager, den 10. Monatstagk December 1588“ hatte Herzog Ernſt Ludwig von Pommern ſeinem „oberſten Prälaten, Landrath und lieben Getreuen, Ludewig, Herrn zu Putbus und Comptor vff Wildenbruch“ das Dorf Niſtlitz auf Rügen verliehen. In der Verſchreibung heißt es dann noch wörtlich weiter: „Ferner haben wir Ihme Herr Ludewig zu Putbus vnd ſeine menliche Leibes-Lehns-Erben, hiermit vnd in kraft dieſes verſchrieben bewilligt und zugeſagt, welches Lehn under der Orſtine, der Spiekerſchen, Jasmunde oder der vom Hagen erſt eröffnet wird, das ſolches, es ſei das eine oder das andere, ſo erſtlich eröffnet wird, Ernſt von Putbus, vnſeren Pahten, anſtatt vnſere Ihm verſprochene begnadung ſollen unwiderſprechlich eingeantwortet werden.“ — Das Recht war alſo ohne Zweifel auf Seiten der Herrn zu Putbus, da ihre Expectanz die ältere war, und eine Abfindung derſelben nicht ſtattgefunden hat. Inzwiſchen waren ſowohl der damalige Senior des Putbuſſiſchen Hauſes, Volkmar Wulf Comptor zu Wildenbruch, der die Rechte der beiden noch minderjährigen Söhne des älteren bereits verſtorbenen Bruders, Ernſt Ludwig Putbus († 1615) mit vertrat, als auch Berndt vom Hagen, ſonſt Geiſt genannt, von den traurigen und ernſten Geſchäften ihrer Zeit in hohem Grade in Anſpruch genommen, erſteren im Dienſte ſeines Vaterlandes als Statthalter des Herzogthums Wolgaſt, letzterer im Dienſte des Königs Chriſtian IV. von Dänemark. Als General und Ober-Marſchall ward er in der Schlacht bei Lutter am Barrenberge gefangen (Gauhen's Adels-Lexicon. I. 463.). — Pommern, beſonders Vor-Pommern, ſelbſt war in den

image
not
available

den Gnade und Barm-Hertzig-
Retrovenditions-Jahre, welche
Hr. Obrister Saurbrey v.
des Lehn-Gubtes Falkenhagen
pertinentiis an Mich, Ihm,
Kindern, im Kauf-Contractu
nunmehr notorie verfallen und
, von Seytten des Hr. Obri-
rg, ist weiter bey Mier kein
n, sothanen Reservati sich zu
standa und Satisfaction von
er welchen Umständen das
tinentiis unwiederruflich ber
hro verbleibet, insonderheit,
massen, Gott sey Dank,
und desfals Eine lehns
vermöge unsers Contractus,
nach geschehen, daß ofige-
Hr. Obrister und der Hr
wen und man sie über
en könnten, Ihren Hrn.
-Gütern, wegen ihre Fr.
n, bey vorseinder Erb-
n- und Henneckenhagen,
t gnädigstem Consensu
Anno 1693 Ich von

brey von Sauerburg
Edlen von Wolffrath,
eimen-Rath, und mehrerer
g ist zu Goslar den 22.
r Ehe waren, Auguste
ff von Krassow, und
pp von Krassow, ge-
t sie nach Stralsund ge-
stens im Sommer das
rey sich nicht zur Ein-
zur derzeit einfallenden
rson zur Muthung des
rer, einen ihrer lehns-
Januar 1700 von der
enn Supplicantin sich
en sie das Gut quae-
n wolle, ihrem Petito
deferiret und derselbe
solle." Hierauf ward

dem Hrn. Obristen Saurbrey v. Saurburg Erb- und eigenthümlich an mich und meine Erben erkauffet, üblicher und bester massen Rechtens belehnet, nur allein, das ein solches meinem in diesen Gütern acquirirten juris crediti unpräjudicirlich bleiben, daher auch ad dies vitae, das jus possessionis, nec non utendi, fruendi ungekrenket mir gelassen und nach meinem, Gott verleihe sehligen Abschiede, consolidiret und den rechten nach unter ihnen eingetheilet werden möge. In welcher hohen Zuversicht verbleibe Ew. Hochgräfl. Excell. und Gnaden, wie auch der Hochpreyßl. Königl. Regierung unterthänigst demüthigste

(L. S.) Wittbe Edle von Wolffrat,
G. v. Uslar.

Falckenhagen, den 1. Februar Anno 1700.

Unterthänigstes gehorsahmstes Memorial von Seiten der Fr. Residentin Edlen v. Wolffrat wegen der Erb- und Lehn-Gühter Falckenhagen und und Henneckenhagen cum pertinentiis.

Hierauf erfolgte nachstehender Bescheid:

Von Ihro Königl. Maytt. zu Schweden zum Pommerschen Estaat verordnete General-Staathalter und Regierung.

Auf der Frau Residentin von Wolffrathen wegen der Lehngüter Falken- und Henneckenhagen cum pertinentiis eingereichtes Supplicatum ergehet hiermit zum Bescheide: Daß man auf der von der Supplicantin ertheilten Declaration geschehen lassen, daß ihre Schwiegersöhne, der Oberste und Capitain Krassowen wegen der an die Güter Falken- und Henneckenhagen habenden Lehns-Rechts bei der hier angesetzten Huldigung den gewöhnlichen Eid entweder selbst, oder da sie legales causas absentiae haben, durch einen mit specialer Vollmacht dazu versehenen Gevollmächtigten, welcher solchen in ihrer Seele abstattet, abschwören mögen.

Stettin, den 6. Februarii Anno 1700.

J. Mellin.
C. L. Müller von der Lühnen. C. v. Schwalgh.
B. C. Jäger. B. Schwallenberg. M. Lagerström.
C. Lillienström.

Bescheidt
für die Fr. Residentin von Wolffrathen.

image
not
available

Linie stadt nach dem Lehn-
507 Schweichevitz, Salle-
r des Hertzogs Philippi
Januarii 1642. Vermöge
Ludovici de Anno 1579
gesampte Hand mit denen
die Lütke-Helle, Russevitz
Teschevitz und Süwelin ge-

et der Zuhmen (so ausge-
awen wegen.

—

er Hand des Cantzlers C.

hubrieffen werden nur derer
ch bey jüngster Huldigung
stattet haben, vorhero aber
derie Christian Craf-
seligen Melchiors Sohn
drey Wochen durch einen
en Substitute, wo er selbst
kan, den Lehneid hier ab-
s pupillen Alters alsofort
ndeute, daß er sich zu Ab-
iger Zeit angebe oder ge-
r nichts legales zu seiner
ach den Lehnrechten mit
für die Pansevitzer und
von dem Hertzog Ernst
ertheileter und von Her-
erer Lehnbrief inseriret
; für dem Obersten Ernst
Bruder, dem Capitain
egen der Ihnen in spe-
eldet wird, absonderliche
Veickevitzer Crassowen
n dem Landgerichte zu

weickewitzer Crassowen
hnbrief de Anno 1507
Julii Confirmation zu
Hand, so sie mit den

Pansewitzer Crassowen an Lütke-Helle und andern Güther haben, zu berühren.

No. 439. Anno 1701, d. d. Bergen, den 4. Januar.

Die Erben des Jürgen Steffen v. Platen zu Ganskevitz ꝛc. verkaufen der Wittwe des Heinrich Ulrich Krassow ihr Recht in Trochendorf.

Aus dem Orig. in A. L. A. No 23. f. 3 – 6.

Nachdem des sel. Hrn. Jürgen Steffen v. Platen zu Ganskevitz, Erb- und Unrow Pfandgesessen Erben, eine große Forderung im Gute Trochendorf auf Jasmund in Concursu et prioritate ersieget, dies vom Hofgericht confirmirt und von demselben in Trochendorf immittiret, auch die Forderung der übrigen Crediteren per Cessionem an sich gehandelt, daß sie solcher gestalt das ganze Gut Trochendorf c. p. zu ihrem Posses ꝛc. allein bekommen; vor einigen Jahren aber seel. Hrn. Heinrich Ulrich Krassowen zu Veikevitz Erbherrn, vermöge eines Vergleichs auf gewisse Maaße zu einer Pension eingethan und ihm darin die Nächstigkeit zum Kauf gelassen, welche auch nach dessen Tode der Wittwe und den Kindern zugestanden;

Als sel zwischen des seel. Jürgen Steffen v. Platen Kinder und Erben, als der wohlgebornen Frau Margaretha Eva v. Platen, des weiland wohlgebornen Hrn. Wilken v. Platen auf Subzow Erbherrn nachgelassene Wittwe, und Hrn. Jürgen v. Platen auf Ganskevitz Erb- und Unrow Pfandgesessen an einem, und Frau Judith Sophie v. Gagern, Hrn. Heinrich Ulrich Krassowen Wittwen und dero Kinder am andern Theil, wegen obgedachten Rechtes an Trocheudorf, folgender Contract geschlossen:

Es überlassen J. St. v. Platen Erben ihr gesammtes Recht an Trochendorf, es möge Namen haben wie es wolle, an der Wittwe v. Krassow für 3150 Thlr., wovon 2000 Thlr. am nächsten Petri ausbezahlt werden, der Rest von 1150 Thlr. im Gute bis zur erfolgenden Kündigung stehen bleibt und mit 5 pCt. verzinst wird. Doch haftet die Wittwe für diese Summe mit ihren sämmtlichen Gütern und bleibt in specie das Gut Trochendorf dafür Hypothek.

40

der gemeinen Rechts Regul
non valeat, nisi specialis
haben so woll die Principalen,
ren Hrn. Verstände und Ge-
und mit dero Pittschafft be-
, den 21. April Anno 1702.
Witwe Edle von Wolff-
L. S.) E. T. v. Krassow
n, geb. v. Wolffrathen.
L. S.) Krassow. (L. S.)

ordat cum originali
F. v. Engelbrechten.

—

Stettin, den 2. Juni.

f und Adam Philip
hagen und Henneken-

bio zu Falckenhagen.
eden rc. zum Pommerschen
halter und Regierung
ermit für Allerhöchst ge-
n allergnädigsten Könige
daß, als der Herr Ober
rey von Saurburg,
aria Sophia Saur-
Fischerin, das von
buß vormahls verkauffte
nentiis, an seine Fr
Edle von Wulffrath,
n, in Anno 1693 den
n, jedoch unter folgen
Jahre a dato Con-
ern frey und verbehal-
den behandelten Kauff
hlr. an ein und zwei
darinnen es damahlen
an erweislichen nöthi-
kauffen, derowegen,
ander folgenden sechs
en, der Herr Oberster
sich dazu angeben und

den Kauffschilling erlegen würden, derselbe ungeweigert angenommen, und das Guht retrovenditionis titulo, wieder abgetreten werden sollte, dafern aber inner gesetzter Zeit nicht von selbst der Herr Obrister, dessen Frau Eheliebste oder Erben sich meldeten, sollte alsdan das Guht unwiederrufflich bey Fr. Käufferin und dero Erben, wen unter diesen eine männliche lehnsfähige Person wäre, bleiben, dann sonsten Fr. Käufferin einen lehnsfähigen Käuffer zu suchen und selbigen dem Herrn Obersten und dessen Fr. Eheliebste und Erben zu verkündigen, und wann auch dann nicht inner drey Monathen zum Wieder-Ankauff Verfügung gemachet würde, das Guht, mit Vorbewußt und Consens der Königl. Regierung, anderwerts zu verkauffen, respective verbunden und bemächtiget seyn solte, wie solcher Kauff-Contract und Verabredung den 9. October Anno 1693, von der Königl. Regierung confirmirt worden. Nachdem nun die verabredeten sechs Jahre verflossen, und die allgemeine Erbhuldigung Ihrer Königl. Mayt. Unsers allergnädigsten jetzt regierenden Königes und Herrn, herbeynahete, hat sich die Fr. Residentin von Wolffrath gemeldet, und wenn das bedungene Retrovenditions-Recht des Herrn Obersten von Saurbrey exspiriret, gleich andern Vasallen, statt Ihrer, ihre lehnsfähige Erben zu admittiren, gebehten, darauff auch den 21. Januarij zum Bescheide erhalten, daß wenn Sie sich erklähret haben würde, an welchen von Ihren lehnsfähigen Erben sie das Guht quaestionis abtreten wolte, ihrem petito alsdann, nach Anleitung des Kauff-Contracts deferiret und derselbe bey der angesetzten Huldigung admittirt werden solte. Worauf sie den 6. Febr. Anno 1700 in einem eigenhändig unterschriebenen und untersiegelten Memorial an die Königl. Regierung, ihre beyde Schwiger-Söhne, den Herrn Obersten Ernst Detloff und damahligen Capitaine, itzo gleichfalls Hr. Obersten Adam Philip, Gebrüdern die Krassowen und ihre Kinder, die Sie damahlen hatten oder ferner bekommen möchten, benennet und gebehten, nachdem nicht nur die bedungene sechs Jahre, sondern auch die vier noch darüber accordirte Reluitions-Monahte verflossen, und der Hr. Oberster Saurbrey sich nicht gemeldet und den Wiederkauf begehret hätte, mit denen Gühtern Falkenhagen und Hennekenhagen cum pertinentiis, wegen ihrer Eheliebsten Kinder und Successoren, üblicher und bestermaßen zu belehnen gebehten und sich selbsten nur ad dies vitae das Jus Possessionis nec non utendi et fruendi ungekränket vorbehalten, nach ihrem Tode aber, daß sie zu ihren übrigen

40 *

image
not
available

ldam Philipp von

h. zu Falckenhagen.

Jottes

Demnach die weylandt
verwittweten Residentin
v. Uslar, in Anno
en seelig verstorben, und
ch weilandt wollgebohr-
Wolffradt, Römischer
th, auch Chur-Cölnischen
Hamburg, erzeugte zwo
Wilhelmine, an den
tloff von Krassow,
sten über ein Regiment
ügen, und die wollge-
ch wollgebohren Herrn
t. M. zu Preußen be-
ngover wie auch ein Re-
Sr. hochf. Durchl. den
jetzo vermählet; in
no 1685 auffgerichte-
lsten May 1701 wie-
binnen ihrer gantzen
mehro, nachdem die
ie celebrirte Exe-
aselbst in des wollsel.
St. Michaelis-Kirche
r aus der Campagne
s außer dem Glans-

1,
1,
2, und
1½.
Obligationen und
und Begräbniß in
: Falkenhagen, in
richtig unter sich
it. A. beiliegende
en Specificatio-
aufweisen: So
Falkenhagen, als

welches die wollseel. Fr. Residentin, wie solches Anno 1693 den 12ten August von dem S. T. Hrn. Obristen Saurbrey von Sauerbourg, dieser aber in Anno 1686 den 13ten April von dem Hrn. Baron Ernst Ludwig zu Putbus Erb- und Eigenthümblich an sich gekaufet, noch bey Lebzeit den 6ten Febr. 1700 in einem eigenhändig unterschriebenen Memorial an die K. Regierung Ihren vor wollgenandten beyden Hrn. Schwieger-Söhnen (so auch bey der allgemeinen Erb- und Landes-Huldigung am 14ten Februar ej. a. nach abgestatetem Lehn-Eyde, damit Einhalts darüber sub dato Stettin, den 2ten Juni 1703 ausgefertigten Lehnbriefes würklich belehnet worden sind), reservato ad dies vitae jure possidendi nec non utendi et fruendi, bereits übertragen hat, die Richtigkeit getroffen und zwischen den beyden Hrn. Obristen Gebrüdern v. Krassow, mit Genehmhaltung ihrer beyden anfangs wollgenandten Fr. Fr. Eheliebsten, nachfolgender Vergleich gemacht worden.

1) Der ältere Bruder und Obrister, Ernst Dettloff von Krassow, überläßt sonder Cavelung an den jüngsten Bruder und Obristen, Hrn. Adam Philipp von Krassow, das Erb- und Lehnguth Falkenhagen und Henneckenhagen, mit allen pertinentiis, dazu gehörigen Unterthanen, Herrlichkeiten und Gerechtigkeiten, wie es die wollseel. Fr. Residentin von dem Hrn. Obristen Saurbrey von Sautbourg erhandelt, bishero besessen und genossen hat, ohne jenige Reservat und was hierin exprimiret ist, cum omni Dominio, jure et Commodo solches auf sich und seine männliche Leibes- und Lehns-Erben zu bringen, und zwar für denselbigen Preyse, als die wollseel. Fr. Residentin es erhandelt und gesetzet, nemlich: für 13000 Thlr. Courant, bekombt auch die Ihm wegen seiner Fraw Liebsten Erbportion, hievon zustehende Hälfte, als 6500 Thlr. in vollgültigen ⅔ Stücken von dem jüngern Hrn. Bruder auf einem Brette und in einer Summa (nur daß 500 Thlr. davon mit gewissem Bedinge, wie unten gemeldet werden soll, bestehen bleiben) richtig in termino Johannis Babptistae a. c. bezahlet; bis dahin aber behält Er specialem Hypothecam cum constituto vel potius reservato possessorio in dem Gute Falkenhagen und bedinget ex mora die Zinsen von dato an.

2) Für die brüderliche Faveur, daß der älteste Hr. Obrister sich seines Rechts und der Cavel begiebt, zahlet der jüngste Hr. Obrister jetzo bahr 275 Thlr. und tritt derselbige

image
not
available

lage 1. Litt. A.
n über die gantze Verlassenschafft der
Frauen Anna Claren verwittibten
Wolffraht, gebohrnen von Us-
nventario, welches der wollsebl. Frau
dato Falckenhagen, den 21. Juny
ten durch ihren Schreiber Hrn. Ni-
ffsetzen lassen, und von mir Nota-
o 1703 den 23. May erfolgten se-
Juny et seqq., auch in folgender
n Fr. Fr. Oberstinnen von Kras-
gantze Hauß zu Falkenhagen und
d Kasten genaw überall durchgesu-
, verfertiget und in gegenwertige
n et seqq. Febr. Anno 1705 die
acht.
time reqvirirten Notario
Henrico Gesterbing.

A.

mobilibus.

gen mit den Pertinentien und mit
nd Sommerkorn, auch allem Vieh,
chaaffen, Schweinen und kleinem
und einigem Hausgerähte nach
der Loitzer Pacht und Jurisdic-
.... 12300 Rthlr.

eile oder Kucksen,
t 1
g Wilhelm 1
iel 2
is 1½
Bericht so dorther
opter .... 1000 „
benstandt in St.
Hamburg, so der
ir sich und seine
, fält nach der
die Kirche.

13300 Rthlr

arschaft.

rschen Herren Erben aus Rostock
ebzeiten noch bezahlet, sind nach
.... 412 Rthlr — ßl.

Von der Fr. Pütterin an Capital und
Zinsen .... 1300 Rthlr. — ßl.
Für den verkaufften schwartzen Wallach 60 „ — „
Die Stubte hierzu ist, wie der wohlsel.
Fr. Residentin Wille gewesen, dem
Hrn. Lieutenant von Rhaden ver-
ehret worden.

1776 Rthlr. 45 ßl.

3. An gemüntzetem Gold und Silber.

Laut der wollsel. Fr. Residentin eigenhändigen Auffsatz ist in dero Spartopf itzo annoch verhanden befunden worden: 11 Goldstücke, 21 kleine Goldstücke, 40 Schawstücke, groß und klein, in einem Beutel, 31 allerhandt Rthlr., 21 große Schawthaler, 1 Rthlr. 32 ßl. an doppelten Schillingen, 31 kleine Mariengroschen, 30 halbe Reichsthaler, 8 Reichsöhrter, geschätzet etwa wehrt 400 Rthlr.

4. An Juelen und Prätiosis.

Ein Diamanten-Ring mit einem großen Taffelstein, so aber dem wollsel. Hrn. Residenten Edlen von Wolffraht gehöret, in Hamburg taxiret 300 Rthlr. — Ein Diamant-Stück um Halß mit der kleinen güldenen Kette, taxiret 200 Rthlr. — Ein Stück Einhorn, gewogen 2 Loht, à Loht aestimiret 2 Ducaten, 10 R:hlr. — Ein gülden Pittschafft ohngefehr von 6 Ducaten, 15 Rthlr., zusammen 725 Rthlr. — 40 Böhmsche Steine. — Ein Stück Metall, vergüldet, ¼ lang.

5. An gemachtem Silber.

Ein Gißbecken mit der Kanne. — Eine große Schüssel. — Sechs Teller. — Zwei getriebene Teller, wovon einer vergüldet. — Zwey große Leuchters mit Döppen. — Sechs große Tümmlers, wovon einer mit dem Deckel. — Sechs kleine Tümmlers. — Eine getriebene Kanne. — Zwölff Löffell. — Zwölff Gabeln. — Ein groß vergüldeter Becher mit dem Deckel. — Ein Vorlegelöffell. — Zwölff Becher ziervergüldet. — Ein kurtzer Becher mit dem Deckel. — Eine Zucker-Käste. — Ein Topff mit dem Deckell. — Ein Schüssell-Krantz. — Zwei kleine gläserne Flaschen mit silbernen vergüldten Schrauben. — Drey dito mit silbernen ächt vergüldeten Schrauben. — Zwei kleine Portzellaine Krüge. — Zwei kleine Brantweinsschälchen. — Zwei kleine dito Sackschälchen. — Vier gelbe Krüge mit silbernen vergüldeten Deckeln. — Ein weißer Weinkrug mit dem silbernen Deckel. — Zwei Saltzfässer. — Zwei Pfefferdosen. — Zehn vergül-

image not available

N. B. Hiervon hat der Hr. Landrath Olthoff bey sich das Original und ist eine vidimirte Copie alhier itzo vorhanden.

11. Newer Lehnbrieff für die beyden Hrn. Obristen und Gebrüdere Ernst Detloff und Adam Philipp die Krassowen über Falkenhagen und Henneckenhagen, de dato Stettin, den 2. Juny Anno 1703 auff Pergament in einem francoischen Bande mit einem anhangenden Insiegel in einer hölzernen Capsel.

Nebst einer Quitung des Hrn. Regierungs-Rathes und Lehn-Secretary Lagerström auff 140 Rthlr. wegen des Lehnbriefes, de dato Stettin, den 20. July 1703.

12. Testament und Dispositiones der wollsel. Fr. Residentin Edlen Wittwen von Wolffraht nebst einem generalen Auffsatz ihres Vermögens.

13. Ein Convolut Obligationum, als:

Berend Harries auff 500 Rthlr. Species, de dato Stralsund, den 14. August 1688.

Johann Ernst Kauffmanns auff 200 Rthlr. Courant in ⅔, de dato Goslar, die Bartholomaei Anno 1671.

Christian Otto von Brachelln auff 78 Rthlr., de dato Leipzig, den 26. Nov. 1674.

Hr. Hans Christoph von Kreckeviz auff 500 Rthlr., sub dato Großen Gotern in Thüringen, den 29. May Anno 1672.

Gedruckte Obligation Freilebens auff 50 Rthlr. Conrant, sub dato Hamburg, den 29. August 1683.

14. Ein Convolut Briefschaften, davon der Hr. Landrath Olthoff die Originalien hat, die Copien aber in Anno 1702 den 9. May von dem Notar Henr. Gesterdingen zu Falkenhagen vidimiret worden, als:

(1) Sehl. Hrn. Vischers Testament, de dato Goslar, den 4. September 1667.

(2) Haubt-Transaction mit dem Hrn. Obristl. Saurbrey, de dato Goslar, den 7. Februar 1687. Hievon fehlet die Copie.

(3) Präliminar-Vergleich zwischen dem Hrn. von Wolffraht und dem Hrn. Oberhaubtman Rosenbach, wegen Renunciation des Vischerschen Testaments und beliebte Succession ab intestato gegen andere paciscirte Conditiones. Goslar, den 19. January 1672.

41

:: Jurisdictionalia und andere Briefe,
ben müssen.
wichtige Abrechnungen und Qvitungen,
von Ußlarschen Qvitung oben in No.
net.
Convolut bezahlter Qvitungen Anno

und Briefe von Hrn. Eckbardten
. Mekenhäusern aus Hamburg.
Steuer-Qvitungen von Falkenhagen.
Brieffschafften wegen der Priesterwahl
gung, item Verzeichniß der Unterthanen.
en.
rieffschafften, so den Falckenhäger Pro-
wohlsel. Fr. Residentin Tode.
ina des wohls. Hrn. Adolph Edlen

rin die Sächfisch-Magdeburgische Be-
abte Anweisungen, Abrechnungen und
ation ertheilet dem Hrn. Adolph
t nebst einliegender Designation.
rin des Adolph Edlen von Wolff-
imirter Copey und Abrechnung mit
ilipp Ludwig zu Schleswig-Hol-
nderburgischer Linie.
effend die Richtigkeit des Hrn. von
Hen Landgraff Wilhelm Chri-
heim nebst vorn anliegender Desi-
en.
tgen mit dem Hrn. Johann Beck-

fend die Richtigkeit mit Hrn. de la
m Residenten in Dantzig, und mit
r Kiesewettern, Pastore der
bst.
rben und was dem Herrn von
für Tort wiederfahren.
her Herren mit dem Herrn von

n de Anno 1700 u. 1701.
n de Anno 1702.
no 1703. — Briefe von Goslar
Processes und wegen der sel.

37. Die gemahlten Ahnen des sel. Hrn. Residenten und des Geschlechts der von Ußlar.

38. Des Falkenhäger Verwalters Brauns Rechnung de Anno 1703, wie die Fr. Residentin gestorben.

39. Auffsatz gewisser Brieffschafften, so in Anno 1701 den 5. Septbr. die wohlsel. Fr Residentin dem Hrn. Landrath Olthoffen hat liefern lassen.

40. Convolut, worin 1) wegen des Lehns von Falkenhagen, 2) in puncto Reductionis Regiae, 3) wider den Pensionarius Heinrich Pauli, in puncto variorum.

41. Des Gärtners Hinrich Anders Lehrbrieff de dato Falckenhagen, den 25. April Anno 1702, auf Pergament mit einem anhangenden Siegel seines Lehrmeisters Olemans in grün Wachs und einer hölzernen Capsel.

Actum ut supra.

(Loc. Sign. Notarii.) In fidem et vim ..... scripsi, subscripsi et subsignavi

Henricus Gesterding,
Notarius Publicus Caesareus et immatric. Regius et legitime requisitus in fidem m. ppr. (L. S.)

Anlage B. und C.

Specification der Erbportion was aus der Wohlsel. Fr. Residentin Anna Clara Edlen von Wolffraht, geb. von Ußlar, Verlassenschaft der ältesten Frau Tochter Augusta Wilhelmina — in C. der jüngsten Frau Tochter Anna Hedwig — vermählte Obristin von Krassowen, geborne Edle von Wolffraht, an Baarschaft, Silber und andere Mobilien, zu ihrer Hälfte in der Theilung durch die Cavel bekommen.

In diesen Documenten sind genau alle die im Inventar verzeichneten Gegenstände — außer die in Anlage D. genannten — nochmals aufgezählt. Sie werden in 2 ganz gleiche Hälften getheilt, und jede der Schwestern erhielt wie oben gesagt, eine derselben. Eine nochmalige Aufzählung scheint daher nicht nothwendig.

Anlage D.

Specification dessen was bei dem Gute Falkenhagen nach dem unter den beiden Hrn. Obersten von Krassowen getroffenen brüderlichen Vergleich §. 3. gelassen worden.

Auch dies Document enthält nur Gegenstände die bereits in Anlage A. genannt sind. Die specielle Anführung derselben ist deshalb auch hier unterblieben.

41 *

image
not
available

	Rthlr. Cour. oder den Rthlr. zu 3/2 gerechnet.	
An Brautschatz	12000	Rthlr.
Für einen Ring	300	„
Für den Trauring, rund herum mit Steinen	70	„
Dito einen Ring mit 4 großen und einem kleinen Stein	100	„
Ein Kreutz mit dem obern Stein mit Diamanten besetzt	450	„
Zwei Perlen-Ohrringe	40	„
Eine Schnalle zur Ceinture mit 12 Perlen	40	„
Ein Portrait mit Gold eingefaßt	30	„
Ein groß französisch Bette mit sechs Stuelen und zwei Beschlägen, eins von blau und gelbem Moir mit Cripinen besetzet und das andere gemachte französische Tapeten	872	„
Spitzen für den Hrn. Obristen wie auch für meine Tochter als auch zu Ihrer Kleidung	1200	„
Zwei feine, Ihr vorhin gegebene Garnituren Spitzen und Kleyder	400	„

An Leinenzeuge für Ihre Person:

36 feine von Holländ. und Wahrendorffer Leinwand gemachte Hembden alle mit Spitzen besetzet.

36 Schnupftücher gleichfalls von Holländ. und Wahrendorfer Leinwand.

6 Nachtzeuge mit Spitzen

6 weiße Schürzen.

1 Tuch auff der Toilette von Cammertuch mit Spitzen oder Zeenchens.

3 Nachtmantels.

4 Camisoler.

1 Halstücher von Nesseltuch.

2 weiße Unterröcke.

8 Gardinen für Fenster, 4 von Dammast und 4 von Wahrendorfer Leinwand.

Diese obenstehenden zehen perceles kosten	585	„

An Leinen Zeug in die Haushaltung:

30 paar Bettlacken von Holländ., Wahrendorfer und sonst feiner Leinwand.

30 paar Küssenbühren von selbiger Sorte Leinwand als die Lacken.

36 Tischtücher Dammasten und feine Drellen.

image
not
available

ınd Bestätigung dieses Vergleichs
unal zu Wismar.

im Haus-Arch. zu Falkenhagen.

n eine Zeit hero zwischen den beyden
Krassow und deren Ehefrawen an
uerbrey von Sauerburg und
Theils, schwürige processus gefüh-
thlich noch mehr entstehen dürfften,
ils der bereits schon angegangenen
lfen, theils auch fürderer neuen
tes Vertrawen unter so nahen An-
ühret werden möge, vor dem Königl.
rar und also gerichtl. auff vielfältige
Transact im Nahmen Gottes mit
sen und vollenzogen worden.
te Sauerbrey von Sauerburg
rafft dieses, nicht allein der prae-
gen der Fischerschen Erbschaft, in
langten anderweitigen Inventarii,
as in derselben Erbschaft vorhan-
gebracht, item noch auff Eintan-
n Fischerschen Testamente weiter
gen des Hauses in Goslar oder
Goslarschen praetension, se
en, auch des Falckenhäger Viehes
e Mobilien, wie sie Nahmen ha-
n so Sie auf die respective
Mütterliche der seel. Residentin
aft gemachet, daß nemblich sie,
on Sauerburg verlanget zu
nen General-Majorinnen von
t werden, auch der zweitausend
den Sauerbrey von Sauer-
ex dispositione materna der
athen gebühren, und was sie
bt-Transaction noch fodern
rigen Ansprache, die der Obriste
rg entweder für sich oder auch
d dessen Ehefraw, für sich jetzo
ch hinkünfftig an die Gene-
eren Ehefrau oder ihren Er-
oder unter welchem Schein
n oder ersinnen mögten oder

könnten, gestalt dann auch diese renunciation damit umb so viel mehr die General-Majoren von Krassow und deren Ehefrawen und ihre Erben keine Sorge tragen dürffen, daß sie fürder beunruhiget werden mögen, vielmehr versichert seyn können, daß das Band redlichen Vertrauens so viel beständiger bleibe, auch auff die Dinge mit extendiret seyn solle, worauff jetzo vielleicht nicht gedacht seyn oder werden mögte; wie denn der Obriste Sauerbrey von Sauerburg und dessen Ehefraw für sich und ihre Erben aller vorhin in specie gedachter Forderungen und dabenebenst in genere aller weitern Ansprache, wie vorerwehnet, hiermit nochmahlen der Obriste Sauerbrey von Sauerburg den ihm hiebevor über das Guht Falckenhagen ertheilten Lehnbrieff an die General-Majoren von Krassow zugleich ausliefernd, für sich, seine Erben und Lehnsfolger, auch in specie aller fürdern praetension auff das Guht Falckenhagen als nunmehro einem Krassowschen Lehn und zwar unter dieser eydlichen Betheurung renunciren, daß Sie und ihre Erben diesem keine so wahr ihm Gott helfen soll und sein heiliges Worth, zu ewigen Zeiten entgegen gehen, noch darwieder handeln wollen noch sollen; es werden auch hiemit alle Obrigkeiten und Gerichte, bey welchen über Verhoffen nichts minder hinkünfftig von dem Obristen Sauerbrey von Sauerburg, dessen Ehefrawen und deren Erben, auff ein oder ander dieser Dinge, wieder die General-Majoren von Krassow, deren Ehefrawen und ihren Erben auff ein oder andere Ahrt geklaget werden dürfte. daß sie solches nicht annehmen, besondern so fort auff Vorzeige dieses die Klägere damit abweisen mögen, allermaaßen denn auch hierauff die General-Majoren von Krassow und deren Ehefrawen und Erben zu antworten keinesweges verbunden seyn sollen.

2. Dagegen und fürs ander begeben sich im Gegentheil hinwiederumb die General-Majoren von Krassow, deren Ehefrawen und Erben, gleichfalls in genere aller und jeder fürderen praetension, auch worauff man jetzo nicht gedacht haben mögte, an den Obristen Sauerbrey von Sauerburg, dessen Ehefrawen und Erben, und in specie der, so sie einiger Briefschaften halber in Actis gemachet haben, versprechen auch hierauff obiges alles bestermaaßen acceptirende, daß Sie sich und deren Ehefrawen für alle und jede praetensiones, welche in obige abgesaget worden, dem Obristen Sauerbrey von Sauerburg und dessen Ehefrawen, bahr ohne eintzige exception und Ausflucht an

en, Gothen und Wenden Kö-
tland, Hertzogen zu Schonen,
Prehmen, Vehrden, Stettin,
) Wenden, Fürsten zu Rügen,
und Wismar, wie auch Pfaltz-
rn, zu Gülich, Cleve und Berg
digsten Königes und Herrn,
den schuldigen Lehn-Eydt abge-
lnsuchung gethan, wir möchten
ter Ihro Königl. Mavtt. Ihm
f über die denen Krassowen
.er Linien vormahls von denen
ie Lehngüter, nebst was Er sonst
n und in rechtmäßigem Besitze
assowen jetztbemeldeter Linien
, zu ertheilen geruhen, und dann
echten undt der Billigkeit, auch
emäß befunden, dahero und in
a getreuen und tapfern Dienste,
Baron und General-Lieutenant
en, als jetzigen Pohlnischen, wie
wedischen Regimentern im vori-
Ihro Königl. Mavtt. und der
rat, Er und seine Männliche Lei-
och ferner thun wollen, können
n und Staat gegeben; solchem-
Nahmen mehrhöchstgedachter Ihro
deten Baron und General-Lieu-
:rassow und seinen männlichen
wehnte Lehngüter, als nemblich:
Weikevitz, welche, ob zwar keine
er (weil sie abhanden gekommen)
nnen, dennoch nach genauer Be-
er Urkunden man befunden, alte
u seyn, dann auch Malckevitz und
oten Handt an Lütken-Helle und
Krassow auf Dambahn gesessen
nebst 8 fl. in einem Kruge ge-
ichen Krassowen vom Hertzog
dessen Lehn-Brieffes, vom 11ten
und Gnaden-Lehne verliehen wor-
Wüsteney, welches der Herr Ge-
: Königlichen Regierung Consens,
, laut des darüber auffgerichteten

und den 7. April 1697 confirmirten Kauf-Contracts an sich erhandelt mit allen An- und Zubehörungen an Höffen, Husen, Kathen, Aeckern, Wiesen, Weiden, Hoff- und Kahten-Stätten, Fischereyen, Wässern, Holtzungen, Rohr und Mohr, Rusch und Busch, und allen andern Nutz- und Fruchtbringungen, wie dieselben Nahmen haben mögen, nichts davon ausgeschlossen, wie solche Lehngüter respective von seinen Vorfahren und hiebevorigen Einhabern besessen, auf Ihm verstammet, auch von Ihm acquiriret worden, und so viel Er davon in rechtmäßigem Besitze hat; Ihm dasselbe auch hiemit und Krafft dieses Brieffes, jedoch Ihro Königl. Mavtt. und der Crohne Schweden auch Männigliches Rechten ohne Schaden, und daß Er und seine Männliche Leibes-Lehns-Erben vorerwehnte Lehngüter so offt es Noht thut, und von Fällen zu Fällen von Ihro Königl. Mavtt. und dero Successoren am Reiche, nach der Successions-Ordnung, und der Crohne Schweden zu Lehn empfangen, und davon thun und leisten solle, wie Mannlehns-Recht und Gewohnheit ist. Urkundlich der hierunter gesetzten eigenhändigen Subscription und anhangendem General-Gouvernements Insiegels. Stettin, den 3. Juny Anno 1711.

J. Mellin.
C. v. Schwalch. M. Klinkowström.
M. Lagerström. J. L. Olthoff.
C. Lillieström.

Die Urk. ist ganz ähnlich wie der unter No. 441. mitgetheilte Lehnbrief über Falkenhagen ausgestattet.

No. 447. Anno 1730, zu Bergen, den 9. Februar.

Sämmtliche Gebrüder und Gevettern von Krassow aus dem ursprünglich Weikevitzer Hause kaveln um die Güter ihrer Linie, die 2 Höfe in Weikevitz und Kussevitz.

Nach einer beglaubigten Abschrift in den N. L. A. No. 21.

Actum Bergen, den 9. Februarÿ 1730.
Praesentibus

Herrn Melchior Arend, Herrn Christian Friedrich, Gebrüdere von Krassowen, in Assistence des Herrn Obrist-Lieutenants Martin Adam von Krassowen, Herrn Ernst Philipp von Krassowen, in Assistence des Herrn Referendarii Carl Friedrich von Scheelen, Herrn

42

i das Guht Veickevitz, so der
von Krassow zuletzt besessen,
i geschritten und selbige durch
'e, darinnen das Loos zusam-
inem Knaben, der die Geschlech-
nægst das Loos vom selbigen
bet, an Kayseritz gefallen, wan-
ickow priora repetiret.
wegen das Guht Kussevitz ge-
inrich Christoph von Kras-
len.
es Veickevitz, welches der Herr
esitz hat, nebst dem pertinen-
ngen gekavelt, und selbige dem
i Krassowen zu Wollin ge-

mit diesem Actu der Kavelung
i, als haben zu mehrerer Be-

glaubigung sämptliche Herrn Interessenten dieses Protocol-
lum eigenhändig unterschrieben.

So geschehen zu Bergen, ut supra.

M. A. von Krassow. C. F. von Krassow.

M. A. von Krassow, als gebethener Beystandt der Herrn Krassowen, als von Zemper und Marlow.

J. C. von Krassow. C. F. von der Lancken, als erbethener Beystand des Krassow v. Trochendorff.

J. M. von Lovenfels, als erbethener Beystandt des Kraisow v. Trochendorff.

C. P. v. Krassow.

C. F. von Scheelen, als des Herrn v. Krassowen von Wollin erbethener Beystandt.

F. C. v. Barnekow, als gerichtlich geconstituirter Vormund von dem Herrn Joachim Ernst v. Krassow von Kayseritz.

J. J. Stroth,
ut Notarius.

A. Krassowsche Genealogie

dem Lehn-Gute Veikevitz und Cussevitz.

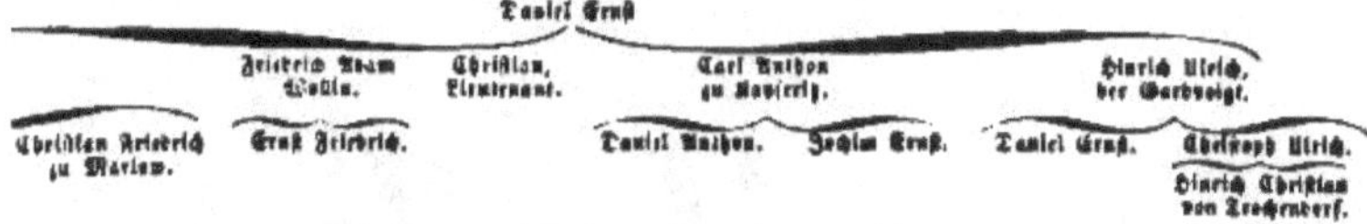

i Stockholm, den 14. Juni.

Schweden erhebt den Gene-
n Philip von Krassow
and.

Haus-Arch. zu Pansevitz.

es Gnaden der Schweden, Go-
Landgraf zu Hessen, Fürst zu
Eilenbogen, Dietz, Ziegenhayn,
un hiemit kund und zu wissen:
s Reiches Wohlfahrt und Auf-
Friedens- als Kriegs-Verfassun-

gen, sie mögen auch an sich selbst so heilsahm und nöthig seyn wie sie wollen, doch keinesweges zu Erreichung des dadurch angeziehlten Endzwecks ersprieslich sein können, daferne selbige nicht durch solche Männer dahin geleitet werden, welche mit Tapfer- und Vorsichtigkeit begabet sind, auch überdem eine rechtschaffene Treue für das Beste des Vaterlandes begen; So obliegt es auch einer für das allgemeine Wesen wohlgesinnten und sorgfältig seyenden Obrigkeit unter andern vornehmlich dahin zu sehen, daß nicht allein getreue Beambten bestellet, sondern auch, daß diejenigen unter Ihnen, welche sich vor andern hervor gethan und distinguiret haben, mit besondern Merkmahlen Königl. Hulde begnadiget werden,

42 *

image
not
available

erie, so in Braband stand, offe-
ro Diensten bleiben wollte. Allein
iburg Ihm nicht dimittiren wollte,
i dem Ende Anno 1707 zum
ller seiner Trouppen, wie Er dann
s, nach des Obristen von Uffeln
ndischen Sold bey der Armee in
urgisches Infanterie-Regiment, mit
a Confirmation erhielte. Wäh-
on dem Hertzoge zu 4 mahlen
einmahl am Churfürstl. Han-
n Commissionen, die Er auch zu
szurichten das Glück gehabt, ver-
dachten Hertzogs tödtlichen Hin-
Successore, dem Hertzog Carl
ecklenburgischen Trouppen confir-
heimen-Raht und Presidenten im
rent-Collegio bestellet, in welchen
17 gestanden, da Er auf sein
dessen Diensten erhielt und sich
ihter begab. Anno 1721 leg-
Vaters Durchlaucht und Gna-
n Gehalt von 1200 Rthlr. (zu).
m Wohlgefallen gereichet, wann
Gelegenheit finden sich in frem-
nguiren, dabei aber zugleich
ns und der Chrone verbunden
also haben Wir nicht allein im
General-Lieutenant verordnet,
demselben noch fernere Merk-
zenheit widerfahren zu lassen, hie-
enen Briefes, Ihn, den General-
essen Ehefrau, auch echten Lei-
chen und Weiblichen Geschlechts,
reyherrlichen Stand gnä-
und Ihnen alle die diesem
und Vortheile zukommen las-
Sie folgendes Wappen zu ge-
in in vieren Feldern vertheilter
Adeliche Krassowsche Stamm-
in einem der Länge nach in
eilten Schild bestehet. Das
r, worinnen ein halb schwarzer
sich nach dem linken Feld hin

lehnet, welches letztere Feld ist schwartz, worüber ein güldener Balken zwischen achtzehn Güldenen Kleber-Blättern liegt. Das erste Feld aber des Freyherrlichen Wapens an sich selbst ist blauer Farbe, worinnen ein güldener Löwe, über dessen Kopf ein ebenfalls güldener Stern leuchtet. Das andere Feld ist von Gold, in welchem zweie Fahnen und eben so viele kreutzweiß gestellete Estandarten zu finden, und ist die rechte roth und die linke silbern, von denen Estandarten aber ist der zur rechten von Silber und der linke blau. Das dritte Feld ist ebenfalls von Gold mit einem rohten crenellirten Thurm. Das vierte Feld ist blauer Farbe, worinnen ein silberner Einhorn zu sehen. Oben auf dem Schilde stehen zwey offene Torniere-Helme, welche eine Freyherrliche Chrone zwischen sich haben, und ist überdem eine solche Chrone auff einem jeden Helm zu sehen. Ueber die Chrone auff dem rechten Helm ist ein Pfauen-Schwantz mit einem vergoldeten Handgreiff, zwischen zweien blauen Sicheln, deren jeder mit Pfauen-Federn ausgezieret ist. Aus der über dem Helm zur Linken seyenden Chrone steiget das obere Theil von einem Güldenen Löwen herauff, welcher mit dem rechten blauen eine Freyherrliche Chrone und mit der Linken drey schwartze Pfeilen hält. Das Laubwerk ist von Gold, Silber, auch Blauer, Rohter und Schwartzer Farbe und das Wapen wird von zweyen weißen Pferden supportiret, alles auf Ahrt und Weise, wie erwehntes Wapen mit dessen eigentlichen Farben alhier abgemahlet zu finden ist.

Welches Wapen Er und Sie in allen Begebenheiten, Zusammenkünften und Handlungen nach Nothdurft wollen und belieben, sollen und mögen führen und gebrauchen, und dabenebst zu ewigen Zeiten nutzen, gebrauchen und behalten alle die Freyheiten, Vorzüge und Herrlichkeiten, welche andere Freyherren in unserm Reiche gegeben und vergönnt sind, doch so weit solche Vorzüge und Gerechtigkeiten weder Unsere Königl. Rechte rühren, noch Unsere und der Cron-Einkünffte verringern, oder denen Königl. Satzungen, Verordnungen und Reichs-Tags Schlüssen zuwider lauffen, denn in solchem Fall müssen dieselben weder für diejenigen Freyherrn, so von denen vormahligen Königen in Schweden, noch für, so bereits von Uns in den Freyherrn-Stand gesetzet sind oder künfftig darin erhoben werden können, gelten. Da auch die Schwedischen Gesetze nicht verstatten, weder des Reichs Zustand leidet einige von Unsern und der Cron-Güter zu einer

image
not
available

nicht nur diejenigen Briefschaften, welche in dem einen, auf der Königl. Regierung deponirt gewesenen, und anjetzo in des Herrn General-Lieutn. Baron von Schwerins Händen seyenden Coffer gefunden, und darüber ein ordentliches Inventarium in Beyseyn beyderseitigen Gevollmächtigten errichtet worden, sondern auch alle sonsten befindliche, und die Gühter angehende Documente und Nachrichten, bona fide an den Hrn. General-Lieutenant Baron von Krassow sogleich originaliter zu extradiren.

4) Gleich wie der Hr. General-Lieutn. Baron von Krassow nunmehro die von seinem seel. Hrn. Vetter, dem Hrn. General-Major Baron von Krassow, hinterlassenen sämbtlichen Lehn- und Pfand-Gühter mit allen demjenigen so dabey vorhanden, und oben §. 2. erwehnet ist, nach der deshalb ihm geschehenen und stipulirten Tradition in dem Stande, wie alles itzo daselbst ist, zu seiner selbst beliebigen Disposition an- und entgegen nimt; also zahlet er dagegen an den Herrn General-Lieutn. von Schwerinen in ehelicher Vormundschaft seiner Fr. Gemahlin, für alles solches, wie auch alle und jede Ansprache, welche wegen habender Allodial-Forderung, Meliorationen, Bau-Kosten, geschehenen Vorschüssen an die Unterthanen, in und außer dem Kriege Contributionen, erlittenen Krieges-Schaden, oder sonsten, es möge solche auch herrühren, woher es wolle, daran gemacht worden oder gemacht werden können, oder mögen, per aversionem die Summa von 20,000 Rthlr., schreibe zwanzig Tausend Rthlr. in gutem gangbahren N. ⅔ Stücken für voll, also und dergestalt, daß sofort bei Unterschrift dieses Vergleichs die Summe von 12,000 Rthlr. mit Einschließung der 500 Rthlr., welche des Hrn. General-Lieutenants Sohn, dem Herrn Capitaine Baron Friedrich Wilhelm von Krassow, im Testamento vermacht worden, in guten und richtigen Obligationen, laut der sub signo O. hiebey gefügten, von dem Hrn. General-Lieutn. Baron von Krassow unterschriebenen Specification, entrichtet und von dem Hrn. General-Lieutn. von Schwerin cum cessione in solutum angenommen worden, in Hoffnung, daß dawieder der Richtigkeit halber von denen Debitoren nichts werde eingewandt, sondern solche vielmehr von denenselben werden acceptiret werden, als biß dahin der Hr. General-Lieutnant Baron von Krassow auch dieselben guarantiret. Wegen Bezahlung des Restes ist die Vereinigung dahin getroffen, daß auf Petri 1736 3000 Rthlr. cum usuris von dem völligen Nachstandt der 8000 Rthlr., von Unterschrift dieses

image
not
available

O.
ification
= Lieutnant von Schwerin in
ten Pösten und Obligationen.

	Capitalia.	Zinsen.
ent.		
bli=		
ed,		
...	700 Rthlr.	— Rthlr. — ßl.
bis		
auf		
St.	— „	7 „ — „
den		
gust,		
....	1300 „	— „ — „
bis		
'age		
....	— „	3 „ 3⅓ „
iron		
bli=		
17.		
....	1000 „	— „ — „
Mt.	— „	5 „ 16 „
ben,		
groß	1000 „	— „ — „
Mt.	— „	14 „ 41⅓ „
iths		
bli=		
groß	500 „	— „ — „
Mt.	— „	5 „ 6⅔ „
ben,		
....	2200 „	— „ — „
Mt.	— „	22 „ — „
ben		
sten		
.....	2800 „	— „ — „
Mt.	— „	21 „ 5⅓ „
ben,		
....	1500 „	— „ — „
Mt.	— „	16 „ 12 „
rse=		
Juni	400 „	— „ — „

davon Zinsen auf 2⅔ Mt.	— Rthlr.	4 Rthlr. 10⅔ ßl.
10. des Hrn. Kammer=Herrn von Bohlen, dito den 22. Febr.	800 „	— „ — „
davon Zinsen auf 8⅔ Mt.	— „	29 „ 21⅓ „
11. meines Sohnes Forderung, so der seel. Herr General=Major an denselben vermacht	500 „	— „ — „
Summa	11,900 Rthlr.	131 Rthlr. 20⅔ ßl.
Noch kommen hiezu ...... welche der Hr. General=Lieutenant von Schwerin mir an fällig gewordenen Zinsen annoch restiret und wodurch die	100 „	— „ — „
Summa von	12,000 Rthlr.	— Rthlr. — ßl.

ausgemachet wird, die noch sonsten in obiger Rechnung aufgeführten 131 Rthlr. 20⅔ ßl. werden gegen dasjenige, was ich Zeit währenden meinen 4monatlichen Sejour in Panseviß an allerhand Parcelen gegen promittirte Bezahlung genossen habe, compensiret, und ist dadurch auch die deswegen gemachte praetension gänzlich abgethan.

Stralsund, den 17. August 1735.

(L. S.) Krassow.

Daß Mir oben specificirte Obligationes richtig extradiret, und ich dadurch auf die 12000 Rthlr. gänzlich contentiret worden, quitire und bescheinige hiemit. **Datum ut supra.**

(L. S.) C. de Schwerin.

Nicht weniger qvitire und bescheinige ich hiermit, daß mir die Wechsel, wovon §. 4. des Haupt=Vergleichs gedacht, auff 8000 Rthlr. von dem hiesigen Kauffmann Zacharias Kempen acceptiret, richtig extradiret worden.

Stralsund, **ut supra.**

C. de Schwerin.

Vorstehende Qvitungen werden auch von mir agnosciret. Stralsund, den 17. August 1735.

E. U. de Schwerinen,
née Baronne de Krassowen.

image not available

heredes, ita quod, quandocum-
modi altare sepedictus miles
es de persona ydonea provi-
nullius nisi eorum solo super
, adjicientes, quod per vien-
on debet viro plebano in ecle-
um altare constructum fuerit,
generari, super quid dicti
erpetuam rei memoriam, pre-
i nostri robore communitum
eredibus dedimus ad cautelam.
Reyfridus de Penize, Jo-
Hinricus et Bertoldus de
ostri, Johannes Kabolt.
Matheus Molteke, Jo-
de, Hinricus de Dechow.
berg, nec non plures alii fide
ssundis, per manum Johannis
notarii, anno Domini mille-
in octava virginis.

---

m et actum Barth in die beati Jacobi
stoli (25. Juli).

Rüganer, übergiebt dem „ho-
Nicolao de Divitze, nostre
d seinen rechtmäßigen Erben
si et dimidi mansi in villa
uorum nec non trium man-
bbelkow situorum" frei von
als Beede, Münzzepfennigen,
mit höchstem und niederem Ge-
enselben einen der heiligen Ca-
en Altar in der Kirche zu Barth
verleiht ihm und seinen Erben
hat über diese Stiftung.

iber sehr schadhaften Abschrift.

sunt **Hinricus de Dechow,**
e, Thidericus Bere, Con-
h, Reinfridus de Penitz,
icus Morder, nostri milites,
Hennekinus Mörder, Hinricus Datenberch, Hennekinus Starkow et alii quam plures fide digni".

No. 452. Anno 1319, zum Sunde, am 8. Tage nach Martini (18. Novbr.).

Wizlav, Fürst der Rüganer, bekennt, daß er seinem geliebten Vasallen, **Johann von Divitz**, für eine Schuld von 1800 Mk. weniger 16 Mk. die Bede von dessen eigenen Gütern und Dörfern Carnin, Rubz, Kenitz, Spoldenershagen, Godekenhagen, Divitz und Frauendorf, in dem Maaße überwiesen habe, daß derselbe davon jährlich auf Michaelis 4 Mk. (indem eine Mk. von der Hufe für ihn, den Fürsten reservirt bleibe) erheben und davon drei auf die Schuld abrechnen, eine aber zu seinem Nutzen behalten, und bis zu seiner Befriedigung jährlich Rechnung über das Erhobene ablegen solle.

Aus der Matrikel des Fürstenthums Rügen No. 69. fol. 20 b. — 21 a.

Nos Wizlaus dei gratia princeps Ruganorum Recognoscimus presentibus protestantes, quod dilecto nostro vasalo, Johanni videlicet de Divitz, et suis veris heredibus, pro suis debitis, videlicet mille marcis et octingentis marcis minus XVI marcis, in quibus sibi tenebamur, dimisimus nostram precariam in suis bonis seu villis, scilicet Carnin, Rubis, Kenitz, Spoldenershagen, Godekenhagen, Divitz, Vruwendorp in hunc modum, quod de quolibet manso dictarum villarum iiiior marcas, annis singulis, super michaelem percipere debeat, quo usque antedictam summam pecunie integraliter sustulerit et complete preter has vero iiiior marcas de dictis villis annuatim sibi dandas nobis unam marcam, quam tollere debemus de manso quolibet, reservamus preterea cum villani de Divitze et Vruwendorp in festo sancti martini proxime venturo XXV marcas, jam nobis certificatas, persolvere debeant, de quolibet manso non dabunt nobis nisi I marcam,

43 *

image

not

available

Albertus volentes quascunque Dissentiones lites et controversias in posterum super dicto divisagio suborturas quovismodo inter successores predictorum sane praevenire Accedente ad hoc provido consilio nostrorum fidelium Ordinationem hujus divisagii ratificamus et approbamus presenti instrumento super hoc edito et confecto Appenso nostro sigillo majore praesentes littere cum sigillo Vickonis Moltken in testimonium rei gestae. Testes hujus sunt Johannes miles. Egghardus famulus dicti Vlemmingh. Johannes et Guszlavus fratres dicti Starkow, Hinricus Conradus dicti Dotenberghe famuli, avunculi puerorum praedicti Nycolai de Dyvitze specialiter ad praemissa vocati et rogati ac alii plures fide digni. Actum et Datum Rostock anno domini Milles ccc° quinquagesimo primo feria quarta ante dominicam qua cantatur vocem jucunditatis, presentibus famosis viris Domino Bartoldo majore nostro notario, Joh. Lutzow nostro marscalco, Henningho Wodensweghene, magistro coquine, militibus, Bernardo Alkun famulo magistro nostre Camerae, nobis fidelibus et dilectis.

No. 455. c. a. 1370.

Auszug aus einem Verzeichniß der Pfarrkirchen und der darin gestifteten Vicarien des Bisthums Schwerin im landfesten Theil des Fürstenthums Rügen.

Nach einer Abschrift aus dem 16. Jahrhundert im Geheimen und Haupt-Archiv zu Schwerin.

XXXVII. In ecclesia in Bard taxus ecclesiae.

Haec vicariae sunt in eadem ecclesia:

1. Primo dominus Dubbeslaus de Heydebrake 30 mr. reditus. Domini terrarum sunt patroni.

2. Item secundo Hinricus Budde 30 mr. reditus. Consules ibidem sunt patroni.

3. Item tertio. Everhardus Hup 30 mr. reditus. Everhardus Hup in Bundis (? Sundis) est patronus.

image
not
available

unde sinen rechten eruen unde
Vicke Moltke tho deme
lyen, Arnde unde Vicke
nde van Vitzen, Hinrich
s Leuetzouwen, her Dar-
Arend Bonowen, Jacob
e und fineme zone Cla-
rtenbergh, ... Dateu-
lenberge, Domhern to
nde, her Ernest Budden(?)
deme Dike unde lauen noch
it alle desse vorsereuen dinck
nder jenigerleie argelist unde
nge alle disser dinck hebbe
. laten vor desseme breue de
noyen na gades borth Dut-
r unde sdventigesten jare des
:es hilligen.

Wolgast, Mittwoch vor
ntag.

d Wartislaf verkaufen
rmann, Gebrüder von
s höchste Gericht, Dienste,
und das Hundekorn aus
900 Mk.

ilt vom Herrn Archiv-Rath,
Medem.

slaff, brodere, van der gnade
der Pomerenen, der Wenden
lgen vor alle den jenen, de
en, bekenne wi und betughen,
de unde mit rade und myt
ghruern, hebben verkoft und
nen mannen Clawese Vik-
genomet van Vitzen, und
pe tho Satel und in al des
aran hebben, alze in dat erste,
hundekorn, smaltegeden, mun-
rechte, und myt alleme denste,
korn, smaltegeden, müntepen-
ninge, myt deme hogesten rechte und myt alleme denste fate wi en vor negenhundert mark sundescher munte, de uns vor der makynghe desses breues wol boret und betalet sint, und desse rente scolen ze hebben und besitten myt alleme rechte und thobehorlughe, und myt alleme egendome und mit aller thobehoringhe und denest, alze hir vorsereuen steyt. Vortmer so scolen de vorbenomeden Clawes, Vicke unde Herman, efte ere rechten eruen, desse vorbenomede rente bruken unde hebben mit aller vrihelt, alze vrig und alze eghen, alze it unse olderen und ouer olderen, und wi dat aldervrigest in hebben gehat, vs, efte vze eruen und nakomelingen, ghantz altomaln an der vorsereuenen rente nicht tho beholdende, de wile dat it er koste kop is. Vortmer zo scole wi noch en willen, eder vze nakomelinge, noch vze ammetlude, noch nument von vzer wegene, dat vorsereuene dorp eder de inwonere des dorpes mit nineyleie gesterve, noch mit niner beswaringe beswaren, er wi dat vorsereuene dorp van Clawese, Vicken und Hermanne vorbenomet, gelosen hebben; Vortmer weret sake, dat god vorbede, dat jenigerleie twistinge, vrloge eder Krich twischen vs, vzen nakomelingen, efte tüschen vzen mannen warde, efte schegbe van der enen siden, und vzer stat Stralessunde und eren inwoneren, in der anderen siden jedoch zo scole wi und vze nakomelinge dit vorbenomede ghut beschermen binnen deme Krige, und Clawes, Vicke und Herman, brodere, vorbenant, und ere eruen scolen ere rente in deme zuluen gude al like vol up thoborende vnnden und hebben; vorder zo scole wi dat zulue vorgenomete ghut nemen an vzen heghe und vrede, like vzeme egenen gude, und scolen dat in allen stucken und saken tegen alleswemе tho rechte vorbegedingen, war en des noet is. Vortmer umme leue willen, desse vorbenometen brodere, Clawes, Vicke und Herman, hebben vs und vzen eruen vor sick und vor ere eruen den Wederkop ghegeuen der vorbenomeden bede und hundekorns, alze vorsereuen steit, und wanne wi dat weder kopen willen, so scole wi en thoseggben twischen sunte mertens daghe und Winachten, und bereden en denne ere gelt, negenhundert mark tho deme negsten thokomenden vastelavende. Alle deß vorbenomeden stucke, und en jeslick bisundern, loue wi Hertoge Barnym und Hertoge Warslaf, brodere, vorbenomt vor vns und vor vze nakomelinge, stede und vast tho holdende. Thughe, de an und ouer hebben gewesen dessen degedingen sin her Wedighe Bugghenhaghen, marscalk, her Radolf Speiman, Tidcke van deme Borne und Reimar Nienkerken. Tho einer groteren

No. 460. Anno 1463, zu Bard, Sonntags vor Pfingsten (22. Mai).

Herman van Vitzen zu Divitz schenkt der neu erbauten Kapelle zu Bodtstedt 2 Mk. jährliche Pacht aus Götkenhagen.

Aus dem Orig. im Archive der Kirche zu Barth.

Ick Herman van Vitzen, wonafticb to Dyuetze, her Vicke van Vitzen sone, Ridders, do wytlik unde apenbar betughe mit minen rechten eruen unde nakomelingen nmme meringhe willen gotlikens densies unde salicheit miner sele miner voroldereu unde miner eruen hebbe geghenen twe suudesch mark jarliker pacht in de ere godes unde des hilghen vaders sunte Oswaldes to der Capelle dede nielinghes is gebuwet unde vpgerichtet in deme dorpe to Bodestede, beleghen in deme Kerspele to Bard, vpp to borende de vorscreuen twe marl geldes to deme Gotkenhaghen in deme Kerspele tome Lndeluesbaghen alle yar to sunte Mertens daghe ute deme haue unde van den houen dar nu vppe wanet unde houen buwet Hinrik Kam unde van enem jewelken de na em den hoff besit unde de houen buwet. Desse vorbenomten twe mark gheldes schal unde mach de erbare man her Ulrik Bukowe nu toer tid Kerkhere to Bard unde sine ewighen nakomelingen Kerkheren darsulvest boren unde ofte des nod were macht to hebben de twe mark jarliker pacht to pandende unde de pande to bringende dar de vorbenomede Kerkhere to Bard unde alle sine nakomelinghe de pacht van nemen moghen, unde wise den vorbenomten herrn Ulrik Bukowe, Kerkhern, unde alle sine nakomelinge in ene ewighe vredesamelike besittinge der vorscrenen twe mark gheldes dar mede denne unde mid anderen boringhen unde pachten de dar mochten to ghenen werden voerbenomte Kerkhere unde alle sine nakomelinghen Kerkheren to Bard scholen holden unde hebben enen erliken prester de den dinst godes duet unde doe in der vorbenomten Capelle mid missen unde mid anderen gotliken ammeten unde miner, miner eruen unde voroldern, ghenomet van Vitzen, denken unde god vor see bidden in der vorbenomeden Capellen to ewighen tiden, weret onerst dat desse vorbenomte Capelle wurde ghenedderghet edder vorstoret, dat queme mid rone, mid brande edder mid jenigherleie ergheringhe, dat god vorbede, so beholde ik Hermen van Vitzen desse vorbenomten twe mark gheldes mid minen eruen unde oldern to ener ewighen dachtnisse in der Kerke to Bard to ewighen tiden to blinende. Des to tughe

image
not
available

wi angesein unde erkanth men-
· teuste de de opgenomte Hans
'deren unde unß mit willigen
sit unde noch in tokamenden
el van sundergher gunst unde
md, unse rechten eruen unde
'enitzen unde sinen rechten
i unde gelegen in gegenwar
lighen in Krafft unde macht
eroldrren in renten, pech
herlicheiden inder vor-
:itze unde in den vor-
nde guderen dat hebben
ß quidt unde frigh nichtes
dat benomen mach Hans
eruen van eruen to eruen
ß unde unse eruen unde
laten willen ungehindert
vor euen jewelikeu: Jur
ise eruen unde nakomende
sinen rechten eruen de
unde toroseggende we
th sinde wert, den jenen
no, de Bitzen ok de
Dorperen effte guderen
geistliken edder werliken
de sine rechte eruen vor-
der breue dar op ge-
dat alderbequemest iß
nmenth alle erer tobe-
Dorperen, buren unde
unde rechticheiden so
th genamen hebbe wi
nß, unse eruen unde
n vnde sinen rechten
varbeth, he mit sinen
eruen vor alsulke vor-
inische gulden wo vor-
e unde siner truwen
nakomende heren be-
ffte rechticheit in
nde an dissen vor-
guderen egens, sun-
:s noth wert sinde

unde de man denst unde setten Hans Krakenitzen unde sine rechten eruen in de rechte were unde erfflike besittynge desser vorscreuen waninghe, dorperen, molen, buren unde guderen van stundt an datum diß unses breuen, in crafft unde macht, unde wi Buggeslaff unse eruen unde nakomende heren willen Hans Krakenitzen unde sinen rechten eruen deß vakene benomenden Tinitze unde mit sammenth deß vorbenomeden Dorperen, molen, buren unde guderen ere rechte were wesen vor enen jewelikeu aller ansprake unde hebben em des unsen Radt unde leuen ghetruwen Adam Podewyloz to enheme anwisere gheuen de ene in de vakene dachte waninghe, Dorperen, molen, buren unde guderen wisen schal. Tho merer tuchnisse unde zekerheit aller articlen unde ein jewelk by sick unvorbrekeliken wol to holdende alse bauenscreuen steit, hebbe wy Buggeslaff Hertoghe unde Forste bauenscrenen unse vorstlicke Maiestaeth Ingeßegele heten laten hanghen myd wytscap unde guden willen vor unß unse eruen unde nakamende heren nedden an dessen unsen bryff, de ghegenen is op unseme Slote Wolgast ame Tinrsdage na deme sundage alse men singeth to deme ambachte der hilligen Kerken Quasimodogeniti na der borth Christi unßes hern, dusent veerhundert ime achtentigesten jare. Hyr an unde auer sint ghewesest de Strengen, Erbarn, Duchtigen unde Ersamen unse Redere unde leuen ghetruwen Her Kersten Flemynk, Riddere unde marschalk, erffseten tor Boke, Werner van der Schulenborgh, unse houetman des landes Stetin, Adam Podewitß, unse houemeister, erffseten to Kraughen, Peter Kleist, unse vaghet tho Nigen Stetin, Frederick van Rammyn, wanafftich tor Boke, Tamme van Scheninghe, unse vaghet tor Louwenborgh Her Mathias Darne, unse borgermeister thome Stralessunde, Jurgen Putkammer unde Jurgen Klest, unse houeschryuer, unde vell mer der unsen louen unde truwen wolwerdich.

Auscultata est haec presens copia per me Brietmer Stollen Clericum Röskildensis Dioecesis Public: Sacr: Imperiali auctorit: Notarius et concordat cum suo vero Originali Majore sigillo munito ac roborato Manu mea protes: propria.

---

44 *

image
not
available

e Blemynghe des ghe-
te to werliken personen, na
t wy Buggeslaff bauen-
i dorchdenst, bede unde
rlicheit also idt unse zeligen
e Hans Krakeuitze unde
eme vorbenomeden Blemen-
te Blemynghe anburen,
unde vryghevden dar
hehadt hebben. Furder
f uns tho Rubitze also vor-
t unde Hans Krakeuitze
Ok beholde wy vordachte here
eruen den Mertenshagen
inge dede Hans Krakeuitzen
henamen ackere. Hyr bauen
sine eruen quidt unde fryghe
e werlik hebben unde beholden
nen Dorper Karnyn, Ka-
me Stupenhagher velde,
bbelkouwe, Dabertze, Ku-
olbershagen, Gotkenha-
nshagen, alsodane achte
vorben unde de Bitzen na
n mit richte, mit denste,
suß mid aller herlicheit unde
nach de wy unde unse vorolde-
ne ghehadt hebben unde behol-
unde nakamenden heren nichtes
eben achte buren. Tho Tuch-
ve in likeme lude geschreuen de
unde hebben ene in bewaringhe
ns Krakeuitzen voranthwer-

presens Copia per me Briet-
ldens. Dioec. public. Sacr.
et concordat cum suo vero
irca Cedula) de verbo ad
opria publice protestor.

No. 464. Anno 1495, zu Wolgast, am neuen Jahres-Tage (1. Januar).

Herzog Bogislaf X. verleiht seinem Rathe Hans Krakevitz [1]) alles was er von den Sundeschen gelöst und er sonst in den Dörfern Carnin und Spoldershagen hatte mit allem Zubehör, und zahlt ihm 300 Gulden, wogegen Hans Krakevitz ihm Kenz mit dem geistlichen Lehn, seine Besitzung in Flemendorf mit dem Kirchlehn, auch was er in Martens- und Hanshagen, die ihm früher auch verschrieben waren, abtritt.

Nach einer alten Abschrift.

Wy Bugslaff van gades gnaden, tho Stetin, Pomeren, Cassuben, der Wende Hertoge, Forste tho Rugen unde Grene tho Guskow, bekenne unde tuge vor alsweme, dat wy myd deme Erbarenn Duchtigen unseme Rade unde leuen getruwen Hans Krakevitzen to Dinitze ghesetén, myt lope unde bute zint auer en ghekamen unde hebben Em unde sinen eruen to rechteme manlene auergegheuen unde ghelegben allent wes wy van den sundeschen gheloßet unde suß hadden in den Dorpen Carnin unde Spoldershagen, idt sy in pacht bede edder war ane idt sy uns edder unsen eruen dar nichts ane to beholdende alsz dat he mid sinen Eruen de gudere myd allen eren tobehoringhen, fruchtbrukinghe unde herlicheit hebben unde beholden schole an holte, ackere, wesen, werde, jacht, Vischereien, moren, broken unde allen anderen gerechticheiden nichts vthghenamen mit wat namen men dat nomen mach, dat hogeste gerichte mit deme zidesten an handt unde hals also de gudere liggen unde belegen sint in eren scheden unde grentzen unde wy se vrygest gehadt unde beseten hebben. Dartho hebbe wy Em gheuen unde betalt Drehundert gude nogafftige rinsche gulden de he van uns entfangen hefft er der makynge deß breues unde hefft uns wedder vmme dar vor ghegeuen unde vorantwordet dat Dorp Kentze gantz mit alle sinen tobehoringhen mit deme Geistliken lene darsulnest in der Kerken belegen, ok alle gerechticheyt vnde wes he hadde to Vlemendorpe mit deme Kerklene unde wes he hadde an deme Hanshagen unde Mertenshaghen dat wy em alles vormals ghelegen unde vorschreuen hadden wel-

1) Das Siegel des Hans Krakevitz ist nach einer Urkunde v. J. 1495 Tab. XIV. No. 3. abgebildet. (Orig. im Kirchen-Arch. zu Barth.)

image
not
available

gesessen, unterthänig gebeten, nachdem sie für sich und ihre Erben Caspar Krakevitz auf Divitz und dessen Erben ihren Antheil und Gerechtigkeit an 2 Hufen in Frawendorf erblich verkauft, er diesen Kauf bestätigen möge, was hiermit geschehe.

Nach einer nur fragmentarisch erhaltenen Abschrift im Lehns-Arch.

No. 469. Anno 1585, Tags Gregorii (12. März).

Herzog Bogislav XIII. verkauft an Caspar Krakevitz [1]) auf Divitz den (Schweriner Bischofs) Korn-Zehnten in seinen Gütern.

Nach einer alten Abschrift im Lehns-Archiv.

Herzog Bogislaus bekennt, daß er mit gutem vorbedachten Rath, seinem Rath Caspar Krakevitz auff Divitz gesessen und seinen Lehns-Erben alle und jede Korn-Zehnten und allen Nachstand derselben, welchen er durch einen beständigen Erbkauf vom Herzog Ulrich von Meklenburg an sich gebracht, hiewieder zu einem ewigen todten Erbkauf für 2370 Gulden verkauft habe, die im Fall er ohne männliche Erben stürbe, von den Lehnsfolgern seinen Töchtern erstattet werden sollte. Auch übernahm der Herzog ihm diese Zehnten vor den jetzigen und allen künftigen Bischöfen zu Bützow und alle Capitelsherren daselbst von aller Ansprache zu entfreien.

Zeugen: Gutzlaff Rotermund — Joachim Steding — Hinricus Camerarius — Hinrich Rohder, der Herzogin Hofmeister — Albrecht Plato, Stallmeister zu Parchow — und Conrad Lehun, Cammer-Secretair zu Gustkow.

No. 470. Anno 1590, den 26. Septbr.

Aufzeichnung über die Lehns-Suchung von Johann, Christoph und Adam Krakevitz über Postelitz.

Lehns-Archiv.

Anno 1590 d. 26. Septbr. haben Johann und Christof Gebr. die Krakevitzen den gewöhnlichen Lehn-

1) Die Siegel des Casper Krakevitz sind nach Urkunden aus dem Jahr 1536 Tab. XIV. No. 7. u. 8. abgebildet.

image not available

r gulden pacht und diensten,
Henninck Richtsteich be-
rnchpacht, jedoch ohne Richt
)off zu großen Bantzel
)inischen Kirchspiel zu
:nnink Kolvevitz bewoh
id belegenen Husen höbesten
sten, midt sechs und zwan-
und allen andern gerechti
an Meinheiten, Torven, Mo-
'chen auch auf itzt berürten
und Heu-Wische, allein den
t und allen andern in- und
brikeit, wie die Namen be
itz die vorbenannten güter
Berichtes bis daher pfand.
) itzo darin vorhanden und
. nichts den allein dem Lan-
ste und Lehnspflicht, außer
:henden und andere gemei
Nark, die die Alten Kirchen
ben hat, daraus zu tragen
d Ehrenvesten Vicke Kra-
n, zu einem rechten, waren
auf umb 1900 fl., je einen
st haben, dasselbe auch die
Briefes, wie es vermöge
, und nach Landessitte und
ndigst geschehen soll, kann
mein Vetter Vicke Kra
geldt alsbald an ganzba-
nnget und ich dieselbe zer
besten Nutz und Frommen
eines guten Namens und
schuldt hiewieder gewandt,
rben solche 1900 fl. Kauf-
dabeneben der exception
ücklich begeben und dar-
Vicke Krakevitzen und
r an Parcelern, Höffen,
:und fuhrdiensten, höchsten
idern Pflichten, wie ihm
neinem Vater verpfändet
ntzet und genossen, des-

gleich an Rusch und Busch, moren, torven, fischereien und allen andern herlichkeiten und nutzbarkeiten, wie die itzo darin sein und aller bequemest darin mögen zugerichtet werden, nichts als oberzelte beschwerunge ausbeschieden, hiermit und kraft dieses Brives erblich und ewichlich cedirer, aufgetragen und in den wirklichen Besitz vollenkomblich inmittiret und eingewiesen haben, cedire, auftrage und inmittire ihn und seine Erben, auch in solche Güter hiemit nochmalen . . . . . und soll und will ich Bugislaff Krakevitz, meine Erben und Erbnemer, obgedachten meinen Vettern Vicke Krakevitzen und seinen Erben den obberürten erblich verkauften Gütern sampt und sonderlich vor jedermenniglichs geistlichen und weltlichen stands zuspräche, in- und außerhalb gerichte vertreten und das ihm zu rechte oder sonst etwas daran abgehen und er und seine Erben derwegen einigen schaden erleiden würde, das alles wiederumb erstaten, und also gedachte erblich verkauften Güter vollenkomblich gewehren und allerdinge schadlos halten (Entsagung der Einwendung von beneficien 2c.). Zu Urkundt habe ich obgemelten meinen lieben Vetter Casper Krakevitzen bittlich vermocht, daß er sein angebornes pittschaft nebenst dem meinen unter diesem Erbkaufbrief lassen hangen, der gegeben ist zum Stralsunde am Tage Anthonij nach Christi unsers Herrn und Herlands Geburth, im funfzehnhundert neun und neunzigsten Jahre.[1])

(L. S.) Caspar Krakevitz. (L. S.) Bogislaf Krakevitz.

Concordat cum producto originali.

Godofr. Schroeer, mpp.

No. 474. Anno 1601, zu Barth, den 2. Januar.

Consens des Herzogs Bogislaf XIII. für Bogislaf Krakevitz über ein Anlehn.

Nach einer Abschrift im Lehns-Archiv.

Herzog Bogislaf XIII. consentirt, daß Bogislaf Krakevitz auf Divitz, um die nachgelassene Wittwe seines

1) Auf der Rückseite der Urkunde stand:

In dieses Kaufbriefes Copia mit unserm Gesampten-Handt-Vettern Bugislaf Krakevitzen über den Nienhof, den halben Huf zu Beiervitz und den Hof Bantzelvitz, welcher Hof Bantzelvitz (gegen) einen Kirchenhof zu Beiervitz up Wittow mit unserm hochsel. F. und H. Hr. Philippo Julio verwechselt, und vor. ihr hochsel. F. G. hernaher Wilken v. Platen zu Veutz verkauft ist, welche Urkund bei Wilken v. Platen vorhanden gewesen.

45

image

not

available

hiemit vor uns, unsere Erben
rner dahin, daß wir alle und
sern Lehnleuten, den Krake-
und abgetreten, zu jeder Zeit
ßfals nodt und schadlos hal-
t sein und bleiben wollen.
emit fürstlich versprechen, daß
d sonderlich der glübte, so sie
schlaf Krakenitzen und
und Voreltern gethan haben
hiemit quidt und loß sein,
re Erben und folgende Her
i den Lehn und güttern be

en dessen, was wir ihnen
zesichert sein mögen, so be
ff Rügen, Christoff von
en, hiemit guetiglich, daß
verschrieben und zugeeignet,
ro daran habende gerech-
Treyfaltigkeit einräume, und
tzen zugleich vollziehe und
nen Leute, so dieselben rän
rieder geruche, daß sie wie
an Erbegeit gebüret, hab

rin uns verschrieben, stets
so haben wir diese Ver
elben lassen, mit unserm
chen bestetigett, und jederm

den sechsten Februarij
neunzehn.
s Julius mappra.

—

gast, den 20. May.

Pommern ertheilt sei-
vittweten Herzogin zu
die Divitzer Güter.

rift.

Bogischlaff, dieses
Hertzog zu Stettin,

Pommern, der Cassuben und Wenden, Fürst zu Rügen, erwehlter Bischoff zu Kammin, Grav zu Gützkow, und Herr der Lande Lawenburg und Butow rc. Thun kund und bekennen hiemit für Uns, unsere Erben, nachkommende Herrschaft und sonsten jedermänniglich. Alß wir bei uns die sonderbare schwesterliche Liebe, Trew, Fleiß und Versorg so die Hochgeborne Fürstin, Frau Anna, geborne zu Stettin-Pommern, Herzogin zu Croy und Arschott, Marggräfin zu Havre, Gräfin zu Fontenoy und Bayon, Frau zu Dempmartin und Vinstingen rc Wittib, Unser einig frl. liebe Schwester und Gevatterin, Uns in beharlicher freundschwesterlicher Verwandniß und Affection erwießen, dabey auch bis an dero Ende in ungefärbter Beständigkeit verharren wird, der Gebühr erwogen und daneben bedacht, daß von dem uhralten hochlöblichen fürstl. Pommerschen Nahmen, nach Gottes gnädigem Willen, Wir beide nur noch allein übrig, und wir darumb unsere gedanken billig dahin wenden, wie gleichwohl auch hochgedachter Unserer Schwester Ld. neben Ihrem geliebten Sohn, dem Hochgebornen Fürsten, Herrn Ernst Bogischlaffen, Hertzogen zu Croy und Arschott, Marggrafen zu Havre, deß heil. Röm. Reichs Fürsten, Graven zu Fontenoy und Bayon, Herrn zu Dampmartin und Vinstingen, Unseren geliebten Enkel und Sohn, auf einen menschlichen Fall, welchen der getrewe, barmherzige, ewige Gott ohne Leibes-Erben in Gnaden zu verhüten geruhe, demnest noch eine gute provision, jedoch ohne Verschmellerung der Tischgütter und Regierungs-Intraden gehaben könne, und dann uns als dem Landts- und Lehns-Fürsten, Rechts und dießer unser Lande Gewonheit wegen zustehet, hingefallene Lehne andren von Adel hinwiederumb zu conferiren und in Eventum Anwartungs-Verschreibungen zu ertheilen, daß wir dannenhero und aus andern aller Orten mehr und sehr fürdringender Ursachen, auß gutem Vorbedacht, eingezogenen Rath unserer getrewen Räthe und Rechten wißen mehr hochgenandter Unserer Fr. lieben Schwester und Gevatterin Ld. das Hauß Divitz und Frawendorff zusampt allen andern dazu gehörigen Lehne und Gütrern an Ackerwerken, Schäffereyen, Bawren, dero Pächte und Dienste, Höffen, Hufen, Aeckern, Wießen, Welden, Möhren, Brüchen, Heiden, Holzungen, Jagten, Weidwerken, Teichen, Seen, fließenden Wassern, Fischereyen, Mühlen und Mühlen- (Teichen), auch Teichlager, dem höchsten und siedesten Gericht an Hand und Hals, jure patrona-

image not available

ng, lieber, andechtig und getrener
evitz, der heil. Schrifft Doctor
: Unser Universität Greifswald,
nterthäniger, getrewer Affection
irstl. Hauß Stettin, Pommern,
er Gerechtigkeit **juris simul-**
: Krackevitzen Güter zu Divitz,
Güstrow und andere Pertinen-
rnen, Hochwürdigen Fürsten,
erzogen zu Stettin, Pommern,
rsten zu Rügen, Coadjutoren
zu Gützlow und Herr der
unsern freundlichen, lieben,
den Andenkens nicht allein
b zwei tausend Gulden Pom-
getretten, sondern auch seine
echt und durch fleißige Un-
daß sie ebenmäßig umb ein
Se. hochfehl. Ld. zu son-
überlassen. Alß aber die
Sr. Hochfehl. Ld. christl.
unvermuthlich in so kurtzer
wiederumb heimbgefallen,
Onera und Beschwerun-
sie sie in Zeit dieser Be-
tern Bugschlaff Kra-
eben, nicht gewesen. So
und Vettern uns un-
zu bezeigen und diese
ssen Summen Geldes,
derumb in Gnaden zu
bedenken getragen, auch
sches einzugeben nicht
ereits für diesen auff
fall diese Güter mit
ebohrnen Fürstinnen,
Pommern, Hertzo-
en zu Haure, Grä-
Binstingen und auch
eben einigen Schwe-
Gottes willen von
es Ohrts nur noch
eschenket und gege-
ten unsern verord-

neten Superintendenten Bartholdum Krackevitzen und die seinigen auch auffgethane unterthänige Intercession theils Unser Landt- und Hoffrähte, dahin in Gnaden erklähret, seiner und seiner Erben anderer gestaldt in gnaden zu geruben, immaßen Wir dan gleichfahmb gemeldte seine Brüdere und Vettern wegen ihres verhofften **juris simultaneae investiturae** so sie etwa an diesem Gute ihrem vermeinen nach noch übrig haben müchten, gnädiglich abgefunden, da bey Wir dan auch insonderheit uns in gedechtnuß erfürdert und gnädiglich betrachtet, die vielfältige getrewe unterthänige unverdrossene Dienste, so mehr gemeldter unser Superintendents nun in die zwanzig Jahr hero diesem Unsern Fürstl. Hause Wollgastischer Regierung geleistet, dabey allerhand Mühewaltung ausgestanden, oftmalß die unvermügenheit seines Leibes hindan gesetzt und dabey mit dermaßen getrewen fleiß und **dexterität** aufgewartet, auch alle seine **intentiones** zu seinen sonderbahren großen nachruhm dabey gerichtet, damit die uns wegen tragenden Landsfürstl. hoch und Obrigkeit zustehende **Jura Episcopalia** wie auch die Unser Städten, so woll aufm Lande habende **Jura patronatus** uns, unsern Erben und nachkommen unverrückt verbleiben, die mit Theils Städten und anderen deßfalß gehabte schwere rechtsfertigung durch billige gütliche mittel gänzlich aufgehoben und unterschiedlichen **litibus** an Kayserl. Cammer-Gericht nebst dero gleichen geldfreßenden Processen renunciiret worden, die Kirchen-Visitationes so bevorab in großen Städten in vierzig, fünffzig und mehr Jahren nicht gehalten, wiederumb in richtigen stand gebracht, gestald er dan dabey, den Kirchen, Schulen und Armen im Lande, wie auch uns und diesem unsern geliebten Vater-Lande durch seine vorsichtige **Consilia** in vielen wegen kundbahren großen frommen und nutzen gestiftet, welches Wir unß alles zu Landes Fürstl. erlaublichen gemüte gezogen und allermaßen billig erachtet, daß zu unser **Memorie** den auch zu seiner mehrer auffrischung und **continuation** seines mühseligen Amts und Dienstwartung gleich andern woll verdienten **Officirern** wiederfahren, ergetzlich erkennet und **recompensiret** werde, weil aber jetzo für der hand keine andere Gelegenheit gewesen, Er auch nicht begehret einigen empfindlichen abgang unser jährl. **ordinar intraden**, unß, unsere Erben und nachkommender Herrschaft beschwerlich zu sein und Wir unß berichten lassen, daß Wir zu unserm Ackerwerk Newendorf und in der Gützkowschen Vogtey jährlich etliche Tage Dienste von den Bauren zu Upatel haben, welche durch andere Gelegen-

ehn dem da noch woh-
geschehen könne, und
n Schaaf-Trifften vff
ehabt, dieselben ihnen
aber außerhalb diesen
barten vom Adell in
u kauffen, bleibet ihm
in denselben Gütern

Erben und nachkom-
Superintendenten
e n und dessen Er-
Nützliche und va-
inff Bauren zu Ura-
wir ihn durch unsern
weisen, immittiren
olchen Besitz alsfort
nun an für sich und
für und für erblich
es und ihres gefal-
nd eigenthumbß recht
frey biß ihr eigen-
ernnb ihrer besten
äußern, wie sie dan
dienste gäntzlich ent-
n niemahlen gelei-
chen, Frouendorff
ie schuldige Roß-
wenigsten die Au-

Superintendens
ibret, so viel den
nderer benandten
n künfftig erlan-
flichten wir uns
kommende Herr-
gen gedachter an-
und Höffe von
alber in künfftig
et hoffen können
chtens, so bald
, deßfals vertret
bey allen ver-
bei Geistlichen

Gütern begeben könnten und möchten, qvit und frey zu gewähren und die eviction zu prästiren, auch allermaßen schadlos zu halten wie gewehr, recht und gewohnheit ist.

Renuncijren und absagen derowegen für Unß, unsere Erben und nachkommende Herrschaft hiemit allen Rechten, Behelfen, Begnadigungen, Constitutionem und Freyheiten insonderheit dem beneficio **Restitutionis in integrum, laesionis etiam ultra qvadruplum,** den **Actionibus** und **respective Exceptionibus doli mali, concessionis sine causa, aut ex falsa causa factae, Erroris, rei non sic geste, fraudulente persuasionis, et deceptionis, item Juristertii, defectus notorij juris Rem transire cum suo onere non adimpleti Contractus, Item jure prohibente domanialium Principis et bonorum Ecclesiae sine certis sollennitatibus alienationem cunque Secularibus dominijs vnionem et qvod in feudis antiqvis praesertim Ducalibus successores non ten cantur factum praestare Antecessorum praesertim sicut Successorum laesionem vergat, Item qvod evictio non debeatur quando provenit ex natura rej.**

Jmgleichen der Regul welche sagt, **Generalem renunciationem non valere, nisi specialis praecesserit** und allen andern rechten und begnadungen, wie die Nahmen haben mögen und unß, unsern Erben und mitbeschriebenen zu guete albereits durch Menschen Sinne erdacht oder in künfftig erdacht werden können, Jhm und seine mitbenandten in keine wege zu nachtheil immer zu gebrauchen, alles bey Fürstl. Würden ehren und glauben.

Dessen zu uhrkundt und festen stetten unverbrüchlichen haltung haben wir diese Begnadnngs- und **respective** Kaufverschreibung mit eigenen Händen unterschrieben und unser Fürstl. großes Insiegel wissendtlich daran hangen lassen. So geschehn und gegeben vf unserm Residenzhause Wolgast, am Tage **Viti** im Jahr nach unsers lieben Herrn und Seligmachers Jesu Christi geburt, Tausend sechshundert sechs und zwantzig. Hiebey an und über sein gewesen die Ehrwürdigen, Vesten, Erbahrn und hochgelahrte nachfolgende Unsere Land- und Hoffräthe und lieben getrewen Volemar Wulff, Freyherr auf Putbusch und Commendator zu Wildenbruch, Albertus Wakenitz, Prälat und Cantor des Stiffts Cammin zu Clevenow, Erasmus Kussow zu Quitzin, Christoph Owstin zu Quilow, Christoff von der Lancken, Land-Voigt von Rügen zu Lancken, Jochim Mörder zu

image

not

available

hebungen, auf- und ab-
ßen-Gerichten, Kirchlehne
n gehörig, item mit Tei-
fern, mit allen Privilegien,
n höhesten und niedrigsten,
handt, und sonsten allen
n und Fruchtbrauchungen,
en und mögen angerichtet
ge Schulden-Last ausge-
petui Canonis ad in-
von Kirchen, Caland rc.
Kauffschillig nicht gerech-
ey dem Lehn bleiben, zu
chen, wie dieselbe allent-
ud mahlen belegen, und
laff Krakevitzen und
und gebrauchet worden,
der Herrschaft nichts dar-
fürstl. hoch- und Lehns-
yß- und Landt-Steuren,
ch folge und gebührende

Käuffer Philip Horn,
riebene in rechten, ruhe-
ionem des vorgenand-
Rittersitze, auch dero zu-
nd andere Pertinentien,
geschehen soll, kann und
Unser geheimbder Rath
ben behandelten Kauff-
d dreißig tausend Gul-
ng, jedem zu vier und
n guten unverbottenen
er unser Wolgastischen
Termine baar außge-
Händen lieffern las-
so zur gnüge auskom-
en und nachkommende
eschriebenen bester ge-
onibus non nume-
stram non versae
gen thun.
einen mitbeschriebenen
neue Lehn-Briefe ne-

benst dero Cessionen und andern zu diesen Lehnen gehörigen Documenten und brieflichen Uhrkunden, so viele Uns deren zu handen kommen, herauß geben, und einantworten lassen, auch da noch etwas mehr vorhanden so jetzo nicht eingeliefertt, soll selbiges alles was aufgefunden noch ausgeantwortet oder krafft dieses gänzlich kassiret und auffgehoben sein, und zu keinen Zeiten wider mehrgemelten Unsern Cantzler und seine mitbeschriebenen gebrauchet, oder zum Behelf angezogen werden, und bleibet Ihm und seinen mitbeschriebenen je und alle Wege frey und ungehindert nach ihrer gelegenheit diese Güter in gesambt oder etliche particuln derselben vff vorgehenden Unsern, unserer Erben und nachkommender Herrschaft Consens an andere wiederumb zu verkaufen, zu verpfänden oder in andere Wege zu alieniren und zu veräußern, wie Lehnsrechte und Gewohnheit ist, und soll darüber in seinen freien Willen verbleiben, diese mehr genandte Güter zu jeder Zeit wans ihm beliebet mit nachgesetzten pactis an andere ebenmäßig zu verhandeln. Sollte es sich auch etwa begeben, wie alle menschliche Fälle allein in deß allmächtigen Gottes Händen stehn, daß viellgedachter Unser Cantzler ohne männliche Leibes-Lehns-Erben oder dieselbigen ohne männliche Leibes-Lehns-Erben für und für Todes verfiehlen, so soll dieser ausgezahlter Kauffschilling naturam eines Pfandschillings, an sich nehmen, haben und behalten, und als ein allodium geachtet, auch vor Unß, unsere Erben und nachkommender Herrschaft gemelten Cantzlers und seiner mitbeschriebenen negsten Agnaten, oder wer von Unß und Unsern Erben mit obspecificirten adelichen Rittersitz und dessen Pertinentien belehnet werden möchte, wiederumb volnkömlich nebst den aufgewandten meliorationibus, so zuvor von der Sachen erfahrenen, ehrlichen, unparteylichen Leuten nach Billigkeit, ohne abgang zu taxiren, seinen Landt-Erben erstatet und bezahlt werden, und sollen gemelte Landt-Erben, sie seien von seinem Leibe als Töchter, oder dero Kinder, oder aber von seinen nechsten Cognaten in was Grad auch dieselben seyn, gebohren oder welche er sonst constituiren wird, entweder in solchen Gütern verbleiben oder auch alsfort ohne einiges richterliches Decret, Autorität und gewald dieselben einnehmen, einbehalten, genutzen und gebrauchen, als wan mehrgedachter Unser Cantzler noch im Leben und seiner Persone halber keine enderung fürgefallen, daran Ihnen keine turbation biß der Erb-Kauffschilling und was dem anhängig, nehmlich die meliorationes wie obstehet zu aller gnüge bezahlet, zugefüget werden, daß dieser Contract vim rei judicatae haben und behalten soll.

46

image not available

gaſt, den 20. July.

:t an Adam, Hans,
Gevettern und Brüder
nmtes Hand-Recht an
Gulden.

drift.

gißlaf dieſes Namens
umern, der Caſſuben und
hiermit ꝛc. nachdem wir
s unſer Land- und Hoff-
:ben Getreuen Adam,
ettern und Brüdern den
itzke geſeßen, durch ge-
ihrem Vetter und Bru-
t, und alſo eines jeden
Juris simultaneae
uendorffiſchen, Carnin-
:igen Lehnen, das was
em ſechſten Theile gleich
ßen ihre beiden Sechs-
] 8000 Gulden, vnd
Gulden Pommerſcher
ibrlichen Quitung vnd
is pro quota gentz-
ut dieſer entlicher un-
i verpflichten Wir Unß
Hans, Heinrich
n Krakevitzen ob-
Wehrung und alſo
izertrennten Summa
Anthony folgenden
llen ſie hierüber mit
Krakevitz Schulden
Vettern gelobet, oder
ichtige bezahlet, ihres
ausſtehende Handt
mitbeſchriebene des-
:s in dem Erbkauf-
en Rhatte, Canzler
zu Schlatkow geſeſ-
ilden herauszahlen
nſerer Fürſtl. Wür-

den, mit kräftigſter renuncijrung aller Begnadung der Rechte, ſo Uns von Unſern Erben dawieder zum Behelff angezogen werden könnten, alſe wann ſelbiger in specie anhero geſetzet. Uhrkundlich haben wir dieſe Obligation mi eigenen Handen underſchrieben und Unſeren Inſiegel bekräftiget. Gegeben auf Wolgaſt, den 20. July 1626. [1])

(L. S.) Bogislaus, manuppr.

No. 480. Anno 1630, zu Alten-Stettin, den 24. September.

Herzog Bogislav XIV. ertheilt für ſeinen Geheimen-Rath und Cantzler Philipp Horn einen Lehnbrief über ſämmtliche Divitzer Güter. [2])

Nach einer Abſchrift.

Von Gottes gnaden Wir Bogißlaff dieſes Namens der Vierzehende, Hertzog zu Stettin, Pommern, der Caſſuben und Wenden ꝛc. Fürſt zu Rügen, erwehlter Biſchoff zu Cammin, Grafe zu Gützkow und Herr der Lande Lawenburg und Bütow ꝛc. Thun kund und bekennen hiermit für Unß, unſere Erben, nachkommenden Herrſchaft und ſonſten Jedermenniglich, waß maßen Unß der Ehrwürdiger, Veſter Unſer Geheimbter-Rath, Cantzler und Lieber getrewer Philip Horn E. C. Thumb Capittels zu Cammin Canonicus, zu Schlatkow geſeſſen, unterthäniglich erſuchet und gebehten, Wir geruhetem Ihme und ſeine Männliche Leibes-Lehns-Erben mit denen Lehenen und Gütern, welche durch Weyland Bugſchlaff Krakevitzen zu Divitz

1) Zu Wolgaſt, den 24. Juli 1626 ſtellten Adam, Hans, Heinrich und Victor, Gevettern und Gebrüder die Krakevitzen zu Poſtelitz und Preſens, einen Revers aus, in dem ſie bekennen, von Herzog Bogislaf 8000 Gulden erhalten zu haben, für welche Summe ſie, ein Jeder einen ſechsten Theil, der geſammten Hand-Gerechtigkeit an die Frauendorffſchen, Divitzer, Carninſchen und Dabitzſchen, nebenſt zugehörigen Lehnen und allen deſſen Pertinentien entſagen.

Alexander Krakevitz auf Müggenburg und Poſtelitz hatte bereits am 22. July 1626 zu Wolgaſt dem Herzoge einen Revers ausgeſtellt, in dem er gleichfalls auf die geſammte Hand-Gerechtigkeit an die oben genannten Güter, mit Ausnahme des Starkowſchen Lehns, welches ihm zu reluiren frei blieb, verzichtete, wofür ihm der Herzog 4000 Gulden bezahlt hatte. — Die dem Alexander Kr. vom Herzoge ausgeſtellte Urkunde iſt mir nicht bekannt.

2) Den Söhnen des Philipp Horn, Bogislaf Burchard und Friedrich Wilhelm ward dieſer Lehnbrief von der Kgl. Schwediſchen Regierung für Pommern, zu Wolgaſt am 5. Juny 1673 beſtätigt.

46 *

image
not
available

Unsern Successoren verliehene
soll) solche gesammende Hand
ten Philip Hornen und
Erben, einen Weg wie den
tbleibe, nach seiner und ihrer
hnen und Güter ingesampt
vff vorhergehenden Unsern,
nder Herrschafft Consens,
aft dieses verweigert werden
kauffen, zu verpfänden oder
en in dem Kauff-Contracte
nen Pactis und Condi-
veräußern.
ben, wie alle Menschliche
Gottes händen stehen, daß
e Mänliche Leibes-Lehens-
n würde, soll dieser auf-
tur und Eigenschafft eines
halten und als ein allo-
sern Erben und nachkom-
Unß und Unsern Erben
s, Todes ohne Mänliche
für und für, oder auch
er, dessen Mänliche Leibes-
e gesammende hand gön-
Schloß, adelichen Ritter-
net werden möchte, wie-
wiedereinrichtungskosten,
s Guth gewand, als itzo
dar in fürgangenen fast
rden müssen, und allen
für darinnen aufgewand-
zu jeder Zeit von der
arirer und entweder mit
lip Horn und seine
erwehlen wird, taren
h gehalten werden, alß
llen, oder anderen glaub-
nderheit Documentis
nen und ihren Land-
let werden, und sollen
em Leibe, alß Töchter
en negsten Cognaten
hren, oder welche Er

sonsten da zu constituiren oder auch in Mangelung deren allem von Unß oder Unser nachkommenden Herrschafft mit der gesammen handt begnadet wird, entweder in solchen Gütern verbleiben oder auch alßfort ohne einiges richterliches decret, authorität und gewald dieselben einnehmen, einbehalten, genutzen und gebrauchen, alß wan so offt gedachter Unser Cantzler Philip Horn, noch im Leben und seiner Persohn halber keine enderung fürgefallen, daran daß Ihme keine turbation biß der Erb-Kauffschilling, auch jetzt gedachte wiedereinrichtungskosten, meliorationes und waß dem anhengig, zu voller gnüge bezahlet, zugefüget werden, worumb dan diese dispositio vim rej judicatae haben und behalten sollen, hieneben und über daß verbleibet auch Ihme und seinen Mänlichen Lehens-Erben frey und unbenommen von diesem Erb-Kauffschilling angewandten wiedereinrichtungskosten, meliorationibus und dessen anhangen von Unß, Unsern Erben und nachkommender Herrschaft auch Männiglich unbehindert in alle wege nach eigenen willen und belieben zu disponiren, und dehnen sowoll seiner geliebten Haußfrawen alß Töchtern, ob auch gleich Söhne vorhanden wehren, nach guhtachten und gefallen einen oder mehr Theile zu doniren und zu verschenken, nur daß vff den fall noch Söhne übrig, denenselben Ihre legitima und waß vff die Roßdienste gehet, frey verbleibe, sogar daß Er auch jetzt gemeldter seiner Haußfrawen die helffte von diesen seinen Gütern, weil selbige auch von Ihren Geldern miterkaufft, zum Leibgeding zu vermachen bemächtiget sein solle, alles trewlich, vffrichtig und sonder geferde, zu dessen uhrkundt und fester haltung dieser mit inserirten Pactorum wir diesen Unsern Lehnbrief mit Unsern Fürstl. Großen Insiegel und subscription befestiget. Gegeben in Unserer Fürstl. Residentz-Stadt Alten Stettin, den Vier und Zwantzigsten Monatstag September im Jahr Eintausend Sechs hundert und dreißig.

Hiebey an und über sein gewesen die Woll- und Ehrwürdige, Veste, hochgelahrte Unsere Rähte und liebe getrewe, Volckmar Wulff, Freyherr zu Putbus, unsre Staathalter in Wolgastischer Regierung, Cammendator zu Wildenbruch, Paul von Damitz, Unser Stiffts-Stadthalter und Präsident des Gehtimbden-Raths zu Rabenstein und Strachmin, Wilhelm Kleist, C. C. Thumb-Capittelß zu Cammin Decanus, unsren in Stettinscher Regierung Cantzlern zu Muttrin und Dubbero, Niclaß von Ahnen, Wollgastischer Regierungs-Cantzler, zu Natzevitz, Adam Trampe und Christoff Zasterow, respective jetzt beregter bey der

image

not

available

bbelkowschen Felde, wie nicht
gnädigen Fürsten und Herrn
bekomme, und es mir gefäl-
dazu nehmen, insgesampt
fe, angewiesen erhalten solle,
elbst die Korn und Geldhe
für diesen alhier von mei
endorf, und aus den Dör-
meinem Antheil, wie nicht
zu dem Kirchspiel gelegenen
gen Fürsten und Herrn be-
und gereichet sein, inskünf-
war von gedachten meinen
auf Michaelis des nechst-
ohne Abgang gedoppelt,
zuvor geschehen, ge-
jährlich in meine Hölzer,
n, [1]) halb so viel (— ?)
eingenommen, und dann
(andern) zwei oder eine
er predigt, eine freie
ch seine Lehnsfolger und
dagegen obgedachter
chter, bei Pön 500 Fl.
ute zu verfallen gehalten
itziger Pastor zu Kentze
nicht verrichten kann, und
eo Mertzahn, als der
Landesfürsten ꝛc. eine
re habe, alle Hebungen
ow cediret und abgetre-
n Einkünfte aber nebst
verspreche er ihm, Do-
dieses, bis auf seines
freie Wohnung, nebst
lbe zu seinem Gebrauch,
rben solle, wozu ihm
Fl. an baarem Gelde,
n, 2 Drömt Habern,

1669 heißt es im Titel
Hölzer laut des wohls.
Stück Schweine.

6 Scheffel Erbsen, halb weisse und halb graue, imgleichen 6 Fuder Heu zu rechter Zeit abgefolget werden, und danebst erlaubt sein solle, so viel Weichholz, jedoch nicht ohne vorhergehende meiner oder meiner Diener Anweisung, als Er zur Feurung benöthiget hat, zu werden, auch so viel Vieh, als Er von dem auf seiner Hufe gebauetem Futter und benannten 6 Fuder Heu, ausfuttern kann, auf die gemeine Weide, jedoch mit Beschonung meiner Haynhölzer und Koppeln zu treiben. Damit Er bemeldete seine Hufe desto füglicher excoliren oder begaten könne, wolle Er (Ph. Horn) Ihm des Sommers in der Brakzeit einen Tag mit 3 Pflügen, in der Wendelzeit aber einen Tag mit 3 Haken oder 3 Pflügen, also daß diese Wahl bei ihm (Ph. H.) verbleibe, weiter im Herbst zur Saat wieder einen Tag mit Pflügen, des Herbst in der Strecke und im Frühjahr zur Wendung des Gersts- oder Haber-Ackers, jedesmal einen Tag mit 13 Pflügen eine Schicht und also zusammen mit 3 Pflügen 3 Schichten helfen lassen. — Welche letzte **Donation** aber nur bis so lange Dominus Timotheus alhie wohnet und sein Vater verstirbt, wehren, hernach aber obgedachte erste Verordnung angehen und der einen Landhufe Ackers Anweisung alsofort geschehen soll. — Wenn Er (Ph. H.) vor Ehren Peter Mertzahn mit Tode abginge, sollen seine Lehnsfolger und Erben, bis auf Peter Mertzahns Absterben, von ihm **ex patria potestate** verpflichtet sein Domino Timotheo das Verschriebene zu halten. Dagegen soll dieser wieder verpflichtet sein, alle hohe Fest- und Sontage 2 mal, imgleichen wöchentlich 2 mal allhie zu predigen und nebst fleißiger Administration der hochwürdigen Sacramente alle Woche 2 mal Betstunde zu halten, und sich sonsten in Lehr und Leben, wie einem getreuen Seelsorger und Hirten gebühret, bezeigen und erweisen. Verstirbt aber Dominus Timotheus Mertzahn vor seinem Vater, behalte Er sich, seinen Lehnsfolgern und Erben vor, daß sie an diese letztere Verordnung nicht länger aus Schuldigkeit wollen verbunden sein, womit aber die zuerst bemeldete Vermachung nicht gemeint ist, zumalen dieselbe alsobald, wenn der künftige Priester zu Kenz eben vermeldete Amtsgeschäfte albie zu Divitz zu verrichten anfängt, auch ihren Anfang gewinnen, und alle Wege so lange, nicht aber auch länger währen soll, bis die künftige Priester sothan ihr Ambt obbeschriebener maßen verrichten, also und dergestalt, daß weder Er, seine Lehnsfolger oder Erben solche Verordnung aus einiger anderen Ursache als nur allein wegen Nichtverrichtung oder Versäumung obbeschriebenen des Pasto-

image not available

Carlsen, Brehmen, Verben,
zu Rügen, Herr über Inger-
uch Pfaltz-Graff beym Rhein
nd Bergen Hertzog, Thun kund:
Vice-President beym Tribunal
este, auch besonders lieber Ge-
:, unterthänigst zu vernehmen
rmäßige Verschuldung der in
belegenen Hornischen Lehn-
cum pertinentijs, es nun-
r Kayserl. Cammer-Herr und
ent, Friedrich Wilhelm
gäntzlich begeben, der andere
jer, Lieutenant Boglslaus
em Vice-President Lillen-
ognition übertragen: wan-
thänige Ansuchung gethan,
Umständen Ihme und seines
zu Unserer Disposition auf
Güter gnädigst zu conferi-
er eben dieselben Conditio-
hilip Horn solche Güter
ehn-Briefes de Anno 1630
ung er dieselbe jetzo titulo
ation aus denen Händen
u erlösen vorhabens; also,
die unterthänige devote
ermeldter Vice-President,
eistet und ferner getreulichst
n Wir ihr gnädigster Er-
Presidenten Johan Lil-
ns-Erben hiemit und in
. oberwehnte Lehn-Güter
ppertinentien, wie die-
obberührten Fürstl. Lehn-
den 24sten September
Lehne reichen, geben und
nehmen, zu nutzen, zu
von zu thun und zu las-
näß, wobey Wir ihme

28. May 1722 von König
elbst den 14. Januar 1755
eben bestätigt.

hiemit zugleich dasjenige Recht übertragen, welches der Cantzler Philip Horn, besage mehrerwehnten Lehn- und Kauff-Brieffes, de Anno 1630, von Hertzog Bogislao XIV. käuflich acquiriret, als ob Selbiger diesem Unsern Lehn-Brieff von Wort zu Wort inseriret und einverleibet wäre. Dagegen soll Er und Sie solche Güter von Uns und Unsern Successoren am Reich als Hertzogen von Pommern zu Lehn recognosciren, die darauf haftende Schulden, nach landüblicher taxation, denen Rechten und Landesconstitutionen auch Unsern und Unserer Vorfahren Verordnungen gemäß, gebührend abtragen und bezahlen, als auch der Hochseel. Hertzog Bogislaus, wie er im Jahre 1619 mit seinem Lehn-Manne Bugislaff von Krakewitzen um diese seine Lehne, so selbiger damahls im Besitz gehabt, und von seinen Vor-Eltern an ihm verstammet, gehandelt, seinen Rugianischen Vettern Adam, Hans, Heinrich und Vicke Krakewitzen, ihrer Mitanwartung und an diese Güter habenden gesambten Handrechts und juris agnationis et Simultaneae et Investiturae halber abgefunden und dafür auf seinen Domanial-Gütern einige Particuln, als: 1. An Adam Krakewitzen einen Hoff und einen Kathen in Patzig, von über 40 Morgen säbigen Ackers, nebst dazu gehörigen Zimmern, Höltzungen, Wiesen, Koppeln und andern Herrlich- und Gerechtigkeiten. 2. An Heinrich Krakewitzen im Dorff Warnckewitz 40 Morgen säbigen Ackers und so viel Weide, als auf die 40 Morgen kommen könnten. 3. An Vicke Krakewitzen im gedachten Dorffe Warnekevitz 40 Morgen säbigen Ackers, nebst so vieler Weide als dazu gehörig, und endlich 4. an Hans Krakewitzen im Dorffe Dreywolbeke 20 Morgen, und im Dorffe Brege auch 20 Morgen säbigen Ackers mit Hoffstedte und Zimmern, Erb- und eigenthümlich abgetreten und eingeräumett, von welchen Particuln ihre Erben noch diese Stunde im Besitze seyn, dabey auch von der Pommerschen Reductions-Commission geruhig gelassen worden, jedoch mit der Declaration, daß dieser Abgang des Domanii insgesambt auf fünff Land-Hufen und 10 Morgen säbigen Ackers, auf denen Divitzschen Gütern tanquam Surrogato oder permutirten Domanial-Stücke erstattet und Unsern Taffelgütern das aequivalent zugekehret werden solle; also oblieget dem Vice-Presidenten Lillienstedt, zuvorderst und bevor er die Creditores abfindet, den obigen Abgang des Domanii, in quanto et quali, nach vorhergehender Untersuchung und Taxe der abgetretenen Domanial-Stücke in Patzig, Warnekevitz, Dreywolbeke und

47

image
not
available

an seine Divitzschen und Langenhanshäger Güter — und Erklärung der Königl. Regierung, daß sie hiervon durch hochgedachten Reichs-Rath rc. Grafen J. Lillienstedt in Kenntniß gesetzt.

Nach den Origg. im Haus-Archiv zu Divitz.

Ich Johann Graf von Lillienstedt, Ihro Königl. Mayt. und dero Reiche Schweden Rath, auch Präsident des Königl. hohen Tribunals zu Wismar, thun hiemit Kund: Demnach vermöge des Fürstl. Lehn-Briefes vom 24sten September 1630, welchen der Herzog Bogislaus XIV. dem damahligen Cantzler Philip Hornen, auf die Divitzschen Güter gegeben, und nachgehends der Glorwürdigste König Carl XII. durch dero hohen Lehnbrief vom 5ten Februar 1707 vor mir und meine Posteritet dergestalt, als wäre derselbe von Wort zu Wort darein einverleibet, allergnädigst confirmiret; noch mehr aber kraft des hohen Extensions-Patents Unseres jetzo regierenden allergnädigsten Königes und Herren, im sitzenden Rath der Herren Reichs-Senatoren, den 13ten May 1728, resolviret und ausgegeben, mir unbehindert frey stehet, einem oder mehreren meiner Schwiegersöhne und ihren Kindern das Recht der gesambten Hand nicht allein in meine Divitzsche, sondern auch in die Langenhanshäger Güter, durch meinen darüber ertheilenden Uhrkund zu gönnen und übertragen; also, wie alle menschliche Fälle nur in des allwaltenden Gottes Händen stehen, mein einziger Sohn auch annoch unverheirathet und von schwacher Constitution ist, habe bey Zeiten mir angelegen sein lassen, wie alle meine gedachte Güter, sowol die Divitzschen als Langenhanshäger, welche zu acquiriren, melioriren und bebauen, mir so große Geld-Summen und unsägliche Arbeit auf allerley weise gekostet, nicht in fremde Hände fallen, sondern bey meiner Familie und Posteritet nach Gottes gnädigem Willen je und je verbleiben mögen, wie es denn auch meines allergnädigsten Königes Intention in hochgedachtem Patent gewesen. Derohalben, um die Sache nicht ferner aufzuschieben, ertheile hiemit den in obengedachten Lehn-Briefen, besonders aber im hochermelten Extensions-Patent erwehnten Urkund dergestalt, daß in Casu der Abstehung meiner männlichen Descendenten meinen sämmtlichen, so wol künftigen als jetzigen lehnsfähigen Schwieger-Söhnen und Ihren mit meinen Töchtern erzeugten oder erzeugenden Söhnen, auch derselben männlichen Descendenten, das Recht der gesammten Hand an alle gedachte meine Lehn-

image
not
available

r werden. Inzwischen haben
irone hinwieder bezahlet den
j belegene und nachher reluirte
illing 2500 Reichsthaler be-
ister Sparfwenfeldt von
die Frau Gräfin Charlotta
rhoben und anstatt derer ent-
ützet, wohingegen von Seiten
enstedt eingelöset worden
n Starckow, sondern auch
theiten nebst denen vorer-
Pfand-Schilling nunmehro,
Jahr im Juny-Monath
sind zwischen seinen Schwe-
tha Eleonora Lillien-
Krassows Frau, Gräfin
Lilljenstedt, und der
Augusta Lilljenstedt,
neister Sparfwenfeldt
r Frau Christina Jo-
Zum Grunde bei dieser
id zuverlässigste angesehen,
welche in denen Jahren
benen Eltern Güter er-
derer nachher von un-
en Graf Carl Lilljen-
blich der anderen Helffte
gen, selbige gebührend
solches das Taxations-
seqq. des gegenwär-
Pommersche Güther, den
net, angesehen worden
ovon ein jedes Schwe-
l. beträgt; umb nun
g derer Güther unter
aupt-Loße ausmachen,
Personen, welche in
Beschaffenheiten, Vor-
r die näheste Kund-
sothaner Theilung zu
o übergesandt.
gegeneinanderhaltung
gegebenen Theilung-
uß-Interessenten uns

wegen der Theilung und Loß-Ziehung auf folgende Arth verglichen:

Das erste Loß.

Das Guth Diwitz, tarirt zu	24065 Rthlr.	26 ßl.	
bezahlet an das vierte Loß	3543 „	18⅛ „	
im Behalte	20522 Rthlr.	7⅞ ßl.	

Das zweite Loß.

Das Guth Frauendorf, tarirt zu	21724 Rthlr.	36 ßl.
bezahlt an das vierte Loß	1202 „	28⅛ „
im Behalte	20522 Rthlr.	7⅞ ßl.

Das dritte Loß.

Sattel, tarirt zu	14128 Rthlr.	16 ßl.
Martenshagen, tarirt zu	5500 „	— „
Kentz, der Pfand-Schilling	3500 „	— „
	22128 Rthlr.	16 ßl.
bezahlt an das vierte Loß	1606 „	8⅛ „
im Behalte	20522 Rthlr.	7⅞ ßl.

Das vierte Loß.

Starkow, tarirt zu	8035 Rthlr.	— ßl.
Trinwillershagen, tarirt zu	6135 „	— „
bekömmt aus dem Diwitzschen Loße	3543 „	18⅛ „
„ aus Frauendorf	1202 „	28⅛ „
„ aus Sattel	1606 „	8⅛ „
im Behalte	20522 Rthlr.	7⅞ ßl.

Und da der Herr Oberster Baron Krassow und seine Frau Gräfin in einigen 30 Jahren das Guth Diwitz inne gehabt und bewohnet, auch dero Verlangen zu seyn declariret, sothanes Guth bei gegenwärtiger Theilung auf dero Erbtheil empfangen zu mögen, so haben wir übrige Sterbhauß-Interessenten aus Freundschaft und Liebe für Unsern Schwager und Schwester, Uns freywillig und geneigt gefunden zu dieser Proposition in allen unsern freywilligen Beyfall zu geben, dergestalt, daß der Herr Oberster Krassow und seine Frau Gräfin vorernanntes Gut Diwitz cum pertinentiis als Ihr von unsern seeligen Eltern und Bruder angefallenes Allodium und Erbe zum völligen Eigenthum jetzt und künftig behalten und disponiren mögen, gegen dem, daß sie an das vierte Loß auszahlen, die dero Erbloß in Diwitz überschießende 3543 Thlr. 18⅛ ßl., samt dem, daß der Herr Oberster und die Frau Gräfin vor Sich und Ihre Nachkommen angelobet, Ihre Mit-Erben und dero Nachkommen, unter

image
not
available

borne Grafen dessen gebrauchen, von Rechts und guter Gewohnheit wegen, von Jedermann ungehindert.

Zu mehrerem Zeugniß haben Wir nun gedachtem Kämmerer und Oberst-Lieutenant, Grafen Friedrich Heinrich von Krassow-Diviz ꝛc., das hiernach beschriebene Wappen zu einem ewigen immerwährenden Andenken dieser Verleihung der Grafen-Würde ertheilt, bestätiget und vermehret, dergestalt, daß das nunmehrige gräfliche Wappen in Folgendem bestehen soll: nämlich in einem quadrirten Wappenschilde mit einem, das alte von Krassowsche Geschlechts-Wappen darstellenden, silbern und schwarz gespaltenen Mittelschilde, in dessen vordere Hälfte ein halber schwarzer Büffelskopf mit dem rechten Horn und Kopftheil hineintritt, auf der linken Hälfte liegt ein goldener Querbalken nebst achtzehn goldenen Kleeblättern, von denen neun über und eben so viele, je drei in einer Reihe, unter dem Querbalken erscheinen.

In dem ersten blauen Felde des Hauptschildes befindet sich ein aufrecht stehender, die Vorder-Pranken von sich streckender, rechts gekehrter goldener Löwe, mit roth ausschlagender Zunge und über sich geworfenen doppeltem Schweif. Ueber dem Löwen schwebt ein goldener sechsspitziger Stern.

Das zweite goldene Feld enthält kreuzweise gestellt, an rothen Stangen, zwei Fahnen, von denen die zur rechten roth, die andere weiß ist, vor denselben befinden sich, letztere zum Theil bedeckend, an schwarzen Stangen, zwei Standarten, von denen die zur rechten weiß, die zur linken von blauer Farbe ist, beide enden in zwei herabhängenden Spitzen und haben goldene Einfassung.

Das dritte goldene Feld zeigt einen rothen, unten breiten, nach oben verjüngten, dann jedoch wieder stärker werdenden, mit fünf Zinnen bekränzten Thurm.

Im vierten blauen Felde erscheint ein rechts springendes silbernes Einhorn.

Auf der den Hauptschild bedeckenden Grafen-Krone, stehen drei blau angelaufene, roth gefütterte, mit goldenen Bügeln und gleichem Kleinod gezierte Turnier-Helme, von denen der mittlere vorwärts gekehrt ist, die beiden aber seitwärts gegen den mittleren, auf welchem über einer gräflichen Krone der Helmschmuck des adlichen Geschlechts von Krassows erscheint, nämlich ein Pfauenwedel auf einem goldenen Handgriff zwischen zwei gleichfalls aufrecht stehenden, blau angelaufenen gezackten Sicheln, an goldenen Griffen, jeder derselben nach außen und im Kreise mit sechs einzelnen Pfauenfedern besteckt.

image
not
available

igen Fideicom=

April 1844
Haus = Archiv

ehung zu meiner
gewährten Hoff=
aus dieser Welt
ohne, als gesetz=
es mir sonst an
ung fehlen, wenn
ität und der ge=
f mich vererbten
er Lebns=Verbin=
einer Familie zu
tand derselben zu
en. Von diesem
er Zeit mit Vor=
en Entschluß ge=
zu errichten; und
Sr. Majestät der
n geruhet haben,
ls zu dessen Aus=
mehr im Nachste=

Nachlasses, nichts
ich meinen lieben
arl Reinhold

en Güter Divitz,
imgleichen Spol=
Kirchspiele, nebst
Vorbehalt dieser
e Martenshagen,
ütern befindlichen
ilien, Vieh=, Feld=
d Ackerarbeit ein
eilbares Familien=
einem Erben nur
n Ableben auf die

im Nachstehenden benannten Fid
werden.

§. 3.

Damit es an meiner festen
an Mobilien und Guts=Inventa
hört und als Pertinenz desselben
litato zu erhalten und in jeglich
selben abzuliefern ist, soll über di
Wochen nach meinem Tode ein
nebst Taxe aufgenommen werde
künftige Fälle zur Norm diener.

Anlangend

§. 4.

die fernere Succession in dieses
A) im Allgemeinen, daß solche
ben nach dem Rechte der Er
aber nur Ehelichgeborene daz
Zu solcher Maaße ist nun
B) selbige nach dem obgedachte
zuvörderst der männlichen
commiß=Besitzers, mit gänzlic
lichen, bestimmt, dergestalt,
Sohnes, als ersten Erwerbe
nem Sohne und dessen ab
commiß zu Theil wird, und
ältesten Sohn des Fideicom
männliche Descendenz vererb
C) Stirbt der älteste Sohn des
liche Descendenz, oder stirb
so daß diese Linie im Man
das Fideicommiß sodann a
dessen männliche Nachkomm
Succession in dieser Linie üb
daß in der Nachkommenschaf
welcher von dem zweiten S
durch erstgeborene Descenden
auch selbst unter dem Grade
geborene ist.
D) Ein Gleiches findet nicht m
ten oder ferneren Hauptlinie
einer dritten oder fernern
soll auch in Rücksicht der
Folge sich bildenden Nebenli
Fideicommiß nach eben derse

anuoch weiter von mir
: Fideicommiß = Güter zu

e zum Fideicommisse be-
die daher solche — indem
dliche passiva aus mei-
rden sollen — schulden-
esitzer übergehen werden,
Natur der Fideicommiß-
e Veräußerung der dar-
smaligen Besitzer völlig
uch so wenig mein Sohn,
ch des bereits in seinem
igen auch schon im Ab-
, als jeder künftige Fi-
miß-Güter Schulden zu
len befugt sein kann und
erdurch noch ganz aus-
j dieses Sachverhältniß,
werden möge, sogleich
e Blätter zur allgemei-

urch Krieg oder andere
eutende Verlüste herbei-
ideicommiß = Besitzer die
Reparation der an den
Schäden aus den Reve-
soll für diesen Fall letz-
z einer dem vorgedachten
Summe von zehn Tausend
überschreitenden Schuld
deren Verhypothecirung
sei, daß zur Rechtsgül-
hmigung des Nächstbe-
icommiß erforderlich und
n verpflichtet, im Falle
m competenten Landes-
ll, welches denn, causa
s zu suppliren ermäch-

ährig, so ist demselben
bestellen, welcher dann

nach Erforschung der Umstände, an das competente Gericht zu berichten hat, und unter dessen Autorisation die Zustimmung gültig ertheilen kann.

Allemal ist aber sodann der Fideicommiß = Besitzer zur Abbürdung dieser Schuld in nicht zu entfernten, bei der Consens-Ertheilung im Voraus festzusetzenden Terminen verpflichtet, und der Nächstberechtigte oder dessen Curator darauf, daß solche richtig eingehalten werden, zu vigiliren befugt und resp. verbunden. Sollte Ersterer aber durch früheres Absterben an der vollständigen Erfüllung jener Verpflichtung behindert werden, so gehet sodann diese Schuld und die Verbindlichkeit zum Abtrage in den bestimmten Terminen mit dem Besitze der Fideicommiß = Güter auf den Nachfolger in selbige über.

§. 8.

In gerechter Fürsorge für diejenigen meiner Descendenten, welche nicht zum Genusse des Fideicommisses gelangen können, verordne ich weiter hierdurch, daß der jedesmalige Besitzer des Fideicommisses verpflichtet sein soll, zu deren Besten von den Revenüen der Güter jährlich die Summe von Dreitausend Thaler Preuß. Courant nach dem Münzfuß von 1764 an eine zu dem Zweck verordnete Curatel zur Bildung eines freien Allodial = Fonds auszuzahlen, mit der Bestimmung, daß das aus solcher Abgabe gesammelte Vermögen beim Absterben des zeitigen Fideicommiß = Besitzers unter dessen eheliche Kinder, mit Ausnahme des ihm im Fideicommisse succedirenden Sohnes, welcher von der Theilnahme daran allemal gänzlich ausgeschlossen bleibt, in der Maaße vertheilt und ausgekehret werden soll, daß jeder Sohn eine doppelte, jede Tochter aber eine einfache Portion erhält.

Nur für eheliche Kinder eines Fideicommissars ist jedoch dieser Fond bestimmt, und wenn daher ein solcher außer dem Successor im Fideicommisse keine Kinder hinterläßt, oder gar ganz kinderlos stirbt, so verbleibt in solchem Falle der sodann angesammelte Vorrath, ohne daß letzteren Falles sonstige Erben des verstorbenen Besitzers Anspruch darauf zu machen befugt sind, unter der Verwaltung der verordneten Curatoren und der künftigen Vertheilung beim Absterben des nächsten nachfolgenden Fideicommiß = Besitzers, welcher dazu berufene Kinder hinterläßt, vorbehalten.

Da inzwischen unter solchen Umständen der Fond leichtlich zu einer sehr bedeutenden Höhe anschwellen mögte, und

48 *

jährliches Honorar von vierzig
sse zu beziehen haben.

10.

ritte eines Fideicommiß-Be-
isse succedirender Sohn an-
rb verordne ich, daß so lange,
den Besitz des Fideicommis-
schaft nicht nur sämmtlichen
: freie Aufenthalt auf den
smäßigen Sustentation und
ıd den Revenüen des Fidei-
sondern auch der nach die-
der Wittwenhebung ver-
Revenüen, ohne alle Theil-
mmisse, zu dem obgedach-
ung der Vertheilung an
rordnete Curatel abgege-

ung verordne ich, unter
m §. 5. gedachten spe-
in der Folge jegliche
ß-Besitzers, so lange sie
s, vom Todestage ihres
-Gehalt von Tausend
eicommisse zu erheben,
gkeit ihres in dasselbe
dern freie Wohnung

und Unterhalt auf den Gütern zu genießen haben soll; wogegen dieselbe durch anderweitige Verehelichung dieser Vortheile verlustig wird.

Sollte sich der Fall ereignen, daß gleichzeitig zwei oder mehrere Wittwen zu solchen **Vidualitio** berechtiget sind, und einem volljährigen Fideicommiß-Besitzer deren Prästation obliegt, so soll, so lange dieses Verhältniß dauert, die dem Letzteren im §. 8. auferlegte Abgabe an die Curatel auf Zwei Tausend Thaler jährlich ermäßiget und herabgesetzt sein.

§. 12.

Dieses ist mein letzter Wille, welchen ich in allen Stücken genau befolgt, und falls demselben wider Verhoffen an der Eigenschaft eines förmlichen rechtsgültigen Testaments etwas ermangeln sollte, als Codicill oder auf jegliche sonst rechtlich mögliche Weise aufrecht erhalten wissen will.

So wie es mir aber allewege unbenommen bleiben wird, solchen abzuändern, durch Zusätze zu modificiren oder gar aufzuheben, so behalte ich mir insonderheit für den Fall die Errichtung einer andern Disposition bevor, wenn ich, was Gott in Gnaden verhüten wolle, das traurige Schicksal erleben sollte, meinen geliebten Sohn vor mir aus der Welt gehen zu sehen.

Urkundlich habe ich dieses Testament, welchem ich durch Niederlegung beim Königlichen Hochlobsamen Hofgerichte zu Greifswald die Qualität eines öffentlichen beilegen will, eigenhändig unterschrieben und untersiegelt.

So geschehen zu Greifswald, den 3ten November 1841.

(L. S.) Fr. v. Krassow.

Baptiste (23. Juny).

uft dem Kloster zu
seuicze für 250 Mk.

Bergen No. 117.

: „dat loue ik Arnt
e hyr na schreuen stan,
dere, Sander Bo-
keppl, Thonyes Ga-
wele Dubbertycze,
ow, Hannes Crassow,
louen en truwen myt
o Berghen — vnde her
Warghes laf Barne-
, rydderen, Clawes
teshaghene, Knapen,
.

Sixti (7. August).

id Wartislaf VIII.
ig der Städte Greifs-
iin wegen aller „twy-
mit der Stadt Stral-
iß die Herzoge, wenn
edder anzakent hadden
tmanen edder börgheren
lessund, dar scholen de
mechtich wesen mynne
euen heren to helpende
toschelet, vnde dat schal
aent vnvorthogert.“ Die
de to dem Stralessunde“
Kedinghaghen, de Hupe
r tobehoringe vnde dat
des sich vnse heren (die
dem Stralessunde vmme
ie neuen Zölle und neuen

Wege und vergönnen die alten Wege und bleiben bei „enem rechten tolne“. Die Herzoge bleiben bei aller Gerechtigkeit und Freiheit „dar ze recht ane zint“ und lassen die von Stralsund eben so bei aller Freiheit und Gerechtigkeit. Die von Stralessund entrichten den Herzogen auf nächsten Martini 4000 Mk. „den van dem Gripeswolde to der lösinge des slotes vnd landes to Ghützkow“ „men vmme de vyshundert mark, dar de van dem Stralessunde vnse heren vmme manen van der Hertzeborgh weghen, dat scal stan to vnser gnedighen vrouwen, vrouw Margarethen, Konynghinnen to Dannemarken, dat scholen ze in beyden syden holden, wes ze dar vmme seght.“

Aus J. A. Dinnies Diplomatorium civitatis Stralsundensis Sect. II. No. 26.

„Tughe desser dyngh, de hir ouer gewesen hebben, sin de erliken vnde erbarn lude, her Johan, abbet to dem Nyen Camp, her Wedeghe Bugghenhaghen, her Hinrik van Jasmund, rydder, her Matthias Bolwede vnde her Johann Crassow, parnere to dem Stralessunde vnde to Gartze, Tydeke van dem Borne, Hinrik Lüssow, Reymer Nyenkerke, Sum, voghet to Rugen, Rauen Barnekow, Clawes vnde Vicke van Vitzen, brudere, Reimer Dechow vnd Reynward van Peenze.

Appendent corrigiis membranaceis amborum ducum et trium civitatum sigilla.

No. 495. Anno 1400, tho dem Rycheberghe, des nächsten Tages St. Katharinen (26. November).

Die Herzoge Barnim VI. und Wartislaf VIII. verkaufen ihrem Capellan, Herren Hinrik Gruter, Priester, ihre Hebung aus 3 Höfen zu Kentze, als 22 Mk. 6 ßl. Sommer- und Winterbede, 3 Drömt Hundekorn und 6 ßl. Münte Penninge, für 300 Mk., die er im Auftrage der

image
not
available

d Ehrenvesten
rschen Rhatts
wacht Erbses-
rit ehelige Liebe
ier zugethanen
n vorgemelten
elanget, auch
laß Ihme ge-
em Ehegemahl
daß demnach
Krassowen
Standes, Her-
es suchen, pitten
chter Ilse Ro-
nug zum Ehe-
Solche ehelige
auch gedachter
vnd gefallen
verheißen, an-
dsahme Jung-
Verlobte vnd
ehren vnd zu
d Freundschafft
ichster gelegen-
n Vertrauung

gedachter Hr.
vnd der Hr.
fft vnd gegen
rglichen folgen

loff Roter-
rassowen zu
hestandes Drey
lde nachfolgen-
d vollenzogener
nd Sechs hun-
Zwey tausendt
ben Vmbschlag
den, entrichten.
n Acht hundert
seiner Tochter
ert gulden an
muck vnd Klei-

dern Ihres gefallens zu zeugen, Ta
darbeneben an Kisten vnd Kastengerätt
daß Sie den dreyen ausgesteuerten Sch
der Osten, Jochim Stralendorffs vnd J
frawen in dem gleich sei, und ihrem st
nach damit zu ehren bestehen kann. V
in ein ordentlig Inventarium gebracht
der Braudt und Ihrem lieben Bräut
vnterschrieben worden. Vnd bleiben I
terlige, mütterlige, brüderlige, schwesterl
wie sich dieselben nach dem Willen G
ten, so viel Sie dazu berechtiget, fre
Gegen angeregte Mitgifft hat der Herr
Krassow verwilliget vnd angelobet, de
gendsahmen Braudt vnd künfftigen Eh
dert Cronen zur Morgengabe geben vnd
dann Ein Tausend Sechshundert gulden
Fall ehr vor Ihr mit tode abgehn würd
Tausend und Zweihundert gulden Eheg
vnd guetern sollen erlegt werden, diesel
thümblig zu haben vnd zu behalten.

So gebühret ihr auch danebenst,
lieben Bräuttigambs todt erlebete, verm
Adeligen Privilegien vnd üblichen Land
den Jahr; krafft welches Sie alle n
abnutzungen des gnaden Jahrs, von d
nen, darin Ihr lieber Bräuttigamb nun
Gott wolle es gnediglig lange verhue
möchte, von den Lehnguetern vnd fahrn
vnd Kornhebung, Getreidich, weichen H
Schaffen, Schweinen, Fischereyen, Geuf
es nahmen haben mag, ingleichen erb
lig (behält); vnd hat Hans Krassow hi
gezeiget, daß solche abnutzung des gn
nigsten Zweytausendt Thaler außtragen
darbeneben vnd Krafft dieses bei seinen
vnd guten glauben verpflichtet, wofer
Ehegemahl die abnutzunge des gnaden
send Thaler nicht würde genießen, daß
seiner übrigen Erb- vnd hahrschafft s
füllet werden. Da Sie aber das gn
Zwey Tausend Thaler würde nützen,
maße auch billigk.

image not available

sche und Normannsche Wappen ausge-

: Wappen zeigt im längs getheilten
n Hälfte einen nach dem rechten Schil-
s zum Nacken aus der Theilungslinie
ten Stierkopf, mit einem Ringe in der
älfte ist quer in 2 ungleiche Felder ge-
ßere enthält 9 Kleeblätter, 3. 3. 3.
Auf dem mit Helmdecken gezierten
zwei mit der Schneide einwärts gekehr-
cken je mit drei Pfauenfedern besteckt,

›e Wappen zeigt im quer getheilten
Hälfte einen rechts sehenden wachsen-
ern Hälfte 3 neben einander stehende
nit Helmdecken gezierten Helm stehen
ıg über einander gelegte, mit den brei-
ekehrte Ruder und hinter diesen drei

tet:

er edel vnd ernvester
ssow mit seiner lieben
otea Norman.
curtz, der todt ist snel,
be, wie er sterben woel.
Anno 1622.

i Stein Heinrich Krassow der
vitz und Pansevitz (No. 34. der

Genealogie) begraben, ergiebt folgende Urkunde (deren Original im Haus-Archiv zu Pansevitz vorhanden):

„Nachricht von dem Leichensteine, so zur Rappihn, im Chor für den Communicanten-Stuhl der Herrn vom Adel lieget: Es hat zur Vartznevitze in diesem seculo gewohnet ein vom Adel, so unser Rappihnschen Kirchen Beysorger gewesen, nahmens Herr Heinrich Krassow, und dessen Ehefraw hat geheißen Fr. Dorothea Normans. Solche beide Eheleute liegen unter gedachtem Leichsteine begraben, wie die Ueberschrift des Leichsteins klärlich bezeuget, und ist geschehen Anno 1622.

Es ist auch allemahl diese Begrebnisse unstreitig als nach Vartznevitze und Pansevitze gehörig gehalten worden, nunmehr ins Sieben und Viertzigste Jahr, weilen ich im Ampte und Pastor hieselbst gewesen bin.

Anno 1633 hat der sel. Herr Ernst Norman, so auf Cartzitz eine gute Zeit gewohnet, hat, 2 Kinder unter solchen Leichstein setzen lassen, auf Concession des wohlseligen Herrn Christian v. Krassowen auf Pansevitz und Vartznevitz Erbherrn. — Das diesen allem wahrhaftig also sei, bezeuge ich

Andreas Horn,
Pastor zu Rappihn und Senior des
Ministerii mpp."

Da Andreas Horn 1650 Pastor zu Rappin ward,[1] so fällt das 47ste Jahr seiner dortigen Amtsführung ins Jahr 1696—97.

1) M. Ernst Heinrich Wackenroders Altes und Neues Rügen. (Stralsund) 1732 4to. S. 323.

XIV. sind die Facsimiles der Hand-
r des Geschlechts mitgetheilt:

›es Heinrich Krassow (des Langen)
nsevitz (No. 34. der Genealogie).

les Krassow.

s Krassow (No. 39. und 40. der
. nach der Urk. No. 363. c. nach

d. Die des Christian Krassow (No. 56. der Genealogie). Nach einem Briefe von dem facsimilirten Datum, an seinen Schwager Adam Christoph von Holstein auf Fürstenberg.

e. und f. Die Unterschriften der Freiherrn Ernst Detlof und Adam Philipp Krassow (No. 71. und 72. der Genealogie), beide aus dem Jahr 1703.

g. Die Unterschrift des Freiherrn Carl Detlof Krassow (No. 88. der Genealogie) aus dem Jahr 1755.

image
not
available

Tab. I.

…iegele des Rügenschen Adelsbundes mit Stralsund v. J. 1316. [illegible] 1–5.
…Pergamentstreifen, an welchem das Siegel hängt, der Buchstabe die Stelle desselben an denselben an.

…ld des Ritter Udmenit: 1 a, Älter Retermund 1 b, Ritter Retermund 1 c,
… 2 a, Rotic Ralecrit: 2 b, Gotschalc Ralic 2 c, Heinrich ritter Plate 3 a, Gosslaff Jun 3 b.
… Jun 3 c, Thomas ritter Plate 4 a, Rasslaff Jameris 4 b, Johan Jameris 4 c,
…ken 5 a, Julinar Jameris 5 b, Ghote Grote 5 c, Nicolaus Toskerit: 5 d.

image

not

available

r. Karow 6a, Thessemer. Kot:covit: (? Clotzovit:) 6b, Leibe (de Lanen) 6c, Dargheslaf
m v. Witten 7a, Nicolaus v. Putzer 7b, Nicolaus Wusehen 7c, Lübke v. Westekindorp 7d,
8a, ...? 8b, Arneke v. Vicen 8c, Thezlaf Wenghelin 8d, Hinrik
Thessemer Crakovit: 9b, Johannis Bugghe 9c, Johan Ghyseuson 9. d.

image
not
available

..n Travemünde 40, Henneke Quast 42, Wotzlaf von Lüdbusk
..nte von Lüdbusk 1b, Thetze Mangenbergh 2a, Michell v. Schmachte-
..d. Roghe 4, Martin Retermunt 5a, Wilken mit d. Platen 5b, Henneke
v. d. Ost 7a, Claues v. d. Wolde 8, Hinrik v. d. Osten 9a, Berante
Thetz v. Lüdbusk 10a, swarte Marcke (v. Malreitz) 10b.

image not available

Sgstr. 12 – 35.
Tab. X.
Siegel verschiedener Urk.

image not available

Tab. XI.

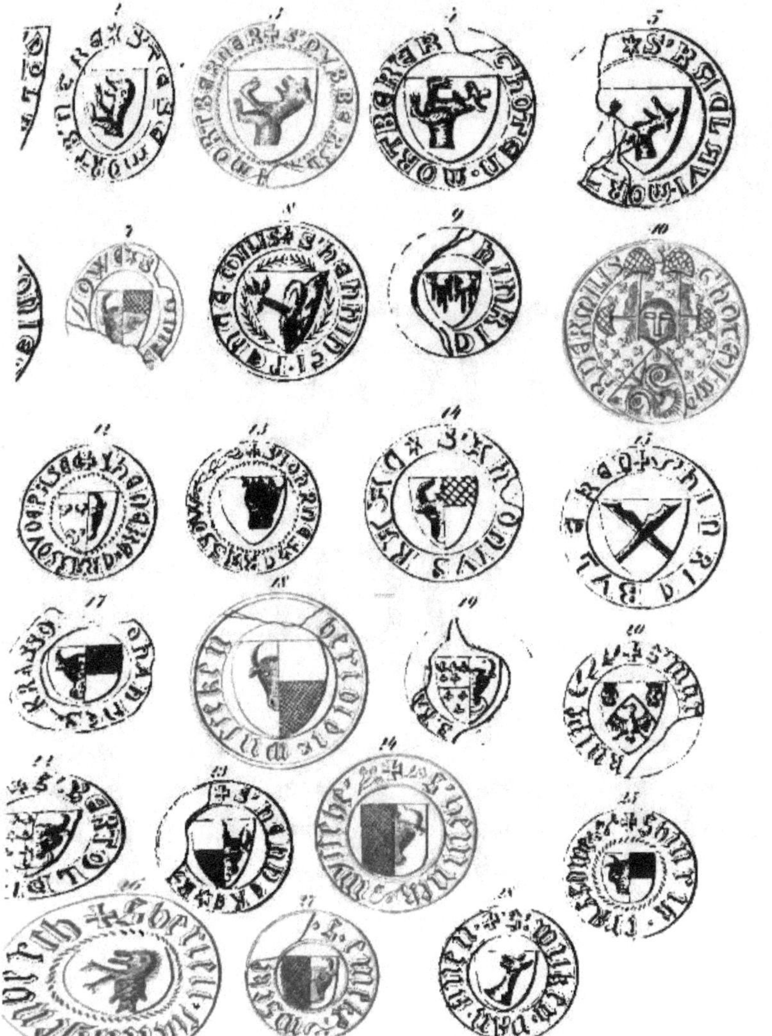

[illegible] Gheten .. [illegible] Mortberner (1350). N. 6. [illegible] (1369). N. 8–11 Henning, [illegible], Hinrik, [illegible], Gheten, [illegible], Bertold [illegible] [illegible] (1378). N. 17 [illegible] (1383). N. 18 Bertold [illegible] (1401). N. 19 Hinrik [illegible] (1411) [illegible] 22 Henning [illegible], Bertold [illegible] (1436). N. 23 [illegible] (1438). N. 24–25 [illegible] (1440). N. 26 Bertold [illegible]. N. 27 [illegible] (1443). N. 28 Wilken [illegible] (1447).

image
not
available

. Kak (1418). 3. Tennies. 4. Hans. Krassow (1450). 5. Hinrik
7. Schinkel. Kak: 8. Hinrik v. d. Lancken. 9. Claus. 10. Hans
wen. 12. Berndt Teerink (1472). 13. Tennies. Krassow.
rades (1474). 16. Johann. 17. Hans. 18. Karl. Kerkerink: (1479)
21. Heinrich Jun (1487). 22 Claus Smechteshagen (1492)
Hans. Rotermund (1496). 25. Hans. Krassow (1496).
ennink. Haken. 28. Hans Holste (1498). 29. Hans. 30. Hans
k (1501). 33. Hinrik (1502). 34. Henningk. Krassow (1503).

image
not
available

Tab. XIII.

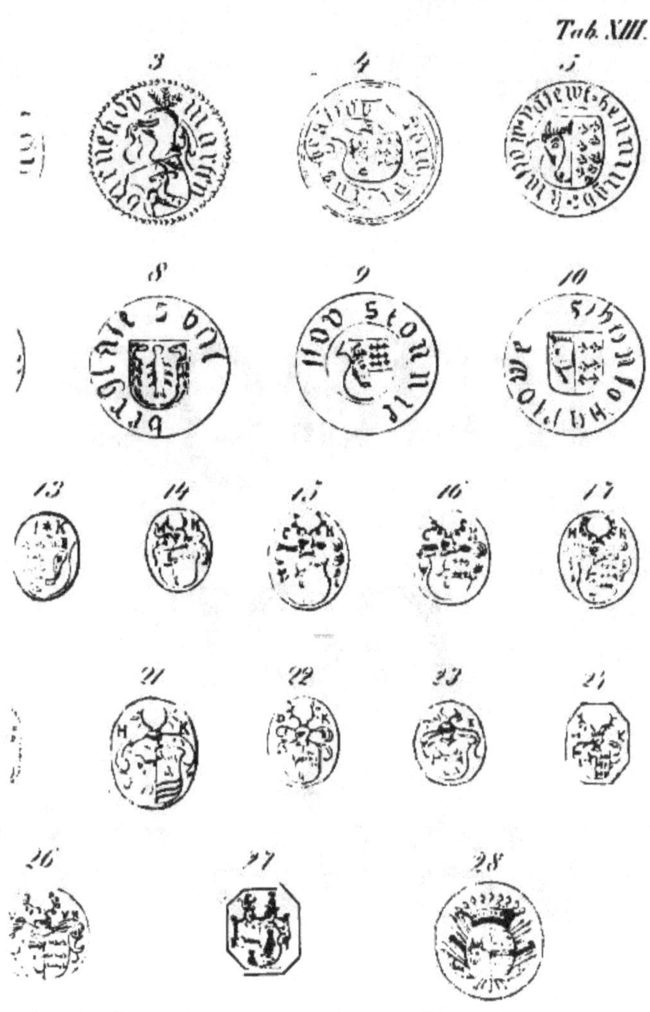

1:2. Claus Waisscke (1308). № 3. Martin Barnekow (1510)
№ 5. Henning Kr. (1510). № 6 Hans Kr. (1514). № 7. Tön-
r Berglase. № 9. Tönnies Kr. (1518). № 10. Hans Kr (1518)
: H. K. (1556). № 13. Jacob Kr. (1572). № 14–16. Melchior,
№ 17–18. Heinrich u. Daniel Kr. (1583). № 19–20. Tönnies
Hans, Daniel und Tönnies Kr. (1608). № 24 u. 26 Ulrich
lelem Philipp Kr. (1686). № 27. Anna Clara v. Wolfrath
4)

image
not
available

Tab. XIV.

3. 4.

6. 7. 8.

5) 2. Hermann v. Vicen (1463) 3. Hans Krakevitz (1495)
5) 6. Achim Krakevitz (1511) 7 u. 8. Jasper (Caspar) Krake.
s der Handschrift von Heinrich, Tönnies, Hans, Christian,
n und Carl Detlef von Krassow (vgl. S. 387)

b. Tonnies Crassouw

d. Christian Krassow

c.

g. Carl Krassow mpp.

image
not
available

…chard Budde 10 a, Henneke (Johan) Kraikevitz (?) 10 b. …Rode 10 c, Hinrik Holzste (? Trisus) 10 d, Johan Brunes… 11 c, Jacob von Sobbin 11 d, Johan Viriz 12 a, Prybezlaf (?) Clement (…evitz ?) 12 c, Henneke (Johan) Norman …Tesdorf Norman 13 b, Darghezlaf Trambitz 13 c, Thessemer Norman 13 d.

image
not
available

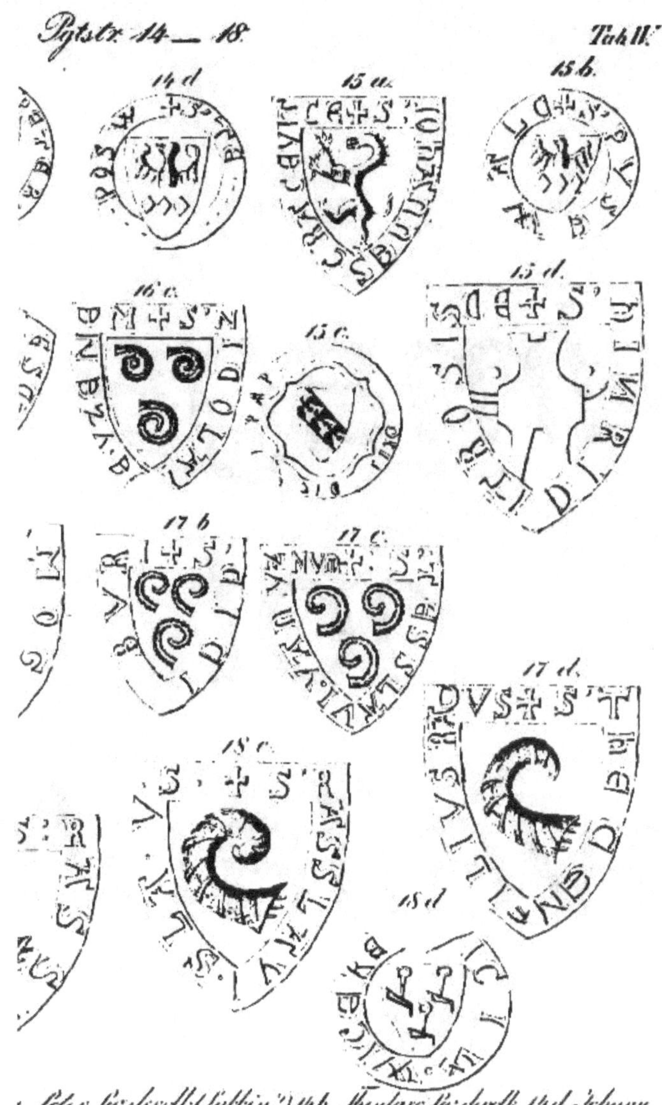

;, Peter Cozdeorlk (Lubbin?) 14b, Mondare Cozderlk 14d, Johann
Pape 15c, Hinrik Trechn 15d, Gherard Ruwe 16a, Gadeschalk
) 16c, Thezlaf von Bonyn 16d, Meyzlomer (Swdzenomitz) 17a,
Ilznäum) 17c, Tzschitz Radeskowen 17d, Sander Benow 18a,
Tezlaf Hanssen 18c, Wyske 18d.

image
not
available

…essemer Markewelt (de Gardisg) 19 b, Hennike Leue 19 d, Hinrik 20 b, Jacob Labecgt: 20 c, Berthold Crans 20 d, Berteld v. d. Oste 21 a, Jof. Behnes) 21 c (Grete) Gusleuf (Gisluf ?) 21 d, Wilken miller. Rale 22 a, … (Amantegit:) 22 c, Kawel Bölensen 22 d.

image
not
available

…nden 23 a, Hennecke (Johann) Bölensen 23 b, Willeke Bölensen 23 c, …gdaff (Adisdaff) v. d. Lanken 24 a, Godeke Agmerül (Segdekule) 24 b, …kule) 24 c, Lütteke Thessemer (?) 25 a, Matthies v. d. Lanke 25 b, …nke) 25 c, Grymmeslaf (de Lanke) 25 d, Godeschalk Crassow 26 a, 26 b Herman Twechenil: 26 c, Walwerd Wobelkowe 26 d.

image
not
available

ed Wistinge 27 a, Eberhard beck 27 b, Peter Wedeken 27 c, Johan Schacht v. d. 28 a, Gerislure 28 b, Henrik (Stammis) 28 c, Henrik v. d. Wisch 28 d, Gele Henneke Berchardessen 29 b, Jordan Makes 29 c, Reynold Grandis 30 a, Wendische Vogit: 30 b, Johan v. d. Wisch (Oeg) 30 c.

image
not
available

Zeitfracht Medien GmbH
Ferdinand-Jühlke-Straße 7
99095 Erfurt, Deutschland
produktsicherheit@kolibri360.de